SUR LA MANIÈRE DONT L'EMBRYON REÇOIT L'ÂME

Derniers ouvrages parus dans la même collection

BERMON E., *Le cogito dans la pensée de saint Augustin*, 2001, 432 p.

ZAMBON M., *Porphyre et le Moyen-Platonisme*, 2002, 400 p.

SAFFREY H.D., *L'Héritage des Anciens au Moyen Âge et à la Renaissance*, 2002, 318 p.

PLOTIN, *Sur le ciel* [*Ennéade* II, 1 (40)]. Introduction, texte grec, traduction et commentaire par R. Dufour, 2003, 190 p.

PRADEAU J.-F., *L'imitation du principe. Plotin et la participation*, 2003, 188 p.

SCHNIEWIND A., *L'éthique du sage chez Plotin, Le paradigme du spoudaios*, 2003, 238 p.

L'alchimie et ses racines philosophiques. La tradition grecque et la tradition arabe, VIANO C. (dir.), 2005, 242 p.

PORPHYRE, *Sentences*. Édition sous la direction de L. Brisson, 2005, 2 tomes, 874 p.

PONTIER P., *Trouble et ordre chez Platon et Xénophon*, 2006, 528 p.

BÉNATOUÏL Th., *Faire usage : la pratique du stoïcisme*, 2006, 364 p.

COLLETTE-DUČIĆ B., *Plotin et l'ordonnancement de l'être*, 2007, 288 p.

L'Embryon : formation et animation. Antiquité grecque et latine, traditions hébraïque, chrétienne et islamique, BRISSON L., CONGOURDEAU M.-H., SOLÈRE J.-L. (éd.), 2008, 288 p.

KÜHN W., *Quel savoir après le scepticisme ? Plotin et ses prédécesseurs sur la connaissance de soi*, 2009, 480 p.

Le Livre des XXIV philosophes. Résurgence d'un texte du IVe siècle, introduction, texte latin, traduction et annotations par Françoise HUDRY, 2009, 226 p.

PRISCIEN, *Grammaire*. Livre XVII – Syntaxe, 1. Texte latin, traduction introduite et annotée par le Groupe *Ars Grammatica*, 2010, 352 p.

HUSSON Suzanne, *La* République *de Diogène. Une cité en quête de la nature*, 2011, 236 p.

HISTOIRE DES DOCTRINES DE L'ANTIQUITÉ CLASSIQUE
Fondateur : Jean Pépin Directeur : Luc Brisson

XLIII

PORPHYRE

SUR LA MANIÈRE DONT L'EMBRYON REÇOIT L'ÂME

Études d'introduction par
Marie-Hélène CONGOURDEAU, Luc BRISSON, Gwenaëlle AUBRY, Bernard COLLETTE-DUČIĆ, Véronique BOUDON-MILLOT et Tiziano DORANDI

Texte grec
révisé par Tiziano DORANDI

Traduction française par
Luc BRISSON, Françoise HUDRY, Bernard COLLETTE-DUČIĆ, Joachim LACROSSE, Gwenaëlle AUBRY, Emmanuel BERMON, Stéphane TOULOUSE, Marie-Hélène CONGOURDEAU et Sylvain ROUX

Traduction anglaise par Michael CHASE

Travaux édités sous la responsabilité de
Luc BRISSON
avec la collaboration de
Gwenaëlle AUBRY, Marie-Hélène CONGOURDEAU et Françoise HUDRY

Ouvrage publié avec le concours du Centre national du livre

PARIS
LIBRAIRIE PHILOSOPHIQUE J. VRIN
6, Place de la Sorbonne, V^e^

2012

Imprimé en France

ISSN 0153-0828

ISBN 978-2-7116-2432-4

www.vrin.fr

AVANT-PROPOS

Depuis septembre 2002 quelques membres de l'UPR 76 du CNRS (G. Aubry, M. Chase, M. Christiansen, T. Dorandi, F. Hudry et P. Thillet), de concert avec plusieurs enseignants-chercheurs français (M.-H. Congourdeau, CNRS, UMR 8167 ; S. Roux, Univ. Poitiers ; E. Bermon, Univ. Bordeaux ; S. Toulouse, ENS ; A. Balansard, Univ. Aix-en-Provence ; C. Dalimier) et étrangers (B. Collette-Dučić, J. Lacrosse, S. Delcomminette, Univ. Bruxelles, P. d'Hoine, Univ. Leuven, et C. Castelletti, Univ. de Fribourg) ont travaillé, sous ma direction, à une traduction commentée du traité *Sur la manière dont l'embryon reçoit l'âme*. Au cours de nos travaux, plusieurs autres personnes nous ont rejoints pour une période déterminée : A. Bosch-Vechiana, J. Carlier, M. Christiansen, D. El Murr, J. Foubert, M.-A. Gavray, J. Hermoso, G. Madec, M. Martelli, G. MacIsaac, A. Michalewski, J. Montserrat, T. Loots, A. Thibault, S. Wibowo. Nous sommes ainsi restés fidèles à la méthode de travail en commun instaurée par Jean Pépin, fondateur de cette Équipe de Recherche ; la responsabilité de la traduction des différents chapitres a été distribuée entre différents collaborateurs, mais leur travail fut soumis par deux fois à une révision et à une critique collectives.

Le Περὶ τοῦ πῶς ἐμψυχοῦται τὰ ἔμβρυα a d'abord été attribué à Galien, mais son premier et unique éditeur, Karl Kalbfleisch (1895), a pensé qu'il était de Porphyre. Ce traité, dédié à un certain Gauros – d'où son titre familier d'*Ad Gaurum* – explique comment l'embryon, qui, dans le ventre de la mère, est un organisme doté d'une âme végétative, reçoit, à la naissance, une âme animale qu'il était apte à recevoir, et qui en fera éventuellement un être humain capable de faire usage de sa raison et de son intellect.

Quelques mots sur le seul manuscrit qui subsiste de ce traité, le codex *Supp. gr.* 635 qui se trouve à Paris, Bibliothèque Nationale. Seuls 23 folios nous en sont parvenus. Les folios 1-2 blancs sont modernes, et presque tous les autres sont, notamment sur le bord supérieur vers l'extérieur, très abîmés par l'humidité, de sorte que, en plusieurs endroits, ils ne peuvent être déchiffrés qu'avec peine ; et des deux derniers folios (f. 22 et 23), il ne reste que la moitié, gauche ou droite suivant la face considérée. Comme le folio 3 contient les restes de la conclusion d'un ouvrage de médecine, où le rédacteur se reporte à un ouvrage écrit par lui et intitulé θεραπευτικὴ μέθοδος, on a d'abord supposé qu'il s'agissait d'un ouvrage de Galien. Mais dans le traité *Sur le développement de l'embryon* (*De foetuum formatione libellus*) (CMG V 3, 3, D. Nickel, Berlin, 2001), dans les deux livres *Sur la semence* (*De semine*) (CMG V 3, 1, Ph. H. de Lacy, Berlin, 1992) et dans les livres 14 et 15 de son grand traité de physiologie *Sur l'usage des parties* (*De usu partium*) (IV 1-366 Kühn), Galien prend, sur la question de l'embryon, une position radicalement différente de celle défendue dans l'*Ad Gaurum*. Mais alors, quel peut être l'auteur du traité ? Quelques passages où l'auteur donne des indications sur sa vision du monde peuvent nous mettre sur la piste. En 6 (2), une doctrine est attribuée à Platon qui devrait l'être à Plotin ; et on retrouve cette doctrine dans la *Sentence* 11 de Porphyre. De surcroît, plusieurs autres parallèles avec les *Sentences* peuvent être relevés. Du point de vue de l'histoire de la philosophie, nous nous trouvons donc dans un contexte néo-platonicien, et plus précisément porphyrien ; le style pointe aussi vers Porphyre.

L'auteur, très probablement Porphyre, prend en considération les positions sur l'embryon défendues par Hippocrate, Aristote, Platon, les Stoïciens, Galien et d'autres médecins de son époque ; et il s'inscrit dans le cadre d'une discussion qui se poursuivra chez les Pères de l'Église, dans le monde byzantin et au cours du Moyen âge. D'un point de vue métaphysique, l'auteur développe la notion d'ἐπιτηδειότης qui, comme le montre G. Aubry, donne à la notion d'« en-puissance (δυνάμει) » inaugurée par Aristote une nouvelle dimension. Voilà pourquoi nous avons fait précéder notre traduction par des textes introductifs sur Hippocrate, Aristote, Platon, les Stoïciens, Galien et Plotin.

Notre travail s'est développé dans deux directions. Tiziano Dorandi a révisé le texte de Kalbfleisch, car il a pu bénéficier de photographies du manuscrit de la Bibliothèque Nationale qui en rendent la lecture plus facile. Nous traduisons et commentons ce nouveau texte, qui présente l'intérêt particulier de mettre en situation toute la métaphysique néoplatonicienne pour l'appliquer au problème du vivant. Pour élargir les perspectives, j'ai organisé conjointement avec Marie-Hélène Congourdeau (UMR 8167) et Jean-Luc Solère (GDR 2522) un Colloque intitulé « L'embryon (constitution et animation) dans l'Antiquité et au Moyen Âge », qui s'est tenu au Collège de France du 30 juin au 2 juillet 2005, et auquel ont participé Tiziano Dorandi, Jacques Jouanna, Pierre-Marie Morel, Jean-Baptiste Gourinat, Véronique Boudon-Millot, Ann Hanson, Véronique Dasen, Bernard Pouderon, Gwenaëlle Aubry, Marie-Hélène Congourdeau, Étienne Lepicard, Maaike van der Lugt, Carmela Baffioni, et Jean-Claude Dupont. Les communications ont été réunies dans un recueil, *L'embryon : formation et animation, Antiquité grecque et latine, traditions hébraïque, chrétienne et islamique*, Paris, Vrin, Collection « Histoire des Doctrines de l'Antiquité classique » XXXVIII, 2008. Ces communications et nos recherches mènent à la conclusion suivante : en dépit de découvertes scientifiques étonnantes et d'innovations techniques prodigieuses, les questions philosophiques et théologiques que les textes anciens soulevaient sur la question de la formation et de l'animation de l'embryon gardent toute leur actualité.

Le nom des responsables de la traduction et des notes de chacun des chapitres est indiqué à la suite du résumé de chacun de ces chapitres. Mais chaque traduction a fait l'objet d'une double révision, de façon à obtenir un résultat cohérent. La traduction anglaise, originale, est sous la responsabilité exclusive de Michael Chase.

Tout au long de nos travaux, nous avons bénéficié de l'excellente traduction française annotée publiée par A. J. Festugière : Porphyre, *À Gauros. Sur la manière dont l'embryon reçoit l'âme*, publiée comme Appendice II du troisième volume de *La Révélation d'Hermès trismégiste. Les Doctrines de l'âme*, Paris, Gabalda, 1953, p. 265-305. Comme la traduction anglaise annotée due à James Wilberding : Porphyry, *To Gaurus. On how Embryos are Ensouled*, London, Bristol Classical Press, 2010, est parue au moment de la correction des dernières épreuves, il était trop tard pour que nous puissions en tenir compte dans sa totalité ; nous n'en avons retenu que ce qui nous paraissait indispensable, et cela pour éviter d'avoir à remodeler l'ensemble du manuscrit. Le travail de K. Limburg, Porphyrios, *Die Beseelung der Embryonen*, Thèse de doctorat de l'Université de Cologne, 1975, nous a été de peu d'utilité. Nous n'avons pas pu consulter le travail d'U. Jurisch, *Grundfragen der Embryonentwicklung aus der Sicht eines Neuplatonikers: Übersetzung und Bearbeitung der Schrift des Porphyrios über den Beseelung der Embryonen Medecine*, Thèse de doctorat de l'Université Friedrich Alexander, Erlangen-Nürnberg, 1991.

PS. Nous avons bénéficié de l'aide éditoriale de l'Institut des Traditions Textuelles, Fédération de Recherche 33 du CNRS (Paris, Villejuif) ; et nous remercions tout particulièrement Catherine Flament pour son travail de mise en page du texte et de la traduction française du traité *Sur la manière dont l'embryon reçoit l'âme*.

Luc Brisson

INTRODUCTION GÉNÉRALE

ARGUMENT ET PLAN

Ce traité *Sur la manière dont l'embryon reçoit l'âme* contient nombre d'informations qui intéressent la médecine ancienne, celle illustrée notamment par Hippocrate et par Galien, mais son intérêt majeur réside aussi dans le fait qu'il tente de répondre à une question propre au Platonisme : comment rendre compte de la venue d'une âme séparée, et qui donc existe indépendamment de celui-ci, dans un corps qualifié, c'est-à-dire dans un organisme ? Par ce biais, c'est un exposé de l'ensemble de la doctrine de l'âme chez Plotin, très différente de celle que l'on trouve chez Platon, qui se trouve rappelé et confronté à la doctrine d'Aristote et à celle des Stoïciens. Dans ce traité qui aborde un problème vraiment philosophique, les considérations les plus concrètes côtoient les spéculations les plus abstraites.

L'arrière-plan médical et philosophique

Dans l'Antiquité, médecins et philosophes se sont prononcés sur la transmission de la vie, en posant notamment la question de savoir à quel moment un embryon devenait un vivant à proprement parler, c'est-à-dire un animal, question qui, pour un philosophe, revenait à se demander quand un embryon recevait une âme dotée de sensation et pouvant inciter à un mouvement local.

La tradition hippocratique se distingue de la plupart des doctrines antiques en ce qu'elle reconnaît l'existence de deux semences, l'une fournie par la femme et l'autre par l'homme. Pour la majorité des auteurs de l'Antiquité, seul le mâle fournit une semence, le sperme, tandis que la femelle fournit un simple réceptacle, ou, dans le meilleur des cas, la matière de l'embryon, qui sera informée par le sperme (Aristote). La tradition hippocratique, que suivra Galien, soutient au contraire l'existence d'une semence féminine. Selon Hippocrate, pour qui la question de l'âme n'a pas de pertinence, l'embryon devient un être humain lorsqu'il prend forme humaine après trente jours pour un garçon ou quarante-deux pour une fille, ou lorsqu'il bouge pour la première fois, c'est-à-dire après trois mois pour un garçon et après quatre mois pour une fille.

Dans le *Timée*, Platon explique comment, au moment de l'union sexuelle, le mâle dépose son sperme dans la matrice ; ce faisant il sème des vivants qui ne sont pas encore formés dans la matrice, comme on jette des semences dans une terre labourée. La remarque relative aux vivants est cohérente avec ce qui précède, car c'est dans la moelle, dont le sperme est une partie, que s'ancre l'âme. D'une certaine façon, Platon peut être considéré comme un « préformiste », dans la mesure où les êtres vivants sont déjà formés dans le sperme, même s'ils sont invisibles et informes ; dans la matrice, ces vivants se contenteront de croître et de se différencier. Au cours de ce processus, le rôle de la femme se limitera à nourrir l'embryon. Il s'agit donc là d'une explication très sommaire du processus de la génération qui n'a pas grand-chose à voir avec l'*Ad Gaurum*.

Pour Aristote, le sperme dérive de la nourriture absorbée, et donc en dernière analyse du sang du père, qui a subi une certaine transformation et un échauffement particulier ; il possède les parties du vivant non pas en acte, comme chez Platon, mais en puissance. Les femelles n'émettent pas de véritable semence, mais les menstrues servent de support à la semence mâle. Pendant un certain temps, l'embryon se comporte comme un végétal. Dans la doctrine aristotélicienne, l'embryon passe en effet, dans le temps même de la gestation, du statut d'animé, ou de vivant, à celui d'animal. La capacité élémentaire par laquelle l'animé se distingue de l'inanimé, c'est ce pouvoir en vertu duquel il peut croître et s'alimenter. Or les plantes sont douées d'un tel principe, et c'est en tant que telles qu'elles peuvent être comptées parmi les vivants ; mais des vivants ainsi définis, il faut distinguer l'animal qui, lui, se caractérise primordialement par la sensation et secondairement par l'impulsion à l'origine du mouvement local. En fait, l'embryon devient un animal lorsque, comme chez Hippocrate, il prend forme et lorsqu'il commence à bouger.

Pour comprendre comment un embryon devient un être humain chez les Stoïciens, il faut se reporter à leur vision de l'univers comme unité divine, vivante, organisée suivant des lois rationnelles, et gouvernée dans ses moindres détails par la Providence. Au fondement de leur cosmologie, ils posent les deux principes suivants. L'un n'a d'autre capacité que de pâtir, c'est la matière (ὕλη), dépourvue de toute détermination, de tout mouvement et de toute initiative ; et l'autre a la capacité d'agir et apporte à la matière forme, qualité et mouvement. Ce second principe, c'est la « raison » (λόγος). D'ailleurs, le principe actif que les Stoïciens appellent λόγος a aussi un nom physique, « feu ». On peut encore concevoir ce feu qu'est le λόγος identifié au dieu comme un souffle igné, le πνεῦμα partout présent. Dans toutes les parties du monde pénétrées par ce πνεῦμα et informées par lui, le feu qui est chaud se trouve associé à l'expansion, et l'air qui est froid se voit caractérisé par la contraction. Cette oscillation, qui anime tous les corps et qui assure leur cohésion, s'appelle « tension » (τόνος), une tension qui se diversifie suivant les régions de l'univers : elle prend le nom de « constitution », de « tenue » ou de « maintien » (ἕξις) dans les solides inanimés, de « croissance » (φύσις) dans les végétaux et d'« âme » (ψυχή) dans les êtres vivants. Mais, dans tous les cas, sa fonction est d'unifier tous les corps, y compris et surtout celui de l'univers. Pour les Stoïciens, l'embryon, qui est un végétal dans le ventre de la mère, devient un animal à la naissance. Le souffle (πνεῦμα) qui dans l'embryon était nature (φύσις) devient en effet une âme (ψυχή) lorsque, sortant de l'utérus à la naissance, il est refroidi par l'air ambiant.

Tout comme Hippocrate, et au contraire d'Aristote, Galien pense qu'il y a deux types de semences, l'une féminine et l'autre masculine, et que toutes deux se mélangent dans la matrice. Lors des premiers stades de sa formation, l'embryon a la même organisation qu'une plante, mais il accède au statut d'animal lorsque son cœur se met à battre. Ce n'est que dans un troisième stade, lors de la formation de l'encéphale, que l'embryon atteint vraiment le stade d'animal. De toute façon, comme c'est le cas chez Hippocrate, la question de l'âme n'est pas pertinente pour Galien.

La tradition platonicienne

Même s'il est fortement influencé par la position stoïcienne, l'auteur de l'*Ad Gaurum* se situe d'emblée dans la tradition platonicienne dont on trouve des témoignages chez les médio- et les néo-platoniciens, et notamment Plotin. Suivant cette tradition, l'embryon, dans le ventre de la mère, est un végétal que meut une puissance végétative venue de l'âme du monde, et qui n'assure que nutrition et croissance. À la naissance, une âme humaine (ou supérieure), qui permet sensation et impulsion et qui assure un mouvement local spontané, vient s'implanter dans l'embryon qui est apte à la recevoir. Et ce n'est qu'après un certain laps de temps que l'être humain fera usage de son intellect.

Quels sont plus précisément les stades du développement de l'embryon ? Au point de départ, le sperme est pourvu d'une puissance végétative qui lui vient de l'âme du monde, mais qui est administrée par l'âme supérieure du père, tant qu'il reste dans le corps de celui-ci, puis par l'âme supérieure de la mère, lorsqu'il se trouve dans le ventre de cette dernière. Durant la gestation, on ne peut dire ni que cette âme humaine est présente dans l'embryon, mais qu'elle y est inactive, comme dans le sommeil ou l'hibernation, ni qu'elle y est présente mais faiblement active, comme chez le bébé qui bouge les jambes. Cette âme animale est absente, mais l'embryon est apte à la recevoir à la naissance. La venue de cette âme supérieure, qui prend le relais de l'âme supérieure de la mère, se fait de l'extérieur et à un moment précis, la naissance. Elle est soudaine comme l'éclair, et se fait sans intermédiaire comme l'inflammation du naphte ou l'aimantation.

Pourquoi ces explications?

On peut dès lors se demander pourquoi seuls les platoniciens ont proposé une explication si éloignée de l'opinion commune, qui se situe du côté du développement progressif de l'embryon, et si compliquée, car elle fait intervenir la notion de convenance (ἐπιτηδειότης) qui constitue un développement original de l'« en puissance ».

Si cette explication satisfait les platoniciens, c'est que non seulement elle rend compte du fait qu'une âme animale ne peut venir s'implanter que dans un corps qui a atteint son stade de développement maximal, et qui est donc pourvu des organes qui lui permettent d'avoir des sensations et de prendre l'initiative de se déplacer localement, mais qu'elle permet aussi de rendre compte du fait que l'âme, qui peut avoir une existence séparée, vient s'implanter dans tel ou tel corps terrestre, qui est le signe de la qualité de l'existence antérieure de cette âme. À l'appui de cette thèse, on trouve un indice chez le médio-platonicien Alcinoos : « Et l'argument de l'immortalité des âmes a pour conséquence qu'elles viennent dans les corps en s'attachant aux embryons lorsque ces derniers ont atteint leur plein développement, et qu'en outre elles passent dans plusieurs corps d'hommes et d'animaux, soit qu'elles attendent leur tour réglé par les nombres, ou qu'elles obéissent à la volonté des dieux, soit qu'elles paient le tribut de leur intempérance ou de leur amour des corps. Il existe d'ailleurs entre le corps et l'âme une certaine affinité, comme entre le feu et le bitume. » (*Didaskalikos* XXV, 178, 33-39). Déjà, vers 150 de notre ère, les platoniciens soutenaient une thèse similaire à celle développée dans l'*Ad Gaurum*, qu'ils rapportaient au statut d'une âme immortelle qui peut vivre sans être associée à un corps terrestre.

Dans cette perspective, la reproduction sexuelle ne peut rendre compte que de la formation d'un corps humain qualifié, c'est-à-dire de cet organisme qu'est l'embryon. Mais comme ce corps en sera le signe extérieur, encore faut-il qu'il convienne à l'âme qui viendra l'habiter pour un temps. Cette « convenance » présente deux enjeux, l'un biologique et l'autre éthique. Pour qu'une âme supérieure, dotée de sensation et d'impulsion, vienne s'implanter dans un organisme, il faut certes que cet organisme ait atteint son stade achevé, c'est-à-dire qu'il possède tous les organes qui permettent la sensation et la locomotion. Mais il faut tenir compte d'un autre enjeu, l'enjeu éthique. Tel ou tel corps ne peut recevoir telle ou telle âme. Dans l'*Ad Gaurum*, seul le volet biologique est parfaitement explicité. On y trouve cependant deux indices du volet éthique : le premier dans le chapitre 11 qui fait référence à *Sentence* 29 : « En fait, que l'on suppose que l'âme, parce qu'elle se trouve dans le monde, traîne avec elle un corps fait d'éther, de souffle, d'air ou d'un mélange de ces éléments, ou qu'on la suppose capable, même sans ce véhicule, de venir s'établir dans les vivants aptes à accueillir sa présence. » (11 (3), 45-49) ; et le second dans le chapitre 16 (5), lorsqu'est évoquée l'astrologie.

Dans cette perspective, notre traité intéresse non seulement la médecine et la psychologie, mais aussi l'éthique, compte tenu du fait que, dans une perspective platonicienne, un corps humain ou animal est le signe de la qualité de l'âme qui l'habite.

LE PLAN DU TRAITÉ

INTRODUCTION
L'embryon est un végétal (1)
L'embryon reçoit une âme animale à la naissance (2).

DÉVELOPPEMENT
I) L'embryon n'est pas un animal en acte
- A) Les différences spécifiques (3)
- B) Preuves
  - 1. Recours à Platon
    - Textes (4)
    - Objections (5)
      - les bains (mouvement local) (5 (1))
      - les appétits maternels (âme appétitive) (5 (2))
      - l'accouchement (âme impulsive) (5 (3))
      - coutumes (âme représentative-opinative) (5 (4))
    - Réfutations
      - âme représentative-opinative (6)
      - mouvement local (7)
      - âme appétitive (8)
      - âme impulsive (9)
      - retour aux textes de Platon (9)
  - 2. Par la nature des choses (10-12)
      - les étapes du développement de l'embryon (10)
      - la naissance (11)
      - le nourrisson (12)

II) En quel sens l'embryon est-il un animal en puissance ?
- A) Redéfinition de l'«en puissance» comme convenance (13)
- B) Réfutation de la thèse stoïcienne (14)
- C) Rappel de la thèse platonicienne
  - 1. Toute sensation exige un état achevé des organes (15)
  - 2. Quelle âme se trouve dans le sperme, l'embryon et le nourrisson ? (16)

Les résumés qui précèdent les notes à chaque chapitre permettent de compléter ce plan.

L'EMBRYOLOGIE DANS LE CORPUS HIPPOCRATIQUE

On désigne sous le nom de *Corpus hippocratique* un ensemble d'une soixantaine de traités médicaux grecs, dont une partie seulement remonte au véritable Hippocrate, médecin originaire de Cos et contemporain de Platon [1]. Un grand nombre de ces œuvres évoquent des questions embryologiques, thème où se rejoignaient médecins et philosophes préoccupés de l'origine du monde et de l'homme. Les passages embryologiques les plus significatifs se trouvent dans les traités du médecin Polybe, gendre d'Hippocrate selon la tradition : *Génération – Nature de l'enfant* [2] d'une part, *Enfant du 7e mois – Enfant du 8e mois* [3] d'autre part. Le premier de ces ouvrages doubles est celui auquel Porphyre renvoie dans son propre traité. Mais d'autres ouvrages comportent d'amples développements embryologiques, tels les traités médico-philosophiques *Du régime* [4] et *Des chairs* [5], ou les traités gynécologiques *De*

1. Pour une synthèse sur l'homme, l'œuvre et la pensée, cf. J. Jouanna, *Hippocrate*, Paris, 1992.

2. Ces deux traités, séparés dans les manuscrits, n'en font en réalité qu'un, comme le souligne la numérotation continue des chapitres dans l'édition de R. Joly, *Hippocrate, De la génération. De la nature de l'enfant. Des maladies IV. Du fœtus de huit mois*, Paris, CUF, 1970.

3. Là encore, un unique traité s'est trouvé divisé en deux : R. Joly, qui l'édite dans le même volume que le précédent, intègre le *Fœtus de sept mois* au début du *Fœtus de huit mois*. Nous préférons pour notre part appeler ces traités *Enfant du septième* ou *du huitième mois*, titres plus proches du sujet traité. Le « fœtus de sept mois » est en réalité un enfant né au cours du septième mois, et le « fœtus de huit mois » un enfant né au cours du huitième mois, ce qui permet d'envisager avec sérénité l'expression « fœtus de dix mois » qui correspond à un enfant ayant dépassé le terme et naissant au début du dixième mois.

4. Hippocrate, *Du régime*, éd. R. Joly, Paris, CUF, 1967.

5. Hippocrate, *Des chairs*, éd. R. Joly, Paris, CUF, 1978.

l'aliment[6] et *De la superfétation*[7]. On trouve aussi, dans les *Aphorismes*[8] et dans le traité *Épidémies II*[9] des notations sur la gestation.

1. SOURCES DE LA CONNAISSANCE DE L'EMBRYON

La principale source de la connaissance des médecins hippocratiques sur l'embryon est l'observation. Ainsi, dans *Nature de l'enfant*, Polybe décrit plusieurs méthodes d'investigation. La première concerne l'observation d'œufs à divers stades de la couvaison :

> Si quelqu'un veut mettre à couver vingt œufs ou plus à deux poules ou à plusieurs, et à chaque jour, à partir du deuxième jusqu'au dernier, où l'œuf éclora, en retirer un et le briser, on trouvera à l'examen que tout se passe comme je l'ai dit, dans la mesure où il s'impose de comparer la croissance de l'oiseau à celle de l'homme[10].

Une seconde méthode consiste à observer des avortons humains. Voici comment l'auteur des *Chairs* arrive à la conclusion que l'embryon a, sept jours après la conception, toutes les parties du corps :

> On se demande comment je le sais. Je l'ai vu plusieurs fois de cette façon : les filles publiques qui se sont souvent exposées, allant avec un homme, connaissent quand elles ont conçu ; puis elles font mourir en elles le produit de la conception ; ce produit étant mort, ce qui tombe est comme une chair. Jetez cette chair dans l'eau, examinez-la dans l'eau, et vous verrez qu'elle a toutes les parties, l'emplacement des yeux, les oreilles, les membres, les doigts des mains, les jambes, les pieds, les doigts de pied, les parties génitales, enfin, tout le corps est visible[11].

Une description du même type se trouve dans *Nature de l'enfant*, où Polybe évoque la façon dont une fille publique s'est débarrassée, sur son conseil, d'une « *semence de six jours* » en sautant, talons aux fesses, jusqu'à faire tomber cette semence ; examinant ce qui est tombé, il le décrit ainsi :

> C'est comme si on enlevait la coquille à un œuf cru et que l'humeur fût transparente dans la membrane intérieure. Voici son apparence en gros. De plus, c'était rouge et sphérique ; dans la membrane, apparaissaient des fibres

6. Hippocrate, *Du régime des maladies aiguës*. – Appendice : *De l'aliment. De l'usage des liquides*, éd. R. Joly, Paris, CUF, 1972.

7. Hippocrate, *De la superfétation*, éd. E. Littré, *Œuvres complètes d'Hippocrate*, vol. VIII, Paris, 1853.

8. Hippocrate, *Aphorismes*, éd. E. Littré, *Œuvres complètes d'Hippocrate*, vol. IV, Paris, 1844.

9. Hippocrate, *Epidémies* II, éd. E. Littré, *Œuvres complètes d'Hippocrate*, vol. V, Paris, 1846.

10. *Nature de l'enfant*, XXII, 2.

11. *Chairs*, XIX, 1.

blanches et épaisses, enroulées avec une humeur épaisse et rouge, et autour de la membrane, il y avait à l'extérieur des caillots de sang. Du milieu de la membrane saillait quelque chose de fin qui me parut être le cordon ombilical ; c'est par lui que se faisait d'abord l'inspiration et l'expiration. À partir de lui la membrane était toute tendue et enveloppait la semence. Telle était la semence de six jours que j'ai vue [12].

D'autres traités se fondent moins sur une démarche que l'on peut qualifier de scientifique et davantage sur la spéculation et l'argumentation, à partir de prémisses philosophiques. C'est ainsi que l'auteur du *Régime* évoque les lois de l'harmonie pour expliquer le développement de l'embryon, à partir des cellules ou parcelles (μέρεα [13]) introduites dans le corps de la femme par la semence :

> Les cellules [14] entrent dans un système harmonisé selon les rapports musicaux exacts, un système où apparaissent les trois consonances, la quarte, la quinte et l'octave, elles vivent et se développent grâce aux mêmes aliments qu'auparavant ; mais si elles n'entrent pas dans cette ordonnance harmonique, si le son grave n'est pas en rapport de consonance parfaite avec le son aigu dans un de ces intervalles en question, qu'il s'agisse du premier, du second ou de l'octave, si un seul est faussé, tout l'accord réalisé est sans effet, car il ne permettrait pas d'accompagner un chant. Dans ce cas, les cellules changent du plus grand au plus petit avant leur temps. Car elles ne connaissent pas ce qu'elles font [15].

Autrement dit, c'est le défaut d'harmonie qui provoque les avortements. Ce passage est intéressant en ce qu'il évoque les derniers chapitres de l'*Ad Gaurum* où Porphyre développe aussi des spéculations harmoniques, cette fois pour exprimer l'adéquation de l'âme au corps du nouveau-né.

2. La semence

La tradition hippocratique se distingue de la plupart des doctrines antiques, en ce qu'elle reconnaît l'existence de deux semences, l'une fournie par la femme et l'autre par l'homme. Pour la majorité des auteurs de l'Antiquité, seul l'homme fournit une semence, le sperme, tandis que la femme fournit un simple réceptacle, ou dans le meilleur des cas la matière de l'embryon, qui sera informée par le sperme (Aristote). La tradition hippocratique, que suivra

12. *Nature de l'enfant*, XIII, 3-4.

13. L'éditeur R. Joly choisit de traduire μέρεα tantôt par *cellule*, tantôt par *parcelle*, tout en précisant : « C'est une solution regrettable, mais nous ne pensons pas que, dans des textes aussi obscurs, le français tolèrerait une traduction purement mécanique. » (*Régime*, p. 9, n. 1)

14. Ces cellules sont constituées par un mélange d'air et de feu, qui se développe pour donner des embryons mâles ou femelles.

15. *Régime*, I, 8. Le changement évoqué dans la dernière phrase équivaut à la disparition.

Galien, soutient au contraire l'existence d'une semence féminine [16]. Mieux encore : non contents d'accorder une semence à la femme, à égalité avec l'homme, les médecins hippocratiques lui attribuent un rôle égal dans la détermination du sexe de l'enfant. En effet, l'homme et la femme possèdent chacun une semence mâle (qui produit des garçons) et une semence femelle (qui produit des filles) ; chacun des deux partenaires fournit l'un de ses deux types de semence, et la semence qui prédomine (qu'elle vienne de l'homme ou de la femme) donnera le sexe du rejeton [17].

Un autre thème débattu dans l'Antiquité concerne l'origine de la semence. Plusieurs écoles s'affrontent à ce propos : l'une fait découler la semence du cerveau et de la moelle épinière (théorie myélogénétique), une autre la fait venir de toutes les parties du corps (théorie pangénétique), une troisième du sang (théorie hématogénétique). Les médecins hippocratiques combinent les deux premières théories. D'après Polybe, au moment de l'union sexuelle, sous l'effet de la chaleur, l'humeur provenant de tout le corps de l'homme produit une écume, dont une partie se sépare du reste et gagne le sexe en passant par la moelle épinière [18] ; en conséquence, les hommes qui ont subi une incision des vaisseaux derrière les oreilles deviennent stériles, car

> la plus grande partie du sperme vient de la tête, le long des oreilles, vers la moelle ; et cette voie, suite à l'incision devenue cicatrice, s'est durcie [19].

La semence de la femme vient également de tout son corps pour se déverser dans la matrice [20]. Sur cette question, Porphyre se sépare d'Hippocrate, optant implicitement pour la troisième théorie, la théorie hématogénétique qui n'est soutenue par aucun médecin du corpus hippocratique :

> Il est (...) impossible de percevoir comment la nature retient une partie de ce sang pour fabriquer la semence, multipliant dans ce produit ses propres raisons [21].

3. La conception

Le processus de la conception est décrit avec beaucoup de précision par Polybe dans *Nature de l'enfant*. Voici ce qu'il écrit :

16. *Génération,* VI, 1; VII, 1; VIII, 1. Cf. *Nature de l'enfant,* XII, 1 (« Si la semence des deux parents reste dans la matrice ... ») ; *cf.* aussi *Maladies* IV, 1 (« La semence venue de toutes les parties du corps de l'homme et de la femme ... »).

17. *Génération*, VI, 1. Cf. *Régime*, I, xxviii.

18. *Génération*, I, 7.

19. *Génération,* II, 2.

20. *Génération,* VIII, 1.

21. *Génération* VII, 2.

> Si la semence des deux parents reste dans la matrice de la femme, d'abord elle se mélange, vu que la femme ne reste pas immobile, et en s'échauffant elle se condense et s'épaissit [22].

Ainsi, les deux semences se mélangent par suite des mouvements de la femme, puis ce mélange s'échauffe sous l'effet de la chaleur interne et c'est cet échauffement qui provoque sa coagulation, à la manière d'une bouillie qui « prend » lorsqu'on chauffe le mélange de lait et de farine. Et de même que la bouillie chauffée (portée à *ébullition*) émet des « bulles » (l'image est employée par Jean d'Alexandrie, un médecin du 6e siècle, auteur d'un commentaire du traité de Polybe [23]), de même le mélange « *prend du souffle* », un souffle chaud qui se mélange au souffle froid provenant de la respiration de la mère ; s'échauffant et se gonflant de souffle, la « *semence* » (le texte porte γονή, mais il s'agit en fait déjà d'un embryon) s'entoure d'une membrane, tout en laissant un passage pour le souffle. Cette *gonè* entourée d'une membrane se nourrit alors du sang de la mère, à travers ce « *passage* » qui semble bien être les prémices d'un cordon ombilical. C'est ainsi que le « *futur animal* » (τὸ μέλλον ζῷον ἔσεσθαι) commence à croître [24].

4. Le développement de l'embryon

Les étapes du développement de l'embryon sont décrites de façon différente dans le *Régime* et dans la *Nature de l'enfant*. Le *Régime*, plus spéculatif, expose un processus complexe où le feu, sous l'effet du mouvement et du souffle, solidifie progressivement l'enveloppe qui entoure le germe ; enfermé dans cette enveloppe, le feu continue à travailler en consumant l'humidité interne ; s'opère alors la distinction entre les parties sèches et dures (qui donneront les os et les nerfs) et les parties humides et molles (qui donneront les entrailles), qu'il structure en y établissant des circuits, les veines, et en solidifiant l'humide résiduel, les chairs.

> En un mot, le feu a tout structuré dans le corps à la manière qui lui est propre pour en faire une imitation de l'Univers [25].

22. *Nature de l'enfant*, XII, 1. *Cf.* aussi, pour un mélange de feu, de mouvement et de souffle à l'origine de la coagulation, *Régime*, IX, 1.

23. *Cf.* John of Alexandria, *Commentary on Hippocrates' On the nature of the child = Ioannis Alexandrini in Hippocratis de Natura pueri commentarium*, ed. and transl. by T.A. Bell, D.P. Carpenter, D.W. Schmidt... [*et al.*], Corpus medicorum Graecorum XI,1,4, Berlin, 1997.

24. *Nature de l'enfant*, XII-XIV.

25. *Régime*, I, x, 1. La description citée ci-dessus est tirée de *Régime*, I, ix, 1-3. Ce sont des spéculations de ce genre qui font écrire à J. Jouanna (*Hippocrate*, p. 391) : « L'embryologie, qui devrait être une science d'observation, devient une reconstruction spéculative guidée par la seule croyance que l'anatomie et la physiologie de l'homme reproduisent l'organisation et la marche de l'univers. »

Dans *Nature de l'enfant*, Polybe, plus empirique, décrit la façon dont, sous l'effet du souffle et du sang de la femme qui sert de nourriture, le germe s'enveloppe de membranes, tendues à partir du cordon ombilical, et comment la chair se forme à l'intérieur de ces membranes, par la coagulation du sang de la mère qui lui parvient à travers le cordon. Le « *contenu de la matrice* » grossit, faisant se dilater les membranes qui forment une poche appelée *chorion*, et se divise en membres, du fait que chaque élément va vers son semblable, « *le dense vers le dense, le poreux vers le poreux, l'humide vers l'humide* » : ce qui détermine cette différenciation est l'affinité (συγγένεια).

> Les os durcissent, solidifiés par la chaleur. Naturellement aussi, le (fœtus) se ramifie comme un arbre. L'intérieur comme l'extérieur du corps s'articulent mieux. La tête se détache des épaules ; les bras et les avant-bras, des côtés ; les jambes se séparent ; les nerfs s'attachent à la place naturelle des jointures et s'y abouchent ; le nez et les oreilles se détachent des chairs et se perforent ; les yeux s'emplissent d'une humeur pure et le sexe se déclare. Les viscères aussi s'articulent ; ceux d'en haut ont la respiration par le nez et la bouche ; le ventre aussi se gonfle d'air et les intestins gonflés par en haut ferment la respiration par le cordon ombilical et la suppriment. Un passage vers l'extérieur se forme du ventre et des intestins par l'anus et un autre par la vessie. Tous ces viscères s'articulent grâce à la respiration. En effet, tous, étant remplis d'air, se détachent selon l'affinité (κατὰ συγγένειαν) [26].

5. La formation

Entre la conception et la naissance, une étape capitale est celle de la formation, c'est-à-dire le moment où l'embryon acquiert une forme humaine. Nombre de philosophes ou de théologiens situent à ce moment l'acquisition de l'âme animale, voire rationnelle. Des calculs complexes aboutissent à un certain nombre de chiffres plus ou moins symboliques, le quarantième jour ayant la préférence. C'est ce chiffre qu'avance l'auteur hippocratique du *Régime* [27].

Parfois, les calculs combinent la durée de la gestation, le moment de la formation et l'apparition du mouvement (qui peut dénoter la présence d'une âme animale). Ainsi, pour le médecin hippocratique du traité *De l'aliment*, l'enfant qui naîtra à sept mois (soit 3 x 70 = 210 jours) est formé à 35 jours et bouge à 70 jours, et celui qui naîtra à neuf mois (soit 3 x 90 = 270 jours) est formé à 45 jours et bouge à 90 jours [28]. Polybe introduit une distinction entre le garçon et la fille : le premier est formé à 30 jours et la seconde à 42 jours ; il déduit ces durées à la fois de la durée des lochies après la naissance et de

26. *Nature de l'enfant*, XVII, 1-3.
27. *Régime*, I, 26, 2.
28. *Aliment*, 42. Cf. *Épidémies*, II, 17; VI, 8.

l'observation d'avortons mâles et femelles [29] et s'efforce de leur donner une explication rationnelle, en invoquant la qualité plus humide de la semence femelle, qui met plus de temps à se solidifier [30]. C'est à cette « lenteur » de la femelle que fait allusion Porphyre [31]. En tout état de cause, pour Polybe, le mouvement n'apparaît que lorsque la formation est achevée, ce qui n'intervient pas avant trois mois pour le garçon et quatre pour la fille [32]. On constate donc que pour lui, la formation n'est pas une étape ponctuelle mais un processus, puisque la distinction des membres est présente à 30/42 jours, mais que les extrémités ne sont achevées qu'après 3/4 mois, le mouvement n'apparaissant qu'à ce moment. Porphyre fait bien la distinction entre ceux qui placent l'entrée de l'âme dès la formation et ceux qui la repoussent jusqu'au mouvement [33].

6. NOURRITURE ET RESPIRATION

Un thème important de l'embryologie hippocratique, dans le contexte de la réflexion porphyrienne, est la façon dont l'embryon mange et respire. En effet, Porphyre s'appuie sur Hippocrate, et plus précisément sur le traité de Polybe *De la nature de l'enfant*, pour démontrer la nature végétale de l'embryon. Pour Polybe, l'embryon respire et se nourrit par le cordon ombilical, ce qu'il démontre à partir de l'observation d'une semence de six jours, dans laquelle il discerne le cordon ombilical : c'est par ce cordon que s'effectue la respiration dans les premiers jours, ainsi que la nourriture, puisque c'est par lui que le sang nourricier parvient à l'embryon [34]. Cependant, à partir du moment où l'embryon est articulé (formé), si la nourriture s'effectue toujours par le cordon, pour Polybe la respiration s'effectue alors par le nez et la bouche [35].

Les médecins hippocratiques ne sont pas unanimes sur ce point. Pour l'auteur des *Chairs*, c'est par la bouche que l'enfant aspire la nourriture et l'air, en tétant les cotylédons (protubérances) de la matrice [36].

Le passage dont Porphyre s'inspire le plus pour appuyer sa démonstration de la nature végétale de l'embryon est celui où Polybe fait lui-même le rapprochement entre la façon dont l'embryon se nourrit et croît (facultés végétatives) et la façon dont la plante se nourrit et croît : les chapitre XXII à XXVI de *Nature de l'enfant* constituent un développement à part entière sur la

29. *Nature de l'enfant*, XVIII, 1. 5.
30. *Nature de l'enfant*, XVIII, 8.
31. *Cf.* Porphyre, 5 (5).
32. *Nature de l'enfant*, XXI, 1.
33. *Cf.* Porphyre, 2 (2).
34. *Nature de l'enfant,* XIII, 3 ; XIV, 2. Cf *Aliment*, 30.
35. *Nature de l'enfant*, XVII, 3. Voir le texte cité ci-dessus, à propos du développement de l'embryon.
36. *Chairs*, VI, 3.

physiologie des plantes, la technique de la bouture, l'influence des saisons (hiver, été) sur l'économie végétale. Revenant ensuite à son sujet embryologique, il conclut :

> Toutes les plantes vivent de l'humeur de la terre et leur état dépend de celui de la terre par rapport à l'humeur. De même, l'enfant vit de la mère dans la matrice et son état dépend de l'état de santé de la mère. Celui qui veut réfléchir à ce qui a été dit à ce sujet, trouvera que, du début à la fin, la croissance naturelle des plantes et de l'homme est tout à fait semblable [37].

Il n'en tire cependant pas de conclusions sur l'animation de l'embryon, étant donné que les médecins hippocratiques dans leur ensemble se gardent bien d'évoquer la question de l'âme. Mais ce développement botanique d'Hippocrate (Polybe) s'accordait trop bien au propos de Porphyre pour qu'il se prive de l'utiliser.

7. Les jumeaux

Parfois, la matrice n'abrite pas le développement d'un embryon mais de plusieurs. La survenue de jumeaux est expliquée de façon similaire dans *Régime* et dans *Nature de l'enfant*. La matrice étant pourvue de poches (κόλποι), il arrive que la semence, en parvenant en elle, au lieu de se loger dans une des poches, se répartisse entre les deux poches.

> Quand la semence à son arrivée se trouve répartie dans les deux poches, que la matrice garde la semence et qu'aucune des poches ne se vide dans l'autre, la semence séparée dans chacune de deux poches s'entoure d'une membrane et s'anime (ζωοῦνται) de la façon que j'ai dite pour une seule. (...) Dans la poche où est entrée la semence la plus épaisse et la plus forte, il se forme un garçon ; dans celle où est entrée la semence la plus humide et la plus faible, il se forme une fille. Si une semence forte entre dans les deux, il se forme deux garçons ; si c'est une semence faible, deux filles [38].

Les naissances multiples au-delà de deux sont expliquées de la même façon, le nombre de poches de la matrice n'étant pas précisé.

8. La gestation

La durée de la gestation est l'objet de controverses. Depuis les temps anciens, elle est évaluée de sept à dix mois. L'école pythagoricienne a multiplié les calculs pour faire coïncider les différentes durées avec des nombres plus ou moins significatifs : nombres parfaits, carrés de nombres

37. *Nature de l'enfant*, XXVII, 1.
38. *Nature de l'enfant*, XXXI, 1. 3. Cf. *Régime*, I, xxx.

premiers, etc. Dès ces premières spéculations, le huitième mois apparaît comme néfaste. Un enfant est viable s'il naît à sept mois ou à neuf (ou dix) mois ; il ne l'est pas s'il naît au cours du huitième mois. Étant donné l'impossibilité à cette époque de calculer la durée réelle d'une grossesse (faut-il compter à partir des dernières règles ou du mois qui les suit ? comment déterminer la date exacte d'une conception ?), on s'accorde aujourd'hui à penser que la malédiction du huitième mois peut avoir comme origine le désir de déculpabiliser l'entourage (mère et médecin) d'un enfant non viable (s'il n'a pas vécu, c'est qu'il était un enfant du huitième mois) ou la distinction empirique entre deux sortes de naissance prématurée : accidentelle (en ce cas, l'enfant est simplement trop petit mais viable : on le dira du septième mois) ou pathologique (l'enfant ou la mère était malade et l'enfant n'était pas viable : il était « du huitième mois ») [39]. Quoi qu'il en soit, les auteurs hippocratiques ont cherché à expliquer cette malédiction de l'enfant du huitième mois par des facteurs médicaux. Polybe explique que le huitième mois est le mois de tous les dangers pour la mère et l'enfant, que ce dernier soit dans la matrice ou déjà sorti. En effet, vers la fin du septième mois, l'enfant change de place, descend dans la matrice et appuie sur les membranes qui se relâchent. Certains sortent à ce moment : ce sont les enfants du septième mois ; ils subiront hors de la matrice les souffrances du huitième mois, et seuls les plus vigoureux vivront. Ceux qui restent sont mal en point durant tout le huitième mois ; s'ils attendent le neuvième mois, ils auront repris des forces et supporteront la naissance. Mais ceux qui naîtront au cours du huitième mois cumuleront le traumatisme du huitième mois avec celui de la naissance, et auront fort peu de chances de s'en tirer [40].

9. Anomalies et accidents

Superfétation

Il arrive que la gestation ne se développe pas normalement. Le corpus hippocratique comporte un traité consacré à la superfétation, cette gestation de deux embryons d'âge différent, lorsqu'une seconde conception intervient alors qu'une première est déjà engagée. Voici comment l'auteur de ce traité explique la survenue de ce phénomène, évoqué également par Aristote [41] :

39. Pour la première hypothèse, *cf.* A.E. Hanson, « The Eight Month's Child and the Etiquette of Birth : Obsit Omen! », *Bulletin of the History of Medicine* 61,1987, p. 589-602. Pour la seconde, *cf.* C. Bonnet-Cadilhac, *L'anatomo-physiologie de la génération chez Galien*, thèse pour le Doctorat de l'École Pratique des Hautes Études (IVe section), 1997 : http ://www.bium.univ-paris5.fr/histmed/asclepiades.htm.

40. *Enfant du huitième mois*, I-V.

41. *Cf.* Aristote, *Histoire des animaux*, VI, 2, 579b ; *Génération des animaux*, IV, 5, 733a-734b.

> La superfétation arrive chez les femmes dont l'orifice utérin ne s'est pas fermé complètement après la première conception, ou s'est fermé sans que les signes aient paru. Les produits de la superfétation, si, n'ayant pas encore les membres distincts ils ne sont qu'une seule chair, ne se gonflent pas encore, mais se putréfieront jusqu'à ce qu'ils sortent [42].

L'auteur du *Régime* évoque la superfétation à propos des jumeaux ; il ne se penche pas sur les causes de la survenue d'une nouvelle semence, mais sur le déroulement défectueux des grossesses superfétatoires, qui aboutissent généralement à la mort d'un des deux fœtus, sinon des deux.

> La superfétation arrive de cette façon. Lorsque la matrice est naturellement chaude et sèche, la femme de même et que la semence arrive sèche et chaude, il n'y a plus dans la matrice aucune humidité pour dominer la semence qui y tombe. C'est pourquoi cette dernière se solidifie tout de suite et vit ; mais elle ne peut durer et même, elle détruit en plus le premier embryon, car les mêmes choses ne sont pas utiles aux deux [43].

Môle

Une autre anomalie de la gestation est la môle, ce développement d'une masse de chair dans la matrice de la femme, qui ne s'organise pas en corps et ne devient jamais un enfant. Hippocrate en traite dans son ouvrage *Des maladies des femmes*. Il explique ce phénomène par la disproportion entre une semence trop faible et un sang féminin trop abondant. En ce cas,

> il n'y a pas conception régulière, le ventre paraît plein comme chez une femme enceinte ; mais rien ne remue dans le ventre ; il ne se forme point de lait dans les mamelles, qui sont cependant turgescentes [44].

La môle entraîne la plupart du temps la mort de la femme ; le médecin peut diagnostiquer une môle lorsqu'au bout de quatre mois il n'y a toujours aucun mouvement dans le ventre (Hippocrate explique en effet à cet endroit que l'embryon mâle bouge à trois mois et l'embryon femelle à quatre mois) [45].

Malformations

Parfois encore, vient au monde un enfant malformé. Le médecin qu'est Hippocrate ne peut s'en désintéresser. Polybe, dans *Génération*, écarte résolument les explications qui attribuent les malformations à une malédiction ou à un châtiment divin. Pour lui, la malformation, ou la simple faiblesse d'un nouveau-né (ces enfants « mal venus » qui meurent au bout de quelques jours) est dû essentiellement à un défaut de la matrice : soit elle est trop étroite et

42. *Superfétation*.

43. *Régime*, I, xxxi.

44. Hippocrate, *Maladies des femmes*, I 71, éd. E. Littré, *Œuvres complètes d'Hippocrate*, vol. VIII, 1853.

45. *Ibid.*

l'embryon n'a pas la place de se développer normalement [46], soit elle a subi un coup et l'enfant est estropié à l'endroit du coup, soit elle est mal proportionnée :

> Si l'endroit de la matrice correspondant à telle articulation du fœtus est étroit, il est fatal que, le corps se mouvant à l'étroit, le fœtus soit estropié à cet endroit [47].

Parfois aussi, c'est la semence d'un parent estropié qui transmet la malformation.

Avortement

Parmi les accidents de la grossesse figure également l'avortement. Hippocrate l'évoque dans plusieurs traités du corpus, par exemple dans les *Aphorismes* qui signalent divers cas de figure : saigner une femme enceinte la fait avorter (V, 31) ; les cotylédons (orifices des vaisseaux qui les relient à la matrice) sont emplis de mucosités et, devenus glissants, ne supportent pas le poids de l'embryon (V, 45). Le traité *De la nature de la femme* revient sur cette cause d'avortement et indique aux médecins comment y remédier [48], de même que lorsque l'excès d'eau dans la matrice empêche l'embryon d'y demeurer [49]. Un mauvais état général de la femme peut également contrarier la nutrition et le bon développement de l'embryon [50]. En tous ces cas, la démarche d'Hippocrate est essentiellement celle d'un thérapeute.

10. L'ACCOUCHEMENT

À l'orée du huitième mois, l'enfant descend dans la matrice pour préparer sa sortie. Il se trouve alors dans une disposition plus vulnérable (voir plus haut : l'enfant du huitième mois). Polybe décrit le processus de l'accouchement à la fin de *Nature de l'enfant* : ce sont les mouvements de l'enfant, qui se trouve à l'étroit dans une matrice devenue trop petite, qui déclenchent ce processus, en rompant les membranes : dès que l'une est rompue, les autres, fragilisées, se rompent également.

> Quand les membranes sont rompues, le fœtus se libère du lien et se déplace vers le dehors, en s'agitant. (...) En se déplaçant, l'enfant force et élargit la matrice dans son passage, puisqu'elle est souple ; il a la tête en avant si son mouvement est naturel, car les parties supérieures, pesées à partir du cordon ombilical, sont

46. *Génération*, IX, 2.
47. *Génération*, X, 2.
48. Hippocrate, *Nature de la femme*, § 17, éd. E. Littré, *Œuvres complètes d'Hippocrate*, vol. VII, 1851.
49. *Ibid.*, § 35.
50. Hippocrate, *Maladies des femmes*, I 21, éd. E. Littré, *Œuvres complètes d'Hippocrate*, vol. VIII, 1853.

> les plus lourdes. (...) Si, une fois les membranes rompues, le mouvement par la tête l'emporte, la femme accouche facilement ; mais si l'enfant s'avance de côté ou par les pieds — car cela arrive — si le mouvement se présente ainsi, soit à cause du volume de la matrice, soit que la mère, dans les douleurs, n'ait pas gardé le repos dès le début, si donc l'enfant se présente ainsi, la femme accouchera difficilement. Il est fréquent qu'elles en meurent ou leur enfant ou les deux [51].

L'accouchement, dans l'Antiquité, demeure essentiellement un événement à haut risque.

Les médecins hippocratiques se sont beaucoup intéressés à l'embryologie, pour deux raisons principales : une raison théorique, qu'ils partagent avec les philosophes, car l'embryon est investi du mystère de la condition humaine — et de ce point de vue l'embryologie est un aspect fondamental de la réflexion anthropologique — et une raison purement médicale, car l'embryon qui se développe dans la femme, et la femme elle-même, sont pour le médecin des patients susceptibles d'être affectés de maladies à soigner. La diversité du corpus hippocratique implique des points de vue différents (observations scientifiques ou spéculations cosmologiques, exposés physiologiques ou indications thérapeutiques), mais la perspective rationnelle l'emporte, surtout dans les traités attribués à Polybe. Cependant, la démarche médicale est différente de celle des philosophes comme Porphyre : le médecin hippocratique se désintéresse de la question de l'âme, il s'attache avant tout, et quasi-exclusivement, au corps.

Marie-Hélène Congourdeau

51. *Nature de l'enfant*, XXX, 1. 2. 10.

LE VIVANT, SA REPRODUCTION ET SA NUTRITION SELON PLATON

Si les néoplatoniciens ont adopté cette position sur la formation et l'animation de l'embryon dont *l'Ad Gaurum* porte témoignage, c'est que, tout en étant influencés par les stoïciens, ils ont voulu rester fidèles à la définition que donne Platon du vivant, notamment dans le *Timée*, et surtout à sa définition et à la description qu'il propose de l'âme d'abord dans le *Phèdre*, puis dans le *Timée*. La conception d'une âme séparée qui peut subsister sans corps terrestre, et qui, sur terre, peut passer d'un corps à un autre en fonction de la qualité de sa vie antérieure, pose des problèmes spécifiques en ce qui concerne la conception, la gestation et la naissance d'un être humain. Leur fidélité indéfectible à Platon a amené les néoplatoniciens à commettre toute une série de contre-sens notamment en ce qui concerne la transmission de la vie.

CE QU'EST UN VIVANT POUR PLATON

Chez Platon, on qualifie de vivants, les êtres pourvus d'un corps et d'une âme : « Ce que l'on appelle "vivant", c'est cet ensemble, une âme et un corps fixé à elle. » (*Phèdre* 246c5). Cette définition paraît simple et claire, mais en y regardant de plus près, les choses se compliquent, car, en grec ancien, le terme ζῷον présente une ambiguïté redoutable ; il ne permet pas de faire une distinction entre le vivant au sens large et l'animal [1].

Par définition, tous les vivants sont dotés d'un corps (σῶμα), qui se compose des quatre éléments et de ces quatre éléments seulement : le feu, l'air, l'eau et la terre [2]. Parce qu'il est venu à l'être, aucun corps n'est indes-

1. Le terme « animal » en français dérive du latin *anima* qui est une traduction de ψυχή, terme technique qui correspond à un état du πνεῦμα. Platon utilise le terme ζῷον dans un contexte antérieur. Voir sur le sujet l'Introduction.

2. Comme cela est clair dans le *Timée*.

tructible [3]. Mais le corps de certains vivants ne sera pas détruit, non par nature, mais en raison d'une décision de celui qui les a fabriqués [4]. Avoir un corps indestructible ou non, voilà quel est le premier critère qui permet d'établir une distinction entre les vivants.

Les quatre éléments sont soumis à des mouvements mécaniques parce que leurs formes et leurs grandeurs diffèrent [5]. Mais si on en reste là, les difficultés se multiplient : 1) il est impossible d'assigner à ces mouvements une origine absolue, car on se trouve alors confronté à une remontée à l'infini ; 2) rien n'assure que ce mouvement ne s'arrêtera pas ; et 3) surtout il faut admettre que tout est le produit du hasard. Pour assurer au mouvement une véritable perpétuité, c'est-à-dire pour faire qu'il soit sans commencement ni fin, et pour maintenir un ordre véritable nécessaire à l'éclosion et au maintien de la vie, il faut, selon Platon, supposer au mouvement un principe automoteur, l'âme (ψυχή), dirigée par une faculté supérieure : l'intellect (νοῦς). Ce principe doit présenter deux caractéristiques : 1) il doit être incorporel, dès lors qu'il est immortel ; 2) dans la mesure où l'âme appartient à un autre ordre de réalité séparée, elle ne peut venir que de l'extérieur s'établir dans le corps qu'elle meut.

L'IMMORTALITÉ DE L'ÂME

Si l'on se situe sur un plan très général, l'âme (ψυχή) est définie comme le principe automoteur [6] de tout mouvement physique aussi bien que psychique [7]. La conséquence de cette définition est la suivante : il faut accorder l'immortalité [8] à l'âme tout entière [9]. En tant que principe, l'âme n'a ni commencement ni fin. Dès lors, on peut la dire immortelle. Mais il s'agit là de l'âme en général, non de l'âme individuelle qui, comme on le verra, semble perdre son identité à la fin de chaque cycle de dix millénaires au terme desquels elle retombe dans l'anonymat avant de retrouver une identité nouvelle.

> Toute âme [10] est immortelle. En effet, ce qui se meut toujours est immortel. Or, pour l'être qui en meut un autre et qui est mû par autre chose, la cessation du

3. *Timée* 28a3.
4. *Timée* 41a7-b8.
5. Voir sur le sujet L. Brisson, « How and Why Do the Building Blocks of the Universe Change Constantly in Plato's *Timaeus* (51a-61c) ? », dans C. Natali e St. Maso (éd.), *Plato Physicus. Cosmologia e antropologia nel* Timeo, Amsterdam, Hakkert, 2003, p. 189-204 et figures.
6. *Lois* X 896a.
7. *Lois* X 896e-897a.
8. *Phèdre* 245a-d.
9. Sur cette question voir l'article de L. Brisson : « Le parti mortali dell'anima o la morte come oblio del corpo », dans M. Migliori, L. M. Napolitano Valditara et A. Fermani (éd.), *Interiorità e anima. La psychè in Platone*, Milano, Vita e Pensiero, 2007, p. 25-34.
10. L'expression ψυχὴ πᾶσα peut être prise dans un sens collectif ou distributif.

> mouvement équivaut à la cessation de la vie. Seul l'être qui se meut lui-même (τὸ αὐτὸ κινοῦν) [11], puisqu'il ne fait pas défaut à lui-même, ne cesse jamais d'être mû ; mieux encore, il est source et principe de mouvement pour tout ce qui est mû. Or, un principe est chose inengendrée. Car c'est d'un principe que vient nécessairement à l'être tout ce qui vient à l'être, tandis que le principe, lui, ne vient de rien. En effet, si le principe venait à l'être à partir de quelque chose, ce ne serait pas à partir d'un principe qu'il viendrait à l'être. Or, comme c'est une chose inengendrée, le principe est aussi nécessairement une chose incorruptible. À supposer, en effet, que le principe soit anéanti, jamais ne pourraient venir à l'être ni ce principe à partir de quelque chose ni autre chose à partir de ce principe, s'il est vrai que toutes choses viennent à l'être à partir d'un principe.
>
> Concluons donc. L'être qui se meut lui-même est principe de mouvement. Or, cet être ne peut ni être anéanti ni venir à l'être ; autrement le ciel tout entier et tout ce qui est soumis à la génération s'effondreraient, s'arrêteraient et jamais ne retrouveraient une source de mouvement leur permettant de venir de nouveau à l'être. Une fois démontrée l'immortalité de ce qui se meut soi-même, on ne rougira pas d'affirmer que c'est là que réside l'être de l'âme, et que c'est bien ce en quoi consiste sa définition. Car tout corps qui reçoit son mouvement de l'extérieur est inanimé ; mais celui qui le reçoit du dedans, de lui-même, est animé, puisque c'est en cela même que consiste la nature de l'âme. Or, s'il en est bien ainsi, si ce qui se meut soi-même n'est autre chose que l'âme, il s'ensuit nécessairement que l'âme ne peut être ni quelque chose d'engendré ni quelque chose de mortel. (*Phèdre* 245c-246a)

Comme principe de mouvement, l'âme est, en tant que telle, neutre et de ce fait elle est susceptible de produire l'ordre ou le désordre suivant les circonstances, alors que le vivant a besoin d'ordre pour subsister. Aussi faut-il déterminer quelle faculté assurera la permanence d'un ordre dans le mouvement. Cette faculté c'est l'intellect (νοῦς), qui atteint à la connaissance la plus haute, celle qui a pour objet non le sensible, mais l'intelligible dont le sensible n'est qu'une image. Pour Platon, une forme intelligible présente les caractères suivants : c'est une entité non sensible, qui existe en soi toujours et absolument, qui est pure, sans mélange, qui n'est pas sujette au devenir, qui n'est pas composée, et qui surtout entretient avec les réalités particulières qui en « participent » un rapport de modèle à image. Car les réalités particulières qui ne cessent de changer ne peuvent devenir objets de connaissance et recevoir un nom que si elles peuvent être considérées comme les copies de réalités qui leur assurent un minimum de stabilité.

11. C'est-à-dire qui se meut spontanément. Il ne s'agit donc pas de l'automotricité (κίνησις αὐτόκινητος) qui sert à définir le mouvement de l'animal dans notre traité, qui est un mouvement spontané, mais moins général, car il ne fait intervenir que la sensation et l'impulsion.

LES PÉRÉGRINATIONS DE L'ÂME QUI VIENT D'AILLEURS

Pour Platon, l'âme passe par des cycles de 10 000 ans.

> Voici maintenant le décret d'Adrastée. Toute âme qui, faisant partie du cortège d'un dieu, a contemplé quelque chose de la vérité, reste jusqu'à la révolution suivante exempte d'épreuve, et, si elle en est toujours capable, elle reste toujours exempte de dommage. Mais, quand, incapable de suivre comme il faut, elle n'a pas accédé à cette contemplation, quand, ayant joué de malchance, gorgée d'oubli et de perversion, elle s'est alourdie, et quand, entraînée par ce poids, elle a perdu ses ailes et qu'elle est tombée sur terre, alors une loi interdit qu'elle aille s'implanter dans une bête à la première génération ; cette loi stipule par ailleurs que l'âme qui a eu la vision la plus riche ira s'implanter dans une semence (εἰς γονὴν) [12] qui produira un homme destiné à devenir quelqu'un qui aspire au savoir. (...) Après mille ans, les unes et les autres reviennent tirer au sort et choisir leur deuxième vie : chacune choisit à son gré. À partir de là, l'âme d'un homme peut aussi aller s'implanter dans le corps d'une bête, et inversement celui qui fut un jour un homme peut de bête redevenir un homme. De toute façon, l'âme qui n'a jamais vu la vérité ne peut prendre l'aspect qui est le nôtre. (*Phèdre* 248c-e)

Pendant le premier millénaire, une âme humaine accompagne les dieux et les démons qui, au-delà de la sphère du monde sensible, vont contempler les formes intelligibles. À la fin de ce premier millénaire, toutes les âmes qui peuvent être associées à un corps mortel tombent nécessairement dans un corps d'homme (ἀνήρ) pour le millénaire suivant.

Dès le début de ce second millénaire, s'instaure donc une hiérarchie qui dépend de la qualité de la contemplation de l'intelligible durant le millénaire antérieur. Neuf types d'hommes sont pris en considération, qui peuvent être considérés sous l'angle de la tripartition fonctionnelle. Le φιλόσοφος ou le φιλόκαλος qui a choisi pendant trois millénaires une vie droite pourra s'échapper du cycle des réincarnations et remonter dans le ciel. Les autres passeront d'un corps à un autre, à partir du troisième millénaire. Voilà la description de ce processus que l'on trouve à la fin du *Timée* (90e-92c). La première catégorie de corps évoqué est celui de la femme (γυνή) : entre dans un corps de femme l'homme qui aura fait preuve de lâcheté, la virilité étant attachée à la guerre en Grèce ancienne.

Puis viennent des incarnations en différents types de ce que nous appelons « animaux ». Ces derniers sont classés, en fonction des éléments (à partir de l'air, puisque le feu est réservé aux dieux) d'après un ordre vertical. Tout en haut, dans l'air, volent les oiseaux. Puis, ce sont les vivants qui habitent à la surface de la terre. Il s'agit des quadrupèdes, des insectes et des reptiles. Viennent enfin les animaux aquatiques : poissons, coquillages et autres. Ce

12. Ces lignes sont citées dans notre traité. Selon toute évidence γονή équivaut à σπέρμα.

sont les plus stupides. Dans cette perspective, l'identité d'un être humain, que son âme soit incarnée dans un animal ou non, se situe du côté du mal, du manque. Et tout porte à croire que cette identité est perdue après chaque cycle de 10 000 ans. Alors l'âme individuelle retombe dans l'anonymat avant de retrouver une nouvelle identité qui persistera durant dix millénaires.

En fait, Platon décrit une hiérarchie psychique où viennent s'inscrire, suivant un ordre strict, les dieux, les démons, les êtres humains, les animaux qui vivent dans l'air, sur la terre et dans l'eau et même, comme nous le verrons bientôt, les plantes. Le premier critère qui introduit une coupure dans cette hiérarchie est celui de l'indestructibilité des corps : seuls les dieux et les démons ont un corps qui ne sera pas détruit non par nature, mais parce que le démiurge le souhaite. L'activité intellectuelle, conçue comme intuition des Formes, constitue le second critère qui permet d'établir une distinction entre toutes ces âmes. Les dieux et les démons contemplent les Formes directement et de façon pour ainsi dire incessante. Les êtres humains ne partagent ce privilège que pendant une certaine période de leur existence, lorsque leur âme est séparée de tout corps. Lorsque les âmes humaines sont incarnées, leur contemplation des Formes est médiate, parce qu'elle doit passer par l'intermédiaire des sens ; et surtout elle est plus ou moins aléatoire. Pour leur part, les animaux font de moins en moins usage de leur intellect à mesure qu'on descend dans l'échelle des êtres.

Dans la hiérarchie psychique que j'ai évoquée, on remarque deux discontinuités. 1) Une discontinuité entre les âmes des dieux et des démons d'une part qui ne tombent jamais dans un corps susceptible de destruction, et les âmes des êtres humains et des animaux d'autre part qui habitent des corps destructibles aux apparences diverses. 2) Une discontinuité entre les âmes des êtres humains et des animaux qui sont dotés d'une partie rationnelle, et les âmes des plantes qui, comme nous le verrons, sont réduites à la partie désirante, à l'ἐπιθυμία.

Considérons, une à une, les conséquences de ces deux discontinuités.

1) Dans ce système hiérarchisé, seules les âmes douées d'un intellect sont soumises à un système rétributif, qui les fait monter ou descendre dans l'échelle des âmes incarnées en fonction de la qualité de l'exercice de leur Intellect. Les dieux et les démons se trouvent au-delà de cette classe et les plantes en deçà. Les dieux et les plantes restent donc toujours à leur niveau, à l'extrémité supérieure ou à l'extrémité inférieure.

2) Par suite, l'être humain qui se situe à la limite supérieure de la classe des âmes incarnées doit avoir pour but de s'assimiler aux dieux et aux démons, en recherchant une contemplation des Formes qui soit la plus immédiate et la plus longue possible, et cela en assurant la séparation de l'âme d'avec le corps. D'où le thème de l'assimilation à la divinité, par le philosophe, qui tend vers le savoir qui permet d'atteindre la contemplation des Formes.

3) La hiérarchie entre les êtres humains et les animaux, qui est fonction de l'exercice de l'activité intellectuelle, se trouve matérialisée par le corps. Le corps, dans lequel se trouve une âme, illustre la qualité de l'activité intellectuelle de cette âme ; bref le corps est un « état d'âme », suivant la belle expression de Monique Labrune [13]. Par là, on retrouve le fameux jeu de mots σῶμα-σῆμα, pour lequel Platon évoque trois interprétations dans le *Cratyle* :

> En effet, certains disent que c'est le « tombeau » (σῆμα) de l'âme, dans la mesure où elle y est présentement ensevelie. D'autre part, comme c'est par le corps que l'âme signifie tout ce qu'elle signifie, en ce sens aussi, il est correct de l'appeler « signe » (σῆμα). Mais, selon moi, ce sont surtout les Orphiques qui ont établi ce nom dans l'idée que l'âme purge une peine qu'elle doit payer, et ils tiennent le corps pour une enceinte qui doit la garder (σῴζεται), à l'image d'une prison; ils pensent donc que le corps est bien, comme son nom l'indique, la garde (σῶμα) de l'âme, sans qu'il soit besoin de rien changer au mot – pas même une lettre. (*Cratyle* 400b-c)

Interpréter σῆμα comme « tombeau » résulte d'une surdétermination aisée à comprendre. Un tombeau est un « signe » indiquant que sous la terre se trouve un cadavre ou ce qu'il en reste. Le corps, lui, est un « signe » indiquant qu'il est mû par un certain type d'âme, une âme qui, parce qu'elle se trouve dans un corps, est morte jusqu'à un certain point, dans la mesure où elle ne vit pas totalement par et pour son intellect. Et c'est en fonction de la qualité de son existence antérieure que l'âme se retrouve dans tel ou tel corps où pour ainsi dire elle purge une peine.

Dans cette perspective, l'ensemble des êtres humains et des animaux qui vivent dans l'air, sur terre et dans l'eau constitue un vaste système de signes; signes du point de vue de l'apparence, mais aussi du point de vue du comportement, ce qui justifie le recours à un certain nombre de comparaisons, d'images et de métaphores faisant intervenir les animaux [14]. Ces signes, dans le *Timée*, renvoient à des types d'âmes différents dont la qualité morale se trouve déterminée en dernière instance par leur contemplation de l'intelligible, suivant un certain nombre de détails qui paraissent ironiques ou ridicules, mais qui présentent une dimension cosmique : les oiseaux sont des astronomes naïfs qui croient que la vue est la source ultime de la connaissance ; les quadrupèdes ont besoin de quatre pattes pour supporter leur crâne allongé par les déformations des révolutions des cercles de sa partie rationnelle ; les animaux terrestres

13. M. Labrune, « États d'âme. Le corps dans la philosophie de Platon », dans J.-Chr. Goddard et M. Labrune (éd.), *Le corps*, Intégrale, Paris, Vrin, 1992, p. 27-47.

14. On rappellera en effet, sans donner des détails qui compliqueraient les choses, la description du spectacle que donnent les âmes qui accordent leur préférence à tel ou tel corps à la fin du mythe d'Er.

les plus stupides rampent ; les poissons sont encore plus stupides, l'ignorance la plus basse étant celle des coquillages [15].

Mais ce signe matériel qu'est le corps, il faut en assurer la reproduction et la conservation.

La reproduction sexuée

La reproduction pose de redoutables problèmes à Platon : d'une part, parce que les âmes peuvent subsister indépendamment de tout corps terrestre, et d'autre part parce que les êtres humains de la première génération terrestre, c'est-à-dire du second millénaire, ne se reproduisent pas sexuellement : même s'ils sont qualifiés d'ἄνδρες, ils n'ont pas de sexe masculin, les deux sexes n'apparaissant qu'à la seconde génération, qui par suite ne peut provenir de relations sexuelles.

Il faut attendre le troisième millénaire, et l'apparition de la femme pour que cela soit possible. Et cela, parce que la reproduction doit être le moyen non seulement de créer un nouveau corps, mais aussi de transmettre une âme qui corresponde à tel ou tel corps. Certes, on peut comprendre que, pour assurer la possibilité d'une telle rétribution, les âmes qui n'ont pu se maintenir dans le ciel ne s'incarnent d'abord que dans des ἄνδρες durant la première période de mille ans. Mais, comme pour les huit autres périodes de mille ans qui suivent, des distinctions apparaissent, notamment entre les ἄνδρες qui ont été courageux et ceux qui ne l'ont pas été, une division des sexes s'impose sur un plan éthique, une division qui jouera cependant un rôle biologique important dans le domaine de la reproduction.

Le mécanisme de la reproduction

C'est dans un passage très difficile que Platon décrit le mécanisme de la reproduction sexuée. On se trouve au moment de l'apparition de la femme, c'est-à-dire au troisième millénaire. En effet, durant le premier millénaire, l'âme n'était pas pourvue de corps terrestre, et durant le second millénaire, il n'y avait pas de distinction sexuelle.

15. Sur tout cela, voir L. Brisson, « Myths in Plato's Ethics », dans M. Migliori, L.M. Napolitano Valditara, D. Del Forno, (éd.), *Plato Ethicus. Philosophy is Life*, Sankt Augustin, Academia Verlag, 2004, p. 63-76 ; et A.D. Carpenter, « Embodying Intelligence : Animals and Us in Plato », dans J. Dillon and M.-E. Zovko (éd.), *Platonism and Forms of Intelligence*, Berlin, Akademie Verlag, 2008, p. 39-57.

Et c'est à cette époque que les dieux [16] ont, pour cette raison, instauré le désir de la copulation. Ils ont mis en nous un être vivant [17] et dans les femmes un être animé [18], qu'ils ont fabriqués l'un et l'autre en s'y prenant de la façon suivante. Ce conduit qui, lorsqu'il a reçu le liquide bu, après qu'il soit descendu, entre les poumons, jusque dans la vessie qui se trouve sous les reins, évacue ce liquide en l'éjectant sous la pression de l'air, ils [19] l'ont, en y ménageant une autre ouverture, mis en communication avec la moelle [20] qui s'est condensée en descendant de la tête par le cou et à travers l'épine dorsale, cette moelle justement que, dans ce que nous venons de dire, nous avons appelée « sperme » [21]. Cette moelle [22], dans laquelle il y a une âme [23] qu'elle a inspirée [24], produit, dans le conduit [25] qui lui a permis de procéder à cette inspiration [26], l'envie vitale [27] d'éjaculer et permet au désir [28] d'engendrer de se satisfaire. Voilà bien

16. Les aides du démiurge qui s'occupent de la fabrication du corps : « Mais tout cela, le dieu commença par y mettre de l'ordre, puis il s'en servit pour constituer cet univers-ci, qui est un vivant unique comprenant en lui tous les vivants mortels aussi bien qu'immortels. Et, des vivants divins, il devient lui-même le démiurge, tandis qu'il a confié le soin d'engendrer les vivants mortels à ceux qui étaient nés de lui. » (*Timée* 69b8-c5)

17. En grec ancien, on lit ζῷον ; le terme revient en 91c2 pour désigner la matrice.

18. En grec ancien, on trouve ἔμψυχον, qui, chez Platon, équivaut à ζῷον. On retrouve l'épithète en 91b1 appliquée à la moelle.

19. Voir la note 16.

20. La moelle est le tissu corporel le meilleur, car il résulte d'un mélange de tous les éléments, à l'état pur; dans la chair il y a déjà mélange. C'est en elle que s'ancre l'âme : « Concernant les os, les chairs et toutes les substances de cette sorte, voici ce qu'il en fut. Pour toutes ces substances, le point de départ, c'est la moelle. En effet, les liens de la vie, se trouvant pris dans la moelle, y enracinaient la race mortelle. La moelle, quant à elle, est faite à partir d'autres choses. En effet, parmi les triangles, tous ceux qui tenaient le premier rang pour la régularité et pour le poli et ceux qui étaient susceptibles de fournir le feu, l'eau, l'air et la terre présentant la plus grande exactitude, ces triangles, le dieu, dans chaque genre, les préleva, les mélangea les uns aux autres en respectant des proportions définies, machinant une semence universelle pour l'espèce mortelle en son ensemble, il fabriqua à partir de ces triangles la moelle. Et puis, dans la moelle, il implanta et enchaîna les espèces d'âme. Et autant il devait par ailleurs y avoir d'espèces d'âmes en quantité et en qualité, c'est en autant de figures en quantité et en qualité qu'il divisa la moelle elle-même, dès la division initiale. » (*Timée* 73b1-c6)

21. Le grec dit σπέρμα. Voir *supra* 74a, 77d, 86c-d.

22 Le relatif au masculin ne peut avoir comme antécédent que le terme μύελος, le tissu corporel dans lequel s'ancre l'âme.

23. On retrouve ἔμψυχος qui vient de qualifier l'utérus. C'est normal, car l'âme est ancrée dans la moelle, voir le texte cité dans la note 20.

24. L'expression λαβών ἀναπνοήν correspond à ἀναπνοήν λαβοῦσα de *Phèdre* 254e3. Or il semble que cette formule étrange doive être associée à une doctrine orphique selon Aristote : « Tombe sous la même objection la doctrine que l'on trouve dans les vers attribués à Orphée et qui enseigne en effet que l'âme vient de l'univers et entre dans les vivants quand ils inspirent, car elle est portée par les vents. » (ἐν τοῖς Ὀρφικοῖς καλουμένοις ἔπεσι λόγος φησὶ γὰρ τὴν ψυχὴν ἐκ τοῦ ὅλου εἰσιέναι ἀναπνεόντων φερομένην ὑπὸ τῶν ἀνέμων) (*De anima*, I 5, 410b28-30 = Kern, fr. 27 = 421 Bernabé). Il faut reconnaître que ce rapprochement pose beaucoup de problèmes, car il assimile l'âme, qui est incorporelle, à une entité matérielle.

25. On peut donner comme antécédent au ᾗπερ le féminin διέξοδος.

26. Il est difficile de trouver un antécédent à ce τοῦθ'.

27. En grec, on trouve ζωικὴν ἐπιθυμίαν.

28. En grec, ἔρωτα.

pourquoi, chez les hommes, les parties honteuses sont insolentes et tyranniques, à la manière d'un vivant rebelle à la raison [29], et pourquoi elles s'efforcent de tout dominer [30] sous l'effet d'envies qui jouent le rôle d'aiguillons [31]. Pareillement, lorsque, chez les femmes, ce que l'on appelle la « matrice » ou l'« utérus » [32], et qui est un être vivant possédé de l'envie de faire des enfants [33], est, à l'âge propice pour enfanter [34], demeuré stérile pendant un long moment, alors cet organe s'irrite ; il supporte mal son état, et, se mettant à errer de par tout le corps, obstruant les orifices par où sort l'air inspiré et empêchant ainsi la respiration, il jette le corps dans les pires extrémités et provoque des maladies de toute sorte, jusqu'à ce que l'envie de l'un des sexes et le désir de l'autre [35] les amènent à s'unir. Alors, comme si c'était un fruit qu'ils avaient cueilli à des arbres [36], ils sèment dans la matrice, comme dans une terre labourée [37], des vivants invisibles en raison de leur petitesse [38] et encore informes, pour les y faire croître et se différencier, et pour, cela réalisé, les faire sortir à la lumière permettant ainsi la naissance d'êtres vivants. (*Timée* 91a1-d5)

29. Parce qu'elles sont insolentes.

30. Parce qu'elles sont tyranniques.

31. Pour la métaphore de l'aiguillon, voir *Phèdre* 240d, *République* IX 577e, *Lois* VI 782e.

32. En grec μῆτραί τε καὶ ὑστέραι. Le terme ὑστέρα « ce qui est tout en bas » est probablement comme αἰδόον un terme « pudique », un euphémisme.

33. En grec ancien, ζῷον ἐπιτυμητικὸν παιδοποιίας.

34. En grec ancien, παρὰ τὴν ὥραν. Il semble que soit désignée par là la période de temps où la conception est possible.

35. On retrouve ἐπιθυμία et ἔρως. Voir *supra*, les notes 27 et 28.

36. Ce fruit c'est le sperme, comme on peut le constater en relisant *Timée* 86c3-d2, passage qui sera cité plus bas.

37. On retrouve la métaphore appliquée cette fois au cerveau : « Et, lorsqu'il eut, en lui donnant partout une forme ronde, façonné cette portion de la moelle qui, telle une terre labourée, devait recevoir la semence divine, il la nomma "cerveau", dans l'idée que, lorsque chaque vivant serait achevé, le vase qui l'entourerait serait la tête. » (*Timée* 73c7-d2).

38. Plusieurs autres choses sensibles sont invisibles en raison de leur petitesse. Il s'agit des particules élémentaires de feu, d'air, d'eau et de terre : « Tous ces corps, il faut concevoir qu'ils sont si petits que, pris un à un dans chaque genre, aucun ne puisse être vu de nous en raison de sa petitesse, mais que, si plusieurs s'agrègent, les masses qu'ils forment deviennent visibles. » (*Timée* 56b7-c3). Il s'agit aussi des chevilles qui permettent aux aides du démiurge de relier ces particules élémentaires pour constituer un corps humain : « Ces portions qu'ils avaient prélevées, ils les agloméraient en une même entité non en se servant de ces liens indissolubles qui assuraient leur propre cohésion, mais en usant pour les assembler d'un réseau dense de chevilles que leur petitesse rendait invisibles. Avec toutes ces portions, ils fabriquèrent pour chaque individu un seul corps, et dans ce corps soumis à un flux et à un reflux perpétuel, ils enchaînaient les révolutions de l'âme immortelle. » (*Timée* 43a1-6). Il s'agit enfin de bulles que provoquent certaines maladies : « Maintenant, cette substance, combinée avec de l'air, qui résulte de la dissolution de chair nouvellement formée et tendre, c'est-à-dire quand l'air la gonfle et que du liquide l'entoure, quand ce processus produit des bulles, dont chacune est invisible en raison de sa petitesse, mais dont l'ensemble forme une masse visible qui, parce qu'elle produit de l'écume, apparaît à l'œil comme étant de couleur blanche, cette substance donc nous disons que c'est du "phlegme blanc". » (*Timée* 83c7-d6). Dans le cas présent, ce sont des vivants (ζῷα) qui sont semés par le sperme jusque dans la matrice. Là, ils vont croître et se différencier. En fait, c'est l'idée de la semence qui contient en elle en petit la plante qui va se différencier et pousser.

L'une des principales difficultés de ce passage résulte du fait que les organes sexuels, aussi bien ceux de la femme que ceux de l'homme, sont considérés comme des vivants. Une telle hypothèse permet de comprendre pourquoi l'être humain a tellement de mal à maîtriser ses pulsions sexuelles ; mais, si on la prend au pied de la lettre, elle introduit nombre de difficultés. Par quelle sorte d'âme ces vivants sont-ils mus ; par une âme en tant que telle ou par cette partie de l'âme de l'individu qui se rapporte au désir, celle qui meut les plantes ? Cette seconde piste pourrait être la bonne, car, dans le cas contraire, la notion d'individu, dans son sens le plus primitif, deviendrait problématique ; il y aurait dans l'homme et dans la femme un vivant parasite qui leur serait étranger. Platon, semble-t-il, veut dire que le phallus de l'homme et le sperme qu'il véhicule, tout comme l'utérus de la femme qui peut s'irriter et se mettre en mouvement, sont animés par la partie désirante de l'âme de l'homme et de la femme à qui ils appartiennent.

L'organe sexuel mâle joue habituellement le rôle d'appareil urinaire. Mais, lors de la copulation c'est du sperme qui en sort, car le canal urinaire a été mis en relation comme on l'a vu avec la moelle qui se trouve dans la colonne vertébrale. Or, la moelle est le tissu le plus parfait du corps où dès lors vient s'ancrer l'âme.

> Concernant les os, les chairs et toutes les substances de cette sorte, voici ce qu'il en fut. Pour toutes ces substances, le point de départ, c'est la moelle. Aussi longtemps que l'âme est enchaînée au corps, les liens de la vie sont en effet fixés dans ce corps et servent de racines pour la race mortelle. La moelle, quant à elle, est faite à partir d'autres choses. En effet, parmi les triangles, tous ceux qui tenaient le premier rang pour la régularité et pour le poli et qui étaient susceptibles de fournir le feu, l'eau, l'air et la terre présentant la forme la plus exacte, ces triangles, le dieu, dans chaque genre, les préleva, les mélangea les uns aux autres en respectant des proportions définies, machinant une semence universelle pour l'espèce mortelle en son ensemble, et il fabriqua à partir de ces triangles la moelle. Et puis, dans la moelle, il implanta et enchaîna les espèces d'âme [39]. Et autant il devait par ailleurs y avoir d'espèces d'âmes, en quantité et en qualité, en autant de figures, en quantité et en qualité, il divisa la moelle elle-même, dès le point de départ. (*Timée* 73b1-c6)

Une partie de la moelle mélangée à de la terre sert à fabriquer les os qui constituent le crâne et la colonne vertébrale servant à contenir et à protéger le reste de la moelle :

> C'est justement ce matériau qu'il a utilisé pour former autour une sphère osseuse destinée à envelopper le cerveau de l'être humain, en y réservant une issue étroite. Puis, pour entourer la moelle du cou et du dos, il façonna, à partir

39. Le νοῦς dans le crâne, le θυμός de l'ἐπιθυμία dans la colonne vertébrale au niveau du cœur et du foie respectivement.

> de ce matériau, des vertèbres qu'il a emboîtées comme des gonds, en commençant par la tête, à travers toute la cavité du tronc. Et c'est la totalité de la semence qu'il a ainsi enclose, pour la sauvegarder, dans une enceinte de pierre, où il a fabriqué des articulations, en utilisant le second élément qu'il leur ajoutait comme élément intermédiaire, pour permettre le mouvement et la flexion. (*Timée* 73e8-74a7)

La moelle génératrice (τὸν γόνιμον μυελόν) qui se trouve dans la colonne vertébrale est nourrie par le sang qui lui donne la vigueur la plus grande [40]. Et il peut même arriver qu'il y ait surabondance de moelle : « Or, celui chez qui le sperme naît et surabonde dans la moelle, comme si c'était un arbre surchargé de fruits, celui-là, parce qu'il éprouve de façon répétée une foule de douleurs et une foule de plaisirs, dans ses désirs et dans les fruits qui en résultent, celui-là devient un insensé, et cela durant la majeure partie de sa vie, sous l'effet de plaisirs et de douleurs extrêmes, car son corps a rendu son âme malade et l'a privée de raison. » (*Timée* 86c3-d2). On notera que le recours à l'image de l'arbre dont on cueille les fruits se retrouve dans le passage cité plus haut. Mais revenons au processus de la génération.

Au moment de l'union sexuelle, le mâle dépose son sperme dans la matrice ; ce faisant il est dit semer des vivants qui ne sont pas encore formés dans la matrice, comme on jette des semences dans une terre labourée. La remarque relative aux vivants est cohérente avec ce qui précède, car comme on l'a vu, c'est dans le sperme que s'ancre l'âme. On notera cependant le pluriel de ζῷα. Comment expliquer dès lors que, dans la plupart des cas, c'est un seul enfant qui est conçu ? Quoi qu'il en soit, Platon peut être considéré comme un préformiste [41], dans la mesure où les êtres vivants sont déjà formés dans le sperme même s'ils sont invisibles et informes ; dans la matrice ces vivants se contenteront de croître et de se différencier. Dès lors, ce passage de l'*Épinomis* ne pose pas le problème auquel l'auteur de notre traité se croit obligé de trouver une solution : « Je ne dis rien qui soit difficile à comprendre ; c'est bien plutôt ce que tous les hommes, Grecs aussi bien que Barbares, nous admettons d'une certaine façon, à savoir que, pour tout être vivant, c'est dès l'origine que l'existence est difficile. Il faut, dans un premier temps, passer par l'état d'embryon, puis naître, et, par la suite, être élevé et éduqué, et tout cela ne va pas sans mille et mille peines, comme tout le monde le dit. » (*Épinomis* 973c4-974a1). On notera enfin que, au cours de ce processus, le rôle de la femme sera de nourrir l'embryon, sans plus. Il s'agit donc là d'une explication très sommaire du processus de la génération qui n'a pas grand-chose à voir avec l'*Ad Gaurum*.

40. *Timée* 77c-d.
41. Théorie selon laquelle le vivant est déjà formé dans le sperme qui le transmet.

L'ASPECT ÉTHIQUE DE LA REPRODUCTION

Les choses se compliquent chez Platon, car la reproduction n'est pas seulement une affaire biologique, dès lors qu'elle fait intervenir des considérations éthiques. C'est la qualité d'une âme qui explique pourquoi cette âme vient s'établir dans tel ou tel corps, celui d'un homme, celui d'une femme ou celui d'un animal. Tout comme les êtres humains, hommes ou femmes, l'âme des animaux est dotée d'une partie rationnelle, et cela même si les animaux sont tels, parce qu'ils ne font que peu ou pas usage de leur intellect ; de toute façon, rien n'interdit qu'un animal, quel qu'il soit, remonte la chaîne pour devenir un être humain. Platon ne donne malheureusement aucun détail concernant le processus, et mieux vaut ne pas lui souffler de solutions. Mais il convient d'évoquer ces trois conséquences :

a) Les animaux restent, par axiome en quelque sorte, des êtres intelligents. Plutarque [42], Porphyre [43] et plusieurs autres auteurs insisteront sur ce point.

b) Puisqu'ils peuvent remonter ou descendre dans l'échelle des vivants, les animaux doivent avoir une responsabilité morale ; ils ont donc des droits et sont donc soumis à des devoirs. Mais il faut bien l'admettre, on ne trouve rien chez Platon sur ce point.

c) L'être humain ne peut tuer les animaux pour les manger, car ces derniers sont dotés d'une âme rationnelle semblable à la sienne ; s'il commettait ce crime, il deviendrait un cannibale. Comment dès lors assurer la survie de l'être humain qui a besoin de s'alimenter sans en faire automatiquement un cannibale ? En lui donnant comme nourriture une espèce de vivant qui n'est pas douée d'intellect, les végétaux.

LA QUESTION DES PLANTES

Après avoir mentionné les cinq espèces de vivants qui peuplent l'univers, les dieux associés au feu, les êtres humains, homme ou femme, les oiseaux vivant dans l'air, les animaux marchant ou rampant sur la terre, et les bêtes aquatiques, Timée évoque rapidement, dans un passage particulièrement difficile, l'origine des végétaux qu'il associe à la troisième espèce d'âme, l'espèce désirante :

> Après que toutes les parties et tous les membres [44] de ce vivant mortel [45] eurent été réunis pour former un même ensemble [46], et parce que la nécessité

42. *De sollertia animalium.*

43. *De abstinentia.*

44. On remarquera le jeu de mots sur μέρη / μέλη.

45. C'est la possible destruction de leur corps qui distingue les autres êtres vivants des dieux et des démons.

imposait [47] à ce vivant de vivre entouré de feu et assailli par le vent [48], de sorte qu'il allait à sa perte [49], consumé [50] et [51] épuisé par ces éléments, voilà que les dieux [52] lui ménagent un secours. Ayant fabriqué par un mélange une nature [53] apparentée à la nature humaine mais présentant d'autres [54] formes [55] et pourvue d'autres organes de sensation [56], ils la plantent [57], pour faire qu'il y ait une espèce de vivant différente. Ce sont aujourd'hui les arbres, les plantes et les graines qui, parce qu'ils ont été acclimatés par les agriculteurs [58], nous apparaissent apprivoisés, alors qu'auparavant seules existaient les espèces sauvages, qui sont plus anciennes que les espèces cultivées. Tout ce qui a part à la vie, nous sommes en effet en droit de le qualifier à juste titre de « vivant ». Mais le vivant [59] dont nous parlons maintenant n'a part qu'à la troisième espèce d'âme [60], celle dont nous avons dit qu'elle est située entre le diaphragme et le

46. Allusion à la constitution du corps humain qui vient tout juste d'être décrite (*Timée* 73b-76e).

47. Comme Kalbfleisch je lis αὐτό, alors que les manuscrits considérés par Burnet ont tous αὐτῷ.

48. Le feu et l'air sont deux éléments destructeurs.

49. À la différence du corps du monde qui ne peut être agressé par ce qui se trouve hors de lui, car rien ne se trouve à l'extérieur du corps du monde, voir *Timée* 32e-33a.

50. Le verbe τηκόμενον décrit l'action du feu, voir *Tim.* 58e6, 60e7-8, 61b3, 58a1, 79a1, 81a9. Le verbe apparaît fréquemment dans le long passage sur les maladies à la fin du dialogue.

51. Si on accepte le "τ'".

52. Les aides ou les fils du démiurge, voir *Timée* 69c.

53. Au sens très général d'entité.

54. Que celle de l'âme humaine.

55. C'est ainsi que je traduis ἰδέαις, en prenant « forme » au sens de figure, d'apparence.

56. Que ceux de l'homme ; seul le toucher est pris en compte, et plus spécialement le plaisir et la douleur. Sur la traduction de αἰσθήσεσιν, voir J. Jouanna, « La théorie de la sensation, de la pensée et de l'âme dans le traité hippocratique *Du régime* : ses rapports avec Empédocle et le *Timée* de Platon », *AION* (filol) 29, 2007, p. 8-38.

57. On notera que le verbe φυτεύω est utilisé pour décrire l'implantation de l'âme dans le corps (*Tim.* 42a) ou la moelle (*Tim.* 73a)

58. Platon dit « éduqués ».

59. « Vivant » traduit le τοῦτο.

60. Voici les deux passages du *Timée* auxquels il est ici fait référence. « Ces derniers (les aides du démiurge), à son imitation, entreprirent, après qu'ils eurent reçu le principe immortel de l'âme, de façonner au tour pour lui un corps mortel et, à ce corps, ils donnèrent pour véhicule le corps tout entier cependant qu'ils établissaient dans ce dernier une autre espèce d'âme, celle qui est mortelle et qui comporte en elle-même des passions terribles et inévitables : d'abord le plaisir, le plus important appât qui provoque au mal, ensuite les douleurs, qui éloignent du bien, et encore la témérité et la peur, un couple de conseillers peu sages, l'emportement rebelle aux exhortations, et l'espérance, facile à décevoir. Ayant fait un mélange avec ces passions, la sensation irrationnelle et le désir de qui vient toute entreprise, ils ont constitué l'espèce mortelle en se soumettant à la nécessité. » (*Timée* 69c5-d6) ; « Ainsi la partie de l'âme qui participe au courage et à l'ardeur, celle qui cherche la victoire, ils l'établirent plus près de la tête, entre le diaphragme et le cou, pour qu'elle prêtât l'oreille à la raison, et pût se joindre à elle pour contenir par la force la meute des désirs, toutes les fois que ces derniers refuseraient tout net de se soumettre aux prescriptions transmises par la raison du haut de la citadelle. Quant au cœur, le nœud des veines et la source du sang qui circule impétueusement à travers tous les membres, ils l'établirent au poste de garde, pour que, quand la partie agressive bouillirait de colère, parce que la raison aurait signalé qu'une action injuste se prépare du côté des membres à l'extérieur ou encore qu'une action injuste trouve son

> nombril, qu'elle n'a aucune part ni à l'opinion ni au raisonnement ni à l'intellect, et qu'elle n'éprouve que des sensations de plaisir ou de douleur, associées à des appétits [61]. Ce vivant passe en effet son temps dans un état de passivité complet ; et à lui qui reste en lui-même [62], replié sur lui-même, qui refuse de se déplacer [63] et qui reste dans l'emplacement qui est le sien [64], envisager rationnellement ce qui le touche même s'il en est averti, c'est ce que par nature sa constitution d'origine [65] ne lui a pas permis [66].Voilà pourquoi il vit et n'est pas autre chose qu'un vivant, même si, immobile et enraciné, il reste fixe, dans l'incapacité où il est de se mouvoir par lui-même [67]. (*Timée* 76e7-77c5)

Timée justifie l'existence des végétaux par la nécessité pour le corps humain de se reconstituer pour persister dans l'existence, en consommant des êtres dotés d'une âme comme lui, mais d'une âme absolument dépourvue de tout intellect.

Pour aider l'homme à survivre, les dieux vont fabriquer les plantes, qui sont un nouveau type de vivant, pourvu d'un corps et d'une âme. De quelle nature est cette âme ? Elle s'apparente donc à l'âme du monde (35a1-b3), aux âmes des êtres humains et des animaux (41d4-7). Pourtant ce travail est effectué non plus par le démiurge, mais par ses aides, ce qui laisse entendre que l'âme qui en résultera sera mortelle, car c'est le rôle des aides du démiurge de s'occuper de ce qui est mortel (voir 69c-d) [68]. Mais dans la mesure où le vivant qui résultera de l'implantation de cette âme dans un corps doit servir de

origine dans les appétits à l'intérieur, aussitôt, à travers l'ensemble du réseau de passages étroits, tout ce qui dans le corps est capable de sensation, tout ce qui est susceptible de percevoir avertissements et menaces devienne docile et suive en tout la partie la meilleure, lui permettant ainsi de dominer sur tous les membres. » (*Timée* 70a2-c1)

61. Ce qui est tout à fait normal, dans la mesure où ce passage semble indiquer que l'âme des plantes est un succédané de la troisième espèce de l'âme humaine.

62. Le verbe στρέφω est l'équivalent du verbe latin *versari*: « séjourner en », « borné à ».

63. C'est ainsi que je traduis τὴν ἔξωθεν ἀπωσαμένῳ κίνησιν. La plante refuse le mouvement qui la ferait sortir de son emplacement habituel.

64. À savoir la nutrition et la croissance.

65. C'est le terme γένεσις que je traduis ainsi.

66. Voici comment je construis la phrase. La principale est οὐ παραδέδωκεν ἡ γένεσις ; les datifs sont des compléments d'objet indirects de οὐ παραδέδωκεν ; le κατιδόντι auquel je donne une valeur temporelle a pour sujet logique le sujet de στραφέντι δ' αὐτῷ ἐν ἑαυτῷ περὶ ἑαυτό, τὴν μὲν ἔξωθεν ἀπωσαμένῳ κίνησιν τῇ δ' οἰκείᾳ χρησαμένῳ ; et le verbe λογίσασθαι est régi par οὐ παραδέδωκεν. Pour illustrer ces lignes, Gwenaëlle Aubry pense que l'on pourrait renvoyer au texte suivant de Hegel : « Le retour en soi-même par lequel se clôt l'assimilation n'a pas pour résultat le soi dans une universalité subjective interne face à l'extériorité, il n'aboutit pas à un sentiment de soi. » (*Encyclopédie des sciences philosophiques en abrégé, Philosophie de la nature, troisième section*, B, 347, trad. M. de Gandillac, Gallimard, 1970, p. 326).

67. Dans cette phrase, Platon affirme très clairement que ce vivant qu'est la plante se trouve dépourvu de tout mouvement local spontané, à la différence de cet autre vivant qu'est l'animal.

68. Sur le sujet, voir L. Brisson, « Le parti mortali dell' anima o la morte come oblio del corpo », dans M. Migliori, L. M. Napolitano Valditara et A. Fermani (éd.), *Interiorità e anima. La psychè in Platone*, Milano, Vita e Pensiero, 2007, p. 25-34.

nourriture à l'homme, il faut que cette âme soit apparentée (συγγενῆ) à celle de l'être humain, en vertu du fait que seul le semblable peut être connu ou agir sur le semblable [69]. Cette nouvelle espèce de vivant, ce sont les plantes qui sont au service de l'homme. Cultivées, elles doivent servir à notre nourriture, nous évitant ainsi d'intervenir dans le processus de transmigration mis en place par les dieux.

La plante est un vivant, dans la mesure où elle est dotée d'un mouvement non contraint, dont le principe ne peut être qu'une âme. Mais ce mouvement présente deux différences essentielles par rapport au mouvement qui est celui des animaux. 1) L'âme en question est absolument dépourvue de toute forme d'intelligence et d'opinion ; elle n'éprouve que des sensations de plaisir et de douleur associées à des appétits, ce qui l'apparente à la troisième partie de l'âme de l'homme. Mais chez la plante, la sensation se réduit à une transmission mécanique de mouvements qui n'atteignent pas la partie supérieure de l'âme, l'intellect ; de plus, elles ne peuvent satisfaire leurs appétits elles-mêmes dans la mesure où elles ne peuvent se déplacer. Bref, sensation et désir ne signifient pas la même chose chez l'animal et chez la plante [70]. 2) Par ailleurs, elle est dépourvue de tout mouvement local. On comprend dès lors comment ce vivant qu'est la plante est à la fois semblable et différent de l'homme et de l'animal.

S'il mangeait un vivant doté d'un intellect, même si ce vivant ne fait pas usage de cette faculté supérieure, l'homme se rendrait coupable de cannibalisme. Ce qui n'est plus le cas pour la plante qui possède une âme, mais dépourvue d'un intellect. Par suite, se trouve résolu le problème suivant : comment l'homme peut-il manger sans être un cannibale ? La décomposition

69. L. Brisson, « La réminiscence dans le *Ménon* (81c5-d5) », dans M. Erler et L. Brisson (éd.), *Gorgias-Menon. Selected papers from the seventh Symposium Platonicum*, Sankt Augustin (Academia Verlag) 2007, p. 199-203.

70. À cet égard, il convient de signaler la parution d'un article par Amber D. Carpenter, «Embodied Intelligent (?) Souls: Plants in Plato's *Timaeus*», *Phronesis* 55, 2010, 281-303. Dans cet article, l'auteur se demande si, dans le *Timée*, les plantes qui ont une âme capable de percevoir et de désirer sont aussi dotées d'intelligence. Elle répond que la perception et les désirs des plantes sont administrés non par une intelligence qui leur serait propre, mais par l'intellect qui assure l'ordre dans le monde (voir l'abstract, p. 281). Cet article pose très bien le problème, mais j'aurais deux critiques à faire à son auteur. À la limite l'intellect cosmique s'occupe de tout ce qui se trouve au monde, des plantes, mais aussi des pierres. Par ailleurs, il faut être très prudent avec le terme perception. Chez Platon, comme j'ai tenté de le montrer dans « Plato's Theory of Sense Perception in the *Timaeus*. How it Works and What it Means », *Boston Area Colloquium in Ancient Philosophy* 13, 1999, p. 147-176, la sensation consiste d'abord en une transmission mécanique de mouvements à partir de l'objet jusqu'au corps du sujet percevant ; mais il n'y a véritablement sensation que lorsque l'information est communiquée à la partie la plus haute de l'âme, le φρόνιμον qui rend possible une connaissance véritable qui peut devenir objet de discours. De surcroît, il faut être très prudent avec le terme « désirs » ; les plantes éprouvent le plaisir et la peine, et dès lors doivent avoir des désirs. Mais ces désirs ne peuvent concerner que la nourriture et la croissance ; et cela à un niveau très primitif, car les plantes ne peuvent se mouvoir pour satisfaire ces désirs.

des plantes à l'intérieur du corps humain permet la constitution du sang qui nourrit tous les autres tissus. Par là, les plantes permettent au corps humain, qui à la différence du corps du monde peut être détruit par des agressions extérieures, celles du feu et de l'air, de se reconstituer sans consommer des vivants doués d'un intellect. Voilà pourquoi l'homme doit être végétarien [71]. Bref Platon « invente » les plantes [72] pour pouvoir maintenir son échelle des vivants [73].

Cela admis, il est très difficile de déterminer quel type d'âme intervient dans le cas des plantes. Certes, la plante est dite avoir part à la troisième espèce d'âme que l'on trouve dans le vivant. Mais, chez l'homme, cette troisième espèce d'âme n'est pas dissociable, alors que chez la plante elle est absolument séparée de l'ardeur (θυμός) et surtout de l'intellect (νοῦς), et que, de surcroît chez elle, les sensations se réduisent au toucher. Cela permet à l'auteur de l'*Ad Gaurum* de s'opposer avec raison aux arguments des Platoniciens qui voudraient utiliser ce passage du *Timée*, pour montrer que l'embryon est déjà un animal. Cependant, pour Platon, les plantes ne jouent aucun rôle dans la transmission de la vie, et surtout ne sont en rien apparentées à l'embryon.

Luc Brisson

PS. Les traductions des textes platoniciens proposées dans cette contribution ne sont pas identiques à celles de ces mêmes textes dans la traduction commune de *l'Ad Gaurum*. Cette différence s'explique par le changement de perspective, la traduction commune devant prendre en considération l'interprétation de l'auteur, en l'occurrence Porphyre.

71. L. Brisson, « Justifying Vegetarianism in Plato's *Timaeus* (76e-77c) », dans Livio Rossetti (éd.), *Greek Philosophy in the New Millenium. Essays in honour of Thomas M. Robinson*, Sankt Augustin, Academia Verlag, 2004, p. 313-319.

72. On notera une admirable image. L'homme est lui-même considéré comme une plante; sa tête, où se trouve l'intellect qui l'apparente à la divinité, en est la racine.

73. On pourra objecter à ce qui vient d'être dit, le fait que le terme θυσία qui désigne en grec ancien le sacrifice sanglant se retrouve dans la *République* et dans les *Lois*. La question se pose alors de savoir s'il faut comprendre que θυσία correspond bien alors au sacrifice sanglant, et, si oui, comment il convient d'interpréter la chose. La θυσία doit-elle être considérée comme un acte du culte civique, sans obligation pour certains individus de consommer la chair des victimes ? Les passages relatifs à la θυσία dans la *République* et dans les *Lois* restent si vagues qu'il est impossible de répondre à ces questions.

LA DOCTRINE ARISTOTÉLICIENNE DE L'EMBRYON ET SA RÉINTERPRÉTATION PAR PORPHYRE

Une lecture superficielle des premières lignes de l'*Ad Gaurum* pourrait donner à croire que c'est la conception aristotélicienne de l'embryon qui va y être défendue : de fait, le vocabulaire, les concepts mobilisés sont ceux qu'elle met en œuvre. Ainsi, la question est formulée d'emblée de savoir « s'il faut tenir les embryons pour des animaux aussi en acte, ou seulement en puissance et non en acte » (1 (2), 16-18). À la suite de cela, deux sens de l'en-puissance sont distingués, en des termes et à l'aide d'exemples qui font écho à la formulation, dans le *De Anima* d'Aristote, du triple schème de la *dunamis* :

> L'« en-puissance » se dit soit au sens de ce qui, n'ayant pas encore reçu la puissance, est cependant en mesure de la recevoir (par exemple l'enfant à l'égard de la lecture et de l'écriture) soit de ce qui a reçu la puissance, mais n'est pas en train d'agir en vertu de celle-ci (par exemple l'enfant qui sait lire et écrire, mais qui n'est pas en train de lire ou d'écrire, parce qu'il est occupé à d'autres choses ou qu'il dort) [1]. (9 (2), 18-22)

Pourtant, si on les lit de près, ces lignes d'allure si aristotélicienne portent toute la rupture entre la théorie de Porphyre et celle d'Aristote. Certes, tous deux définissent l'embryon comme un animal en-puissance : mais ce dernier terme, Porphyre l'entend dans le premier des deux sens par lui distingués – comme « ce qui, n'ayant pas encore reçu la puissance, est cependant en mesure de la recevoir ». Autrement dit, caractériser l'embryon comme un animal en-puissance, cela signifie pour lui non pas que l'embryon va, au cours de son développement, actualiser les capacités distinctives de l'animal (la sensation et la motricité), mais, simplement, qu'il va devenir apte à recevoir celles-ci. Et l'on découvre bien vite, en poursuivant la lecture de l'*Ad Gaurum*, que cette aptitude n'est acquise qu'au terme de son développement : en d'autres termes, et c'est le point de rupture fondamental, là où, pour Aristote, l'embryon devient animal au cours de sa formation, il n'est, pour Porphyre, qu'un végétal

1. *Cf.* Aristote, *De Anima*, II 5, 417a22-417b1.

et ce n'est qu'au moment de la naissance qu'il reçoit, de l'extérieur, l'âme animale [2].

On voit toutefois que cette rupture passe par la reprise de la terminologie aristotélicienne. Plus précisément, elle passe par la réinterprétation du concept d'en-puissance comme pure réceptivité, ou encore comme *epitêdeiotês* [3]. Il faut donc, pour prendre la mesure de cet écart décisif, exposer la théorie aristotélicienne de l'embryon. On verra d'abord quels sont le statut et les étapes de la formation de celui-ci, avant de s'intéresser plus particulièrement à la façon dont s'y appliquent les catégories de *dunamis* et d'*energeia*. Leur redistribution par Alexandre d'Aphrodise dans son propre traité *De l'âme* constitue sans doute une médiation fondamentale entre ces deux conceptions, aristotélicienne et porphyrienne, de l'embryon dont l'apparent accord sur la formule « animal en-puissance » masque la profonde divergence.

LE STATUT DE L'EMBRYON

On lit, dans le corpus hippocratique, à propos de l'embryon, qu'« il est et il n'est pas » [4]. Or le concept d'en-puissance est précisément ce qui, chez Aristote, permet de penser cet état intermédiaire entre le non-être et l'être. Plus précisément, il permet de penser le passage du non-être à l'être. L'apparition d'une substance ou d'une qualité nouvelle n'apparaît pas dès lors comme une émergence, ou un surgissement, mais comme le résultat d'un processus continu [5]. L'embryon doit précisément être considéré comme un tel processus [6].

2. Cette thèse est formulée à plusieurs reprises dans le cours de l'*Ad Gaurum* : voir par exemple 2 (5), 65 ; 3 (5), 50-51 ; 10, 64-66.

3. J'ai proposé une première analyse de l'histoire de ce concept et de sa fonction dans l'*Ad Gaurum* dans « Capacité et convenance. La notion d'*epitêdeiotês* dans la théorie porphyrienne de l'embryon », dans L. Brisson, M.-H. Congourdeau et J.-L. Solère (éd.), *L'embryon. Formation et animation,* Paris, Vrin, 2008, p. 139-155.

4. Hippocrate, *Aliment.* 42 (éd. R. Joly, Paris, CUF, 1972, p. 146, 2), cité par V. Boudon-Millot, « La naissance de la vie dans la théorie médicale et philosophique de Galien », dans L. Brisson *et al.*, *L'embryon*..., *op. cit. supra*, p. 79-94 : p. 88.

5. Aristote pose pour principe que ce qui est ne peut venir ni de l'être ni du non-être (*Phys.* I, 191a28-30) : de l'être, car il faudrait alors admettre, comme le font par exemple Anaxagore et Démocrite, que les contraires coexistent en acte (*Méta.* Γ 5, 1009a22-30), du non-être, car l'on ne peut penser le surgissement *ex nihilo*. La solution consiste alors à dire que ce qui est (en acte) vient de ce qui est (en-puissance) (cf. *Méta.* Λ 2, 1069b15-23). Sur la façon dont le couple de l'en-puissance et de l'acte vient résoudre l'aporie du devenir, qu'il me soit permis de renvoyer à G. Aubry, *Dieu sans la puissance.* Dunamis *et* energeia *chez Aristote et chez Plotin*, Paris, Vrin, 2006, p. 55-62. Soulignons aussi que la formule du changement qualitatif et du changement substantiel est la même dans tous les cas ; Aristote distingue trois principes : la matière, la forme, et la privation.

6. Comme le souligne C. Freeland, « Aristotle on Bodies, Matter and Potentiality », dans A. Gotthelf et J.G. Lennox (éd.), *Philosophical Issues in Aristotle's Biology*, Cambridge, University Press, 1987, p. 392-407.

C'est pourquoi le concept d'en-puissance permet de le penser. Mais, dans le même temps, ce processus est orienté par une forme déterminée ; le principe de synonymie l'énonce : « C'est un homme qui engendre un homme [7]. » C'est pourquoi il importe de déterminer ce que l'embryon est en-puissance, végétal, animal, homme, ou encore ces trois termes successivement.

Car, on l'a dit, ce mouvement est continu. Cela s'énonce, là encore, sous la forme d'un principe : « La nature passe progressivement des êtres inanimés (τῶν ἀψύχων) aux animaux (τὰ ζῷα) et cette continuité empêche de voir la frontière entre les deux [8]. » Or ce principe de continuité s'applique aussi à la génération, c'est-à-dire au processus de l'animation ou encore, et plus précisément, au passage de l'« animé » à l'animal : « Il faut noter avec quelle perfection et quelle continuité la nature réalise la génération », lit-on cette fois dans le *De Generatione animalium* (II 1, 733a33-34). Aussi continu que soit ce processus, on peut toutefois y distinguer des stades. Ceux-ci correspondent à différentes étapes de l'animation, ou encore à l'actualisation de différentes puissances de l'âme. Dans la doctrine aristotélicienne, l'embryon passe en effet, dans le temps même de la gestation, du statut d'animé, ou de vivant, à celui d'animal. C'est là, on l'a dit, le point principal de l'opposition de Porphyre à Aristote : selon l'*Ad Gaurum*, en effet, l'embryon n'est, jusqu'à la naissance, qu'un simple vivant, c'est-à-dire, en fait, un végétal.

Que la vie se dise en plusieurs sens, et admette plusieurs stades, c'est, toutefois, une affirmation que l'on lit déjà chez Aristote [9]. La capacité élémentaire par laquelle l'animé se distingue de l'inanimé, c'est ce « pouvoir et principe interne (δύναμιν καὶ ἀρχήν) » en vertu duquel il peut croître et s'alimenter. Or les plantes sont douées d'un tel principe et c'est en tant que telles qu'elles peuvent être comptées parmi les vivants (τοῖς ζῶσι) ; mais des vivants ainsi définis, il faut distinguer l'animal (τὸ ζῷον) qui, lui, se caractérise primordialement par la sensation [10] et secondairement par le mouvement local [11]. Il faut souligner que si cette première capacité (la végétative, donc) peut exister sans la seconde (la sensitive), à l'inverse, la seconde ne peut être

7. *Cf.* par ex. *Méta.* Z 7, 1032a24-25 ; 1033b32.

8. Aristote, *Histoire des animaux,* VIII 1, 588b4 ; voir aussi 588b11-12.

9. *De Anima* II 2, 413a22-26 : « Il y a plusieurs manières d'entendre la vie, et il suffit qu'une seule d'entre elles se trouve réalisée dans un sujet pour qu'on le dise vivant: que ce soit l'intellect, la sensation, le mouvement et le repos selon le lieu, ou encore le mouvement qu'implique la nutrition, enfin le dépérissement et la croissance. C'est pour cette raison que toutes les plantes mêmes sont considérées comme des vivants. » (trad. Barbotin, Paris, CUF, 1989).

10. *De An.* II 2, 413b1-2 : « Τὸ μὲν οὖν ζῆν διὰ τὴν ἀρχὴν ταύτην ὑπάρχει τοῖς ζῶσι, τὸ δὲ ζῷον διὰ τὴν αἴσθησιν πρώτος » ; voir aussi *Gen. An.* II 1, 732a12-13.

11. Pour la caractérisation de l'animal par le mouvement local, voir *Phys.* VIII, 2, 252b22-23 ; 253a14-15 ; 4, 254b14-18 ; 255a6-7; *De an.* III 9, 432a17. Comme le souligne P.-M. Morel, cette capacité est essentielle car c'est elle qui permet à l'animal de réaliser le mode de vie qui lui est propre (se nourrir, s'accoupler, fuir le danger *etc.*) : cf. *De la matière à l'action. Aristote et le problème du vivant*, Paris, Vrin, 2007.

sans la première ; l'unité de l'âme n'est pas une unité générique : elle est telle que « le terme postérieur contient en-puissance le terme antérieur », mais non l'inverse. Ainsi, la puissance sensitive n'est jamais donnée sans la végétative, « mais dans les plantes, en revanche, la nutritive est séparée (χωρίζεται) de la sensitive » [12].

Qu'en est-il de l'embryon ? On l'a dit, Aristote considère que l'embryon humain passe, dans le temps de la gestation, du stade de l'animé, ou encore de ce simple vivant qu'est le végétal, au stade de l'animal. D'une façon générale, tout embryon animal commence par « vivre la vie du végétal » [13]. Plus précisément, et il faut souligner cette nuance, il « semble vivre la vie d'un végétal » [14]. Car, contrairement aux végétaux dont les graines renferment une matière nutritive, l'embryon, lui, ne reçoit d'abord sa nourriture que « du dehors » (θύραθεν) [15] : il la tient de l'utérus auquel il est relié, comme une plante l'est à la terre par ses racines, par le cordon ombilical [16]. C'est pourquoi, de l'âme nutritive elle-même, il faut dire que l'embryon ne la possède qu'en-puissance [17]. Il ne l'aura en acte qu'à partir du moment où il sera capable de se nourrir par lui-même, comme le font les animaux achevés, c'est-à-dire doués de locomotion, et non plus seulement par l'intermédiaire de la mère [18].

Or si l'embryon « semble vivre la vie d'un végétal », c'est précisément parce que, tout en ayant en acte les capacités d'un végétal, il a aussi, en-puissance, celles d'un animal. Cette réserve d'Aristote s'éclaire, plus loin dans le *De Generatione animalium*, à l'occasion d'une réflexion sur le sommeil (dans les premières lignes de l'*Ad Gaurum*, de même, on l'a vu, le second sens de l'en-puissance est illustré par l'exemple de l'enfant qui dort ; et la question reviendra, au chapitre 13, de savoir si l'embryon peut être comparé à un dormeur (3), 26). Du sommeil, Aristote parle comme d'un état intermédiaire entre le non-être et l'être, « aux confins de la vie et de l'absence de vie », car « le dormeur paraît ni complètement ne pas exister ni exister » (V 1, 778b29-30). Ce qui caractérise cet état, c'est que la sensibilité, tout en étant présente, ne s'y exerce pas. C'est bien à cela que ressemble l'état de l'embryon (b34). Mais c'est cela, aussi, qui le distingue des plantes : de celles-ci, on ne peut dire qu'elles dorment, puisqu'elles ne se réveillent pas (779a1-4). Ainsi, et finalement, si l'embryon « semble vivre » la vie d'un végétal plutôt qu'il ne la

12. Cf. *De An.* II 3, 414b19-415a3.

13. *Gen. An.* III 2, 753b28.

14. *Gen. An.* II 3, 736b12-13.

15. *Gen. An.* II 4, 740b5.

16. *Gen. An.* II 4, 740a24-35. La comparaison entre la racine et le cordon ombilical se retrouve à plusieurs reprises dans l'*Ad Gaurum*, où elle donnée comme un argument en faveur de la nature végétative de l'embryon : voir notamment III, 10-40.

17. *Ibid.* II 3 736b8-9.

18. Sur l'embryon comme « en-puissance animal doué de locomotion », *cf.* II 3, 736b10-12 ; II 4, 740a27. Voir aussi P.-M. Morel « Aristote contre Démocrite, sur l'embryon », dans L. Brisson *et al.* (éd.), *L'embryon...*, *op. cit. supra*, p. 43-57.

vit réellement, c'est qu'il est comme une plante qui, un jour, pourrait s'éveiller, c'est-à-dire exercer sa sensibilité.

À mesure de son développement, l'embryon acquiert donc, en plus de l'âme nutritive, l'âme sensitive, qui fait de lui un animal [19]. Ici encore, Aristote souligne que cette âme n'apparaît pas « d'un coup » (ἅμα) :

> En effet, un être ne devient pas d'un seul coup animal et homme, ni animal et cheval, et il en va de même pour les autres vivants. Car la fin se manifeste en tout dernier lieu : or la fin de la génération, c'est le caractère particulier de chaque être [20].

Pas plus qu'il ne devient « d'un coup » animal, l'embryon ne devient « d'un coup » homme : c'est, cette fois, de l'apparition de la puissance intellective et non plus sensitive qu'il est question. Il faut donc à présent décrire plus en détail les différentes étapes de ce développement. Un point, essentiel pour l'*Ad Gaurum*, apparaît néanmoins déjà : si le mode de vie de l'embryon n'est bien, dans un premier temps, que végétatif, ou plutôt « semblable » à celui d'un végétal, il n'en devient pas moins, dans le cours même de la gestation, sensitif, de sorte que l'embryon, dès avant la naissance, doit être considéré comme un animal.

LA FORMATION DE L'EMBRYON

La théorie aristotélicienne de l'embryon peut être caractérisée comme « épigénétiste » : l'embryon développe peu à peu des caractéristiques, ou encore actualise des potentialités, qu'il ne possède pas en acte dès le premier moment de sa conception. Le rejet du « préformationnisme » va de pair chez Aristote avec celui de la théorie, présente, notamment, chez Démocrite et Hippocrate, de la *pangenesis* : selon celle-ci, le sperme est issu de toutes les parties du corps et, en tant que tel, les contient toutes aussi, ce qui explique notamment la ressemblance entre les géniteurs et leur progéniture [21]. A cela, Aristote oppose que le sperme est chacune de ces parties non pas en acte, « mais en-puissance (δυνάμει) soit en vertu de sa masse matérielle (ὄγκος),

19. II 3, 736b1-2 : « προιόντα δὲ καὶ τὴν αἰσθητικήν, καθ' ἣν ζῷον ». Voir aussi *Pol.* VII 16, 1335b25 où Aristote écrit que, pour limiter le nombre de naissances, on peut pratiquer l'avortement « avant que le fœtus ait reçu la sensibilité c'est-à-dire la vie ».

20. II 3, 736b2-5.

21. Aristote discute et réfute cette doctrine hippocratique en *Gen. An.* I 16, 721b11 *s.* A. Coles a cependant montré que cette critique devait être nuancée à la lumière d'autres thèses du *De Generatione animalium* : *cf.* « Biomedical Models of Reproduction in the Fifth Century BC and Aristotle's *Generation of Animals* », *Phronesis* 40, 1995, p. 48-88 et *infra* n. 29.

soit parce qu'il possède en lui-même une certaine puissance (τινὰ δύναμιν) »[22].

Cette puissance, cette *dunamis*, du sperme, Aristote l'attribue d'abord au fait qu'il est un résidu de la nourriture : cela, le sang l'est aussi, mais le sperme est du sang élaboré et qui a subi une coction[23]. C'est en cela qu'il se distingue du sang menstruel : celui-ci est aussi un résidu, mais qui n'a pas subi de processus de coction et est donc incapable, par lui-même, d'engendrer. Il ne le deviendra qu'une fois élaboré et transformé par le sperme[24]. Ainsi, s'il souligne d'emblée la *dunamis* du sperme, Aristote caractérise à l'inverse la femelle par une impuissance (*adunamia*) : celle d'opérer une coction séminale à partir de la nourriture élaborée (le sang), celle, du même coup, d'être à elle seule féconde[25]. La masse matérielle, ou encore la partie somatique du sperme, quant à elle, n'est pour rien dans la génération. C'est bien par sa seule *dunamis* que le sperme est cause de la formation de l'embryon[26] : autrement dit, il agit comme une cause efficiente et non comme une cause matérielle. Ce dernier rôle revient au sang menstruel et à la matière femelle. Dire que le sperme agit par sa *dunamis*, c'est dire en fait qu'il agit par sa *kinêsis*[27] : sa puissance génératrice vient de ce qu'il est au principe d'un mouvement. C'est comme tel, aussi, qu'il est au principe de la forme[28] : dire qu'il transmet une

22. *Gen. An.* I 19, 726b17-19 ; on reviendra plus tard sur le jeu, dans le *De Generatione*, entre l'en-puissance, *dunamei*, et la puissance, *dunamis*.

23. *Ibid.*, I 19, 726b9-12.

24. I 20, 728a26-27.

25. I 19, 728a18-20 ; voir aussi IV 1, 765b9 ; 766a30-31. Cette théorie va de pair avec le rejet de celle, présente chez Démocrite, de l'*epikrateia*, soit de la concurrence entre les deux semences, mâle et femelle. S'il n'y a pas concurrence entre deux semences, il peut toutefois y avoir une forme de conflit entre les mouvements transmis par la semence mâle, et qui tendent à reproduire la forme du père, et les mouvements venus de la matière femelle — et de même entre la chaleur du sperme et la froideur de la matière. De même, il y a conflit entre les mouvements qui transmettent la forme spécifique et ceux qui transmettent la forme individuelle. Ces deux types de contrariété sont associés par exemple dans le texte suivant : « Parmi les mouvements qui résident dans la semence, les uns sont en acte, les autres en-puissance : sont en acte ceux du père et des caractères généraux comme d'être un homme et un animal ; sont en-puissance ceux de la femelle et des ancêtres. » (*Gen. An.* IV 3, 768a11-14). Voir sur cette question l'article de J. M. Cooper, « Metaphysics in Aristotle's Embryology », dans D. Devereux et P. Pellegrin (éd.), *Biologie, logique et métaphysique chez Aristote*, Paris, éditions du CNRS, 1990, p. 55-84. Sur le point plus précis de la transmission de la forme individuelle ou spécifique, voir D. Balme, « Aristotle's Biology Was not Essentialist », *Archiv für Geschichte der Philosophie* 62 (1980), p. 1-12, et « The Snub », *Ancient Philosophy* 4, 1984, p. 1-8, révisés et repris dans A. Gotthelf et J.G. Lennox (éd.), *Philosophical Issues..., op. cit. supra*, p. 291-312; voir encore C. Witt, « Form, Reproduction and Inherited Capacities in Aristotle's *Generation of Animals* », *Phronesis* 30, 1985, p. 46-57.

26. La question est encore posée en *Gen. An.* I 18, 724a37 de savoir si le sperme contribue à la génération comme matière ou comme premier moteur ; *cf.* aussi I 20, 729b5-6. En II 3, 737a11, Aristote répond que la matière du sperme se dissout et s'évapore ou se « pneumatise » (πνευματοῦται).

27. I 20, 729b5-6 : « δύναμις καὶ κίνησις ».

28. *Ibid.*, 729b20.

forme, c'est dire qu'il est au principe d'une série de mouvements par lesquels la matière dans laquelle il est reçu va développer certaines capacités. Ce mouvement en quoi consiste sa puissance génératrice, le sperme le tient de la chaleur (laquelle, on l'a vu, manque aux menstrues) du *pneuma* qu'il contient [29]. Sous l'effet de cette chaleur, la matière femelle se coagule à son tour, comme du lait sous l'action de la présure : se constituent ainsi les membranes et le chorion qui vont protéger l'embryon de l'utérus et des liquides qui s'y trouvent [30]. C'est ensuite le cœur qui se forme : il est « la première partie qui se différencie et existe en acte » (II 4, 740a 3-4). Et il vaut comme le principe, *arkhè*, de l'animal : c'est par lui que l'embryon vit d'une vie propre, distincte de celle de ses géniteurs, « comme un fils qui s'établit hors de la maison paternelle » [31]. C'est de lui que dérive l'organisation du corps, la différenciation et le développement de ses différentes parties, tant internes qu'externes, tant « homéomères » qu'« anhoméomères » [32]. Il est d'abord le principe du sang, à la fois parce qu'il en rend possible la constitution, et parce qu'il est le point de départ des vaisseaux sanguins ; ceux-ci à leur tour le sont du cordon ombilical, par l'intermédiaire duquel l'embryon reçoit sa nourriture (740a29-35). Se forment ensuite les parties internes, à commencer par les plus volumineuses, puis les parties externes [33].

La formation de l'embryon est donc successive et continue : ses parties « se forment les unes après les autres, comme dans les vers attribués à Orphée où le poète dit que le développement de l'animal ressemble à la confection du filet » (II 1, 734a18-19). Mais cela n'est pas sans poser problème : comment se perpétue, d'une partie à l'autre, le mouvement introduit par le sperme? Est-ce ce même mouvement qui perdure ou est-il relayé par d'autres à mesure que l'embryon se développe ? À cette question, Aristote répond, encore, par une autre image : « Les parties de l'embryon se trouvent en puissance (δυνάμει) dans la matière : quand se déclenche le mouvement, c'est comme dans les automates : une série de phénomènes s'ensuit (συνείρεται τὸ ἐφεξῆς) [34]. »

29. II 3, 736b33-35 ; III 11, 762a20. Sur le rôle du *pneuma* et l'articulation, chez Aristote, entre la physiologie reproductive et la physiologie nutritive, voir l'article d'A. Coles cité *supra* n. 21 : c'est la chaleur du cœur qui est cause de la « pneumatisation » ou de l'aération par laquelle la nourriture se transforme en sang. Le sang est ensuite réparti dans toutes les parties du corps. C'est pourquoi il faut considérer que le sperme, comme résidu du sang, contient le mouvement de toutes les parties du corps. Sur le *pneuma*, voir encore G. Freudenthal, *Aristotle's Theory of Material Substance. Heat and Pneuma, Form and Soul*, Oxford Clarendon Press, 1995 ; R. King, *Aristotle on Life and Death*, Londres, Duckworth, 2001.

30. II 4, 739b21-32.

31. II 4, 740a5-9.

32. *Ibid.*, 740a9-19.

33. II 6, 741b25-29.

34. II 5, 741b7-9. Un peu plus haut, en II 1, 734b9-10, la même image vient répondre à une autre question : celle de la transmission du mouvement non pas encore du sperme à l'embryon, mais du générateur au sperme. On la trouve encore dans le *De motu* 7, 701b1-10. Sur la différence

Comme l'a montré D. Henry, cette image de l'automate peut être, et a été, différemment interprétée, notamment par Alexandre d'Aphrodise et par Simplicius. Alexandre, et avec lui l'interprétation traditionnelle, la lit selon le modèle du relais, ou encore de la διαδοχή : la *dunamis* du sperme, mise en contact avec la matière qui lui est appropriée, provoque un premier mouvement qui à son tour en cause un autre, et ainsi de suite jusqu'au terme final. Quoique continu, le développement de l'embryon serait donc séquentiel, fait de changements successifs [35]. Simplicius, à l'inverse, souligne l'unité du mouvement : on aurait affaire non pas aux actualisations successives de différentes potentialités, mais bien à l'unique actualisation d'une même puissance, présente d'emblée [36]. Ainsi, et quand bien même les puissances végétative, sensitive et intellective sont successivement actualisées, l'embryon est bien, dès le premier moment de sa conception, homme en-puissance, et ce terme final régit chaque moment de son développement. C'est lui qui est cause de la formation successive de ses parties et non, comme le voudrait le modèle défendu par Alexandre, le cœur qui forme le foie, le foie le cerveau, etc. Toutefois, le modèle de Simplicius a encore ceci d'inadéquat, selon D. Henry, qu'il représente l'automate dont parle Aristote à la façon d'une poupée mécanique, soit d'un type d'automate dont le mouvement vient exclusivement de l'extérieur et est transmis par une unique corde. Alexandre, lui, paraît avoir à l'esprit un autre modèle, qui serait celui d'un automate doué d'un principe immanent de mouvement. Le modèle le plus fidèle à la pensée d'Aristote serait finalement, selon D. Henry, un automate doué d'un mouvement immanent mais résultant de l'actualisation d'un unique potentiel, quelque chose comme un ordinateur pré-programmé, mais dont le programme consisterait en un unique mouvement et non en une série d'instructions.

On voit que, dans les deux cas, la comparaison entre le développement de l'embryon et le mouvement de l'automate ne doit pas être interprétée en un sens purement mécaniste [37]. De fait, dans la façon même dont Aristote la formule, le modèle finaliste de l'en-puissance et de l'actualisation se superpose à celui, mécaniste, de la puissance et de l'action. Le développement de l'embryon ne se laisse pas comprendre, simplement, dans la corrélation d'un agent et d'un patient, d'une puissance active et d'une puissance passive. L'action de ces causes efficientes que sont le sperme et le cœur ne s'exerce pas sur une matière purement passive, ou uniquement réceptive. Bien plutôt, comme l'écrit

entre les modèles à l'œuvre dans chacun de ces textes, voir D. Henry, « Embryological Models in Ancient Philosophy », *Phronesis* 2005, 1, p. 1-42.

35. D. Henry, *loc. cit. supra*. Alex. apud Simpl. *in Phys*. 310, 36-311, 19 ; 29-30.

36. *In Phys*. 375, 19-22 ; 289, 12-14 ; 287, 14 ; 288, 10.

37. Comme le souligne P.-M. Morel, art. cit. *supra* n.18. Voir aussi M. Matthen, « The Four Causes in Aristotle's Embryology », *Apeiron* 22, 1989, p. 159-179, repris dans L.P. Gerson (éd.), *Aristotle's Critical Assessments*, vol. II, *Physics, Cosmology and Biology*, New York, Routledge, 1999, p. 278-295.

Aristote, elle « actualise ce qui se trouve en-puissance dans la matière ». Le modèle de l'actualisation se superpose ici à celui de l'action pour, en fait, le gouverner [38] : l'agent n'intervient ici que comme une cause seconde par rapport à l'efficace de la forme qui est aussi une fin. Son action est le moyen d'une actualisation, c'est-à-dire d'un mouvement immanent qui se développe spontanément et continûment vers sa fin. La forme agit non comme puissance mais comme acte, c'est-à-dire comme terme de ce mouvement qui a pour principe l'en-puissance.

C'est encore ce modèle de l'en-puissance et de l'actualisation qui vient en réponse à une autre question fondamentale, et étroitement liée à la précédente : celle du développement successif non pas seulement des parties mais des capacités de l'embryon. Celui-ci, on l'a vu, n'est d'abord doué que de la puissance végétative : comment, donc, acquiert-il, en sus, les puissances sensitive et intellective? Ce problème, Aristote le formule dans les termes suivants :

> Il est nécessaire que les êtres possèdent toutes ces âmes en-puissance avant de les avoir en acte. Or, il est nécessaire aussi que les facultés de l'âme ou bien n'existent pas antérieurement et naissent toutes dans l'être nouveau ; ou qu'elles existent toutes d'avance ; ou que les unes préexistent, les autres non, et qu'elles naissent ou bien dans la matière sans y être introduites par l'intermédiaire du sperme masculin, ou bien en y pénétrant par cet intermédiaire : mais alors, dans le mâle, ou bien elles viennent absolument toutes du dehors, ou aucune n'en vient, ou les unes en viennent, les autres non. (*Gen. An.* II 3, 736b16-20)

On a là une liste des réponses possibles à la question posée [39], qui se donne sous la forme de trois alternatives consécutives :

– les puissances sensitive et intellective préexistent ou non à l'embryon ;

– si elles ne lui préexistent pas, elles sont introduites ou non par le sperme ;

– si elles sont introduites par le sperme, elles peuvent ou non venir en lui « du dehors » (θύραθεν).

Par ailleurs, la formulation de ces alternatives successives laisse aussi ouverte la possibilité d'une réponse différente pour la puissance sensitive et pour la puissance intellective.

Ainsi formulée, cette liste restreint donc le champ des possibles. Cette restriction est cependant elle-même conditionnée par un principe : ne peuvent préexister à l'embryon celles des puissances de l'âme dont le fonctionnement

38. Cette même substitution du couple de l'en-puissance et de l'acte à celui de la puissance et de l'action se donne à voir dans d'autres textes, comme le *De generatione et corruptione* I 7, 324b8-10 ; I 9, 326b31-33 : je me permets de renvoyer sur ce point aux analyses de *Dieu sans la puissance*... *op. cit. supra* n. 5, p. 99 *s*.

39. Comme le note D.M. Balme dans son commentaire à ce passage, *Aristotle's De Partibus animalium I and De generatione animalium I* (with passages from II 1-3), translated with notes by D.M. Balme, Oxford, Clarendon Press, 1972, nouvelle éd. 1992.

engage le corps [40] : « pas de marche, par exemple, sans pieds » (736b24). L'exemple choisi a trait à la puissance motrice, celle qui, avec la sensitive, caractérise l'animal dans sa différence d'avec le végétal. Or, en ce qui concerne la puissance sensitive, on lit, un peu plus loin dans le texte, une réponse explicite : c'est bien par le mâle que celle-ci s'introduit dans l'embryon, c'est-à-dire par le sperme considéré comme cause efficiente, et non pas matérielle [41]. On peut donc, en ce qui la concerne, trancher les alternatives successives : la puissance sensitive ne préexiste pas à l'embryon ; elle est introduite en lui par le sperme ; en ce dernier, elle vient bien « du dehors », au sens où elle vient du mâle.

Reste le cas de la puissance intellective. Aristote le distingue, puisqu'il écrit :

> Reste donc que l'intellect seul vienne du dehors (θύραθεν) et que seul il soit divin : car une activité corporelle n'a rien de commun avec son activité à lui. (II 3, 736b27-29)

Ces quelques lignes, abondamment débattues et discutées, posent de nombreuses difficultés. Le problème se pose, tout d'abord, de savoir si ce « du dehors » (θύραθεν) doit être entendu dans le sens explicité par la dernière alternative, c'est-à-dire si c'est dans le sperme que l'intellect s'introduit du dehors, ou, bien, directement, dans l'embryon. Sur ce point, la plupart des commentateurs s'accordent : le θύραθεν a le même sens appliqué à la puissance sensitive et à la puissance intellective ; dans les deux cas, il signifie que ces puissances sont introduites dans l'embryon par le sperme, qui lui-même les tient du mâle [42]. De cela il faut conclure qu'elles sont toutes deux soumises au processus d'actualisation déjà décrit que déclenche la mise en relation de la *dunamis* du sperme avec la matière femelle. La singularité de l'intellect tiendrait donc uniquement au trait que souligne le deuxième membre de la phrase, c'est-à-dire au fait que son activité est indépendante, ou « séparée », de tout organe corporel. Mais cela suscite une autre question : peut-on considérer, dans ce cas, que l'actualisation de la puissance intellective dépend, comme

40. La lecture de Nuyens (*L'évolution de la psychologie d'Aristote*, Louvain, 1973 (1948)), selon laquelle la thèse hylémorphiste du *De Anima* est encore celle du *De Generatione*, est généralement admise, même si Ch. Lefèvre considère que l'instrumentalisme est présent aussi dans ce dernier texte (*Sur l'évolution d'Aristote en psychologie*, Louvain, 1972).

41. II 5, 741a13 ; 741b6-7.

42. *Cf.* P. Moraux, « À propos du νοῦς θύραθεν chez Aristote », dans *Autour d'Aristote*. Recueil d'études de philosophie ancienne et médiévale offert à Mgr A. Mansion, Louvain, 1955, p. 255-295 ; M. De Corte, *La doctrine de l'Intelligence chez Aristote*, Paris, Vrin, 1934, qui oppose clairement cette lecture du passage à celle, créationniste, de saint Thomas ; D.M. Balme, « Ἄνθρωπος ἄνθρωπον γεννᾷ », dans G.R. Dunstan (éd.), *The Human Embryo. Aristotle and the Arabic and European Tradition*, University of Exeter Press, 1990, p. 20-31. Nuyens (*op. cit. supra* n. 40) considère toutefois que ces lignes ne peuvent pas être lues comme « une explication définitive et satisfaisante de l'origine du νοῦς » (p. 316).

celle de la puissance sensitive, du développement organique de l'embryon ? Les réponses, cette fois, divergent. P. Moraux et D.M. Balme soulignent cependant qu'Aristote mentionne explicitement la connexion de l'intellect au *pneuma* et à la chaleur génératrice [43], sans toutefois expliquer la nature de cette connexion. Tout en pouvant être en acte sans le corps, ou encore, et plus précisément, tout en ayant une *energeia* distincte de celle du corps, la puissance intellective n'en serait pas moins associée à un certain type d'organisation corporelle.

Ce n'est pas le lieu, ici, d'entrer dans les difficultés que pose la noétique aristotélicienne [44]. Le point essentiel, pour la lecture de l'*Ad Gaurum*, est le suivant : pour Aristote, l'embryon est non seulement un animal mais aussi un être humain en-puissance. Et cela ne signifie pas seulement qu'il est apte à recevoir, « de l'extérieur » à la naissance les puissances sensitive et intellective, mais bien qu'il les possède d'emblée. Toutes deux, en effet, sont véhiculées par la *dunamis* du sperme qui déclenche à son tour un processus d'actualisation. Et elles sont, en fait, ce qui régit ce processus. C'est bien là ce qu'énonce le principe de synonymie : dire que « c'est un homme qui engendre un homme », cela signifie que c'est d'un homme *en acte* que naît un homme *en acte* ; la *dunamis* du sperme lui vient d'un homme en qui ces puissances sont déjà actualisées. Et la forme qu'il transmet agit comme acte, c'est-à-dire comme fin du mouvement par lequel ces puissances vont s'actualiser, cette fois, en l'embryon.

C'est ce jeu, dans le *De Generatione animalium*, entre les notions de puissance et d'en-puissance et le double modèle de l'action et de l'actualisation qu'il faut à présent examiner de plus près, de façon à mieux comprendre comment Porphyre réinterprète la notion d'en-puissance, et comment, pour cette raison, la désignation de l'embryon comme animal en-puissance a pour lui une tout autre signification que pour Aristote.

EN-PUISSANCE ET *EPITÊDEIOTÊS*

On a vu déjà comment le schème mécaniste de l'action et celui, finaliste, de l'actualisation, se superposaient dans le *De Generatione animalium* : ainsi, le mâle est d'abord caractérisé comme l'agent, la femelle comme le patient :

43. *Op. cit. supra* n. 42 ; *cf. Gen. An.* II 6, 744a29 ; III 11, 762a18-26.

44. La question se pose, en particulier, de l'articulation entre la doctrine du *De Anima* et celle du *De Generatione* : l'une des difficultés de ce dernier texte tient à ce que l'intellect y apparaît à la fois comme en-puissance et comme divin, de sorte qu'il reçoit les caractéristiques qui, dans le *De Anima*, sont distribuées entre l'intellect patient et l'intellect agent. Or, comme on le sait, l'intellect patient, selon le *De Anima*, a pour objet des représentations (*phantasmata*) issues de la perception (III 7, 431b2 ; III 8, 432a4-9) et, même si son activité est distincte de la leur, présuppose donc l'existence d'organes corporels.

> Or, la femelle est bien, en tant que femelle, un élément passif, et le mâle, en tant que mâle, un élément actif, et c'est de lui que part le principe du mouvement. En sorte que si l'on prend chacun de ces termes dans leur sens extrême, l'un dans celui d'agent et de moteur (ποιητικὸν καὶ κινοῦν), l'autre dans celui de patient et de mobile (παθητικὸν καὶ κινούμενον), le produit unique qui en est formé ne peut l'être qu'à la façon du lit qui vient de l'ouvrier et du bois, ou de la boule qui sort de la cire et de la forme. (I 20, 729b12-18) [45]

Le modèle, ici, est artisanal. Un peu plus loin cependant, ce schème de l'action est reformulé sous un principe qui vaut pour les productions de l'art comme pour celles de la nature :

> Tout produit de la nature ou de l'art se forme sous l'action de tel être en acte à partir de tel être en-puissance (ὑπ' ἐνεργείᾳ ὄντος γίγνεται ἐκ τοῦ δυνάμει τοιούτου). Or la semence est telle et elle possède un mouvement et un principe de telle nature que, une fois ce mouvement arrêté, chacune des parties se forme et devient animée. (II 1, 734b21-24)

Ainsi, la formation des parties de l'embryon ne s'explique pas par la seule puissance du sperme, mais du fait que le mâle, ou le générateur, dont cette *dunamis* est issue est lui-même en acte. Et de la même façon, la femelle, ou le principe matériel, n'est plus caractérisée seulement par l'impuissance, mais comme en-puissance : la formation des parties de l'embryon « est due au mouvement issu du générateur qui est, en acte, ce qu'est en puissance ce à partir de quoi le produit se forme » (II 1, 734b35-36). On voit ici, et comme on l'avait déjà noté à propos de l'image de l'automate, que le schème de l'acte et de l'en-puissance se superpose à celui de la puissance et de l'impuissance, ou de la pure passivité. Il n'y a d'agent ou de puissance active que par un acte antécédent, quant au patient, il est redéfini comme en-puissance, c'est-à-dire non pas seulement comme ce qui reçoit, ou subit, une action mais bien plutôt comme ce qui à son tour peut être en acte. Pour que la matière puisse être ainsi actualisée (ou encore, pour qu'elle puisse « passer à l'être ») sous l'action de la *dunamis* du sperme, il faut toutefois qu'elle lui soit adaptée :

> Ce qui est en puissance ne peut passer à l'être sans l'action d'un moteur se trouvant en acte (τὴν ἐνέργειαν ἔχοντος), pas plus que le moteur qui est en acte (τὴν ἐνέργειαν ἔχον) ne peut le faire avec n'importe quoi : de même le menuisier ne peut faire un coffre autrement qu'avec du bois, et sans le menuisier, un coffre ne peut se faire avec des planches [46]. (II 6, 743a23-26)

Enfin, et en dépit de la persistance du modèle artisanal, il faut souligner une différence essentielle : dans le cas des produits de la nature, le mouvement est immanent : « Le mouvement de la nature réside dans le produit même et

45. Voir aussi I 20, 729a28-30.

46. « ἐνέργειαν » doit être ici traduit par « acte » et non par « énergie », comme le fait P. Louis. C'est le même modèle de l'agent comme actuel qui est une nouvelle fois formulé.

vient d'une autre nature qui renferme la forme en acte (φύσεως τῆς ἐχούσης τὸ εἶδος ἐνεργείᾳ) » (II 1, 735a3-4). Aristote le répète quelques lignes après : « Car rien ne s'engendre soi-même : mais l'être une fois formé se développe désormais lui-même » (735a13-14).

Ainsi, dire de l'embryon qu'il est animal en-puissance, c'est dire qu'il est capable par lui-même d'actualiser en lui la forme de l'animal. Cette actualisation est un mouvement immanent, même si (et c'était là, on l'a vu, la double valeur de l'image de l'automate), l'impulsion initiale vient « du dehors », c'est-à-dire du sperme.

Telle qu'elle est ici menée, l'analyse rappelle celle que l'on lit au chapitre 7 du livre Θ de la *Métaphysique* : la question y est posée de savoir sous quelles conditions on peut dire d'une matière qu'elle est en-puissance. Deux cas sont distingués : celui des produits de l'art, et celui des *phuseis*, des êtres naturels. Dans le premier cas, celui de la *tekhnê*, la matière peut être dite en-puissance d'une forme donnée « si rien ne fait obstacle à sa transformation » en celle-ci, c'est-à-dire si un seul changement suffit pour qu'elle revête cette forme : du bronze, par exemple, on peut dire qu'il est statue en-puissance, mais non de la terre qui, pour être façonnée, devra encore être transformée en un autre matériau, argile ou marbre. Quant à l'être naturel, celui, donc, qui a en lui-même le principe de sa génération, on dira de lui qu'il est en-puissance d'un autre, si « quand rien d'extérieur ne fait obstacle », il peut *de lui-même* devenir cet autre (1049a13-14). Ainsi, on ne peut dire de la terre qu'elle est homme en-puissance, ni même du *sperma*[47], qui doit d'abord se transformer en autre chose ; « mais quand, en vertu de son propre principe (διὰ τῆς αὑτοῦ ἀρχῆς), il est tel, alors il est homme en-puissance » (1049a15-16).

Ainsi, et une nouvelle fois, désigner l'embryon comme homme en-puissance, c'est dire qu'il est capable, « en vertu de son propre principe » et sans transformation supplémentaire, de développer la forme de l'homme ; et de même, le dire animal en-puissance, c'est dire qu'il est capable, en vertu de son propre principe, de développer la forme de l'animal.

Or cette définition de l'en-puissance est très différente de celle que l'on trouve chez Porphyre. Au chapitre 1 de l'*Ad Gaurum*, on s'en souvient, un premier sens de l'en-puissance était distingué et ainsi défini : « ce qui, n'ayant pas encore reçu la puissance, est cependant en mesure de la recevoir » (1 (2), 18-19). Un peu plus loin, cette définition est associée au terme d'*epitêdeiotês*, d'aptitude : on parlera d'en-puissance en ce premier sens pour désigner ce qui a « une aptitude à être animé » (κατὰ τὸ ἐπιτηδείως ἔχειν ψυχοῦσθαι, 1 (2),

47. Le texte, ici, est problématique : la question se pose en effet de savoir si par *sperma* il faut entendre la semence mâle ou femelle. Ross adopte la première solution, ce qui le conduit à suppléer « πεσεῖν » avant « μεταβάλλειν » (1049a14) ; mais on peut aussi juger que, la discussion portant sur la puissance passive et la matière, Aristote pense plutôt à la semence femelle (les menstrues). Dans les deux cas, il reste clair que sperme ou menstrues ne peuvent être dits homme en-puissance qu'une fois devenus embryon.

23). Mais il faut distinguer un autre sens de l'en-puissance : celui-ci désigne non pas ce qui peut recevoir l'âme animale, mais ce qui, tout en l'ayant déjà reçue, « n'est pas en train d'agir en vertu de celle-ci », ou encore « reste en repos » (1 (2), 20, 25). En somme, il s'agit d'opposer ceux pour qui « les embryons sont dits être des animaux en puissance, au sens où ils ont l'aptitude à recevoir l'âme qui en fait des animaux » (κατὰ τὸ ἐπιτηδείως ἔχειν τὴν ζῳοποιὸν ψυχὴν ἀναδέξασθαι) et ceux pour qui cette formule signifie que « l'ayant déjà reçue », ils sont « inactifs » (1 (4) 43-46). À la suite de cela, Porphyre énonce très clairement sa position : « Pour nous donc, nous chercherons avant tout à démontrer que l'embryon n'est ni un animal en acte, ni en puissance au sens de ce qui a déjà reçu l'âme animale, et que par conséquent l'entrée de l'âme a lieu après la naissance » (2, 5, 62-65). Il est clair que le premier sens de l'en-puissance, celui qui s'entend dans le sens de l'*epitêdeiotês* ou de l'aptitude (κατ' ἐπιτηδειότητα δυνάμει, 1 (2) 25-26), est celui qu'il retient.

Or ce premier sens sert une thèse qui n'est pas aristotélicienne, et qui va même clairement contre celle d'Aristote. Le terme même d'*epitêdeiotês* ne se trouve pas chez Aristote [48]. Mais il n'est pas non plus un simple « supplément terminologique à la notion aristotélicienne de potentialité » [49]. Car – et c'est là tout le paradoxe – ce qu'il vient nommer, chez Porphyre, c'est *ce qui n'a pas encore la puissance*, mais est simplement en mesure de la recevoir. Or Aristote, lui, n'associe jamais la *dunamis* à l'absence ou à la privation, mais, à l'inverse, l'en distingue explicitement [50]. De plus, il donne, de la *dunamis* passive comme active, une définition univoque et positive, qui est celle de principe de mouvement ou de changement (*Méta.* Θ 1, 1046a11 ; a12-13 ; Δ

48. Sur l'élaboration de cette notion, *cf.* G. Aubry : « Capacité et convenance... », art. cit. *supra* n. 3. Sa première occurrence significative se trouve chez Philon le Mégarique, associée à une discussion sur la notion de possible. L'*epitêdeiotês* vient désigner une puissance passive (la paille ou le bois qui peuvent être brûlés, le coquillage qui peut être perçu), considérée indépendamment de la puissance active susceptible d'agir sur elle, mais aussi des circonstances qui rendent possible une telle action. L'*epitêdeiotês* nomme ainsi une possibilité minimale, définie par les propriétés internes du patient, mais indépendamment des circonstances requises pour l'actualisation. L'association entre l'*epitêdeiotês* et la puissance passive (ou l'aspect passif de la puissance) est explicite aussi chez Sextus Empiricus (*Adversus Mathematicos* I, 237-245). Chez Aristote, on ne trouve que l'adjectif ἐπιτηδείως (*Pol.* 1326a1 et 5 ; *De motu* 702a18), qui ne revêt pas de signification technique.

49. Contrairement à ce que soutient R.B. Todd, « *EPITEDEIOTES* in Philosophical Litterature: Towards an Analysis», *Acta Classica*, vol. XV, 1972, p. 25-35.

50. Voir la distinction, en *Méta.* Θ 1 (1046a29 *s.*) entre puissance et privation, *dunamis* et *sterêsis*. Le point donne lieu en Δ à un raisonnement par l'absurde : si la *dunamis* est toujours associée à un état positif et à une possession (*hexis*), et si l'on compte néanmoins la privation comme une *dunamis*, alors il faut que la *sterêsis* elle-même soit une *hexis*, la privation une possession. Le terme *dunamis* serait alors un homonyme : on serait puissant parce que l'on a une *hexis* ou parce que l'on a une privation, ce qui est contradictoire (Δ 12, 1019a5-10). En revanche, l'impuissance (*adunamia*), et l'impuissant (*adunaton*), sont bien associés à la privation (Θ 1, 1046a29-30).

12, 1019a20). Enfin, et comme on l'a noté, il substitue, à la corrélation de la puissance active et de la puissance passive, celle de l'en-puissance et de l'acte. Or le concept d'en-puissance vient précisément désigner la possibilité même de l'interaction d'une puissance passive et d'une puissance active en vue d'un mouvement finalisé. C'est en ce sens, on l'a vu, qu'il était appliqué, en *Métaphysique* Θ 7, à la matière et au *sperma* : celui-ci était dit homme en-puissance, au sens où il pouvait, de lui-même, devenir homme, et non, comme le voudrait le concept porphyrien d'en-puissance, au sens où il pourrait recevoir, de l'extérieur, la puissance définitionnelle de l'homme. C'est encore ce concept de l'en-puissance que l'on a vu à l'œuvre dans le *De Generatione* : la semence y est dite en-puissance au sens où « elle possède un mouvement et un principe de telle nature que, une fois ce mouvement arrêté, chacune des parties se forme et devient animée » (II 1, 734b21-24). L'en-puissance désigne bien ici aussi le principe d'un mouvement immanent et régi par une forme qui est aussi sa fin.

Ainsi, ce sens de l'en-puissance que distingue la définition porphyrienne et que nomme l'*epitêdeiotês* n'est pas un simple redoublement mais bien un ajout, décisif, à la conceptualité aristotélicienne.

Ce qui, dans l'*Ad Gaurum*, peut toutefois prêter à confusion, c'est que cet ajout conceptuel se trouve inséré dans le triple schème aristotélicien de la *dunamis* et illustré par les exemples mêmes que l'on lit dans le *De Anima* d'Aristote. On sait que, dans ce dernier texte, le schème est le suivant ; deux degrés de puissance sont distingués : la *dunamis* première, selon « le genre et la matière », est une capacité native et non encore développée – celle en vertu de laquelle tout homme est susceptible, en tant simplement qu'il est homme, d'apprendre à lire et à écrire ; la *dunamis* seconde, elle, est une capacité déjà développée et exercée, dont l'effectuation n'impose pas d'apprentissage supplémentaire, mais, simplement, la volonté et l'absence d'obstacles – la décision de se mettre au travail ou d'ouvrir un livre pour qui a déjà appris à lire (*De Anima* II 5, 417a22-b2). Ce schème se retrouve encore dans la *Physique*, où il est appliqué au changement élémentaire [51], mais aussi au livre II du *De Generatione animalium*. Il y intervient précisément pour élucider le sens dans lequel la semence peut être dite avoir une âme en-puissance (*dunamei*). Comme dans le *De Anima*, différents degrés de puissance vont être distingués :

> Une même chose peut être, en-puissance, plus ou moins loin de se réaliser : ainsi le géomètre qui dort est plus loin <de la géométrie> que le géomètre éveillé, et celui-ci que le géomètre qui contemple. (*Gen. An.* II 1, 735a9-11)

La question se pose de savoir si, aux trois états distingués ici (le géomètre endormi, le géomètre éveillé, et le géomètre à l'œuvre), on peut faire corres-

51. *Phys.* VIII, 255b1-8.

pondre la triplicité du *De Anima*. On pourrait être tenté de le croire, car, dans la suite du *De Anima*, le triple schème est appliqué au cas de l'embryon :

> Dans le cas de l'être sensitif, le premier changement est l'œuvre du générateur, et quand le vivant est engendré, il possède désormais le sentir à la manière d'une science. (*De An.* II 5, 417b16-18)

Selon le *De Anima*, donc, la puissance sensitive est d'emblée présente en l'embryon à l'état de *dunamis* 1, puis à celui de *dunamis* 2 à la naissance. Pourtant, l'exemple du géomètre qui dort ne correspond pas à la définition donnée dans le *De Anima* de la *dunamis* 1 : car la géométrie n'est pas présente seulement en lui selon « le genre et la matière », mais bien comme un savoir déjà acquis quoique non exercé. Cet exemple s'éclaire toutefois à la lumière de ce qu'Aristote écrit, au livre V du *De Generatione*, de la similitude entre l'état initial de l'embryon et le sommeil : l'embryon, on l'a vu, ne vit d'abord que d'une vie végétative mais vouée, contrairement à celle des plantes, à s'éveiller à la sensibilité (V 1, 778b32 *s*.). Il semble donc bien que l'on ait affaire ici à un degré de potentialité excédentaire à la *dunamis* 1 du *De Anima*, et qui équivaut à une capacité déjà présente quoique non exercée.

Le point essentiel, pour revenir à l'*Ad Gaurum*, est cependant le suivant : le terme *epitêdeiotês* n'apparaît ni dans le schème du *De Generatione* ni dans celui du *De Anima*. Et, même dans ce dernier texte, la *dunamis* 1 n'est pas définie comme une simple aptitude à recevoir la puissance. Autrement dit, Porphyre ajoute bien un terme au modèle aristotélicien, antérieur à la *dunamis* 1, et qui est la δύναμις κατ᾽ ἐπιδειότητα, soit la simple aptitude non pas à exercer ni même à développer une capacité, mais à la recevoir de l'extérieur.

Cette modification décisive, par Porphyre, du schème aristotélicien de la puissance se lit encore en d'autres endroits de l'*Ad Gaurum*, et notamment au chapitre XIII : c'est à lui, annonce Porphyre, qu'il revient de démontrer la thèse énoncée au chapitre 1, à savoir que l'embryon non seulement n'est pas un animal en acte, c'est-à-dire qu'il n'a pas l'âme automotrice en acte, « mais qu'il n'a pas non plus cette âme en-puissance, le terme "en-puissance" étant entendu dans le sens de ce qui, tout en ayant reçu la disposition se tient au repos et n'agit pas » (13 (1), 3-5). Un nouveau terme apparaît ici : celui de « disposition » (*hexis*). Un peu plus loin dans le texte, « ce qui a reçu la disposition » est donné pour équivalent de ce qui « se trouve accompli du point de vue de la forme » (13 (1), 7). Aux deux sens de l'en-puissance distingués dès le chapitre 1, on peut donc désormais faire correspondre deux termes : celui d'*epitêdeiotês* ou d'aptitude, et celui d'*hexis* ou de disposition. De ce dernier sont encore données deux définitions : « la forme accomplie et se tenant au repos sans agir » (13 (1), 10-11), « la disposition accomplie mais qui, à la suite de l'acte, se tient au repos dans sa puissance propre (καθ᾽ ἕξιν μὲν τέλειον ... ἡσυχάζον δ᾽ ἀπὸ τῆς ἐνεργείας ἐν τῇ οἰκείᾳ δυνάμει) »

(13 (2), 14-16). Finalement, « l'en-puissance se dit dans un cas de ce qui peut recevoir la puissance, dans l'autre, de ce qui demeure au repos dans une puissance déjà acquise » (13 (2), 21-23). Ces deux sens de l'en-puissance, Porphyre les illustre par une image :

> C'est ainsi en effet que [...] celui qui dit de la rame jetée par-dessus bord qu'elle est en-puissance parce qu'elle ne propulse pas le navire, apparaît entendre l'en-puissance au sens de la disposition acquise mais qui, à la suite de l'acte, se tient au repos dans sa puissance propre. En revanche, celui qui applique le terme d'en-puissance aux morceaux de bois appropriés à la fabrication de la rame, sur lesquels la forme de la rame n'est pas encore visible mais peut le devenir par l'entremise de l'art du menuisier, il reconnaît, certes, que la forme de la rame n'est encore en aucune façon présente en eux, mais en même temps il signifie par l'appellation d'« en-puissance » qu'elle peut advenir. (*Ad Gaurum* 13 (2), 12-23)

De nouveau, cette métaphore rappelle Aristote qui, au livre II de la *Physique*, compare l'action de la *phusis* à un art de construire des vaisseaux qui se trouverait dans le bois [52]. L'embryon serait donc comparable, si l'on suit Aristote, à un navire qui se construirait lui-même, ou encore à des morceaux de bois qui, une fois donnée l'impulsion initiale, s'ajusteraient d'eux-mêmes selon la forme transmise par celle-ci. Mais là où il s'agit pour Aristote de souligner que l'action de la nature est immanente, Porphyre, lui, insiste à l'inverse sur la nécessité d'une transitivité : la forme vient du dehors, elle ne résulte pas de l'agencement spontané des morceaux de bois. L'art du menuisier est requis pour les façonner, de sorte que les dire en-puissance, cela signifie non pas qu'ils peuvent, d'eux-mêmes, devenir rame, mais seulement que la forme de la rame peut, du dehors, advenir en eux. Aussi l'embryon doit-il être comparé non pas à « la rame au repos », mais « au bois n'ayant pas encore reçu la forme de la rame » (13 (3), 28-30). Si l'en-puissance peut se dire de lui – s'il peut être dit « animal en-puissance » –, c'est au sens de l'*epitêdeiotês* et non de l'*hexis* : c'est au sens d'une pure réceptivité pour la puissance et non d'une puissance déjà présente mais inactive. C'est pour cela aussi que l'embryon n'est pas comparable au dormeur (13 (5), 45). Cette comparaison avec le dormeur, dont on a vu quelle importance elle avait chez Aristote, Porphyre la récuse toutefois en faisant usage d'un argument aristotélicien : si l'embryon est, jusqu'à la naissance, incapable de sensation, c'est parce que son développement organique n'est pas encore achevé :

> L'embryon n'est donc pas encore capable de sensation au sens de ce qui a reçu la disposition, pas plus, donc, qu'il ne l'est en-puissance, du moins en ce sens : les puissances sensitives <en effet> ne sont pas encore présentes dans les

52. *Phys.* II, 8, 199b28-29. L'image du navire est développée dès avant dans l'*Ad Gaurum*, en 10, 4.

> organes inachevés, pas plus que ne l'est, dans le bois de construction, la forme de la rame (13 (5), 39-43).

L'argument, ici, est celui de l'hylémorphisme. Et de fait Porphyre souligne que la forme (*eidos*) n'est pas réductible à « la figure et l'enveloppe extérieure » (οὐδέ γε τὸ εἶδος ἡ ἔξωθεν περικειμένη μορφή) mais qu'elle est, aussi, « l'entière fabrique des organes » (13 (4), 36-37). Cependant, l'achèvement des organes requis pour la sensation est, selon lui, l'effet de la seule puissance végétative et ne signifie pas que la puissance sensitive est déjà présente en l'embryon. Il conditionne, simplement, son advenue, qui n'intervient qu'après la naissance et pourvu que celle-ci soit à terme. Aussi le modèle instrumentaliste vient-il se substituer, à la fin du chapitre 13 de l'*Ad Gaurum*, au modèle hylémorphiste :

> La présence requise pour produire l'animal n'advenant pas selon le lieu mais en vertu de l'accord entre le corps-instrument et ce qui utilise cet instrument, aussi longtemps que l'instrument n'est pas capable, en raison de son inachèvement, d'un tel accord, celui qui doit l'utiliser en est absent. (13 (7), 66-71)

Un nouveau concept apparaît ici, celui d'accord ou de *sumphonia*. Il a été introduit dès le chapitre 11, pour rendre compte de la survenue de l'âme automotrice. Celle-ci s'explique par le seul accord de l'organisme achevé avec son « pilote », c'est-à-dire avec cette âme qui va à la fois l'utiliser et le gouverner. Or ce concept d'accord est étroitement lié à celui d'*epitêdeiotês*, comme le manifestent, par exemple, ces quelques lignes du chapitre 12 : « Ce qui défait et empêche [l'union], c'est l'inaptitude ; et ce qui la commande et l'unifie, c'est l'aptitude, et plus grand est l'accord, plus grande est la tenue. » (12 (3), 21-23) [53].

Le concept d'*epitêdeiotês* conjoint donc ceux de réceptivité et d'accord. Il permet ainsi de revenir, par-delà l'hylémorphisme aristotélicien, à l'instrumentalisme platonicien : s'il est vrai que l'âme animale, ou encore la puissance sensitive et motrice, doit être accordée, ou ajustée, à un certain état du développement organique, elle n'est pas pour autant, simplement l'entéléchie du « corps organisé » [54], mais elle a une existence indépendante de lui (15 (4), 21-22).

Si Porphyre fait du concept d'*epitêdeiotês* l'un des principaux instruments de sa rupture avec la théorie aristotélicienne de l'embryon, il n'en est pas moins tributaire de son élaboration et de son usage par Alexandre d'Aphrodise. Ainsi, la redistribution du triple schème de la puissance est déjà à l'oeuvre chez ce dernier ; on la lit notamment à l'occasion de son commentaire à *De Anima* II, 5 :

53. Λύει δὲ καὶ κωλύει ἡ ἀνεπιτηδειότης καὶ κρατεῖ καὶ συνάγει ἡ ἐπιτηδειότης, καὶ ὅσῳ συμφωνεῖ τόσῳ κατέχει. Voir aussi 11 (3), 36-37.

54. Comme l'énonce la définition progressive de l'âme en *De Anima* II 1, 412a19-412b6.

> Aristote a parlé dans le second [livre] *De Anima* de <l'activité> résultant de la disposition, qu'il appelle puissance seconde ; car la puissance première est l'aptitude pour recevoir la disposition (πρὸς τὴν ἀνάληψιν τῆς ἕξεως ἐπιτηδειότης) [55].

On voit qu'ici, comme dans l'*Ad Gaurum*, la puissance première, ou *dunamis* 1, est associée à l'*epitêdeiotês*, et la puissance seconde, ou *dunamis* 2, à l'*hexis*. De plus, l'*epitêdeiotês* est explicitement caractérisée comme réceptivité pour l'*hexis*. On trouve donc, déjà chez Alexandre, l'identification de la puissance première à l'*epitêdeiotês*, et son interprétation comme pure réceptivité [56].

Quant à l'*hexis*, Alexandre l'associe à l'âme : on lit, ainsi, dans son propre traité *De l'âme*, une identification de l'*eidos* non pas à l'*energeia*, comme on pourrait l'attendre d'un aristotélicien, mais bien à l'*hexis* : « Le composant grâce auquel le composé est ce qu'il est et accomplit ses actes propres au sens premier, c'est sa disposition et sa forme (ἕξις τε καὶ εἶδος). » (31, 12) [57]. L'âme peut même être dite *dunamis* :

> Si donc les formes sont non pas les activités venant des puissances, mais les puissances qui, parce qu'elles existent avant les activités venant de ces puissances, sont premières et viennent avant celles-là, la première perfection sera également la forme et l'âme des végétaux (9, 24-27).

L'âme se trouve ici identifiée simultanément à la forme, *eidos*, à la puissance, *dunamis*, et à la première perfection (*prôtê teleiotês*), mais distinguée, en tant que telle, de l'*energeia*. Par là, il s'agit encore de montrer que les végétaux sont bien des vivants, ou encore des « animés » : leur forme, et leur âme, n'est rien d'autre que la puissance dont leur corps est animé, et les différents mouvements (croissance, nutrition, reproduction) auxquels celle-ci préside [58].

Or Alexandre souligne encore que cette *hexis* qu'est l'âme nutritive doit être reçue dans une matière qui lui est appropriée :

> L'âme, c'est-à-dire la puissance nutritive, est également cause de la constitution primitive du corps du vivant, comme aussi de son existence, de son développement et de sa croissance [...]. Elle se trouve dans la semence qui se dépose et, lorsqu'elle est reçue dans une matière qui lui convient (ὕλη ἐπιτηδείου), elle la façonne de telle manière que ce qui est façonné à partir de

55. *Quaest*. 81, 8-10. On relève chez Alcinoos un schéma comparable, qui identifie l'aptitude à la puissance première et la disposition à la puissance seconde : cf. *Didaskalikos* XXVI, 25-33.

56. Alexandre continue toutefois à la distinguer de la privation, cf. *Quaest*., 53, 17 (l'*epitêdeiotês* est en fait intermédiaire entre une chose et sa privation).

57. Alexandre d'Aphrodise, *De l'âme*, texte grec introduit, traduit et annoté par R. Dufour et M. Bergeron, Paris, Vrin, 2008.

58. Comme le souligne P. Accatino, « Generazione dell'anima in Alessandro di Afrodisia, *De anima* 2.10-11.13 », *Phronesis*, vol. XI, n. 2, 1995, p. 182-201.

> la matière lors de la nutrition et de la croissance devient semblable à ce qui a émis la semence. Elle devient cause du fait que cet être se nourrit et croît en présence de la nourriture. Et ce qui se trouve dans l'utérus agit seulement en vertu de cette puissance psychique même s'il possède en lui-même les principes et les aptitudes propres (ἀρχάς τε καὶ ἐπιτηδειότητας) aux autres puissances que son géniteur possède aussi à titre de dispositions. Il ne les possède pas déjà en acte car il n'a pas, en un certain sens, les parties par lesquelles il accomplirait les activités correspondant à ces puissances. (36, 19 - 37, 3)

Ce texte, on le voit, est essentiel pour l'*Ad Gaurum*. Non seulement Alexandre souligne la nécessaire appropriation de la matière à la forme, et nomme celle-ci du terme d'*epitêdeiotês*, mais par là il désigne aussi la réceptivité de la matière pour la forme. Enfin, il déploie une théorie de l'embryon qui met en jeu les deux termes que l'on retrouvera chez Porphyre : l'*epitêdeiotês* et l'*hexis*. De l'âme nutritive mais aussi, et plus largement, végétative, il dit bien qu'elle est d'emblée présente dans l'embryon, « reçue dans une matière qui lui convient ». Mais Alexandre distingue aussi entre cette puissance que l'embryon a déjà en acte, et celles qui ne sont en lui qu'à l'état d'*epitêdeiotêtas*, d'aptitudes. Le terme est employé ici comme un équivalent de la formule « τῶν ἄλλων δυνάμεων ἀρχάς » : autrement dit, l'*epitêdeiotês* n'est pas identifiée à la puissance, mais au principe (ou au commencement) de celle-ci ; en tant que telle, elle est opposée à l'*hexis*, ou à la disposition, dont l'absence, à son tour, est associée à l'état d'incomplétude des parties corporelles de l'embryon.

Pourtant, Alexandre paraît admettre, comme Aristote, que la puissance sensitive est présente en l'embryon, dès avant la naissance, donc, à un état plus développé : si elle ne peut être en acte qu'en présence des sensibles, elle est, dès avant la venue au monde sensible, en-puissance à la manière d'une science acquise mais non exercée : « La sensation est en-puissance, car elle est analogue à ceux qui possèdent une science, mais ne l'exercent pas. C'est en effet de la même manière que ces gens sont savants en puissance et que la sensation qui ne s'exerce pas est en puissance. » (39, 6-8). La caractérisation de l'en-puissance que l'on trouve ici est bien celle de la *dunamis* 2 du *De Anima* d'Aristote [59]. Autrement dit, et contrairement à ce que Porphyre affirmera pour sa part, la puissance sensitive n'est pas présente à l'embryon, dans le cours de sa gestation, qu'à l'état d'*epitêdeiotês*.

Il en va autrement de l'intellect : dans son cas, écrit Alexandre, « l'homme naît non pas en possédant immédiatement cette disposition, mais en possédant

59. P. Accatino ne note pas cette nuance et considère du même coup qu'Alexandre n'accorde à l'embryon qu'une vie végétative, thèse qui selon lui est aussi celle d'Aristote : *cf.* « Alessandro di Afrodisia e la trasmissione della forma nella riproduzione animale », *Atti della Academia delle Scienze di Torino, classe di scienze morali, storiche e filologiche* 122, 1988, p. 79-94 [81, n. 12].

une puissance et une aptitude à le recevoir, et il l'acquiert par la suite » (81, 13-15) [60].

C'est donc Alexandre d'Aphrodise qui fournit à Porphyre, *via* le remaniement du triple schème aristotélicien de la puissance et l'intégration à celui-ci des notions d'*epitêdeiotês* et d'*hexis*, le cadre conceptuel dans lequel élaborer sa théorie de l'embryon. Mais, dans le même temps, Porphyre s'écarte décisivement d'Alexandre comme d'Aristote en transférant à l'âme animale ce qui, pour Alexandre, ne vaut que pour l'intellect, c'est-à-dire en affirmant que l'embryon ne l'a en-puissance qu'au sens où il est apte, à la naissance, à la recevoir. Bref, pour Porphyre, on ne naît pas animal, on le devient.

Gwenaëlle Aubry

60. Par ailleurs, l'intellect patient n'est lui-même défini que comme une *epitêdeiotês*, l'intellect agent comme une *hexis* (84, 24 - 85, 11).

LE STOÏCISME DANS L'*AD GAURUM*

L'auteur de l'*Ad Gaurum* fait usage à plusieurs reprises d'éléments de doctrine stoïciens, soit pour les critiquer ouvertement, soit, plus subtilement, pour les intégrer à sa propre position. On peut, de manière générale, distinguer quatre thématiques stoïciennes à l'œuvre et/ou discutées dans l'*Ad Gaurum* : celle du « critère » de démarcation entre animal et non-animal (chapitre 4) ; celle du mélange total entre l'âme et la nature du corps qu'elle administre (chapitre 10) ; celle de la sympathie entre l'âme automotrice et le corps à animer (chapitre 11) ; celle, enfin, du statut de l'embryon et de l'animation du nouveau-né (chapitre 14). D'une manière ou d'une autre, on va le voir, chacune de ces thématiques est l'occasion, pour l'auteur, de souligner l'irréductibilité de la doctrine néoplatonicienne qu'il défend, y compris dans les cas où il apparaît prendre à son compte certaines thèses initialement formulées par la Stoa.

1. LE CRITÈRE

Le critère principal de démarcation entre l'animal et le non-animal utilisé par l'auteur est celui affirmant que le caractère propre (ἰδιότης, *cf.* 1 (1), 6) de l'animal tient en ce qu'il possède « sensation et impulsion » (αἴσθησις καὶ ὁρμή). Ce critère, rappelé constamment tout au long du traité, est stoïcien, comme cela nous est confirmé par plusieurs témoignages et fragments, parmi lesquels celui de Hiéroclès (stoïcien du deuxième siècle après J.-C.) qui affirme : « Dès à présent, il faut garder en tête que tout animal diffère du non-animal par deux caractères, la sensation et l'impulsion » [1]. Etant donné l'implication existant, selon les stoïciens, entre la sensation et la représentation, il arrive également que le caractère propre de l'animal soit présenté comme étant « la représentation et l'impulsion » (φαντασία καὶ ὁρμή) [2]. Un tel glissement

1. Hiéroclès, *Éléments d'éthique*, 1a, 31-33 = LS 53B. Voir également Diogène Laërce VII, 86 et Jamblique, *De l'âme* chez Stobée, *Eclogae* I 373.15-21 = *SVF* II 825.

2. *Cf.* Philon d'Alexandrie, *Allégories des lois* 1, 30 = *SVF* II 844 = LS 53P.

entre l'αἴσθησις et la φαντασία, qui s'explique du fait que la sensation est comprise comme le vecteur de la φαντασία [3], s'observe également dans notre texte (*cf.* 1 (1), 8-10). Il existe, selon la Stoa, une chaîne causale, qui va de la sensation à la représentation et de la représentation à l'impulsion : « En effet, les êtres animés sont mus par eux-mêmes, lorsqu'une représentation se produit en eux qui provoque une impulsion » [4]. Les animaux se trouvent ainsi distingués par un certain mouvement naturel : le « mouvement selon l'impulsion (καθ' ὁρμήν) » [5].

Il n'est pas aisé de savoir pour quelle raison exactement l'auteur adopte un critère de démarcation étranger à la pensée de Platon et à la tradition platonicienne. On observe en tout cas que ce critère est utilisé par les principaux adversaires de l'auteur (voir par exemple le chapitre 4), lesquels interprètent la position de Platon, en particulier dans le *Timée*, comme reconnaissant l'animation de l'embryon avant la naissance. Le critère stoïcien de démarcation constitue ainsi, pourrait-on dire, une base de discussion apparemment neutre entre l'auteur et ses adversaires. Or, dans le traité, cette neutralité fait rapidement l'objet d'un enjeu philosophique crucial pour les adversaires, qui s'attachent à traduire certains passages du *Timée* dans les termes de la démarcation stoïcienne. Cette forme d'interprétation par traduction apparaît très clairement dans un passage du chapitre 4, qui concerne l'interprétation de *Timée* 70d-e et 76e-77c :

> Mais, disent-ils, Platon soutient que la nature qui est dans la semence, est une portion de la troisième partie de l'âme, la partie appétitive, que de surcroît la partie appétitive (τὸ δ' ἐπιθυμητικόν) est entraînée par le plaisir et par la douleur (δι' ἡδονῆς... καὶ λύπης) et qu'elle désire les mets et la nourriture (σιτίων ὀρέγεσθαι καὶ τροφῆς), que par ailleurs les plaisirs et les douleurs sont des sensations (αἰσθήσεις) ou du moins des mouvements dont la transmission a pour résultat une sensation, et qu'enfin les désirs sont des impulsions (ὁρμάς). Dès lors, s'il a part à la sensation et à l'impulsion (αἰσθήσεως καὶ ὁρμῆς), qui sont ce par quoi l'animal se distingue du non-animal, comment l'embryon pourrait-il ne pas être un animal ? (4 (1), 1-8)

Voulant prouver que la puissance végétative présente dans la semence relève, selon Platon même, d'une des facultés de l'âme, l'ἐπιθυμητικόν, les tenants de l'animation de l'embryon distinguent d'abord l'ἐπιθυμητικόν ou partie appétitive en « plaisirs et douleurs » et en « désirs », puis traduisent ces

3. *Cf.* Philon d'Alexandrie, *Ibidem* : « La représentation se forme par l'approche d'un objet extérieur qui imprime sa marque dans l'intellect par le biais de la sensation (ἡ μὲν οὖν φαντασία συνίσταται κατὰ τὴν τοῦ ἐκτὸς πρόσοδον τυποῦντος νοῦν δι' αἰσθήσεως) ». Sur le rôle de la φαντασία dans la Stoa, voir l'étude de J.-L. Labarrière, « De la "nature phantastique" des animaux chez les stoïciens », dans *La condition animale. Études sur Aristote et les stoïciens*, Louvain-la-neuve - Paris - Dudley, Ma, Peeters, 2005, p. 149-174.

4. Origène, *De principiis*, III 1, 2-3 = *SVF* II 988.

5. Alexandre d'Aphrodise, *De fato*, XIII, p. 27, 16 Thillet.

deux termes respectivement en « sensation » et « impulsion », à savoir les deux facultés propres à l'animal selon les stoïciens.

Selon l'auteur de l'*Ad Gaurum,* cette assimilation est illégitime pour au moins deux raisons. Premièrement, « Platon ne partage pas l'avis de ceux qui distinguent l'animal du non-animal par la sensation et par l'impulsion » (4 (3), 18-19). Platon utilise un autre critère, la vie, ce qui lui permet d'inclure les plantes également parmi les ζῷα. Toutefois, pour Platon, « l'élément commun aux végétaux et aux animaux proprement dits, c'est-à-dire ceux qui ont part à l'âme automotrice, ne va pas au-delà de la dénomination » (4 (3), 22-24). Deuxièmement, il s'avère que la définition platonicienne de certaines facultés, comme la sensation ou l'opinion, est différente de celle adoptée par « les autres », à savoir les stoïciens :

> De façon générale en effet, notre homme [sc. Platon] semble se garder de faire comme les autres (οἱ ἄλλοι) qui rapportent les sensations à l'impression produite par les organes des sens dans l'âme (ἐπὶ τὴν γιγνομένην τύπωσιν ἐν ψυχῇ διὰ {τῆς} τῶν αἰσθητηρίων) [6], dans la mesure où celle-ci est tournée vers les affections corporelles, lui qui préfère appeler "sensation" le mouvement corporel (τ[ὴν σω]ματ[ικ]ὴν κίνησιν) auquel ont aussi part les végétaux, qualifier d'« opinion » le mouvement de l'âme associé au mouvement corporel, et faire résulter la perception des sensibles (τῶν αἰσθητῶν τὴν κατάληψιν) de ces deux mouvements, c'est-à-dire tant le mouvement qui est de l'ordre d'une affection étrangère à la raison et qu'il qualifie de « sensation » et non de « mouvement des organes des sens », que l' « opinion » que les autres (οἱ ἄλλοι) supposent être une impression dans l'âme (τύπωσιν τῆς ψυχῆς). Et voilà pourquoi quand Platon définit le sensible, il parle de « ce qui est appréhendé par l'opinion accompagnée de la sensation qui est étrangère à la raison ». (4 (9), 91-102)

Le cas de la sensation est, selon l'auteur, exemplaire : alors qu'elle constitue, selon les stoïciens, une des facultés de l'âme, elle n'est, chez Platon [7], qu'un « mouvement corporel ». Aussi, la traduction de la sensation platonicienne à la sensation stoïcienne telle que l'opèrent les adversaires de l'auteur est-elle, aux yeux de celui-ci, une grossière simplification, qui mène à faire indûment basculer la sensation du côté des facultés de l'âme.

6. *Cf.* Philon, *Allégories des lois* 1, 30 (= *SVF* II 844 = LS 53P) et Plutarque, *Des notions communes* 47, 1084F (= *SVF* II 847 = LS 39F).

7. La description par l'auteur de la sensation (αἴσθησις) comme « mouvement <uniquement> corporel » est explicitement contredite en *Philèbe* 33d-34a où Platon distingue deux sortes d'affections du corps, celles qui « s'éteignent dans le corps avant de parvenir à l'âme » et qu'il appelle « absence de sensation » (ἀναισθησία) (33e) et celles par lesquelles « âme et corps sont mus conjointement », et qu'il appelle précisément « sensation » (34a). Si la sensation est étrangère à la raison, comme le rapporte bien l'auteur, elle n'est en tout cas pas étrangère à l'âme, chez Platon, puisque seule une affection aboutissant dans l'âme mérite proprement, selon le *Philèbe*, le nom de sensation.

2. Le mélange total

Les trois autres références au stoïcisme que l'on trouve dans l'*Ad Gaurum* ont toutes directement trait à la question de l'animation de l'embryon. La première, au chapitre 10, concerne le type de mélange à l'œuvre entre la nature de ce qui est engendré (aux différents stades de sa conception) et la puissance psychique qui prend en charge son administration. L'auteur affirme qu'il s'agit d'un « mélange total sans destruction des parties » (10 (6), 58-59), à savoir d'un mélange qui manifeste tout à la fois une unité véritable (plutôt qu'une simple juxtaposition) et la préservation des propriétés distinctives de chacun des composants (plutôt que leur destruction) (*cf.* 10 (5), 50-58). Une telle sorte de mélange a originellement été conçue par les stoïciens, comme cela est bien attesté dans nos sources [8], et était utilisée par les membres du Portique pour rendre compte de la parfaite interpénétration entre deux corps dont l'un consiste en une puissance active et l'autre en une puissance passive. Les exemples les plus souvent évoqués [9] sont ceux du mélange du dieu avec le monde [10], de l'âme avec le corps [11], ou encore du feu avec le fer [12].

L'auteur qualifie le mélange total (κρᾶσις) d'à la fois « divin et paradoxal » (*cf.* 10 (5), 52). Cela suffit à montrer, on va le voir, en quoi son approche est non seulement irréductible à celle des stoïciens, mais aussi à celle des détracteurs habituels du stoïcisme, comme Alexandre d'Aphrodise. En effet, Alexandre présente le mélange total seulement comme paradoxal [13]. Un tel mélange réalise ce qui, à ses yeux, est impossible pour les corps, à savoir la combinaison, d'une part, d'une unification parfaite des composants, comparable à celle que produit la fusion (σύγχυσις), et, d'autre part, de la préservation des composants dans leurs traits distinctifs, à l'instar de ce que permet la juxtaposition (παράθεσις). L'auteur de l'*Ad Gaurum*, en revanche, interprète le caractère paradoxal de cette combinaison comme la manifestation d'une union divine à l'œuvre chez les vivants (*cf.* 10 (5), 52). Contrairement

8. Les principales sources de la doctrine stoïcienne du mélange total ont été regroupées par H. von Arnim, *Stoicorum Veterum Fragmenta*, Vol. II : *Chrysippi Fragmenta Logica et Physica*, Leipzig, 1903, p. 151-8 (*Physica* I, § 11) = *SVF* II 463-481. Sur le mélange total dans le stoïcisme et sa réception dans la philosophie de l'antiquité, voir B. Collette-Dučić et S. Delcomminette (éd.), *La théorie stoïcienne du mélange et sa postérité*, vols. I-III, publié dans la *Revue de philosophie ancienne* 24/2 (2006), 25/1 et 25/2 (2007) ; le volume I comprend, outre une introduction substantielle, la traduction française de la plupart des textes sources.

9. Pour une analyse de ces applications et des difficultés posées par la doctrine stoïcienne, *cf.* B. Collette-Dučić et S. Delcomminette, « La théorie stoïcienne du mélange total », *Revue de philosophie ancienne* 24/2 (2006), p. 5-60.

10. Voir par exemple Alexandre d'Aphrodise, *De Mixtione*, 12, 226.34 - 22.17 (= *SVF* II 475).

11. Outre Alexandre d'Aphrodise, *De Mixtione*, 12, 226.34 - 22.17 (= *SVF* II 475), on peut citer aussi Simplicius, *Commentaire sur la* Physique *d'Aristote*, 530.9-22 (= *SVF* II 467).

12. Voir ici encore Alexandre d'Aphrodise, *De Mixtione*, 12, 226.34 - 22.17 (= *SVF* II 475), ainsi que Stobée, *Eclogae*, I, 17, 4, 153.24 - 155.14 (= *SVF* II 471).

13. Le terme est utilisé à trois reprises par Alexandre d'Aphrodise dans son *De Mixtione* : 1, 213.7 et 10, et 16, 238.23.

aux stoïciens, pour qui il n'y a de mélange total qu'entre corps qualitativement distincts, l'auteur affirme que l'existence d'un tel mélange est en soi un signe de ce que les composants « ne sont pas des corps et que leur essence n'est pas limitée par les dispositions qui sont celles des corps » (10 (6), 56-58).

Prise à la lettre, l'affirmation que les composants « ne sont pas des corps » peut paraître étonnante. En effet, chez Plotin comme chez Porphyre le mélange total est accepté dans le cas d'une union entre un corps et un incorporel. Chez Plotin, l'existence du mélange total entre l'âme et le corps [14] sert à prouver, contre les stoïciens, que l'âme est incorporelle : « Donc, il n'est pas possible qu'un corps tout entier se répande à travers un corps. Or l'âme le fait totalement. Elle est donc incorporelle. » (*Traité* 2 (IV, 7) 8^2, 20-22). Chez Porphyre, le mélange total est reconnu, plus généralement, entre l'intelligible et le sensible. Dans les *Sentences*, il insiste tout particulièrement sur le fait que le mélange total (qu'il nomme « conjonction », σύνοδος) est différent des formes d'associations à l'œuvre entre « choses de même essence (ἐπὶ τῶν ὁμοουσίων) » (*Sentence* 33, 49), par quoi il entend, en l'occurrence, des corps [15].

La différence observée dans le texte de l'*Ad Gaurum* n'est toutefois qu'apparente. Le contexte du chapitre 10 (lignes 32 à 71) montre que l'auteur a recours au mélange total pour expliquer l'union et la séparabilité existant entre l'âme et la « nature » *du* vivant engendré aux différents stades de sa conception (comme semence dans le père, comme embryon dans la mère et comme nouveau-né après l'accouchement). L'âme est comme un pilote qui ne monte à bord du navire (ou corps) qu'une fois la construction (ou *ergon*) de celui-ci achevée. Cette opération se reproduit plusieurs fois au cours de la conception du vivant et implique chaque fois le remplacement d'un pilote par un autre (les puissances psychiques inférieures et supérieures du père sont remplacées par celles de la mère et celles-ci, lors de l'accouchement, le sont par les puissances de l'âme extérieure qui vient animer le nouveau-né). Il est donc nécessaire que le mélange des composants autorise tout à la fois une union parfaite ainsi

14. Plotin récuse la possibilité d'un mélange total entre corps, car la nature des corps ne permet pas la préservation en acte des propriétés des composants mélangés (cf. *Traité* 2 (IV, 7), 8^2, 1-6). Il admet en revanche la possibilité d'un tel mélange entre l'âme et le corps. Voir, entre autres, le *Traité* 48 (III, 3), 4, 49, où Plotin parle de σύγκρασις. On consultera, sur cette question, l'étude de A. Graeser, *Plotinus and the Stoics. A Preliminary Study*, Leyde, Brill, 1972, p. 18-22 et celle de J. Lacrosse, « Trois remarques sur la réception de la *krasis* stoïcienne chez Plotin », *Revue de philosophie ancienne*, 25/2 (2007), p. 53-66 (en particulier p. 63-65).

15. Si Porphyre refuse le mélange total stoïcien, ce n'est qu'en tant que les philosophes du Portique l'envisagent entre corps. Bien que, dans la *Sentence* 33, il ne parle positivement que de σύνοδος, et confine la κρᾶσις au domaine des corps, il paraît clair, premièrement, qu'il envisage la σύνοδος comme une sorte de mélange (*cf.* son inclusion dans la liste de mélanges proposée à la ligne 50) et, deuxièmement, qu'il conçoit la σύνοδος à l'œuvre entre l'incorporel et le corporel selon un schéma similaire à celui de la κρᾶσις δι' ὅλων stoïcienne. En effet, Porphyre prend soin de montrer (cf. *Sentence* 33, 16-20 et 21-30) que, dans le mélange en question, l'incorporel et le corporel sont présents l'un à l'autre conformément à leur nature distinctive et sans confusion (l'incorporel est présent sous le mode de l'indivision et le corporel sous celui de la division).

qu'un retrait sans confusion. Or c'est bien ce que rend possible le mélange total qui combine, on l'a vu, les avantages de deux mélanges ordinaires, la fusion et la juxtaposition. Les termes mélangés sont donc bien, comme dans le passage du *Traité* 2 de Plotin, l'âme et le corps [16], à ceci près que, au chapitre 10 de notre texte, c'est de la *nature* de ce corps vivant (*cf.* 10 (4), 43 et 11 (1), 72-73) dont on affirme le mélange successif avec différentes âmes. Quel qu'en soit le statut ontologique exact (laissé ici indéterminé), cette nature est bien dans son essence à la fois différente et inférieure aux puissances de l'âme, étant constamment attachée à son produit (ou *ergon*), alors que l'âme n'intègre celui-ci que lorsqu'il lui est adapté (et le quitte quand il ne l'est plus).

Le chapitre 10 manifeste, en fin de compte, une idée récurrente dans le néoplatonisme, à savoir que le mélange total stoïcien, qui est au cœur de la physique et de la théologie du Portique, ne trouve sa condition de possibilité véritable qu'en dehors des corps, puisqu'une union sans confusion ne peut être le fait que d'une puissance active incorporelle [17].

3. La sympathie

Une troisième doctrine stoïcienne est à l'œuvre (non sans toutefois une modification importante dans ses principes) dans la description de l'animation du nouveau-né : la sympathie. L'auteur soutient que ce n'est pas par contrainte, mais naturellement que se produit l'animation du nourrisson, « tout comme, en général, la liaison qui s'opère en vertu de la consonance entre les parties à ajuster et ce qui peut s'y ajuster » (11 (2), 16-18). L'âme automotrice entre dans le vivant en vertu d'une convenance, d'un accord naturel. L'animation est comparable au processus par lequel le naphte prend feu, « enflammé par la flamme sans qu'il y ait besoin d'un lieu intermédiaire, puisque rien n'empêche que, même sans contact, les choses qui s'accordent se trouvent en

16. On notera que mon interprétation diffère ici de celle proposée dans le présent volume (*cf.* note à 10 (5), 48-49) et de celle de J. Wilberding (pour qui le mélange total a lieu « entre différentes puissances psychiques »). *Cf.* Porphyry, *To Gaurus on How Embryos are Ensouled and On What is in Our Power*, Duckworth, 2011, p. 12.

17. C'est un trait que les commentateurs de Porphyre ont souvent mis en avant, en particulier Pierre Hadot : « La théorie des mélanges élaborée par les stoïciens ne découvre sa vérité que sur le plan intelligible. C'est précisément une des caractéristiques de la doctrine porphyrienne, comme l'a bien établi H. Dörrie, de montrer que le stoïcisme n'est vrai que dans la transposition néoplatonicienne, la physique devenant ainsi une métaphysique ». *Cf.* P. Hadot, *Porphyre et Victorinus*, Paris, 1968, t. I, p. 110. Dans le même sens va également le commentaire de J. Wilberding : « ... *Porphyry explicitly appropriates the Stoic doctrine of complete blending, which he takes to be incoherent in its inherited form, as bodies cannot completely interpenetrate each other, but a rather fitting account of how soul-powers can form a unity.* » *Cf.* J. Wilberding, introduction à Porphyry, *To Gaurus on How Embryos are Ensouled and On What is in Our Power*, Duckworth, 2011, p. 12. Voir également D. Cohen, « Aperçu de la réception de la doctrine stoïcienne du mélange total dans le néoplatonisme après Plotin », *Revue de philosophie antique*, 25/2 (2007), p. 67-100 (en particulier p. 90-92).

sympathie les unes avec les autres (τὰ ἡρμοσμένα συμπάσχειν ἀλλήλοις) » (11 (2), 23-25).

Dans le stoïcisme, la théorie de la sympathie universelle [18] est utilisée pour démontrer le fait que le monde est gouverné par une nature unique [19], dieu, et, par suite, pour prouver l'existence de la providence, du destin et de la divination [20]. Dieu, qui est un corps (un souffle d'air et de feu), en se mélangeant au monde, assure à celui-ci unité et continuité. Dieu est dans le monde à la manière d'une âme dont la partie directrice (l'ἡγεμονικόν) est située dans le ciel (voire l'éther), les autres parties étant analogues à des organes des sens (comme dans l'âme humaine), qui s'étendent à travers toutes les parties du monde [21]. Les témoignages conservés font remonter la thèse de la sympathie au moins à Chrysippe [22]. Posidonius, un stoïcien du IIe-Ier siècle avant notre ère, est reconnu pour avoir consigné de nombreuses observations scientifiques illustrant la sympathie universelle, en particulier le phénomène des marées [23]. Un précieux témoignage de Cicéron, qui s'appuie sans doute sur les recherches de Posidonius, en répertorie plusieurs exemples :

> Supposons qu'il y ait une relation (*contagio*) dans toute la nature (*in natura rerum*), et je l'admets - les stoïciens en ont recueilli bien des exemples : ainsi on dit que les minuscules foies des mulots grandissent en hiver, que le pouliot sec fleurit le jour même du solstice d'hiver, que les gousses gonflent et éclatent, que les pépins enfermés au centre des pommes se tournent en sens opposés ; ou encore que certaines cordes de la lyre résonnent quand on en pince d'autres (*iam neruos in fidibus aliis pulsis resonare alios*), qu'il est donné aux huitres et à tous les autres coquillages de grandir et de diminuer avec la lune ; et les arbres, le meilleur moment pour les tailler serait l'hiver, au déclin de la lune, parce qu'ils sont alors complètement secs. Et que dire encore des détroits ou des marées dont le flux ou le reflux sont gouvernés par les mouvements de la lune ? Il serait possible de citer des centaines de cas semblables faisant apparaître une parenté naturelle (*cognatio naturalis*) entre des choses éloignées les unes des autres. (Cicéron, *De divinatione*, II, 33-34 = Edelstein-Kidd F 106, traduction J. Kany-Turpin)

18. Sur cette doctrine, voir V. Laurand, « La sympathie universelle : union et séparation », *Revue de métaphysique et de morale*, 48 (2005/4), p. 517-535, et S. Sauvé Meyer, « Chain of Causes », dans R. Salles (éd.), *God and Cosmos in Stoicism*, Oxford, Oxford University Press, 2009, p. 71-90.

19. *Cf.* Sextus Empiricus, *Adversus Mathematicos*, IX, 78-86. Pour un parallèle chez Plotin, voir *Traité* 28 (IV, 4), 32, 4.

20. *Cf.* Cicéron, *De divinatione*, XIV, 33-34 = Edelstein-Kidd F 106.

21. *Cf.* Diogène Laërce, VII, 138-139. Sur l'interprétation de ce passage, voir T. Bénatouïl, « How Industrious can Zeus Be ? The Extent and Objects of Divine Activity in Stoicism », dans R. Salles (éd.), *op. cit.*, p. 23-45 (p. 32-36).

22. *Cf.* Alexandre d'Aphrodise, *De mixtione*, 216, 14-18. Cicéron renvoie, pour sa part, à Chrysippe, Apollodore et Posidonius (cf. *De divinatione*, II, 33-35). *Cf.* M. Lapidge, « Stoic cosmology », dans J. Rist (éd.), *The Stoics*, Berkeley et Los Angeles, University of California Press, 1978, p. 161-202 (p. 176) et S. Sauvé Meyer, *art. cit.*, p. 81.

23. *Cf.* Edelstein-Kidd F 106, F 217 et F219.

La parenté (*cognatio*) naturelle entre des parties du monde pourtant fort éloignées les unes des autres est le signe tangible, pour les stoïciens, que le monde est (gouverné par) une nature unique, maintenu en cohésion par un souffle divin. Parmi les nombreux exemples ici répertoriés, celui de la lyre est le seul à ne pas être puisé dans le domaine des phénomènes naturels. Or, c'est précisément celui-là que reprend l'auteur de l'*Ad Gaurum* [24] au chapitre 11 :

> Si l'on pose des brindilles sur des cordes qui ont été accordées même si elles sont très éloignées les unes des autres (κἂν μακρὰν ἀλλήλων ἀπέχωσι) et sur les cordes voisines mais qui, elles, n'ont pas été accordées, et si l'on frappe, ne serait-ce qu'une seule des cordes consonantes, alors toutes se mettent à vibrer et font tomber les brindilles, tandis que les cordes voisines restent immobiles sans être affectées (ἀπαθῶν... μενουσῶν) en raison de leur dissonance (διὰ τὴν ἀσυμφωνίαν), l'éloignement n'ayant en aucune façon empêché les cordes accordées de réagir en sympathie et la proximité n'ayant pas suffi à susciter la sympathie entre les cordes dissonantes; de même cet instrument qu'est le vivant accordé à une âme qui <lui> est appropriée (πρὸς ἐπιτηδείαν ψυχήν) se trouve aussitôt en sympathie (εὐθὺς ἔχει συμπαθῆ) avec cette âme qui se servira de lui. Et le fait que la sympathie s'exerce envers tel vivant et non pas envers un autre dépend ou de la vie antérieure qu'a menée ce vivant ou de la révolution de l'univers qui mène le semblable vers le semblable. (11 (4), 52-64)

Comme dans le passage de Cicéron, l'auteur souligne la distance existant entre les choses mises en sympathies, un point qui est essentiel dans une perspective stoïcienne pour démontrer l'unité et la continuité (συνέχεια) du monde [25]. Dans la perspective de l'auteur, la distance (physique, visible) est mise en avant pour révéler le pouvoir (incorporel, invisible) d'un accord entre le corps et l'âme. En effet, l'éloignement physique est impuissant à empêcher « des cordes accordées (συνηρμοσμένων) » de réagir en sympathie. L'idée d'harmonie et d'accord (συμφωνία) est essentielle pour l'auteur, pour qui l'animation dépend non pas seulement d'une réceptivité (ou passivité) du corps, mais d'une convenance (ἐπιτηδειότης) entre celui-ci et l'âme [26]. L'idée d'une nécessaire harmonie entre âme et corps sera en particulier développée au chapitre 16, là aussi après avoir rappelé le principe stoïcien central que

24. Ce choix (si choix il y a eu) est probablement significatif dans la mesure où les exemples tirés de l'observation des phénomènes naturels et biologiques servent aux stoïciens à démontrer la nature divine du monde (du monde des corps), un point que ne peut certainement pas admettre l'auteur. Rappelons en outre que, pour Platon, l'harmonique est la discipline la plus haute après la dialectique et qu'elle a pour utilité première de préparer l'âme à la contemplation des Formes (cf. *République*, VII, 530d-531c).

25. Sur l'importance de la continuité dans la physique de la Stoa, *cf.* B. Collette-Dučić et S. Delcomminette, « La théorie stoïcienne du mélange total », *art. cit.*, p. 34-43.

26. Sur cette notion et son usage dans l'*Ad Gaurum*, voir l'étude fouillée de G. Aubry, « Capacité et convenance : la notion d'*epitêdeiotês* dans la théorie porphyrienne de l'embryon », dans L. Brisson, M.-H. Congourdeau et J.-L. Solère (éd.), *L'embryon. Formation et animation*, Paris, Vrin, 2008, p. 140-155.

« l'univers est en harmonie avec lui-même et avec ses propres parties (τὸ πᾶν ἑ[αυ]τῷ τε καὶ τοῖς ἑαυτοῦ μ[έ]ρε[σιν] ὁμολογεῖ) » (16 (6), 65-66).

L'utilisation de la thèse stoïcienne de la sympathie universelle [27] ne se fait toutefois pas, au chapitre 11, sans deux modifications importantes. Celles-ci témoignent d'une volonté de désolidariser une telle thèse de certains autres points de doctrine stoïciens auxquels elle était pourtant initialement naturellement liée. La première modification a trait au corporalisme stoïcien. Selon la Stoa, la sympathie ne se produit qu'entre des corps (ceux-ci ont seuls la puissance d'agir et/ou de pâtir) [28] et suppose nécessairement un contact. C'est une thèse que l'auteur de l'*Ad Gaurum* rejette, car il conçoit l'âme automotrice comme non corporelle. Aussi insiste-t-il sur la distance séparant les choses en sympathie et l'absence de lieu intermédiaire (μεταξύ) entre elles, « puisque rien n'empêche », écrit-il, « que, même sans contact (ἄνευ ἁφῆς), les choses qui s'accordent se trouvent en sympathie les unes avec les autres » (11 (2), 24-25). L'affirmation selon laquelle toute action n'implique pas nécessairement un contact se retrouve dans plusieurs textes néoplatoniciens [29], entre autres dans la *Sentence 6* de Porphyre affirmant qu'« il n'est pas vrai que tout agent qui agit sur autre chose fasse ce qu'il fait par rapprochement et par contact ».

La seconde modification a trait à la thèse stoïcienne selon laquelle tous les événements de ce monde sont le résultat d'une volonté et d'une raison divine : « selon Chrysippe, il n'est pas possible que même la plus infime (τοὐλάχιστον) de ces parties <du monde> soit dans un état différent de ce qui est conforme à la volonté de Zeus (κατὰ τὴν τοῦ Διὸς βούλησιν) » [30]. L'idée selon laquelle la nature qui gouverne le monde est essentiellement rationnelle est rejetée par l'auteur de l'*Ad Gaurum*, pour qui aucune volonté (βούλησις) ou choix préalable (προαίρεσις) ne détermine la présence de telle âme dans tel corps particulier, ni ne la retient de partir une fois l'harmonie rompue (*cf.* 11 (2), 27-30). Dans un chapitre qui a précisément trait à la sympathie universelle,

27. Outre la relation âme-corps, l'auteur apparaît également utiliser la doctrine de la sympathie pour expliquer la vision (11 (2), 18-25). Nos sources ne confirment pas que la Stoa ait fait un tel usage de cette doctrine. Toutefois, E.K. Emilsson note que, étant donné le lien existant entre la sympathie et la doctrine de la tension pneumatique, il n'est pas improbable que certains stoïciens aient étendu l'application de la sympathie à la théorie de la vision (dans laquelle la tension ou *tonos* joue effectivement un rôle important). *Cf.* E.K. Emilsson, *Plotinus on Sense-Perception. A Philosophical Study*, Cambridge, Cambridge University Press, 1988, p. 48 (et, de manière générale, la section « The *sympatheia* theory of visual transmision », p. 47-62). Sur l'appropriation de la théorie de la sympathie chez Plotin voir, outre l'ouvrage d'Emilsson, A. Graeser, *op. cit.*, p. 68-72.

28. *Cf.* Cicéron, *Académiques* I 39 = *SVF* I 90 = LS 45A.

29. Outre le passage de *Sentence* 6, voir Simplicius, *Commentaire sur les* Catégories, 302, 28-32 = *SVF* II 342.

30. Plutarque, *Des notions communes* 34, 1076E, traduction Babut. Voir également Plutarque, *Des notions communes* 1050A : « Il n'est pas possible en effet qu'aucun fait particulier, si infime soit-il, ait lieu autrement qu'en conformité avec la nature commune de l'univers et avec la raison qui est la sienne ». *Cf.* Diogène Laërce, VII, 88.

on retrouve une affirmation similaire chez Plotin [31], qui résume assez bien l'esprit du chapitre 11 de l'*Ad Gaurum* : « Nous refusons d'attribuer à des causes corporelles (σωματικαῖς αἰτίαις) ou à des choix préalables (προαιρέσεσιν) toutes les influences qui, venant du ciel, s'exercent de l'extérieur sur nous, sur les autres vivants et, en général, sur ce qui se trouve sur la terre » [32]. Cette position témoigne ainsi d'un rejet du déterminisme universel tel que défendu par les stoïciens.

4. L'ANIMATION À LA NAISSANCE

Au chapitre 14, l'auteur s'attaque cette fois enfin frontalement aux stoïciens au sujet de leur théorie de l'animation. Avant d'examiner sa critique, il faut commencer par en rappeler le contexte direct, en particulier la distinction, au chapitre 13, de deux sens d'en-puissance qui permet à l'auteur d'articuler deux manières de présenter l'embryon comme en-puissance un animal. Ainsi, est dit « en-puissance » soit « ce qui peut recevoir la puissance (τὸ δύνασθαι ἀναλαβεῖν τὴν δύναμιν) » (13 (2), 21-22), soit « ce qui demeure au repos dans une puissance déjà acquise (τὸ μένειν ἐν τῇ δυνάμει ἐγγεγονυίᾳ ἤδη ἡσυχάζον δυνάμει) » (13 (2), 22-23). Selon le premier sens, on dira d'un morceau de bois encore non travaillé qu'il peut recevoir la puissance (ou forme) d'une rame, étant apte à cela ; selon le second sens, on dira d'une rame jetée à la mer qu'elle possède la puissance qui correspond à sa fonction (ramer et propulser le bateau), mais qu'elle demeure au repos (n'étant pas actuellement utilisée) [33]. La position de l'auteur consiste à accorder que l'embryon peut être dit « en-puissance » un animal, mais seulement dans le premier des deux sens distingués. En effet, seul ce qui est complet du point de vue de la forme peut accueillir une âme, or l'embryon ne parvient au terme de sa formation qu'au moment de l'accouchement, lorsque l'ensemble des organes internes est formé. L'embryon n'est donc en-puissance un animal qu'au sens où un morceau de bois est en-puissance une rame, c'est-à-dire apte à en recevoir la puissance.

Après avoir donné ses propres arguments en faveur de cette solution, l'auteur passe, au chapitre 14, à l'examen de la thèse contraire selon laquelle l'embryon serait en-puissance un animal au sens second du terme : les puissances proprement psychiques que sont la sensation, la représentation et l'impulsion sont déjà présentes non seulement dans l'embryon, mais également

31. Sur la sympathie plotinienne, *cf.* G. Gurtler, « Sympathy in Plotinus », *International Philosophical Quarterly*, 24, 1984, p. 395-406 et « Sympathy : Stoic Materialism and the Platonic Soul », dans M. F. Wagner (éd.), *Neoplatonism and Nature. Studies in Plotinus' Enneads*, Albany, State University of New York Press, 2002, p. 241-276.

32. Plotin, *Traité* 28 (IV, 4), 32, 1-3, trad. Luc Brisson.

33. Sur ces deux sens d'en-puissance et l'idée d'aptitude ou de convenance, *cf.* G. Aubry, art. cit., p. 140-155.

dans la semence elle-même, bien qu'elles y soient encore au repos. Cette thèse est identifiée par l'auteur comme étant celle des stoïciens :

> Oui, disent-ils, mais de même que la semence possède une raison (λόγον) des dents, qui les fait percer dans la période qui suit la naissance, tout comme celles de la barbe, de la semence et des menstrues, de même c'est parce que les raisons de l'impulsion, de la représentation et de la sensation (ὁρμῆς καὶ φαντασίας καὶ αἰσθήσεως λόγων) sont présentes dans la semence que leur « percée » intervient après l'accouchement. Ceux qui disent cela en se fondant sur l'évidence ne s'en écartent pas violemment, mais ils en restent à des conjectures et à des vraisemblances du fait qu'ils croient que si ces puissances n'étaient pas dans la semence, elles n'adviendraient pas non plus par la suite : cela, c'est bien clair. Mais ils se trompent par désir de se distinguer en rendant l'âme spermatique (σπερ[μα]τικὴν ποιοῦντες τὴν ψυχήν) et en faisant paraître l'âme végétative meilleure que l'âme automotrice. Eh bien, ce sont là les erreurs des stoïciens (ταῦτα τῶν Στωικῶν) qui, inversant le haut et le bas, ont l'audace d'engendrer le supérieur à partir de l'inférieur : dérivant pour toutes choses l'être et la substance de la matière (τὸ μὲν εἶναι καὶ τὴν οὐσίαν πᾶσιν ἐκ τῆς ὕλης δόντες), ils font naître la nature de la consistance (ἕξεως), l'âme sensitive et l'âme impulsive de la nature, l'âme rationnelle à son tour de celles-là, et l'intellect de l'âme rationnelle, et ainsi ils engendrent toutes choses en allant du bas vers le haut par différences et additions de mouvements, alors qu'il faut aller du haut vers le bas et faire venir l'inférieur du supérieur, parce qu'il est dans la nature de tout ce qui engendre d'engendrer quelque chose qui lui est inférieur, et non supérieur, du point de vue de son essence. (14 (1), 1-(3), 19)

Contrairement aux Platoniciens tardifs, les stoïciens n'ont pas adopté le vocabulaire aristotélicien de l'en-puissance et de l'en-acte. Ils n'ont donc vraisemblablement jamais dû parler de l'embryon comme d'un animal en-puissance (au sens second du terme), comme le présente l'auteur. Comme celui-ci, ils soutiennent que l'embryon est gouverné, jusqu'à l'accouchement, par une nature et que l'animation ne se fait qu'à la naissance. La ressemblance entre les deux positions s'arrête toutefois là. En effet, il existe une différence essentielle entre leur doctrine et celle – néoplatonicienne – de l'auteur, qui explique pourquoi ce dernier se sent justifié de présenter l'embryon stoïcien comme un animal, c'est-à-dire comme possédant déjà les puissances psychiques de la sensation (ou représentation) et de l'impulsion, même si ces puissances demeurent encore au repos.

Selon la Stoa, l'âme (et ses puissances) n'est pas ce qui est *reçu* de l'extérieur par l'embryon lors de l'accouchement, mais ce en quoi *se change* [34]

34. *Cf.* Hiéroclès, *Éléments d'éthique*, 1a, 22 : μεταβάλλειν εἰς ψυχήν. Le changement est à la fois initié et à l'œuvre durant le développement de l'embryon dans l'utérus, puis parfait lors de l'accouchement, au contact de l'air froid. Sur la théorie stoïcienne de l'embryon, on se rapportera à la remarquable reconstruction proposée par J.-B. Gourinat, « L'embryon végétatif et la formation de l'âme selon les stoïciens », dans L. Brisson, M.-H. Congourdeau et J.-L. Solère (éd.), *L'embryon. Formation et animation*, Paris, Vrin, 2008, p. 59-78.

la nature qui gouverne l'embryon, conformément à un principe intérieur préexistant. En un certain sens, on peut dire, comme le fait l'auteur dans le passage cité, que pour les stoïciens les puissances psychiques ont toujours déjà été là, jusque dans la semence elle-même, sous la forme de « raisons spermatiques »[35]. Ces raisons constituent les lois inviolables[36] présentes dans la semence et conformément auxquelles se développent, d'abord, la nature de l'embryon, ensuite, l'âme de l'animal[37]. Nos sources ne sont pas très précises sur le contenu exact des raisons séminales, mais elles insistent sur le fait que celles-ci contiennent, de manière concentrée et enroulée[38], des caractéristiques *semblables à* celles du ou des géniteur(s) :

> La nature est une *hexis*[39] se mouvant par elle-même, produisant et maintenant en cohésion selon les raisons séminales (κατὰ σπερματικοὺς λόγους) les êtres qui viennent d'elles en des temps déterminés, et réalisant des êtres qui sont tels que ceux dont ils ont été séparés (τοιαῦτα δρῶσα ἀφ' οἵων ἀπεκρίθη). (Diogène Laërce, VII, 148, traduction R. Goulet, modifiée.)

> La semence, ils disent que c'est ce qui est capable d'engendrer des êtres qui sont tels que ceux dont elle a été séparée (τὸ οἷόν τε γεννᾶν τοιαῦτ' ἀφ' οἵου καὶ αὐτὸ ἀπεκρίθη). (Diogène Laërce, VII, 158, trad. R. Goulet, modifiée)

La ressemblance des propriétés contenues dans les raisons spermatiques ne porte apparemment pas seulement sur les caractéristiques individuelles du géniteur (qui le distinguent de tel ou tel autre individu), mais aussi sur celles qui sont spécifiques et génériques. En effet, ce qui est transmis, ce n'est pas seulement, par exemple, des propriétés telles que la couleur de peau, la grandeur, etc., mais aussi les puissances propres à l'espèce (humaine ou autre) et au genre (végétal ou animal) auquel appartient le géniteur. C'est en tout cas ce que l'on peut déduire d'un texte de Philon d'Alexandrie manifestement inspiré par le stoïcisme :

35. Sur l'influence de cette théorie sur Plotin, voir A. Graeser, *op. cit.*, p. 41-43 et L. Brisson, « Logos et logoi chez Plotin. Leur nature et leur rôle », *Les cahiers philosophiques de Strasbourg*, 8 (1999), p. 93-108.

36. *Cf.* Hiéroclès, *Éléments d'éthique*, 1a, 9-10 : ἀπαραβάτους τάξεις.

37. *Cf.* Hiéroclès, *Éléments d'éthique*, 1a, 5-22.

38. « (Les stoïciens) affirment que la semence (σπέρμα) reçoit son nom <de> la mise en spirale (σπείρασιν) d'une grande masse en une petite et que la nature (φύσιν) reçoit son nom du fait qu'elle est une inflation et une diffusion (ἐμφύσησιν... καὶ διάχυσιν) des raisons <séminales> ou nombres (λόγων ἢ ἀριθμῶν) qu'elle déploie », Plutarque, *Des notions communes contre les stoïciens*, 35, 1077B1-5 = *SVF* 2.744.

39. On notera ici qu'ἕξις ne renvoie pas à la sorte de *pneuma* propre aux corps inorganiques comme des pierres (sur cet usage, cf. *SVF* II 716, II 634, II 458 ; voir en particulier Sextus Empiricus, *Adversus Mathematicos*, IX, 81, qui utilise l'expression ψιλὴ ἕξις pour marquer ce sens restreint d'ἕξις), mais au *pneuma* en tant qu'il est cette force de cohésion propre aux corps unifiés (τὰ ἡνωμένα), lesquels comprennent les corps inorganiques, organiques et animés. Les corps unifiés se distinguent des corps « qui existent par contact, comme un navire, (et) des choses qui existent par séparation, comme une armée » (Simplicius, *Sur les* Catégories *d'Aristote*, 214, 27-28 = *SVF* II 391 et LS 28M).

La semence se trouve être le principe de la génération des animaux. Qu'elle soit en quelque sorte tout à fait inférieure (φαυλότατον), semblable à de l'écume (ἐοικὸς ἀφρῷ), c'est ce qu'on observe. Mais lorsque, déposée dans l'utérus, elle s'y fixe, elle acquiert aussitôt un mouvement et se transforme en nature (εἰς φύσιν τρέπεται). Or, la nature vaut mieux que la semence, puisque le mouvement vaut mieux que le repos dans les êtres engendrés. Et cette nature, tel un artisan (οἷα τεχνίτης) ou, pour parler plus justement, tel un art irréprochable (ἀνεπίληπτος τέχνη), crée des êtres vivants : elle répartit la substance humide pour en faire les membres et les parties du corps, et elle répartit la substance pneumatique en des puissances de l'âme (τὴν δὲ πνευματικὴν εἰς τὰς τῆς ψυχῆς δυνάμεις), à savoir la puissance nutritive et la puissance sensitive. (Philon d'Alexandrie, *Sur la création du monde*, 67, 5-12 = *SVF* II 745, trad. Arnaldez, légèrement modifiée)

Ce passage de Philon s'appuie sur plusieurs points de doctrine stoïciens. Tout d'abord, on y trouve l'idée que la nature est « comme un artisan », ce qui rappelle un passage bien connu de Cicéron rapportant que « la nature du monde lui-même, qui maintient et contient toutes choses de son étreinte, n'est pas seulement artiste (*non artificiosa solum*) mais, comme le dit... Zénon <de Kition>, un véritable artisan (*sed plane artifex*) » [40]. Ensuite, il y a la description de la semence comme composé d'une substance humide et d'un souffle (ou *pneuma*). Selon une définition stoïcienne conservée par le pseudo-Galien, ce souffle serait lui-même psychique : « Selon les stoïciens, la semence est ce que l'animal émet, à savoir un liquide accompagné de souffle et d'âme (ὑγρὸν μετὰ πνεύματος καὶ ψυχῆς) » [41]. Cette dernière précision, jointe à l'explication de Philon selon laquelle la nature répartit non seulement la substance humide de la semence pour en faire les membres et les parties du corps, mais également la substance pneumatique de la semence en « des puissances de l'âme (τὰς τῆς ψυχῆς δυνάμεις) », corrobore ainsi l'affirmation de l'auteur de l'*Ad Gaurum* concernant la pré-existence des facultés de l'âme dans la semence elle-même (sous la forme de raisons spermatiques).

Le texte de Philon prend toutefois ses distances avec le stoïcisme quand il affirme que la semence est « en quelque sorte tout à fait inférieure », et quand il suggère que, entre la semence et la nature, c'est cette dernière seule qui joue le rôle d'un artisan. En effet, pour la Stoa, si la nature est comme un τεχνίτης, c'est d'abord parce qu'elle est elle-même une sorte de *pneuma* et que le *pneuma* est l'expression du principe actif divin à l'œuvre dans le monde. Or, les stoïciens, on vient de le voir, affirment que le *pneuma* est également actif dans la semence, voire que la semence est elle-même, dans sa substance, un certain *pneuma* [42]. Aussi, n'est-elle pas simplement un réceptacle de raisons en

40. Cicéron, *De natura deorum*, II 58 = *SVF* I 172.

41. Pseudo-Galien, *Définitions médicales*, 19, 450, 2-4 = *SVF* II 742.

42. Dans nos sources, le souffle est soit compris comme un des deux composants de la semence (à côté du composant aqueux), soit comme la substance même de la semence. En ce dernier sens, *cf.* Diogène Laërce, VII, 159 : « La semence, dit Chrysippe au deuxième livre de ses

attente d'une mise en mouvement (une fois dans l'utérus), mais un artisan à part entière, comme on peut le lire dans un témoignage de Galien : « il leur semble [43] que la semence est l'artisan lui-même (ὁ τεχνίτης) : aux uns, le tout de la semence, aux autres, le souffle contenu en elle » [44].

Une telle compréhension de la semence nous permet de voir que lorsque l'auteur de l'*Ad Gaurum* accuse les stoïciens de « rendre l'âme spermatique » [45] (en d'autres termes, de rabaisser l'âme à quelque chose de très inférieur), sa critique repose sur une connaissance assez fidèle de l'embryologie du Portique : loin d'être une sorte de nature imparfaite et vile soumise à des principes psychiques extérieurs, la semence est au contraire, selon les stoïciens, le véritable artisan de la formation non seulement de l'embryon mais du futur être vivant animé. Or, pour notre auteur, doter la semence d'un tel pouvoir, c'est faire de ce qui est inférieur le principe causal du supérieur, ce qui va à l'encontre de la doctrine néoplatonicienne [46] bien connue selon laquelle « il est dans la nature de tout ce qui engendre d'engendrer quelque chose qui lui est inférieur » (14 (3), 18-19). Pour cette raison, l'explication stoïcienne est à rejeter et avec elle l'idée selon laquelle l'embryon serait un animal en puissance, au sens où il possèderait déjà les puissances propres à l'âme sans encore les exercer.

La critique ne s'arrête toutefois pas là et l'auteur passe à la doctrine stoïcienne de la « trempe » de l'embryon, c'est-à-dire du processus physico-chimique par lequel, à la naissance, le souffle physique de l'embryon (sa nature) est refroidi au contact de l'air froid extérieur et ainsi changé en souffle psychique (ou âme), à l'image d'un fer chauffé à blanc que l'on trempe dans de l'eau glacée [47] :

> Mais si les raisons de la représentation et de l'impulsion sont dans la semence, et que, ensuite, la nature les fait passer à l'acte, alors l'air qui survient, comme le pense Chrysippe, dès l'instant de la sortie des douleurs de l'enfantement, sera la nature qui, mise en mouvement [48], se change en âme : il ne saurait vraiment y

Physiques, est un souffle quant à sa substance (πνεῦμα κατὰ τὴν οὐσίαν), comme le montrent les semences qui sont jetées dans la terre, lesquelles, si elles sont vieilles, ne germent pas, parce que manifestement leur puissance s'est évaporée » (traduction R. Goulet).

43. La suite immédiate du passage mentionne le nom de Chrysippe.

44. Galien, *Sur la formation du fœtus*, 4, 699, 13-15 = *SVF* 2.743.

45. En note, J. Wilberding (*cf.* Porphyry, *To Gaurus on How Embryos are Ensouled and On What is in Our Power*, London, Duckworth, p. 73, n. 188) rappelle que Plotin fait déjà une critique similaire quand il écrit que « l'âme, ce principe si important, doit relier toutes choses, sans être elle-même issue d'une semence, comme les autres choses, puisqu'elle est une cause première (πρωτουργοῦ αἰτίας) » (*Traité* 3 (III, 1) 8, 7-8). Voir aussi *Traité* 2 (IV, 7), 8^3.

46. On trouve ce principe chez Plotin (*Traité* 10 (V, 1), 6, 39), Porphyre (*Sentence* 13), Jamblique (*Les Mystères d'Égypte*, III 20) et Proclus (*Éléments de théologie*, 7). *Cf.* A.C. Lloyd, « The principle that the cause is greater than its effect », *Phronesis*, 21(2), 1976, p. 146-156.

47. Sur cette doctrine, cf. J.-B. Gourinat, art. cit., p. 71-73.

48. La nature qui gouverne l'embryon est mise en mouvement et se change en âme sous l'effet de l'air froid extérieur dont il vient d'être question.

avoir discours plus dépourvu d'âme [49] que celui-là, parce qu'à la fois il est impie et s'autorise à tirer le supérieur de l'inférieur. (14 (4), 23-29)

Cette seconde critique s'appuie, comme le rappelle Festugière, sur le principe aristotélicien que « tout ce qui doit passer de la puissance à l'acte ne peut passer à l'acte que sous l'action d'une cause efficiente » [50]. Le raisonnement est le suivant. Les stoïciens reconnaissent que les raisons contenues dans la semence ne sont mises en mouvement (ne passent à l'acte) que lorsque la semence elle-même se trouve dans l'utérus [51]. A ce stade, le souffle de la semence devient une nature et la semence un embryon. Au fur et à mesure que se développe l'embryon dans l'utérus, le souffle physique qui le gouverne s'affine et, comme l'écrit le stoïcien Hiéroclès, devient « quantitativement (κατὰ τὸ ποσόν) une âme » [52]. Ce n'est toutefois qu'à la naissance que le souffle naturel du nouveau-né se change finalement en âme, lorsque l'air froid extérieur vient à le frapper et à le solidifier. Selon ce schéma explicatif, donc, c'est l'air qui est la cause efficiente responsable du changement de la nature en âme, comme le note l'auteur lui-même dans le passage cité. Or, et c'est là où la critique apparaît, si les raisons pré-contenues dans la semence doivent leur activation à la nature, mais que la nature elle-même n'est proprement activée que par l'air extérieur (activation qui la change en âme), alors on doit comprendre que, pour les stoïciens (ou Chrysippe, puisqu'il est ici nommé [53]), la cause efficiente responsable de la mise en mouvement des raisons séminales (soit la nature), responsable en particulier de l'activation des raisons des puissances psychiques, est en fin de compte simplement de l'air. Une telle position, conclut l'auteur, est on ne peut plus matérialiste (ἀψυχότερος) [54].

49. J. Wilberding, suivant peut-être une suggestion déjà formulée par A. J. Festugière (*La révélation d'Hermès trismégiste*, vol. III, Paris, Les Belles Lettres, p. 293, n. 4), rend assez bien le sens de cette expression quand il traduit ἀψυχότερος par « materialist » (*cf.* Porphyry, *To Gaurus on How Embryos are Ensouled and On What is in Our Power*, London, Duckworth, 2011, p. 51).

50. A. J. Festugière, *op. cit.*, p. 293, n. 3.

51. « La semence tombe dans la matrice au moment opportun, et si elle est saisie par un réceptacle en bon état, elle ne reste plus en repos (οὐκέτι ἠρεμεῖ), comme elle était auparavant, mais son mouvement se réveille (ἀνακινηθέν) et elle commence à accomplir ses fonctions propres », Hiéroclès, *Éléments d'éthique*, 1a, 5-7 = LS 53B1, traduction J. Brunschwig et P. Pellegrin.

52. Hiéroclès, *Éléments d'éthique*, 1a, 19.

53. On notera que, bien que le nom de Chrysippe soit cité, ce texte ne figure pas dans les *Stoicorum Veterum Fragmenta* de Von Arnim.

54. Il paraît clair que la nature est déjà active avant sa « mise en mouvement » par l'air et, par là, que l'air n'a aucun rôle à jouer, selon les stoïciens eux-mêmes, dans l'activation initiale des raisons séminales. Mais le sens de la critique de l'auteur est sans doute que l'activation finale des raisons séminales (en particulier de celles qui contiennent les puissances psychiques de la sensation et de l'impulsion) dépend ultimement d'un simple corps, l'air extérieur, puisque c'est à celui-ci que l'on doit le changement de l'embryon en être animé. Sous cet angle, la cause efficiente est donc bien l'air lui-même.

Conclusion

Au terme de cette étude, on peut affirmer que l'auteur de l'*Ad Gaurum* fait un emploi certes sélectif mais cohérent et plutôt substantiel de thèses centrales du stoïcisme. Parmi celles-ci, le critère de démarcation entre l'animal et le non-animal (la présence ou non des facultés de sensation, de représentation et d'impulsion) est utilisé tout au long du traité, servant vraisemblablement de base neutre de discussion entre l'auteur et ses différents adversaires. Nous avons vu, cependant, que l'auteur est conscient de la spécificité d'un tel critère, c'est-à-dire de son enracinement dans une philosophie donnée (sc. stoïcienne), et par là du danger qu'il y a à vouloir s'en servir comme d'une grille interprétative des textes de Platon.

Quant à la thèse stoïcienne du mélange total, elle se trouve réappropriée par l'auteur pour expliquer le mélange parfait et sans confusion entre les facultés psychiques et la nature du corps qu'elles gouvernent. Une telle réappropriation ne se fait pas, cependant, sans une dématérialisation des composants du mélange. En effet, l'auteur soutient qu'un mélange de ce type, à la fois « paradoxal et divin », ne peut se faire que si les composants « ne sont pas des corps et que leur essence n'est pas limitée par les dispositions qui sont celles des corps » (10 (6), 56-58).

Une telle dématérialisation est également fort sensible dans l'emploi de la thèse de la sympathie universelle. Cette thèse, qui sert à la Stoa, on la vu, à démontrer l'existence d'une puissance unificatrice divine immanente au monde, permet à l'auteur d'introduire sa propre conception de l'animation selon laquelle le corps et l'âme ne viennent à s'unir qu'en vertu d'un accord et d'une harmonie qui manifeste leur « convenance » mutuelle. Alors que l'idée d'une sympathie universelle n'a de sens, dans la Stoa, que dans le cadre d'une ontologie corporaliste (où seuls les corps sont reconnus comme pouvant agir et/ou pâtir), et sert à consolider la conviction en un déterminisme lui aussi universel, l'auteur prend soin de se démarquer de ces deux thèses, affirmant que la sympathie n'implique pas nécessairement un contact, et qu'aucune volonté ou choix préalable ne détermine la présence de telle âme dans tel corps particulier, ni ne la retient de partir une fois l'harmonie rompue.

Il y a, enfin, la critique directe de la théorie stoïcienne de l'animation, critique qui montre bien à quel point les deux positions (celle de l'auteur et celle de la Stoa) ne sont en fin de compte que superficiellement semblables. En effet, si les stoïciens soutiennent, comme l'auteur, que l'embryon est gouverné par une nature et que l'animation ne se fait qu'à la naissance, leur doctrine des « raisons spermatiques » et leur théorie pneumatique (qui fait de la semence elle-même un « artisan ») les conduisent à une position intenable, selon l'auteur, où le supérieur est engendré par l'inférieur. La critique se fait même finalement mordante quand il est question de la fameuse « trempe » du nouveau-né, par quoi il faut entendre le refroidissement du souffle physique de l'embryon au contact de l'air froid à la naissance et son changement en âme. Telle conception est jugée irrémédiablement matérialiste et même impie par l'auteur, qui la rejette.

Bernard Collette-Dučić

L'*AD GAURUM* ATTRIBUÉ À PORPHYRE ET LES THÉORIES GALÉNIQUES SUR L'ANIMATION DE L'EMBRYON

Le fait que l'auteur de l'*Ad Gaurum* ne cite nulle part le nom de Galien, alors même qu'il cite plusieurs fois Hippocrate et connaît les théories biologiques et médicales de Platon et Aristote, ne signifie pas nécessairement qu'il ait ignoré le corpus galénique. Tout au plus cette omission a-t-elle rendu possible l'attribution au médecin de Pergame d'un traité qui se sépare pourtant des thèses galéniques sur de très nombreux points. On serait plutôt tenté de croire que l'auteur de l'*Ad Gaurum* a volontairement choisi d'ignorer l'œuvre d'un médecin qui avait abondamment écrit sur le sujet et qui avait même consacré des commentaires aux traités hippocratiques *De la génération*, *Nature de l'enfant* [1] et *Du fœtus de huit mois* [2] cités dans l'*Ad Gaurum* [3], mais dont les théories sur la formation et l'animation de l'embryon se situent aux antipodes de ses propres convictions. La vérification de cette hypothèse se trouve toutefois compliquée par la perte en grec comme en arabe des trois commentaires galéniques en question, sans parler du *Timée* de Platon également commenté par Galien mais dont quelques fragments seulement sont conservés en grec [4]. Le but de cette contribution est donc de tenter d'éclairer les points de contact possibles entre Galien et l'auteur de l'*Ad Gaurum* en se demandant si ce dernier a pu connaître l'œuvre du premier mais sans la citer.

1. Hunayn dans sa *Risâla* (n° 101) considère que le commentaire conservé sous ce titre en arabe est apocryphe ; voir aussi F. Sezgin, *Geschichte des arabischen Schrifttums*, Band III, Leiden, Brill, 1970, p. 124 n° 82.

2. Bien que distincts dans la tradition manuscrite, les deux traités *De la génération* et *Nature de l'enfant* ne forment qu'un seul ouvrage sur l'embryologie attribuable à un même auteur, voir l'édition de R. Joly, *Hippocrate* tome XI, Paris, CUF, 1970, p. 9.

3. Voir *Ad Gaurum* 2 (2) et 10 (3) où le nom d'Hippocrate avec référence à *Nature de l'enfant* est cité et aussi 16 (1) avec peut-être une référence au *Régime*.

4. Outre quelques extraits chez des auteurs arabes et juifs, seuls sont conservés en grec des fragments, voir Ch. Daremberg, *Fragments du commentaire de Galien sur le* Timée *de Platon*, Paris, 1848 et O. Schröder, *Galeni in Platonis Timaeum commentarii fragmenta,* Appendicem Arabicam addidit P. Kahle, CMG Suppl. I, Leipzig-Berlin, 1934, et enfin C.J. Larain, *Galens Kommentar zu Platon Timaios*, Stuttgart, 1992.

La question de l'âme dans le corpus galénique et l'*Ad Gaurum*

Non seulement Galien, contrairement à ce que l'on peut lire dans le manuscrit de Paris *Suppl. gr.* 635, ne peut être l'auteur de l'*Ad Gaurum,* mais il n'aurait jamais écrit sur un tel sujet. Je passerai assez brièvement sur ce point déjà traité dans la partie relative à l'authenticité du traité, pour insister sur le projet d'ensemble du *Ad Gaurum* qui se situe aux antipodes des préoccupations galéniques en matière d'embryologie. Galien n'aurait en effet jamais traité de l'animation de l'embryon dans la mesure où, comme il se plaît à le répéter, il ignore tout de la nature de l'âme elle-même, si elle est mortelle ou immortelle, matérielle ou non. Galien reviendra sur ces questions jusqu'à la fin de sa vie, dans un de ses derniers écrits, le *Sur ses propres opinions,* sorte de testament médico-philosophique dont seuls quelques fragments, jusqu'à une date récente, étaient conservés en grec et qui ne nous avait été transmis, dans son intégralité, que dans une traduction arabo-latine assez fautive [5]. La redécouverte à Thessalonique, en janvier 2005, par un de mes élèves A. Pietrobelli, du manuscrit *Vlatadon* 14 qui contient le texte grec intégral du *Sur ses propres opinions* permet aujourd'hui de lire cet important traité dans sa langue originale [6]. Galien y établit une distinction fort claire entre les matières sur lesquelles il est possible d'avoir « des connaissances exactes ou seulement probables » (ὡς βεβαίως ἐπιστάμενος ἢ κατὰ μόνον τὸ πιθανόν) et celles sur lesquelles il est impossible « de rien savoir de certain du tout » (ὥσπερ γε περὶ ὧν οὐδ' ὅλως ἐπίστασθαί φημι βεβαίως) parce qu'on ne peut en avoir « aucune connaissance scientifique » (διὰ τὸ μηδεμίαν ἔχειν αὐτῶν ἐπιστημονικὴν γνῶσιν) [7]. Or, la question de la nature de l'âme fait partie de ces dernières, comme celle de savoir « si l'univers est incréé ou créé, s'il y a quelque chose après lui à l'extérieur ou bien rien » ou de quelle nature peut bien être « le créateur de toutes choses dans l'univers, de quelle nature il peut être, s'il est incorporel, s'il est corporel... et en quel lieu il réside ». En ce qui concerne les dieux, Galien avoue arriver à la même aporie et tout ignorer de leur substance, mais il affirme savoir qu'ils existent grâce à leurs œuvres et concède volontiers qu' « à son avis, la constitution des êtres vivants est leur œuvre » (ἐκείνων γὰρ εἶναι τήν τε τῶν ζῴων κατασκευὴν ἔργον) [8]. Quant aux hommes eux-mêmes, Galien se dit persuadé qu'ils ont une âme (ψυχὴν μὲν ἔχειν ἡμᾶς πέπεισμαι) [9]. Il constate également que tous désignent sous le

5. Galien, *De propriis placitis* / *On my own opinions*, éd. V. Nutton, CMG V 3, 2, Berlin, 1999.

6. V. Boudon-Millot et A. Pietrobelli, « Galien ressuscité : édition *princeps* du texte grec du *De propriis placitis* », *Revue des études grecques* 118, 2005, 1, p. 168-213. Les références au texte du *De propriis placitis* seront données dans cette édition. Une nouvelle édition du traité est en préparation dans la CUF par A. Pietrobelli et moi-même.

7. Galien, *De propriis placitis* 1 (éd. Boudon-Millot et Pietrobelli, p. 172, 27-29 pour le texte grec et p. 191 pour la traduction).

8. *Ibid.* 2 (p. 172-173 pour le texte grec et p. 192 pour la traduction).

9. *Ibid.* 3 (p. 173 pour le texte grec et p. 192 pour la traduction).

nom d'âme « la cause du mouvement volontaire et de la sensation par l'intermédiaire des organes sensibles », mais il reconnaît « ignorer quelle est la substance de l'âme et bien plus encore si elle est immortelle ou mortelle » (ἥτις δ' ἐστὶν ἡ οὐσία τῆς ψυχῆς ἀγνοεῖν ὁμολογῶ καὶ πολύ γε μᾶλλον εἰ ἀθάνατός ἐστιν ἢ θνητή). Aussi nulle part dans son œuvre, pas même dans son grand traité philosophique *Sur les doctrines d'Hippocrate et Platon,* Galien n'a-t-il consenti à prendre position sur la question de savoir « si l'âme est mortelle ou immortelle, ni de même si elle est incorporelle ou si elle est un corps » (αὐτῶν οὐδαμόθεν περὶ τοῦ θνητὴν ἢ ἀθάνατον εἶναι τὴν ψυχὴν ἀπεφηνάμην, ὥσπερ γε περὶ τοῦ πότερον ἀσώματός ἐστιν ἢ σῶμα).

Galien reviendra un peu plus loin dans le *Sur ses propres opinions* sur cette question de l'immortalité de l'âme qui le taraude visiblement pour en conclure que, finalement, peu importe de savoir si l'âme est mortelle ou immortelle, pourvu qu'on s'accorde sur le fait que l'âme a la faculté d'habiter le corps :

> Puisque je reconnais tout ignorer, pour ma part, de la substance de l'âme, et ne pas même savoir si elle est mortelle ou immortelle, nous voyons qu'il y a pourtant un point d'accord entre ces deux options, à savoir que l'âme a la faculté (δυναμένην) d'habiter dans le corps tout entier, même si elle est immortelle et incorporelle [10].

Après avoir rappelé que « la génération du corps (τούτου γένεσιν) provient du mélange quel qu'il soit des quatre éléments » (c'est-à-dire le chaud, le froid, le sec et l'humide), il écrit : « Et s'il est vrai que l'âme est façonnée avec le corps, il convient que sa génération résulte du mélange lui-même des quatre éléments, l'âme ne pouvant posséder un principe de génération et le corps sensible un autre. » [11]. À ce stade du raisonnement, Galien paraît donc pencher assez nettement en faveur d'une substance matérielle de l'âme. Mais il ajoute aussitôt, dans un passage hélas assez corrompu en grec, que l'âme ne possède pas en elle-même une substance (οὐσίαν), mais une forme (εἶδος) proche ou semblable au corps, mais qu'il convient d'envisager comme opposée à la matière (ὡς πρὸς τὴν τῆς ὕλης ἀντίθεσιν) [12]. Ce sont là pour Galien des faits qu'il est utile au médecin de connaître, « même si nous ignorons complètement la substance de l'âme », car l'âme mortelle ou immortelle demeure dans le corps tant que celui-ci présente un état capable de l'accueillir. Les activités propres de l'âme sont d'ailleurs amenées à se consumer en même temps que le corps, mais dans la mesure où le médecin, pour mener à bien son traitement, n'a pas besoin de savoir si l'âme est mortelle

10. *Ibid.* 7 (p. 178 pour le texte grec et p. 198 pour la traduction).

11. *Ibid.* 7 (le texte est lacunaire par endroits à cause du mauvais état de conservation du manuscrit mais le sens semble préservé) : Καὶ εἴπερ (...) ἡ ψυχὴ διαπλάττεται σὺν τῷ σώματι, τὴν γένεσιν (...) τὴν τῶν τεσσάρων στοιχείων κρᾶσιν αὐτὴν γίνεσθαι, οὐκ ἄλλης ἐχούσης τῆς ψυχῆς γενέσεως, ἄλλης δὲ τῷ αἰσθητικῷ σώματι.

12. Sur ce vocabulaire chez Galien, et en particulier sur la distinction εἴδη/μέρη à propos de l'âme, voir Ph. De Lacy, « The Third Part of the Soul », in M. Vegetti (éd.), *Le opere psicologiche di Galeno*, Napoli, Bibliopolis, 1988, p. 43-63 (et en particulier p. 43-44).

ou immortelle, Galien se refuse à s'étendre plus longuement sur la substance de celle-ci et se contente de renvoyer le lecteur à un de ses traités aujourd'hui perdu et qu'il avait composé sur l'âme (δέδεικται δι' ἑνὸς ὑπομνήματος ὃ περὶ ψυχῆς αὐτὸ πεποίημαι) [13]. Galien fait vraisemblablement ici allusion à son traité *Sur les espèces de l'âme* (Περὶ τῶν εἰδῶν τῆς ψυχῆς) cité deux fois à la fin du *Sur la formation des fœtus* [14].

La perte de ce traité sur l'âme est d'autant plus préjudiciable que le passage du *Sur ses propres opinions* où Galien envisage l'hypothèse que « l'âme est façonnée avec le corps », est un des très rares endroits où il évoque l'animation de l'embryon. Tout au plus dans le *Sur la formation des fœtus* fait-il allusion à « la présence de l'âme dans la semence » (τὴν ἐν τῷ σπέρματι ψυχήν), une opinion également examinée avant d'être rejetée par l'auteur du *Ad Gaurum* (c. 15. 3), mais que Galien pour sa part déclare ne pouvoir ni adopter ni refuser totalement [15]. En tant que médecin chargé de prodiguer des soins, il apparaît en réalité beaucoup plus intéressé par le moment où l'âme sort du corps :

> Quant à savoir si l'âme, tout en étant immortelle, gouverne les êtres vivants en se mêlant aux substances corporelles, je ne proclame pas le savoir avec certitude, ni davantage si l'âme ne possède aucune substance en elle-même. Voici cependant ce qui m'apparaît clairement : à supposer qu'elle établisse sa résidence dans les corps, l'âme devient l'esclave de leurs natures qui, comme je l'ai dit, résultent du mélange quel qu'il soit formé à partir des quatre éléments... Car il faut que le corps destiné à recevoir l'âme soit adapté, et que l'âme, au cas où il viendrait à subir une altération importante dans son mélange, s'en échappe immédiatement, en particulier s'il est fortement refroidi... Et ce n'est pas seulement lorsque le mélange du corps est ainsi altéré que nous voyons l'âme se séparer du corps, mais également lorsqu'il y a privation complète de respiration, à la suite là aussi de quelque altération survenue au corps. Je crois donc savoir que tant que le bon mélange naturel est maintenu dans le corps, il est impossible que l'âme s'en sépare. Et c'est pourquoi il n'est pas nécessaire de savoir quelle est la substance de l'âme, ni pour la guérison des maladies, ni pour la conservation de la santé [16].

On notera la prudence avec laquelle Galien s'exprime sur tous ces sujets et on remarquera que l'âme, à défaut d'être clairement immortelle, du moins ne meurt pas avec le corps, mais le quitte immédiatement (παραχρῆμα τὴν ψυχὴν ἐξιέναι).

Galien résume d'ailleurs lui-même la situation en affirmant qu'à l'intérieur de ce débat où « certains pensent que notre âme elle-même est une substance incorporelle, d'autres un pneuma, de même que d'autres encore pensent qu'elle ne possède pas une quelconque existence particulière » il s'est, pour sa

13. *Ibid.* 7 (p. 179 pour le texte grec et p. 200 pour la traduction).
14. Galien, *De foetuum formatione* 6 (éd. D. Nickel, CMG V 3, 3, p. 106, 9 et 12-13).
15. *Ibid.* 6. 31 (p. 104, 17).
16. Galien, *De propriis placitis* 15 (p. 188 pour le texte grec et p. 211 pour la traduction).

part, toujours efforcé d'occuper « une position médiane » (ἐγὼ τοίνυν ἐν τούτοις εἰς μέσην τινὰ τάξιν ἐμαυτὸν ἔταξα) [17].

Cette brève présentation des opinions du médecin de Pergame sur la nature de l'âme illustre l'extrême prudence de Galien et sa répugnance à se prononcer sur des sujets qui ne sont pas directement utiles à l'art de la médecine. En ce sens, et à supposer qu'il ait pu traiter un tel sujet (ce qui paraît tout à fait invraisemblable), jamais Galien ne se serait risqué à énoncer des vérités aussi tranchées que celles exposées dans l'*Ad Gaurum* sur l'animation de l'embryon.

Pour Galien, la question de l'animation de l'embryon est une fausse question

Le point de départ de l'*Ad Gaurum* est que l'embryon est un végétal destiné à recevoir une âme animale (c. 1. 2 ἡ ζῳικὴ ψυχή), âme créatrice de vie (c. 1. 4 ἡ ζῳοποιὸς ψυχή) et qu'à ce titre il doit être considéré comme un être vivant en puissance dans la mesure où cette âme animale est absente mais qu'il est apte à la recevoir, toute la difficulté consistant à déterminer le moment exact de cette entrée de l'âme dans l'embryon.

Le problème de Galien, notamment dans son traité *Sur la formation des fœtus,* n'est pas tant de savoir quand l'être vivant reçoit cette âme animale et parvient à la vie que de déterminer quelle est la faculté responsable de sa génération. Il y a donc une différence de point de vue fondamentale entre les deux traités et les deux auteurs.

Si Galien est d'accord avec l'auteur de l'*Ad Gaurum* pour affirmer que « dans sa première formation, l'embryon [18] a la même organisation que les plantes » (τὴν αὐτὴν οὖν ἔχοντος τοῦ κυήματος ἐν τῇ πρώτῃ γενέσει τοῖς φυτοῖς διοίκησιν), il affirme également que celui-ci accède au statut de vivant dès lors que son cœur bat. En effet dès lors que le sang venant du foie (organe qui est formé en premier) afflue dans les ventricules et remplit leurs cavités, alors « le cœur bat et fait bouger les artères en leur imprimant son mouvement, de sorte que l'embryon n'est plus seulement organisé comme une plante mais déjà également comme un être vivant » (ὥστε τὸ κυούμενον οὐ μόνον ὡς φυτὸν ἔτι τὴν διοίκησιν ἔχειν, ἀλλ' ἤδη καὶ ὡς ζῷον) [19]. Cette activité cardiaque, toutefois, à laquelle Galien semble lier l'apparition de la vie et du mouvement ne représente encore qu'une vie bien imparfaite et saisie à un stade extrêmement précoce de la formation du fœtus, puisque le cœur, qui s'est

17. *Ibid.* 14 (p. 188 pour le texte grec et p. 210 pour la traduction).

18. Sur la traduction des termes grecs κύημα, κυούμενον et ἔμβρυον voir V. Boudon-Millot, « La naissance de la vie dans la théorie médicale et philosophique de Galien », dans L. Brisson, M.-H. Congourdeau et J.-L. Solère (éd.), *L'embryon formation et animation,* Paris, Vrin, p. 79-94 (et en particulier p. 87-88).

19. Galien, *De foetuum formatione* 3, 23 (éd. D. Nickel, p. 74, 11-14).

formé après le foie, anime en réalité un être encore dépourvu d'encéphale [20]. Mais surtout cet embryon qui participe des deux états à la fois, végétal et animal, n'est pas encore un être vivant à part entière. La preuve en est qu'un tel être, en grande partie encore inachevé, ne jouit en définitive que d'une existence semblable à celle de vulgaires coquillages : cames (χῆμαι), buccins (κήρυκες), pinnes marines (πῖναι), huîtres (ὄστρεια), et autres lépas (λεπάδες). Et c'est seulement au cours de la troisième étape de sa formation, à savoir la formation de l'encéphale qu'il atteint finalement « le degré d'achèvement de sa constitution » [21].

Galien considère donc comme vivant, au sens propre et au sens plein, d'une vie qui ne soit ni végétative ni de l'ordre de celle des mollusques, l'être dont les parties sont clairement différenciées et les traits humains clairement identifiables, étape elle-même précédée de la manifestation du mouvement, et en particulier, on vient de le voir, de l'activité cardiaque. Pour autant, le médecin de Pergame se garde bien de nous dire avec précision à partir de quel moment les embryons « participent à l'âme animale » (ζωικῆς ψυχῆς αὐτὰ μετέχειν) pour reprendre la terminologie de l'*Ad Gaurum* (c. 1. 2). Sa réponse est volontairement nuancée et Galien, en évitant soigneusement de trancher définitivement la difficile question de l'origine de la vie, préfère inscrire le processus du vivant dans une évolution continue de la vie végétative à la vie humaine en passant par celle des invertébrés. Aussi Galien ne saurait-il ni confirmer ni infirmer la thèse de l'auteur de l'*Ad Gaurum* pour qui « c'est dès l'instant où l'embryon devient capable de sensation et d'impulsion qu'il est nécessaire de placer l'entrée de l'âme et le moment de cette entrée, lequel doit se situer après l'accouchement » (c. 2. 2). En refusant d'assigner un terme précis aux différentes étapes de la maturation du fœtus et en la décrivant à la fois comme continue et progressive, Galien ne prend pas parti à l'intérieur d'un débat qui, de toute façon, ne le concerne pas :

> Chez les fœtus, écrit Galien, il n'y a pas de frontière unique et bien délimitée marquant clairement la formation (διαπλάσεως), le mouvement (κινήσεως) ou la naissance (ἀποκυήσεως) [22].

20. *Ibid.* 3 (p. 76, 13 *sq.*). Galien a évolué au cours de sa carrière sur l'ordre de formation des principaux organes, comme il le reconnaît lui-même dans le *De propriis placitis* 11 (éd. Boudon-Millot et Pietrobelli, p. 182 pour le texte grec et p. 204 pour la traduction) rédigé à la fin de sa vie : « Dans ma jeunesse, j'ai en effet suivi l'enseignement d'hommes réputés qui pensaient que le cœur était la première de toutes les parties à se former ; mais en avançant en âge, j'ai suspecté que ce jugement était certes vraisemblable, sans cependant que ce soit vrai. » De fait, Galien avait remarqué que le sang arrive au cœur par une veine qui d'abord s'enracine dans le foie, ce qui suppose que cet organe s'est formé en premier. Toutefois, toujours dans le *De propriis placitis* 11, il avouera ne plus savoir quel organe est formé en premier, même s'il continue de pencher pour le foie en tant que source du sang apporté au cœur.

21. *Ibid.* 3 (p. 76, 17 *sq.*).

22. Galien, *De foetuum formatione* c. 1 (éd. D. Nickel, p. 54, 16-18).

Mais surtout, les deux auteurs ne font pas le même emploi du mot ψυχή. Chez Galien, la notion d'âme au sens où ce mot est employé dans le *Ad Gaurum* est exprimée par le terme de δύναμις (faculté). Galien toutefois n'ignore pas que d'autres nomment « âme » ce qu'il nomme « faculté ». Il s'en explique clairement dans un passage du *Sur la méthode thérapeutique* [23]. Pour Galien, l'être vivant (τὸ ζῷον) est régi par trois facultés (δυνάμεις) que Platon appelle âmes (ψυχάς). La première, qui assure la nutrition de l'être vivant et qui est commune aux végétaux (ἡ μέν τις αὐτῶν εἰς τὸ τρέφεσθαι τὸ ζῷον ἀναγκαία καὶ κοινὴ πρὸς τὰ φυτά), provient du foie et est également nommée appétitive (ἐπιθυμητικήν), naturelle (φυσικήν) ou nutritive (θρεπτικήν) ; la deuxième qui existe pour nous non pas en tant que nous serions seulement des plantes ou des êtres vivants, mais en tant que nous sommes aussi des animaux (οὐ μόνον ὡς φυτοῖς ἡμῖν ἢ ζῶσιν, ἀλλὰ καὶ ὡς ζῴοις) a son origine dans le cœur et est nommée ausi bien faculté vitale (δύναμις ζωτική) que faculté affective (δύναμις θυμοειδής), et âme vitale (ψυχὴ ζωτική) que âme affective (ψυχὴ θυμοειδής). Et la troisième, l'âme rationnelle (ψυχὴ λογική) a son siège dans l'encéphale et gouverne les activités volontaires et les sensations (τῶν κατὰ προαίρεσιν ἐνεργειῶν ἅμα ταῖς αἰσθήσεσιν ἐξηγουμένη) en envoyant, par l'intermédiaire des nerfs, sensibilité et mouvement à la totalité de l'être vivant (αἴσθησίν τε καὶ κίνησιν ἐπιπέμπουσα δι' αὐτῶν τῷ ζῴῳ πάντι).

Il convient de remarquer que Galien n'emploie nulle part le terme de ζωικὴ ψυχή utilisé dans l'*Ad Gaurum*, mais celui de ψυχὴ ζωτική qui, bien qu'apparemment fort proche, ne lui est pas exactement transposable. En effet, alors que dans l'*Ad Gaurum*, c'est l'âme animale (ψυχὴ ζωτική) qui est responsable de la capacité sensitive et impulsive (c. 1. 3 τῆς αἰσθητικῆς τε καὶ ὁρμητικῆς), pour Galien c'est l'âme rationnelle (ψυχὴ λογική) qui gouverne les activités volontaires et les sensations (τῶν κατὰ προαίρεσιν ἐνεργειῶν ἅμα ταῖς αἰσθήσεσιν ἐξηγουμένη). Le schéma n'est donc pas exactement le même.

Mais surtout, on notera que le problème pour Galien, dans ce passage du *Sur la méthode thérapeutique*, n'est pas de déterminer quand apparaît telle ou telle âme ou faculté, mais de savoir « comment conserver au mieux ces facultés » dans la mesure où, dès lors qu'une seule d'entre elles est détruite, les facultés restantes le sont aussi et comment les restaurer en cas d'état maladif. La préoccupation première du médecin est en effet de « conserver la santé » (τὸ φυλάξαι τὴν ὑγείαν).

Dans la mesure cependant où l'auteur de l'*Ad Gaurum* (c. 2. 1) estime que « c'est dès l'instant où l'embryon devient capable de sensation et d'impulsion qu'il est nécessaire de placer l'entrée de l'âme », on peut se demander quand Galien de son côté situe la manifestation de l'âme rationnelle (ψυχὴ λογική) qu'il tient pour responsable du mouvement et de la sensation. On a vu que l'*Ad*

23. Galien, *De methodo medendi* IX, 10 (Kühn X, 635-636).

Gaurum situe ce moment « après l'accouchement » (μετὰ τὴν... ἀποκύησιν). Or, si Galien ne dissimule pas ses hésitations et ses doutes à ce sujet, il est en revanche une hypothèse qu'il écarte catégoriquement et qui est précisément celle retenue par l'*Ad Gaurum* : « Je me sépare de l'idée d'une âme rationnelle qui viendrait après la naissance, au cours de la vie entière, pour la raison qu'avant d'avoir recours à l'anatomie nous ne connaissons ni les parties du corps ni leurs fonctions. » [24]. Pour Galien, bien qu'il ne le dise pas nettement, l'âme rationnelle (ψυχὴ λογική) doit donc se manifester au cours de la gestation dans ce qu'il nomme « un troisième temps » (κατὰ τρίτην τάξιν), au moment de la formation de l'encéphale qui intervient, rappelons-le, après celle du foie et du cœur. Comme le précise alors Galien, à ce moment-là tous les membres sont différenciés et toutes les parties du visage sont aussi façonnées [25]. Suit la quatrième étape, après la naissance, où les os de la tête se solidifient, les dents poussent et le crâne se couvre de cheveux, au cours de laquelle les nourrissons (τὰ βρέφη) commencent à utiliser leur encéphale, même si c'est de façon encore parcimonieuse : « Car ne pouvant ni courir, ni marcher sur leurs jambes, ni même se tenir debout, et encore bien moins réfléchir à quelque chose d'utile, l'apprendre ou se souvenir d'une perception sensible ou d'un savoir rationnel. » [26].

Toutefois, ce qui intéresse Galien, bien plus que les différentes étapes de la formation des fœtus, c'est la puissance ou la faculté (qu'il lui arrive aussi d'appeler âme ou encore nature) à l'origine de cette formation. Il évoque ainsi dans le *Sur la formation des fœtus* le rôle du sperme destiné « à jouer le rôle du démiurge » (τὸ μὲν σπέρμα τὸν τοῦ δημιουργοῦ λόγον ἕξει) [27], avant de déplorer que les philosophes, sans prendre en considération les recherches des médecins, se contentent de déclarer que « le fœtus est façonné par la nature » (ὑπὸ τῆς φύσεως διαπλάττεσθαι τὸ κυούμενον) [28]. Et Galien d'ajouter : « Personne en effet n'est assez stupide pour ne pas s'apercevoir que préside à la génération du fœtus une cause que nous nommons tous nature, tout en ignorant sa substance. » S'agit-il d'un dieu sage et puissant (πότερον θεός τίς ἐστι σοφὸς καὶ δυνατός), ou d'une âme autre que celle du dieu (ἢ ψυχή τις ἑτέρα παρὰ τὴν τοῦ θεοῦ) s'interroge Galien. Galien est toutefois obligé d'admettre que « le problème de l'âme qui a façonné les parties, de quelque côté qu'on le prenne, est donc insoluble », la seule solution à exclure étant celle du hasard dépourvu de raison (εἰς τύχην ἄλογον) [29]. Et si Galien s'arrête à la solution du démiurge très savant et très puissant (ἄνευ σοφωτάτου τε

24. Galien, *De foetuum formatione* c. 6, 31 (éd. D. Nickel, p. 104, 22-24) : τῆς τε μετὰ τὸν τόκον ἐν ὅλῳ τῷ βίῳ λογικῆς ψυχῆς ἀφίσταμαι διὰ τὸ μὴ γιγνώσκειν ἡμᾶς πρὸ τῆς ἀνατομῆς μήτε τὰ μόρια τοῦ σώματος μήτε τὰς ἐνεργείας αὐτῶν.

25. *Ibid.* c. 3, 27 (éd. D. Nickel, p. 76, 16-20).

26. *Ibid.* c. 3, 29 (éd. D. Nickel, p. 78, 2-5).

27. *Ibid.* c. 5, 11 (éd. D. Nickel, p. 86, 18).

28. *Ibid.* c. 6, 1 (éd. D. Nickel, p. 90, 29-92, 1).

29. *Ibid.* c. 6, 16 (éd. D. Nickel, p. 98, 3-4).

καὶ δυνατωτάτου δημιουργοῦ), force lui est d'avouer qu'il en ignore tout. Il admet même ne pas savoir s'il y a une âme unique commune à toutes les parties du corps (solution qui aurait sa préférence mais qui est démentie par le fait que l'âme n'a pas connaissance de toutes les parties) [30] ou si l'âme de la partie dirigeante (ἡγεμονικόν) est autre que celles de chacune des parties. Sur toutes ces questions, Galien arrive à une aporie (εἰς ἀπορίαν ἔρχομαι).

On pourra sourire de la naïveté de Galien quand il espérait résoudre, par la simple observation anatomique des parties du corps, le mystère de l'âme et de la formation des fœtus, mais on lui saura surtout gré, après avoir constaté son échec, d'avoir préféré suspendre son jugement à propos de ces questions dont il avait compris qu'aucun raisonnement logique ne permettrait jamais d'en donner la solution :

> Mais comme je l'ai dit, ne trouvant aucune opinion démontrée scientifiquement, je reconnais être dans l'embarras au sujet de la substance de l'âme et ne pas même pouvoir parvenir à une explication vraisemblable. Je reconnais donc être dans l'embarras au sujet de la cause formatrice de l'embryon [31].

Et Galien, pour finir, rejette l'ultime solution autrefois proposée par un de ses maîtres platoniciens qui attribuait la formation des embryons à l'âme du monde qui s'étend à travers tout l'univers (τὴν δι' ὅλου τοῦ κόσμου ψυχὴν ἐκτεταμένην διαπλάττειν τὰ κυούμενα). Une solution qui, après l'avoir un moment séduit, devait lui paraître finalement bien impie s'il fallait étendre ce pouvoir de l'âme à tous les êtres vivants sur cette terre, et supposer qu'elle soit également à l'origine des êtres les plus répugnants comme les scorpions, les araignées, les guêpes, les moustiques, les vipères, les larves, les vers et les ascaris.

Finalement arrivé au seuil de la vieillesse, Galien en est donc réduit, dans le *Sur ses propres opinions* qualifié plus haut de testament médico-philosophique, à répéter ses mêmes hésitations sur la faculté à l'origine de la formation de l'embryon :

> La fonction de la faculté altératrice est de nourrir ainsi que de faire croître l'embryon. Pourtant en ce qui concerne la faculté qui forme les embryons, je n'ai nulle part décidé si elle se produit naturellement par l'effet de la même substance dont j'ai dit qu'elle possède quatre facultés, attractrice, altératrice, expulsive ou rétentrice, ou bien s'il existe quelque autre faculté plus habile et plus puissante que celles-ci [32].

Et plus loin, après avoir affirmé que les corps achevés sont régis par trois principes (foie, cerveau, cœur), Galien ajoute encore : « En revanche, quelle

30. La preuve en est qu'un petit enfant n'a pas besoin d'avoir connaissance de tous les muscles qui meuvent sa langue et ses mâchoires pour articuler ses premiers mots.

31. Galien, *De foetuum formatione* c, 6. 30 (éd. D. Nickel, p. 104, 12-14).

32. Galien, *De propriis placitis* 3 (éd. Boudon-Millot et Pietrobelli, p. 174, 9-15 pour le texte grec et p. 193 pour la traduction).

est la faculté qui forme les fœtus ou quelle est leur substance, je déclare ne pas le savoir. », laissant ainsi entier pour son lecteur le grand mystère de l'origine de la vie [33].

Finalement le seul point où nos deux auteurs se rejoignent, outre leurs hésitations à assigner un temps précis à l'animation de l'embryon [34], c'est peut-être dans le recours à une série d'exemples, de métaphores, de références et de définitions qu'ils possèdent en commun mais auxquels ils donnent un contenu et assignent une finalité bien différents.

À PROPOS DE LA DÉFINITION DU TERME ΣΥΛΛΗΨΙΣ

Nos deux auteurs ont en effet en commun de proposer chacun une définition du terme de σύλληψις qui en grec sert à désigner la conception.

L'auteur de l'*Ad Gaurum* (c. 2. 3), même s'il affirme avoir ri d'une telle explication, rapporte en effet que le nom de σύλληψις a été choisi pour exprimer ce qui se passe lors de la conception et « ressemble à la capture d'un oiseau ». Il explique en effet que, lors de l'accouplement, l'union des deux ardeurs paternelle et maternelle arrache une âme à l'air ambiant qui ensuite jaillit en même temps que le sperme avant d'être retenue dans la matrice comme dans une prison. Toutefois, l'auteur de l'*Ad Gaurum* prend immédiatement ses distances face à cette image qui n'offre pas d'illustration satisfaisante de sa propre théorie selon laquelle l'âme ne saurait être capturée par la semence, mais entre dans l'être vivant après l'accouchement.

Au début du traité *Sur le sperme,* Galien rapporte quant à lui comment il a enquêté auprès de ses patientes pour mieux comprendre le processus de la conception en leur demandant ce qu'elles ressentaient au cours de l'accouplement. Les femmes interrogées par Galien, qu'il a visiblement choisies parmi les plus cultivées et les plus attentives à leur corps, lui déclarent ressentir, lors de l'acte sexuel, « un certain mouvement dans l'utérus comme s'il se roulait et se repliait peu à peu sur lui-même, quand elles rassemblent la semence (ἐπειδὰν συλλαμβάνωσι τὸ σπέρμα) » [35]. Galien s'empare aussitôt de cette expression « rassembler la semence » (τὸ συλλαμβάνειν τὸ σπέρμα) pour la rapprocher du mot de « conception » (ἡ σύλληψις) et en tirer la conclusion qu'il y a deux types de semence, féminine et masculine (point sur lequel il se sépare d'Aristote et qui est l'enjeu de ce passage polémique), en

33. *Ibid.* 10 (éd. Boudon-Millot et Pietrobelli, p. 182, 13-15 pour le texte grec et p. 203 pour la traduction).

34. Voir l'*Ad Gaurum* c. 2 (2) : « Mais, si l'embryon est un animal en puissance au sens de ce qui a reçu la disposition, ou davantage si c'est un animal en acte, il sera difficile de déterminer le moment de cette entrée, et on demeurera pour une large part dans l'invraisemblable et dans l'arbitraire, où qu'on le situe. »

35. Galien, *De semine* I 2, 6 (éd. Ph. De Lacy, CMG V 3, 1, Berlin, 1992, p. 66, 7-9).

affirmant que le sperme du mâle se mélange dans la matrice avec celui de la femelle.

Nos deux auteurs n'ont donc en commun que d'avoir songé à proposer une définition de la σύλληψις, mais ils se séparent à la fois sur les termes de la définition elle-même et sur leur adhésion à son contenu, l'auteur de l'*Ad Gaurum* refusant d'accorder son crédit à des mythes risibles qui contredisent sa théorie de l'animation de l'embryon après l'accouchement, alors que Galien y voit l'illustration de l'existence d'une double semence.

DE L'UTILITÉ DES BELLES IMAGES POUR ENFANTER DE BEAUX ENFANTS

Les deux auteurs se font également l'écho de la croyance selon laquelle la contemplation d'une belle image par la mère lors du coït favoriserait l'enfantement de beaux enfants. L'auteur de l'*Ad Gaurum* (c. 5. 4) fait ainsi allusion à la pratique qui consiste à mettre devant les yeux des femmes « des images remarquables par la beauté des formes » pour qu'elles les fixent et les gardent en mémoire, et « mettent au monde des rejetons qui leur ressemblent ».

L'auteur du traité galénique *Sur la thériaque à Pison* consacré, comme son titre l'indique, au célèbre médicament composé de plus de soixante-dix ingrédients dont la chair de vipère, fait allusion à une croyance comparable, mais dans un contexte radicalement différent [36]. Le récit qui nous intéresse intervient à l'intérieur du chapitre 11 occupé par une polémique assez violente contre Asclépiade et Épicure accusés par l'auteur d'expliquer le monde par l'existence d'atomes ou de molécules et de refuser de voir que dans la nature, comme dans la thériaque, tout se mêle et se transforme pour aboutir à un résultat autre que la simple somme des éléments de départ. Le corps, argumente l'auteur du *Sur la thériaque à Pison,* ressent les effets de ce qui l'entoure et est diversement affecté par le froid ou par les vents [37]. Une femme enceinte qui avait été effrayée par le tonnerre et par un spectacle horrible avorta (252, 1), preuve que le changement entraîné dans le corps peut être rapide et brutal, ce qui ne saurait advenir ni ne pourrait s'expliquer si nous étions composés d'atomes insensibles (252, 14). En réalité, ajoute l'auteur du traité galénique, l'erreur d'Asclépiade vient de ce qu'il ne contemple pas le spectacle étonnant de la nature et en particulier de la formation de l'embryon (253, 10) qui ne ressemble pas seulement à ses parents mais aussi à ses grands parents [38]. Et sans davantage chercher à expliquer cette ressemblance, l'auteur choisit de rapporter à la place le récit suivant :

36. Galien, *De theriaca ad Pisonem* (Kühn XIV, 210-310).

37. *Ibid.* 11 (Kühn XIV, 251, 10-252, 1).

38. *Ibid.* 11 (Kühn XIV, 253, 15-16) : οὐ γὰρ μόνον τοῖς γεννῶσιν, ἀλλὰ καὶ προγόνοις τισὶ τὰ τικτόμενα ὅμοια γίνεται.

> Un ancien récit m'a en outre révélé qu'un homme mal formé, désireux de pouvoir engendrer un enfant bien formé, fit peindre sur un panneau de bois un quelconque enfant de belle figure et disait à sa femme, quand il s'unissait à elle, de contempler ce modèle de peinture. Et elle, regardant fixement et pour ainsi dire y consacrant toute son âme, enfanta un enfant qui ressemblait non au père mais au portrait ; la vision, à ce que je suppose, étant en état de transmettre à la nature, et non pas à des quelconques molécules, les traits du portrait peint. Mais comme cet homme était ignorant de tels mystères de la nature et persistait à les expliquer en recourant aux atomes et au caractère obscur et indécis de la vision, sans laisser ses élèves ajouter foi à de telles œuvres si merveilleuses (il s'agit des œuvres de la nature), je veux le tourner vers l'observation de faits qui lui soient extérieurs et évidents à tous [39].

L'authenticité du traité *Sur la thériaque à Pison,* défendue par certains, est problématique [40]. J'ai écrit ailleurs que, pour certaines raisons, et ce récit en fait partie, j'étais plutôt encline à considérer le traité *Sur la thériaque* comme apocryphe [41]. Il paraît en effet plus qu'improbable que l'auteur du *Sur la formation des fœtus* et du *Sur le sperme,* où la question complexe de la ressemblance des enfants à leurs parents est longuement examinée, puisse se retrancher derrière un récit reposant sur de simples croyances populaires. Le rôle ici imparti à la vision qui serait, à ce que suppose l'auteur de la *Thériaque à Pison*, « en état de transmettre à la nature, et non pas à des quelconques molécules, les traits du portrait peint », est en effet en complète contradiction avec l'explication donnée ailleurs dans le corpus galénique où la ressemblance des enfants avec leurs parents est expliquée par le mélange des deux semences féminine et masculine lors de la conception [42]. Là encore, si les deux auteurs, celui de l'*Ad Gaurum* et celui du traité galénique *Sur la thériaque à Pison,* partagent une culture commune et un système de références également commun, ils se séparent en revanche radicalement sur leur utilisation : tandis que le premier se sert de ce récit pour condamner ceux qui seraient tentés d'en conclure un peu trop vite que « la semence a part à l'âme représentative » (c. 5. 5), le second l'utilise pour combattre les thèses des disciples d'Asclépiade qui ne voient dans la génération qu'une rencontre aléatoire de molécules.

39. Galien, *De theriaca ad Pisonem* 11 (Kühn XIV, 253, 17-254, 7).

40. Voir V. Nutton, « Galen on Theriac: Problems of Authenticity », dans A. Debru (éd.), *Galen on Pharmacology,* Leiden, Brill, 1997, p. 133-151.

41. Voir V. Boudon-Millot, « Por qué los hijos se parecen a sus padres : la teoría de la generación y de la filiación en Galeno », *Actas de las VIII jornadas de estudio sobre « La filiación en los inicios de la reflexión cristiana »,* Fundación San Justino (Madrid, 15-16 novembre 2010), à paraître.

42. Galien, *De semine* II 1 (éd. Ph. De Lacy, p. 158-162).

LE PILOTE ET LE NAVIRE

La même distorsion s'observe dans l'utilisation de la métaphore du pilote et du navire (c. 10. 4) qui n'est pas non plus inconnue de Galien. Mais si ce dernier recourt volontiers à des métaphores maritimes, ce n'est cependant pas la comparaison platonicienne entre l'âme et le pilote qui retient son attention, mais entre le corps et un navire, ou pour être plus exact entre la colonne vertébrale et la carène d'un bateau :

> Le thorax, quant à lui, est ajusté sur la partie de la colonne située dans la région supérieure du dos, comme un navire l'est à une *tropis* (καθάπερ ἐπὶ τρόπιν ναῦς), de sorte que sa longueur sera nécessairement égale à la région supérieure du dos et que sa largeur, lorsqu'il a été ajusté en proportion de l'épaisseur des vertèbres, correspondra à celles-ci [43].

Ce qui intéresse Galien dans ce passage de l'*Art médical* où il décrit la conformation du thorax, c'est de proposer à son lecteur une image anatomique la plus exacte possible, le rachis étant ici comparé à la *tropis,* c'est-à-dire à la quille d'un navire à laquelle les côtes sont assujetties. L'image existe ailleurs, notamment chez Némésius qui mentionne également « le rachis dont on dit qu'il est aussi la quille de l'être vivant » (ἡ ῥάχις, ἣν καὶ τρόπιν τοῦ ζῴου φασὶν εἶναι) [44], mais aussi chez Lactance qui, de façon plus imprécise, fait allusion à une sorte de carène que nous appelons l'épine dorsale (*quasi carinam... quam nos dicimus spinam*) [45]. Mais là n'est pas le propos de l'*Ad Gaurum* qui, lui, est intéressé par la métaphore de l'âme et du pilote. Or, l'image du pilote n'est pas non plus absente du corpus galénique où elle occupe même une place assez importante pour avoir donné lieu à une étude d'ensemble [46]. Toutefois, là encore, le contexte où Galien recourt à cette métaphore du pilote est bien différent, puisqu'il vise « ceux qui, comme le dit le proverbe, pilotent d'après un livre » (τοῖς κατὰ τὴν παροιμίαν λεγομένοις ἐκ βιβλίου κυβερνήταις), c'est-à-dire tous ceux qui se contentent d'un savoir livresque incapable de remplacer l'observation directe et l'expérience acquise [47].

43. Galien, *Art médical* X, 5 (éd. V. Boudon-Millot, Paris, CUF, 2000, p. 303).

44. Némésius d'Emèse, *De la nature de l'homme* 28 (éd. M. Morani, Leipzig,Teubner, 1987, p. 93).

45. Lactance, *De opificio Dei* 5, 4-6 (traduction de M. Perrin). Voir V. Boudon-Millot, « Le savoir médical de Lactance à l'épreuve de la physiologie galénique : accords et divergences », dans B. Bakhouche et S. Luciani (éd.), *Le* De opificio Dei *: regards croisés sur l'anthropologie de Lactance,* Actes des Journées d'études organisées à Montpellier (24-25 novembre 2005), Publications de l'Université de Saint-Etienne, Centre Jean Palerne, 2007, p. 165-177.

46. Voir A. Roselli, « 'Εκ βιβλίου κυβερνήτης : i limiti dell'apprendimento dai libri nella formazione tecnica e filosofica (Galeno, Polibio, Filodemo) », *Vichiana* 4ª Serie, anno IV, 1/2002, p. 35-50.

47. Voir V. Boudon-Millot, « L'oral et l'écrit chez Galien », dans J. Jouanna et J. Leclant (éd.), *La médecine grecque antique, Cahiers de la Villa Kérylos,* n° 15, Paris, Académie des Inscriptions et Belles-Lettres, 2004, diff. De Boccard, p. 199-218.

L'auteur de l'*Ad Gaurum* n'apparaît pas davantage en accord avec Galien sur des sujets plus médicaux comme la théorie de la vision (c. 11. 2) ou le concept de sympathie. Après avoir rejeté pêle-mêle les principales théories sur la vision (stoïcienne, platonicienne et démocritéenne ou épicurienne), l'auteur de l'*Ad Gaurum* s'arrête à la théorie plotinienne de la convenance ou de la sympathie, en ignorant superbement la théorie pneumatique de Galien [48].

Les deux auteurs se rejoignent cependant sur le choix de certains de leurs exemples comme celui de la fameuse pierre de Magnésie [49]. Dans son traité *Sur les lieux affectés* Galien fait allusion aux propriétés de l'aimant en ces termes :

> Il en est de chacun des organes physiques (cités ici en opposition aux organes psychiques) comme de la pierre de Magnésie (καθάπερ οὖν ἡ μαγνῆτις λίθος) qui renferme en elle la faculté par laquelle elle attire le fer, en sorte que si ces organes étaient immuables, ils n'auraient aucun besoin ni d'artères ni de veines ; mais en réalité ils ont besoin d'être nourris et de conserver l'équilibre de leur chaleur naturelle, pour cette raison ils ont aussi besoin de veines et d'artères [50].

Les organes sont ici comparés à la pierre de Magnésie pour leur faculté d'attraction de la nourriture à travers les veines et les artères, fonction qu'ils possèdent comme innée, à la différence précisément des organes psychiques qui dépendent d'un principe qui leur est extérieur, comme par exemple les yeux qui dépendent de l'encéphale et qui, sans être directement lésés eux-mêmes, peuvent se trouver affectés par une lésion de leur principe directeur mais aussi, détail plus curieux pour le lecteur contemporain, par des vapeurs remontant de l'estomac qui, du fait d'une mauvaise digestion, et chez des personnes particulièrement sensibles à ce genre de désagrément, peuvent obscurcir la vue exactement comme le ferait une vapeur ou une fumée. Ici, l'exemple de la pierre de Magnésie ne sert pas directement à Galien pour illustrer le concept de sympathie mais plus exactement pour expliquer l'attraction de la nourriture par les organes en vertu de cette faculté que Galien, comme nous l'avons déjà vu plus haut, nomme indifféremment appétitive (ἐπιθυμητικήν), naturelle (φυσικήν) ou nutritive (θρεπτικήν). Bien plus, cette faculté attractive de certains organes dits physiques sert à les différencier

48. Sur la théorie galénique de la vision, voir R.E. Siegel, *Galen on Sense Perception*, Basel-New York, S. Karger, 1970 ; et aussi mon article, « Vision and vision disorders: Galen's physiology of sight », dans M. Horstmanshoff (éd.), *Blood, Sweat and Tears*, Actes du Colloque international *Blood, Sweat and Tears. The Changing Concepts of Physiology from Antiquity into Early Modern Europe* (16-18 April 2009 NIAS, Wassenaar, Pays-Bas), Leiden, Brill (à paraître).

49. Voir notamment P.T. Keyser, « Science and Magic in Galen's Recipes (Sympathy and Efficacy) », dans A. Debru (éd.), *Galen on Pharmacology: Philosophy, History and Medicine*, Leiden, Brill, 1997, p. 175-198 et F. Gaide, « Aspects divers des principes de sympathie et d'antipathie dans les textes thérapeutiques latins », dans N. Palmieri (éd.), *Rationnel et irrationnel dans la médecine ancienne et médiévale : aspects historiques, scientifiques et culturels*, Publications de l'Université de Saint-Etienne, 2003, p. 129-144.

50. Galien, *De locis affectis* I, 7 (Kühn VIII, 66, 13).

des organes dits psychiques que sont les parties douées de sensation mais aussi de mouvement comme les muscles. On est donc loin ici du contexte de l'*Ad Gaurum* où la pierre de Magnésie sert d'illustration à « la parenté de nature » et à « l'harmonie » qui préside à l'union de l'âme et du corps.

Galien reviendra un peu plus loin dans le *Sur les lieux affectés* sur les propriétés de la fameuse pierre. Il s'agit cette fois d'expliquer comment de grands symptômes peuvent être la conséquence d'une cause très minime et comment une très petite quantité de poison peut avoir de très redoutables effets. Tel est le cas des torpilles de mer [51] qui possèdent une si forte puissance (δύναμιν ἰσχυρὰν οὕτως ἔχουσαν) que l'altération (ἀλλοιώσις) en est transmise à la main du pêcheur à travers son trident, mais aussi de l'aimant :

> Quelques médecins pensent que le simple contact de certaines substances peut, par la simple puissance de leur qualité, altérer les corps touchés. Une telle nature se rencontre chez les torpilles de mer : elles ont une si forte puissance que l'altération est transmise à la main du pêcheur à travers son trident, de sorte que cette main devient sur-le-champ engourdie. Cela ne s'observe pas moins aussi dans la pierre d'Héraclée qu'on appelle encore *magnétis* (καὶ τὸ κατὰ τὴν Ἡρακλείαν λίθον, ἣν καὶ μαγνῆτιν ὀνομάζουσιν) : le fer qu'elle touche reste suspendu après elle, sans qu'aucun lien l'attache ; un deuxième morceau approché de celui qui vient d'être ainsi accroché s'attache à lui et pend comme le premier ; le même phénomène se répète avec un troisième morceau de fer [52].

De même, dans le *Sur les faculté des médicaments simples,* Galien recourt à nouveau à l'exemple de la pierre de Magnésie qui attire le fer (καθάπερ καὶ ἡ Μαγνῆτις λίθος τοῦ σιδήρου) pour expliquer la faculté purgative de certains médicaments propres à attirer au dehors les humeurs mauvaises [53]. On est donc bien loin là encore d'une éventuelle attraction de l'âme par le corps évoquée dans l'*Ad Gaurum*.

L'accumulation de références communes et l'effet d'échos qu'elle entraîne, lors d'une première lecture rapide de l'*Ad Gaurum,* peut aisément concourir à créer un sentiment diffus de parenté avec l'œuvre galénique. Cependant, et comme nous avons essayé de le montrer, ni le projet d'ensemble du traité, ni les raisonnements apportés à l'appui de la démonstration de la thèse principale, ni même le jeu subtil des exemples et des métaphores ne permettent de conclure à l'identité des deux auteurs, mais constituent au contraire autant

51. Le cas de la torpille de mer a été étudié par A. Debru, « Les enseignements de la torpille dans la médecine antique », dans I. Boehm et P. Luccioni (éd.), *Le médecin initié par l'animal : animaux et médecine dans l'antiquité grecque et latine,* Actes du colloque de Lyon (26 et 27 octobre 2006), collection de la Maison de l'Orient et de la Méditerranée 39, Série littéraire et philosophique 12, 2008, p. 39-47.

52. Galien, *De locis affectis* VI, 5 (Kühn VIII, 422, 4).

53. Galien, *De simplicium medicamentorum facultatibus* III, 24 (Kühn XI, 612, 4). Voir aussi *De theriaca ad Pisonem* (Kühn XIV, 225, 2).

d'arguments indiscutables apportés à l'opinion contraire. Quant à la question délicate de savoir si l'auteur de l'*Ad Gaurum* avait connaissance de l'œuvre de Galien et a sciemment développé ses propres thèses contre celles du médecin de Pergame, la réponse est beaucoup moins aisée. Toutefois, et bien qu'il n'existe à l'évidence aucune preuve à l'appui de cette thèse ou de son contraire, le plus vraisemblable est que l'auteur de l'*Ad Gaurum* avait sinon une connaissance directe du corpus galénique, du moins avait accès à des sources et à un fonds médical commun partageant le même système de références et les mêmes choix d'exemples et de métaphores dont chaque auteur, chacun pour son propre compte et en fonction de son projet personnel, a su faire le meilleur usage dans des contextes et au service de thèses pourtant radicalement différents.

Véronique Boudon-Millot

LA DOCTRINE DE L'ÂME CHEZ PLOTIN À L'ARRIÈRE-PLAN DE L'*AD GAURUM*

Comme chez Platon, un vivant se définit chez Plotin par l'assemblage d'un corps et d'une âme : « Mais il faut de toute façon examiner l'âme se tenant dans "ce que l'on appelle le vivant" (*Phèdre* 246c5). » (traité 53 (I, 1), 3, 1-2). Tout comme chez Platon aussi, une forte ambiguïté s'attache à cette définition. Car sont considérés comme des vivants le dieu, le démon, l'être humain, l'animal et la plante. Force est alors d'admettre que les termes « vie » et « vivant » sont homonymes. Pour comprendre le sens de ce terme, il convient de citer la *Sentence* 12 de Porphyre : « Ce n'est pas seulement dans les corps qu'il y a homonymie, mais la vie aussi fait partie des choses qui se disent en plusieurs sens (voir le traité 45 (III, 7), 11, 48-50 et le traité 46 (I, 4), 3, 15-40) ; autre en effet est la vie d'une plante, autre celle d'un être animé, autre celle d'un être intellectif, autre celle de la nature, autre celle de l'âme, autre celle de l'intellect (voir le traité 47 (III, 2), 1, 30-37), autre celle de l'Au-delà ; car il vit aussi, lui, même si, parmi les choses qui viennent après lui, aucune n'est en possession d'une vie proche de lui (voir le traité 7 (V, 4), 2, 16-17). » Plotin (traité 50 (III, 5), 6, 6) et Porphyre (ici) reprennent à Aristote le terme « homonyme » (voir la définition en *Catégories* 1, 1a1-6) et l'expression « se dire en plusieurs sens » (*De l'âme* I 5, 410a13 ; II 2, 413a22), mais ils en changent la teneur métaphysique. Cette multiplicité de sens s'explique en fonction du principe formulé par Aristote en *Métaphysique* B 3, 999a6-7 suivant lequel l'antérieur et le postérieur ne peuvent se retrouver dans le même genre. Alors que, pour Aristote, on reste dans le monde sensible, pour Plotin et pour Porphyre, il faut introduire une hiérarchie entre l'antérieur qui ressortit à l'intelligible ou aux incorporels, et le postérieur qui appartient au sensible ou aux corps.

La question qui sera ici abordée touche moins le corps que l'âme. Or, chez Plotin, l'âme d'un être humain, une âme qui ne peut être dissociée de toutes les autres âmes [1], est une réalité composite et mobile. Non pas au sens où elle comporterait des « parties », mais au sens où elle se présente sous plusieurs

1. Voir le traité 8 (IV, 9) intitulé par Porphyre : *Si toutes les âmes n'en font qu'une*.

aspects en fonction du « lieu » où elle se trouve et des activités qu'elle exerce alors. Par le sommet d'elle-même, que l'on qualifie d'« âme supérieure » [2], et qui correspond à l'intellect (νοῦς), l'âme humaine reste dans l'intelligible, que peut réintégrer ce qui d'elle vient, sur terre [3], s'installer dans un corps qualifié (τοιόνδε σῶμα) pourvu d'une âme inférieure, c'est-à-dire d'une âme végétative (φυτικὴ ψυχή). Ce corps solide produit par la partie la plus basse de l'âme du monde, c'est-à-dire par la Nature, est d'abord, dans le ventre de la mère, un embryon, apte à accueillir à la naissance telle ou telle âme humaine venue de l'extérieur.

L'ÂME EN L'HOMME

La position de Plotin en ce qui concerne la nature de l'âme humaine est platonicienne, car elle rejette tout à la fois la définition aristotélicienne de l'âme comme entéléchie, la définition épicurienne de l'âme comme un agrégat d'atomes subtils et la définition stoïcienne de l'âme comme souffle. L'âme est un incorporel et elle peut être séparée du corps qu'elle va animer ou qu'elle anime. Toutefois, Plotin n'adopte pas la tripartition des facultés de l'âme que décrivait Platon en distinguant en elle trois aspects (désir, ardeur et intellect : ἐπιθυμητικόν, θυμοειδής et λογιστικόν) ; il lui préfère une division en quatre puissances inspirée d'Aristote : φυτικόν, αἰσθητικόν, διανοητικόν et ὀρεκτικόν. La critique la plus claire de la tripartition se trouve dans une discussion sur la colère dans le traité 28 (IV, 4), 28. Pour Plotin, la colère, tout comme c'est le cas du désir d'ailleurs, dépend non pas de l'irascible, mais de la faculté végétative (τὸ φυτικόν). Pour lui, l'âme végétative se trouve dans tout le corps, même si le foie peut être considéré comme la source organique du désir, et le cœur comme la source organique de la colère. Et c'est dans la tête que se trouve l'âme humaine qui reste attachée à l'intellect et qui non seulement est responsable des facultés cognitives suivantes : sensation, représentation, mémoire, pensée discursive, mais peut aussi mettre en œuvre l'impulsion (ὁρμή), principe de l'action.

Dire d'un être humain que c'est un composé d'un corps et d'une âme paraît simple ; mais les choses se compliquent quand il faut dire de quelle âme il s'agit [4]. L'âme qui définit un être humain est une âme (ψυχή) qui vient

2. Voir le traité 6 (IV, 8), 8, 1-3 ; traité 10 (V, 1), 10, 13-18 ; traité 43 (VI, 2), 22, 31-33.

3. Voir le traité 6 (IV, 8) *Sur la descente de l'âme dans les corps*.

4. Sur cette question controversée, voir maintenant G. Aubry, « Conscience, pensée et connaissance de soi selon Plotin : le double héritage de l'*Alcibiade* et du *Charmide* », dans *Études platoniciennes* 4 : *Les puissances de l'âme selon Platon*, 2007, p. 163-182 ; « Individuation, particularisation et détermination selon Plotin », *Phronesis* 53, 2008, p. 271-289 ; « Un moi sans identité ? Le *hêmeis* plotinien », *Le moi et l'intériorité*, éd. par G. Aubry et F. Ildefonse, Paris, Vrin, 2008, p. 107-127.

s'installer dans un organisme déjà doté d'une âme végétative qui participe à l'âme du monde, mais dont une partie reste reliée à l'Intellect. C'est entre ces deux pôles, l'Intellect et l'organisme, que se meut sans cesse une âme qui par ailleurs participe de l'unité de l'Âme, qualifiée d'« hypostase ». Pour l'auteur de l'*Ad Gaurum*, c'est à la naissance que ces deux pôles se trouveront mis en contact.

Dans le ventre de la mère, l'embryon est mû par une âme végétative à laquelle viendra s'adjoindre à la naissance une âme humaine (ψυχή) qui, par sa partie inférieure, sera responsable du mouvement local, de la sensation et de la réflexion, et dont une partie reste dans l'Intellect [5], l'intellect, le νοῦς. Cette position sur la descente de l'âme, que défend l'auteur de l'*Ad Gaurum* [6], se trouve déjà chez Plotin :

> Et il faut donc aussi s'interroger sur la façon dont l'âme vient à se trouver dans le corps. De quelle manière le fait-elle ? Car cela aussi n'est pas moins digne de susciter l'étonnement et de faire l'objet d'une recherche. Eh bien, il y a pour l'âme deux manières d'entrer dans un corps. D'abord, il peut en effet arriver qu'une âme qui se trouve dans un corps passe dans un autre corps, en allant d'un corps fait d'air ou de feu dans un corps fait de terre [7] ; mais on ne dit pas qu'il y a là passage dans un autre corps, étant donné que le corps à partir duquel se fait cette entrée (εἴσκρισις) ne peut être vu. Par ailleurs, il peut arriver qu'une âme vienne, d'un état où elle était un incorporel, s'installer dans n'importe quel corps, et c'est évidemment là, pour cette âme, la première fois qu'elle se trouve en communauté avec un corps. À propos de cette âme, il serait juste de chercher à déterminer quelle affection elle éprouve au moment où, alors qu'elle était complètement pure de tout commerce avec le corps, elle s'enveloppe d'un corps. (Traité 27 (IV, 3), 9, 1-11)

Ce passage distingue entre deux sortes d'entrée d'une âme dans un corps. Si l'on admet que chez Plotin l'âme comporte des cycles (ce que ce passage semble prendre pour acquis), il convient en effet de distinguer entre la première entrée dans un corps d'une âme qui auparavant était incorporelle ou du moins pourvue d'un véhicule non terrestre, et l'entrée dans un corps d'une âme qui au cours de son existence antérieure se trouvait dans un autre corps. Dans le premier cas, la descente d'une âme individuelle en ce monde n'est ni volontaire ni nécessaire (traité 27 (IV, 3), 13, 17-19). Mais l'âme donne assentiment à sa descente en ce monde même si elle n'a pas le choix de refuser (traité 6 (IV, 8), 5, 3-4) [8]. Dans le second cas, il faut faire intervenir la méten-

5. *Ad Gaurum* 16 (4), 37-38.

6. Voir le chapitre 1 de l'*Ad Gaurum*.

7. Il s'agit de la descente de l'âme à travers les sphères (voir Porphyre, *Sentence* 29).

8. La meilleure explication sur cette descente a été proposée par D. O'Brien, « Le volontaire et la nécessité : réflexions sur la descente de l'âme dans la philosophie de Plotin », *Revue philosophique de la France et de l'étranger* 167, 1977, p. 401-422.

somatose [9] obéissant à un système rétributif. C'est ce système rétributif qui explique pourquoi un corps doit convenir à l'âme qu'il va recevoir. Dès lors, c'est le même type d'âme que l'on retrouve dans l'animal et dans l'être humain qui se distingue de l'animal en ceci qu'il fait un usage de son intellect, ce qui n'est pas le cas des animaux qui cependant sont dotés de pensée discursive [10]. Dans ce contexte, il est bien difficile de distinguer entre l'homme et l'animal, l'âme « humaine » pouvant investir le corps d'un homme ou d'un animal. L'homme est cet animal dont la faculté rationnelle se développera à partir d'un certain âge.

Il faut noter toutefois que l'âme végétative et l'âme humaine à tous ses niveaux sont intimement liées, dans la mesure où elles sont engendrées de façon hiérarchique :

> En vérité, il faut savoir que ceci aussi et bien davantage, peut être formulé en conformité avec ce que dit Platon [11] : toujours en effet, selon lui, ce qui est engendré à partir de l'être de quoi que ce soit se situe, par la valeur de sa puissance et de son être, au-dessous de ce qui l'a engendré. Et il est impossible qu'il soit égal en son être à ce qui l'a engendré, lui qui, de fait, se trouve en quelque sorte subordonné à ce dont il est né et qui ne s'accomplit que par celui-ci. Ainsi, en effet, la raison discursive, qui est le rejeton de l'Intellect, est, par son être, inférieure à l'Intellect qui l'a engendrée, mais peut aussi elle-même se convertir vers l'Intellect et saisir ce qui appartient à l'Intellect, même si, à la différence de l'Intellect, elle n'a point part au toucher indivis et non discursif. Et, à son tour, la partie non-rationnelle, qui reste attachée à la raison, parce

9. Voir A.N.M. Rich, « Reincarnation in Plotinus », *Mnemosyne* 20, 1957, 232-238 ; W. Deuse, *Untersuchungen zur mittelplatonischen und neuplatonischen Seelenlehre*, Wiesbaden, Steiner, 1983 ; et surtout J. Laurent, chap. VI : « La réincarnation chez Plotin et avant Plotin », dans *L'Homme et le monde selon Plotin*, Fontenay / Saint-Cloud, ENS éditions, 1999, p. 115-127. Tous ces auteurs prennent position contre V.R. Inge (*The Philosophy of Plotinus*, Longmans, Green, Londres, 1929, tome 2, p. 33) et P.V. Pistorius (*Plotinus and Neoplatonism*, Bowes and Bowes, Cambridge, 1952, p. 99) qui tous deux estiment que la métensomatose ne serait qu'une concession à la religion traditionnelle.

10. Voir Porphyre, *De abstinentia*, III, 2-18. Dans cette section du livre III Porphyre veut prouver que les animaux ont part au *logos* proféré aussi bien qu'au *logos* intérieur, et donc à la justice (2-18, 2). Pour ce faire, Porphyre établit que les animaux ont sûrement part à la parole, qui est le *lógos* proféré, et qu'ils ont souvent part à la pensée. Ils émettent des sons, que certains peuvent interpréter, et quelques-uns comprennent certaines paroles humaines (2-6). De plus, ils ont part à la pensée. On admettra sans peine qu'ils ont la sensation (7-8). Il faut en outre reconnaître qu'ils ne manquent pas d'intelligence, ne fût-ce que pour assurer leur sauvegarde et se défendre (9). Ils sont doués de mémoire et de sentiment (10). Certains doivent même faire preuve entre eux de justice pour vivre en groupe (11). Force est de reconnaître aussi que des liens de justice s'établissent entre les animaux domestiques et les hommes (12-13). Les animaux savent faire preuve de tempérance (14). Et l'homme arrive à leur apprendre un certain nombre de choses (15). Les dieux mêmes ont des rapports avec les animaux, dont ils empruntent la forme (16) ou qui leur apportent leur aide (17-18, 2).

11. C'est en réalité à Plotin que Porphyre fait ici référence.

> qu'elle est un rejeton de la raison, ne participe point, par son être, aux raisonnements, mais elle est dite « en accord avec la raison », parce que, même si elle est incapable, par son être propre, de se comporter rationnellement, c'est par la raison qu'elle est accomplie.
> Et la partie végétative, qui est le rejeton de la partie non-rationnelle et, en un mot, de l'appétitive, est, selon Platon, inférieure, quant à son être, à l'âme opinative et représentative, mais elle peut être administrée par l'âme représentative, bien qu'elle n'ait point part à la représentation et à l'opinion. C'est en ce sens, en tout cas, que même les végétaux sont dits éduqués et apprivoisés par l'agriculture, non pas qu'ils soient dotés d'une faculté de représentation qui les rende réceptifs à la voix des cultivateurs, mais au sens où ils peuvent être menés et dirigés par quelqu'un qui les guide, en se laissant conduire par leurs affections. (*Ad Gaurum* 6 (2 et 3)).

Ce paragraphe, qui développe une doctrine exposée par Porphyre dans les *Sentences* 11 et 13, est en effet une reprise de la théorie plotinienne affirmant, d'une part, la supériorité de la cause sur l'effet, et, d'autre part, la nécessité, pour l'effet, de se convertir vers sa cause et, par là, de trouver son accomplissement [12]. Il explique de façon très claire l'interdépendance des « parties » de l'âme en l'être humain.

Dans le ventre de la mère, l'embryon est administré par une âme végétative, et ce n'est qu'à la naissance qu'une âme humaine, qui comprend plusieurs puissance, viendra s'y installer. Voici comment se répartissent ces âmes et leurs puissances [13].

1. L'ÂME VÉGÉTATIVE (φύσις)

Le terme φυτικόν (végétatif) qui désigne à proprement parler l'âme qui se trouve dans les végétaux est en général utilisé pour qualifier en nous la puissance de l'âme la plus basse [14]. À quelques lignes d'intervalle dans le traité 27 (IV, 3), on trouve pour désigner cette puissancc lc terme φυτικόν et le terme θρεπτικόν (nutritif) [15]. Dans ce passage, les termes αὐξητικόν [16] (responsable de la croissance) et γεννητικόν (responsable de la reproduction) sont aussi utilisés pour qualifier la même puissance. Une autre difficulté liée au vocabulaire apparaît rapidement. C'est le même terme, φυτικόν, qui, dans les

12. Voir le traité 10 (V, 1), 6, 37 ; et le traité 11 (V, 2).

13. Pour une vue d'ensemble, voir H. Blumenthal, *Plato's Psychology*, La Haye, Martinus Nijhoff, 1971. L'essentiel des informations sur le sujet vient des traités 17, 28 et 29 (IV, 3, 4 et 5), *Sur les difficultés relatives à l'âme*, présentés, traduits et annotés par L. Brisson, Paris, Flammarion, 2005.

14. Voir le traité 8 (IV, 9), 3, 21 et 23.

15. Voir le traité 27 (IV, 3), 23, 40 et 45.

16. Les deux termes sont associés en *Ad Gaurum* 1 (1).

âmes particulières, qualifie l'ensemble des activités les plus basses, et qui dans l'âme du monde désigne la partie inférieure responsable de la production du monde sensible.

C'est en effet l'âme du monde qui, par l'intermédiaire des λόγοι[17], est responsable de la production d'un nouvel être vivant, c'est-à-dire d'un nouveau corps animé. L'origine de ce corps animé se trouve dans le sperme du père susceptible de transmettre la φύσις de l'âme du monde; lorsqu'il se retrouve dans le ventre de la mère, le sperme peut entraîner la formation d'un embryon pourvu d'une puissance végétative ; par la suite, la mère collabore au développement de cet embryon. De la sorte, tout individu est un produit de l'âme du monde, et partage comme toutes les autres parties du monde les mêmes effets qui sont associés aux révolutions de l'univers ; c'est pourquoi, comme le sont aussi les pratiques divinatoires, l'astrologie est partiellement admissible [18].

La distinction entre ce qui appartient à une âme individuelle et ce qui relève de l'âme du monde semble se fonder sur une distinction plus fondamentale encore concernant le vivant défini comme un animal. Dans la mesure où l'on considère le seul fonctionnement du corps de ce vivant, il faut dire que son comportement et ses capacités sont ceux de la nature dans son ensemble, et qu'ils correspondent au comportement et aux capacités du reste des choses dans l'univers. En revanche, pour tout ce qui concerne les expériences particulières qui s'attachent à ce corps, dans le cas de l'homme et dans celui des animaux, étant donné que Plotin admet la métensomatose, tout cela peut être considéré comme « individuel ». La question qui se pose, lorsque l'on voit le terme φυτικόν, est celle de savoir s'il renvoie à la faculté la plus basse de notre âme ou à la partie inférieure de l'âme du monde qui, en tant que nature, produit et informe tous les objets que contient l'univers. Cette question devient cruciale lorsque l'on évoque la mort. À cette occasion, l'âme végétative quitte le corps qu'elle animait plus lentement que l'âme humaine, probablement pour rejoindre l'âme du monde végétative.

17. Voir L. Brisson, « *Logos* et *logoi* chez Plotin. Leur nature et leur rôle », *Les Cahiers philosophiques de Strasbourg* 8 [numéro spécial sur Plotin] 1999, p. 87-108 ; repris dans *Ontologie et Dialogue. Hommage à Pierre Aubenque*, sous la direction de N. L. Cordero, Paris (Vrin) 2000, p. 47-68. [Tradition de la pensée classique].

18. Voir *Ad Gaurum* 16 (5).

2. L'ÂME HUMAINE (ψυχή) [19]

De l'âme végétative passons maintenant à l'âme humaire qui à la naissance vient s'implanter dans un corps qualifié. Dans ce contexte surgit une ambiguïté linguistique supplémentaire. Plotin distingue plusieurs puissances de cette âme humaine : sensitive (τὸ αἰσθητικόν), discursive (τὸ διανοητικόν) et désirante (τὸ ὀρεκτικόν) ; et l'ambiguïté se trouve accrue du fait que Plotin emploie des termes qui peuvent être aussi utilisés pour nommer les activités que mettent en œuvre ces puissances.

2.1. *La puissance sensitive (τὸ αἰσθητικόν)*

La puissance sensitive (τὸ αἰσθητικόν) établit un lien entre le corps qualifié et la pensée discursive (διάνοια) ou la raison. Dans l'âme sensitive, il faut distinguer entre des puissances qui rendent compte de la perception d'objets extérieurs et une puissance capable de percevoir ce qui se passe à l'intérieur de nous.

La sensation porte d'abord sur des objets extérieurs parce que les affections du corps que perçoit l'âme sensitive se produisent en-dehors d'elle (voir notamment 49 (V, 3), 2, 2-6). La puissance sensitive comprend d'un côté les cinq sens, et d'un autre le sens commun (κοινὴ αἴσθησις) qui regroupe les informations données par les cinq sens. Ces cinq sens sont ceux que nous connaissons : la vue, l'ouïe, le toucher, le goût et l'odorat. Alors que le toucher appartient à tout le corps, les autres sens sont associés à des organes particuliers : yeux, oreilles, langue et nez, sans que l'âme soit divisée par sa présence dans ces organes. Plotin insiste sur le fait que toutes ces puissances

19. Quand Plotin (et Porphyre) utilisent le terme « âme » (ψυχή), seul le contexte permet de distinguer entre âme humaine et âme animale. Plotin reste dépendant des Stoïciens qu'il soumet par ailleurs à une critique radicale. Au fondement de leur cosmologie, les Stoïciens posent les deux principes suivants. L'un n'a d'autre capacité que de pâtir, c'est la matière (ὕλη, *materia*), dépourvue de toute détermination, de tout mouvement et de toute initiative; et l'autre a la capacité d'agir et apporte à la matière forme, qualité et mouvement. Ce second principe, c'est la « raison » (λόγος). On peut encore concevoir ce feu qu'est le λόγος identifié à dieu comme un souffle igné, le πνεῦμα, *spiritus* partout présent. Dans toutes les parties du monde pénétrées par ce πνεῦμα et informées par lui, le feu qui est chaud se trouve associé à l'expansion, et l'air qui est froid se voit caractérisé par la contraction. Cette oscillation, qui anime tous les corps et qui assure leur cohésion, s'appelle « tension » (τόνος), une tension qui se diversifie suivant les régions de l'univers : elle prend le nom de « constitution », de « tenue » ou de « maintien » (ἕξις) dans les solides inanimés, de « croissance » (φύσις) dans les végétaux et d'« âme » (ψυχή) dans les êtres vivants. Mais, dans tous les cas, sa fonction est d'unifier tous les corps, y compris et surtout celui de l'univers. Comme Platonicien, Platon ne peut accepter ce système « corporaliste ». Voilà pourquoi il considère l'âme comme un incorporel et la fait dériver de l'Intellect. Même si, par son sommet, l'âme humaine reste attachée à l'Intellect, elle est soumise à un mouvement qui peut la faire passer d'un corps humain à un autre corps humain, et même à un corps animal dans le cadre du processus de la métensomatose. Lorsqu'elle se trouve dans le corps d'un animal, cette âme n'a plus d'activité intellective qui cependant n'est pas abolie (traité 53 (I, 1) 11), mais peut faire un usage déficient de la pensée discursive, semble-t-il. Dispositif essentiel pour une éthique rétributive, la métensomatose est indissociable du végétarisme.

appartiennent à la même âme, indiquant par là qu'il faut se garder de leur donner un statut particulier. Plotin évoque par ailleurs une puissance de perception interne qui prend conscience des désirs, une perception qui annonce les affections : cette puissance est quelquefois qualifiée de « conscience » (συναίσθησις) [20].

Un autre groupe de puissances doit être attribuée à l'âme sensitive ; c'est la faculté de représentation (τὸ φανταστικόν), qui met en relation l'intellection (νόησις) d'une part et la sensation (αἴσθησις) de l'autre avec la pensée discursive (διάνοια). Elle trouve son point de départ dans les affections corporelles, et transmet les informations sur ces affections à la pensée discursive qui doit décider s'il convient ou non d'agir. C'est une sorte de perception qui annonce et transmet l'affection. La mémoire (μνήμη) est la faculté qui conserve les images. La faculté de former des opinions (δόξα, δοξαστικόν) est intimement liée à la représentation (φαντασία), au point de s'y trouver identifiée dans le traité 26 (III, 6), 4. Puisqu'elle porte essentiellement sur les choses perçues, il va de soi que la mémoire, qui assure la conservation des représentations, se trouve placée dans l'âme sensitive (voir déjà 9 (VI, 9), 3, 27-32 puis 32 (V, 5), 1, 62-65).

L'embryon n'a pas la faculté de sentir tout simplement parce que ses organes des sens ne sont pas développés [21] : dès lors, il ne peut pas non plus avoir de représentations et d'opinions [22].

2.2. *La puissance discursive (τὸ διανοητικόν)* [23]

En ce monde, le sommet des puissances propres à l'âme humaine est la διάνοια, la puissance de raisonner et de former des jugements. C'est à cette âme qui a la capacité de juger et à laquelle Plotin dit souvent que nous nous identifions qu'il revient, en considérant le corps, de porter un jugement sur les affections de ce corps et sur les actes d'intellection. La διανοία se distingue du νοῦς par les deux traits suivants : elle traite et évalue des données venues aussi bien de l'intellection que de facultés cognitives inférieures (la sensation et la représentation) ; et alors que le νοῦς se trouve du côté de l'intuition, la διάνοια est du côté de la discursivité, de la dialectique considérée comme division et rassemblement et à laquelle est consacré le traité 20, de sorte qu'elle ne contemple jamais un objet dans sa totalité. La διανοία peut être considérée comme un intellect qui divise (νοῦς μερίζων), s'opposant en cela au νοῦς qui est indivisible en soi et qui ne divise pas la totalité de l'être qui est son objet.

20. Voir *Ad Gaurum* 7 (2),7, 11.
21. Voir *Ad Gaurum* 4, 991-95.
22. Voir *Ad Gaurum* 5 (4), 20-21.
23. Voir L. Lavaud, « La *diánoia* médiatrice entre le sensible et l'intelligible », *Études platoniciennes 3 : L'âme amphibie. Études sur l'âme selon Plotin*, 2006, p. 29-55.

2.3. *La puissance désirante (τὸ ὀρεκτικόν)*

Plotin, on l'a vu, se refuse à distinguer en l'âme entre une puissance responsable de l'appétit (ἐπιθυμία) ou du désir, et une autre responsable de l'ardeur (θυμός) ; il estime que ces deux groupes d'activités sont sous la responsabilité d'une même faculté de l'âme. Encore faut-il tenter de déterminer de quelle faculté il s'agit : d'une puissance sensitive (τὸ ἐπιθυμητικόν) ou d'une puissance désirante ? En d'autres termes, il convient de se demander si une faculté distincte est responsable du désir (ὄρεξις) et si cette faculté recouvre toutes les sortes de désirs.

Un certain nombre d'arguments vont dans le sens de l'existence autonome, chez Plotin, d'une telle faculté. Même les désirs corporels les plus élémentaires, comme ceux de la nourriture, de la boisson ou du sexe, impliquent la sensation et la conscience; ils ne peuvent donc relever de la seule faculté végétative. Et à plus forte raison est-ce le cas pour les désirs de choses qui ne relèvent pas du corps. On peut faire valoir le même genre d'argument pour rendre raison des mouvements de colère déclenchés par un dommage infligé au corps ou même et surtout par un sentiment d'injustice. Parce qu'il est privé de sensation, l'embryon l'est aussi de désir (ὄρεξις), comme on le constate en *Ad Gaurum* 13, 5. L'âme désirante ne peut apparaître qu'à la naissance.

3. L'INTELLECT (νοῦς) OU L'ÂME DIVINE

L'intellect pur, même s'il n'est pas détaché de la part de nous qui se trouve dans le monde sensible, se trouve déjà au-delà, car il est entièrement indépendant de toutes les autres facultés et de toutes les activités qui se passent en ce monde [24].

Ce n'est donc qu'à la naissance que l'âme humaine entre dans l'embryon, qui est un corps qualifié. Mais cette entrée se fait en fonction d'une aptitude de l'embryon.

> Mais comment ce qui est arrivé est-il arrivé ?
> — Eh bien, puisqu'il existe en lui une aptitude, il a reçu ce qui convenait à cette aptitude. Or, il est né de façon à recevoir une âme [25]. Ce qui est né tel ou tel ne reçoit cependant pas l'âme tout entière, bien que l'âme tout entière soit présente, mais non pas à lui. Par exemple, même les autres animaux et les plantes ne possèdent de l'âme que ce qu'ils peuvent en recevoir. Ou encore, lorsqu'un son manifeste un sens, certains vivants saisissent le sens en plus du bruit qui accompagne le son, alors que d'autres vivants saisissent seulement le son et ce qui frappe leur oreille. Ainsi, lorsqu'un vivant naît, qu'il a une âme présente à lui, issue de ce qui est et par laquelle il est rattaché à l'être tout

24. Voir G. Aubry, « “L'empreinte du bien dans le multiple” : structure et constitution de l'intellect plotinien », *Les Études philosophiques* 90, 2009, p. 313-331.

25. Cette phrase est omise dans la traduction d'Armstrong.

> entier, et lorsqu'un corps lui est présent, qui n'est ni vide ni dépourvu d'une part d'âme, ce corps, qui avant la naissance ne se trouvait pas même dans ce qui est dépourvu d'âme, mais qui, à la naissance, s'approche pour ainsi dire encore plus de l'âme grâce à son aptitude, n'est plus même un simple corps, mais il est un corps vivant. Et c'est par une sorte de voisinage que le corps recueille une trace de l'âme, qui n'est pas venue comme une partie de l'âme vient au corps, mais est comme une chaleur [26] ou une illumination : la naissance fait croître en ce vivant des désirs, des plaisirs et des douleurs, mais sans que le corps soit étranger au vivant engendré [27]. (Traité 22 (VI, 4), 15, 1-18, trad. J. Laurent)

En d'autres termes, l'embryon peut recevoir une âme humaine, car, lorsqu'il est parfaitement constitué, il la possède en-puissance au sens où il est apte, à la naissance, à la recevoir.

LES ACTIVITÉS (ἔργα OU ἐνέργειαι) DE L'ÂME HUMAINE

Après avoir décrit et défini les différentes puissances de l'âme humaine, il convient de décrire et de définir les actions et les activités qui s'y rapportent. Ces parties forment, comme on vient de le noter, un *continuum* au sein duquel il n'est pas facile de faire le départ, ni de distinguer entre ce qui revient à telle ou telle faculté. Dans le cas des émotions et des sensations, l'âme reste un incorporel impassible, mais elle réagit à certaines des affections (πάθη) qui touchent le corps. Avec l'imagination et la mémoire, elle se libère du corps en formant et en conservant des images qui n'ont plus rien à voir avec lui, et c'est sur ces images que la raison discursive va s'exercer. Si l'on ne tient plus compte des affections (πάθη), qui sont le fait du corps et donc de la φύσις, l'âme impassible accomplit des actes (ἔργα) et des activités (ἐνέργειαι). Au niveau toutefois de la sensation, l'âme doit tenir compte des affections qui touchent le corps et les organes des sens.

La sensation (αἴσθησις)

L'une des difficultés majeures attachées à l'analyse de la sensation, chez Plotin comme chez bien d'autres auteurs grecs, vient du fait que, en grec ancien, le terme αἴσθησις recouvre deux domaines distincts : celui de la sensation pure, qui est une affection, et qui correspond à la réception d'un stimulus par un organe des sens, et celui de la perception que déclenche ce stimulus. Même si Plotin insiste sur la distinction entre l'âme et le corps, son vocabulaire touchant la sensation conserve cette imprécision. Par un côté, donc, la sensation touche à l'affection, par un autre à la pensée. Lorsqu'il analyse les mécanismes de la sensation, Plotin dit peu de choses sur l'odorat, le

26. Sur la préférence de Plotin à l'égard de la métaphore de la chaleur, voir le traité 27 (IV, 3), 22, 1-6.

27. Voir les passages parallèles dans les traités 28 (IV, 4), 18, 4-9 et 53 (I, 1), 8, 16-18.

goût, le toucher et l'audition ; l'essentiel de ses analyses concerne la vue (c'est l'objet du traité 29). Il ne déroge pas en la matière au privilège que la pensée ancienne accorde à la vue.

À des fins d'analyse, on peut distinguer trois étapes dans le processus de la perception sensible : l'affection (πάθος), la sensation (αἴσθησις) proprement dite, et le jugement (κρίσις). Même si elles s'enracinent dans des affections, les sensations (αἴσθησεις) doivent aussi être considérées comme des activités (ἐνέργειαι) et des jugements (κρίσεις). Et cela vaut pour les cinq sens externes, la vue, l'ouïe, le toucher, le goût et l'odorat. S'opposant en cela aux explications matérialistes, comme celles que défendent les stoïciens, Plotin refuse d'envisager que la sensation implique la transmission (διάδοσις) progressive d'impressions physiques depuis l'objet jusque dans le corps et dans l'âme.

En réalité, l'objet de la sensation est la qualité (ποιότης) dont la matière est dépourvue, puisque la qualité correspond à la forme (εἶδος) qui, dans le sensible, se présente comme une « raison » (λόγος). L'âme imprime en elle-même les « raisons », c'est-à-dire les formes des choses sensibles ; ce qui permet de comprendre qu'elle reste inchangée au cours de ce processus (28 (IV, 4), 23, 1-3). Il en résulte que l'âme, lorsqu'elle est séparée de tout corps, est dans l'incapacité de connaître des objets sensibles. Et si l'âme est capable de reconnaître les formes qu'elle reçoit, c'est qu'elle est pourvue d'un intellect qui lui permet d'entrer directement en contact avec les autres réalités intelligibles, comme nous le verrons plus loin.

Cette doctrine plotinienne de la sensation obéit à un impératif clair. Il s'agit de montrer que c'est l'organe des sens, c'est-à-dire un corps, qui subit une affection produite par un objet sensible, qui est lui aussi un corps. Dans ce processus, l'âme ne subit aucune affection, car en tant que réalité incorporelle, elle n'est qu'action et activité. Voilà pourquoi elle doit porter un jugement permettant ainsi d'établir un lien entre le λόγος qui lui vient de l'objet sensible et la forme intelligible qui lui correspond dans l'Intellect. Telle est la tâche de la pensée discursive.

La représentation (φαντασία)

Dès lors, il est nécessaire qu'une autre activité fasse le lien entre la sensation et la pensée discursive (διάνοια) qui produit les jugements. Cette activité, c'est la représentation qui reçoit sous forme d'images (φαντασίαι) aussi bien ce qui provient de la sensation que ce qui provient de la pensée discursive ; ces images ce sont des « raisons » (λόγοι) que dans un premier temps elle doit reconnaître et que dans un deuxième temps elle doit rapporter aux formes (εἶδη) d'où viennent ces raisons. Voilà pourquoi Plotin soutient alors que chaque sensation doit laisser après elle deux images, l'une se rapportant à la face sensible de la sensation et l'autre à sa face intelligible. Au cours de la vie terrestre, les deux images se confondent tellement qu'il est impossible de les distinguer. Mais lorsque l'âme descendue s'affranchit du sensible, elle opère une sélection entre les images : elle ne retient que les images pures. Et à mesure qu'elle s'affranchit, elle abandonne les images impures. Bref, ces types de représentations ne sont pas sans s'influencer l'une l'autre, la représentation qui est d'ordre supérieur s'efforçant de purifier celle qui est d'ordre inférieur. Cette doctrine a des conséquences considérables sur la définition de la mémoire. Dans les chapitres 20 et 28 du traité 28 (IV, 4), Plotin rappelle l'importance de cette distinction, à la fois du point de vue éthique et du point de vue épistémologique. Face à la représentation qui a pour objet ce qu'il y a de plus haut en l'âme, celle qui a pour objet ce qui vient des sens peut être qualifiée d'« opinion (δόξα) » (26 (III, 6), 4, 19-20).

La mémoire (μνήμη)

La mémoire (μνήμη) conserve les représentations (27 (IV, 3), 29, 22-26). La mémoire ne retient pas des impressions physiques, mais des images que lui fournit la représentation. Plotin s'oppose ainsi à Aristote comme aux stoïciens. Mais tout comme la représentation est double, la mémoire l'est également : elle est pour une part relative aux sensations, pour une autre aux actes de pensée. N'ayant pas de sensation, l'embryon n'a pas de mémoire.

La pensée discursive (διάνοια)

La faculté la plus haute que peut exercer l'homme qui vit dans le monde sensible et reste toutefois attaché à l'intelligible par son intellect, est la pensée discursive (τὸ διανοητικόν, τὸ λογιζόμενον ou τὸ λογιστικόν que Plotin ne semble pas distinguer nettement).

Par sa partie inférieure, la pensée discursive s'occupe des données de la sensation. Son activité est « critique », et c'est le mot κρίσις, le « jugement », qui est utilisé lorsqu'on veut distinguer la sensation de la perception pure. Si nous percevons des choses dans le monde sensible, c'est qu'elles ont une quantité et des qualités qui sont des raisons (λόγοι), lesquelles se rapportent à des formes (εἶδη). La pensée discursive sert à reconnaître les objets de la sensation et à porter sur eux des jugements de valeur. Mais la pensée discursive peut prendre en considération des informations qui ne viennent pas des sens, notamment lorsqu'elle délibère sur des points généraux comme le beau, le juste ou le bien. En fait, la pensée discursive possède ce qui se trouve dans l'intellect, mais pas sur le même mode. Alors que l'intellect permet d'avoir l'intuition de formes (εἶδη) qui se trouvent toutes ensemble, la pensée discursive déploie dans ses analyses les λόγοι qui leur correspondent dans l'âme. On retrouve ici la célèbre image qui fait intervenir dans le cas du λόγος et de l'εἶδος, la comparaison avec le discours qui est dans l'âme et celui qui est prononcé. La pensée discursive divise ce qui est uni dans l'intellect, et met en succession ce qui était simultané là-bas. Pour Plotin, le niveau où s'exerce la pensée discursive (διάνοια) est celui de l'identité personnelle.

L'impulsion (ὁρμή)

L'âme humaine présente non seulement un volet cognitif, mais aussi un volet actif. Il s'agit de l'impulsion (ὁρμή), qui a le pouvoir de mettre en mouvement le vivant, et qu'il faut, semble-t-il, ranger sous la faculté désirante. Dans le traité 3 (III, 1), Plotin s'oppose aux Stoïciens qui voudraient que l'impulsion soit déterminée par le destin. L'impulsion dépend de nous, c'est-à-dire essentiellement de l'âme humaine ou âme supérieure : « En effet, la faculté de sentir et celle de l'impulsion appartiennent à l'âme qui est capable de sensation et de représentation, laquelle est une réalité qui a au-dessus d'elle-même la raison (= la pensée discursive), et dont on peut dire que c'est par sa partie supérieure qu'elle est voisine de celle qui est au-dessus (= l'intellect). » (Traité 27 (IV, 3), 23, 22-24, voir aussi le traité 39 (VI, 8), 2).

L'EMBRYON ET LA QUESTION DE L'ÂME

La conception, qui permet la production d'un embryon, se fait d'abord par le moyen du sperme qui est un morceau de matière qu'anime une partie d'âme végétative, c'est-à-dire de l'âme du monde, et qu'administre l'âme supérieure du père. Lorsque ce sperme se retrouve dans la matrice, c'est l'âme supérieure de la mère qui l'administre [28]. En fait ce que la semence véhicule, c'est une « raison » (λόγος) qui, dans ce contexte, est considérée comme une âme : « Or, cela a été mis en ordre en vertu d'une “raison”, parce que l'âme possède en puissance par l'ensemble d'elle-même le pouvoir de mettre en ordre en vertu de raisons, tout de même que les raisons qui se trouvent dans les semences façonnent et informent les vivants qui sont comme des mondes en petit. » (Traité 27 (IV, 3), 10, 10-16). Dans ce passage la production d'un être humain est assimilée à celle de l'univers. La production de l'ensemble des choses sensibles par l'âme du monde (dans sa partie la plus basse) implique en effet l'intervention des λόγοι, comme on peut le constater notamment dans le traité 48 (III, 3), 7, 19 ; le traité 3 (III, 1), 7, 3 *sq.* ; le traité 5 (V, 9), 6, 11 ; le traité 10 (V, 1), 5, 12 ; et le traité 45 (III, 7), 11, 32. Et cette production est le fait de la nature, non de la technique [29].

28. Sur cette question, voir l'article de J. Wilberding, « Porphyry and Plotinus on the Seed », *Phronesis* 53, 2008, p. 406-432. Les points de désaccord seront exposés dans les notes de la traduction.

29. Sur cette opposition entre la production qui est le fait de la nature et celle qui est le fait de la technique, voir le traité 47 (III, 2), 2, 14 ; voir aussi le traité 28 (IV, 4), 9, 14 *sq.* et le traité 6 (IV, 8), 8, 15. L'argument pourrait venir d'Aristote (*Physique* II 8, 199b28).

À la naissance, une âme humaine (ψυχή) s'introduit de l'extérieur dans l'embryon, comme l'explique Plotin dans un passage du traité 27 (IV, 3), 9, 1-10, cité plus haut.

Avant d'entrer, pour la première fois, dans un corps fait de terre (pour σῶμα γήινον, voir *Phèdre* 246c3), c'est-à-dire un corps correspondant à ceux que l'on trouve dans notre monde, l'âme est associée à un « véhicule » fait d'air ou de feu qui est aussi celui des démons, voir le traité 50 (III, 5), 6, 40-42. Il faut donc distinguer, suivant Plotin, entre le corps fait des quatre éléments, et les véhicules (feu, air) que l'âme revêt au cours de sa descente vers la terre (voir Porphyre, *Sentence* 29). Le terme εἴσκρισις est le terme technique décrivant l'entrée de l'âme humaine dans l'embryon lors de la naissance, que l'âme descende pour la première fois dans un corps terrestre, ou qu'elle ait habité auparavant le corps d'un être humain ou celui d'un animal [30] ; le terme peut donc faire référence à l'entrée d'une âme dans n'importe quel corps, humain ou animal. Alors, le nouveau-né et l'enfant peuvent exercer les autres activités : sensation (αἴσθησις), représentation (φαντασία), impulsion (ὁρμή), mémoire (μνήμη), et plus tard pensée discursive (διάνοια), l'exercice de l'intellection (νόησις) étant réservée à une minorité d'êtres humains.

Mais le problème se complique, avec l'introduction d'un critère éthique ; car une âme, on l'a dit, ne peut entrer dans un corps qu'en fonction de l'aptitude qu'a ce corps à la recevoir, et cette aptitude est déterminée par la qualité de la vie antérieure de cette âme :

> La règle inéluctable et la justice sont inscrites dans la nature qui commande à chaque âme de se diriger en suivant son rang vers le corps particulier qui est l'image engendrée du modèle qui correspond au choix préalable qu'elle a fait et à la disposition qui est en elle. Cette règle, c'est que chaque espèce d'âme se trouve dans le voisinage de ce vers quoi la porte la disposition (διάθεσις) qui est en elle, et il n'est pas besoin que quelqu'un à un moment donné l'envoie et l'entraîne pour qu'elle entre dans ce corps-ci ou dans ce corps-là, mais lorsque le moment est venu, elle descend et s'installe automatiquement, pour ainsi dire, là où il faut. Le moment est différent pour chacune, et quand il est arrivé, l'âme descend comme à l'appel d'un héraut et elle entre dans le corps approprié, comme si, à cette occasion, elle était mue et entraînée par des puissances magiques et par des attractions irrésistibles. Cela ressemble aussi à la façon dont se réalise, en chaque cas particulier, le développement ordonné d'un vivant ; c'est en temps voulu que la nature met en mouvement et fait naître chaque chose, par exemple qu'elle favorise la venue de la barbe et des ongles, qu'à tel ou tel moment elle déclenche des impulsions vers telles choses en particulier et des efflorescences qui n'existaient pas auparavant ; cela ressemble encore au développement ordonné des arbres qui se développent suivant un ordre fixé à l'avance. Les âmes ne viennent ni de leur plein gré ni parce qu'elles ont été envoyées ; ou du moins, dans leur cas, le plein gré ne correspond pas à un choix préalable. C'est plutôt quelque chose comme bondir naturellement ou

30. Voir sur ce sujet l'*Ad Gaurum* et notamment le début.

comme éprouver le désir d'avoir des relations sexuelles, ou être amené sans réflexion à poser de belles actions. Pour tel être telle destinée est toujours fixée, celle-ci maintenant et celle-là ensuite. L'Intellect qui est antérieur au monde a lui aussi une destinée, celle de rester là où il est et d'envoyer autant de lumière que possible ; et c'est conformément à une loi que chaque rayon de lumière, subordonné à l'universel, est envoyé. L'universel réside en effet en chaque chose. Et ce n'est pas de l'extérieur que la loi tire la force de s'accomplir, mais elle est donnée à ceux qui en font usage et qui la transportent partout. Et si le temps venu, ce que la loi souhaite voir se produire se trouve réalisé par des êtres qui ont intégré la loi, de sorte que ce sont eux qui accomplissent la loi parce qu'ils transportent partout cette loi qui tire sa force du fait qu'elle est établie en eux, c'est qu'elle pèse pour ainsi dire sur eux et qu'elle produit en eux un désir empressé qui s'apparente aux douleurs de l'enfantement, celui d'aller là où ce qui est en eux leur dit pour ainsi dire d'aller [31]. (Traité 27 (IV, 3), 13)

C'est là que vient s'inscrire la notion d'aptitude (ἐπιτηδειότης) [32] que l'embryon doit avoir à l'égard de l'âme qu'il reçoit. Dans la mesure donc où la venue de l'âme se fait dans un corps qui illustre la qualité de cette âme, l'embryon doit être adapté à la réception de cette âme. Dès lors, l'aptitude d'un embryon à recevoir telle ou telle âme présente un aspect éthique.

PORPHYRE À LA SUITE DE PLOTIN

Porphyre semble admettre la conception que se fait Plotin[33], de cette semence [34] qu'est le sperme [35]. Le sperme est un liquide, qui véhicule des «raisons» (*lógoi*) [36] ; dès lors, la présence de l'être à naître se situe au niveau des *lógoi*. Mais alors quel rôle joue le père et quel est celui de la mère ? C'est le sang du père qui produit le sperme [37]. Mais, pour pouvoir transmettre la vie, le sperme doit être le véhicule d'une âme, non point d'une âme rationnelle ou sensitive, mais d'une âme végétative qui recèle des « raisons (*lógoi*) » [38]. Alors la question se pose de savoir si ces « raisons » sont celles qui se trouvent dans la partie inférieure de l'âme du monde ou si ce sont celles que transmet cet être

31. Ce chapitre doit être lu en association avec le traité 6 (IV, 8), 3-6.

32. Voir l'article de G. Aubry, « Capacité et convenance : la notion d'*epitêdeiotês* dans la théorie porphyrienne de l'embryon », dans L. Brisson, M.-H. Congourdeau et J.-L. Solère, (éd.), *L'embryon. Formation et animation. Antiquité grecque et latine, traditions hébraïque, chrétienne et islamique*, Paris ,Vrin, 2008, p. 139-155.

33. Traité 5 (V, 9), 6, 15-20 ; traité 10 (V, 1), 5, 11-13).

34. Voir sur le sujet, James Wilberding, article cité *supra*, dans la note 28.

35. À l'instar de Plotin (traité 26 (III, 6), 19, 17-25), Porphyre n'admet pas la théorie de la double semence que l'on trouve chez Aristote et chez Galien ; la mère ne produit pas de semence. Cependant, il doit donner à la mère un rôle qui explique que l'enfant puisse lui ressembler.

36. Et non des *adiaplasta zoa* comme chez Platon en *Timée* 90d3.

37. *Ad Gaurum* 2 (4) ; 3 (1) ; 7 (2) ; 10 (1) et (5), 14 (1) ; voir aussi *De abstinentia* IV 20, 35-36. Pour Platon, c'est la moelle.

38. C'est à la suite de Plotin (traité 38 (VI, 7), 5, 3-8) la position de Porphyre en 2 (4) ; 3 (4) ; 4 (1) ; 10 (1) ; 10 (3) ; 16 (1).

particulier qu'est le père. Tout porte à croire que le premier point est intenable, car alors on ne comprendrait pas que la semence ait une nature propre [39]. D'ailleurs, la réponse apportée par Porphyre est claire : « Admettons donc que la semence ait une âme, si l'on veut bien appeler "âme" la puissance végétative, et admettons même que cette âme ait été détachée du père ou engendrée par lui. » [40]. Dans ces conditions, les « raisons » (*lógoi*) transmises par le père doivent présenter un aspect particulier, dès lors que, dans chaque individu et donc dans le père, l'âme végétative est administrée par une âme humaine. C'est toujours le cas, chez l'animal, l'homme et même dans le monde. Il n'est donc pas nécessaire pour expliquer la chose d'invoquer le principe suivant lequel le produit est toujours inférieur ontologiquement au producteur, comme le fait J. Wilberding [41]. Porphyre (6 (2), 20-37) ne rappelle ce principe que pour soutenir qu'une âme humaine ne peut venir d'une âme végétative, comme le veulent les stoïciens qui pensent que le souffle végétatif de l'embryon devient un souffle animal lorsqu'à la naissance il est refroidi par l'air ambiant.

Mais que se passe-t-il lorsque le sperme du père et les « raisons » (*lógoi*) qu'il comporte se retrouvent dans le ventre de la mère ? Voici la réponse que fait Porphyre : « Admettons aussi que de la mère lui vienne plus tard la nourriture, ainsi que la puissance végétative ou encore ce qui conspire avec cette âme nutritive et augmentative. » [42]. Les « raisons » (*lógoi*) transmises par le père se greffent sur les « raisons » (*lógoi*) qui se trouvent dans la mère, et le greffon c'est-à-dire l'embryon passe alors sous l'administration de l'âme végétative de la mère, aussi longtemps qu'il reste dans le ventre de cette dernière ; le mélange ainsi constitué correspondant au « mélange total » stoïcien [43]. Ce recours à l'image de la greffe ne s'oppose pas à l'exposé de Théophraste [44] ; elle l'adapte à un contexte métaphysique autre que celui de la botanique.

D'où ces deux conséquences. Dans le ventre de la mère, l'embryon est doté d'une nature (c'est-à-dire d'une âme végétative) propre [45] qui dépend et de son père et de sa mère. On comprend dès lors que l'enfant à naître présente des caractères physiques venant aussi bien du père que de la mère. De surcroît, il

39. *Ad Gaurum* 16 (1), 9-10.

40. *Ad Gaurum* 16 (1), 1-3.

41. « *In the downward procession of being, the offspring are always inferior to their producers, and yet through reversion they are obedient to and completed by their producers. The seed cannot, strictly speaking, be in possession of a vegetative soul or nature since that is what produced it, but it can and must be actualized and completed by precisely that kind of soul.* » (p. 414, voir le développement p. 420 - 426).

42. *Ad Gaurum* 16 (1), 3-5.

43. *Ad Gaurum* 10 (6). Sur ce type de mélange, voir la note à (6), 56-58.

44. Voir la note complémentaire sur Théophraste. Pour l'auteur de l'*Ad Gaurum*, la mère, qui tient le rôle du substrat, non seulement fournit à l'embryon la nourriture, mais administre aussi l'ensemble de son développement.

45. *Ad Gaurum* 16 (1), 9-10.

faut reconnaître que, pour modifier son propre corps ou celui de l'enfant à naître, la mère ne peut faire intervenir les images que constitue sa faculté de représentation (*phantasía*) directement à la manière des démons [46]. Voilà comment Porphyre rejette l'hypothèse exposée en 5 (4) suivant laquelle l'embryon pourrait devenir semblable à des images montrées à la mère durant l'accouplement [47], parce que, dès ce stade, il possèderait une âme représentative. Une telle intervention sur l'embryon, lequel est dépourvu de représentation, ne peut qu'être indirecte, et s'expliquer par le fait que l'âme végétative de l'embryon est administrée par l'âme humaine de la mère durant la conception et la gestation [48]. Le rôle de la mère est donc très important dans le développement de l'embryon ; il est cependant difficile d'y voir « *a stroke of proto-feminism* » [49].

Et c'est seulement lorsqu'il sort à la lumière, que l'embryon est administré par une âme humaine propre, venue en lui de l'extérieur [50] en vertu du principe de convenance. Cette âme est comparée au pilote qui monte sur le bateau qui vient d'être achevé, comme l'explique Porphyre, dans le chapitre 10 de l'*Ad Gaurum*.

Bref à la naissance, c'est un corps qualifié, un corps vivant, qui accueille une âme. Ce corps, l'embryon, est vivant parce qu'il est mû par une âme végétative, considérée comme une trace de l'âme humaine, et assimilée à une chaleur ou à une illumination. Mais si l'embryon est apte à recevoir telle ou telle âme, c'est en fonction de la qualité morale de cette âme. Par là, Plotin et Porphyre rejoignent les préoccupations de Platon dans les dernières pages du *Timée*, où la doctrine de la métensomatose est rapportée à celle de la rétribution. Dans ce contexte, une âme se trouve associée à un corps en fonction de la qualité de son existence antérieure, le corps devenant le signe de la qualité de cette âme. Ce lien particulier entre une âme et un corps qui est le signe extérieur de son identité profonde permet de comprendre pourquoi les Platoniciens furent les seuls à faire l'hypothèse de cette explication de l'animation de l'embryon.

Luc Brisson

46. *Ad Gaurum* 6 (1).

47. La remarque faite par J. Wilberding sur ce passage est difficile à comprendre : «*The phantasia* [voir *Ad Gaurum* 5 (4)] *presumably belongs to the lower soul, i.e. to what Porphyry has been calling the irrational soul.*» (p. 422).

48. *Ad Gaurum* 6 (4)

49. J. Wilberding, p. 424.

50. *Ad Gaurum* 10 (5), 44 - (6), 71.

LES TÉMOINS ET L'HISTOIRE DU TEXTE

1. LE MANUSCRIT

Le traité intitulé Γαληνοῦ Πρὸς Γαῦρον περὶ τοῦ πῶς ἐμψυχοῦται τὰ ἔμβρυα, c'est-à-dire Galien, *À Gauros, sur la manière dont l'embryon reçoit l'âme* [1] est transmis par un manuscrit [2], aujourd'hui conservé à Paris, Bibliothèque nationale de France, Suppl. gr. 635. Ce codex a été acheté par Minoïdes Mynas au mont Athos au cours d'une mission qui lui avait été confiée (entre 1840 et 1845) par Abel-François Villemain, ministre français de l'Instruction publique de 1839 à 1848 [3].

Le Parisinus Suppl. gr. 635 (sigle **P**) est un manuscrit en papier non filigrané (30 lignes par page) mutilé au début et à la fin, qu'on peut dater du XIIe siècle [4]. **P** compte, à l'état actuel, 23 folios (mais les folios 1-2, blancs, sont modernes) fortement abîmés par l'humidité, en particulier le f. 23r-v dont presque la moitié de la marge extérieure est irrémédiablement rongée. Le manuscrit a été copié par un anonyme employant de très nombreuses abréviations et signes tachygraphiques. On y trouve plusieurs corrections faites, à ce qu'il semble, par le scribe lui-même *in scribendo* et au cours d'une révision. Les corrections d'une main postérieure ne manquent pas, non plus que des fautes qui n'ont pas été repérées [5].

Voici, en détail, le contenu de la partie ancienne du manuscrit :

1. *Cf.* T. Dorandi, « Pour une histoire du texte du traité *Ad Gaurum* attribué à Galien », dans L. Brisson, M.-H. Congourdeau et J.-L. Solère (éd.), *L'embryon : formation et animation*, Paris, Vrin, 2008, p. 123-137.

2. Il existe une copie du même manuscrit de la main de Mynas : Paris, Bibliothèque nationale de France, Suppl. gr. 727, f. 21-46. On y trouve quelques corrections et conjectures de Mynas, déjà signalées par Kalbfleisch dans l'apparat de son édition.

3. Voir la bibliographie citée par Kalbfleisch, p. 3 n. 1.

4. *Cf.* N.G. Wilson, « Aspects of Transmission of Galen », dans G. Cavallo (éd.), *Le strade del testo*, Bari, Adriatica editrice, 1987, p. 56. Kalbfleisch, p. 3 et 32 date le manuscrit du XIIIe siècle.

5. Elles sont soigneusement enregistrées dans l'apparat de Kalbfleisch. Voir aussi Kalbfleisch, p. 31 et les *Nachträge* à la p. 80.

f. 3r-v — Dernières pages (700, 4 αὐτοῦ - 704) du Περὶ μαρασμοῦ, *Sur le marasme* de Galien (VII, p. 666-704 Kühn). L'identification de ce texte revient à Kalbfleisch, qui en donne aussi (p. 4 n. 2) une collation avec l'édition de Kühn [6].

f. 4r-12r, 26 — Γαληνοῦ Εἰσαγωγὴ διαλεκτική, Galien, *Introduction à la dialectique* [7].

f. 12r, 27-23v — Γαληνοῦ Πρὸς Γαῦρον περὶ τοῦ πῶς ἐμψυχοῦται τὰ ἔμβρυα (incomplet et assez lacunaire à la fin).

Cette description sommaire suffit à montrer que **P** n'est que ce qui reste d'un codex plus étendu à l'origine, qui devait conserver au moins la première partie du Περὶ μαρασμοῦ de Galien et le final du Πρὸς Γαῦρον. Une telle supposition est confirmée par une donnée codicologique sur laquelle Kalbfleisch avait déjà attiré l'attention [8] : dans la marge inférieure droite du f. 11r (qui correspond au f. 9 de la partie ancienne du manuscrit) on lit le chiffre ιη, qu'il faut interpréter comme indiquant le dix-huitième cahier du manuscrit original. Kalbfleisch avait supposé, en un premier temps, que le manuscrit était composé de trinions, dont on aurait perdu les 17 précédents, c'est-à-dire 102 pages. Après un réexamen de **P**, Kalbfleisch parvint à établir que le manuscrit était en réalité composé de quaternions et que la partie perdue correspondait donc à 136 pages [9].

Dans **P**, l'*Ad Gaurum* suit immédiatement l'*Introduction à la dialectique* de Galien et est, lui aussi, attribué au médecin de Pergame. Cette paternité a été rejetée par Kalbfleisch, qui a proposé d'attribuer l'*Ad Gaurum* à un philosophe néoplatonicien, très probablement Porphyre. Dans les pages qui précèdent, on a repris les éléments principaux de l'étude de Kalbfleisch et on a réaffirmé l'exactitude de ses résultats [10].

6. Il n'existe pas d'édition récente de cette œuvre. Les manuscrits sont répertoriés par H. Diels, « Die Handschriften der antiken Ärtze. I. », *Abhandlungen der Königl. Preuss. Akademie der Wissenschaften zu Berlin* 1905, p. 83 et « Die Handschriften der antiken Ärtze. II. », *ibid.* 1907, p. 32. Mais il faut remarquer que ces catalogues ne sont ni complets ni exempts d'inexactitudes.

7. L'*Introduction* avait été éditée pour la première fois par M. Mynas, Γαληνοῦ Εἰσαγωγὴ διαλεκτική. Πρῶτον διωρθωθεῖσα καὶ δημοσιευθεῖσα μετὰ προθεωρίας καὶ παραβολῶν, Paris, Didot, 1844. L'édition de référence reste celle de K. Kalbfleisch, *Galeni Institutio logica*, Lipsiae, Teubner, 1896.

8. Kalbfleisch, p. 3.

9. Kalbfleisch, p. 31, *Nachtrag zu* S. 3. Kalbfleisch envisage aussi la possibilité de lire ιγ (donc 96 pages), mais la lecture ιη, certifiée par H. Diels (*ap.* Kalbfleisch, p. 31), est confirmée par l'autopsie de P.

10. Kalbfleisch, p. 4-30.

2. LA 'TRADITION INDIRECTE'

Venons-en maintenant à l'analyse de certains éléments de la 'tradition indirecte' de l'*Ad Gaurum* qui fournissent quelques repères utiles pour retracer l'histoire du texte de ce traité dans l'antiquité tardive et dans le monde byzantin [11].

Jamblique de Chalcis (*ca* 245 - *ca* 320) est le premier auteur qui semble avoir lu et utilisé l'*Ad Gaurum*. Dans un fragment de son ouvrage perdu *Sur l'âme* (Περὶ ψυχῆς), dont une partie est conservée dans l'*Anthologie* de Stobée, Jamblique discute du moment et des modes de l'incorporation de l'âme dans l'embryon. Après avoir cité l'opinion d'Hippocrate « relativement aux temps où se produit la conjonction naturelle de l'âme et du corps » (τοσαῦτα καὶ ἡ κατὰ τοὺς χρόνους συμφυομένη κοινωνία τῶν ψυχῶν πρὸς τὰ σώματα δέχεται δοξάσματα), Jamblique évoque la position de Porphyre en ces termes [12] : κατὰ δὲ Πορφύριον ἐν τῇ πρώτῃ ἀπογεννήσει τοῦ τικτομένου πρώτως ἡ κατ' ἐνέργειαν ζωοποιία καὶ παρουσία τῆς ψυχῆς φύεται [13]. Quelques lignes plus bas, abordant la question de savoir comment l'âme pénètre dans le corps, il écrit :

> ἀλλὰ μὴν ἔν γε τῷ τόπῳ τῆς εἰσόδου τῶν ψυχῶν, καθ' ὃν ἐπιζητοῦμεν πῶς εἰσκρίνεται μία μέν ἐστι τριπλῆ δόξα ἡ ἕλκουσα ἀπὸ τῶν ἐκτὸς τὴν ψυχὴν ἐν τῇ καλουμένῃ συλλήψει ἢ διὰ προθυμίαν τοῦ γεννῶντος διὰ τῆς ἀναπνοῆς ἢ διὰ προθυμίαν τῆς ὑποδεχομένης μήτρας, ὅταν αὕτη ἐπιτηδείως ἔχῃ πρὸς τὴν κράτησιν ἢ διὰ συμπάθειαν ἀμφοῖν, ὅταν κοινῇ συνπνέοντα ἀμφότερα ἑλκτικὴν ἔχῃ τὴν ἰδιότητα συγκινουμένης καὶ τῆς φύσεως ἤτοι ἀπὸ τοῦ παντός, ἢ τῆς ὅλης ψυχῆς, ἢ τῆς δημιουργίας πάσης.
>
> Maintenant, quant à ce qui regarde, à propos de l'entrée de l'âme, la question de savoir comment l'âme pénètre dans le corps, il n'y a qu'une seule opinion qui présente trois subdivisions, selon laquelle l'âme est attirée du dehors au moment de ce qu'on nomme la conception, soit par l'ardeur de l'engendrant lorqu'il aspire de l'air, soit par l'ardeur de la matrice qui reçoit le sperme, lorsqu'elle est convenablement disposée pour retenir le sperme, soit par la communauté d'impressions des deux sexes quand, respirant ensemble, ils

11. *Cf.* Kalbfleisch, p. 22-30. Dans les pages qui suivent, s'il n'y a pas d'autre indication, la traduction des textes grecs a été réalisée par L. Brisson et M.-H. Congourdeau, que je remercie sincèrement. Pour la traduction des passages de l'*Ad Gaurum*, le lecteur se reportera à celle imprimée en regard du texte grec, *infra*.

12. Stob. I 49, 41 (I, p. 381, 1-25 Wachsmuth) = fr. 31-32 Finamore-Dillon. Voir *Iamblichus De anima*. Text, Translation, and Commentary by J. F. Finamore and J. M. Dillon, Leiden, Brill, 2002, p. 58-61 (texte et traduction) et 163-168 (commentaire). La traduction des passages de Jamblique est celle d'A. J. Festugière, *La révélation d'Hermès Trismégiste*, III, Paris, Les Belles Lettres 1953, p. 224-226, retouchée.

13. Smith n'édite comme fragment de Porphyre (266F) que cette phrase où le nom du philosophe est cité.

possèdent l'un et l'autre la propriété d'attirer l'âme en même temps que se trouve émue la force naturelle pourvoyeuse de sperme.

Ce passage présente d'étroites ressemblances avec un chapitre de l'*Ad Gaurum* (2.3) :

ἤκουσα δ' ἤδη τινὸς ἐγὼ διατεινομένου πρὸς ἡμᾶς τὴν προθυμίαν τοῦ ἄρρενος τὴν ἐν ταῖς οἰχείαις καὶ τὸ συμπαθὲς τῆς μήτρας ἁρπάζειν ψυχὴν ἐκ τοῦ π εριέχοντος ἀέρος διὰ τῆς ἀναπνοῆς γιγνομένης μετακινήσαντα τὴν φύσιν ἣ χορηγὸς ἦν τοῦ σπέρματος σὺν ἰδιότητι ἑλκτικῇ ψυχῆς, διὰ δὲ τοῦ ἄρρενος ὡς διὰ σωλῆνος συνεκθοροῦσαν τῷ σπέρματι πάλιν ὑπὸ τῆς ἐν τῇ μήτρᾳ προθυμίας συλλαμβάνεσθαι, ὅταν ἐπιτηδείως ἔχῃ πρὸς κράτησιν αὔτη.

On peut expliquer ces ressemblances en supposant que le texte de référence de Jamblique est l'*Ad Gaurum*, ou une source commune aux deux auteurs. La seconde hypothèse est peu probable : « La source de Jamblique », affirme Festugière [14], « est presque sûrement ce traité de Porphyre. Car, d'une part, l'opinion anonyme citée par Jamblique est déjà dans Porphyre (...), d'autre part deux des δόξαι ici indiquées se retrouvent dans le même ordre chez Porphyre (...), Jamblique insérant entre ces deux d'abord celle de Porphyre lui-même (...), qui, dans son traité, critique au fur et à mesure les opinions adverses, puis la sienne propre. »

Au VIe siècle, à Alexandrie, Jean Philopon, dans son Commentaire au *De anima* d'Aristote, intercale à propos de cette définition ζωὴν δὲ λέγομεν τὴν δι' αὐτοῦ τροφήν τε καὶ αὔξησιν καὶ φθίσιν (*De an.* II 1, 412a14), une fiche de travail sur la question de savoir si l'embryon est un ζῷον [15]. Philopon semble reprendre là apparemment un certain nombre d'arguments qui se trouvent dans l'*Ad Gaurum*. Certes il ne cite pas le texte de Porphyre, mais il se situe dans une problématique très proche [16]. C'est ce que pense Madame Congourdeau : « ... il est difficile de dire si Jean connaissait effectivement le traité : il a peut-être simplement puisé dans le fonds commun d'argumentation sur le sujet. Contrairement au traité de Porphyre, qui est soigneusement construit et répond à un objectif précis : démontrer que l'embryon reçoit l'âme animale du dehors au moment de la naissance, et qu'en conséquence il ne peut être un animal ni en acte ni même en puissance, Jean en reste à un niveau très scolaire [17]. »

14. Festugière, *La révélation d'Hermès Trismégiste*, *op. cit.*, p. 224 n. 1. *Cf.* Kalbfleisch, p. 23.

15. Philop., *in de an.*, p. 212, 26-214, 33 Hayduck (CAG XV).

16. Voir M.-H. Congourdeau, « La postérité byzantine de l'*Ad Gaurum* », dans L. Brisson, M.-H. Congourdeau et J.-L. Solère (éd.), *L'embryon*, *op. cit.*, p. 185-198 et, en particulier, C. Scholten, « Welche Seele hat der Embryo ? Johannes Philoponos und die antike Embryologie », *Vigiliae Christianae* 59, 2005, p. 377-411.

17. M.-H. Congourdeau, « La postérité byzantine de l'*Ad Gaurum* », art. cité, p. 189.

Il faut attendre plusieurs siècles pour retrouver des traces de l'*Ad Gaurum*. Ce sera dans certains écrits de l'érudit byzantin Michel Psellos (*ca* 1018-1078)[18].

Commençons par le texte le plus connu. Dans le chapitre 115 du *De omnifaria doctrina* (Παντοδαπὴ διδασκαλία), intitulé εἰ καὶ τὸ ἔμβρυον ζῷον καὶ πῶς τρέφεται τοῦτο[19], Psellos déclare avoir eu connaissance de trois monographies qui traitent de ce sujet (τρισὶν ἐνετύχομεν μονοβίβλοις περὶ τούτου ζητήματος) : l'une d'Hippocrate, l'autre de Galien, et la troisième de Porphyre[20]. À propos du livre de Porphyre, Psellos écrit[21] :

> ὁ δέ γε Πορφύριος πολλοῖς λογισμοῖς καὶ ἀποδείξεισι διατείνεται μὴ εἶναι τὸ ἔμβρυον ζῷον μηδὲ ἐμψυχομένον, ἀλλὰ δίκην φυτοῦ καταπεφυτεῦσθαι ἐν τῇ μήτρᾳ καὶ κινεῖσθαι οὐχ ὑπὸ ψυχῆς, ἀλλ᾽ ὑπὸ φύσεως, ὥσπερ δὴ καὶ τὰ δένδρα καὶ τὰ φυτὰ κινεῖσθαι εἴωθε, τρέφεσθαί τε οὐ διὰ τοῦ στόματος, ἀλλὰ διὰ τοῦ χορίου καὶ τοῦ ὀμφαλοῦ· ὅθεν τοῦτον ἀποδεσμοῦσιν αἱ μαῖαι, ἵνα διὰ τοῦ στόματος τὸ γεννηθὲν τρέφηται.

> Eh bien, Porphyre ne ménage pas les arguments et les démonstrations pour montrer que l'embryon n'est pas un animal et qu'il n'est pas même doté d'une âme animale, mais que, dans la matrice, il connaît le destin d'un végétal ; qu'il est mû, non par une âme animale, mais par une âme végétative, comme le sont en fait les arbres et les plantes, et qu'il y est nourri, non par la bouche, mais par le *chorion* et par le nombril. Les sages-femmes délivrent l'embryon de ces liens, pour que le nouveau-né puisse se nourrir par la bouche.

Des affinités avec la partie conservée de l'*Ad Gaurum* (voir respectivement 10.1 ; 7.1 et 3 ; 10.3) sont évidentes dans les premières lignes de ce résumé. En ce qui concerne la phrase finale (à partir de τρέφεσθαί τε) où on ne trouve aucune affinité, Kalbfleisch avance deux hypothèses : Psellos aurait développé cet argument à partir de la partie perdue de l'*Ad Gaurum*, ou il l'aurait récupéré dans sa source doxographique[22].

Un autre chapitre dans le *De omnifaria doctrina* de Psellos présente des éléments significatifs qui se retrouvent dans une autre page de l'*Ad Gaurum* (11.2-4) ; ils ont échappé à Kalbfleisch, mais ils ont été signalés pour la

18. *Cf.* Kalbfleisch, p. 23-25 et l'étude approfondie de Congourdeau, p. 189-193.

19. Voir *Michael Psellus, De omnifaria doctrina*. Critical Text and Introduction door L.G. Westerink, Ph. D. Diss. Nijimegen, Centrale Drukkerij, 1948.

20. Pour Hippocrate, voir les passages signalés par Kalbfleisch, p. 24 n. 1. Galien : Psellos fait probablement allusion au traité du ps.-Galien intitulé Εἰ ζῷον τὸ κατὰ γαστρός (XIX, p. 158-181 Kühn). Porphyre : voir fr. 267F Smith (limité à ce chapitre).

21. *Cf.* Congourdeau, art. cit., p. 192-193.

22. Kalbfleisch, p. 25 avec un renvoi à H. Diels, *Doxographi Graeci*, Berolini, G. Reimer, 1879, p. 426, 23-27 : οἱ Στωϊκοὶ (τὸ ἔμβρυον τρέφεσθαι) διὰ τοῦ χορίου καὶ τοῦ ὀμφαλοῦ· ὅθεν τοῦτον εὐθέως ἀποδεῖν τὰς μαιουμένας καὶ ἀνευρύνειν τὸ στόμα, ἵνα ἑτέρα γένηται ἡ μελέτη τῆς τροφῆς (voir aussi p. 644, 1-3).

première fois par Westerink [23]. Dans le chapitre 60, intitulé πῶς ἑνοῦνται τῷ σώματι ἡ ψυχή on lit [24] :

> εἰσκρίνεται τῷ σώματι ἡ ψυχὴ ὥσπερ ἡ ἀνατολὴ τοῦ ἡλίου πάντα ἀθρόως ἐμπίπλησι τοῦ φωτός. καὶ γὰρ καὶ αὐτὴ ἀθρόως ὅλον ἐξάπτει τὸ σῶμα εἰς τὴν ζωὴν καὶ ζωοποιεῖ τοῦτο ἐπιτηδείως ἔχον πρὸς τὴν ἕνωσιν ταύτης.[a] ὥσπερ οὖν αἱ νευραὶ αἱ συνηρμοσμέναι καὶ εἰ πόρρω τύχοιεν οὖσαι συγκινοῦνται,[b] καὶ ὁ καλούμενος νάφθας δέχεται τοῦ πυρὸς τὴν δύναμιν τοῦ μεταξὺ ἀέρος μὴ πυρουμένου, οὕτω δὴ καὶ τὸ σῶμα ἀθρόως ὅλον ἐλλάμπεται ὑπὸ τῆς ψυχῆς[c].
>
> [a] *Ad Gaur.* 11.3 || [b] *Ad Gaur.* 11.4 || [c] *Ad Gaur.* 11.2.
>
> L'âme animale entre dans le corps à la façon du soleil qui, à son lever, baigne d'un seul coup toutes choses de sa lumière. C'est en effet d'un seul coup que l'âme animale elle aussi revêt de vie le corps dans son ensemble et le vivifie, quand il est apte à s'unir à elle. Et de même que les cordes qui sont accordées se mettent en mouvement ensemble, même si elles se trouvent éloignées, de même aussi ce que l'on appelle le naphte arrive à s'enflammer sans que l'air qui se trouve entre la flamme et lui ait été enflammé, de même c'est d'un seul coup que le corps dans son ensemble est illuminé par l'âme.

De plus, l'édition des deux tomes des *Opuscules philosophiques* de Psellos, publiée par J. M. Duffy et D. J. O'Meara, a mis en lumière d'autres traces évidentes de l'utilisation de l'*Ad Gaurum* par le savant byzantin [25].

Au tout début de la première ἐπίλυσις de l'opuscule 16 du premier volume, intitulée Πότε ψυχοῦνται τὰ ἔμβρυα, *Quand sont animés les embryons* [26], Psellos s'adresse à son interlocuteur et lui demande si la réponse qu'il attend de lui sur ce point concerne la doctrine des Pères de l'Église (ὃ τῶν παρ' ἡμῖν φιλοσοφησάντων ἐδόξασαν) ou celle des Grecs (ἅπερ ᾠήθησαν Ἕλληνες). Après avoir remarqué qu'il n'existe pas, chez les Apôtres et chez les Pères, d'opinion commune sur le moment de l'animation de l'embryon, Psellos énumère les diverses prises de position des philosophes grecs (τῶν παρ' Ἕλλησι σοφῶν) : animation à la formation, au premier mouvement, au moment de l'accouchement [27]. Cette liste rappelle fortement celle que l'on trouve dans le chapitre 2.2 de l'*Ad Gaurum*. Les phrases suivantes contiennent, elles aussi, de nombreux points de contact avec ce texte et des allusions. Je

23. Westerink, *Michael Psellus, De omnifaria doctrina*, p. 41, *ad loc.*

24. *Cf.* Congourdeau, art. cit., p. 192. Psellos désigne probablement Porphyre par la périphrase « les meilleurs des Hellènes » (τῶν δὲ Ἑλλήνων οἱ πρόκριτοι) qu'on lit dans le chapitre 59 traitant aussi du moment de l'animation avec des arguments semblables à ceux développés dans l'*Ad Gaurum*. Les points de correspondance avec l'*Ad Gaurum* sont indiqués à la fin de la citation.

25. *Michaeli Pselli Philosophica minora ediderunt* J. M. Duffy et D. J. O'Meara : Vol. I *Opuscula logica, physica, allegorica, alia* ed. J. M. Duffy, Stuttgardiae et Lipsiae, Teubner, 1992 ; Vol. II *Opuscula psychologica, theologica, daemonologica* ed. D. J. O'Meara, Leipzig, Teubner 1989.

26. *Philos. min.*, I, p. 47-48.

27. *Philos. min.*, I, p. 48, 10-13.

transcris la section finale de cette partie de l'opuscule (p. 48, 13-32) en indiquant la correspondance avec le texte de l'*Ad Gaurum* :

οἱ δέ γε τελεώτεροι τούτων μετὰ τὸν τοκετὸν τὴν λογικὴν ψυχὴν μεταλαμβάνειν φασί, καὶ μεταβάλλειν ἀθρόως ὥσπερ ὑπὸ φωτὸς θείου ἀναπτόμενα ἢ ζωπυρούμενα·[a] ἔνδοθεν δὲ τῆς μήτρας ζῆν μέν, ἀλλὰ τὴν φυτικὴν ζωὴν καὶ παντάπασιν ἄλογον,[b] ὥσπερ ἐκ ῥίζης τοῦ ὀμφαλοῦ κατερριζωμένα τῇ μήτρᾳ, τὴν τροφὴν χορηγούμενα,[c] ζῷα δὲ μήτε εἶναι μήτε ὀνομάζεσθαι, ἀτελῆ ὄντα πρὸς μετουσίαν τῆς θειοτέρας ψυχῆς.[d] οὐ γὰρ ἡ λογικὴ ψυχὴ ὥσπερ τι πτηνὸν εἰς τὸ τυχὸν ζωγρεῖον εἰσωθεῖναι καὶ ἐνοικίζεται, ἀλλ' εἰς τὸ ἐπιτηδείως ἔχον πρὸς τὴν ἐκείνης καταδοχὴν ἀπορρήτῳ συνόδῳ ἐμφύεται.[e] πῶς ἂν καὶ ἐν ὑγρῷ χωρίῳ ζωογονηθείη ἂν ἐξωμένον ἔμβρυον, μεμυκὸς δὲ καὶ παντάπασι συγκεκλεισμένον τό τε στόμα καὶ τὰς ῥῖνας;[f] πῶς ἂν καὶ εἰσπνεύσοιεν, εἴ τις καὶ εἴη ἐκεῖσε, ἀὴρ καθαρός; οὐ χρὴ δέ, φασίν, ἀπὸ τῶν κινήσεων αὐτοῦ τεκμαίρεσθαι τὰς ἐμψύχους ζωάς· οὐ γὰρ κατὰ φαντασίαν αὐτὸ ἢ ὁρμητικὴν ἔχει δύναμιν, ἀλλ' ὥσπερ καὶ ἐντέρων ἕλικες πληρούμενοι κίνησιν ἔχουσι[g] καὶ δένδρων φλοιοὶ κινοῦνται τῷ ῥήγνυσθαι καὶ αὐτὰ δὲ τὰ φυτὰ αὐξάνεται καὶ περιστρέφεται ἢ συμπτύσσεται τοῖς φύλλοις καὶ αὖθις ἀναπλοῦται, ὥσπερ ὁ λωτὸς κατὰ τὴν τοῦ φωστῆρος περιστροφήν· ἐπὰν δὲ ἔξω τῆς μήτρας γένηται τῆς ῥίζης ἀποσπασθέν, αὐτίκα τῆς λογικῆς μεταλαγχάνει ψυχῆς καὶ ζῷόν ἐστι καθαρόν.

[a] *Ad Gaur.* 11.3 || [b] *Ad Gaur.* 1.1 || [c] *Ad Gaur.* 3.2 || [d] *Ad Gaur.* 2.5 et 13.4 || [e] *Ad Gaur.* 11.3 || [f] *Ad Gaur.* 15.1 || [g] *Ad Gaur.* 6.1.

Mais les plus subtils d'entre eux disent que c'est après l'accouchement que les embryons reçoivent l'âme rationnelle et qu'ils changent d'un seul coup, comme baignés ou illuminés par une lumière divine. À l'intérieur de la matrice ce sont des vivants, mais leur vie est celle des plantes, c'est-à-dire totalement irrationnelle, enracinés qu'ils sont dans la matrice par le cordon ombilical comme par une racine, dont ils reçoivent leur nourriture. Ce ne sont pas des animaux et ils ne peuvent être dits tels tant qu'ils sont incapables d'avoir part à l'âme la plus divine. Ce n'est pas en effet comme un oiseau qu'on met dans une cage que l'âme fait son entrée et s'installe, mais c'est dans le cadre d'une union que l'on n'arrive pas à décrire qu'elle s'implante dans le corps qui est apte à la recevoir. Comment un embryon pourrait-il être un animal, alors qu'il vit dans un *chorion* rempli d'eau, alors que sa bouche et ses narines sont fermées et closes ? comment pourrait-il respirer même s'il y avait là du bon air ? Il faut se garder, ajoutent-ils, de considérer que ses mouvements témoignent d'une vie animale, car ils ne résultent pas d'une représentation ou d'une impulsion, mais ils se comportent comme l'intestin grêle qui se met en mouvement quand il est plein, comme l'écorce des arbres qui se met en mouvement lorsqu'elle croît et comme les plantes elles-mêmes qui croissent, et qui déploient ou rétractent leur feuillage puis les déploient de nouveau, par exemple le lotus qui suit les mouvements du soleil. Et ce n'est qu'après avoir été arraché à sa racine et être sorti de la matrice, qu'aussitôt il reçoit l'âme rationnelle qui lui est destinée, et qu'il est bien un animal.

Tous ces arguments, toutes ces images se présentent « comme un copié-collé de l'*Ad Gaurum*, auquel manifestement Psellos donne raison contre Grégoire et Maxime » [28].

On retrouve le même procédé dans plusieurs *Opuscules* du deuxième tome publié par D. J. O'Meara. Dans l'opuscule 16, intitulé Περὶ ψυχῆς, le nom de Porphyre est cité à côté de celui de Grégoire de Nysse parmi les nombreux auteurs anciens (καὶ ἄλλοις τῶν πάλαι πολλοῖς) qui ont abordé le sujet de savoir quand les embryons sont animés (πότε εἰσκρίνεται τῷ σώματι ἡ ψυχὴ) question traitée dans les pages que l'on vient d'analyser [29].

Dans un autre opuscule (23) intitulé Περὶ τοῦ πῶς ἡ ψυχὴ τοῦ σώματος εἰσκρίνεται καὶ πῶς διαλύεται, *Comment l'âme entre dans le corps et comment elle s'en sépare* [30], Psellos utilise le chapitre 11 de l'*Ad Gaurum*. Je transcris, encore une fois, cette partie de ce bref opuscule (p. 98, 16-99, 5 et 99, 23-24) en signalant sous le texte la correspondance avec les passages de l'*Ad Gaurum* :

> καὶ πρῶτόν γε τὴν εἴσκρισιν μὴ σωματοειδῆ ὑπολάμβανε, μηδὲ οἵου τὴν ψυχὴν φερομένην ἄνωθεν ἐξ ἀνάγκης τῷ σώματι συνδυάζεσθαι, μηδὲ διὰ χρονικῆς τούτῳ εἰσπνεομένην κινήσεως μηδὲ κάτωθεν ἑλκομένην ἢ ἀναπνεομένην μηδ' ἐξ ἀέρος ἁρμαζομένην,[a] ἀλλὰ μηδὲ ὡς διὰ θυρωμάτων τῆς ῥινὸς ἢ τοῦ στόματος πόρων ἢ τῶν ἀδήλων εἰσάγουσαν αὐτήν.[b] οὐδὲ ἡ τοῦ οὐρανοῦ περιδίνησις τὰ ὅμοια τοῖς ὁμοίοις συνάγουσα συνωθεῖ τὴν ψυχὴν εἰς τὰ σώματα, οὐδὲ ῥεῦμα οὐράνιον ἐξ ἀνατολῆς προϊὸν εἰσελαύνει ταύτην ἢ εἰσωθεῖ·[c] οὐ γὰρ ὥσπερ ἐξ ἀποστήματος οὐδὲ διὰ περιόδου οὐδὲ κατὰ βραχὺ κινουμένη τῷ σώματι συνδυάζεται. ἀλλ' ἵνα σοι παραδείγματι χρήσομαι, ὥσπερ ἡ ἀπὸ τοῦ μὴ ὄντος εἰς τὸ εἶναι πρόοδος ἀθρόα τίς ἐστι καὶ ἄνευ κινήσεως, καὶ ὥσπερ ἐξ ἡλίου ἀνατείλαντος ἐξαπιναίως πάντα πεφώτισται καὶ μάλιστα ὁ περιέχων ἀήρ, καὶ ὥσπερ αἱ ἡρμοσμέναι χορδαὶ αὐτίκα τῆς ἁρμονίας μετειλήχασιν, καὶ ὥσπερ ὁ νάφθας ἐξάπτεται τῷ πυρὶ τοῦ μέσου πυρωθέντος ἀέρος,[d] οὕτω δὴ καὶ τὸ σῶμα ἀθρόον ὑπὸ τῆς ψυχῆς ἀνάπτεται καὶ καταλάμπεται καὶ πλῆρες τῶν γνωστικῶν ἐκείνης καὶ γονίμων δυνάμεων γίνεται, οὐ κατὰ βραχὺ διαχεομένης αὐτῆς εἰς τὰ τούτου μέρη, οὐδὲ πρῶτον ἐνιδρυμένης εἰς καρδίαν ἢ εἰς ἧπαρ ἢ εἰς ἐγκέφαλον, εἶτ' ἐκεῖθεν διαρρεούσης, ἀλλ' ὁμοῦ τὸ σύμπαν διαλαβούσης καὶ ἀθρόον καταλαμψάσης[e] (...) ἀμερῆ δὲ καὶ ταχὺ ἐξαλλάττουσαν καὶ πρὸς τὰς ἀνόδους ἢ καθόδους μὴ δεομένην χρονικῆς παρατάσεως[f].
>
> [a] *Ad Gaur.* 2.3 ‖ [b] *Ad Gaur.* 11.3 ‖ [c] *Ad Gaur.* 11.4 ‖ [d] *Ad Gaur.* 11.3 ‖ [e] *Ad Gaur.* 11.3 ‖ [f] *Ad Gaur.* 11.3.
>
> Et d'abord il ne faut pas supposer que l'entrée de l'âme est d'ordre corporel ; de plus il ne faut pas penser que l'âme s'unit au corps parce qu'elle est venue d'en

28. Congourdeau, art. cit., p. 191.
29. *Philos. min.*, II, p. 77, 5-9.
30. *Philos. min.*, II, p. 98, 8-99, 24. Ce texte, transmis par le seul Vaticanus gr. 2200, f. 35r-36r (« a. 1304-1305 scriptus » : O'Meara, p. xvii), a été publié pour la première fois par O'Meara.

haut sous l'effet de la nécessité, ni parce qu'elle a été tirée ou aspirée d'en bas par suite d'un mouvement qui s'inscrit dans le temps, ou parce qu'elle a été véhiculée à travers l'air ; il faut dire que ce n'est pas non plus par les narines qu'elle est entrée ni par la bouche ou par des pores invisibles. Ce n'est pas non plus la révolution du ciel qui, parce qu'elle cherche à unir le semblable au semblable, insère l'âme dans le corps, ni le flux céleste qui venant du levant la pousse ou l'attire dans le corps. Car elle n'est pas unie au corps en étant mue comme si elle venait de loin, après une révolution ou en un temps court. Mais je me servirai d'un langage imagé pour te faire comprendre la chose. Tout comme le passage qui mène du non-être à l'être est un phénomène soudain et sans mouvement, tout comme par ailleurs le soleil qui, quand il se lève, illumine toutes choses de façon subite et surtout l'air ambiant, tout comme les cordes accordées qui tout d'un coup ont part à l'harmonie, et tout comme le naphte qui s'enflamme (même) quand ce qui se trouve entre lui et la flamme (n'est pas) enflammé, ainsi aussi le corps est tout d'un coup envahi et illuminé par l'âme, et se trouve rempli par les puissances cognitives et fécondantes de cette âme, qui ne se répand pas rapidement dans les parties du corps, en s'installant d'abord dans le cœur, dans le foie ou dans le cerveau, puis s'épanchant à partir de ces parties, mais qui s'empare du corps tout à coup et l'illumine de façon subite (...) ce n'est pas partie par partie mais instantanément qu'elle s'installe et elle n'a pas besoin d'un intervalle de temps pour entrer ou pour sortir.

Enfin, une autre allusion au chapitre 11 de l'*Ad Gaurum* a été décelée dans l'opuscule 27 [31], intitulé, lui aussi, Περὶ ψυχῆς (le titre ne remonte probablement pas à Psellos [32]), et où on lit :

> (...) μαρτυρόμενος τῷ κατεψῦχθαι τὰ ἄκρα καὶ παντάπασιν ἀναισθητεῖν τῶν μὴ ἐξάπινα τελευτώντων ὥσπερ ἀπὸ τῶν περάτων τοῦ σώματος ἀρχομένης αὐτῆς συστέλλεσθαι καὶ κατὰ μέρος ἑλίττεσθαι, ἵν' ἐπειδὰν ὅλης πρὸς τὴν καρδίαν συσπειραθῇ καὶ οἷον εἰπεῖν συνουσιωθῇ, ἀθρόον ἀποπνευσθείη. τὸ δ' οὐχ οὕτως ἔχει· ἀλλ' ὥσπερ ἀχρόνως ἐπιλάμπει τῷ σώματι δίκην ἡλίου ἐξάπινα τὸν ἀέρα καταφωτίζοντος, κατὰ τὸν αὐτὸν λόγον ἐκεῖθεν ἀφίπταται. ἀμερὴς δὲ οὖσα καὶ ἀδιαστάτως, ἀμερῶς καὶ ἀδιάστατως καὶ τῷ σώματι σύνεστιν. οὔκουν ἐκτείνεται τούτῳ οὐδὲ διίσταται, ἀλλὰ καὶ ὅλον δι' ὅλου ψυχοῦσα οὐδὲν ἧττον ἐφ' ἑαυτῆς ἕστηκε.
>
> (...) se fondant sur le fait que les extrémités de ceux qui meurent, mais non subitement, se refroidissent et perdent toute sensation, comme si l'âme se rétractait à partir des extrémités du corps et s'en allait partie par partie, de sorte que, une fois établie en sa totalité dans la région du cœur et lui étant pour ainsi dire associée, elle est alors exhalée tout d'un coup. Il n'en va pas ainsi, mais tout comme elle illumine le corps de façon intemporelle, à la façon du soleil qui illumine tout d'un coup l'air ambiant, c'est de cette manière qu'elle en part. Étant sans partie et sans extension, c'est sans partie et sans extension qu'elle s'associe aussi au corps. Par conséquent elle s'étend sur tout le corps sans être

31. *Philos. min.*, II, p. 102, 19-103, 4.
32. « Fort. post Psell. add. » remarque O'Meara, p. 102 ad l. 17.

étendue ; mais animant le tout par le tout, rien d'elle ne manque quand elle est là.

Psellos fait référence à *Ad Gaurum* 11.3. L'extrait de l'*Ad Gaurum* est précédé d'une réminiscence du *Phédon* de Platon 117e7-118a4 et il est suivi d'une allusion à la *Sentence* 33 de Porphyre.

Nulle part, Psellos ne cite Porphyre mot à mot ; il le paraphrase et en insère souvent certains morceaux mélangés à d'autres tirés d'auteurs différents, dans une sorte de construction gigogne.

La composition des textes de Psellos précède d'environ un siècle la copie du manuscrit de Paris qui conserve le traité de Porphyre.

La rédaction par Michel d'Éphèse (XIIe siècle) de son commentaire au *De generatione animalium* d'Aristote, faussement conservé sous le nom de Jean Philopon [33], est plus ou moins contemporaine de la copie de **P**. Dans une page du commentaire au livre I du *De generatione animalium* d'Aristote (A 18, 723a26), on trouve un passage (p. 33, 22-34, 5 Hayduck) qui semble bien avoir eu comme source directe un chapitre de l'*Ad Gaurum* (8.2-3) [34] :

Ad Gaurum 8.2	Mich. Ephes., *In de gen. an.* p. 33, 25-27 Hayduck
λέγει δὲ ζῷα ἐν ἡμῖν, δι' ὧν αἱ γενέσεις, τό τε μόριον τὸ τοῦ ἄρρενος καὶ τῆς γυναικὸς τὴν μήτραν, ζῷα δὲ οὐχ ὅτι ζῇ ὡς τὰ φυτὰ μόνον, ἀλλ' ὅτι καὶ τῆς αὐτοκινήτου κατήκοα ψυχῆς	(...) ὥστε ζῷα καὶ ἐν ἡμῖν λέγει, δι' ὧν αἱ γενέσεις, τό τε μόριον τοῦ ἄρρενος καὶ τῆς γ υναικὸς τὴν μήτραν, ζῷα δὲ οὐχ ὅτι ζῶσι μόνον, ἀλλ' ὅτι καὶ κατήκοα τῆς αὐτοκινήτου κατ' ἐκεῖνον ψυχῆς
	(...) de sorte, dit-il, qu'il y a des animaux en nous, qui sont la cause de la génération, c'est-à-dire aussi bien le sexe de l'homme que la matrice de la femme. Et il les qualifie d''animaux' non seulement parce qu'ils ont part à la vie, mais aussi parce qu'ils obéissent à l'âme automotrice qui régit le corps.

Enfin, c'est dans un traité anonyme, copié en 1321/1322 dans un manuscrit du Vatican (*Vat. gr.* 175, chef de file de toute la tradition) par Ioannes Katrarios, et intitulé *Hermippos Sur l'astrologie* qu'on retrouve les derniers

33. Publié par M. Hayduck dans les *CAG* XIV.3, Berolini, G. Reimer, 1903.

34. Kalbfleisch, p. 80 : « 44, 13-32 ist offenbar benutzt von Johannes Philoponos (oder vielmehr Michael v. Ephesos ...) ». Porphyre reproduit et discute ici des extraits du *Timée* de Platon (91A-D).

vestiges d'une lecture de l'*Ad Gaurum* [35]. Ce texte dont la paternité demeure incertaine (il a été attribué respectivement à Jean Katrarios [36], au médecin Jean Zacharias [37], à l'érudit Nicéphore Grégoras [38]) est un dialogue écrit par un chrétien féru de platonisme. Dans le chapitre 17 du livre II, sur la génération et sur le fait que l'âme ne vient pas du dehors, l'anonyme évoque massivement l'*Ad Gaurum* pour en réfuter les thèses [39].

Kalbfleisch a disposé avec beaucoup de soin, sur deux colonnes parallèles, les passages de Porphyre et ceux de l'*Hermippos*, qui conservent probablement aussi des traces de la partie finale de l'*Ad Gaurum*, aujourd'hui perdue, et qui peuvent se révéler utiles pour la reconstruction partielle de certains passages lacunaires dans **P** [40]. Pour la commodité du lecteur, je reproduis le texte de l'*Hermippos* et je signale les correspondances avec l'*Ad Gaurum* :

> *Hermippos de astronomia dialogus* II 17 (p. 61, 17-65, 21 Kroll-Viereck)
> ἕπεται δ' εὐθὺς λέγειν περὶ γενέσεως, ἐπειδήπερ ἀπορίαν ἔσχον οἱ παλαιοί, πότερον τὴν σύλληψιν ἀρχὴν χρὴ τίθεσθαι ἢ τὴν εἰς φῶς τοῦ τεχθέντος πρόοδον. (**145**) Εἰ μὲν γὰρ ἔξωθέν τις φαίη ψυχοῦσθαι, ταύτην ἂν μᾶλλον οἰκείαν ἀρχὴν εἰκότως ὑπόθειτο· εἰ δ' ἔνδοθεν, πάλιν ἔχει καὶ τοῦτ' ἀπορίας, πότε δεῖ τοῦτο νομίζειν γίνεσθαι. οὐ γὰρ δὴ παντάπασιν ὡρισμένος ὁ καιρὸς οὗτος φαίνεται.[a] (**146**) δόξαι μὲν οὖν ἐκ παίδων διάφοροι κατέσχον ἡμᾶς· λέγει δ' ὁ μέν τις μὴ ζῷα εἶναι τὰ ἔμβρυα διὰ τὸ φυτικῶς αὐτὰ μόνον ζῆν, ὁ δέ τις ζῷα διὰ τὸ μέλλειν ἔξω προελθόντα ζωοῦσθαι.[b] (**147**) ἐγὼ δὲ ὅτι τὸ τῶν ζῴων ἴδιον καθ' ὁρμήν τε καὶ αἴσθησιν καὶ φαντασίαν ἐστί, μάλιστα πάντων πέπεισμαι·[c] ὅτι δὲ οὔπω πρὸς ταῦτα ἧκε τὰ ἔμβρυα, διὰ τοῦτο μηδὲ ζῷα ἀξιοῦν εἶναι τῶν ἀτόπων ἡγοῦμαι. (**148**) εἰ γὰρ οἷον ἐμφωλεύουσα τῆς ψυχῆς ἡ δύναμις ἀναγκαίως ἔτι πρὸς βραχὺ κρύπτεται, ἀλλὰ μετὰ μικρὸν ἀνακύψει καὶ τὸ ἑαυτῆς τέλειον χορηγήσει. καί τοι φαίην ἄν, ὡς καὶ τὸ ἀτρεμεῖν τότε βουλομένης ἦν τῆς ψυχῆς καὶ τοῦτο ταῖς ὑπ' αὐτὴν ἐπιταττούσης δυνάμεσιν. (**149**) ἀλλά φασιν, ὥσπερ παρὰ τῷ πατρὶ μένον ἔτι τὸ σπέρμα ζῷόν τις οὐκ ἠξίου καλεῖν, οὕτως οὐδ' ἐν τῇ μήτρᾳ γενόμενον τοιοῦτον ἔσται, εἰ μὴ

35. Voir *Anonymi christiani Hermippus De astrologia dialogus* ed. G. Kroll et P. Viereck, Lipsiae, Teubner 1895. Sur l'auteur (anonyme) et son œuvre, je me limiterai à renvoyer à la notice de W. Kroll, « Hermippos (9) », RE VIII 1, 1912, col. 854-857.

36. *Cf.* F. Jürß, « Johannes Katrarios und der Dialog Hermippos oder Über Astrologie », *Byzantinische Zeitschrift* 59 (1966), p. 275-286. Sur ce savant voir D. Bianconi, *Tessalonica nell'età dei Paleologi. Le pratiche intellettuali nel riflesso della cultura scritta*, Paris, Centre d'études byzantines, néo-helléniques et sud-est européennes, 2005, p. 141-156, 250 et Id., « Qualcosa di nuovo su Giovanni Catrario », *Medioevo Greco* 6, 2006, p. 69-91 ; M. Magnani, « [Eur.] Dan. fr. 1132 K., Giovanni Catrario e la tradizione di Luciano », *Eikasmos* 21 (2010), p. 49-85.

37. *Cf.* St. Io. Kourousès, *To epistolarion Georgiou Lakapenou-Andronikou Zaridou (1299-1315 ca.) kai ho iatros-aktouarios Iannes Zacharias (1275 ca.-1328 ?)*, Athènes, He en Athenais Epistemonike Hetaireia, 1984-1988, p. 148-330 et Id., « Ho aktouarios Ioannes Zacharias suggrapheus apodotenton auto me iatrikon ponematon », *Athena* 82, 1999, p. 27-84.

38. *Cf.* A. Hohlweg, « Drei Anonyme Texte suchen ein Autor », *Byzantiaka* 15, 1995, p. 13-45.

39. Le texte est traduit et analysé par Congourdeau, p. 194-197.

40. Kalbfleisch, p. 25-30. Dans mon article cité à n. 1, p. 132-137, j'avais moi aussi reproduit les deux textes en parallèle à partir du tableau de Kalbfleisch.

ἐνεργείᾳ τοιοῦτον γένοιτο [41]. (**150**) καὶ τὸ τοῦ Πλάτωνος ἐνταῦθα ἐναργὲς εἰς ἀπόδειξιν, ἀόρατα ὑπὸ σμικρότητος καὶ ἄπλαστα ζῷα καλοῦντος τὰ ἔμβρυα [42]· τὸ γὰρ ἄπλαστον οὐδέπω ζῷόν φασι· καὶ Ἀριστοτέλης δὲ ὀψὲ φάσκων τοῖς ἀνθρώποις τὸν νοῦν παραγίνεσθαι καὶ οὐδὲ πᾶσιν ἁπλῶς, σπάνιον δὲ εἶναι, εἴ τις ἐπιτηδεία ψυχὴ πρὸς τὴν αὐτοῦ συνουσίαν γίνεται, τοῖς λεγομένοις ὁμολογεῖν ἔοικεν. (**151**) ὅλως τε κυβερνήτῃ τοῦτον εἰκάζουσι μετὰ τὴν τῆς νεὼς τελέαν δημιουργίαν τοῖς πηδαλίοις ἐφισταμένῳ καὶ τὸ διϊθύνειν ἀναλαμβάνοντι.[d] τὰ μὲν οὖν λεγόμενα ταῦτά τε καὶ τοιαῦτα, πολὺ τὸ εὐπρόσωπον ἔχοντα.

(**152**) ἐγὼ δὲ ἥδιστ᾽ ἂν ἐροίμην αὐτούς, πῶς ἢ πόθεν ἥκουσαν εἰς τὸ σῶμα τὴν ψυχὴν ὡς ἀπὸ μηχανῆς θεὸν ἐπεισάγουσιν. εἰ μὲν γὰρ διϊπταμένην καὶ περιφερομένην διὰ τοῦ ἀέρος στρουθίου δίκην ζητεῖν φασιν εἰς σῶμά τι διὰ στόματος καὶ ῥινῶν εἰσελθεῖν, μυρίου ὄχλου ψυχῶν πλαζομένων ἄλλως τὸν ἀέρα ἐμπλήσουσι καὶ τοῖς τὰς μετεμψυχώσεις φρονοῦσιν ἀφορμὴν ἀρίστην τοῦτο παρέξουσιν.[e] (**153**) εἰ δὲ τὰ ἤθη τῶν φυσάντων τὰ γενόμενα ἀναμάττεται καὶ εἰς ἡλικίαν ἥκοντα ἔτι μᾶλλον ἐναργέστερον δείκνυσι, δῆλον δήπου, ὡς καὶ αἱ τῆς ψυχῆς δυνάμεις τῷ σώματι συνυφαίνονται [43]. (**154**) φαίη τις ἂν ἴσως οὐκ ἀπεικότως γίνεσθαι τοῦτο, κἂν ἔξωθεν εἰσεκρίθη· ταῖς γὰρ τοῦ σώματος κράσεσιν αὐτῆς τὰς δυνάμεις ἕπεσθαι [44]. πότερον οὖν ἄμεινον τῷ σώματι συνυφαινομένην τοῦτο λέγειν ὑφίστασθαι ἢ ἔξωθεν ἥκουσαν; οὕτω γὰρ οὐ μᾶλλον ἄρχειν ἢ δουλεύειν ταύτην κατιοῦσαν ὁμολογήσομεν. (**155**) πάντων δὲ ἀτοπώτατον, εἰ τὴν μὲν ἐκ πυρὸς τῆς θρυαλλίδος ἔξαψιν ἔξωθεν γενέσθαι οὐκ ἂν φαίημεν, ἐπειδὴ ἔξωθεν ἐκ τῆς τῶν λίθων συγκρούσεως τὴν ἔναυσιν ἔσχηκεν, ἐμψύχων δὲ ὄντων τῶν προϊέντων τὰ σπέρματα τὰ γινόμενα ἐξ αὐτῶν ἔξωθεν τὴν ἐμψύχωσιν ἔχειν δεξαίμεθ᾽ ἄν.[f] ὅλως τε οὐδ᾽ ἰδεῖν μοι δοκοῦσι πῦρ ἐν δαλῷ φωλεῦον καὶ μένον τὴν τοῦ ἔξωθεν ἀέρος προσβολὴν ἀναρριπίσουσαν καὶ ἀνεγεροῦσαν τὴν φλόγα. (**156**) ἀεὶ δὲ τὸ ἐπιτήδειον πρὸς τοὺς καιροὺς διακρίνεται πρότερον. διὸ χρείας πω μὴ οὔσης ἐν τῇ κυήσει ὁρμῆς καὶ φαντασίας ἡσυχάζουσιν ἐν τῷ ὅλῳ ὄγκῳ οἱ τῶν δυνάμεων λόγοι· καὶ οὐδὲ πάντα ἅμα συμπεριλαβεῖν οἷόν τε ἦν, ὅπου γε οὐδὲ τὸ σῶμα τέλειον εὐθὺς εἴργασται, δεῖται δέ τινων καὶ μετὰ τὴν κύησιν, καὶ ἀναπληροῖ ταῦτα ἡ φύσις ὕστερον. (**157**) οὑτωσὶ δὲ καὶ αἱ τῆς ψυχῆς δυνάμεις ὁδῷ τινι καὶ τάξει προβαίνουσαι ἐν καιροῖς τὰς οἰκείας ἐνεργείας ἐμφαίνουσι. κινεῖται δὲ τὸ ζῷον πρῶτον μὲν θρεπτικῶς καὶ αὐξητικῶς οἰκείως τῷ σπέρματι, αἰσθητικῶς δὲ προκύψαν

41. Kalbfleisch, p. 27 renvoie à *Ad Gaurum* 3.1 : μὴ θαυμάζειν εἰ τῆς γαστρὸς προελθὸν ζωοῦται, καθάπερ οὐ θαυμάζομεν πῶς πρὶν ἐκ τοῦ πατρὸς ἀποκριθῆναι τὸ σπέρμα μένον ἐν ἑαυτῷ ἀνενέργητόν ἐστιν ὧν πέφυκε δημιουργεῖν τῆς μή τρας ἐπιτυχὸν μετὰ τὴν ἔκκρισιν.

42. Dans la citation du *Timée* (91d3), les deux textes partagent la même variante du *Timée* ἄπλαστα au lieu de l'ἀδιάπλαστα des manuescrits de Platon ; mais en 8.3 l'*Ad Gaurum* transmet ἀδιάπλαστα.

43. « Vgl. II 4 τὰς κατὰ τὴν ψυχὴν ὁμοιότητας κατηγορεῖν τὸ πόθεν ἐλήφθη αὕτη und f. 23v 7 *sq.* » Kalbfleisch, p. 27.

44. « f. 23v 21 ὑφαντής ? Der folgende Gedanke stand vielleicht im dem zestörten Schlusse der Schrift » Kalbfleisch, p. 27.

καὶ μετὰ μικρὸν λογικῶς· πάντα δὲ ἔχει δυνάμει ἐκ τῆς σπερματικῆς γονῆς καὶ οὐδενὸς ἐσκριθέντος ἔξωθεν.
(**158**) ἀλλ' ἀποροῦσι, πῶς οὐχ ἅμα πάντα ἐν αὐτῷ φαίνεται. ἀλλὰ πρῶτον μέν, εἰ οὕτως εἶχεν, ἕκαστον ἄτακτόν τε καὶ ἀδιάκριτον ἦν· (**159**) ἔπειτα ὡς ἐπὶ πλεῖστον τῷ ἑτέρῳ τὸ ἕτερον ἀντιπίπτει. καὶ ἐν τῇ τῶν καρπῶν δὲ βλαστήσει πάντα ὁμοῦ συγκέχυται, οἵ τε λόγοι καὶ αἱ δυνάμεις, καὶ αὖ ἐν τῷ πυρῷ οἱ λόγοι τῆς καλάμης τοῦ φύλλου καὶ τῆς ῥίζης ἥνωνται· παραπλήσιον δὲ καὶ ἐπὶ τῶν ζῴων ἐν ἀτελέσιν ἤδη καὶ ἀδιακρίτοις ἀπταίστους καὶ ἀσφαλεῖς ἡ φύσις τηρεῖ τοὺς οἰκείους θεσμούς. (**160**) εἶτα πυρὸς μὲν πυρὸν καὶ ἵππος ἵππον, προσθήσω δὲ ὅτι καὶ ὄρνις ὄρνιν ἀποτεκεῖν οἷός τ' ἐστίν· ἄνθρωπος δὲ οὐκ ἄνθρωπον γεννᾷ, ἀλλ' ἀνθρώπειον σῶμα; καὶ μὴν ψυχὴν ὁ τεκὼν εἶχεν, δεῖ δὲ καὶ τὸ γενόμενον ἐξ αὐτοῦ ψυχὴν ἔχειν· ἣν εἴτε λόγους, εἴτε δύναμιν ἐθέλει τις καλεῖν, οὐ διοίσομαι [45]. (**161**) ἡ δὲ παρουσία αὐτῆς ἄχρονος καὶ διόλου ἅμα τὸ ὑποκείμενον ἐμψυχοῦσα· ὥσπερ καὶ τὴν κάθειρξιν οὐχ ὡς ὑπὸ χειρὸς ἢ δεσμοῦ γινομένην προσήκει καλεῖν, ἀλλὰ κατὰ μόνην τὴν τοῦ ὑποδεχομένου αὐτὴν ἐπιτηδειότητα, ὡς καὶ τὸ πῦρ κατὰ τὴν τῆς ὕλης ὁρῶμεν κρατούμενον. ἀλλὰ περὶ μὲν τούτων ἱκανως ἡμῖν εἴρηται.[f]
(**162**) εἰ δέ τις τὸ Μωσαϊκὸν ἡμῖν ἐπιφέροι, τὸ σῶμα μὲν πρότερον λέγων πεπλᾶσθαι, εἶτα τὸ πνεῦμα ὕστερον εἰς ψυχὴν ζῶσαν τὸν δημιουργὸν ἐμφυσῆσαι, πρῶτον μὲν εἴπομεν, ὡς οὐκ ἦν εἰκὸς ἄλλως γενέσθαι. οὐδὲ γὰρ κατὰ χώραν μενούσῃ τῇ ψυχῇ ἔξωθεν προσπλάττειν τὸ σῶμα καὶ προσαναχωννύειν ἐχρῆν.[g] (**163**) ἔπειτα εἰ τῶν σωματικῶν ὄγκων καὶ πόρων τὰς οἰκείας κατασκευὰς τελείας ἀπειληφότων οὕτως ἐχρῆν ἐπεισελθεῖν τὴν ψυχήν, οὐκ ὁρῶ, πῶς ἄλλως γεγονέναι ἐχρῆν τὴν ἀρχὴν ἢ πῶς οὐ τοῦθ' ὅπερ λέγομεν τούτοις τοῖς λόγοις ἐοίκασι βεβαιοῦν. εἰ γὰρ πεπλασμένου τοῦ σώματος καὶ πᾶσαν τὴν οἰκείαν ἐνέργειαν ἀπειληφότος ἡ ψυχὴ ὁθενδήποτε ληφθεῖσα εἰσέδυ, τί μὴ κἀν τοῖς ἐμβρύοις γίνεσθαι τοῦτό φαμεν, ὅτι καὶ τούτων ἐν τῇ ὑστέρᾳ τελέως ἤδη κατεσκευασμένων τὸ σῶμα αὐτίκα ἡ ψυχὴ ἐπιλάμπει καὶ τὰς οἰκείας δυνάμεις ἀνακαλύπτειν πειρᾶται; (**164**) καὶ οὐ δήπου ἄλλως βουλόμενος ἀπόλογον κατατείνειν Ἀλκίνου ἀπέτεινα ἐς τοσοῦτον τὸν λόγον, πολλὰ δὲ καὶ ἄτοπα τῆς δόξης ταύτης ἐξέχεται, καὶ εἰ μὴ τελέως τις τὴν ἀρχὴν ἀναιρήσει, ἀσθενής τις εἰς τὰ ἀπὸ ταύτης φαίνεται.

[a] *Ad Gaur.* 2.1 || [b] *Ad Gaur.* 1.1 || [c] *Ad Gaur.* 1.1 || [d] *Ad Gaur.* 9.2 || [e] *Ad Gaur.* 16.4 || [f] *Ad Gaur.* 11.3 || [g] *Ad Gaur.* 11.1.

Il convient maintenant de parler de la naissance, puisque les anciens se sont demandé s'il faut poser comme point de départ la conception ou la naissance de l'être enfanté. (**145**) Si on estime que l'embryon reçoit une âme animale de l'extérieur, il faut privilégier la naissance comme point de départ, mais si c'est de l'intérieur, une nouvelle question se pose, à savoir à quel moment cela se produit. Ce moment en effet ne semble pas du tout être déterminé. (**146**) En fait, il y a chez nous des opinions divergentes, et cela depuis l'enfance. L'un dit en effet que les embryons ne sont pas des animaux, en raison du fait qu'ils mènent

45. Kalbfleisch utilise les § 155 à 160 pour reconstruire le texte de ses chapitres 17 et 18 de l'*Ad Gaurum* transmis de manière très lacunaire dans le dernier folio de P.

seulement une vie végétative, tandis que l'autre dit que ce sont des animaux en raison du fait qu'ils vont devenir des animaux, en sortant du ventre de leur mère. (**147**) Je suis pour ma part absolument persuadé que ce qui est le propre des animaux concerne l'impulsion, la sensation et la représentation ; mais parce que l'embryon n'est pas encore parvenu à exercer ces activités, juger pour cette raison que ce ne sont pas des animaux me paraît déraisonnable. (**148**) Même si en effet, parce qu'elle est pour ainsi dire tapie, la puissance de l'âme animale reste nécessairement pendant un moment encore dissimulée, après une courte période elle émergera et amènera l'âme à sa perfection. Et certes on pourrait dire que, si elle reste immobile, c'est que l'âme le souhaite et en donne l'ordre aux puissances qui dépendent d'elle. (**149**) Mais ils disent que, de même qu'il n'est pas correct de soutenir que le sperme est vivant, tant qu'il demeure encore dans le père, de même, quand il vient à se trouver dans la matrice, il ne peut pas non plus être considéré comme tel, s'il n'est pas tel en acte. (**150**) Et à l'appui ils citent le mot fameux de Platon qui qualifie les embryons d'animaux invisibles en raison de leur petitesse et informes, car ils expliquent que ce qui est informe n'est pas encore un animal. Et bien après, Aristote, qui soutient que l'intellect ne vient aux hommes – et pas même à tous, car le fait est rare – que si une âme, qui en a l'aptitude, vient s'unir à lui, semble s'accorder avec ce qu'ils disent. (**151**) En général, ils comparent l'intellect à un pilote qui s'installe au gouvernail après que la construction du bateau a atteint son achèvement, et qui reçoit la charge de le diriger. Tenir ces propos et d'autres du même genre, c'est très charmant.

(**152**) Mais moi je trouve plus charmant de poser à ces gens les questions suivantes : comment et d'où font-ils venir cette âme qui s'introduit dans le corps comme un *deus ex machina* ? Si en effet, ils disent que c'est en volant et en étant portée par l'air que, comme un petit oiseau, l'âme cherche à pénétrer dans le corps par la bouche ou par les narines, ces gens vont remplir l'air qui nous entoure d'une foule d'âmes errant dans tous les sens, et ils vont ainsi fournir un excellent argument à ceux qui croient à la transmigration des âmes. (**153**) Et si les caractères des âmes qui ont été insufflées pétrissent les êtres qui se développent, et se manifestent encore plus clairement chez ceux qui ont atteint l'âge adulte, il est clair sans doute que les puissances de l'âme sont tissées avec le corps. (**154**) On pourrait peut-être dire que cela n'est pas invraisemblable, même si c'est de l'extérieur que l'âme animale entre dans le corps ; car lorsqu'elle est dans le corps les puissances de l'âme dépendent en effet des tempéraments du corps. Mais vaut-il mieux soutenir que l'âme est tissée avec le corps ou qu'elle advient du dehors ? Dans ce dernier cas en effet, nous devrions admettre que cette âme qui descend ne se gouverne plus, mais qu'elle est esclave. (**155**) Mais voici le plus invraisemblable de tout : dire que, lorsque l'on allume une mèche, l'inflammation ne vient pas du feu mais de l'extérieur, puisque c'est de l'extérieur, du frottement des pierres que le feu a été allumé, et soutenir que, alors que ceux qui ont émis les semences sont des animaux, ceux qui viennent d'eux reçoivent l'animation de l'extérieur. En gros, ces gens ne semblent pas voir non plus le feu qui reste tapi dans le tison et attend l'arrivée de l'air extérieur qui ravive et réveille la flamme. (**156**) On détermine toujours d'abord l'aptitude en fonction du moment de la naissance. Voilà pourquoi, étant

donné que, durant la gestation, l'impulsion et la représentation ne sont pas encore en usage, les raisons de ces puissances restent tranquilles dans la masse en son ensemble. Et il n'est pas non plus possible que toutes choses interviennent en même temps : jusqu'au moment où il atteint à la perfection, le corps manque de certaines choses même après la naissance, et c'est plus tard que la nature y pourvoira. (**157**) Et ainsi les puissances de l'âme qui suivent une voie et un ordre déterminés d'avance manifestent leurs activités propres au moment prévu. L'animal est d'abord animé du mouvement de nutrition et de croissance qui sont appropriés à la semence, puis, à la naissance, du mouvement de sensation, et un peu après de raison. Tout cela, l'embryon l'a en puissance, venant de la semence qu'est le sperme et sans que rien n'entre de l'extérieur.
(**158**) En fait, ils se posent la question de savoir comment il se fait que tout n'apparaît pas en même temps en lui. En fait, dans un premier temps, s'il en va ainsi, chaque chose est dans le désordre et indistincte. (**159**) Ensuite dans la plupart des cas, une chose en suit une autre. Et lors du mûrissement des fruits tout intervient en même temps : les raisons et les puissances, et par ailleurs dans le blé les raisons de la tige, de la feuille et de la racine s'unissent. Pareillement chez les animaux la nature observe les lois appropriées qui s'y trouvent sans encombre et sûrement de façon imparfaite et cachée. (**160**) Ensuite je reconnaîtrai qu'il est possible que le blé engendre le blé, le cheval le cheval et l'oiseau l'oiseau. Ne faut-il pas dire que l'homme n'engendre pas un homme, mais un corps d'homme ? Assurément le géniteur a une âme, et il faut que celui qui est né de lui ait une âme. Que celui qui le souhaite appelle cette âme raison ou puissance, cela m'importe peu. (**161**) La présence de cette âme n'advient pas dans le temps, et c'est dans la simultanéité qu'elle anime tout le substrat. Tout comme il convient d'appeler 'conception' cette saisie qui ne se fait pas par la main ou par un lacet, mais par la seule aptitude de ce qui va la recevoir, de même, nous le voyons, le blé est dominé par l'aptitude de la matière. Mais nous en avons assez dit sur le sujet.
(**162**) Mais si quelqu'un recourt à la doctrine de Moïse, en disant que c'est le corps qui a été façonné d'abord, et qu'ensuite le démiurge y a implanté le souffle pour que l'âme lui donne une vie animale, nous dirons d'abord que de toute façon cela n'est pas vraisemblable : car il faudrait alors que l'âme attende dans un lieu que le corps soit totalement façonné et consolidé pour elle. (**163**) Ensuite s'il fallait que l'âme entre ainsi une fois que les masses corporelles et les conduits ont été équipés de façon appropriée et parfaite, je ne vois pas pourquoi il faudrait que le point de départ soit différent ou pourquoi ce que nous disons ne serait pas fondé sur des arguments vraisemblables. Si en effet c'est une fois que le corps est totalement façonné et a reçu toute la puissance qui lui est propre que l'âme laissée quelque part s'introduit, pourquoi ne dirions-nous pas que ceci advient aussi aux embryons, parce que c'est dès le moment où dans l'embryon ces choses sont déjà arrangées de façon parfaite, que l'âme illumine le corps et s'efforce de déployer toutes ses puissances ? (**164**) Et parce que je ne veux pas allonger plus encore l'épisode d'Alcinous en ajoutant autre chose à un si long discours, on a montré que cette thèse impliquait beaucoup d'absurdités, et si à la fin quelqu'un n'a pas rejeté ce point de départ, il paraîtra être un imbécile en ce qui concerne cette opinion.

L'étude de ces témoignages ne permet pas de déterminer si le modèle de **P** était le même que celui de Jamblique, Psellos et Michel d'Éphèse, et si **P** lui-même avait été utilisé par l'auteur de l'*Hermippos*.

Par ailleurs, le témoignage de Jamblique, Psellos et Michel d'Éphèse ne sert qu'à retracer l'histoire du texte et le devenir de l'opuscule de Porphyre. L'*Hermippos* peut éventuellement donner une idée du contenu de certains passages lacunaires de la partie finale de l'*Ad Gaurum*. L'édition de l'*Ad Gaurum* se fonde donc essentiellement sur le seul **P**.

3. Principes d'édition

Pour la présente édition, j'ai relu intégralement sur l'original et sur des photographies aux rayons UV le manuscrit (**P**). La collation n'a pas apporté de nouveautés substantielles.

Le texte que j'édite ne diffère pas beaucoup de celui établi par Kalbfleisch, qui conserve encore toute sa vitalité [46]. J'ai pourtant révisé et mis à jour le texte de Kalbfleisch et ses apparats en tenant compte de l'ensemble de la littérature postérieure à sa publication : en particulier les comptes rendus de Blass et de Wendland, ainsi que les notes critiques et textuelles de Festugière et de Deuse. La division en chapitres et paragraphes reprend celle de Kalbfleisch.

À la différence de mon prédécesseur, j'ai renoncé (en raison du très mauvais état de conservation) à la reconstruction de la partie perdue des chapitres 17 et 18. J'ai donc retranscrit sur une colonne le texte tel qu'on le lit aujourd'hui sur **P**, et j'ai reproduit le texte de Kalbfleisch et son apparat dans une annexe, à la fin de mon édition. Pour la restauration de cette partie, Kalbfleisch avait eu recours au parallèle que constituent les derniers paragraphes de l'*Hermippos*. Je ne remets en cause ni les rapports entre ces deux textes ni la validité des résultats de Kalbfleisch ; mais j'ai opté pour une solution moins audacieuse et plus prudente, conforme à la méthode que j'ai suivie tout au long de mon travail.

Le texte est accompagné de deux apparats. Dans le premier, j'ai enregistré les données de la tradition parallèle que j'ai présentées et analysées dans les pages qui précèdent ; le second est l'apparat critique proprement dit. Ce second apparat est positif, et il énumère toutes les leçons de **P** ainsi que les variantes de la tradition indirecte et les conjectures des savants modernes. Dans les cas où l'auteur de l'*Ad Gaurum* reproduit des citations d'auteurs anciens, j'ai aussi tenu compte des données de la tradition manuscrite de ces textes.

Il n'y a pas d'apparat des sources. Les citations littérales ou les allusions sont signalées directement dans le texte.

46. Cette édition n'a pas été remplacée par celle contenue dans la thèse inédite de K. Limburg, *Porphyrios, Die Beseelung der Embryonen*, Köln, 1975. J'ai consulté l'exemplaire de cette thèse mis à disposition de notre groupe de travail par son auteur.

PORPHYRE

SUR LA MANIÈRE DONT L'EMBRYON REÇOIT L'ÂME

TEXTE GREC ET TRADUCTION FRANÇAISE

PRÉSENTATION DU TEXTE ET DE L'APPARAT

CODICES

P	Paris, Bibliothèque nationale de France, suppl. gr. 635 (s. XII)
P^{ac}	P ante correctionem
P^{pc}	P post correctionem
P^{rec}	P manus recentior
P^{x}	P corrector qui agnosci non potest
M	Paris, Bibliothèque nationale de France, suppl. gr. 727. Apographon cod. P a M. Mynas exaratum

CODICES PLATONIS (AD CAPITA 4 ET 8)

A	Paris, Bibliothèque nationale de France, gr. 1807 (s. IX)
F	Wien, Österreichische Nationalbibliothek, suppl. gr. 39 (s. XIII-XIV)
P	Città del Vaticano, BAV, Vat. Pal. gr. 173 (s. X)
Y	Wien, Österreichische Nationalbibliothek, philol. gr. 21 (s. XII-XIII, ante 1305)
W	Wien, Österreichische Nationalbibliothek, suppl. gr. 7 (s. XI *ex.*)

CODICES STOBAEI (AD CAPITA 4 ET 8)

F	Napoli, Biblioteca Nazionale, III D 15 (s. XIV)
P	Paris, Bibliothèque nationale de France, gr. 2129 (s. XV)

NOMINA BREVIATA

Blass	F. Blass *Literarisches Centralblatt* (1896) p. 67-68 (censura editionis Kalbfleisch)
Deuse	W. Deuse, *Untersuchungen zur mittelplatonischen und neoplatonischen Seelenlehre*, Mainz-Wiesbaden 1983
Diels	*ap.* Kalbfleisch
Fest.	A.J. Festugière, *La révélation d'Hermès Trismégiste*, t. III, *Les doctrines de l'âme*, Paris 1953, p. 265-302
Ka.	K. Kalbfleisch, *Die neuplatonische, fälschlich dem Galen zugeschriebene Schrift Πρὸς Γαῦρον περὶ τοῦ πῶς ἐμψυχοῦται τὰ ἔμβρυα aus der pariser handschrift zum ersten Male herausgegeben*, Berlin 1895 (Aus dem Anhang zu den *Abhandlungen der Königl. Preuss. Akademie der Wissenschaften zu Berlin*)
Kroll	*ap.* Kalbfleisch
Li.	K. Limburg, *Porphyrios, Die Beseelung der Embryonen.* Text, Übersetzung und Erklärungen, Diss. ined., Köln 1975
Wendl.	P. Wendland *Berliner philologische Wochenschrift* 16 (1896) p. 5-8 (censura editionis Kalbfleisch)

BREVIATA

add.	addidit
adn.	adnotatio
ap.	apud
app.	apposuit
cap.	caput
cf.	confera(n)tur, confer
cod.	codex (codices)
conl.	conlato (-ta, -tis)
coni.	coniecit
corr.	correxit

del.	delevit
dub.	dubitanter
eras.	erasit
f.	folium
i.e.	id est
iter.	iteravit
l.	linea
r.	recto
ras.	in rasura
secl.	seclusit
s.l.	supra lineam
susp.	suspicatus est
v.	verso
vid.	vide, videtur

SIGLA

αβγ	litterae incertae
]...[	litterarum vestigia ambigua
[...]	litterarum quae perierunt numerus (estimatus, non exactus)
(αβγ)	litterae per compendium scripta
<αβγ>	litterae ab editore additae
[αβγ]	litterae ab editore suppletae
{αβγ}	litterae ab editore deletae
I	finis paginae editionis Kalbfleisch
†	locus desperatus s. corruptus
*	rasura

{Γαληνοῦ} Πρὸς Γαῦρον περὶ τοῦ πῶς ἐμψυχοῦται τὰ ἔμβρυα

1 Τὸ περὶ τῆς εἰς τὰ σώματα τῶν ψυχῶν εἰσκρίσεως ζῳογονίας ἕνεκα δόγμα πολλῆς ἀπορίας οὐχ ἡμᾶς, ὦ Γαῦρε, μόνους, ἀλλὰ καὶ τοὺς προηγουμένως εἰς τὴν ζήτησιν αὐτοῦ καθέντας ἐμπέπληκε, κοινῶς μὲν τῶν φυσικῶν καὶ σχεδὸν τῶν ἰατρῶν πάντων ἀπορησάντων, πότερον χρὴ ζῷα ἡγεῖσθαι τὰ ἔμβρυα ἢ φυτικῶς ζῆν αὐτὰ μόνον, τῆς μὲν ἰδιότητος τοῦ ζῴου ἐν αἰσθήσει καὶ ὁρμῇ συνισταμένης, τῆς δὲ τῶν φυτῶν ἐν θρεπτικῇ τε καὶ αὐξητικῇ χωρὶς αἰσθήσεώς τε καὶ ὁρμῆς θεωρουμένης· ὅθεν τῶν ἐμβρύων φαντασίας μὲν χωρὶς καὶ ὁρμῆς διεξαγόντων, αὐξητικῶς δὲ καὶ θρεπτικῶς μόνον διοικουμένων — μαρτυρεῖ γὰρ ἄμφω τὰ γιγνόμενα — φυτὰ μὲν ἢ φυτοῖς ὅμοια συγχωρεῖν, ζῷα δ᾽ ἡγεῖσθαι διὰ τὸ μέλλειν ἐκ γαστρὸς προελθόντα ζωοῦσθαι μὴ προπετὲς ᾖ καὶ ἀνδρῶν ἀβασανίστως μεμελετηκότων ταῖς τῶν πολλῶν δόξαις συνήκειν· (2) ἰδίᾳ δ᾽ αὖ πάλιν τῶν καὶ ζωικῆς ψυχῆς αὐτὰ μετέχειν ὑπειληφότων ἀμφισβητησάντων, πότερον καὶ ἐνεργείᾳ ζῷα χρὴ λογίζεσθαι τὰ ἔμβρυα ἢ δυνάμει μόνον, οὐκ ἐνεργείᾳ — ἦν δὲ δυνάμει τὸ μὲν ὃ μήπω δεδεγμένον τὴν δύναμιν οἷόν τ᾽ ἦν ταύτην ἀναδέξασθαι, ὡς ὁ παῖς τὴν γραμματικήν, τὸ δὲ δεξάμενον, ὅταν μὴ ἐνεργῇ κατὰ ταύτην, ὡς ὁ παῖς ὅταν γραμματικὸς γενόμενος πρὸς ἄλλοις ὢν ἢ καθεύδων μήτε γράφῃ μήτ᾽ ἀναγιγνώσκῃ — τῶν δυνάμει ζῷα λεγόντων τὰ ἔμβρυα οὐ κατὰ τὸ ἐπιτηδείως ἔχειν ψυχοῦσθαι κατηγορούντων αὐτῶν τὸ δυνάμει, κατὰ δὲ τὸ δεδεγμένον τὴν ψυχὴν καὶ ἡσυχάζον ἐξηγουμένων τοῦτο, ὡς ἂν τοῦ κατ᾽ ἐπιτηδειότητα δυνάμει καὶ πρὸς τῶν μήπω ζωικῆς ψυχῆς αὐτὰ μετέχειν ἡγουμένων συγχωρουμένου. (3) ἆρ᾽ οὖν καθάπερ ἐν τῷ κάρῳ ἐνίσχονται τῆς αἰσθητικῆς τε καὶ

Tit. Γαληνοῦ secl. Ka. ‖ ἐμψυχοῦται Mynas Εἰσαγωγὴ διαλεκτική (1844) p. μ′ : -χοῦνται P ut vid. (cf. Ka. p. 4[3]).

Cap. 1.6 (φυτικῶς—μόνον), **12** (ζῷα)-**13** (ζωοῦσθαι) Psell. *opusc*. 16α, p. 48.16-7 Duffy ‖ *Hermipp*. p. 61.25 (λέγει)-27 ‖ **6** (τῆς)-**7** (συνισταμένης) *Hermipp*. p. 62.1-2 (ἐστί).

4 καθέντας] κινηθέντας P^{rec} ‖ **13** προπετὲς ᾖ P^{rec} : προπετῶς ἢ P ‖ **15** Post ψυχῆς iter. αὐτὰ μεμελ. ταῖς τῶν π. δ. συν. P, sed expunxit ‖ **18** δυνάμει τὸ μὲν Blass p. 93 : τὸ μὲν δυν. P ‖ **19** τ᾽ ἦν Ka. : δ᾽ ἦ* P (δ in ras.) ‖ **21** ἄλλοις Ka. : ἄ*λυν P (υν ex οις) ‖ **24** τὸ[1]] ὸ in ras. ‖ **25** τὴν ψυχὴν P^{rec} : τῇ ψυχῇ P.

{De Galien} à Gauros
Sur la manière dont l'embryon reçoit l'âme

1 La doctrine relative à l'entrée des âmes dans les corps en vue de la génération d'un animal nous a plongés dans un grand embarras, Gauros, et non pas nous seulement, mais aussi ceux qui ont fait de cette question l'objet principal de leur recherche. Ceux qui s'intéressent aux sciences naturelles et pratiquement tous les médecins se sont, de manière générale, trouvés dans l'embarras face à la question de savoir s'il faut tenir les embryons pour des animaux ou s'ils vivent seulement à la façon des végétaux, le caractère propre de l'animal consistant dans la sensation et dans l'impulsion, alors que le caractère propre des végétaux se manifeste dans la fonction de croissance et de nutrition, séparée de la sensation et de l'impulsion. Dès lors, puisque les embryons se développent sans qu'interviennent la représentation et l'impulsion, et que leur existence n'est organisée qu'en fonction de la nutrition et de la croissance – comme en témoignent les faits dans les deux cas –, il faut admettre que les embryons sont des végétaux ou semblables à des végétaux. En revanche, les tenir pour des animaux en faisant valoir que, une fois sortis du ventre de leur mère, ils seront doués de la vie animale, c'est, je le crains, une vue précipitée et le fait de gens soucieux de se conformer, sans vérification, aux opinions du grand nombre. (2) Ainsi et en particulier, se sont à leur tour trouvés dans l'embarras ceux qui supposent que les embryons participent aussi à l'âme animale et qui se disputent sur le point de savoir s'il faut tenir les embryons pour des animaux aussi en acte, ou seulement en puissance et non en acte. L'« en puissance » se dit au sens soit de ce qui, n'ayant pas encore reçu la puissance, est cependant en mesure de la recevoir (par exemple l'enfant à l'égard de la lecture et de l'écriture) soit de ce qui a reçu la puissance, mais n'est pas en train d'agir en vertu de celle-ci (par exemple l'enfant qui sait lire et écrire, mais qui n'est pas en train de lire ou d'écrire, parce qu'il est occupé à d'autres choses ou qu'il dort). Parmi ceux qui disent que les embryons sont des animaux en puissance, certains ne leur attribuent pas l'« en puissance » au sens où les embryons ont une convenance à être animés, mais l'interprètent au sens où ce qui a reçu l'âme reste en repos, puisque c'est chose admise, même chez ceux qui considèrent que les embryons n'ont pas encore part à l'âme animale, que l'« en puissance » dépend de la convenance. (3) Eh bien, faut-il dire que, tout comme, dans un état de profond sommeil, les activités de la capacité

ὁρμητικῆς αἱ ἐνέργειαι καίπερ τῆς ψυχῆς παρούσης, ὡς δηλοῖ τοῦ πάθους ἡ λύσις, ἢ καθάπερ ἐπὶ τῶν φωλευόντων κατὰ τὸν καιρὸν τῆς φωλείας ἡ μὲν φυτικὴ μένει ἐνέργεια βραχυκίνητος, ἡ δὲ αἰσθητική τε καὶ ὁρμητικὴ παντελῶς p.34 Ka ἀκίνητος, οὑτωσὶ δὲ κἀπὶ τῶν κατὰ γαστρὸς ψυχῆς παρούσης καθ᾽ ὃ προελθόντων ἔνεστι, κάρῳ ἢ φωλείᾳ ἐοικὸς τὸ πάθος, ἢ ἐνεργεῖ μὲν καὶ αὐτή, ἀσθενῶς δὲ καὶ ἐοικότως τῇ διὰ σκελῶν περιπατήσει, ἣν ἐκτελεῖν οὔπω οἷά τε τὰ βρέφη, καίτοι κατὰ φαντασίαν κινούντων τε αὐτὰ καὶ συγκαμπτόντων καὶ τοπικῶς μετατιθέντων, εἰ καὶ μήπω βαδιστικῶς ; (4) ἐκείνως μὲν γὰρ δυνάμει ζῷα τὰ κατὰ γαστρός, ὡς μέντοι λέγεται δυνάμει τὰ τὰς ἕξεις ἔχοντα ἡσυχαζούσας, οὑτωσὶ δὲ καὶ ἐνεργείᾳ· κατὰ δ᾽ αὖ τοὺς φυτικῶς μόνον αὐτὰ διοικεῖσθαι ἡγουμένους ψυχῆς ἀμοιροῦντα τῆς ὁρμητικῆς τε καὶ αἰσθητικῆς εἰ δυνάμει λέγεται ζῷα, κατὰ τὸ ἐπιτηδείως ἔχειν τὴν ζῳοποιὸν ψυχὴν ἀναδέξασθαι, οὐ μὴν κατὰ τὸ ἤδη δεδεγμένον ἀργεῖν ῥηθήσεται.

2 Εἰ μὲν οὖν μήτε ζῷον ἐνεργείᾳ δειχθείη τὸ ἔμβρυον τῶν ζῴων τῶν μὴ ζῴων αἰσθήσει καὶ ὁρμῇ διαφερόντων μήτε δυνάμει ζῷον ὡς τὸ ἤδη τὴν ψυχὴν δεδεγμένον εἰ καὶ ἀργούσας ἔχει τὰς τοῦ [συν]αμφοτέρου ἐνεργείας, εὔκολος τῷ Πλάτωνι ἡ τῆς εἰσκρίσεως ἀνάγκη καὶ <ὁ> ὅρος ὁ ταύτης γίγνεται· δῆλον γάρ, ὡς ζῴου μὲν μὴ ὄντος τοῦ ἐμβρύου μήτ᾽ οὖν ἐνεργείᾳ μήτε δυν[άμει] ὡς τὸ [ἤδη τ]ὴν ἕ[ξ]ιν δεδ[εγ]μέν[ον] καὶ ἀργοῦν, δυνάμει δὲ λεγο[μένου] ζῴου τῷ ἐπιτηδείως ἔχειν ψυχὴν τὴν ἰδίως λεγομένην ζῴου ἀναδέξασθαι, ὅτε πρῶτον αἰσθητικὸν γίγνεται καὶ ὁρμητικόν, ἀνάγκη καὶ τὴν εἴσκρισιν καὶ τὸν καιρὸν τῆς εἰσκρίσεως καταλιπεῖν· ὃ δεῖ γίγνεσθαι μετὰ τὴν ἐκ γαστρὸς κατὰ φύσιν γιγνομένην ἀποκύησιν. (2) εἰ δὲ δυνάμει ζῷον ὡς τὸ δεδεγμένον τὴν ἕξιν ἢ μᾶλλον ζῷον ἐνεργείᾳ ἦν τὸ ἔμβρυον, δύσκολον μὲν τὸν καιρὸν ἀφορίσαι τῆς εἰσκρίσεως καὶ πολύ

32 ταχυκίνητος Li. || **34** καθ᾽ ὃ προελθόντων ἔν. (sc. ἡ ψυχή) dub. Fest. p. 266[1]: καὶ προσελθόντων P : καὶ †προσ. Ka., ipse <μήπω> προελ. dub. coniciens : καὶ προσ. del. Li. || ἢ P^{rec} : ἡ P || **36** οὔπω] ου et ω in ras. || **44** λέγεται Ka. : λέγει τὰ P (ει ex ω ut vid.).

Cap. 2.1-6, **13** (εἰ)-**15** (εἰσκρισεως), **53** (ἀγὼν)-**55** (ἐμψύχωσις) *Hermipp.* p. 61.21-4 || **13-35** cf. Psell. *opusc.* 16α, p. 48.10-3 Duffy.

2 τῶν μὴ ζῴων αἰσθήσει καὶ ὁρμῇ Ka. : αἰσθ. καὶ ὁ. τῶν μὴ ζ. (sic) P : αἰσθ. τῶν μὴ ζ. καὶ ὁ. (sic) P^{rec} litteris α β γ superpositis (cf. cap. 4.2) || **4** ἔχει in ras. || **5** ὁ add. Ka. || **14** ἢ Ka. : ἦ P || ἦν Ka. : ἦ P.

sensitive et de la capacité impulsive sont interrompues, même si l'âme animale est bien là – comme on s'en rend compte quand cet état prend fin – ou que, tout comme chez les animaux qui hibernent l'activité végétative continue de s'exercer au ralenti durant l'hibernation, tandis que la capacité sensitive et la capacité impulsive sont totalement immobiles, de même chez les embryons qui sont encore dans le ventre de leur mère, ce qu'ils éprouvent ressemble à un profond sommeil ou à une hibernation, étant donné que l'âme animale est déjà présente en eux quand ils sortent ? Ou faut-il dire plutôt que l'âme elle-même est en activité, mais faiblement, à la façon du mouvement des jambes au cours de la marche, mouvement que les nourrissons ne parviennent pas encore à accomplir, bien que, d'après la représentation qu'ils en ont, ils remuent les jambes, les plient et les déplacent dans l'espace, même s'ils ne sont pas encore capables de marcher ? (4) Dans le premier cas en effet, les embryons qui sont encore dans le ventre de leur mère sont des animaux en puissance, au sens toutefois où est dit en puissance ce qui garde ses dispositions au repos, tandis que, dans le second cas, ce sont des animaux en acte. En revanche, selon ceux qui considèrent qu'ils ne sont administrés que par le principe de la vie végétative et qu'ils n'ont part ni à l'âme impulsive ni à l'âme sensitive, les embryons sont dits être des animaux en puissance, au sens où ils ont l'aptitude à recevoir l'âme qui en fait des animaux, et non au sens où, l'ayant déjà reçue, ils sont dits être inactifs.

2 Supposons donc que l'on puisse démontrer que l'embryon n'est ni un animal en acte, car les animaux diffèrent de ceux qui n'en sont pas par la sensation et par l'impulsion, ni un animal en puissance au sens de ce qui a déjà reçu l'âme, mais garde inactives les activités du composé, il devient facile pour Platon d'établir la nécessité de l'entrée de l'âme et de dire quand elle a lieu. De toute évidence en effet, si l'embryon n'est un animal ni en acte ni en puissance au sens de qui a déjà reçu la disposition mais la laisse inactive, et si l'on soutient que c'est un animal en puissance en raison de son aptitude à recevoir une âme, celle qui se dit proprement d'un animal, c'est dès l'instant où l'embryon devient capable de sensation et d'impulsion qu'il est nécessaire de placer l'entrée de l'âme et le moment de cette entrée, lequel doit se situer après l'accouchement quand les choses ont suivi leur cours naturel. (2) Mais si l'embryon est un animal en puissance au sens de ce qui a reçu la disposition, ou davantage si c'est un animal en acte, il sera difficile de déterminer le moment de cette entrée, et on demeurera

γε τὸ ἀπίθανον ἕξει καὶ πλασματῶδες ὁποῖος ἂν εἶναι ἀφορισθῇ, τοῦ μὲν ὅταν καταβληθῇ τὸ σπέρμα τὸν καιρὸν τοῦτον ἀποδιδόντος ὡς ἂν μηδ' οἵου τε ὄντος ἐν τῇ μήτρᾳ γονίμως κρατηθῆναι μήτι γε ψυχῆς ἔξωθεν τῇ εἰσκρίσει ἑαυτῆς τὴν σύμφυσιν ἀπεργασαμένης — κἀνταῦθα πολὺς ὁ p. 35 Νουμήνιος (fr. 36 Des Places) καὶ οἱ τὰς Πυθαγόρου ὑπο|νοίας ἐξηγούμενοι, καὶ τὸν παρὰ μὲν τῷ Πλάτωνι (*Resp.* X 621A) ποταμὸν Ἀμέλητα, παρὰ δὲ τῷ Ἡσιόδῳ (*Theog.* 361, 383-403, 776-806) καὶ τοῖς Ὀρφικοῖς (PEG II 1 344F Bernabé) τὴν Στύγα, παρὰ δὲ τῷ Φερεκύδῃ (7 B 7 D.-K. = fr. 87 Schibli) τὴν ἐκροὴν ἐπὶ τοῦ σπέρματος ἐκδεχόμενοι — τοῦ δ' ὅταν πλασθῇ πρῶτον τὴν εἴσκρισιν τιθέντος τοῦ μὲν ἄρρενος ἐν λ' ἡμέραις, τῆς δὲ θηλείας ἐν δύο καὶ μ' διαρθρουμένης, καθάπερ ἱστορεῖ ὁ Ἱπποκράτης (*Nat. puer.* 18.1, p. 60.19-61, 7 Joly), τοῦ δὲ τὸν καιρὸν ἀφορίζοντος τῆς εἰσκρίσεως ὅταν πρῶτον κινηθῇ τὸ ἔμβρυον· λέγει δὲ καὶ περὶ τοῦ χρόνου ὁ Ἱπποκράτης (*Nat. puer.* 21, p. 67.1-4 Joly)· «ὅταν δὲ δὴ τὰ ἄκρα τοῦ σώματος τοῦ παιδίου ὀζωθῇ ἔξω καὶ οἱ ὄνυχες καὶ αἱ τρίχες ἐρριζώθησαν, τότε δὲ καὶ κινεῖται· καὶ χρόνος εἰς τοῦτο γίγνεται τῷ μὲν ἄρρενι γ' μῆνες, τῇ δὲ θηλείᾳ δ'.» (3) ἤκουσα δ' ἤδη τινὸς ἐγὼ διατεινομένου πρὸς ἡμᾶς τὴν προθυμίαν τοῦ ἄρρενος τὴν ἐν ταῖς ὀχείαις καὶ τὸ συμπαθὲς τῆς μήτρας ἁρπάζειν ψυχὴν ἐκ τοῦ περιέχοντος ἀέρος διὰ τῆς ἀναπνοῆς γιγνομένης μετακινήσαντα τὴν φύσιν ἣ χορηγὸς ἦν τοῦ σπέρματος σὺν ἰδιότητι ἑλκτικῇ ψυχῆς, διὰ δὲ τοῦ ἄρρενος ὡς διὰ σωλῆνος συνεκθοροῦσαν τῷ σπέρματι πάλιν ὑπὸ τῆς ἐν τῇ μήτρᾳ προθυμίας συλλαμβάνεσθαι, ὅταν ἐπιτηδείως ἔχῃ πρὸς κράτησιν αὕτη· καὶ διὰ τοῦτο μίγνυσθαι ἄμφω, ὅτι δι' ἀμφοῖν ὁ τῆς ψυχῆς δεσμὸς καὶ ἡ κάθειρξις, σύλληψίν τε εἰρῆσθαι τὸ πάθος διὰ τὸ ἁρπαγῇ πτηνοῦ

26-35 vd. Anastassiou-Irmer *Testim. z. Corpus Hippocraticum* II.2 (2001) 286 || **36** (ἤκουσα)-**43** (αὕτη) cf. Iambl. *de an.* fr. 31-2 Finamore-Dillon (*ap.* Stob. I 49.41 : I p. 381.1-25 Wachsmuth) || **37-38** cf. Psell. *opusc.* 23, p. 98.18-9 O' Meara.

23 ἀμέλη^{τ} P || **25** φερεκυ$^{δ'}$ P || **27** εἴσκρισιν P^{rec} : ἔκκ- P (vid. **58**) || **28** τῆς δὲ θηλείας Ka. : ταῖς δὲ θηλείαις P || μ' Ka. ex Hipp. : τέ μό*οις P : μόνοις P^{rec} (τέ deleto) || διαρθρουμένης Ka. : -μένων P : -μέναις P^{rec} || **34** ἐριζώθησαν P || δὲ] δὴ Hipp. || καὶ ὁ χρ. Hipp. || **35** γ' μῆνες … δ' Hipp. : γ$^{ο'}$ μήν … δ$^{ο'}$ P || **39** μετακινήσαντα Ka. : μετακιν^{η} P : μετὰ τὸ κινήσασθαι Li. || **43** κράτησιν Iambl. (cf. **19** κρατηθῆναι) : κρᾶσιν P.

pour une large part dans l'invraisemblable et dans l'arbitraire, où qu'on le situe. L'un situe ce moment juste après l'injection du sperme, dans l'idée qu'il ne serait même pas possible que le sperme soit retenu dans la matrice de manière à la féconder à moins qu'une âme venue de l'extérieur n'eût par son entrée permis leur union naturelle – voir sur cette question le prolixe Numénius et ceux qui interprètent les discours à double sens de Pythagore et qui associent au sperme le fleuve Amélès chez Platon, le Styx chez Hésiode et les Orphiques et l'« efflux » chez Phérécyde. Un autre place l'entrée dès l'instant où l'embryon a été façonné, le garçon étant articulé en trente jours, et la fille en quarante-deux, d'après ce que rapporte Hippocrate. Un autre encore situe le moment de l'entrée à l'instant où l'embryon a bougé et sur ce moment, c'est encore Hippocrate qui dit : « Lorsque les extrémités du corps du petit enfant se sont ramifiées à l'extérieur et que les ongles et les cheveux ont pris racine, alors aussi il bouge. Et cela prend trois mois de temps pour le garçon et quatre pour la fille. » (3) Et moi, j'ai déjà entendu quelqu'un exposer devant nous ce qui suit : au cours de l'accouplement, l'ardeur du sexe mâle et celle qui y répond dans la matrice arrachent une âme à l'air ambiant, en amenant, grâce à l'aspiration qui se produit alors, la nature qui fournit le sperme à se doter de la propriété d'attirer une âme ; puis, après avoir jailli avec le sperme à travers le sexe mâle comme à travers un tuyau, cette âme est recueillie par l'ardeur de la matrice, quand celle-ci se trouve apte à retenir le sperme ; et c'est pour cette raison que les deux se mélangent, car à eux deux ils constituent un lien et une prison pour l'âme ; voilà pourquoi le phénomène a été appelé « conception » du fait que ce qui se passe là ressemble à la capture d'un oiseau.

ἐοικέναι τὰ γιγνόμενα. ἀλλὰ τούτους μὲν τοὺς μύθους καὶ τότε γελάσας οἶδα καὶ μνήμης ἠξίωσα οὐ διὰ τὸ ἔχειν τι λόγων ἄξιον τὸ πλάσμα, ὅτι δ' ἐπιδέχεται ὁ τόπος ἐκτροπὰς μυρίας δεικνύς, ὅταν τις τὰς εἰσκρίσεις παραιτησάμενος τίθεσθαι μετὰ τὰς ἐκ τῆς μητρὸς ἀποκυήσεις εἰς τὰ κατὰ γαστρὸς ἔτι ὄντα καὶ τὴν ἐνταῦθα ἀδηλίαν ἐπάγῃ τὰ γιγνόμενα. (4) τὸν μὲν οὖν καιρὸν ἀφορίσαι τῆς εἰσκρίσεως τοῖς οὕτω δόξασι λέγειν τὸν Πλάτωνα δύσκολον, ἀγὼν δὲ οὐχ ἥττων ἔσται αὐτοῖς πειρωμένοις δεικνύναι, ὡς ἔξωθεν ἡ ἐμψύχωσις καὶ οὐκ ἀπὸ τοῦ πατρὸς μέρος ψυχῆς συγκαταβάλλεται τῷ σπέρματι, καθάπερ φύσεως, εἴπερ ἄρα τῇ καταβολῇ ἡ ἐμψύχωσις· πῶς <δ'> οὐ μέρος ψυχῆς τῆς p. 36 μητρός, εἰ ὅταν πλασθῇ γίγνοιτο ἡ | εἴσκρισις ἢ ὅταν τὸ πρῶτον κινηθῇ ; ὥσπερ γὰρ αἱ τοῦ σώματος ὁμοιότητες μηνύουσι τὸ καὶ ἐκ τῶν πατέρων εἰληφέν[αι] τι ἐκ τοῦ σώματος, οὑτωσὶ δεῖ καὶ τὰς κατὰ τὴν ψυχὴν ὁμοιότητας κατηγορεῖν τὸ πόθεν ἐλήφθη αὕτη. (5) ἡμεῖς τοίνυν προηγουμένως μὲν ἐπιδείξομ[εν] ὅτι οὔτε ζῷον ἐνεργείᾳ τὸ κυούμενον οὔτε δυνάμει ὡς τὸ ἤδη τὴν ψυχὴν δεδεγμένον, οἷς ἕπεται τὸ μετὰ τὴν ἀποκύησιν γίγνεσθαι τὴν εἴσκρισιν· καὶ συγχωρήσαν[τες δὲ] τὸ δυνάμει ἢ καὶ ἐνεργείᾳ ζῷον εἶν[αι τ]ὸ ἔ[μ]βρ[υον] αὐτό, [ἐροῦ]μεν ὡς οὐχ οἷόν τε οὔτ' οὖν ἀπὸ τοῦ πατρὸς γεγονέναι τὴν ψύχωσιν οὔτ' [ο]ὖν ἀπὸ τῆς μητρός, ἀλλὰ μόνον ὡς ἔξωθεν, ὡς μηδὲ οὕτως τῷ Πλάτωνι ἀθετεῖσθαι τὸν περὶ τῆς εἰσκρίσεως λόγον.

3 Πρῶτον μὲν οὖν αὐτὴν μαρτυρόμενοι τὴν ἐνάργειαν πρὸ ὀφθαλμῶν θέσθαι ἀξιοῦμεν τὰς εἰδοποιοὺς διαφορὰς τῶν φυτῶν τε καὶ τῶν ζῴων, εἶθ' οὕτως σκέψασθαι, τίσι μᾶλλον προσχωρεῖ τὰ γιγνόμενα περὶ τὰ ἔμβρυα· εἰ μὲν γὰρ φαίνοιτο τοῖς ἐπὶ τῶν ζῴων ὄντα παραπλήσια, ζῷον ἀποφαίνειν τὸ κυούμενον, εἰ δὲ τοῖς ἐπὶ τῶν φυτῶν, μὴ θαυμάζειν εἰ τῆς γαστρὸς προελθὸν ζωοῦται, καθάπερ οὐ θαυμάζομεν πῶς πρὶν ἐκ τοῦ πατρὸς ἀποκριθῆναι τὸ σπέρμα μένον ἐν ἑαυτῷ

62-70 cf. Psell. *opusc.* 16α, p. 48.18 (ζῴα)-19 (ψυχῆς) Duffy.

48 τόπος Blass p. 93 : τρό- P || **49** δεικνύς P : δείκνυσιν P^{rec} || **51** ἐπάγῃ] ῃ ex corr. || **56** ἄρα P : ἅμα Kroll || **57** δ' add. Ka. || **58** εἰ Ka. : ἢ P || εἴσκρισις Ka. : ἔκκ- P (vid. **27**) || τὸ Ka. : τε P || **60** ἐκ dub. del. Ka. p. 80 || **61** δεῖ Ka. : δὲ P || **68** [ο]ὖν secl. Li.

Cap. 3.10 (ἴδια)-**18** (φύσεως) cf. Psell. *opusc.* 16α, p. 48.17 (ἐκ)-18 (χορηγούμενα) Duffy.

1 μαρτυρόμενοι Ka. : -ρούμενοι P || ἐνάργειαν Ka. : ἐνέ- P || **4** προσχωρεῖ Ka. : -ρεῖν P.

Mais ces mythes, je sais que j'en ai ri sur le moment, même si j'ai estimé bon de les mentionner, non que la fiction mérite qu'on en parle, mais pour montrer que cette voie engage d'innombrables déviations, dès lors que, pour avoir refusé de situer l'entrée de l'âme après l'accouchement, on la renvoie au processus de la gestation et à son incertitude. (4) Pour ceux qui ont interprété en ce sens la doctrine de Platon, il est difficile de déterminer le moment de l'entrée de l'âme, et il leur faudra aussi affronter ceux qui entreprennent de montrer que l'animation se fait de l'extérieur, sans qu'il y ait, venant du père, une part d'âme injectée avec le sperme, tout comme l'est une part de sa nature si l'on veut du moins que l'animation se situe lors de l'injection du sperme. Et comment penser qu'il n'y a pas une part de l'âme de la mère, si l'entrée se produit quand l'embryon a été façonné ou dès l'instant où il a bougé ? Car, de même que les ressemblances physiques indiquent que quelque chose du corps a été pris aux parents, de même faut-il que les ressemblances psychiques, elles aussi, indiquent d'où provient l'âme. (5) Pour nous donc, nous chercherons avant tout à démontrer que l'embryon n'est un animal ni en acte, ni en puissance au sens de ce qui a déjà reçu l'âme animale, et que par conséquent l'entrée de l'âme a lieu après l'accouchement ; et, même si nous concédions que l'embryon lui-même est cet animal en puissance voire en acte, nous maintiendrions qu'il n'est pas possible que l'animation se fasse à partir du père ou de la mère, mais qu'elle vient uniquement de l'extérieur, en sorte que, même dans cette hypothèse, la doctrine de Platon sur l'entrée de l'âme ne pourrait être rejetée comme fausse.

3 Tout d'abord donc, prenant à témoin l'évidence même, il convient, estimons-nous, de mettre devant les yeux les différences spécifiques qui distinguent les plantes des animaux, puis de considérer celles dont se rapproche le plus ce qu'on observe chez les embryons. Si en effet cela apparaît proche de ce qu'on observe chez les animaux, il faudra convenir que l'embryon est manifestement un animal, tandis que, si cela paraît être proche de ce qu'on observe chez les plantes, il ne faudra pas s'étonner du fait que l'embryon ne devient un animal qu'après l'accouchement, pas plus que l'on ne s'étonne de la façon dont le sperme, avant d'être séparé du père, demeure en lui-même, sans mettre en

ἀνενέργητόν ἐστιν ὧν πέφυκε δημιουργεῖν τῆς μήτρας ἐπιτυχὸν μετὰ τὴν ἔκκρισιν. (2) ἴδια μὲν τοίνυν φυτικῆς ζωῆς καὶ φυτῶν τὸ τρέφεσθαι μὴ διὰ στόματος, διὰ δὲ τῆς ἐνούσης ἐν ταῖς ῥίζαις δυνάμεως, ἣ τὴν περικειμένην ἐν τῇ γῇ τρόφιμον ἰκμάδα ἕλκουσα εἰς τὴν προσήκουσαν αὔξην τε καὶ θρέψιν τοῦ κατ' αὐτὴν διοικουμένου κατατάττει· ἴδια δ' αὖ πάλιν τῶν θνητῶν ζῴων καὶ ἐνσάρκων τὸ διὰ στόματος λαμβάνειν τὴν τροφὴν καὶ ἐντὸς ἐν ἑαυτοῖς ταύτην κατεργάζεσθαι δι' ὀργάνων τῶν πρὸς τοῦτο αὐτὸ ὑπὸ τῆς οἰκείας κατεσκευασμένων φύσεως· (3) ὅσα τε ἀναπνεῖν διὰ ῥινῶν πέφυκε τῶν ζῴων, τὴν ἐκροήν τε καὶ εἰσροὴν τοῦ ἀέρος διὰ τούτων ποιεῖσθαι· κωλυθέντα γὰρ παραχρῆμα πνιγέντα διόλλυται μηδὲ πρὸς τὸ ἀκαρὲς ἀντισχεῖν οἷά τε ὄντα πρὸς τὸ κωλῦον τὴν συνέχειαν· διὰ μόνης δὲ τῆς καλουμένης ἐντεριώνης διαπνεῖται τὰ φυτά, οἵ τε καρποὶ διὰ τῶν καλουμένων μίσχων ὅθεν τυγχάνουσιν ὄντες ἐκκρεμεῖς ἐπιχορηγοῦνται τὴν τροφὴν καὶ τὸ πνεῦμα, ἀφ' ὧν δὴ καὶ ἐκπίπτουσι πεπανθέντες καὶ τὸ τέλειον εἰς ἀκμὴν λαβόντες p. 37 τῆς δημιουργίας· καὶ ἐν ὑγρῷ | μὲν πάντῃ κεχυμένῳ τὰ χερσαῖα τῶν ζῴων διόλλυται, ὑγροῦ δὲ περιχύσει καὶ παραθέσει καὶ ἕλξει ἐκ γῆς ἀναδίδοται τὰ σπέρματα. (4) εἰ μὲν καὶ τὰ ἔμβρυα διὰ τοῦ στόματος ἐτρέφετο, οὐχὶ δὲ διὰ τῆς ἐνούσης δυνάμεως ἐν τῷ σπέρματι, ἣ τὸ φερόμενον αἷμα καὶ περικεχυμένον τῷ σπέρματι ἐντὸς ἐν τῇ μήτρᾳ σπῶσα καθάπερ τὰ φυτὰ ἐκ τῆς γῆς τὴν ἰκμάδα τὸ μὲν κατατάττει εἰς αὔξησίν τε καὶ θρέψιν τοῦ ἐμβρύου, τὸ δ' ὡς περιττὸν ἀφορίζει χρήσιμον καὶ τοῦτο ἐσόμενον τελεσιουργηθέντι εἰς τὸν ὄλισθον, ἢ εἴπερ ὁμοίως ὡς μετὰ τὴν ἐκ γαστρὸς πρόοδον διὰ τῶν ῥινῶν ἀνέπνει τὰ ἔμβρυα ἀλλ' οὐχὶ διὰ τοῦ ὀμφαλοῦ, ἀφ' οὗ δὴ καὶ τὰ μέσα ἠρτημένα ῥίζης τρόπον ἢ μίσχου χορίου ἐξῆπται, πάλιν οὖν τοῖς καρποῖς παραπλησίως πεπανθέντα ἀποπίπτειν εἰς τὴν γῆν ἐπείγεται, ἢ οἷόν τε ἦν ἄνευ ὑγροῦ πανταχόθεν περικεχυμένου κἂν πρὸς μικρὸν

11 φυτ P ‖ **13** αὔξην P : αὔξησιν P^{rec} ‖ **20** διὰ] δ<εῖ συνεχῶς δ>ιὰ Li. ‖ ποιεῖται dub. Ka. ‖ **22** τὸ κωλῦον P : τῷ κωλύειν P^{rec} ‖ διὰ μόνης M : διαμένει P : -μονῇ P^{rec} ‖ **23** ἐντεριόνης P ‖ διαπνεῖται P^{rec} : διαπνεῖ τε P ‖ **24** μίσχων M : μυχῶν P ‖ **27** <περι>κεχυμένῳ dub. Ka. (cf. **28** περιχύσει et **44** περίχυσιν, **32** περικεχυμένον) ‖ **30** μὲν <οὖν> Ka. ‖ **36** ὡς Ka. : τῇ P^{rec} ‖ **37** πρόοδον P : προόδω P^{rec} ‖ ἀνέπνει Ka. : ἀναπνεῖν P : -πνεῖ P^{rec} ‖ **38** μέσα] μ$^{ε'}$ P ‖ **39** χωρίου P ‖ ἐξῆπται Diels : ἐξηγεῖται P ‖ **40** ἢ P^{rec} : ἦ̄ P.

œuvre l'activité qu'il est naturellement destiné à exercer une fois entré en contact avec la matrice après l'éjaculation. (2) Eh bien donc, le propre de la vie végétale, c'est-à-dire des plantes, c'est de se nourrir non par la bouche, mais par la puissance présente dans les racines, laquelle, attirant l'humeur nourricière qui les environne dans la terre, la répartit pour assurer la croissance et la nourriture appropriées à l'être que cette puissance administre. En revanche, le propre des animaux mortels, c'est-à-dire pourvus de chair, c'est de prendre leur nourriture par la bouche et de l'élaborer à l'intérieur d'eux-mêmes grâce aux organes dont ils ont été munis pour cet usage même par leur nature propre. (3) En outre, à tous ceux des animaux dont la nature est de respirer par les narines, il appartient en propre d'inspirer et d'expirer l'air par ces organes. Si en effet ils en sont empêchés, ils meurent aussitôt étouffés, incapables qu'ils sont, même pour un court instant, de résister à ce qui fait obstacle à la continuité de la respiration. Au contraire, les végétaux respirent seulement par ce que l'on appelle « la zone médullaire ». Pour les fruits, c'est par ce que l'on appelle « le pédicule », par où ils se trouvent suspendus, qu'ils se procurent la nourriture et le souffle, et c'est de là aussi qu'ils se détachent en tombant, quand ils ont atteint leur pleine maturité au terme de leur formation. En outre, lorsqu'ils sont immergés dans l'eau de toutes parts, les animaux qui vivent sur terre périssent, tandis que c'est quand elles sont immergées, quand on les arrose ou qu'elles tirent de l'eau de la terre, que les semences poussent. (4) Si les embryons étaient eux aussi nourris par la bouche, et non par la puissance inhérente à la semence, laquelle, de la même manière que les plantes tirent l'humeur de la terre, attire le sang qui circule et qui se répand autour de la semence à l'intérieur de la matrice, et le distribue en en utilisant une partie pour assurer la croissance et la nourriture de l'embryon, et en en réservant une autre comme un surplus utile (cela servira à rendre glissant l'embryon mené à terme) ; ou bien si, comme ils le font après l'accouchement, les embryons respiraient par les narines et non par le cordon ombilical, qui est ce par quoi « leur centre », attaché comme par une racine ou par un pédicule, est fixé au chorion, et ce dont à rebours ils sont forcés de se détacher à la façon des fruits, pour tomber à terre, une fois parvenus à maturité ; ou enfin s'il était possible aux embryons de résister, ne fût-ce qu'un instant, sans être immergés de toutes parts dans un milieu humide, celui-là

ἀντέχειν αὐτά, οὗ δὴ κατὰ τοὐναντίον μετὰ τὴν κύησιν τὰ χερσαῖα οὐδὲ πρὸς ὀλίγον ὑπομένει τὴν πανταχόθεν περίχυσιν — εἰ μὲν οὖν ὥσπερ ἔφην ἡ κατὰ γαστρὸς τῶν ἐ[μ]βρύων διοίκησις ταῖς τῶν ζῴων ὑπῆρχε παραπλησία ἀλλὰ μὴ ἄντικρυς τῇ τῶν φυτῶν, ἐνεχώρει ἂν ἐκ τῶν γιγνομένων τὰς πίστεις λαμβάνοντα συγχωρεῖν τοῖς ἡγουμένοις ζῷα εἶναι τὰ ἔμ[βρυα]· (5) ἐπειδὴ δὲ τὴν μὲν ὡς ἀλλοτρίαν παραιτεῖται, δι' ἧς δὲ ὡς οἰκειοτάτης, σχεδὸν ὑπεναντίαν ἔχει τῇ μετὰ τὴν ἐκ γαστρὸς πρόοδον ὅταν τὴν τοῦ ζῴου ψυχὴν εἰσοικίσηται, τί παρέντες τῶν συμβαινόντων τὴν ἐνάργειαν αὐτοὺς προχείρως ἀπατῶμεν, ἐπείπερ δὴ ζῴοις ἅμα τῇ προκύψει ἐντυγχάνομεν, ζῷα καὶ κατὰ γαστρὸς ἔνδον εἶναι λογιζόμενοι ; ἢ γὰρ ἐκεῖνα ἀθετητέον ἐξ ὧν ὡς φυτὰ ἀλλ' οὐχ ὡς ζῷα διοικούμενα εὑρίσκεται ἤ, εἴπερ μάχεσθαι τοῖς ἐναργέσιν ἀδύνατον, τῆς μὲν ἐκ φυτοῦ εἰς ζῷον μεταβολῆς ζητητέον τὰς αἰτίας, εἴπερ τισὶ τοῦτο παράδοξον ἀλλὰ μὴ φύσεως θείας ἔργον εἶναι καταφαίνοιτο, τὸ μέντοι μὴ εἶναι ζῷα τὰ κατὰ γαστρός, ὄντα ἐπίσης ἀκίνητα πρὶν ὡς ζῷα ψυχοῦσθαι, ἐατέον.

4 Ἀλλ' ὁ Πλάτων, φασί, λέγει τρίτου μορίου τῆς ψυχῆς τοῦ ἐπιθυμητικοῦ μέρος εἶναι τὴν ἐν τῷ σπέρματι φύσιν, τὸ δ' ἐπιθυμητικὸν δι' ἡδονῆς ἄγεσθαι καὶ λύπης καὶ σιτίων ὀρέγεσθαι καὶ τροφῆς, εἶναι δὲ τὰς μὲν ἡδονὰς καὶ τὰς
p. 38 λύπας αἰσθήσεις ἢ ἀναδιδομένας γε εἰς αἴσθησιν κινήσεις, | τὰς δὲ ὀρέξεις ὁρμάς· ὥστε αἰσθήσεως καὶ ὁρμῆς ὄντα μέτοχα, οἷς τὸ ζῷον τοῦ μὴ ζῴου διενήνοχε, πῶς οὐκ ἂν εἴη ζῷα τὰ ἔμβρυα ; (2) οἱ δὲ ταῦτα λέγοντες ἀγνοοῦσι καὶ τὰ φυτὰ ζῷα ποιοῦντες, ὡς ἂν καὶ τούτων διοικουμένων ὑπὸ φύσεως ἣ μέρος ἦν τοῦ ἐπιθυμητικοῦ τῆς ψυχῆς μορίου, ἡμῖν αὐτάρκους ὄντος εἰ τοῖς φυτοῖς παραπλησίως συγχωροῖεν ζῆν τὰ ἔμβρυα ἀλλὰ μὴ τοῖς ἰδίως λεγομένοις ζῴοις, εἰ καὶ πάλιν ἐκεῖνοι ὑπὸ σπουδῆς τὸ διάφορον φυτοῦ τε καὶ ζῴου

45 ταῖς] an τῇ ? Ka. || **46** ἐνεχώρει] ἐν in ras. || **49** οἰκειοτάτης « näml. διοικήσεως διοικεῖται » Ka., corruptum esse putat Wendl. p. 7-8 || ὑπεναντίαν Ka. : -ίας P || **52** αὐτοὺς P || **53** τὰ κατὰ Wendl. p. 8.

Cap. 4.27 (ἐπειδὴ)-**46** (ἐστερῆσθαι) etiam ap. Gal. *in Plat. Tim.* p. 10.4-13.7, p. 10.4-24 Schroeder (CMG Suppl. I) et Stob. I 42, 1, p. 294.3-295.2 Wachsmuth.

1 λέγει Ka. : -γει$^{\nu}$ P || **11-12** ζῆν συγχωροῖεν τὰ P litteris β α γ superpositis (cf. cap. 2.1).

où à l'inverse, après l'accouchement, les animaux terrestres ne peuvent supporter même pour peu de temps d'être entièrement immergés – si donc, comme je viens de le dire, l'administration des embryons dans le ventre ressemblait à celle des animaux et non pas, de toute évidence, à celle des plantes, il serait permis, en s'appuyant sur le témoignage des faits, de se ranger à l'opinion de ceux qui pensent que les embryons sont des animaux. (5) Mais, puisque les embryons refusent cette façon-là d'être administrés comme étrangère à celle qui leur est la plus appropriée, laquelle est pratiquement le contraire de celle qui suivra l'accouchement et l'installation en eux d'une âme animale, pourquoi, sans tenir compte de l'évidence des faits, prendre le parti de nous abuser nous-mêmes en faisant valoir que, dès lors que nous avons affaire à des animaux dès la naissance, ce sont aussi des animaux qui sont à l'intérieur du ventre ? Car, ou bien il faut récuser les faits qui montrent que l'embryon est administré comme une plante et non comme un animal, ou bien, puisqu'on ne peut lutter contre l'évidence, il faut rechercher les causes qui font que l'embryon se transforme de végétal en animal. Certains auront beau trouver que c'est là quelque chose de paradoxal et non l'œuvre d'une nature divine, il n'en faut pas moins admettre que l'embryon qui se trouve dans le ventre n'est pas un animal, sans compter qu'il est privé de mouvement avant de recevoir une âme animale.

4 Mais, disent-ils, Platon soutient que la nature qui est dans le sperme est une portion de la troisième partie de l'âme, la partie appétitive, que de surcroît la partie appétitive est entraînée par le plaisir et par la douleur et qu'elle désire les mets et la nourriture, que par ailleurs les plaisirs et les douleurs sont des sensations ou du moins des mouvements dont la transmission a pour résultat une sensation, et qu'enfin les désirs sont des impulsions. Dès lors, s'il a part à la sensation et à l'impulsion, qui sont ce par quoi l'animal se distingue du non-animal, comment l'embryon pourrait-il ne pas être un animal ? (2) Ceux qui parlent ainsi ne se rendent pas compte qu'ils prennent également les végétaux pour des animaux, dans la mesure où les végétaux sont eux aussi administrés par cette nature qui est, on le sait, une portion de la partie appétitive de l'âme. Car il suffirait qu'ils nous accordent que la vie des embryons ressemble à celle des végétaux, et non à celle des animaux proprement dits, même si leur zèle les pousse, une fois de plus, à supprimer la différence entre le végétal et l'animal

ἀναιροῦσι μαχόμενοι ταῖς ἐναργείαις καὶ διὰ μείζονος ἀτοπίας πρὸς τὴν προκειμένην ζήτησιν ἀπαντῶντες, οὔτε τοῦ Πλάτωνος ὅπως μέρος τὸ φυτικὸν τοῦ ἐπιθυμητικοῦ λέγει ξυνιέντες οὔτε δι' ἣν αἰτίαν ζῷα τὰ φυτὰ λέγειν οὐκ ἀπαξιοῖ γνῶναι σπουδάσαντες. (3) Πλάτων γὰρ οὐχ ὥσπερ οἱ ἄλλοι τὸ ζῷον τοῦ μὴ ζῴου αἰσθήσει καὶ ὁρμῇ διακρίνουσιν, οὑτωσὶ καὶ αὐτὸς τούτοις τῶν μὴ ζῴων ἀξιοῖ διαφέρειν τὰ ζῷα, ζωῆς δὲ καὶ ἀζωίας τὸ διάφορον ποιούμενος εἰκότως καὶ τὰ φυτὰ ὡς ἂν ἤδη ζῶντα συμπεριλαμβάνει τοῖς ζῴοις, ἀλλ' ὅμως ἄχρι τῆς προσηγορίας τὸ κοινὸν δίδωσι πρὸς τὰ ἰδίως καλούμενα ζῷα καὶ τῆς αὐτοκινήτου ψυχῆς μετεσχηκότα. (4) δηλώσει δ' αὐτὰ τὰ ῥηθέντα ὑπ' αὐτοῦ παρατεθέντα τό τε δοκοῦν ἑαυτῷ καὶ τὴν ἐκείνων πλάν[ην]· λέγει γὰρ οὕτως (*Tim.* 76 e 7-77 c 5)· «ἐπειδὴ δὲ πάντ' ἦν τὰ τοῦ θνητοῦ ζῴου ξυμπεφυκότα μέρη καὶ μέλη, τὴν δὲ ζωὴν ἐν πυρὶ καὶ πνεύματι ξυνέβαινεν ἐξ ἀνάγκης ἔχειν αὐτό, καὶ διὰ ταῦτα ὑπὸ τούτων τηκόμενον κενούμενόν <τ'> ἔφθινε, βοήθειαν αὐτῷ θεοὶ μηχανῶνται· τῆς γὰρ ἀνθρωπίνης ξυγγενῆ φύσεως φύσιν ἄλλαις ἰδέαις καὶ αἰσθήσεσι κεραννύντες ὥσθ' ἕτερον εἶναι ζῷον φυτεύουσιν· ἃ δὴ νῦν ἥμερα δένδρα καὶ φυτὰ καὶ σπέρματα παιδευθέντα ὑπὸ γεωργίας τιθασσῶς πρὸς ἡμᾶς ἔσχε, πρὶν δὲ ἦν μόνα τὰ τῶν ἀγρίων γένη πρεσβύτερα τῶν ἡμέρων ὄντα. πᾶν γὰρ ὅτιπερ ἂν μετάσχῃ τοῦ ζῆν ζῷον μὲν ἂν ἐν δίκῃ λέγοιτο ὀρθότατα. μετέχει γε μὴν τοῦτο ὃ νῦν [λέ]γομεν τοῦ τρίτου ψυχῆς εἴδους ὃ μεταξὺ φρενῶν ὀμφαλοῦ τε ἱδρῦσθαι λόγος, ᾧ δόξης μὲν λογισμοῦ τε καὶ νοῦ μέτεστι τὸ μηδέν, αἰσθήσεως
p. 39 δὲ ἡδεί[ας] καὶ ἀλγεινῆς μετὰ ἐπι|θυμιῶν· π[άσ]χον γὰρ διατελεῖ πάντα στραφέντι δ' αὐτῷ ἐν ἑαυτῷ περὶ αὐτό, τὴν μὲν ἔξωθ[εν] ἀπωσαμένῳ κίνησιν τῇ δ' οἰκείᾳ χρησαμένῳ,

14 ἐναργείαις Ka. : ἐνεργ- P ‖ **15** οὔτε Wendl. p. 8 : οὐδὲ P ‖ **17** οὔτε Wendl. p. 8 : οὐδὲ P ‖ **22** ἀλλὰ μόνως Kroll ‖ **25** ἑαυτῶ (sic) P i.e. « ipsi » Ka. ‖ **27** ἐπειδή P, Plat. (cod. A), Stob. : ἐπεί Plat. (cod. FY), Gal. ‖ πάντ' ex πάντες P^{rec} ‖ **29** αὐτό P : αὐτῷ Plat., Gal., Stob. ‖ **30** τ(ε) om. P, Plat. (cod. A), Stob. ‖ ἔφθιν'^{η} P ‖ **32** εἶναι ζῷον P, Gal. : ζῷον εἶναι Plat., Stob. ‖ **33** δή Plat., Gal., Stob. : δέ P ‖ **35** ἡμετέρων Stob. ‖ γὰρ P : γὰρ οὖν Plat., Gal., Stob ‖ **36** μετέχει Stob. (cod. P) ‖ **37** ὀρθότατον Stob. ‖ μετέχειν Stob. (cod. F) ‖ γε μὴν ex δὴ P^{rec} ‖ **38** λόγος] λ$^{'ο'}$ P : λ$^{'ε'}$ P^{rec} (cf. **64**) ‖ **40** ἀλγεῖν Stob. ‖ **41** ἐν ἑαυτῷ deest hic ap. Gal. p. 10.20, sed habet p. 12.24 ‖ αὐτό P, Gal., Stob. (cod. P) : ἑαυτό Plat., Stob. (cod. F).

en luttant contre l'évidence et en abordant la discussion en cours par un biais encore plus absurde, eux qui ne comprennent même pas en quel sens Platon dit que le végétatif est une partie de l'appétitif et qui ne s'inquiètent même pas de savoir pour quelle raison il ne dédaigne pas de dire que les végétaux sont des vivants. (3) Platon, en effet, ne partage pas l'avis de ceux qui distinguent l'animal du non-animal par la sensation et par l'impulsion. Pour lui, ce n'est pas par là que les animaux diffèrent des non-animaux. Mais, c'est entre vie et non-vie qu'il fait la distinction, de sorte que c'est à bon droit qu'il inclut également les végétaux dans les êtres vivants, puisqu'ils ont déjà la vie. Toutefois, pour Platon, l'élément commun aux végétaux et aux animaux proprement dits, c'est-à-dire ceux qui ont part à l'âme automotrice, ne va pas au-delà de la dénomination. (4) Ses propos mêmes, que je vais citer, serviront à montrer tant son opinion que l'erreur de ces gens-là. Voici en effet ce qu'il dit : « Alors que toutes les parties et tous les membres du vivant mortel se trouvaient réunis en un même ensemble, et que la nécessité imposait à celui-ci de vivre entouré de feu et assailli par le vent, de sorte qu'il allait à sa perte, dissous et épuisé par ces éléments, voilà que les dieux lui ménagent un secours. Ils font pousser une nature apparentée à la nature humaine, nature qui résulte d'un mélange où entrent d'autres formes et d'autres sensations, en sorte qu'il y ait un vivant différent. Nous disposons aujourd'hui d'arbres, de plantes et de graines acclimatés parce qu'ils ont été cultivés par les agriculteurs, mais auparavant seules existaient les espèces sauvages, qui sont plus anciennes que les espèces cultivées. Tout ce qui a part à la vie, nous sommes en effet en droit de l'appeler très correctement vivant. Eh bien, le vivant dont nous parlons maintenant participe à la troisième espèce d'âme, celle dont nous avons dit qu'elle est située entre le diaphragme et le nombril, qui n'a aucune part ni à l'opinion ni au raisonnement ni à l'intellect, mais qui éprouve des sensations de plaisir ou de douleur, qu'accompagnent des appétits. Elle passe en effet tout son temps à recevoir des affections ; et à elle qui fait retour en elle-même sur elle-même, qui refuse le mouvement venu de l'extérieur et qui n'use que du sien propre, se rendre compte de ce qui la touche et y

τῶν αὐτοῦ τι λογίσασθαι κατιδόντι φύσει οὐ παραδέδωκεν ἡ γένεσις. διὸ δὴ ζῇ μὲν ἔστι τε οὐχ ἕτερον ζῴου, μόνιμον δὲ καὶ κατερριζωμένον πέπηγε διὰ τὸ τῆς ὑφ' ἑαυτοῦ κινήσεως ἐστερῆσθαι.» (5) τὰ μὲν δὴ τοῦ Πλάτωνος ταῦτα, ὅλως δὲ τοῦ φιλοσόφου μηδὲν ξυνιέναι κινδυνεύουσιν οἱ ζῷον ἡγούμενοι τὸ ἔμβρυον κατὰ τὸν Πλάτωνα ὡς νῦν ζητοῦμεν εἰ ζῷον· εἰ μὲν γὰρ παρὰ τὸ ζῆν καλεῖν τις ζῷον ἐθέλοι, συγχωροῦμεν, τὴν δ' αὐτοκίνητον ψυχὴν ἣν ζῷον ἴσχει μηδ' αὐτόν πως συγχωρεῖν τὸν Πλάτωνα ἔχειν διαβεβαιούμεθα, ζῷον δ' οὕτως εἶναι ὡς τὰ φυτά. (6) τίς οὖν ἡ αἴσθησις καὶ ἡ ὄρεξις τῶν φυτῶν ; ὁμώνυμος, φησὶν ὁ Πλάτων, καὶ οὐχ ἡ αὐτὴ τῇ τῶν ἰδίως καλουμένων ζῴων· τὸ γὰρ ὁμώνυμον παριστὰς ἔφη (*Tim.* 77 a 3-5)· «τῆς ἀνθρωπίνης συγγενῆ φύσεως φύσιν ἄλλαις ἰδέαις καὶ αἰσθήσεσι κεραννύντες ὥσθ' ἕτερον ζῷον εἶναι φυτεύουσι» τὰ ἥμερα δένδρα καὶ τὰ σπέρματα. ἄλλαις οὖν αἰσθήσεσι καὶ ἄλλαις ὀρέξεσι χρῆται τὰ φυτὰ καὶ ἑτέρως ἐστὶ ζῷα ἢ ὡς {τὰ φυτὰ} οἱ ἄνθρωποι· ὥστε κἂν αἴσθησιν ἔχῃ τὰ ἔμβρυα κατὰ Πλάτωνα κἂν ὄρεξιν κἂν ζῷα λέγηται, ἀλλ' ὁμωνύμως γε ἔχει ταῦτα καὶ λέγεται ζῷα, τοῖς μέντοι φυτοῖς συνωνύμως, ὡς καὶ αὐτὸν σαφῶς λέγοντα δείξομεν. (7) ὡς οὖν τὰ φυτὰ λέγει (*Tim.* 77 b 3-6) μετέχειν «τοῦ τρίτου ψυχῆς εἴδους ὃ μεταξὺ φρενῶν {τε καὶ} ὀμφαλοῦ τε ἱδρῦσθαι λόγος, ᾧ δόξης μὲν λογισμοῦ τε καὶ νοῦ μέτεστι τὸ μηδέν, αἰσθήσεως δὲ ἡδείας καὶ ἀλγεινῆς μετὰ ἐπιθυμιῶν» καὶ ὅμως τούτων μέτοχα ὄντα οὐκέτι ζῷα ὡς ζῷα λέγεται τὰ τῆς ψυχῆς αὐτοκινήτου μέτοχα, ἀλλὰ μόνον φύσεως παθητικῆς μετέχει, ἣν οὐκ ὤκνουν ψυχὴν καλεῖν καὶ τὸ κατ' αὐτὴν ἐπιφερόμενον τοῖς ὑποκειμένοις κίνημα ζωὴν ὁμωνύμως τῷ ἐκ τῆς αὐτοκινήτου προσαγορεύειν, οὕτως τῆς αὐτῆς ταύτης δυνάμεως μέτοχα τὰ ἔμβρυα ὄντα καὶ ζῷα κατ' αὐτὸν καὶ ἔμψυχα καλούμενα καὶ αἰσθήσεως μετέχοντα καὶ ἐπιθυμίας οὐκ ἔστιν ἐκείνως ζῷα ὡς τὰ τὴν αὐτοκίνητον ψυχὴν κεκτημένα, περὶ ἧς πότε εἰσκρίνεται τὴν ζήτησιν τὰ νῦν

43 αὑτοῦ Plat., Gal., Stob. : αὐτοῦ P || φύσει Plat. (cod. AYF), Gal., Stob. : φυ' P (cf. **112**) φύσιν Plat. (cod. W) || **44** ζῇ* P || τε P, Plat. (cod. A), Gal., Stob. : δέ Plat. (cod. FY) || ἕτερ`* P || ζῴον Stob. (cod. PF^{pc}) || **45** ὑφ' ἑαυτοῦ P, Plat. (cod. AFY), Gal. p. 10.24, Stob. : ἐξ ἑαυτοῦ Gal. p. 13.4-5 : ἔξω ἑαυτοῦ coni. ipse Gal. p. 13.6 || **48** κατὰ M P^{pc}, de P^{ac} non constat || **50** ζῶον P : κυηθὲν P^{rec} (cf. Blass p. 93) || **51** διαβεβαιούμεθα Ka. : -μενοι P : -μενον P^{rec} (cf. cap. 6.2 τελειουμένη) || **59** τὰ φυτὰ secl. Ka. || **61** γε Ka. : τὲ P || **62** ὡς[1] Ka. : πῶς P || **64** φρενῶν τε καὶ [καὶ s.l. suppl. P^{rec}] ὀμφαλοῦ τε [τε in ras.] P : φρενῶν ὀμφαλοῦ τε **38**, Plat., Gal., Stob. || λόγος] $λ^{ο'}$ P : $λ^{ε'}$ P^{rec} (cf. **39**) || **67** οὐκέτι P (cf. cap. 15.3) : οὐκ ἔστι Kroll || τὰ τῆς ψ. <τῆς> s. τὰ ψ. τῆς αὐτ. Blass p. 93, an recte ?.

réfléchir, c'est ce que par nature sa constitution d'origine ne lui a pas permis. Voilà pourquoi elle vit et n'est pas autre chose qu'un vivant ; même si, immobile et enracinée, elle reste fixe, dans l'incapacité où elle est de se mouvoir par elle-même. » (5) Voilà donc ce que dit Platon. Bref, ils risquent de ne rien comprendre à notre philosophe ceux-là qui estiment que, selon lui, l'embryon est un animal au sens où nous cherchons ici à savoir s'il est un animal. Si en effet, c'est parce qu'il vit qu'on veut le qualifier de « vivant », nous sommes d'accord ; mais nous proclamons haut et fort que Platon quant à lui n'est pas prêt à admettre que l'embryon a part à l'âme automotrice que possède l'animal, et qu'il soutient au contraire qu'il n'est un « vivant » qu'au sens où les végétaux le sont. (6) Qu'est-ce donc que la sensation et le désir des végétaux ? Il faut entendre sensation et désir par homonymie, dit Platon, au sens où ce ne sont pas les mêmes que ceux des vivants proprement dits. Pour bien manifester cette homonymie, Platon dit en effet : « ayant fabriqué une nature apparentée à la nature humaine en mélangeant d'autres formes et d'autres sensations, en sorte qu'il y ait un vivant différent, ils font pousser » les arbres de culture et les semences. Ce sont donc d'autres sortes de sensations et d'autres sortes de désirs qu'éprouvent les végétaux, et c'est en un sens différent des hommes qu'ils sont des vivants. Par conséquent, même si, selon Platon, les embryons ont sensation et désir, et même s'ils sont dits « vivants », c'est bien par homonymie (avec les hommes) qu'ils ont ces facultés et qu'ils sont dits « vivants », mais, à rebours, par synonymie avec les végétaux, comme Platon lui-même le dit clairement, ainsi que nous allons le montrer. (7) Ainsi donc, selon Platon, « les végétaux n'ont part qu'à la troisième espèce d'âme, celle dont on dit qu'elle est située entre le diaphragme et le nombril, une espèce d'âme qui n'a en rien part à l'opinion, au raisonnement ou à l'intellect, et qui n'éprouve que des sensations de plaisir ou de douleur, qu'accompagnent des appétits », et, bien qu'ils aient part à ces sensations qu'accompagnent des appétits, ce ne sont pas vraiment des animaux au sens où sont qualifiés d'« animaux » les êtres qui ont part à l'âme automotrice, car les végétaux n'ont part qu'à la nature qui se borne à recevoir des affections (« nature » que nos contradicteurs n'hésitent pas, on le sait, à qualifier d'« âme », de même qu'ils n'hésitent pas à nommer « vie » le mouvement par elle transmis à ceux en qui elle réside, par homonymie avec le mouvement issu de l'âme automotrice) ; de la même façon, bien que les embryons participent à cette même puissance, qu'ils soient appelés par Platon « vivants » et « êtres animés », et qu'ils aient part à la sensation et à l'appétit, ce ne sont pas des êtres vivants au sens où le sont ceux qui possèdent l'âme automotrice, celle-là même dont nous sommes en train de rechercher à

ἐνεστησάμεθα. (8) πλανᾶσθαι δὲ οὐ χρὴ συγχεομένους ὑπὸ τῆς ὁμωνυμίας, ἀλλ' ὥσπερ λέγοντος παιδεύεσθαι τὰ φυτὰ p. 40 | ὑπὸ γεωργίας καὶ τιθασσῶς πρὸς ἡμᾶς ἴσχειν, πρὶν δὲ εἶναι μόνα τὰ ἄγρια, οὔτε νοῦν διὰ τοῦτο καὶ λογισμὸν ἐπ' αὐτῶν καὶ ἦθος ἐκδεχόμεθα, ἐφ' ὧν κυρίως παιδεία καὶ τιθασσεία καὶ ἀγριότης λέγεται, κατὰ μεταφορὰν δὲ ἢ καὶ ὁμωνύμως, οὕτως καὶ τὰς αἰσθήσεις καὶ τὰς ὀρέξεις καὶ τὰς ἐπιθυμίας ἀκουστέον τὰς κατὰ ἀναλογίαν καὶ ὁμωνύμως λεγομένας ἀλλ' οὐχὶ τὰς ἐκ ψυχῆς τῆς αὐτοκινήτου ἀποδιδομένας, περὶ ἧς τῆς εἰσκρίσεως ἐνέστηκεν ἡμῖν ὁ λόγος συγχω[ρ]οῦσι τῆς μὲν ὡς ἑτέρως καὶ πληγαῖς καὶ πάθεσι λεγομένης ψυχῆς ἧς καὶ τὰ φυτὰ μετείληχεν <μετ>έχειν καὶ τὰ ἔμβρυα, τῆς δ' αὐτοκινήτου πρὸ τῆς ἐκ γαστρὸς ἐξόδου ἄμοιρα εἶναι καὶ κατὰ Πλάτωνα, κἂν τὰ μάλιστα αἰσθήσεως καὶ ἡδονῆς τῆς φυτικῆς [ὑπά]ρχῃ μέτοχα. (9) ὅλως γὰρ ὁ ἀνὴρ ἔοικεν οὐχ ὥσπερ οἱ ἄλλοι τὰς αἰσθήσεις τάττουσιν ἐπὶ τὴν γιγνομένην τύπωσιν ἐν ψυχῇ διὰ {τῆς} τῶν αἰσθητηρίων προσπαθεί[ας] γενομέν[ης, ο]ὕτω[σὶ] καὶ αὐτ[ός], ἀλλὰ τ[ὴν σω]ματ[ικ]ὴν κίνησιν, ἧς μετέχει καὶ τὰ φυτά, αἴσθησιν καλεῖν, τὴν δὲ τῇ σωματικῇ κινήσει τῆς ψυχῆς σύζυγον κίνησιν δόξαν προσαγορεύειν, ἐξ ἀμφοῖν τε τῆς τε ἀλόγου παθητικῆς κινήσεως, ἣν αἴσθησιν προσαγορεύει ἀλλ' οὐ κίνησιν αἰσθητηρίων, καὶ τῆς δόξης, ἣν οἱ ἄλλοι τύπωσιν τῆς ψυχῆς εἶναι τίθενται, συνιστάναι τῶν αἰσθητῶν τὴν κατάληψιν, καὶ διὰ τοῦτο ἀφοριζόμενος τὸ αἰσθητὸν «τὸ δ' αὖ δόξῃ» φησὶν (*Tim.* 28 a 2-3) «μετ' αἰσθήσεως ἀλόγου περιληπτόν». (10) τὰς πληγὰς οὖν τὰς ἀσυνέτους καὶ ἀγνώστους καὶ ἀφαντάστους †τὰς πρὸς τῆς κατ' αὐτῆς τῆς δοξαστικῆς ψυχῆς συναρμόσας τοῦ

78 τιθασσῶς Ka. : τιθάεσως P : -θάσσως P^{rec} (σ supra ε) ‖ **79** τὰ erasum ‖ οὔτε] οὔτοι Blass p. 93 ‖ **81** τιθασεία P^{ac}, corr. P^{rec} ‖ **85-86** ἡμῖν ἐνέστηκε ὁ λόγος P litteris β α γ superpositis (cf. 11-2 et cap. 2.1) ‖ **86-87** ὡς ἑτέρως λεγομένης καὶ πλ. καὶ π. ὑποκειμένης ψ. susp. Ka. : κἀν πληγαῖς Fest. p. 274^{2} : καὶ <ἐπὶ> πλ. Li. ‖ **88** μετέχειν Ka. : ἔχειν P ‖ καὶ s.l. suppl. P ‖ **92** τῆς s.l. suppl. P^{rec}, del. Ka. ‖ **102** περιληπτόν P (cf. Plat. Tim. 28 c 1 et 52 a 7) : δοξαστόν Plat. Tim. 28 a 3 ‖ **103-104** τὰς <τῆς> παθητικῆς καὶ αὖ τὰς τῆς δ. ψ. σ., τοῦ γνωρίσματός <τι> Diels : ἀφαντάστους τῆς τρίτης κατ' αὐτὸν τῆς δ. ψ. (cf. cap. 6.3 et Plat. Tim. 71a) σ. τῷ γνωρίσματι susp. Ka. : <καὶ> τὰς πρὸς τῆς κατ' αὐτὸν {τῆς} δ. ψ. σ. Fest. p. 275^{3} : τὰς πρὸς τῆς κατ' αὐτὸν {τῆς} δ. ψ. συναρμο<σθεί>σας τῷ γνωρίσματι Li. : τὰς πρὸς τῆς κατ' αὐτὸν {τῆς} δ. ψ. συναρμο<σθεί>σας τῇ γνωριστικῇ Deuse p. 180^{188} ‖ **104** αὐτῆς P^{pc} (ῆς in ras.) ‖ συναρμόσας (ς in ras.) P.

quel moment elle fait son entrée dans l'embryon. (8) Il ne faut pas s'écarter de ce but, submergés que nous serions par l'homonymie ; mais de même que, lorsque Platon dit que « les végétaux sont éduqués par l'agriculture et se présentent à nous sous un aspect apprivoisé, alors qu'auparavant il y avait seulement des espèces sauvages », nous n'admettons pas pour autant qu'il y ait chez les plantes l'intellect, le raisonnement ou le caractère, qui permettent de parler au sens propre d'éducation, d'apprivoisement et de sauvagerie, et nous considérons que tout cela relève bien plutôt de la métaphore et est dit par homonymie, de la même façon aussi on doit entendre que c'est par analogie ou par homonymie que, dans le cas de l'embryon, on parle de sensations, d'appétits et de désirs, alors que ce n'est pas le cas de ceux qui proviennent de l'âme automotrice dont l'entrée dans l'embryon est l'objet de notre discours ; certes nous accordons que, du fait de leurs impressions et de leurs affections, les embryons eux aussi ont part à ce que l'on appelle « âme » en un sens différent, c'est-à-dire à cette âme à laquelle ont aussi part les végétaux, mais nous soutenons que, selon Platon aussi, les embryons n'ont point part à l'âme automotrice avant de sortir du ventre de la mère, même s'ils ont part au plus haut point à la sensation et au sentiment de plaisir propres à l'âme végétative. (9) De façon générale en effet, notre homme semble se garder de faire comme les autres qui rapportent les sensations à l'impression produite par les organes des sens dans l'âme, dans la mesure où celle-ci est tournée vers les affections corporelles, lui qui préfère appeler « sensation » le mouvement corporel auquel ont aussi part les végétaux, qualifier d'« opinion » le mouvement de l'âme associé au mouvement corporel, et faire résulter la perception sensible de ces deux mouvements, tant du mouvement qui est de l'ordre d'une affection étrangère à la raison et qu'il qualifie de « sensation » et non de « mouvement des organes des sens », que de l'« opinion » que les autres supposent être une impression dans l'âme. Et voilà pourquoi quand Platon définit le sensible, il parle de : « ce qui est appréhendé par l'opinion accompagnée de la sensation qui est étrangère à la raison. » (10) Eh bien, les impressions étrangères à la conscience, à la connaissance et à la représentation (...) les (...) qui proviennent de l'âme qualifiée par lui d'« opinative » (...) et qu'il a attribuées aux végétaux, il a raison de dire que « les végétaux ont part à la sensation. » On comprend alors qu'il résume sa thèse selon laquelle les végétaux n'ont point part à l'âme automotrice dotée tout ensemble

γνωρίσματος καὶ ἐν τοῖς φυτοῖς τιθεὶς εἰκότως αἰσθήσεως αὐτὰ μετέχειν λέγει· κεφαλαιοῖ δὲ τὸν λόγον εἰς τὸ τῆς ψυχῆς ἐκεῖνα μὴ μετέ[χειν] τῆς αὐτοκινήτου καὶ δοξαστικῆς τε ὁμοῦ καὶ λογιστικῆς καὶ ὡς ἂν οἱ ἄλλοι φαί[ησαν] αἰσθητικῆς τε καὶ ὁρμητικῆς, λέγων (*Tim.* 77 b 6-c 3)· «πάσχον γὰρ διατελεῖ» τὸ φυτὸν «πάντα, στραφέντι δὲ αὐτῷ ἐν ἑαυτῷ περὶ αὐτό, τὴν μὲν ἔξωθεν παρωσαμένῳ κίνησιν τῇ δ' οἰκείᾳ χρησαμένῳ, τῶν αὐτοῦ <τι> λογίσασθαι κατιδόντι φύσει οὐ παρέδωκεν ἡ γένεσις.» (11) ταὐτὸ δ' ἄν τις εἴποι καὶ ἐπὶ τοῦ ἐμβρύου, καὶ ἔτι γε μᾶλλον <ὃ> ἐπάγει περὶ τοῦ φυτοῦ, ἐπεὶ p. 41 κἀκείνῳ ὡσαύτως πρόσ | εστι· λέγει δέ (*Tim.* 77 c 3-5)· «διὸ δὴ ζῇ μὲν ἔστι τε οὐχ ἕτερον ζῴου, μόνιμον δὲ καὶ κατερριζωμένον πέπηγε διὰ τὸ τῆς ὑφ' ἑαυτοῦ κινήσεως ἐστερῆσθαι.» ἐρριζωμένον γὰρ καὶ τὸ ἔμβρυον ἐξ ὀμφαλοῦ μένει ἐντός, ζῷον μὲν {καὶ} ἀπὸ τοῦ ζῆν κληθέν, τῆς δ' αὐτοκινήτου ψυχῆς οὐδέπω μετέχον.

5 Ἀλλὰ κινεῖσθαί φασι τὰ ἔμβρυα μεταβατικῶς κατὰ τόπον θέρμης τε διαπύρου αἴσθησιν λαμβάνειν σκιρτῶντα ὅταν τῇ γαστρὶ τῆς μητρὸς ἐν τοῖς βαλανείοις ὁ διάπυρος ἀὴρ <περι>πέσῃ, (2) οἱ δ' ἔτι γεννικώτερον ἱστάμενοι καὶ τὰς ἀτόπους ἐπιθυμίας, αἷς κατὰ τὸν καιρὸν τοῦ κύειν αἱ μητέρες ἐνίσχονται οὔτ' οὖν πρότερον εἰς πεῖραν αὐτῶν ἀφιγμέναι οὔθ' ὅταν ἀποτέκωσιν εἰς τὸ ὅμοιον αὐταῖς πάθος ἐμπίπτουσαι, τῶν ἐμβρύων εἶναι· δηλοῦν δὲ τὸ ἀποπιμπλάσας μὲν τὰς ἐπιθυμίας τίκτειν ἀβλαβῆ, μὴ τυχούσας δὲ τῶν ἐπιθυμητ{ικ}ῶν παράσημα τίκτειν καὶ τύπον φέροντα ἐν τῷ σώματι τῆς τῶν ὀρεχθέντων ἐλλείψεως. (3) μηνύειν τε οὐχ ἥκιστά φασι τὴν τῆς ὁρμητικῆς μέθεξιν τοὺς τοκετούς· δύστοκα μὲν γὰρ εἶναι τὰ τεθνηκότα ὡς ἂν μὴ συνορμῶντα τῇ φύσει πρὸς τὴν ἔξοδον, ἀργότερα δὲ τὰ θήλεα ὡς ἂν ὄντα βραδυκίνητα· οὐκ εἶναι δ' αὐτάρκη τὴν ὁρμὴν τῆς μητρὸς ἐξῶσαι τὸ ἔμβρυον μὴ καὶ ὁρμῆς συνεκδιδομένης παρὰ, τοῦ τικτομένου ἐπὶ τὰ ἐκτός. (4) ἐγὼ δ' εἰ ἅπαξ ἐφεῖναι τοῖς λήροις χρή, συνευπορήσαιμ' ἂν αὐτοῖς εἰς τὸ καὶ συμφαντάζεσθαι καὶ συνδοξάζειν λέγειν τῇ μητρὶ τὰ ἔμβρυα ὡς ἂν τῆς φανταστικῆς τε καὶ δοξαστικῆς μετέχοντα ψυχῆς·

110 αὐτό P (cf. 41) || **111** παρωσαμένῳ] ἀπωσαμένῳ **42** Plat., Gal., Stob. (cod. P) : -νῃ Stob. (cod. F) || **112** αὐτοῦ P || τι add. Ka. e **43** et Plat. || φύσει vid. **43** || **114** ὃ add. Ka. || **116** ζῇ P^{pc} : ζῶον P^{ac} || δὲ] γὰρ P || **119** καὶ ἀπὸ τοῦ ζ. P : καὶ secl. Ka. : κατὰ τὸ ζ. Blass p. 93 || Post κληθέν iter. ζῶον P, sed expunxit.

Cap. **5.4** περιπέσῃ Ka. : πέσῃ P || γεννικώτερον Fest. p. 276^2 : γενι- P : γενναιό- Ka. || καὶ] κατὰ s.l. P^{rec} || **9** τυχούσας M : τυχόντας P || **10** ἐπιθυμητῶν Ka. : -μητικῶν P || **11** ὀρεχθέντων (εχ ex *ξ) P || **16** Ante τὸ add. πρὸς P, sed expunxit || συνεκδιδομένης P : συνεν- dub. Ka. (cf. συνενδόσεως cap. 12.5 et ἐνδίδωσι cap. 16.5) || **19** τῇ μητρὶ M : τῆς μ(η)τρ(ὸ)ς P.

d'opinion, de raison, de sensation et d'impulsion, en disant : « Le végétal reste en effet passif en toutes choses. À lui qui fait retour en lui-même sur lui-même, qui dédaigne le mouvement venu de l'extérieur et qui n'use que du sien propre, raisonner, lorsqu'il considère quelque chose de ce qui le concerne, c'est ce que par nature sa constitution ne lui a pas permis. » (11) Cela vaudrait aussi pour l'embryon, tout comme et plus encore ce qu'il ajoute à propos du végétal, puisque là encore, cela vaut pour l'embryon : « Voilà pourquoi cette espèce vit et n'est pas autre chose qu'un vivant, mais immobile et enracinée, elle demeure fixe, incapable qu'elle est de se mouvoir localement par elle-même. » Car, à l'intérieur du ventre de la mère, l'embryon lui aussi demeure enraciné par le cordon ombilical : et il a été appelé « vivant » en raison du fait qu'il vit, même s'il ne participe pas encore à l'âme automotrice.

5 Mais, disent-ils, les embryons sont doués de mouvement local et ils ont la sensation d'une chaleur brûlante, puisqu'ils tressaillent lorsque, dans les bains, l'air brûlant atteint le ventre de leur mère. (2) D'autres, plus radicalement encore, soutiennent que les envies étranges dont sont prises les mères pendant la grossesse, envies qu'elles n'ont pas éprouvées auparavant, et qui, de la même façon, ne les affectent pas non plus après l'accouchement, sont aussi le fait des embryons ; ce qui le montre, c'est que celles qui ont satisfait ces envies mettent au monde des enfants sans défaut, tandis que celles qui ne les ont pas satisfaites mettent au monde des enfants marqués, qui portent sur leur corps l'empreinte de ces désirs inassouvis. (3) Et que l'embryon a part à l'âme impulsive, l'accouchement, disent-ils, le manifeste tout autant : les embryons mort-nés, en effet, sont d'enfantement difficile, parce qu'ils ne contribueraient pas à l'élan naturel vers la sortie ; et les embryons de sexe féminin sont plus paresseux, parce qu'ils auraient des mouvements plus lents. Car l'impulsion de la mère ne suffit pas à faire sortir l'embryon, si ne s'y ajoute, venue de l'enfant qui naît, une impulsion vers l'extérieur. (4) Et pour une fois, s'il le faut, je peux bien, moi aussi, me laisser aller à dire des inepties, et leur prêter main forte en affirmant que les embryons se forment des représentations et des opinions en commun avec leur mère, parce qu'ils auraient part à l'âme

ὡμολόγηται γὰρ ὡς πολλά τε τῶν ζῴων, ἀτὰρ δὴ καὶ [γ]υναῖκες ἐν ταῖς ὀχείαις ὧν ἂν ἐκ τοῦ αὐτοῦ γένους τὰ εἴδη ταῖς φαντασίαις ἐγκολπίσωνται, ἐκείνοις ὁμοιότατα τίκτειν· διὸ καὶ εἰκόνας πρὸς ἵππων τε καὶ κυνῶν καὶ [περ]ιστερῶν [καὶ] μέντοι καὶ πρὸς γυ[ναικός] τι[ν]ος κάλλος εἰδῶν ἠσκημένας τίθεμεν, ὡς ἐμβλεπούσας καὶ εἰς μνήμην ἀναλαμβανούσας τὰ εἴδη τὰς ὀχευομένας τίκτειν τὰ παραπλήσια. (5) ἕτοιμον οὖν κατηγορεῖν ὡς οὐκ ἂν τοῦτο ἐγίγνετο, εἰ μὴ ψυχῆς φανταστικῆς ἦν μέτοχα τὰ σπέρματα· πῶς γὰρ ἄλλου φανταζομένου ἄλλο ἀμέτοχον φαντασίας κατὰ τὴν τοῦ φανταζομένου ἐκινήθη διάθεσιν ; ὅμοιον γὰρ ὡς
p. 42 εἰ καὶ σοῦ παθόντος | ἐγὼ μὴ παθὼν ἔπασχον διὰ τὸ ἐν ταὐτῷ οἰκίσκῳ, εἰ δὲ βούλει δεσμῷ σὺν σοὶ περιέχεσθαι.

6 Ἀλλ' ἦν ταῦτά γε πάντα τῆς τοῦ λόγου δυνάμεως παρευρέσεις καὶ παραγωγὰς ἐξευπορεῖν ῥᾳδίως δυναμένης καὶ τῷ πιθανῷ εἰκότι ἐκκρούειν οἵας τε οὔσης καὶ τὴν ἀλήθειαν. αὐτίκα ἵν' ἀπὸ τῶν τελευταίων ἄρξωμαι, εἰ μὲν ἃ φανταζόμεθα εἰς τὰ αὐτῶν σώματα οἷοί τε ἦμεν ἀπομόργνυσθαι, καθ' ὃ ἤδη λόγος κρατεῖ τοὺς δαίμονας τὰ εἴδη τῶν φαντασμάτων εἰς τὸ συνὸν ἢ παρακείμενον αὐτοῖς ἀερῶδες πνεῦμα διαδεικνύναι χρῴζοντας μὲν οὐδαμῶς, ἀρρήτῳ δὲ τρόπῳ τὰς ἐμφάσεις τῆς φαντασίας ὥσπερ ἐν κατόπτρῳ τῷ περὶ αὐτοὺς ἀέρι διαδεικνύντας, ἐνεδέχετο εἰκάζειν τὴν φαντασίαν τῆς ἐνούσης ψυχῆς ἐν τῷ σπέρματι καθ' ἑαυτὴν διατυποῦν τὸ σῶμα· ἐπεὶ δὲ ἑαυτοὺς μὲν τοῦτο δρᾶν οὐκ ἐσμὲν οἷοί τε, ἄλλα δὲ κατὰ τὰς φαντασίας ὅσα ἐκτὸς ἦν τῆς ἡμετέρας οὐσίας διαμορφοῦν δυνάμεθα, μήποτε διὰ τοῦτο ψυχὴ μὲν ἰδία τοῦ ἐμβρύου οὐ δημιουργὸς τῆς εἰδοποιίας τοῦ ὑπ' αὐτήν, ἀλλ' οὐδὲ τοῦ οἰκείου σώματος ἡ τῆς μητρὸς ψυχή, τοῦ δ' ἐν αὐτῇ ἀλλοτρίου καὶ τῆς οὐσίας ἐκτός, εἴπερ δὴ κἂν τοῖς ἄλλοις τὰς φαντασίας οἷά τε ἦν ἐν

21 ἀτὰρ] αὐτὰρ ut vid. P || **22** ὧν Ka. : ὡς P || **26** ὡς Ka. : αἷς P || **30** γὰρ <ἂν> dub. Ka. || **32** μὴ Ka. : μηδὲν P.

Cap. **6.5** αὐτῶν Ka. : αὐ- P || **8** χρῴζοντας Ka. : -τα P.

représentative et opinative. On admet en effet que nombre de femelles animales, et même aussi des femmes, quand, lors de l'accouplement, elles conçoivent par représentations des images d'êtres de leur espèce, mettent au monde des petits très semblables à ces images ; c'est pourquoi nous présentons à des juments, à des chiennes et à des colombes, et même aussi à un certain genre de femme, des images remarquables par la beauté des formes, afin que, fixant les yeux sur ces formes et les gardant en mémoire, elles mettent au monde des rejetons qui leur ressemblent. (5) Il n'y aurait donc qu'un pas à faire pour affirmer qu'il n'en serait pas ainsi si la semence n'avait point part à l'âme représentative : comment, en effet, si quelqu'un se représente quelque chose, quelqu'un d'autre pourrait-il être modifié selon sa disposition alors qu'il n'a pas lui-même part à la représentation ? Car c'est vraiment comme si, alors que toi, tu es affecté par quelque chose, moi, qui ne le suis pas, je l'étais du simple fait que je suis dans la même cellule que toi et, si l'on veut, enchaîné à toi.

6 Mais toutes ces choses relèvent en fait de la puissance du discours, qui peut facilement fournir en abondance prétextes et tromperies, et qui, au moyen de conjectures vraisemblables, est capable d'écarter même la vérité. Par exemple, pour commencer par le dernier point, si nous étions capables d'imprimer sur nos propres corps comme sur un linge ce que nous nous représentons, à la façon des démons qui, selon un discours qui prévaut aujourd'hui, font apparaître leurs images sur le souffle aérien qui leur est joint ou associé, non pas en le colorant, mais en manifestant, par un procédé qui ne peut être expliqué, dans l'air qui les enveloppe comme dans un miroir, les reflets de leurs images, alors il serait permis de conjecturer que la faculté de représentation de l'âme qui est à l'intérieur de la semence imprime sur le corps les images qu'elle produit. Mais, puisque nous ne sommes pas capables d'accomplir cela sur nous-mêmes, nous qui pouvons, par ailleurs, informer d'après nos représentations tout ce qui se trouve à l'extérieur de notre être, pour cette raison, j'en ai peur, jamais une âme propre à l'embryon ne sera l'artisan de la formation de ce qui lui est inférieur, pas plus que l'âme de la mère ne l'est de son propre corps, alors même qu'elle l'est pour le corps étranger qui se trouve en elle en même temps qu'extérieur à son être, et qu'elle est capable d'imprimer comme sur un linge ses représentations sur les êtres qui sont à l'intérieur de son corps, pourvu

τοῖς ἐντὸς ἀπομόργνυσθαι. (2) ἰστέον γε μὴν κἀκεῖνο καὶ μᾶλλον ῥηθήσεσθαι μέλλον κατὰ Πλάτωνα· ἀεὶ γὰρ κατ' αὐτὸν τὰ ἀπὸ τῆς οὐσίας τινῶν γεννώμενα ὑποβέβηκε δυνάμεως καὶ οὐσίας ἀξίᾳ τῶν γεγεννηκότων, καὶ ἀδύνατον μὲν ὁμοούσια εἶναι τοῖς γεγεννηκόσιν, ἐπιπειθῆ γέ πως τῶν τεκόντων γίγνεται καὶ ὑπ' ἐκείνων τελειοῦται. οὕτω γὰρ διάνοια γέννημα οὖσα νοῦ ὑποβέβηκε μὲν κατ' οὐσίαν ἀπὸ τοῦ γεννήσαντος αὐτὴν νοῦ, δύναται δ' ἐπιστρέφειν αὐτὴ πρὸς τὸν νοῦν καὶ συνιέναι τῶν αὐτοῦ, εἰ καὶ μὴ καθάπερ ὁ νοῦς τῆς ἀθρόας καὶ ἄνευ διεξόδου θίξεώς ἐστιν ἄμοιρος· πάλιν ἡ ἀλογία ἡ τῷ λόγῳ συναφὴς γέννημα οὖσα τοῦ λόγου ἐστὶ μὲν κατ' οὐσίαν λογισμῶν ἄμοιρος, λέγεται δὲ κατὰ λόγον, καὶ κατὰ τὴν οἰκείαν οὐσίαν λογικῶς κινεῖσθαι ἀδύνατος οὖσα ὑπὸ τοῦ λόγου τελειοῦται. (3) τῆς δὴ ἀλογίας καὶ ὅλως τοῦ ἐπιθυμητικοῦ γέννημα οὖσα ἡ φυτικὴ κατὰ τὸν Πλάτωνα ὑποβέβηκε μὲν κατ' οὐσίαν ἀπὸ τῆς δοξαστικῆς τε καὶ φανταστικῆς ψυχῆς, διοικεῖσθαι δὲ
p. 43 δύναται | ὑπὸ τῆς φανταστικῆς καίπερ ἄμοιρος [οὖ]σα φαντασίας καὶ δόξης· οὕτως γέ τοι καὶ τὰ φυτὰ παιδεύεσθαι ὑπὸ γεωργίας καὶ τιθασσεύεσθαι λέγεται, οὐχ ὅτι φαντασίᾳ ἐστὶ τῆς τῶν γεωργούντων [φω]ν[ῆς δ]ε[κτ]ικά, ὅτι δὲ ἄγεσθαι [οἷά τε ἦν] καὶ [κ]υβερνᾶσθαι ὑπὸ προηγητοῦ χειραγωγούμενα τοῖς πάθεσι. (4) θαυμαστὸν οὖν οὐδὲν τὴν τῆς θηλείας φυτικὴν συμφῦσαν τῇ δυνάμει τοῦ σπέρματος, ἄγουσαν ἐπιπείθειαν {καὶ} τῷ φανταστικῷ τῆς μητρικῆς ψυχῆς, παθεῖν τὸ εἶδος τοῦ κοινῇ φαντασθέντος. καὶ γὰρ ἐλέγομεν ὡς τὸ μὲν πάθημα τὸ αἰσθητικὸν τοῦ π<αθητικ>ῶς ἔχοντος ἦν ἴδιον, ἡ δὲ σύνεσις καὶ ἡ κατ' αὐτὸ γνώρισις τῆς αὐτοκινήτου ψυχῆς· τὸ δὲ τοῦ πλαττομένου εἶδος κατὰ τὸ πάθος καὶ τὸ τύπωμα, οὐ κατὰ τὴν σύνεσιν καὶ τὴν γνῶσιν.

7 Αἱ δὲ τοπικαὶ κινήσεις τοῖς ἐμβρύοις ἐρριζωμένοις κατὰ τὸν ὀμφαλὸν πῶς ἂν εἶεν καθ' ὁρμὴν καὶ φαντασίαν, ἐοικυῖαι μᾶλλον ἐντέρων στροφαῖς καὶ παλμοῖς μερῶν οἷς ἂν

19 ἐντὸς P : ἐκ- Ka. || **21-22** ὑποβ. δυνάμεως καὶ οὐσ. ἀξίᾳ dub. Ka. p. 80 (vid. Fest. p. 277[3]), qui antea ὑπ. <κατὰ> δυνάμεις καὶ οὐσ. †ἄξια scrips. : ὑπ. δυνάμεις καὶ οὐσίας ἄξια P : ὑπ. δ. καὶ οὐσ. ἀπὸ M : <οὐκ ἀντ>άξια Wendl. p. 8 : <καὶ> ἀξίαν Deuse p. 175[168] || **24** <δέ> γέ Ka. || **25** τελειοῦται Ka. : -οῦνται P || νοῦ Ka. : εὖ P || **28** μὴ καθάπερ ὁ νοῦς tamquam ex glossemate del. Deuse p. 175[168] || **29** ἄμοιρος P : ἔμμ- Ka. : εὔμοι- Kroll (sed vid. Deuse p. 175[168]) || ἡ τῶ λόγω iter. P, sed expunxit || **30** τοῦ λόγου Ka. : τῶι λόγωι P || **31** λέγεται P : ἄγεται Ka. p. 80, an recte ? (cf. Deuse p. 175[168]) || **32** τελειοῦται Ka. : -ουμένη P || **34** κατὰ τὸν Πλάτωνα] vid. cap. 4.1 || **42** φυτικὴν συμφῦσαν Kroll : φυσικὴν σύμφυσιν P || **43** ἐπιπείθειαν Ka. : ἐπιπειθῆ P^{ac}: -θεῖ P^{pc} || καὶ s.l. suppl. P : del. Ka. || **45** ἐλέγομεν] vid. cap. 4.9 (Cf. Deuse p. 180[186]) || παθητικῶς Ka. : πῶς P.

du moins qu'ils soient autres qu'elle. (2) En vérité, il faut savoir que ceci aussi et bien davantage, peut être formulé en conformité avec ce que dit Platon : toujours en effet, selon lui, ce qui est engendré à partir de l'être de quoi que ce soit se situe, par la valeur de sa puissance et de son être, au-dessous de ce qui l'a engendré. Et il est impossible qu'il soit égal en son être à ce qui l'a engendré, lui qui, de fait, se trouve en quelque sorte subordonné à ce dont il est né et qui ne s'accomplit que par celui-ci. Ainsi, en effet, la raison discursive, qui est le rejeton de l'Intellect, est, par son être, inférieure à l'Intellect qui l'a engendrée, mais peut aussi elle-même se convertir vers l'Intellect et saisir ce qui appartient à l'Intellect, même si, à la différence de l'Intellect, elle n'a point part au toucher indivis et non discursif. Et, à son tour, la partie non-rationnelle, qui reste attachée à la raison, parce qu'elle est un rejeton de la raison, ne participe point, par son être, aux raisonnements, mais elle est dite « en accord avec la raison », parce que, même si elle est incapable, par son être propre, de se comporter rationnellement, c'est par la raison qu'elle est accomplie. (3) Et la partie végétative, qui est le rejeton de la partie non-rationnelle et, en un mot, de l'appétitive, est, selon Platon, inférieure quant à son être à l'âme opinative et représentative, mais elle peut être administrée par l'âme représentative, bien qu'elle n'ait point part à la représentation et à l'opinion. C'est en ce sens, en tout cas, que même les végétaux sont dits éduqués et apprivoisés par l'agriculture, non pas qu'ils soient dotés d'une faculté de représentation qui les rende réceptifs à la voix des cultivateurs, mais au sens où ils peuvent être menés et dirigés par quelqu'un qui les guide, en se laissant conduire par leurs affections. (4) Il n'y a donc rien d'étonnant à ce que l'âme végétative de la femelle, lorsqu'elle est associée à la puissance du sperme, et dans la mesure où elle est subordonnée à la partie représentative de l'âme maternelle, soit affectée par la forme de l'objet représenté en commun. En effet, nous avons dit que l'affection sensible est propre à ce qui peut être affecté, et la conscience, c'est-à-dire la connaissance au sens strict, propre à l'âme automotrice. La forme de l'être façonné est donc déterminée par l'affection et l'empreinte, non par la conscience et la connaissance.

7 Quant aux mouvements locaux qui se produisent chez les embryons, qui sont enracinés par le cordon ombilical, comment pourraient-ils se produire selon l'impulsion et la représentation, alors qu'ils ressemblent plutôt aux torsions qui affectent les entrailles et aux tressaillements

ἀποληφθῇ πνεῦμα ; (2) γίγνονται δὲ καὶ ἐν ἡμῖν μυρίαι τινῶν τοπικαὶ μεταβάσεις ἀφάνταστοι, οἷα δὴ καὶ ἡ τῆς τροφῆς εἶναι παραδέδοται, ἣν δέχεται μὲν ἐν τοῖς ὀδοῦσι μετὰ συναισθήσεως ἄχρι λαιμο[ῦ ἡ] γαστήρ, τὸ δ᾽ ἐντεῦθεν οὔ<θ᾽ ὅ>πω<ς> πεττομένης καὶ τὸ μὲν χρήσιμον εἰς τὸ ἧπαρ ἀναδιδούσης τὸ δ᾽ ἄχρηστον εἰς τὴν ἄλλην κοιλίαν καὶ τὰ ἔντερα, οὔτε τὸ ἄχρηστον ὑγρὸν εἰς τὴν κύστιν παραπεμπ[ού]σης γίγνεται συναίσθησις· οὐδ᾽ αὖ τὴν ἐξαιματωθεῖσαν ἐν ἥπατι οὔθ᾽ ὅπως εἰς καρδίαν ἀναπέμπει ἡ φύσις, τὸ τρυγῶδες εἰς χολὴν διακρίνασα, ἐνῆν φαντασθῆναι οὔθ᾽ ὅπως ἡ καρδία ταῖς φλεψὶν ἀναπέμπει, αἱ δ᾽ ἀρδεύουσι τὴν σάρκα· οὐδ᾽ ὅπως σπερματοποιεῖταί τι τούτου μέρος ἀπολαβοῦσα, πολλαπλασιάζουσα τοὺς ἑαυτῆς λόγους ἐν τῷ γιγνομένῳ, ἔστιν αἰσθέσθαι. (3) ἀλλὰ πᾶσα[ι] τοπικαὶ κινήσεις αὗται οὖσαι οὔτε καθ᾽ ὁρμὴν οὔτε κατὰ φαντασίαν ἐκτελοῦνται, ὡς οὐδὲ αἱ τῶν ἐμβρύων κινήσεις· καὶ αἱ ἡδοναὶ τοίνυν καὶ αἱ λῦπαι διαχύσεις ἦσαν καὶ συστολαί, αἳ δὴ κἂν τοῖς φυτοῖς θεωροῦνται ἐκ δίψης τε μαραινομένοις καὶ ἐκ τῆς προσφορᾶς τοῦ ὑγροῦ ἀναθάλλου[σιν]. ὡς οὖν καὶ διψᾶν λέγεται ταῦτα καὶ πάλιν κόρον ἴσχειν ἀφαντάστως, καὶ ὥσπερ πρὸς ἥλιόν τινα τρέπεται καὶ συμπεριάγεται συμμεταφερόμενα ταῖς κλίσεσι πρὸς τὰς ἐκείνου καμπάς, τὰ
p. 44 δὲ καὶ σχίζεται πρὸς τὴν | σελήνην καὶ διανοίγεται εἰς χάσματα μεγίστης διαστάσεως, τὰ δ᾽ ἤδη καὶ πρὸς χάρακας ὥσπερ χεῖρας ἐκτείνει τὰς ἕλικας, οὑτωσὶ δὲ καὶ πρὸς τὰς θέρμας φυσικῶς τινα πάλλει{ν}.

8 Τὸ δὲ λέγειν ὀρέγεσθαι τὴν μητέρα ὧν δήπου καὶ τὰ ἔμβρυα παντελῶς ἦν ἠγνοηκότω[ν] τὰς ἐκ τῆς μήτρας καταλαμβανούσας τὰς κυούσας συμφοράς· ἀλλ᾽ ὥσπερ οὔτε ἐμεῖν ῥητέον τὰς κυούσ[ας] διὰ τὸ ἐμεῖν τὰ κατὰ γαστρὸς οὔτε ναυτιᾶν διὰ τὰς τῶν ἐμβρύων ναυτίας, οὑτωσὶ δὲ οὐδὲ κι[σ]σᾶν διὰ τὰς τῶν ἐμβρύων ἐπιθυμίας, τὸ δὲ πᾶν πάθος ἀναθετέον τῇ κινήσει τῆς μήτρας, ἣ καὶ τὸ πάθος ἀπεργάζεται τῶν πληγῶν εἰς τὸ κυο[ύμεν]ον κατὰ τὰς τῶν

Cap. 7. 4 <ἐν>αποληφθῇ Wendl. p. 8 ‖ **7-8** οὔθ᾽ ὅπως coni. (cf. **12** et **13-14**) : οὔπω P : οὔ<τε> πω<ς> M ‖ **12** οὔθ᾽ Ka. : οὐδ᾽ P ‖ εἰς καρδίαν del. P^{x} ‖ **14** οὔθ᾽ Ka. : οὐδ᾽ P ‖ **19** ὡς P : ὥστ᾽ dub. Ka. ‖ **24** τρέπεται καὶ συμπεριάγεται Ka. : τρέπεσθαι καὶ συμπεριάγεσθαι P ‖ **29** πάλλει Ka.

Cap. **8.15** (λέγει)-**18** (ψυχῆς) cf. ps.-Philop. (= Mich. Ephes.) *In gen. an.* p. 33.25-27 Hayduck (CAG XIV 3).

des parties du corps, quand le souffle ne circule plus en elles ? (2) En nous aussi se produisent des myriades de déplacements qui échappent à la représentation ; dans le cas de la nourriture par exemple, on s'accorde à reconnaître que sa transmission à l'estomac s'accompagne de conscience depuis les dents jusqu'au gosier, mais qu'à partir de là il n'y a conscience ni de la manière dont elle est digérée ni de la façon dont elle se distribue entre le foie pour ce qui est utile, le reste du ventre et les intestins pour ce qui est inutile, le liquide inutile étant quant à lui dérivé vers la vessie ; par ailleurs, il n'est pas possible non plus, on le sait, d'avoir une représentation de la façon dont, une fois la nourriture transformée en sang dans le foie, la nature envoie le sang vers le cœur, après en avoir séparé le dépôt pour en faire de la bile, ni de la façon dont le cœur l'envoie dans les veines qui, elles, irriguent la chair ; il est tout aussi impossible de percevoir la façon dont la nature retient une partie de ce sang pour fabriquer le sperme, multipliant dans ce produit ses propres raisons. (3) En réalité, tous ces déplacements, même s'il s'agit bien de mouvements locaux, ne s'accomplissent ni selon une impulsion ni selon une représentation, comme c'est le cas aussi des mouvements des embryons. De surcroît, plaisirs et douleurs sont, on le sait, des dilatations et des contractions, que l'on observe aussi chez les plantes qui se flétrissent sous l'effet de la soif, et s'épanouissent une fois arrosées. De même, donc, que ces plantes sont dites avoir soif et étancher leur soif sans avoir part à la représentation, de même encore que certaines se tournent vers le soleil et se meuvent en cercle avec lui en faisant correspondre leurs inclinaisons aux courbures de sa course, tandis que d'autres s'ouvrent à la lune, et déploient toutes grandes leurs corolles jusqu'au maximum de leur écartement, et que d'autres encore tendent leurs vrilles, telles des mains, vers les échalas, de même certaines tressaillent naturellement sous l'effet de la chaleur.

8 Et dire que la mère a envie de ce dont précisément l'embryon a, lui aussi, envie, c'est, on l'a vu, le fait de gens qui ignorent tout des malaises qui s'emparent des femmes enceintes du fait de leur matrice. En réalité, de même qu'il ne faut pas dire que les femmes enceintes vomissent parce que l'embryon qui est dans leur ventre vomit ni qu'elles ont la nausée parce qu'il a la nausée, de même on ne doit pas dire non plus qu'elles ont des envies à cause des appétits de l'embryon, mais il faut attribuer ce genre d'affections en son entier au mouvement de la matrice, lequel à son tour produit sur l'être en gestation l'affection née des chocs liés à

ἐπιθυμιῶν ἐνδείας. (2) ταύτην δ’ ἀμέ[λει] καὶ καθ’ ὁρμὴν οἴεται ἰδίαν κυβερνᾶσθαι καὶ ταύτῃ σχεδὸν τὴν ἴσην ἀνατίθησι δημιουργίαν τῇ ἐκ τοῦ πατρὸς διδομέν[ῃ] πρὸς τ[ὸ δη]μι[ο]υργού[μενον] μοίρᾳ· λ[έγε]ι δὲ κα[τ]ὰ λέξιν ἐν τῷ Τιμαίῳ ταῦτα (*Tim.* 91 a 1-3)· «τὸν τῆς ξυνουσίας ἔρωτα θεοὶ ἐτεκτήναντο ζῷον τὸ μὲν ἐν ἡμῖν, τὸ δ’ ἐν ταῖς γυναιξὶ συστήσαντες ἔμψυχον.» λέγει δὲ ζῷα ἐν ἡμῖν, δι’ ὧν αἱ γενέσεις, τό τε μόριον τὸ τοῦ ἄρρενος καὶ τῆς γυναικὸς τὴν μήτραν, ζῷα δὲ οὐχ ὅτι ζῇ ὡς τὰ φυτὰ μόνον, ἀλλ’ ὅτι καὶ τῆς αὐτοκινήτου κατήκοα ψυχῆς· λέγει γὰρ (*Tim.* 91 b 5-7) «τὸ περὶ τὴν τῶν αἰδοίων φύσιν ἀπειθές τε καὶ αὐτοκρατὲς γεγονὸς οἷον ζῷον ἀνυπήκοον τοῦ λόγου πάντων δι’ ἐπιθυμίας οἰστρώδεις ἐπιχειρεῖν κρατεῖν.» τὸ γὰρ αὐτοκρατὲς δηλοῖ ὡς καὶ ὁρμῆς κατηκόου γιγνομένης αὐτῶν τῆς κινήσεως, καὶ δηλοῖ γε καὶ τὰ γιγνόμενα· φαντασίᾳ γὰρ ἄγεται, ᾗπερ καὶ τὰ ἄλλα τῆς ὁρμῆς κατήκοα μέρη. (3) περὶ δὲ τῆς μήτρας τοιαῦτα γράφει Πλάτων· (*Tim.* 91 b 7-d 5) «αἱ δ’ ἐν ταῖς γυναιξὶν αὖ μῆτραί τε καὶ ὑστέραι λεγόμεναι διὰ τὰ αὐτὰ ταῦτα, ζῷον ἐπιθυμητικὸν ἐνὸν τῆς παιδοποιίας, ὅταν ἄκαρπον περὶ τὴν ὥραν χρόνον πολὺν γίγνηται, χαλεπῶς ἀγανακτοῦν φέρει καὶ πλανώμενον πάντῃ κατὰ τὸ σῶμα τὰς τοῦ πνεύματος διεξόδους ἀποφράττον ἀναπνεῖν οὐκ ἐῶν εἰς ἀπορίας τὰς ἐσχάτας ἐμβάλλει καὶ νόσους παντοδαπὰς ἄλλας παρέχει, μέχριπερ ἂν ἑκατέρων ἡ ἐπιθυμία καὶ ὁ ἔρως ξυναγαγόντες οἷον ἀπὸ δένδρων καρπὸν καταδρέψαντες ὡς εἰς ἄρουραν τὴν μήτραν ἀόρατα ὑπὸ σμικρότητος καὶ ἀδιάπλαστα ζῷα κατασπείραντες καὶ πάλιν διακρίναντες μεγάλα ἐντὸς ἐκθρέψωνται καὶ μετὰ τοῦτο εἰς φῶς ἀγαγόντες ζῴων ἀποτελέσωσι γένεσιν.» (4) ζῷον οὖν
p. 45 ἐπιθυμητικὸν κατὰ τὸν | Πλάτωνα καὶ ἡ μήτρα, καὶ χαλεπῶς ἀγανακτοῦν καὶ πλανώμενον πάντῃ κατὰ τὸ σῶμα· πῶς οὖν οὐκ αὐτὸ τὸ τῶν ἐπιθυμιῶν καὶ τῶν κινήσεων αἴτιον, ὅτε καὶ ῥητῶς φησιν ὁ Πλάτων εἰς ἀπορίας τὰς ἐσχάτας ἐμβάλλειν ; καὶ ἀπὸ τῆς μήτρας ἄρα αἱ κίσσαι καὶ τῶν ἐμβρύων αἱ κινήσεις.

13 θεοὶ ante τὸν Plat. ‖ **25** μήτρας M : μητρὸς P ‖ **28** περὶ P : παρὰ Plat. ‖ **30** ἀναπνέειν P ‖ **33** ξυναγαγόντες P, Plat. (cod. AF), Stob. : ξυνδιαγα- Plat. (cod. P) : ἐξαγα- Plat. (cod. Y) ‖ καταδρέψαντες P, Plat. (cod. AF) : ἀπο- Plat. (cod. P), Stob. : κἆτα δρέψαντες Plat. (cod. Y) ‖ **41** ἐμβάλλειν Ka. : ἐμβάλλον P.

l'inassouvissement de ses appétits. (2) À coup sûr, Platon pense que la matrice est elle aussi gouvernée par une impulsion qui lui appartient en propre et il lui attribue une action fabricatrice presque égale à la part qui vient du père dans la fabrication de l'embryon. Dans le *Timée*, il dit textuellement ce qui suit : « les dieux ont fabriqué le désir de la copulation en établissant en nous un animal, et dans les femmes un être doué d'une âme... » Il dit bien qu'il y a en nous des animaux qui sont la cause de la génération, c'est-à-dire aussi bien le sexe de l'homme que la matrice de la femme. Et il les qualifie d'« animaux » non seulement parce qu'ils ont en partage la vie comme les plantes, mais aussi parce qu'ils obéissent à l'âme automotrice. Platon dit en effet que « les organes sexuels, qui sont indociles et rebelles à la manière d'un animal rétif au raisonnement, s'efforcent de tout dominer pour satisfaire les désirs qui les aiguillonnent. » Le mot « rebelle » montre bien que le mouvement des parties sexuelles est régi par une impulsion, comme le montrent bien aussi les faits. Car les organes sexuels sont entraînés par la faculté de représentation, comme le sont aussi les autres parties du corps qui obéissent à l'impulsion. (3) Au sujet de la matrice, voici ce qu'écrit Platon : « Par ailleurs et pour les mêmes raisons, lorsque, chez les femmes, la "matrice" et ce qu'on appelle l'"utérus", c'est-à-dire cet animal à l'intérieur d'elles qui a le désir de faire des enfants, est demeuré longtemps stérile pendant l'âge propice, alors il supporte mal cet état, il s'irrite, et il erre de tous côtés dans le corps, en obstruant les passages par où sort le souffle et empêchant ainsi la respiration, il jette le corps dans les pires extrémités et provoque d'autres maladies de toute sorte, jusqu'à ce que l'appétit et le désir de l'un et l'autre sexes s'unissent, cueillent un fruit comme si c'était d'un arbre, sèment dans la matrice, comme dans une terre fertile, des vivants invisibles du fait de leur petitesse et encore informes, et, après les avoir différenciés, les nourrissent dans la matrice pour les faire grandir et y faire apparaître des parties distinctes, puis parachèvent leur génération en les faisant sortir à la lumière. » (4) La matrice est donc elle aussi, selon Platon, un animal pourvu d'appétits, « qui s'irrite sauvagement et qui erre de tous côtés dans le corps. » Comment dès lors ne serait-elle pas la cause des appétits et des mouvements, à partir du moment où Platon dit aussi expressément « qu'elle jette le corps dans les pires extrémités ? » C'est donc de la matrice que viennent tant les envies de la mère que les mouvements de l'embryon.

9 Αὔταρκες δὲ τοῖς ξυνιέναι δυναμένοις εἰς γνῶσιν τῆς τοῦ Πλάτωνος δόξης τὸ τὸ σπέρμα εἰρῆσθαι ὑπ᾽ αὐτοῦ οἷον ἀπὸ δένδρων καρπὸν [μ]ὲν δὴ ἀποδρέπεσθαι τὰς ἐπιθυμητικὰς δυνάμεις τὰς ἐν τοῖς γεννητικοῖς μορίοις τῶν γονέων καὶ τοῦτο ὥσπερ εἰς ἄρουραν τὴν μήτραν κατασπείρειν, εἰς τὸ <σα>φῶς γιγνώσκειν ὅτι φυτικὴ διοίκησις ἐν τῇ μήτρᾳ τῶν ἐμβρύων κατὰ Πλάτωνα καὶ οὔπω τῆς αὐτοκινήτου ψυχῆς μέτοχα. (2) ἀλλὰ πῶς, φασίν, ἔφη ζῷα κατασπείρειν ; οὗτοι δὲ μέγα παριέντες αὐτοὺς ἐξαπατῶσιν· οὐ γὰρ ἁπλῶς ἔφη ζῷα κατασπείρειν, ἐνὸν καὶ εἰ οὕτως ἔφη ἀκούειν ὡς τὰ φυτὰ μικρῷ πρόσθεν ἠκούομεν αὐτοῦ ζῷα λέγοντος, ἀλλὰ τί φησιν ; «ἀόρατα ὑπὸ σμικρότητος καὶ ἄπλαστα ζῷα κατασπείραντες·» (*Tim.* 91 d 2-3) τὸ δὲ ἄπλαστον οὐδέπω [ζῷ]ον· κἂν πλάσωνται δὲ καὶ ἐκθρέψωσιν, ἀλλὰ τὸ πλάσμα σώματος ἦν ἴδιον καὶ τὸ ἐκτρέφεσθαι ὑπὸ φυτικῆς δυνάμεως, οὐ τῆς ἄλλης ψυχῆς τ[ῆς] τε οὐσ[ης] κυρίως ζῴ[ου]. «καὶ μ[ε]τὰ [τοῦ]το εἰς [φῶ]ς» φησίν «ἀγαγόν[τες] ζῴων ἀποτελέσωσι γένεσιν·» (*Tim.* 91 d 4-5) ἀποτελοῦσι δὲ γένεσιν τῶν δυναμένων γενέσθαι ζῴων. οὕτως τὴν ἐμψυχίαν τῆς αὐτοκινήτου ψυχῆς μετὰ τὸ εἰς φῶς ἐκ τῆς μητρὸς προελθεῖν σαφῶς γιγνώσκων εὑρίσκεται Πλάτων. (3) ἀλλὰ πῶς, φασίν, ἔφη (cf. *Epin.* 973 d 2-4) που τῆς ψυχῆς ἐπεξιὼν τὰς συμφορὰς «εἴγε ἀπέκειτο καὶ τῶν κυουμένων γενέσθαι ;» ἀγνοοῦσι δὲ οἱ λέγοντες ταῦτα ὡς ἕτερον ἦν κυούμενον εἶναι καὶ ἕτερον τὸ «τῶν κυουμένων γενέσθαι·» τὸ μὲν γὰρ αὐτό τι κυίσκεσθαι λέγει, τὸ δ᾽ ἐν τοῖς κυουμένοις εἰσοικίζεσθαι. ὥσπερ οὖν εἴ τις λέγει συμφορὰν ψυχῆς εἶναι τὸ τῶν θνητῶν γενέσθαι, οὐ θνητήν φησι γίγνεσθαι ἀλλ᾽ ὅτι ἐν τοῖς θνητοῖς εἰσοικίζεται, οὕτω δήπου χρὴ καὶ τὸ «τῶν κυουμένων» ἀκούειν ὅτι ἐν τῷ γένει τῶν κυουμένων καὶ θνητῶν γίγνεται, ἀλλ᾽ οὐχ ὅτι παρ᾽ ὃν καιρὸν κυίσκονται καὶ αὐτὴ τούτοις συγκυίσκεται. (4) ὡσαύτως δὲ παρακούουσι κἄν {ἐν} τῷ
p. 46 Φαίδρῳ (*Phdr.* 248 d 2-4) λέ|γοντος τὴν πλεῖστα ἰδοῦσαν ψυχὴν εἰς γονὴν ἰέναι ἀνδρὸς φιλοκάλου τινὸς καὶ μουσικοῦ· γονὴν γὰρ οὐ τὸ σπέρμα, τὴν δὲ γένεσιν ἀκουστέον, ἵν᾽ ᾖ

Cap. **9.1** αὔταρκες Ka. : αὐτάρκως P || **2** τὸ[1] eras. P || **3** καρπόν, ὃν δὴ Blass p. 93 || **6** σαφῶς Diels conl. **20** : φῶς P : φανερῶς Ka. || φυτικὴ <ἡ> dub. Ka. || **9** αὐτοὺς P || **12** ἄπλαστα P, *Hermipp.* p. 62.15 : ἀδιάπλαστα cap. 8.3 et Plat. || **14** πλάσωνται Ka. : πλάσσωνται P || **18-19** τῶν δυναμένων γενέσθαι ζῴων Ka. : τὸ δυνάμενον γεν. ζῶον P || **32** κἄν scr. et ἐν del. Ka. : κἂν ἐν P.

9 Il suffit à ceux qui sont capables de progresser dans la compréhension de l'opinion de Platon qu'il ait dit que les puissances appétitives résidant dans les parties sexuelles des géniteurs cueillent la semence « comme on cueille le fruit des arbres » et « la sèment dans la matrice comme dans une terre fertile », pour comprendre clairement que selon lui l'administration de l'embryon dans la matrice est celle d'une plante et que l'embryon n'a pas encore part à l'âme automotrice. (2) — Mais, rétorqueront-ils, comment se fait-il que Platon dise que ce sont des « vivants » que l'on sème ? — Ces gens-là s'induisent eux-mêmes en erreur parce qu'ils laissent une chose importante de côté. Platon en effet ne parle pas de semer des « vivants » sans précision. Même s'il parle de « vivants », il est possible d'entendre le terme au sens où nous l'avons entendu un peu plus haut, quand il parlait des plantes comme de « vivants ». Que dit-il en fait ? « Ayant semé des vivants invisibles du fait de leur petitesse et informes. » Or ce qui est « informe » n'est pas encore un « animal ». Et même si ces vivants sont appelés à recevoir une forme et à croître, cette forme et le fait de croître sous l'effet d'une puissance végétative sont bien le propre du corps et non de cette autre âme, qui est celle du vivant au sens propre. Et « après cela, dit Platon, ils parachèvent la génération des vivants en les menant à la lumière », c'est-à-dire qu'ils parachèvent la génération d'êtres qui peuvent devenir des animaux. Il apparaît ainsi que Platon sait parfaitement que l'animation par l'âme automotrice se produit une fois que l'embryon est venu au jour au sortir du ventre de la mère. (3) — Mais, demanderont-ils, comment se fait-il que Platon ait dit dans un membre de phrase où il passe en revue les infortunes de l'âme : « s'il est vrai qu'il lui a été alloué d'appartenir aussi à ce qui est conçu ? »— Ceux qui posent cette question ignorent que c'est une chose d'être conçu et une autre « d'appartenir aussi à ce qui est conçu ». La première expression signifie que l'on est soi-même conçu, la seconde que l'on vient se loger dans ce qui est conçu. De même donc que si l'on dit que c'est une infortune pour l'âme d'appartenir aux êtres mortels, on veut dire non pas que l'âme devient mortelle, mais qu'elle vient se loger dans les êtres mortels, de même assurément il faut entendre « appartenir à ce qui est conçu » au sens où c'est à la naissance que l'âme se trouve dans des êtres conçus, c'est-à-dire mortels, et non au sens où c'est au moment de leur conception, qu'elle serait, elle aussi, conçue avec eux. (4) De la même manière, nos objecteurs se méprennent sur la pensée de Platon quand il dit, dans le *Phèdre*, que « l'âme qui a eu la vision la plus riche ira s'implanter dans le germe d'un homme qui aspire au beau, et est aimé des Muses. » En effet, par « germe », il faut entendre non la semence, mais la génération, de sorte que l'expression signifie

γένεσις τοῦ μέλλοντος ἔτι κυίσκεσθαι ἀλλ' οὐ σπέρμα τοῦ σπερμαίνοντος. οὐ γὰρ ἀφικνεῖσθαι λέγει καὶ εἰσοικίζεσθαι εἴς τι[νος] φιλοκάλου σπέρμα ἀλλ' εἰς γένεσιν ἀνδρὸς φιλοκάλου, ἵνα μὴ ὁ τίκτων ᾖ ὁ φιλόκαλος ἀλλ' ὁ γεννώμενος. (5) ὅτι δὲ μετὰ τὴν τοῦ σώματος τελείωσιν εἰς φῶς ἐξελθόντων ἀπὸ τῆς μητρὸς ἡ ψυχὴ κατὰ Πλάτωνα εἰσοικίζεται, λέγεται μὲν κἀν τῷ Τιμαίῳ (*Tim.* 43 a 4-5)· ἐπὶ γὰρ ὅλῳ τῷ σώματι κατασκευασθέντι ἐπάγει τὴν ψυχήν· ἀλλὰ κἀν τῷ Φαίδρῳ (*Phdr.* 246 c) ὡσαύτως καὶ σχεδὸν πανταχοῦ ἐν οἷς λέγει τὴν ψυχὴν λαμβανομένην τοῦ σώματος ζῷον τὸ συναμφότερον ἀπεργάζεσθαι.

10 Καὶ ἄνευ δὲ τοῦ Πλάτωνος αὐτὸ χρὴ καθ' αὑτὸ σκοπεῖσθαι τὸ γιγνόμενον ἐνθυμεῖσθαί τε μὴ παρέργως, εἰ μὴ πᾶσα ἡ τῶν ἐμβρύων γένεσις τῇ τῶν φυτῶν ὡς ἔνι μάλιστα ἔοικε, τοῦ μὲν πατρὸς καθιέντος τὸ σπέρμα, τῆς δὲ μητρὸς συμβαλλομένης εἰς τὴν ἔκθρεψιν οὐ μόνον γῆς τρόπον εἰς χορηγίαν τῆς τροφῆς οὐδ' ὃν τρόπον κυηθεῖσι χορηγεῖ μόνον τὸ γάλα, παραπλησίως δέ πως τοῖς ἐγκεντριζομένοις καὶ ἐνοφθαλμιζομένοις, συμφυομένης τῷ σπέρματι ἐν τῇ μήτρᾳ δυνάμεως, ὑφ' ἧς τό τε ὑποκείμενον ἔχον ἰδίαν φύσιν τό τε ἐνοφθαλμιζόμενον ἔχον τὴν οἰκείαν, κρᾶσίν τινα συνίστησιν εἰς μίαν τοῦ ἐνοφθαλμισθέντος φύσιν. (2) ἡ μὲν οὖν διοίκησις τοῦ γεννωμένου κατὰ τὸ ἐγκε[ν]τρισθὲν γίγνεται, ὅσα δὲ φύσει κάτωθεν, τὸ δεδεγμένον κατὰ τὴν ἑαυτοῦ διοικεῖ ταῦτα φύσιν· καὶ ποτὲ μὲν πλεονάζουσιν αἱ τοῦ ὑποκειμένου ποιότητες, ποτὲ δὲ τὸ πᾶν συναιροῦσιν αἱ τοῦ ἐγκεντρισθέντος. (3) ἡ μέντοι διοίκησις κἀν τοῖς φυτοῖς κἀν τῇ μήτρᾳ παραπλησία φυτικῇ, εὐθὺς {ἢ} ἔμπηξιν ἔξωθεν ὑμενώδη [τῆς ἐν] τῷ σπέρματι δυνάμεως περιβαλλούσης, ὥς φησιν Ἱπποκράτης (*Nat. puer.* 12.6, p. 54.21-22 Joly) καὶ οἷον ἐπὶ τῶν καρπ[ῶν] τ[ὰ ἄν]θη κ[αὶ τὸ κέ]λυφ[ος] ἀποτελοῦσιν, ὃ γ[ίγ]νεται τ[ὸ] χόριον, α[ὐ]λίσκον τε λ[επτ]ὸν ἐοικότα ἐντέρῳ ἐκ μέσου κατατεινούσης ῥίζης τρόπον ἢ μίσχου, ἐξ οὗ ἐκκρεμὲς ῥιζωθέν τ' ἀναπνεῖ τε καὶ τὴν τροφὴν μάλιστα

Cap. **10.1-11** (φύσιν) ; **16** (ἡ)-**32** (πεπλεγμένης) cf. Psell. *omn. doctr.* 115 Westerink ‖ **16-19** vd. Anastassiou-Irmer *Testim. z. Corpus Hippocraticum* II.2 (2001) 282 ‖ **32** (ὁ)-**35** (εἰσοικίζεται) cf. *Hermipp.* p. 62.19-23.

8 <τῆς> ἐν dub. Ka. ‖ **12** γίγνεται Ka. : γίνεσθαι P ‖ **17** ἢ del. Ka. (an καὶ ?) : ἤ<δη> Fest. p. 265 ‖ **18** περιβαλλούσης Ka. conl. Plot. II 9.12 (p. 220.20 H.-S. : περιβολή) et Hipp. : παρα- P ‖ **20** ἀποτελοῦσιν P : ἀποτελούσης Ka. p. 80 (cf. Fest. p. 283[3]), an recte ? ‖ **22** ἢ μίσχου M : ἡμίσχου P.

« la génération de celui qui doit encore être conçu » et non « la semence de celui qui procrée. » Platon veut dire en effet non pas que l'âme vient se loger dans la semence de quelqu'un qui aspire au beau, mais qu'elle contribue à la génération d'un homme qui aspire au beau, de telle sorte que celui qui aspire au beau, ce n'est pas celui qui engendre, mais celui qui est engendré. (5) D'ailleurs, que ce soit une fois le corps achevé et dans ces êtres qui, sortis du ventre de la mère, sont venus à la lumière, que l'âme, selon Platon, vient se loger, c'est ce qu'on lit aussi dans le *Timée* : « Une fois le corps bien équipé en son entier, (le dieu) y introduit l'âme. » En vérité, Platon s'exprime de la même manière dans le *Phèdre* aussi, et pour ainsi dire partout où il dit que l'âme, lorsqu'elle s'empare du corps, fait du composé qui en résulte un animal.

10 Mais il faut aussi, sans l'aide de Platon, examiner le processus en lui-même, et s'interroger sérieusement sur la question de savoir si la genèse des embryons n'est pas, en sa totalité, au plus haut point semblable à celle des plantes, le père répandant la semence, et la mère la recueillant pour la faire croître, non pas seulement à la manière de la terre, en fournissant la nourriture, ni seulement comme elle le fait en fournissant le lait aux nourrissons, mais à peu près comme il en va pour les plantes greffées et inoculées : il y a en effet, dans la matrice, une puissance étroitement unie au sperme, sous l'action de laquelle le substrat, avec sa nature particulière, et le greffon, avec la sienne propre, composent un certain mélange pour constituer cette nature une qu'est la greffe. (2) Quant à l'administration de l'être engendré, elle se fait en accord avec la greffe, mais tout ce qui vient naturellement d'en bas, c'est le récepteur qui l'administre en accord avec sa propre nature ; et ce sont tantôt les qualités du substrat qui prédominent, tantôt celles de la greffe qui l'emportent totalement. (3) L'administration est donc tout à fait semblable dans les plantes et dans la matrice en vertu de l'élément végétatif : la puissance qui est dans la semence entoure aussitôt celle-ci au dehors, ainsi que le dit Hippocrate, d'une coagulation membraneuse — comparable à celle que pour les fruits produisent les fleurs et leur enveloppe — qui devient le chorion ; elle tend ensuite depuis le centre, à la manière d'une racine ou d'un pédoncule, un fin tuyau, semblable à un boyau, auquel l'embryon est suspendu et enraciné et grâce auquel il respire et, surtout, reçoit sa nourriture — c'est ce que l'on appelle le cordon ombilical ; à la suite de cette enveloppe sphérique dont elle a

χορηγεῖται τὸ ἔμβρυον, ὃν ὀμφαλὸν καλοῦσιν, ἀπό τε τῆς σφαιροειδοῦς περ[ιε]λίξεως τοῦ σπέρματος εἰς μήκη καὶ p. 47 πλάτη ἐγειρούσης ἐκτὸς | ἄλλον ὑμένα <ὃς> γίγνεται τοῦ πλασσομένου τῶν ἐκτὸς κώλυμα, καὶ λοιπὸν μέχρι τῆς προόδου τὰ ἐντὸς πάντα πλασσούσης καὶ συμπησσούσης· εἰ γοῦν ἐκ βίας ἄωρον τῆς μήτρας ἀποσπασθείη, κἂν ἐγγὺς τῶν τοκετῶν ᾖ, ἀπαγῇ τὰ ἐντὸς ἔχον καὶ διαλυτὰ εὑρίσκεται, καίτοι τῆς πλάσεως προσούσης καὶ τῆς ἔξωθεν περιβολῆς πεπλεγμένης. (4) ὁ δὴ πᾶς χρόνος ἐν τῇ γαστρὶ εἴς τε τὴν πλάσιν καὶ τὴν πῆξιν ἀναλίσκεται, ἐοικὼς νεὼς κατασκευῇ εἰς ἣν αὐτίκα δὴ μάλα ὅταν ἐκτελέσας αὐτὴν ὁ ναυπηγὸς εἰς τὴν θάλασσαν καθελκύσῃ, ὁ κυβερνήτης εἰσοικίζεται· εἰ δέ μοι καὶ τὸν ναυπηγὸν συνηρτημένον ἀεὶ ἐπινοήσαις τῇ νηὶ καὶ τῆς νεὼς μὴ ἀφιστάμενον, <ἂν> αὐτῆς ὁ κυβερνήτης ἐπιβῇ ἑλκυσθείσης ἐκ τῆς γῆς εἰς τὴν θάλατταν, τὴν εἰκόνα ἐμφερῆ τῆς κατὰ τὴν ζῳογονίαν ἕξεις συστάσεως, κατὰ πολλὰ μὲν καὶ ἄλλα διαφερόντων τῶν τῆς φύσεως ἔργων τῶν τοῦ ναυπηγοῦ δημιουργημάτων, οὐχ ἥκιστα δὲ καὶ ὅτι ὁ μὲν ναυπηγὸς χωρίζεσθαι οἷός τε τοῦ δημιουργουμένου καὶ τοῦ κυβερνήτου, ἡ δὲ φύσις ὧν τε ποιεῖ ἀχώριστος καὶ ἀεὶ †παρόλου εἰς τὰ αὐτῆς ἔργα ἐγγίγνεσθαι βούλεται. (5) διὸ καὶ προσχωρεῖ ἄλλοτε ἄλλοις αὐτὴ κυβερνήταις· ἕως μὲν γὰρ ἐν τῷ πατρὶ τὸ σπέρμα, διοικεῖται ὑπό τε τῆς φυτικῆς τοῦ πατρὸς καὶ συμπνεούσης τῆς ἄνωθεν τοῦ πατρὸς ψυχῆς τῇ φυτικῇ πρὸς τὰ ἔργα· ὅταν δ' ἐκ τοῦ πατρὸς καταβληθῇ εἰς τὴν μητέρα, προσχωρεῖ τῇ φυτικῇ τῆς μητρὸς καὶ τῇ ψυχῇ τῇ ταύτης, τοῦ προσχωρεῖν δέοντος ἀκούειν οὐχ ὅτι συμφθείρεται οὐδ' ὡς τὰ κραθέντα ἀναστοιχειοῦται, ἀλλ' ὅτι τὴν θείαν ἐκείνην κρᾶσιν καὶ παράδοξον καὶ τῶν ζωικῶν ἰδίαν δύναμιν διασῴζεται, καὶ οὕτως ἑνοῦνται τοῖς ἐπιτηδείοις ὡς τῶν κιρναμένων τὰ συμφθειρόμενα καὶ πάλιν οὕτως τὰς οἰκείας δυνάμεις σῴζουσιν ὡς τὰ ἄκρατα καὶ καθ' ἑαυτὰ διακεκριμένα· ὃ καὶ τοῦ μὴ σώματα εἶναι μηδὲ διαθέσεσι σωμάτων τὰς οὐσίας αὐτῶν ἐνίσχεσθαι γίγνεται

24 χορηγεῖ P^{pc} || τὸ ἔμβρυον Ka. : τῶι ἐμβρύωι P || **26** ὃς add. Ka. || **28** συμπησσούσης Ka. (cf. **33** πῆξιν et cap. 16.2 πλάσσειν καὶ πήσσειν) : συμπε- P || **30** ἀπαγῇ Ka. : -άγει P || **31** περιβολῆς M : παρα- P || **37** ἂν add. Ka. || **39** ἕξεις M : ἕξει P || **44** παρόλου ex παρ' "****λου (= ἄλλου ?) P || **48-58** Cf. Deuse p. 178[178] et 187[209] || **48-49** τῆι φυτικῆι προσχωρεῖ P^{ac} || **50** δέοντως P^{pc} || **51** τὰ <μὴ> κρ. Deuse p. 187[209] || ὅτι <κατὰ> Doerrie, Porph. Symm. Zetem. (1959) p. 175[2] || **53** ἰδίαν <τὴν οἰκείαν> Li. || **54** κριναμένων P^{ac} || **57** διαθέσεσι Ka. : -θέσεις P.

entouré la semence, elle érige à l'extérieur de la première, dans sa longueur comme dans sa largeur, une autre membrane, qui devient, pour l'être en formation, une défense contre les atteintes du dehors ; il lui reste alors, jusqu'à la sortie, à former et à assembler toutes les parties internes : de fait, si l'on arrache de force un fruit à la matrice alors qu'il n'est pas mûr, et même si le terme est proche, on constate que ses parties internes sont flasques et mal ajustées, alors même que l'action formatrice est avancée, et que les contours extérieurs sont tressés. (4) Tout le temps que l'embryon passe dans le ventre est donc employé à le former et à le solidifier. Il en va comme de l'appareillage d'un navire : sitôt que le constructeur, son travail achevé, le met à flots, le pilote y embarque ; et si tu veux bien imaginer avec moi un constructeur qui demeure toujours attaché à son navire et ne s'en éloigne pas, tandis que le pilote n'embarque qu'une fois qu'il a été tiré de la terre jusqu'à la mer, tu auras là une image ressemblante de l'association qui règle la génération de l'animal, quand bien même les oeuvres de la nature diffèrent par de nombreux traits de ce que produit l'art du constructeur naval, et en particulier en ceci que le constructeur peut être séparé aussi bien du produit de son art que du pilote, tandis que la nature est inséparable de ce qu'elle fait, et veut toujours être présente [...] à ses oeuvres. (5) C'est la raison pour laquelle elle s'associe tantôt à un pilote, tantôt à un autre. En effet, tant que le sperme est dans le père, il est administré par la puissance végétative et par l'âme supérieure du père qui conspire avec cette puissance à son ouvrage. Mais quand le sperme sort du père pour être déposé dans la mère, il s'associe à la puissance végétative de la mère et à son âme supérieure ; et par « s'associer », il faut entendre non pas que ces deux éléments sont détruits ni qu'ils sont comme ces choses qui, une fois mélangées, retournent à leurs éléments primitifs, mais qu'ils préservent ce mélange divin autant que paradoxal, qui est une puissance distinctive des vivants : « les composants de ce type de mélange » ne font qu'un avec ce qui leur est approprié à la façon des choses qui, dans le mélange, sont détruites ensemble, mais en même temps ils préservent leurs puissances propres à la façon des choses qui ne sont pas mélangées et qui restent en elles-mêmes distinctes : ce qui manifeste bien qu'ils ne sont pas des corps et que leur essence n'est pas limitée par les dispositions qui sont celles des corps.

κατήγορον. (6) ἀλλὰ περὶ μὲν τῆς ἀσυμφθάρτου δι᾽ ὅλων κράσεως ἕτοιμος ἐν ἄλλοις ἱεροῖς λόγοις τὸ προσῆκον μέτρον ἀποδοῦναι· ὅταν δὲ μη<κέτι> κατὰ τὴν τῆς μητρὸς οἰκονομίαν, οὔτε μὴν ἡ μήτηρ στέγει τὸ κατὰ τὴν διάκρισιν
p. 48 ἀποκόφον τὴν | κρᾶσιν, φέρεται δὲ κἀκείνη θεσμοῖς φύσεως ἀπὸ σκότους εἰς φῶς, ἀπὸ ἐνύγρου καὶ ἐναίμου διαίτης εἰς ἐναέριον κύτος· κἀνταῦθα δὴ πάλιν εὐθὺς ἔχει ἔξωθεν τὸν κυβερνήτην παρόν[τα πρ]ονοίᾳ τῆς τὰ ὅλα διοικούσης ἀρχῆς, ἢ ἔρημ[ον] κυβερνήτου ἐπὶ τῶν ζῴων οὐδαμῶς τὴν φυτικὴν εἴασε γενέσθαι ψυχήν, ἀλλ᾽ οἱ μὲν πατέρες συνοῦσαν α[ὐτ]ὴν ἐπισχύουσι μόν[ον] πρὸς τὸ [ἔργον], ἡ δὲ [ἔ]ξωθεν πρὸς τὸ ἔργον τῆς μητρὸς ἐπισχύει ἐμπνέουσα καθάπερ ἐκεῖνοι καὶ κυβερνᾷ τὸ ἔργον καθάπερ [...]ν[..]εν ψυχαὶ τὰ τῶν οἰκείων φύσεων ἔργα.

11 Ἐμβαίνει δὲ ὁ κυβερνήτης εἰς φῶς πρ[οε]λθούσ[ης] τῆς φύσεως μετὰ τοῦ ἔργου <οὐκ> ἀναγκαζόμενος. καθάπερ δ᾽ ἐν τοῖς θεάτροις [ἑώρ]α[κ]α, οἱ τὸν Προμηθέα μιμούμενοι κειμένου τοῦ πλάσματος τὴν ψυχὴν ποιεῖν ἀναγκάζονται [ε]ἰ[σ]δύνειν εἰς τὸ σῶμα, τῶν παλαιῶν ἴσως διὰ τοῦ μύθου οὐκ ἀνάγκην παραστῆσαι βουλομένων τῆς εἰσκρίσε[ως], ὅτι δὲ μετὰ τὴν κύησιν καὶ πλασθέντος τοῦ σώματος ἡ ἐμψύχωσις παριστάντων μόνον· ὃ δὴ καὶ ὁ τῶν Ἑβραίων θεολόγος σημαίνειν ἔοικεν, ὅταν πεπλασμένου τοῦ ἀνθρωπίνου σώματος [καὶ] ἀπειληφότος πᾶσαν τὴν σωματικὴν δημιουργίαν ἐμφυσῆσαι τὸν θεὸν αὐτῷ εἰς ψυχὴν ζῶσαν λέγῃ τὸ πνεῦμα. (2) οὔτ᾽ οὖν ἀναγκαζομένη ἡ αὐτοκίνητος ψυχὴ εἴσεισιν εἰς τὰ σώματα οὔτ᾽ ἔτι μᾶλλον ἐπιτηρο[ῦσ]α τὸ στόμα καὶ τὰς ῥῖνας, τὰ καταγέλαστα δὴ ταῦτα ἃ καὶ λέγων ἄν τις αἰσχύνοιτο, ἐφ᾽ οἷς τινες τῶν Πλατωνικῶν σεμνύνονται· φυσικὴ γὰρ ἡ ἐμψύχωσις καὶ δι᾽

60 μηκέτι κατὰ τὴν Wendl. p. 8 post Ka. μη<κέτι ἦ> κ. τ. (cf. cap. 16.4 et Fest. p. 265) : μὴ κατ᾽ αὐτὴν τὴν P || **61** στέ$^{\gamma'}$ P^{ac} : τέ$^{\gamma'}$ P^{pc}, ut vid. || **70** [αἱ ἄ]ν[ωθ]εν Hudry (cf. **47**) : [αἱ ἀν[θρώπ]ιν[αι] Ka. : ἐκείνων (sic) Li.

Cap. **11.8** (ὃ)-**12** (πνεῦμα) cf. *Hermipp*. p. 65.1-4 (γενέσθαι) || **12** (οὔτ᾽)-**30** (ἐπεῖχεν) cf. Psell. *omn. doctr.* 60.6 Westerink (καὶ)-8 (ψυχῆς) || Id. *opusc*. 23 p. 98.28-99.1 (ἀέρος) O' Meara || **31** (ὥσπερ)-**52** (ὁρώμενον) cf. Psell. *omn. doctr.* 60.1-5 Westerink (ταύτης) || Id. *opusc*. 16 p. 48.13 (οἱ)-15 (ζωπυρούμενα) ; 19 (οὐ)-22 (ἐμφύεται) Duffy || Id. *opusc*. 23 p. 98.16-20 (αὐτὴν) ; p. 99.1 (οὕτω)-6 (καταλαμψάσης) ; p. 99.23 (ἀμερῆ)-24 O' Meara || Id. *opusc*. 27 p. 102.19 (μαρτυρόμενος)-103.4 O' Meara || *Hermipp*. p. 62.26 (εἰ)-63.2 (εἰσελθεῖν) ; p. 64.22 (ἡ)-23 (ἐμψυχοῦσα) || **52** (ὥσπερ)-**64** cf. Psell. *omn. doctr*. 60.5 Westerink (ὥσπερ)-6 (συγκινοῦνται).

2 οὐκ add. Ka. || **3** [ἑώρ]α[κ]α Ka. : εἰώθα(σιν) Li. || **6** ἀνάγκην Ka. : -η P.

(6) Mais à la question du mélange total sans destruction des parties, je suis prêt à consacrer un développement adéquat dans d'autres discours sacrés. Mais quand ce mélange n'est plus régi par le gouvernement de la mère, alors la mère ne résiste plus à ce qui doit le détacher d'elle en vue de la séparation, et l'embryon est porté, en vertu des lois sacrées de la nature, de l'ombre à la lumière, d'un mode de vie baigné d'eau et de sang vers une enveloppe aérienne. Et alors, en retour, il reçoit à l'instant même, de l'extérieur, le pilote dont la présence est l'effet de la providence du principe qui administre le tout, lequel n'a en aucun cas permis que, chez les animaux, l'âme végétative demeurât privée de pilote ; mais là où les parents n'assistent dans son œuvre que l'âme qui leur est unie, cette âme venue de l'extérieur assiste l'œuvre de la mère en l'emplissant de son souffle, comme le faisaient les parents, et elle la pilote comme le font les âmes [...] avec les œuvres de leur nature propre.

11 Et le pilote embarque, une fois que l'âme végétative est venue à la lumière avec son œuvre, sans y être contraint. Certes, comme je l'ai vu au théâtre, ceux qui jouent Prométhée sont contraints de faire pénétrer l'âme dans le corps de l'homme qu'ils ont façonné et qui gît à terre ; mais ce que les Anciens voulaient sans doute montrer, à travers ce mythe, ce n'est pas que l'entrée de l'âme est contrainte, mais seulement que l'animation a lieu après la gestation et une fois le corps façonné. C'est là ce que le théologien des Hébreux semble signifier lui aussi, quand il dit qu'après que le corps humain eut été façonné et eut reçu tout l'agencement qui lui revient, le dieu lui infusa le souffle « par manière d'âme qui donne la vie. » (2) Ce n'est donc pas par contrainte que l'âme automotrice entre dans les corps ; et c'est encore moins en guettant la bouche et les narines, propos tout à fait ridicules que l'on rougirait ne serait-ce que de tenir, mais dont certains Platoniciens se font gloire. C'est de façon naturelle en effet que se fait l'animation, tout comme, en général, la liaison qui s'opère en vertu de la consonance

ὅλου ἡ ἔξαψις κατὰ συμφωνίαν τῶν ἁρμοσθέντων πρὸς τὸ ἐναρμόσαι οἷόν τε. οὕτω γὰρ καὶ ὀφθαλμὸς ὁρᾷ οὐ κώνου μέχρις οὐρανοῦ διαταθέντος ἀπὸ τῆς κόρης οὐδὲ ἀκτίνων περιχύσεως εἰς τὸ ὁρατὸν γωνίας κλάσει ἀπεργασαμένης οὐδ' εἰδώλων ἐκρυέντων ἀπὸ τῶν ὁρωμένων εἰς τὸ ὁρῶν, τῷ δ' ἐπιτηδείως ἡρμόσθαι τὸ μὲν ὁρᾶν τὸ δ' ὁρᾶσθαι· οὕτω καὶ ὁ νάφθας ἁφθεὶς ἁφθέντι πυρὶ ἐξάπτεται οὐ διὰ τοῦ μεταξὺ τόπου, ὅταν μηδὲν ἐμποδίζῃ εἰς τὸ καὶ ἄνευ ἁφῆς τὰ ἡρμοσμένα συμπάσχειν ἀλλήλοις· ἕλκει δὲ καὶ ἡ μαγνῆτις p. 49 λίθος κατὰ συγγένειαν φύ|σει τὰ σιδήρια καὶ τὰ κάρφη, καὶ τὸ ἁρμοσθὲν πρὸς ψυχῆς κυβέρνησιν τὴν ἐπιτηδείαν ψυχὴν τῷ ἁρμοσθέντι, οὐδὲν οὔτε βουλήσεως οὔτ' ἐπιτηρήσεως οὔτε προαιρέσεως πρὸς τὴν παρουσίαν συμβαλλομένης, ὡς οὐδέν τι τούτων εἰς τὸ μὴ ἀπελθεῖν λυομένης τῆς ἁρμονίας ἐπεῖχεν. (3) ὥσπερ οὖν ἀναρμόστου γενομένου τοῦ ὀργανικοῦ σώματος, κἂν μυρία ἐπὶ μυρίοις τις καθιεὶς φράττῃ τὸ στόμα καὶ τὰς ῥῖνας καὶ τὰς ἄλλας ὀπὰς τοῦ σώματος, κἂν μένειν προαιρῆται καὶ βιάζηται καὶ ἱκετεύῃ, ἄπεισι φύσεως ἀνάγκῃ, ἣ τὸ ἀνάρμοστον συμφωνεῖν τῷ ἀναρμόστῳ οὐδαμῶς ἀπεκλήρωσεν, οὕτως ἐπιτηδείου γεγονότος πρὸς ὑποδοχὴν τοῦ σώματος πάρεστιν ἡ χρησομένη οὐδὲν δεηθεῖσα τοῦ κατ' ὀλίγον ἐμφύεσθαι ἢ ἀπό τινος μέρους εἰσκρίνεσθαι, ἐξαίφνης δὲ καὶ ἡ παρουσία καὶ ἡ διάλυσις, οὐχ ὁδεύσασα διὰ τοῦ γίγνεσθαι οὐδὲ διὰ τοῦ φθείρεσθαι παράτασιν λαβοῦσα, ὅνπερ τρόπον οὐδ' ἡ ἀστραπὴ διὰ τοῦ γίγνεσθαι κατ' ὀλίγον ὑφίσταται, ἀλλ' ἢ ἔστιν ἢ οὐκ ἔστι, τὴν τοῦ γίγνεσθαι καὶ φθείρεσθαι παράτασιν μὴ δεχομένη. οὐδ' {εἰ} ὥσπερ ὄρνεον διὰ θυρίδος εἰς οἰκίαν, οὕτως ἵπταται διὰ στόματος ἢ ῥινῶν ἡ ψυχὴ διὰ τοῦ ἀέρος πετομένη, ἀλλ' εἴτε διὰ τὸ εἶναι ἐγκόσμιος ἐφέλκοιτό τι σῶμα αἰθερῶδες ἢ πνευματῶδες ἢ ἀερῶδες ἢ καὶ ἐκ τούτ[ων τι] σύμμικτον εἴτε καὶ τούτων [ἄνε]υ οἵα τε ἦν εἰς τὰ ζῷα τὰ ἔχοντα ἐπιτη[δε]ί[ως] ἔχε[ιν τὴν] παρου[σίαν], {καὶ} δι' ὅλου ἅμ[α] τοῦ ὑπ[οκ]ειμένου ἡ ἐμψύχωσις, ὡς ἄχρονος ἡ τοῦ ἡλίου ἀνατο[λὴ] εἰς ἀκτῖνος

18 κόνου P || **20** κλάσει ἀπεργασαμένης Ka. : κλ[ά'] ἀπεργασαμένον P || **23** νάφθας <καὶ μὴ> ἁφθεὶς ἁφθέντος πυρὸς Diels || **34** προαιρῆται Ka. : -ήρηται P || **40** παράτασιν Ka. : παντάπασιν P (cf. **43**) || **42** ἢ[1] Ka. : εἰ P || **43** εἰ secl. Ka || **49** καὶ secl. Kroll || **50** ἄχρονος P (coni. Fest. p. 287[1]) : αχρ.ιο Ka.

entre les parties à ajuster et ce qui peut s'y ajuster. C'est ainsi en effet que l'œil voit, non pas parce qu'un cône a été tendu depuis la pupille jusqu'au ciel, ou parce qu'une émission de rayons en direction de l'objet visible produit en s'y brisant des angles de réflexion, ou encore parce que des simulacres s'écoulent depuis ce qui est vu jusqu'à ce qui voit, mais parce que d'une part le fait de voir et d'autre part le fait d'être vu s'accordent en vertu d'une convenance. C'est ainsi également que le naphte s'allume, enflammé par la flamme sans qu'il y ait besoin d'un lieu intermédiaire, puisque rien n'empêche que, même sans contact, les choses qui sont accordées soient en sympathie les unes avec les autres. C'est aussi en vertu d'une parenté de nature que la pierre de Magnésie attire la limaille et les brindilles de paille, et que le corps accordé à l'âme qui sera son pilote attire cette âme qui elle-même convient à ce corps qui lui est ajusté, sans qu'aucune volonté, aucun guet ni aucun choix préalable ne collabore à sa présence, de même que rien de cela, on le sait, ne la retient de partir, une fois l'harmonie rompue. (3) Quand le corps qui joue le rôle d'instrument se trouve désaccordé, on aura beau, en y enfonçant mille et une choses, obstruer la bouche, les narines et les autres orifices, l'âme, même si elle choisit de rester, et use de violence et de supplications, est forcée de partir par la nature qui n'a en aucun cas décrété que le désaccordé devait consonner avec le désaccordé ; de même, lorsque le corps est devenu apte à la recevoir, l'âme qui doit s'en servir y est présente, sans avoir eu nul besoin de s'y implanter progressivement ou d'y entrer par une partie ; au contraire, c'est tout d'un coup que se font sa venue et son départ, car sa venue ne suit pas un processus de génération et son départ ne résulte pas d'un processus de corruption, à la façon de l'éclair qui ne se forme pas progressivement à travers un processus de génération, mais qui est ou qui n'est pas, sans être soumis à la durée de la génération et de la corruption. Ce n'est pas non plus à la manière d'un oiseau qui entre dans une maison par la fenêtre que l'âme, en volant à travers les airs, entre par la bouche ou par les narines ; en fait, que l'on suppose que l'âme, parce qu'elle se trouve dans le monde, traîne avec elle un corps fait d'éther, de souffle, d'air ou d'un mélange de ces éléments, ou qu'on la suppose capable, même sans ce véhicule, de venir s'établir dans les vivants aptes à accueillir sa présence, c'est d'un coup que se produit l'animation du sujet dans son ensemble, comme c'est instantanément que se lève le soleil qui

διάδοσιν τὴν ἐκ περάτων τῆς γῆς εἰς τὰ πέρατα [κ]αὶ πᾶν τὸ ὑφ᾽ ἡλίου ὁρώμενον. (4) ὥσπερ δὲ αἱ συναρμοσθεῖσαι χορδαί, κἂν μακρὰν ἀλλήλων ἀπέχωσι, καρφῶν ἐπιτεθέντων ἐπί τε αὐτὰς καὶ τὰς πλησίον — ἔστωσαν δὲ αἱ πλησί[ον] ἀ[σ]ύμφωνοι — μιᾶς τῶν συμφώνων κρουσθείσης ἀναπάλλονται καὶ τὰ κάρφη ἀποσείονται, ἠρεμουσῶν τῶν πλησίον καὶ ἀπαθῶν διὰ τὴν ἀσυμφωνίαν μενουσῶν, καὶ οὐδὲν ἐκώλυε τὸ διάστημα πρὸς τὴν τῶν συνηρμοσμένων ὁμοπάθειαν οὐδὲ ἠνάγκαζε τὸ πλησίον τὴν τῶν ἀσυμφώνων ἀσυμπάθειαν, οὕτω τὸ ἁρμοσθὲν ὀργανικὸν ζῷον πρὸς ἐπιτηδείαν ψυχὴν εὐθὺς ἔχει συμπαθῆ τὴν χρησομένην· τὸ
p. 50 συμπαθὲς δὲ πρὸς τοῦτο ἀλλὰ μὴ τοῦτο | εἴτε αὐτὴ ἡ προβιοτὴ παρέσχεν ἢ καὶ τὸ ὅμοιον πρὸς τὸ ὅμοιον ἄγουσα ἡ τοῦ παντὸς δίνησις.

12 Εἰ μὲν οὖν ἔχει τις δεικνύναι ἡρμοσμένον ἤδη τὸ σῶμα κατὰ τὴν ἐντὸς ἀτέλειαν, ἀνάγκη συντίθεσθαι ἐντὸς γίγνεσθαι τὴν χρησομένην τῷ πρὸς τὴν χρῆσιν ἐπιτηδείῳ· εἰ δὲ λέλυται μὲν κατὰ γαστρὸς ἔτι κυούμενον τὸ σῶμα, χορδοποιοῦ δὲ ἔτι χρεία καὶ νε[υρο]στρόφου, οὐ τοῦ ψάλτου, τί παρέντες σκοπεῖν τὰ γιγνόμενα εἰς παραλόγους ἀτοπίας αὐτοὺς παραβάλλομεν, τῷ μὴ καθορᾶν παρὰ τὴν κύησιν τὴν ψυχὴν εἰσιοῦσαν δοξάζοντες προκύπτειν τὰ ἔμβρυα ἤδη ταύτην προειληφότα ; [ἃ ἡ]μ[εῖς] φαμεν οὐδὲ νοῦν ἔχοντα ἐν τῇ τῶν παίδων ἡλικίᾳ καθορᾶ[σθαι]· καὶ γὰρ οὖν καὶ ὁ νοῦς προϊ[ούσης] τῆς ἡλικίας εἰσκρίνεται. (2) ἐγὼ δὲ τοῦτο οὐκ εἰς ἄτοπον ἀναδειξάμενος συγχωρεῖν παραιτήσομαι, ἀλλὰ καὶ εἴ τι ἄλλο διαβεβαιοῦμαι, καὶ τὸν Πλάτωνα τοῦ λόγου ἐπαγόμενος μάρτυρα καὶ σὺν τούτῳ γε Ἀριστοτέλην, ὡς ὀψὲ νοῦς ἀνθρώποι[ς] παραγίγνεται καὶ οὐδὲ πᾶσιν οὕτως, σπάνιος δὲ ὅτῳ ἐπιτηδεία ψυχὴ πρὸς νοῦ γίγνεται συνουσίαν. (3) εἰ δὲ στραφεῖσα εἰς ἑαυτὴν ψυχὴ εὑρίσκει τοῦτον παρόντα, οὐ δήπου διὰ τοῦτο καὶ ἔχουσα ἀπ᾽ ἀρχῆς εἰσεκρίθη· τὰ γὰρ μὴ τόπῳ κρατούμενα μηδὲ σωματικῶς κατεχόμενα, ταῖς δ᾽ ἐπιτηδειότησι τῶν δεχομένων καὶ ὁμοιότησι συμφυόμενα οὐχ

59 τὸ P^{pc} (ὁ supra ῶ) || **61** comma (,) post χρησομένην pos. et δὴ (**62**) scr. Wendl. p. 8 || **62** αὐτὴ P : an αὐτῇ ? Ka.

Cap. **12.11** (ἐγὼ)-**16** (συνουσίαν) cf. *Hermipp.* p. 62.16 (Ἀριστοτέλης)-19 (ἔοικεν).

7 αὑτοὺς Ka. : αὐ- P || **9** οὐδὲν οὖν P || **11** εἰς P : ὡς dub. Ka. || **12** ἀναδειξάμενος P^{pc} (ἀνα in ras.) || **14** ἀριστοτέ^{λ} comp. P || **17** εἰ Ka. : ἡ P.

diffuse ses rayons d'une extrémité de la terre à l'autre, sur tout ce qui se voit sous le soleil. (4) Et si l'on pose des brindilles sur des cordes qui ont été accordées même si elles sont très éloignées les unes des autres, et de même sur des cordes voisines mais qui, elles, n'ont pas été accordées, et si l'on frappe, ne serait-ce qu'une seule des cordes consonantes, alors toutes se mettent à vibrer et font tomber les brindilles, tandis que les cordes voisines restent immobiles sans être affectées, en raison de leur dissonance, l'éloignement n'empêchant en aucune façon les cordes accordées de réagir en sympathie et la proximité ne suffisant pas à susciter la sympathie entre les cordes dissonantes ; de même, cet instrument qu'est le vivant accordé à une âme qui (lui) est appropriée est aussitôt en sympathie avec l'âme qui se servira de lui. Et la sympathie de l'âme avec tel vivant et non pas tel autre, dépend ou de sa vie antérieure ou également de la révolution de l'univers qui mène le semblable vers le semblable.

12 Ainsi donc, si l'on peut montrer que le corps est déjà en harmonie [avec l'âme] dans son [état d']inachèvement intra-utérin, alors il est nécessaire de reconnaître que c'est à ce stade intra-utérin que survient l'âme qui va se servir du corps approprié à son usage ; mais si le corps qui est encore en gestation dans le ventre est flasque, s'il a encore besoin d'un cordier ou d'un accordeur, mais non de qui fait vibrer les cordes, pourquoi négliger l'examen des faits et nous égarer dans des considérations fausses et absurdes, parce que, faute d'observer que l'âme entre passée la gestation, nous croyons que les embryons, quand ils sortent, l'ont déjà reçue ? Or, des mêmes nous disons observer qu'ils n'ont pas non plus d'intelligence à l'âge de l'enfance, et de fait l'intellect aussi n'entre que quand l'enfant avance en âge. (2) Quant à moi, je ne refuserai pas de concéder ce point en démontrant son absurdité, et, même si je suis convaincu d'autre chose, je produirai Platon, et avec lui Aristote, comme témoins de la vérité de ce discours qui explique que l'intellect vient tardivement aux hommes, et que ce n'est même pas le cas pour tous, mais qu'il est réservé à celui dont l'âme devient apte à l'union avec l'intellect. (3) Et si l'âme, une fois qu'elle s'est tournée vers elle-même, trouve l'intellect présent, ce n'est certes pas pour autant qu'elle le possédait dès le début quand elle est entrée (dans le corps). En effet, ces choses qui ne sont pas soumises au lieu et qui n'y sont pas contenues à la façon des corps, mais dont l'union naturelle avec leurs récepteurs est déterminée par les convenances et les ressemblances, ces choses, ni le lieu ni le temps ni

ὁ τόπος οὐδ' ὁ χρόνος οὐδὲ ἄλλη τις βία κατέχει, λύει δὲ καὶ κωλύει ἡ ἀνεπιτηδειότης καὶ κρατεῖ καὶ συνάγει ἡ ἐπιτηδειότης, καὶ ὅσῳ συμφωνεῖ τόσῳ κατέχει· διὸ καὶ ὁ γνοὺς τὸν θεὸν ἔχει τὸν θεὸν παρόντα καὶ ὁ ἀγνοῶν τῷ πανταχοῦ παρόντι ἄπεστι. καὶ οὐ δέος μή τις μέμφηται τὸ τῶν πολλῶν ἀφαιρεῖσθαι τὸν νοῦν, ὃν καὶ Πλάτων ἀγαπητὸν ὅτῳ εἰς γῆρας ἀφικνεῖται λελόγισται καὶ πτερορρυούσας τὰς ψυχὰς ἀφικνεῖσθαι εἰς τὴν γένεσιν, καὶ Ἀριστοτέλης θύραθεν ἐγγίγνεσθαι οἷς ἂν ἐγγένηται ἀπέδειξε· λογισμοὺς δὲ καὶ προαιρέσεις καὶ δόξας ἐκ πρώτης ἔχουσα ψυχὴ ἀφικνεῖται, ἀτελὴς δ' ἔτι νηπιάζων ὁ ἄνθρωπος. (4) καὶ οὐκ ἔστιν ἡ κατὰ γαστρὸς ζωὴ ἐοικυῖα τῇ νηπίου πρὸς τὸν ἡβῶντα ἀτελείᾳ, p. 51 παρηλ|λαγμένη δὲ καὶ ἀλλοία. ξηρὰν μὲν γὰρ πρ[οϊόντ]ος τοῦ χρόνου τροφὴν {δὴ} λήψ[εται], γάλακτι δὲ ἐν νηπιότητι τρέφεται, ἀλλ' οὔτε [τοῦ γένου]ς τῶν ἐδεσμάτων ἐκβ[έβηκ]ε τὸ γάλα, οὔτε δι' ἄλλου ἀλλὰ διὰ στόματος ἡ θρέ[ψ]ις· ἡ μέντοι κατὰ γαστρός [ἐστιν ἰδ]ία, καὶ οὐ διὰ στόματος, δι' ἄλ[λου δέ,] εἴ {δέ} γε τοῦ ὀμφαλοῦ, ὅπερ ἦν φυτῶν μᾶλλον, οὐ ζῴων. καὶ ἄσημα μὲν φθέγγεται καὶ ἀσύνετα ὁ νηπιάζων, ἀλλ' ὅμως τὰ λυποῦντα διὰ φαντάσεων καὶ κλαυσμάτων ἐπισημαίνει· ἐν τούτοις δ' ἦν ἄφωνος ὁ βίος καὶ ἀφάνταστος. τά τε ἄλλα, ἵνα μὴ τὰ αὐτὰ πάλιν ἀναγυμνῶμεν, τῇ τῶν φυτῶν μᾶλλον ἢ τῇ τῶν ζῴων προσχωρεῖ διαζήσει κυουμένων ἔτι τῶν ἐμβρύων ἡ ἔκθρεψις. (5) τὸ μὲν οὖν λογικὸν ἔνεστί πως καὶ τοῖς βρέφεσιν, ὅ[τι] καὶ τὸ αἰσθητικὸν δι' οὗ κἀκεῖνο ἀνεγείρεται πρὸς ἐνέργειαν, καὶ ὅμως πολλῆς τῆς ἐκ τῶν <συ>ζώντων καὶ τῆς ἔξωθεν συνενδόσεως ἀπὸ τοῦ ἤδη ἐνεργείᾳ λογικοῦ χρῄζει πρὸς τὴν εἰς τὸ ἐνεργεῖν ἄφιξιν. τοῦ δ' αἰσθητικοῦ οὐδὲ ἴχνος ἐν τοῖς ἔτι κυουμένοις καὶ ὅτι οὐδὲ τὰ ὄργανα δι' ὧν αἱ αἰσθήσεις οὐδ' οἱ τόποι οὐδὲ τὰ ἀποστήματα ἔνεισί πω. (6) παλμοὶ δὲ οὐχ ἧττους καὶ ἐν τοῖς ἐπικυήμασι καὶ στροφαὶ οἷα δὴ ἐμβρύων καὶ ἐπὶ τούτων, ὡς καὶ μαίας καὶ αὐτὰς τὰς ὠδινούσας πολλάκις πλανᾶσθαι, μὴ τῶν ζῳογονουμένων ᾖ τὸ κινούμενον· τὰ δ' αὐτὰ κινήματα

23 κατέ****χει (quattuor litterae erasae) P ‖ **25-26** οὐδὲ ὀσμή τις μέμφ** (duo litterae ersae) πόλων P : μέμφηται τὸ τῶν πολλῶν Wendl. p. 8 et Fest. p. 288[1] (τὸ πολλῶν) : « Sinn : καὶ οὐ δέος μή τις μέμφηται τὸ τὰ παιδία (τῶν παίδων Kroll, τῶν ἀτελῶν Diels) ἀφαιρεῖσθαι » Ka. ‖ **29** ἂν Ka. : ἐὰν P ‖ **34** δὴ secl. Kroll, διαλήψ[εται] Thillet ‖ **38** δέ secl. Ka. ‖ ὅπερ Ka. : εἴπερ P : del. Li. ‖ **41** ὁ βίος καὶ Ka. : καὶ ὁ βίος P ‖ **42** ἀνακυκλῶμεν Kroll ap. Ka. p. 80 ‖ **45** κἀκεῖνο Ka. : -να P ‖ **46** (ἐκ)-**47** (τῆς) secl. Li. ‖ **47** συζώντων Ka. ‖ **49** καὶ del. Wendl. p. 8.

aucune autre force ne les tient. Mais ce qui défait et empêche [l'union], c'est l'inaptitude ; et ce qui la commande et l'unifie, c'est l'aptitude et plus grand est l'accord, plus grande est sa tenue. Voilà pourquoi à celui qui connaît le dieu, le dieu est présent, tandis que celui qui ne le connaît pas est absent au dieu qui est partout présent. Et il n'est pas à craindre que l'on (nous) reproche d'enlever l'intellect au plus grand nombre. À ce propos, Platon lui-même affirme que doit s'estimer heureux celui à qui l'intellect advient dans sa vieillesse et que c'est privées de leurs ailes que les âmes viennent à la génération ; et Aristote a démontré que l'intellect, chez ceux qui l'atteignent, vient du dehors. L'âme a beau arriver en étant douée d'emblée du raisonnement, du choix délibéré et de l'opinion, l'homme, dans la petite enfance, est encore incomplet. (4) Quant à la vie intra-utérine, elle n'est pas semblable à celle du nourrisson, qui est incomplète par rapport à celle de l'adolescent, mais elle s'en distingue nettement et elle est tout autre. En effet, l'enfant, le temps passant, prendra de la nourriture solide, alors que dans sa première enfance il est nourri de lait ; mais le lait reste un aliment et l'alimentation ne se fait pas par une autre voie que la bouche. Par contre, dans le ventre (de la mère), l'alimentation est d'une nature spéciale : elle ne se fait pas par la bouche, mais par une autre voie, s'il est vrai que c'est par le cordon ombilical – ce qui relève de la vie végétale plus que de la vie animale. De plus, le petit enfant fait entendre des sons indistincts et inintelligibles, et cependant, il signifie ce qui le peine par des manifestations et des pleurs. Chez les embryons en revanche, la vie est muette et ne manifeste rien. Pour le reste (pour ne pas me répéter), l'alimentation des embryons qui sont encore en gestation se rapproche du régime des plantes plutôt que de celui des animaux. (5) Quant à la capacité de raisonner, elle est présente aussi en quelque manière chez les nouveau-nés, puisqu'ils ont aussi la capacité de sentir, au moyen de laquelle la première, justement, est activée et actualisée. Et cependant, il leur faut être dans une grande réceptivité aux incitations de leur entourage et de l'extérieur, pour parvenir, à partir d'une capacité de raisonner déjà en acte, à activer la leur. De la capacité de sentir en revanche, il n'y a pas la moindre trace chez les êtres qui sont encore en gestation, justement parce qu'ils n'ont pas encore les organes, les lieux et les distances qui permettent les sensations. (6) Et dans les fœtus de superfétation, il n'y a pas moins de tressaillements, tout comme il y a des torsions semblables à celles des embryons, de sorte que les sages-femmes et les parturientes elles-mêmes sont souvent dans l'incertitude de savoir si l'être qui se meut en elles est bien viable.

καὶ τοὺς παλμοὺς καὶ τὸ λεγόμενον πάθος τοῦ μύ[λου] παρέχει ὡς καὶ ἄδηλον ἄχρι πολλοῦ γενέσθαι, μὴ καὶ ἔμβρυον ᾖ τὸ κινούμενον, ὑπερβάλλον δὲ τὸν χρόνον τῶν κυουμένων ἠλέγχθη· συγκεχώρηται δὲ ἄψυχα εἶναι ταῦτα, φύσεως μέντοι οὐκ ἄμοιρα, οἷα δὴ καὶ τὰ τέρατα, ἃ καίπερ ὄντα παρὰ φύσιν φύσεως ἦν ἀστοχούσης τοῦ κατὰ λόγον γεννήματος. (7) ἔνθα δὲ τῆς θρεπτικῆς ἦν χρεία ἐνεργείας αὐξητικῆς τε καὶ πλαστικῆς, περιττὴ καὶ ἐμπόδιος ἡ τῆς αἰσθητικῆς καὶ δοξαστικῆς δυνάμεως εἴσκρισις, ὅπου γε καὶ νῦν, εἰ μ<ὲν> ἡ φύσις ἐκθρέψει καὶ τὸ κατ᾽ αὐτὴν ἔργον ἀνεμποδίστως περανεῖ, ἐμποδίζεται ἡ αἴσθησις καὶ ὑπονοστεῖ κατὰ τοὺς ὕπνους, καὶ ὅσῳ ἀνόνειρος καὶ ἀφάνταστος ὁ ὕπνος, τόσῳ μᾶλλον ἡ φύσις ἐνεργός, οἱ δ᾽ ἄγρυπνοι καὶ μεριμνηταὶ ἄτροφοι, ἐκκρουομένου τοῦ τῆς ἑτέρας ἔργου ὑπὸ τῶν ἐνεργειῶν τῆς ἑτέρας. εἰ δὲ καὶ ἀπηχήματος
p. 52 αἰσθητικοῦ χρεία καὶ οἷον φωτὸς | ἔξω[θεν] ἡλίου ἀκτῖνος μὴ εἰσβαλλούσης, αὔταρκες τὸ ἐν ὑποκειμένῳ αἰσθητικῷ τῷ τῆς μητρὸς ὄγκῳ τὴν δημιουργίαν συντελεῖσθαι.

13 Ἀλλ᾽ ὅτι μὲν οὐκ ἐνεργείᾳ ζῷον τὸ ἔμβρυον οὐδὲ ψυχῆς τῆς αὐτοκινήτου ἐνεργείᾳ παρούσης μετέχον, αὐτάρκη καὶ ταῦτα δεικνύναι· ὅτι δὲ μη<δὲ> δυνάμει ἔμψυχον τοῦ δυνάμει ἐξακουομένου ἐπὶ τοῦ ἀνειληφότος μὲν τὴν ἕξιν ἡσυχάζοντος δὲ καὶ μὴ ἐνεργοῦντος, δεικνύναι ἀκόλουθον. τὸ τ[ὴν ἕ]ξιν ἀναδεδεγμένον καὶ μὴ ἐνεργοῦν ἀλλ᾽ ἐν τῇ δυνάμει ἡσυχάζον, τέλειον γεγονὸς κατὰ τὸ εἶδος ἤρεμον {μὲν} ἦν· εἰ δ᾽ ἀτελὲς εἴη κατὰ τὸ εἶδος, κατηγοροίη δέ τις αὐτοῦ τ[ὸ δυνάμει], ἐπὶ τὸ ἕτερον σημαινόμενον τοῦ δυνάμει μεταβαίνων, τὸ <δὲ> τεταγμένον κατὰ τὸ τέλειον εἶδος τοῦ δ[υνάμει σ]ημαινόμενον καὶ μένον ἐν ἡσυχίᾳ ἀνενέργητον παραιτού[μενος] φαίνεται. (2) οὕτω γὰ[ρ ...]ρει μὲν ὁ ἐπὶ τῆς κώπης ἀπ[ὸ] τῆς νεὼς ἐκβεβλημένης κατηγορῶν τὸ δυνάμει διὰ τὸ μὴ ἐρέττειν τὴν ναῦν τὸ καθ᾽ ἕξιν μὲν τέλειον δυνάμει, ἡσυχάζον [δ᾽ ἀ]πὸ τῆς ἐνεργείας ἐν τῇ οἰκείᾳ δυνάμει σημαίνων εὑρίσκεται· ὁ δ᾽ ἐπὶ τῶν ξύλων τῶν πρὸς κώπης

56 παρέχει Ka. : -χειν P || **60** λόγον M : -ου P || **61** δὲ P : δὴ Fest. p. 289[1] || **63** δυνάμεως M : δύναμις P || **64** μὲν ἡ Ka. : μὴ P || **71** εἰσβαλλούσης P^{pc} (εἰσ in ras.) || τὸ ἐν ὑποκειμένῳ Ka. : τῶι ἐνυποκειμένωι P.

Cap. **13.30** (καὶ)-**39** (ἀκρόδρυα) cf. Psell. *opusc.* 16α, p. 48.10-3 Duffy.

3 μηδὲ Ka. : μὴ P || δυνάμει[1] M : δύναμιν P || **7** ἤρεμον M : ἤρη- P || μὲν secl. Kroll || **10** μεταβαίνων Ka. : -βαῖνον P || δὲ add. Ka. || **11** μένον P : μόνον Ka. || **12** ...᾽ρει P : ἐν τριήρει M spatio longius.

La pathologie dite de la môle présente les mêmes mouvements ainsi que ces tressaillements, de sorte qu'on reste longtemps sans savoir si ce qui bouge est un embryon ; et c'est seulement le dépassement du terme de la gestation qui révèle cette pathologie. Il est admis que ces [môles] sont inanimées, sans être néanmoins exclues de la nature, pas plus que les monstres qui, bien que contre nature, sont le fait d'une nature qui échoue à produire un fruit conforme à une « raison ». (7) Mais là où il est besoin de l'activité qui nourrit, fait croître et modèle, l'entrée de la puissance sensitive et opinative est superflue et constitue un obstacle, puisque, même pour nous, quand la puissance végétative nourrit et accomplit sans entraves sa fonction propre, la sensation est entravée : pendant le sommeil, elle s'amenuise et plus celui-ci est exempt de songes et d'images, plus la puissance végétative est active ; à l'inverse, les insomniaques et les inquiets dépérissent, parce que la fonction de l'une (des deux puissances) est contrecarrée par les activités de l'autre. Et même s'il est besoin (pour l'embryon) d'un écho sensible et d'une sorte de lumière – car les rayons du soleil ne pénètrent pas de l'extérieur –, ce qui se trouve dans le substrat sensitif, la masse corporelle de la mère, suffit à parachever la fabrication.

13 Que l'embryon n'est pas un animal en acte, et qu'il ne participe pas à l'âme automotrice présente en acte, cela aussi on l'a suffisamment montré ; mais qu'il n'a pas non plus cette âme en-puissance, le terme « en-puissance » étant entendu dans le sens de ce qui, tout en ayant reçu la disposition, se tient au repos et n'agit pas, c'est ce qu'il faut à présent démontrer. Ce qui a reçu la disposition sans pour autant agir mais en se tenant au repos dans sa puissance, se tient tranquille puisqu'il se trouve accompli du point de vue de la forme ; mais s'il est incomplet du point de vue de la forme, et qu'on lui attribue cependant l'en-puissance, alors il apparaît que l'on passe à l'autre sens de l'en-puissance, et que l'on écarte ce sens du terme qui s'applique à la forme accomplie et se tenant au repos sans agir. (2). C'est ainsi en effet que (...) celui qui dit de la rame jetée par-dessus bord qu'elle est en-puissance parce qu'elle ne propulse pas le navire, apparaît entendre l'en-puissance au sens de la disposition accomplie mais qui, à la suite de l'acte, se tient au repos dans sa puissance propre. En revanche, celui qui applique le terme d'en-

κατασκευὴν ἐπιτηδείων τὸ δυνάμει τάττων, ἐφ' ὧν τὸ εἶδος τὸ τῆς κώπης οὔπω θεωρεῖται, δύναται δὲ γενέσθαι ὑπὸ τῆς τοῦ τέκτονος τέχνης, οὐδ' ὅλως μέν πω ἐνεῖναι τὸ τῆς κώπης εἶδος ὁμολογεῖ, δυνάμενον δὲ γενέσθαι τῇ τοῦ δυνάμει σημαίνει προσηγορίᾳ, ὡς τοῦτο μὲν παρὰ τὸ δύνασθαι ἀναλαβεῖν τὴν δύναμιν, τὸ δὲ παρὰ τὸ μένειν ἐν τῇ δυνάμει ἐγγεγονυίᾳ ἤδη ἡσυχάζον δυνάμει λέγεσθαι. (3) ἐπεὶ τοίνυν ὁ καθεύδων ἀνενέργητός ἐστι τῶν κατὰ τὰς αἰσθήσεις ἐνεργειῶν, ἀνενέργητον δὲ τούτων καὶ τὸ κυούμενον, σκεπτέον εἰ τῷ ἡσυχάζοντι καὶ καθεύδοντι ἢ νὴ Δία γε τῷ κεκαρωμένῳ ἔοικεν ἢ τὸ σπέρμα ἢ τὸ ἐκ τοῦ σπέρματος δημιουργούμενον, καὶ εἰ τῇ γε κώπῃ ἡσυχαζούσῃ καὶ μὴ ἐρεττούσῃ ἀλλ' οὐχὶ τῷ ξύλῳ τῷ μηδέπω τὸ εἶδος τὸ τῆς κώπης ἀναδεδεγμένῳ. (4) καὶ μὴν τῷ γε τἀληθὲς σκοπουμένῳ [ἀ]τελὲς ἔτι φανεῖται ἄχρι τοκετῶν τὸ ἔμβρυον· ἦν δὲ τὸ ζωικὸν σῶμα οὐχ ἡ [ἔ]ξωθεν πλάσις, οὐδέ γε τὸ εἶδος ἡ ἔξωθεν περικειμένη μορφή, ἀλλ' ἡ δι' ὅλου [τ]ελειότης τοῦ πλάσματος, ἡ τελεία τῆς ἔξωθεν μορφῆς καὶ τῶν σπλάγχνων καὶ τῶν [ἄ]λλων ἁπάντων, νεύρων τε καὶ ὀστῶν ἀρτηριῶν τε καὶ φλεβῶν, καὶ συμπάσης τῆς ὀργανοποιίας θεωρουμένη τελείωσις, καθάπερ ἐπὶ τῶν ἀκροδρύων τὸ πεπανὸν ἐπέχει
p. 53 τὸ τέλειον, πεπανὸν δὲ ἐν ἐμβρύοις | τὸ κατὰ φύσιν ἐκπῖπτον ἀπὸ τῆς μητρὸς ὡς ἀπὸ τῶν δένδρων τὰ ἀκρόδρυα. (5) οὔπω ἄρα αἰσθητικὸν ὡς τὸ τὴν ἕξιν [δε]δεγμένον τὸ ἔμβρυον οὐδ' ἄρα δυνάμει οὑτωσί γε· οὐ <γὰρ> ἐν τοῖς ἀτελέστοις ὀργάνοις αἱ αἰσθητικαὶ [δυ]νάμεις ἔνεισί πω, ὡς οὐδ' ἐν τοῖς ξύλοις τῆς κώπης τὸ εἶδος. δυνάμει ἄρα αἰσθητικὸν καὶ ὀρεκτικὸν [καὶ] λογιστικὸν τὸ ἔμβρυον οὐχ ὡς τὸ δεδεγμένον καὶ ἡσυχάζον ἐν τῇ δυνάμει, ὅτι οὐδὲ καθεύδοντι [ἔ]οικεν, ἀλλ' ὡς τὸ δυνάμενον δέξασθαι καὶ ἔτι ἀτελές. (6) ἔχεται δὲ τῆς δόξης ταύτης καὶ [ὁ] Πλάτων, ὅταν τὴν ψυχὴν διαιρούμενος τὸ μὲν [ἡγε]μονικὸν αὐτῆς περὶ τὴν κεφαλὴν ἀπονέμῃ, [τ]ὸ <δὲ> θυμοειδὲς περὶ τὴν καρδίαν, τὸ δ' ἐπιθυμητικὸν περὶ τὸ ἧπαρ· ὅπου δ' οὔπω <οὔτε> κεφαλὴ

26 ante σκεπτέον add. καὶ P, sed del. || **37** ἐπέχει Ka. : ἀ- P || **41** οὐ γὰρ Ka. : οὐκ P || **48** κεφαλὴν] κεφ et λ in ras. P || **49** δὲ add. Ka. || **50** οὔτε add. Ka.

puissance aux morceaux de bois appropriés à la fabrication de la rame, sur lesquels la forme de la rame n'est pas encore visible mais peut le devenir par l'entremise de l'art du menuisier, reconnaît, certes, que la forme de la rame n'est encore en aucune façon présente en eux, mais en même temps signifie par l'appellation d'« en-puissance » qu'elle peut advenir, de sorte que dans un cas l'en-puissance se dit de ce qui peut recevoir la puissance, dans l'autre, de ce qui demeure au repos dans une puissance déjà acquise. (3) Puis donc que le dormeur n'exerce pas les actes relatifs aux sensations, et qu'il en va de même pour l'embryon, il faut voir si c'est à l'homme au repos et qui dort, ou même, par Zeus, à celui qui est ivre-mort, que ressemble la semence ou ce qui est fabriqué à partir de la semence, et si donc c'est à la rame au repos et ne propulsant pas (le navire) et non au bois n'ayant pas encore reçu la forme de la rame. (4) Et certes, à celui qui cherche la vérité, il apparaîtra que l'embryon, jusqu'à la naissance, est encore incomplet : de fait, le corps vivant, ce n'est pas le modelage extérieur, pas plus que la forme n'est la figure et l'enveloppe extérieure, mais c'est le plein accomplissement de l'ouvrage modelé, l'achèvement parfait et devenu visible de la figure externe, comme des viscères et de tout le reste, ligaments, os, artères et veines, et l'entière fabrique des organes, de même que, pour les fruits, la maturité suit l'achèvement. Or est mûr, dans le cas des embryons, ce qui, en accord avec la nature, tombe de la mère, tout comme des arbres tombent les fruits. (5) L'embryon n'est donc pas encore capable de sensation au sens de ce qui a reçu la disposition, pas plus, donc, qu'il ne l'est en-puissance, du moins en ce sens : les puissances sensitives (en effet) ne sont pas encore présentes dans les organes inachevés, pas plus que ne l'est, dans le bois de construction, la forme de la rame. Si donc l'embryon est en-puissance capable de sensation, de désir et de raison, ce n'est pas au sens de ce qui a reçu la disposition et se tient au repos dans l'état de puissance – puisque l'embryon ne ressemble pas non plus au dormeur –, mais au sens de ce qui peut la recevoir et est encore inachevé. (6) C'est à cette opinion que se rattache Platon aussi quand, divisant l'âme, il assigne sa partie directrice à la région de la tête, sa partie irascible à la région du coeur, et sa partie appétitive à la région du foie : mais là où il n'y a encore ni tête, ni coeur, ni foie, comment

[οὔ]τε καρδία οὔθ' ἧπαρ, πῶς ἐκεῖ [οἷ]όν τε χώραν ἔχειν τὴν ψυχὴν ἐγγίγνεσθαι ; [εἰ] δ' οὐδὲν εἰκῇ οὔθ' ἡ φύσις οὔτ' ἔτι μᾶλλον ὁ θεὸς ποιεῖ, ἀλλ' ἕνεκά του πάντως {τινὸς ἕνεκα}, λέγε πῶς ἂν παρέστησεν [ὄργαν]ον ᾧ μήπω χρῆσθαι δύναται ἐπιτηροῦσα τὸ μέλλον, αὐτάρκους μὲν τῆς φύσε[ως οὔσης πρ]ὸς τὴν δημιουργίαν, ἱκανῶς δὲ καὶ τῆς μητρικῆς ψυχῆς συνεργούσης [τῷ] κατασκευάσματι ἐμ[βρύου, ἀργ]ούσ[ης] δὲ πρὸς τὰ τῆς φύσεως ἔργα τῆς ἐνεργητικῆς αὐτοκινήτου ψυχῆς. (7) ἦν δ' ἀμέλει καὶ τοῦτο ἀγνόημα τῶν συνεῖναι μὴ δυναμένων, πῶς ἡ ψυχὴ πάρα τῷ σώματι καὶ πῶς πάλιν ἄπεστι, καὶ ὅτι οὐ τοπικὴ ἡ παρουσία τε καὶ ἀπουσία, κατὰ δὲ τὴν ἐπιτηδειότητα καὶ συναρμοστίαν ἥτ<οι> ἔν[εστιν] ἢ πάρεστί γε καὶ συμφωνεῖ ἢ ἄπεστι καὶ ἀνομολογεῖ. τὸ δ' οὐδέπω κατὰ τοὺς λόγους συνήρμοσται τοὺς τῆς φύσεως· πῶς οὖν πάρεστι τῷ μήπω ἁρμοσθέντι, ᾧ παρεῖναι ἄλλως οὐχ οἷά τε ; κἂν γὰρ τόπῳ τις παρεῖναι συγχωρήσῃ, ἀλλὰ τῆς εἰς ζῳοποιίαν παρουσίας οὐ κατὰ τόπον γιγνομένης ἀλλὰ κατὰ συμφωνίαν σώματος ὀργανικοῦ καὶ τοῦ χρωμένου τῷ ὀργάνῳ, μήπω συμφωνεῖν διὰ τὸ ἀτελὲς οἵου τε ὄντος τοῦ ὀργάνου ἄπεστι τὸ χρησόμενον, κἂν ἑτέρως τις παρεῖναι συγχωρῇ.

14 Ναί, φασίν, ἀλλ' ὥσπερ ὀδόντων ἔχει λόγον τὸ σπέρμα, οὓς μετὰ τὴν ἐξ ὠδίνων πρόοδον προβάλλει, καὶ ὡς γενείων γε καὶ σπέρματος καὶ καταμηνίων, οὑτωσὶ δὲ καὶ ὁρμῆς καὶ φαντασίας καὶ αἰσθήσεως λόγων ἐνόντων αἱ προβολαὶ
p. 54 μετὰ τὴν κύησιν. (2) ὅτι δ' οἱ ταῦτα λέγοντες ἐκ μὲν τῆς | ἐναργείας οὐδὲν προφέρουσι βιαστικόν, στοχασμοὺς δὲ καὶ εἰκότα, κἀκ τοῦ <εἰ> μὴ ἐν[εί]η, μηδ' ἂν μετὰ ταῦτα γενέσθαι νομίζειν πρόδηλον· ἀγνοοῦσι δὲ ὑπὸ φιλοτιμίας σπερ[μα]τικὴν ποιοῦντες τὴν ψυχὴν καὶ κρ[ε]ίττονα ἀποφαίνοντες τὴν φυτικὴν τῆς αὐτοκινήτου ψυχῆς. (3) † ἄρα δὴ ταῦτα τῶν Στωικῶν ἀγνοήματα οἳ κάτωθεν ἄνω ἐστραμμένοι ἀπὸ τῶν χειρόνων ἐτόλμησαν γεννᾶν τὰ κρείττω, τὸ μὲν εἶναι καὶ τὴν οὐσίαν πᾶσιν ἐκ τῆς ὕλης δόντες, γέννημα δὲ ποιοῦντες

54 παρέστησεν Ka. : -κεν P || **62** ἥτοι Ka. : ἧτ P || **64** συνήρμοσται Ka. : -ηρμόσθαι P || **67** παρουσίας M : -ούσης P || **70** χρησόμενον M : χρήσιμον P.

Cap. **14.32** (οὐχ)-**35** (ἐπιτηδειότητα) cf. *Hermipp.* p. 64.22 (ἡ δὲ)-26 (κρατούμενον).

6 προφέρουσι βιαστικόν dub. Ka. : διαφέρουσι βιαστι^{x} inc. comp. P || **7** εἰ add. Ka. || **9** ἀποφαίνοντες Ka. : -φαίνονται P || **10** ἄρα P : ἔστι Diels : ἀλλὰ Ka. : ὅρα δή, Fest. p. 292[1] || **11** οἱ P || **13** ποιοῦντες Ka. : ποιοῦν[τ]αι P.

est-il possible que l'âme ait une place où advenir ? Et si la nature, et plus encore le dieu, ne font rien au hasard mais toujours en vue d'une fin, dis-moi comment elle aurait fourni un organe qu'on ne peut encore utiliser comme si elle anticipait l'avenir, alors que la nature se suffit à elle-même pour la fabrication de l'embryon, que l'âme de la mère aussi collabore suffisamment à son appareillage, et enfin que l'âme automotrice, quoique capable d'agir, n'intervient pas dans les œuvres de la nature. (7) Et c'est bien là l'erreur de ceux qui n'arrivent pas à comprendre comment l'âme est présente au corps et comment elle peut, à rebours, s'en absenter, et que ni cette présence ni cette absence ne sont locales mais que c'est selon la convenance et l'ajustement mutuel que l'âme ou bien est dans le corps, ou du moins lui est présente et s'accorde avec lui, ou bien s'en absente et dénoue cette entente. Mais le corps, lui, suivant les raisons formatrices de la nature, n'est pas encore ajusté : comment donc l'âme peut-elle être présente à ce qui ne lui est pas encore ajusté, et à quoi elle ne peut être présente sur un autre mode ? De fait, même si l'on concédait qu'elle lui est présente sur un mode local, il reste que, la présence requise pour produire l'animal n'advenant pas selon le lieu mais en vertu de l'accord entre le corps-instrument et ce qui utilise cet instrument, aussi longtemps que l'instrument n'est pas capable, en raison de son inachèvement, d'un tel accord, celui qui doit l'utiliser en est absent, même si l'on concède qu'il lui est présent d'une autre façon.

14 Oui, disent-ils, mais de même que le sperme possède une raison formatrice des dents, qui les fait percer dans la période qui suit la naissance, tout comme celles de la barbe, du sperme et des menstrues, de même c'est parce que les raisons de l'impulsion, de l'imagination et de la sensation sont présentes dans le sperme que leur « percée » intervient après l'accouchement. (2) Ceux qui disent cela en se fondant sur l'évidence ne s'en écartent pas violemment, mais ils en restent aux conjectures et à des vraisemblances du fait qu'ils croient que si ces puissances n'étaient pas dans le sperme, elles n'adviendraient pas non plus par la suite : cela, c'est bien clair. Mais ils se trompent par désir de se distinguer en faisant l'âme spermatique, c'est-à-dire en faisant paraître l'âme végétative meilleure que l'âme automotrice. (3) ... eh bien, ce sont là les erreurs des Stoïciens qui, inversant le haut et le bas, ont l'audace d'engendrer le supérieur à partir de l'inférieur : dérivant pour toutes choses l'être et la substance de la matière, ils font naître la nature de

ἕξεως μὲν τὴν φύσιν, φύσεως δὲ τὴν αἰσθητικήν τε καὶ ὁρμητικὴν ψυχήν, τούτων δ' αὖ πάλιν τὴν λογικὴν καὶ τῆς λογιστικῆς τὸν νοῦν, κινήσεων διαφοραῖς καὶ προσθήκαις κάτωθεν ἄνω πάντα γεννῶντες δέον ἄνωθεν κάτω καὶ ἀπὸ τοῦ κρείττονος προάγειν τὸ ἧττον, ὅτι πᾶν τὸ γεννῶν τῇ αὐτοῦ οὐσίᾳ χεῖρον ἑαυτοῦ πέφυκε γεννᾶν, οὐ κρεῖττον· καὶ διὰ τοῦτο ἡ ἐν ἡμῖν φυτικὴ χεῖρον ἐγέννα ἑαυτῆς τὸ σπέρμα ὡς ἂν ἐλλεῖπον τῇ κατ' ἐνέργειαν κινήσει, ἣν προσλαμβάνει ἀπό τε τῆς ἐν τῇ μητρὶ φύσεως καὶ ἀπὸ τοῦ περιέχοντος, τοῦ ἐνεργείᾳ προηγουμένου ἐν πᾶσι τοῦ δυνάμει. (4) εἰ δὲ λόγοι μὲν ἐν τῷ σπέρματι φαντασίας καὶ ὁρμῆς, τούτους δὲ αὖθ[ι]ς προάγει εἰς τὴν ἐνέργειαν ἡ φύσις, ὁ ἐπιπεσὼν ἀὴρ ὡς οἴεται Χρύσιππος ἅμα τ[ῇ] ἐξ ὠδίνων προόδῳ ἡ φύσις ἔσται κινηθεῖσα μεταβαλοῦσα εἰς ψυχήν, οὗ δὴ λόγου οὐκ ἂν ἄλλος γένοιτο ἀψυχότερος, ὅτι καὶ ἄθεος καὶ τὸ κρεῖττον ἀπὸ τοῦ χείρονος παράγειν ὑπομένων· εἰ δ' οὐκ ἔστι μὲν βλάστημα ἡ ψυχή, ἐνοῦσα δὲ ἐν τῷ σώματι κρατεῖται, πλασματῶδέ[ς τε] πᾶν καὶ τὸ τοιοῦτον τῆς κρατήσεως δρᾶμα καὶ {καὶ} οὐδ[αμ]οῦ τῶν γιγ...ρίστ[..., π]άλιν δὲ ἀγνοούν[τω]ν ὅτι οὐχ ὡς χειρὶ ἢ δεσμῷ ἢ ὡς ζωγρίῳ κ<ρατ>εῖται ἡ ψυχή· οὐδὲ γὰρ ὅλως ἡ ταύτης κράτησις σωματική, [ἀλλ]ὰ μόνον κατὰ τὴν ἐπιτηδειότητα, ὡς οὐδὲ πῦρ κρατεῖται δεσμῷ ἢ χειρί, ἀλλὰ μόνον κατὰ τὴν τῆς ὕλης ἐπιτηδειότητα.

15 Ὅτι δ' ἐπιτήδειον αἰσθάνεσθαι καὶ ὁρμᾶν καὶ φαντασιοῦσθαι τὸ προσηρτημένον μὲν τῇ μήτρᾳ κἀκείνῃ προσεχόμενον καὶ ὥσπερ διὰ ῥίζης τρεφόμενον διὰ τοῦ
p. 55 ὀμφαλοῦ, συμμεμυκότα δὲ ἔχον καὶ ἀτελῆ τὰ αἰσθητήρια | καὶ τὰ σπλάγχνα ἀποκεκλεισμένων ἁπάντων τῶν πόρων ἐν ὑγρῷ ἐν ᾧ ὅτε γένοιτο ζῷον ὕστερον ἀδύνατον σῴζεσθαι, δειξάτω τις μὴ ἄλλως ληρεῖν ἐθέλων. (2) σιγῶ γὰρ ὅτι ἐν κινήσει γνωστικῇ τὴν οὐσίαν ἔχουσα ἡ ψυχή, εἰ πάρεστιν, πάντως ᾧ πάρεστι γνωριστικὸν τοῦτο παρέχει, ἵνα μή τις τοὺς κάρους καὶ τοὺς βαθεῖς ὕπνους δοκῇ τι λέγειν ἀγνοῶν ὡς καὶ τότε μὲν φαντάζεται τὸ ζῷον, ἀμνημονεῖ δὲ μόνον τῶν

14 ἕξεως Ka. : ἕξει P || φύσεως Ka. : φύσει P || **17** πάντα s.l. suppl. P || **18** παράγειν dub. coni. Ka. conl. **29** || **23** δὲ Diels : δὴ P || **27** κινήσει Kroll || ψυχήν ex φύσιν P || **28** ψυχότερος dub. Wendl. ap. Ka., sed vid. Wendl. p. 8 || ἀπὸ Ka. : ὑπὸ P || **31** καὶ^{3} secl. Ka. || **32** γιγ...ρίσ^{τ} P ut vid. (Ka. p. 80) : {τῶν} γνωρίστ[ικῶν Fest. p. 293^{5} || **33** κρατεῖται Ka. : κεῖται P.

Cap. 15.1-7 (ἐθέλων) cf. Psell. *opusc.* 16 p. 48.19 (πῶς)-22 (ῥῖνας;) Duffy.

4 συμμεμυκότα M : συμβεβη- P || **6** post ζῷον add. ὃν Ka., sed vid. Wendl. p. 8, ipse ἐν ᾧ cum σῴζεσθαι coniungens || **8** ᾧ Ka. : ὡς P || **11** μόνον Ka. : -ων P.

la consistance, l'âme sensitive et l'âme impulsive de la nature, l'âme rationnelle à son tour de celles-là, et l'intellect de l'âme rationnelle, et ainsi ils engendrent toutes choses en allant du bas vers le haut par différences et additions de mouvements, alors qu'il faut aller du haut vers le bas et faire venir l'inférieur du supérieur, parce qu'il est dans la nature de tout ce qui engendre d'engendrer quelque chose qui lui est inférieur, du point de vue de l'essence, et non supérieur. Et c'est pour cette raison que l'âme végétative qui est en nous engendre la semence, laquelle lui est inférieure dans la mesure où elle est privée du mouvement en acte, qu'elle tire à la fois de la nature qui est dans la mère et de ce qui l'entoure, l'en-acte précédant toujours l'en-puissance. (4) Mais si les raisons de l'imagination et de l'impulsion sont dans la semence pour être ensuite amenées à l'acte par la puissance végétative, alors il faut penser, comme Chrysippe, que l'air qui s'est abattu sur le nouveau-né dès sa sortie lors de l'accouchement, sera lui-même cette puissance végétative ébranlée et changée en âme : il ne saurait y avoir discours plus dépourvu d'âme que celui-là, parce qu'à la fois il est impie et il s'autorise à tirer le supérieur de l'inférieur. Supposons par ailleurs, non plus que l'âme est un bourgeon, mais qu'elle se trouve captive à l'intérieur du corps : toute tentative pour représenter cette capture est pure fiction et le fait non « de gens qui savent », mais de gens qui ignorent que l'âme ne se capture pas avec la main, un lacet ou à l'aide d'une cage ; car sa capture n'est absolument pas celle d'un corps, mais elle n'est régie que par la convenance, de même que le feu ne se capture pas avec un lacet ou avec la main, mais seulement en fonction de la convenance du matériau.

15 Que ce qui est suspendu à la matrice, attaché à elle et nourri par le cordon ombilical comme par une racine soit apte à avoir des sensations, des impulsions et des représentations, alors que ses organes des sens et ses entrailles restent soudés et inachevés, et tous ses orifices fermés, parce qu'il se trouve dans un liquide où il lui sera impossible de survivre plus tard, une fois devenu un animal, voilà ce que doit montrer celui qui veut éviter de dire des bêtises. (2) Je passe en effet sous silence le fait que l'âme dont l'essence consiste en un mouvement de connaissance fournit, si elle est présente, cette capacité de connaître, à ce à quoi elle est totalement présente : et cela pour éviter que l'on n'allègue les pertes de connaissance et les sommeils profonds, en ignorant que, même dans de tels cas, l'animal a des représentations dont il perd simplement le souvenir, tandis que l'embryon est incapable

φαντασμάτων, τὸ δ' ἔμβρυον ἀμήχανον φαντάζεσθαι ὡς ἂν μηδ' ἐνεργῆσαν κατὰ τὴν αἴσθησιν ἀφ' ἧς καὶ οἱ τύποι εἰς τὰς φαντασίας ἀναμάττονται. (3) εἰ δὲ λέγοι τις ὅτι ὡς μὲν καθ' ἑαυτὴν καὶ ἐν τῷ σπέρματι οὖσα ἡ ψ[υ]χὴ φαντασιοῦται καὶ ὀρέγεται, ὡς δὲ ζῴου καὶ τοῦ συναμφοτέρου {σώματος} ψυχ[ὴ] οὐκέτι, ὅτι μηδὲ ἐκ ψυχῆς καὶ σπέρματος τὸ ζῷον ἀλλ' ἐκ ψυχῆς καὶ σώματος ὀργανικοῦ, οὐδὲν ἄλλο λέγει ἢ ὅτι οὐδέπω πάρεστι τῷ ἐμβρύῳ ᾧ γε μήπω κοινοῖ τὰς καθ' ἑαυτὴν ἐνεργείας ἡ ψυχὴ καὶ οὗ δὴ οὐκ ἦσάν που [αἱ ὁ]ρμαὶ καὶ φαντασίαι [αἱ δι' ἐκεί]νης. (4) πάντες δὲ καὶ Πλάτων καὶ ὅσοι καθ' ἑαυτὴν ἀπολείπουσι τὴν ψυχὴν καὶ ἄνευ τοῦ ζωικοῦ τούτου σώματος αἰσθήσεις τέ τινας καὶ ὀρέξεις οὐκ ἀπογιγνώσκουσι περὶ αὐτὴν εἶναι καὶ δι' ὅλου γε αὐτήν φασιν ὁρᾶν † ὅτε δι' ὅλου ὀρέγεσθαι καὶ οἰκειοῦσθαι, οὐ διὰ μερῶν τε καὶ ὀπῶν ἀφωρισμένων ὡς ὅταν ἐν τῷ ζωικῷ τούτῳ γένηται σώματι, οὗ δὴ ἔτι ὄντος ἀτελοῦς ἐκείνην μὲν ἔχειν τὰς καθ' ἑαυτὴν αἰσθήσεις, τὰς δὲ σὺν τῷ σώματι τελεί<ῳ> ὄντι ποιεῖσθαι πῶς οἷόν τε ; (5) ἀγνοοῦσί τε ὅτι οὐχ ὥσπερ πρὸς τὴν φυτικὴν αἱ ἐλλείψεις καὶ οἱ πλεονασμοὶ οὐδὲν ἐμποδίζουσι τοῦ σώματος, ἀλλὰ καὶ τομῶν γιγνομένων καὶ ἀ[φ]αιρέσεων καὶ ὑπερσαρκώσεων οὐ πάνυ τι τὸ κατὰ τὴν φύσιν ἔργον ἐμποδίζεται, οὕτ[ωσ]ὶ καὶ <κατὰ> τὰς ψυχικὰς δυνάμεις ἀδιαφορεῖ τὰ ὄργανα· μικροῦ γοῦν ὑγροῦ γενομένης ὑποχύσεως οἴχεται ἐμποδισθὲν τὸ ὁρατικὸν καὶ μικρᾶς χολῆς καταλαβούσης τὴν μήνιγγα τὸ φανταστικὸν ἀλλοιοῦται καὶ ἐπὶ τῶν ἄλλων ὡσαύτως τὸ παρὰ μικρὸν μέγα εἰς ἐ[μπό]διον τῶν ψυχικῶν κινημάτων· τὸ δ' ἔμβρυον ὅλον [π]ηλῷ ἔοικε μηδαμῶς στ[ερεῷ], ὕδατ[ι] οἵῳ [τε] ὄντι [παραβάλλεσθαι].

16 Ἐχέτω τοίνυν ψυχήν, εἴ τις τὴν φυτικὴν δύναμιν ψυχὴν καλεῖν ἐθέλοι, τὸ σπέρμα καὶ ἐχέτω γε ταύτην παρὰ τοῦ πατρὸς

13 ἧς Ka. : ὧν P || **16** σώματος secl. Ka. « sollte viell. Correctur zu ζῴου sein » || **25** ὅτε P : an ὥστε ? Ka. : <τ>ότε δι' ὅλ. <τ'> ὀρ. dub. Fest. p. 295[1] || **27** ἐκείνας Kroll || ἔχειν « naemlich οἷόν τε, aus πῶς οἷόν τε [**29**] zu entnehmen ; vergl. συγχωρεῖν [cap. 1.12] » Ka. || **28-29** τελείῳ ὄντι Ka. : τέλειόν τι P || **33** κατὰ add. Ka. : πρὸς Fest. p. 295[2].

Cap. 16.5-7 vd. Anastassiou-Irmer *Testim. z. Corpus Hippocraticum* II.2 (2001) 360 || **30** (τί)-**32** (ψυχή) cf. *Hermipp*. p. 62.24-26 (ἐπισάγουσιν).

d'avoir des représentations, dans la mesure où il n'a pas encore exercé cette activité de sensation d'où proviennent les impressions qui, façonnées, deviennent les représentations. (3) Mais si quelqu'un soutient que l'âme, lorsqu'elle n'est pas encore liée au corps et se trouve dans le sperme, a des représentations et des désirs, ce qui n'est plus le cas lorsqu'elle devient l'âme d'un animal, c'est-à-dire d'un composé (parce que ce n'est pas d'âme et de sperme qu'est fait l'animal, mais d'une âme et d'un corps pourvu d'organes), il ne dit rien de plus que ceci : l'âme n'est pas encore présente à l'embryon et ne lui communique pas encore les activités qui lui sont propres, ce pourquoi, on l'a vu, ce dernier n'est pas doté des impulsions et des représentations qui viennent d'elle. (4) D'ailleurs, tous ceux qui, comme Platon, accordent à l'âme une existence indépendante, veulent bien admettre que, même sans ce corps animal, il y a en elle des sensations et des appétits ; ils disent qu'alors c'est tout entière qu'elle voit, qu'elle désire et qu'elle s'approprie, et non par des parties et des ouvertures délimitées, ce qui est le cas lorsqu'elle vient à se trouver dans ce corps animal ; tant que ce corps est encore inachevé, comment est-il possible que l'âme ait les sensations qui lui sont propres ou que se produisent celles qui impliquent l'union avec le corps achevé ? (5) Ils ignorent qu'on ne peut pas dire ceci : de même que les défauts et les excès qui affectent le corps n'entravent en rien la vie végétative — et de fait les ablations, les amputations et les excroissances n'empêchent en rien l'œuvre de la nature —, de même l'état des organes est indifférent aux puissances de l'âme. Car, quand un peu de liquide s'est épanché dans l'œil, la puissance visuelle, entravée, disparaît, et quand un peu de bile a envahi la méninge, la puissance représentative est altérée, et il en va de même pour les autres : « petite cause, grande entrave » pour les mouvements de l'âme. Or l'embryon tout entier semble pouvoir être comparé à une boue pas du tout solide, à de l'eau en quelque sorte.

16 Admettons donc que la semence ait une âme, si l'on veut bien appeler « âme » la puissance végétative, et admettons même que cette âme ait été détachée du père ou engendrée par lui ; admettons

ἀπομερισθεῖσαν ἢ γεννηθεῖσαν, ἐχέτω δὲ καὶ ἀπὸ τῆς μητρὸς
p. 56 ὕστερον ἢ τροφὴν ἢ καὶ | δύναμιν ἢ καὶ σύ[μ]πνοιαν τῆς θρεπτικῆς ταύτης καὶ αὐξητικῆς ψυχῆς — τὴν γὰρ δὴ φυτικὴν δύναμιν ἔοικε καὶ ὁ Ἱπποκράτης (*Vict.* I 25, p. 19-20 Joly ?) κατὰ τὸ παλαιὸν ἔθος ψυχὴν καλεῖν — τὴν μέντοι αὐτοκίνητον ψυχὴν οὐκ ἔνεστι δεῖξαι ἐνοῦσαν ἐν τῷ σπέρματι ἢ ἔν γε τῷ ἐμβρύῳ, ὅτι οὐδὲ χρεία ταυτησί, ληφθείσης εἰς τὸ ἔργον τῆς ἰδίας τοῦ σπέρματος φύσεως. (2) ἐξ ἀλογίας γὰρ ἡ εὐτονία, καὶ φύσεως χρεία εὐθ[ε]νουμένης τῇ μελλούσῃ εἰς τοσοῦτον ὄγκον προάγειν καὶ πλάσσειν καὶ πήσσειν ἐν μησὶν ἐννέα †κενοῖ τὸ ἐλάχιστον ὑγρὸν οὐκ ἐμποδιζομένης· ἐμποδίζει δὲ τὰ τῆς ἑτέρας τῇ ἑτέρᾳ προσιόντα εἰς εὐθενίαν. ὡς εὐγονία φύσεως ἀρετὴ ψυχῆς †καὶ ἀρετὴ φύσις· εἰ μὲν ο[ὖ]ν καὶ ψυχῆς ἦν χρεία, ἔδει κατ' ἀρετὴν ἀσκεῖν τοὺς ἄρι[στ]α ποιήσειν μέλλοντας ἄνδρ[ας] καὶ γυναῖκας, ἀλλ' οὐχὶ σωμασκεῖν ὥσπερ ἔθος· εἰ δὲ σωμασκεῖν μὲν εὐγονίᾳ φύσεως ἐπιτήδειον, ὁ δὲ σπουδαῖος, ὥς πού τις ἔλεγε, κακὸς [α]ὐτουργὸς εἰς τέκνων βλάστησιν, οὐ ψυχῆς χρεία εἰς τὰς τῶν ἐμβρύων γονὰς ἧς †ἵδρη ἀρετή, [ψυχ]ῆς [δὲ] ἧς αὕτη ἀλλότριος τὴν οἰκείαν ἀκμὴν σῳζ[ούσ]ης. (3) κεφάλαιον λέγω· εἰ μὲν σωματουργός ἐστιν ἡ γνωριστικὴ ψυχὴ καὶ δι' αὐτῆς αὔξ[ομεν] καὶ τρεφόμεθα, πλασσούσης [α]ὐτῆς καὶ τρεφούσης τὸ [σῶ]μα, συγχω[ρη]τέον ἀναγκαῖον εἶναι καὶ τὴν κατ' ἰδίαν ἐν ἀπομερισμῷ· τῆς μητρικ[ῆς δὲ ψυχ]ῆς [ἀρκούσης] τῷ σπέρματι πρὸς ὧνπερ ἡ χρεία τοῖς ἐμβρύοις — χρεία δὲ πλάττεσθαι [καὶ τρέφεσ]θαι καὶ αὔξ[εσθαι] καὶ ζῆν γε οὕτως, ἀλλ' οὐ γνωριστικῶς — αὐτάρκης ἡ [φ]υτ[ικὴ ψυχὴ] καὶ ἡ ἐν ζωτ[ικῇ] μήτρᾳ δημιουργία. (4) τί οὖν ταράσσομεν τὰ πράγματα ἀ[πορ]ίᾳ τοῦ πό[θεν κα]ὶ ἀπιστίᾳ τοῦ ὅτι ἔξωθεν ἥκει ἡ αὐτοκίνητος ψυχή, ὅτ[αν] †ἀπὸ τῆς μητρὸς μηκέτι μηδὲ τὸ ἐν ᾧ κατὰ τὴν ἐκ τῆς μητρὸς ἐμψυχίαν διοικούμενον ; τὸ γὰρ ἐλλεῖ[π]ον ἀπὸ τῆς μητρὸς [τ]ῇ φύσει ἀεὶ δεομένῃ ἐμπνεῖσθαι ἐξ αἰσθητικῆς δυνάμεως δι[ὰ τὸ εἶ]ναι ὡς ἔφαμεν γέννημα αἰσθητικῆς ὀρέξεως καὶ ἐπιπειθὲς αἰσθήσει, εἰ καὶ

9 χρεία M : χορεία P || **11** εὐτονία P : -γονία dub. Ka. conl. **15** et **18** (cf. Fest. p. 295) || τῇ μελλούσῃ P, « muesste von der Mutter gesagt sein » Ka. : τῆς -σης Diels ap. Ka. p. 80 || **13** κενοῖ P : ἐκεῖνο dub. Ka., fort. recte || **14** εὐθενίαν] supra θ, ut vid., σ || **15** ὡς εὐγονία φύσεως ἀρετῇ (sc. ἐμποδίζει) ψυχῆς καὶ ἀρετὴ φύσει Diels ap. Ka. p. 80 : ὡς εὐγονίᾳ φ. (sc. ἐμποδίζει) ἀρετὴ ψυχῆς, καὶ ἀρετῇ φύσις Fest. p. 296[1] : ὡς εὐγ. φ. {ἀρετὴ ψυχῆς} καὶ ἀρετὴ {φύσις} <ψυχῆς> Ka. || **16** κατ' P : καὶ dub. Fest. p. 265 || **19** ἐπιτήδειον M : -ος P || κακὸς ex σοφὸς P^{pc} || **21** ἵδρη P : ἴδιον ἡ dub. Ka. || **24** αὔξομεν Ka. conl. cap. 18.12 || πλασσούσης Ka. : πασχ- P || **32-33** « Sinn etwa ὅταν ἀπίῃ τῆς μητρὸς τὸ ἔμβρυον μηκέτι μηδὲ κατὰ » dub. Ka. : ὅταν ἀπὸ τῆς μητρὸς μηκέτι (sc. ἥκῃ ἡ αὐτοκίνητος ψυχή), μηδὲ τὸ ἔμ[βρυον] ᾖ κατὰ Fest. p. 296[1] conl. cap. 10.6 || **34** δεομ$^{\prime\varepsilon}$ P || **35** ἔφαμεν] cap. 6.2-3.

aussi que de la mère lui vienne plus tard la nourriture, ainsi que la puissance végétative ou encore ce qui conspire avec cette âme nutritive et augmentative – il apparaît en effet qu'Hippocrate lui-même appelle «âme» la puissance végétative, en accord avec l'usage ancien. L'âme automotrice en tout cas, il est impossible de montrer qu'elle se trouve dans la semence ou même dans l'embryon, parce qu'il n'y a pas besoin de cette sorte d'âme, du moment que c'est à la nature propre de la semence que revient cette tâche. (2) En effet, c'est de la partie non-rationnelle de l'âme que vient la vigueur, et elle a besoin d'une nature florissante, pour aboutir à une si grande masse, et pour façonner et condenser en neuf mois cette infime goutte, si rien n'y fait obstacle. Or, ce qui en l'une progresse vers un état florissant fait obstacle à l'autre ; ainsi la vertu de l'âme fait obstacle à la fécondité de la nature et la nature à la vertu, †... †. Si donc il était besoin aussi d'une âme, il faudrait que les hommes et les femmes appelés à produire les meilleurs enfants s'exercent à pratiquer la vertu, au lieu d'exercer leur corps comme c'est l'usage. Mais si les exercices du corps sont aptes à favoriser la fécondité de la nature, et si par ailleurs, comme quelqu'un l'a dit quelque part, l'homme vertueux est un mauvais artisan pour ce qui est de procréer des enfants, il n'est pas besoin pour engendrer des embryons d'une âme dont la vertu †..., mais d'une âme à laquelle la vertu est étrangère, parce qu'elle sauvegarde la pleine énergie qui lui est propre. (3) Récapitulons. Si l'âme qui connaît est l'artisan du corps, si c'est par elle que nous croissons et sommes nourris, parce que ce serait elle qui façonne et qui nourrit le corps, force est d'admettre qu'il est nécessaire que cette âme aussi appartienne en propre à l'embryon, sur le mode de la division. Si en revanche l'âme de la mère suffit à la semence pour ce dont les embryons ont besoin – ils ont besoin d'être façonnés et nourris, de croître et de vivre une vie de cette sorte précisément, et non une vie cognitive –, il suffit de l'âme végétative qui fabrique le vivant dans la matrice. (4) Pourquoi donc embrouiller les affaires en nous posant la question de l'origine de l'âme automotrice, et en refusant de croire qu'elle vient de l'extérieur, quand, une fois que l'embryon est séparé de la mère, il n'y a plus en lui ce principe d'organisation qui allait de pair avec l'animation de la mère † ? Tel est en effet ce qui, loin de la mère, manque à la nature qui a toujours besoin de recevoir son souffle d'une puissance sensitive, du fait qu'elle est, comme nous l'avons dit, un rejeton du désir sensitif soumis aussi

[αὐ]τὴ αἰσθήσεως ἄμοιρος, ὡς τὸ ἄλο[γον] τῆς ψυχῆς καίπερ λογικῶς οὐχ οἷόν τε ὂν [ἐν]εργεῖν ὑπὸ λόγου ῥυθμίζεται. (5) κα[τ]ὰ μέντοι τὴν σω[ματικὴν] ἄλογον οὐσίαν τὸ ἐλλεῖπον p. 57 τῆς συναρτήσε[ως] μ[ετ]ὰ | τὴν κ[ύ]ησιν ἐνδίδωσί τε καὶ ἀποπίμπλησι τὸ πᾶν, ἰδίας ψυχῆς εὐθὺς παρούσης, ἥτις ἂν κ.. ...ν ψυχη τῷ τεχθέντι γενομένη καὶ σύμφωνος τῷ ἐπιτηδείως ἔχοντ[ι αὐτ]ὴν δέξασθαι [ὀργανικῷ σώ]ματι, καὶ τῶν Χαλδαίων ῥεῦμα θεῖον ἐξ αἰῶνος νοητὸν [γενέ]σθαι φαμένων κ[ατὰ τὰ ἀνα]τολικὰ μέρη τοῦ [οὐρανοῦ,] ὃ [κι]νεῖ τ[ε] τὸν κ[όσμον] καὶ στρέφει καὶ πάντα τὰ ἐ[ν] αὐτῷ ψυχὰς πέ[μ]π[ον] οἰκείας ζῳογονεῖ. πᾶσα οὖν μοῖρα γιγνομένη περὶ τὸν ἀνατολικὸν τοῦτον τόπον, ὅς ἐστι ψυχῶν πύλη καὶ εἴσπνοια τοῦ παντός, δυναμοῦται· λέγεται δὲ κέντρον καὶ ὡροσκόπος. καὶ τοῦ καθ' ἓν ἀοράτου ῥεύματος ἤρτηται πᾶν τὸ προκύψαν ἐκ μητρὸς ἢ ἄλλως ἐπιτήδειον εἰς ζῳογονίαν, ἕλκον τὸ οἰκεῖον εἰς ζωότητα ῥεῦμα ἐξ αὐτοῦ ψυχῆς — <δι'> ὃ καὶ ζωῆς τόπον λέγουσι τὸ ἀνατολικὸν τοῦτο κέντρον — καθ' ὃν καιρὸν εἰς τὸν ἀέρα προύκυψε τῇ γέννῃ τῆς φυτικῆς διοικήσεως ἀποβληθὲν τὸ ἔμβρυον. κἀντεῦθεν καὶ γνώρισμα ποιοῦνται τῆς σπορᾶς, οὐχ ὅτι καὶ τότε εἰσεκρίθη τὸ ζωτικὸν ῥεῦμα — πῶς γάρ, ὅ γε πρῶτον τότε ἐψύχωσεν, ὅτε καὶ ἐξ ὠδίνων προύκυψε τὸ βρέφος ; — ἀλλ' ὅτι διὰ τοῦτο τούτῳ συνήρμοσε τὸ ῥεῦμα ὅτι ἐ[πι]τηδ[ε]ίως ἔσχε πρὸς τὸ δέξασθαι, οὐκ ἂν δ' ἔσχεν ἐπιτηδείως, εἰ μὴ κατ' ἐκεῖνο καιροῦ ὁ θεμέλιος αὐτοῦ κατεβλήθη. (6) ἀλλ' ἐγὼ τούτων ἐμνήσθην οὐ πιστὰ πάντα τὰ τούτων ἡγο[ύ]μενος δόγματα, δεικνὺς δὲ τὴν κοινὴν φορὰν σχεδὸν πάντων, καθ' ἣν ἐκ παλαιῶν πεπίστευτο ἐμψυχία μετὰ τὴν ἐξ ὠδίνων πρό[κυψ]ιν τῶν κυουμένων· καὶ χρὴ λογισάμ[ενον ὡ]ς τὸ πᾶν ἑ[αυ]τῷ τε καὶ τοῖς ἑαυτοῦ μ[έ]ρε[σιν] ὁμολογεῖ, μὴ ἀπογιγνώσκειν ὅτι [καθ]άπερ ἐν φθ[ό]γγοις ὁ προσλαμβανόμενος πρὸς μὲν τ[ὴν] μέσην ἡρμοσμένος σῴζει τὴν διὰ πασῶν συμφων[ί]αν, [ἀ]νειμένος δὲ [ἢ καὶ ἐν]τεταμένος ἐκπίπτει [τ]οῦ διπλασίονος λόγου, οὑτωσὶ καὶ τὸ σωμάτι[ον τοῦ ἐμβρύου

39 σω[ματικὴν] ω dubium || **41-42** <ἧ> κ[ατὰ καιρὸ]ν ψυχὴ Fest. p. 297[1] || **52** δι' add. Ka. || **58** διὰ τοῦτο τούτῳ Ka. : διὰ τούτου τοῦτο P || **63** κοινὰν P.

à la sensation, même si elle-même n'a pas part à la sensation, de même que la partie irrationnelle de l'âme, bien qu'incapable d'agir de façon rationnelle, est réglée par la raison. (5) En tout cas, pour ce qui est de la substance corporelle dépourvue de « raison », la cohésion qui lui manque, c'est l'univers qui la lui donne et qui la complète après l'accouchement, aussitôt qu'est présente une âme particulière, quelle que soit l'âme qui, au moment de la naissance, advient au nouveau-né, et s'accorde avec le corps organisé apte à la recevoir. Les Chaldéens, eux, disent que, du côté des parties orientales du ciel, vient de toute éternité un flux divin intelligible qui meut le monde et le fait tourner, et qui en outre dote de vie animale tout ce qui est en lui, en envoyant des âmes appropriées. Donc, du côté de ce lieu oriental, qui est la porte des âmes et par où l'univers inspire, chaque partie est remplie de puissance. Ce lieu, on l'appelle « centre » et « horoscope ». Et l'ensemble des êtres qui ont émergé d'une mère ou qui de quelque autre façon sont aptes à devenir un animal, dépendent pour chacun de ce flux invisible, et tirent de l'âme de celui-ci le flux propre à faire de chacun un animal — c'est pourquoi on appelle aussi ce centre oriental « lieu de vie » — au moment précis où l'embryon a émergé à l'air libre, séparé par la naissance du régime végétatif qui l'administrait. C'est à partir de là qu'ils (les astrologues) identifient la date de la conception, non parce que le flux vital serait également entré alors (comment l'aurait-il pu, si le nouveau-né n'est doté par lui d'une âme animale qu'au moment où il émerge à l'issue des douleurs ?) mais parce que le flux ne s'est ajusté au nouveau-né qu'en vertu de la convenance de celui-ci à le recevoir, convenance dont il aurait été privé si ses fondations n'avaient été jetées à ce moment-là. (6) Si pour ma part j'ai mentionné cela, ce n'est pas parce que je considère toutes ces doctrines comme dignes de foi, mais pour signaler la tendance commune à presque tout le monde, selon laquelle on croit, depuis les temps anciens, que l'animation survient après l'émergence des nouveau-nés à l'issue des douleurs. Et si l'on réfléchit au fait que l'univers est en harmonie avec lui-même et avec ses propres parties, il faut admettre que, de même que, pour les sons, le proslambanomène sauvegarde l'harmonie de l'octave quand il est accordé à la mèse, mais s'écarte du rapport double, s'il est lâche ou trop tendu, de même le petit corps de l'embryon, qui est dans le ventre et

κατὰ μ]ὲν [γαστρ]ὸς ὂν καὶ πρὸς ψυχὴν ἁρμοττόμενον, πρὶν μὲν ἀπολαβεῖν τὸν [ἱκανὸν τρόπον τῆς πρὸς τὴν ψυχὴν ἁρμον]ίας, οὐκ ἔχει ταύτην, ἁρμοσθὲν δὲ εὐθὺς ἔχει παροῦσαν τὴν χρησομένην [αὐτ]ῷ· [ἕ]ω[ς δ' ἂν ἐλλείπῃ ἡ] ἁ[ρμον]ία, οὐ πάρεστι κἂν πλήρης ὁ κόσμος ψυχῶν ᾖ καὶ νεναγμένος. (7) p. 58 ὥσπερ | γὰρ ἢ [ψύ]ξ[εως ἢ] θέρ[μης ἢ καί τιν]ος πλεονασμοῦ ἢ ἐλλείψεως χαλασάντων καὶ λυσάντων το[ῦ ὀφ]θαλμ[οῦ τ]ὴν [ἁρ]μονί[αν] πα[ραυτίκα ἡ] αἰσθητικὴ δύναμις οὐδὲ δυνάμει πάρεστι — δηλοῖ δ' ὁρῶν ὁ α...... ὡς .... ὅ]τι θατέρῳ παρῆν ἡ ἁρμονία — τὸν αὐτὸν τρόπον καὶ ὅλ[ῳ τ]ῷ ὀργανι[κ]ῷ σ[ώματι ἄπεστιν ἡ] χρησομένη ἁρμοσθέντι, ἕως ἔτι ἀτελές ἐστι καὶ ἀνάρμοστον, [κ]ἂν [ὥσπ]ερ ἔφην κατ[α]π[επυκασμέ]ν[α πάντ'] ᾖ ψυχαῖς. (8) οὕτω γὰρ καὶ ἡμεῖς τοῦ παντὸς φέρε ταῖ[ς] ψυχαῖς πεπ[υ]κ[ασμένου] ἀμ[ή]χ[ανοι] τριῶν ἢ δυοῖν γενέσθαι ἐν διαίτῃ σῳζουσῶν τὸν οἰκεῖον λογισμὸν διὰ τὸ [πρὸς μίαν ἡρμό]σθαι, καὶ τῆς ἁρμονίας λυομένης τὸ σῶμα ἄλλων μὲν ψυχῶν ἐπιδεκτικὸν γίγνετ[αι οἷον εὐ]λῶν τε καὶ σκωλήκων, τῆς δ' οἰκείας καὶ συμφώνου ἐχωρί[σθη]. (9) εἰ μὲν οὖν [τ]ῶν [ψυχ]ῶν ...... [μ]ὴ δι' ὅλ[ου κα]τεχώριζε τὴν δύναμιν, ἔξωθεν .. κἀξ ἐπι...............εύειν .... ὥσπερ ἀμέλει παύεσθαι δι' ὅλου ἡ τεχνιτεύουσα φύσις· εἰ δὲ δι' ὅλου, καὶ ἡ χρησομένη ....πω γεγεννηκότος, πῶς ἂν αὐτῷ παρείη ἡ μὴ ἔξωθεν ἐφεστάναι [αὐτῷ καὶ] τῷ ὅλῳ χρήσασθαι ὅταν ἤδη πεφυκὸς ὅλον ᾖ μ[όν]ως πε[φυκυῖα ; μὴ δὲ ταῦτα

73 εὐθὺς s.l. suppl. P || **79** ὅτι s. ἔτι Ka. || **83** καταπεπυκασμένα M || **88** γίγνεται ὥσ[περ] εὐλῶν Li. || **89** ἐχωρίσθη Diels : -ρη[σεν] Ka. (cf. Fest. p. 298[4] et Deuse p. 188) || **89-93** cf. Fest. p. 298[5] || **92** τεχνητεύουσα P.

en train d'être accordé à une âme, ne la possède pas avant d'avoir reçu le mode d'harmonie qui convient avec cette âme, mais sitôt accordé, il possède, présente en lui, celle qui se servira de lui. Aussi longtemps que l'harmonie fait défaut, l'âme n'est pas présente, même si le monde est plein d'âmes en abondance. (7) De même en effet que, quand le froid ou la chaleur ou un excès ou un défaut relâchent ou détendent l'harmonie de l'œil, aussitôt la puissance sensitive n'est plus présente, pas même en puissance – le montre à l'évidence celui qui voit (...) parce que l'harmonie était présente à l'autre œil — de la même façon pour le corps organique en son entier, l'âme qui l'utilisera une fois harmonisé en est absente tant qu'il n'est encore ni achevé ni ajusté, même si, comme je l'ai dit, tout est saturé d'âmes. (8) Il en va de même pour nous : même si l'univers est, disons, saturé d'âmes, il nous est impossible d'être sous le régime de deux ou trois âmes préservant leur raison propre, car c'est à une seule que nous sommes accordés ; et quand l'harmonie se rompt, alors le corps peut recevoir d'autres âmes comme celles de vers ou de larves, mais de celle qui lui est propre et accordée, il se trouve séparé. (9) Si donc (...) des âmes (...) n'a pas complètement séparé la faculté, du dehors (et par aptitude) (...) de même sans doute que la nature qui a fabriqué (...) cesser complètement ; mais si (elle a séparé) la faculté complètement, (et si l'âme) qui se servira (...) (d'un corps instrument qui n'est) pas encore advenu, comment pourrait lui être présente celle dont la nature est uniquement telle qu'elle ne s'établit pas du dehors en lui et qu'elle se sert du tout, alors qu'il n'est pas déjà complètement produit ?

f. 22r 4 πείθει· ὑποπτεύεις δὲ τῆς αὐτοκινήτου ψυχῆς καὶ οὐ τῆς θρεπ[
καὶ αὐξητικῆς μέτοχα εἶναι τὰ ἔμβρυα φύσεως· ἀλλ' ἐγὼ καὶ [
ρήσας, οὔ φημι τῶι Πλάτωνι ἐκκεκλίσθαι τὴν ἔξωθεν τῶν [
εἴσκρισιν. ἀλλ' ἄδηλος μὲν ἔστω τοῦ πότε ὁ καιρός· ὅτι οὐ[
ψυχὴν ἐνδίδωσιν· οὔτε ἡ μήτηρ· ὡς δή τι κ[α]ὶ ἄλλο ἀγωνιεῖτ[αι
γὰρ ὡς εἰ μὴ ἐκ τῶν γονέων ὅτι ἔξωθε[ν ...]κρίθη. εἴτε δὲ ἐ[
τοῦ σπέρματος· εἴτε ἐν τῆι διατυπώσει· εἴτε ἐν ὧι πρώτω . [
νήθη χρόνωι· εἴτε ἐν τῆι ἐξ ὠδίνων προόδωι, ἔστω εἰ βούλει ἀμ[
ὅτι δ' οὐκ ἀποσπᾶται ψυχὴ ἐκ τῶν γονέων ἡ γνωριστικὴ οὐδὲ μερίζεται [
τὰ ὁμοιομερῆ· οὔτε ὡς τὰ ἀνομοιομερῆ [..].ͅ[.]ετ' ἐλαττώ[.]..[
των τὸ μέρος. οὔτ' ἄνευ ἐλαττώσ[...]..εραι [....................]τοι[...π[
τοὺς ἀπιστοῦντας· πρῶτα δὲ τὰ δυνάμενα . [.....]τοὺς υ[....................]εν[
οἳ δὴ ἑκόντες ἢ ἀγνοοῦντες οὐκ οἶδ' ὅπως τὴν τ...[..................]. παραπεπ[
ἀπορήσειε γὰρ ἄν τις εἰκότως πῶς οὐ καθάπερ ἐκ π[..................]..[
δὲ καὶ ἐξ ἀνθρώπου ἄνθρωπος· ἀλλ' ἐξ ἀνθρώπου, ὄργανον [
φυτικὴ δύναμις ὄργανον ἀνθρώπου· ὁ δὲ ἄνθρωπος ἡ . [
ψυχῆς τῆς λογιστικῆς συνεστηκός· ὅλως δὲ εἰ σπέρμα [
οὐκ ἔχει ψυχὴν δυνάμει, πῶς ἂν εἴη σπέρμα ἀν[θρωπ]ος
ἔπειτα φήσουσι διπλᾶς ὁρᾶν τὰς γενέσεις [
ἐκ πυρὸς μὲν γὰρ τοῦδε τόδε ἐξαφθὲν, ἐξ ὁμοίου τ[
ἢ ναρθήκων παρατρίψεως· ἢ καὶ ἀκτίνων εἰς λεῖα κατερ[
τῆς πυρώσεως ἔχειν· τὸ μὲν οὖν ἐκ τοῦ ὁμο[ίου ..] ἐκ τῶν πυ[
ἐπιτηδείων πρὸς ἃ γέγονεν ἐπιτήδεια σωμ . [
γίνεται ζῷα· καὶ ἐκ βορβόρου καὶ σήψεων π[
περ καὶ τὰ ὑπηνέμια οὐκ ἐκ σπέρμ[
ἰσχυρῶς συγκαθήμενοι ἔξωθεν τ[
] τὸ ὅμοιον ἐκ τοῦ ὁμοί[ου] ἀν[...]αζούσης γεγονέναι
f. 22v]ς ὁ τῆς θρυαλλίδος τὴν ἐκ πυρὸς ἔξαψιν ἔξωθεν φάσκων γεγονέναι
]. συγκρούσεως ἔξωθεν ἦν, οὕτως καὶ ὁ τὰ ἐκ τῶν σπερμάτων γιγνόμενα ἐμ
] προϊέντων τὰ σπέρματα βίαιος, ἔξωθεν ἡμᾶς ἀναπείθων προσέρ
]ψυχίαν· ἐοικότως τ[οῖ]ς μὴ ἐκ σπερμάτων γιγνομένοις· ἢ τίνος

14 γὰρ s.l et ἂν ex corr. || **21** ναρθηʹκ.

γοῦν ἕνεκα
]ὴν ἀνθρώπου φύ[..] εἴπερ ἡ σύστασις τῆς ἐμψυχίας τοιαύτη οἵα ἐπὶ σκω
] καὶ τῶν ὑπηνέμων ἣν συγχωρητέον γίγνεσθαι ἔξωθεν·
]εννᾶ οὐ [.......] σῶμα μόνον ἀλλὰ καὶ ψυχὴν ἔχον· εἴτ' οὖν λόγους
] εἴτε δυνά[...]'τε μέρος εἴτε γένεσιν· ἴδιον δὲ τῶν σπερμάτων, τὸ
] καὶ τάξει προβαίνειν· καὶ τὸ, τόδε μετὰ τόδε προάγειν. καὶ οὐκ ἐπεὶ
] ὀδόντας φύει καὶ προελθόντος τοῦ χρόνου, γένεια καὶ ἥβην, οὐκ ἐκ σπέρματος
].. καὶ τὸ [.......]ῶς μὲν καὶ αὐξητικῶς κινεῖσθαι ἀπὸ σπερμάτων οἱ
]. [..] γαστρὶ ᾖ, [........] δὲ ὅταν προκύψῃ· καὶ πάλιν λογικῶς ὅταν
].[.]..[............]..[..........]αὶ οὐδενὸς ἔξωθεν ψυχικοῦ ἐπεισ
πῶν β[.......] πάντα ὁμοῦ συγκέχυται· καὶ εἴ
]νται. ὡς ἐν τῶι πυρῶι οἱ λόγοι τῆς καλάμης καὶ τοῦ φύλ
] ταῦτα διακριθῆναι· ἀλλ' ὅμως οἱ λόγοι οὐ τοῦ πυροῦ καὶ τῶν
]...αμ() καὶ ὕστερον διακρίνονται ὥσπερ
]μοῦ· πάντα καὶ ἐν συνεχεῖ τὲ καὶ χλωρῶι ὄγκωι·
]τ() καὶ τὸ ὑπὸ τὸ λέπυρον ὀστῶδες· καὶ τοῦ ὑπὸ τὸ ὀστῶδες
..[..] καὶ τῶν ἐντὸς διὰ τοῦ καρποῦ διερχομένων ὀστωδῶν
κ]αρπῶ λόγος ὅλος τῆς καρύας· οὑτωσὶ δὲ ἐν τῶι σπέρματι πάντα
]κρίνεσθαί γε μὴν ἐκ τῆς συγχύσεως καὶ κατ' ἰδίαν ἀνα
]ἰσιόντα· ἀεὶ δὲ τὸ ἐπιτήδειον πρὸς τοὺς καιροὺς
]αῖ[..] .[....].σθαι· διὸ χρείας πω μὴ οὔσης ἐν τῇ κυή
]λωι ὄγκωι τοὺς λόγους τῶν δυνάμεων καθά
] .....τῶν δὲ εἰς τὰς χρείας συνομαρτεῖν καὶ

43 διακρι$^{\tilde{\theta}}$.

]νάμεων. ὅτι δὲ οὐκ ἔργον τῆς ἐν ἡμῖν
]ὰ καὶ τῆς αἰσθητικῆς τε καὶ φανταστικῆς
κ[....................]ὸς φ[..]τασίαν ἐγε[........]έρματος [
f. 23r ὅλον δι' ἀφ[.]. ἐκτελεῖσθαι. καὶ ἡδον[....]ατ()· καὶ .... [
οἷόν τε εἶναι καταφέρεσθαι τὸ σπέρμα. ἀρκεῖν γοῦν [
μόνης τῆς θέας τῶν ὡραίων ῥεῖν τοῦτο· καὶ τασ[......]ρατικ()
φαντ[
λα, ἐᾶν ἀκίνητα· τὸ δὲ σπέρμα καὶ ἀπο[.....]ὕτ[.....] ῎ργο[
ἀλλὰ καὶ τῆς φανταστικῆς· εἰ δ' ἔργον τῆς θρ[.....]..[...]ξητι[
ἔχειν καὶ τὴν τοῦ αὔξειν καὶ τρέφεσθαι ..[
ἔργον ὄν, παρ' αὐτῆς ἕξει καὶ τὴν τοῦ φανταζ[
ἀφροδισίοις φαντάσεσι, καὶ ὀρέξεις, [
ταῖς φαντασίαις· πῶς οὖν οὐχὶ καὶ [
τον ἔργον τὸ σπέρμα· μὴ δὴ θαυμάζωμ[
μνημον[...]ικῆς κἂν ταῖς ἐννοίαις κυβ[
τὰ γεννώμενα ἔρχεται προσειληφότ() προ[
σάμενα δέξασθαι· μέρος μὲν ....
τέλειον κἀπὶ τῶν φυτῶν τῶν ἀλ[
ποφόρος κλάδος ἀποσπασθ[.].[.........] οὐκ ....[
ἀλλ' ἐν χρόνῳ κατ' ὀλίγο[.] τελειούμενον [..]..() [
ἀλλὰ κατ' ὀλίγον ὡς τὸ ἀπό τινος μέρος· ..[
νομένων τῶν ψυχῶν, ἡ παρουσία τὸ λογικὸν ἐχ........[
εἰσκρίσεις· πόθεν οὕτως τελέαν ἔχουσι τὴν ἀ[...]σύνην· τὸ γαρ [
μάταιον τῆς αὐτῆς οὔσης· καὶ ὅταν εἰς π[.....]ς ἐκκρίνα ..[
ἔχωσι κἀνταῦθα τὸ τέλειον· τί δὲ κωλύει γενέ() .ε()ν ..[
ματώσεις κατορθοῦν· ἀλλ' ἦσαν καὶ ἄ[
τῶν γιγνομένων καταψεύδεσθαι· εὑρίσκει .[
μισήσει· ἤτε ἐκ τῶν τεθνεώτων [
κενὸς γὰρ ὁ φόβος, μὴ εἰς ἀπειρίαν ....[
γένεσιν· οὐδ' ἦν ἱστορηκότων ὡ.[
νῶντο ψυχαί· καὶ ἐξῆσαν, οὐκ ...[
τόπῳ φυομένων εἰς τὸ τοσοῦτον ...[
]δεν δ' [.........]' λόγων καὶ αἰσθή[
f. 23v]...λυντ[....]ς δὲ λόγος ἰσχυρὸς ὃς ὁμοούσ[...] τὴν λογικ[

60 ἀκίνη$^{\tau}$ || **75** εἰσκρίσεις· :/.

] ζώων ἵνα καὶ τὰς γενέσεις ἐπαλλάττωσι. πόθεν δὲ ὅτι .[
] δύναμις τῆς [....]...κῆς τε καὶ ἐπιθυμητικῆς ψυχῆς δι' ἧς κυβερνᾶται
]μάτ.. [...]στικ[....] αἰσθητική τε καὶ ὀρεκτική, ἐκ σπερμάτων
]... [.........] πατρὶ .. πόθεν εἰ μὴ καὶ τὸ ἔθος ἐκεῖθεν ἦν
]δήπου αἱ ὁμοιότητες οὐχὶ κατηγοροῦσι τοῦ
]αὶ ἐκ τῆς φυτικῆς τῆς ἐνδοθείσης ἐκ τοῦ πατρὸς
]που γε οὐ διὰ τὴν ἀνομοιότητα, οὐδὲ τὸ φυτικὸν
].οιότητας· ἡ δ' ὁμοιότης αἰτίαν μεγάλην ἔχει
]ι δείξαντι τὰς ψυχὰς ἀθανάτους καὶ μὴ
]λον· ἀλλ' ἡμεῖς γε φασὶ τὰς [
] ὃς ἱκανὸς ἦν παρακρούειν, οὐ π..[...]ῆι
]. ἀπορίαν περιβάλλειν τοὺς ἀκούοντας
]ὐτῶν πρὸς τὰ λεγόμενα ἀμηχα[
] πραγμάτων ποιεῖσθαι ἐναργείας
] μὴ [..]θείρωνται, οὐκ ἀναγκαία ἡ ἐξ
].. τὴν ἀπειρίαν αὐτῶν μὴ εὐλαβηθέντα. ἢ
].[.]ννᾶσθαι λέγουσι. μὴ δὲ ἐκ τοῦ ὁμοίου τὸ ὅμοιον
].....[...] ʺωθεν τέ μαχιον προστίθεται. ἡ δὲ ἐργαστικὴ
].....[...........]δ' ἔχει παρόν· οὐδὲ γὰρ ὑφαντὴς ἢ ὑποδη
]...[..]αιτ' ἂν μὴ γνοὺς πρότερον ὃ π'[..]˜ν μέλλει καὶ
]παρόντα τοῦτον. δι' αὐτοῦ γάρ, οὐ δι' ἑαυτῆς γνοίη ἂν
]οῦ μ..() Χρυσίππου· τὴν τοῦ ἀέρος προσβολὴν φαμένου
] ἀδύνατον ἡγούμενος τὴν τοιαύτην ἔγερσιν
] δὲ πυρὸς ἐν δαλῶι φωλεύοντος πιστεύειν
]ρεῖν τὴν φλόγα ὡς εἴ γε μὴ ἐπὶ τῶν
].ʹν τις· ἢ φυσῶν τίς ἐξ ἄνθρ()
] ἄνθρακος φλόγα. πολλοῖς γὰρ

Appendix
Capita 17-18 editionis Kalbfleisch

17 Εἰ δὲ] μηδὲ ταῦτα πείθει, ὑποπτεύεις δὲ τῆς αὐτοκινήτου ψυχῆς καὶ οὐ τῆς θ[ρεπτικῆς τε] καὶ αὐξητικῆς μέτοχα εἶναι τὰ ἔμβρυα φύσεως, ἀλλ’ ἐγὼ κα[ὶ πρὸς τοῦτο εὐπο]ρήσας οὔ φημι τῷ Πλάτωνι ἐκκεκλίσθαι τὴν ἔξωθεν τῶν [ψυχῶν εἰς τὰ σώματα] εἴσκρισιν, ἀλλ’ ἄδηλος μὲν ἔστω τοῦ πότε ὁ καιρός, ὅτι <δ’> οὔ[τε ὁ πατὴρ τὴν] ψυχὴν ἐνδίδωσιν οὔτε ἡ μήτηρ, ὡς δή τι κ[αὶ] ἄλλο ἀγωνιεῖ[ται· δῆλον] γὰρ ὡς εἰ μὴ ἐκ τῶν γονέων ὅτι ἔξωθε[ν εἰσεκ]ρίθη. (2) εἴτε [δὲ ἐν τῇ καταβολῇ] τοῦ σπέρματος [εἴ]τε ἐν τῇ διατυπώσει εἴτε ἐν ᾧ πρώτῳ [κατὰ τόπον ἐκι]νήθη χρόνῳ εἴτε ἐν τῇ ἐξ ὠδίνων προόδῳ, ἔστω εἰ βούλει ἀ[μφισβητήσιμον·] ὅτι δ’ οὐκ ἀποσπᾶται ψυχὴ ἐκ τῶν γον[έ]ων [ἡ γ]νωρι[στι]κὴ οὐδὲ μερίζετα[ι οὔτε ὡς] τὰ ὁμοιομερῆ οὔτε ὡς τὰ ἀνομοιομερῆ, οὔ[τ’ οὖν μ]ετ’ ἐλαττ[ώσε]ως [τῶν παρεχόν]των τὸ μέρος οὔτ’ ἄ[νε]υ ἐλαττώσ[εως ὥ]σπερ αἱ [δυνάμεις, οὐκ ἀ]πέρ[αντον] διὰ τοιούτ[ων] π[είθειν] τοὺς ἀπιστοῦντας· πρῶτα δὲ τὰ δυνάμενα ἐ[λέγχειν τ]οὺς ὑ... τ[οῦ Πλά]τωνος .....ένους τ[ίθεμεν,] οἳ δὴ ἑκόντες ἢ ἀγνοοῦντες οὐκ οἶδ’ ὅπως τὴν τοῦ Π[λάτωνος δόξαν τῆς ἀληθείας] παραπε[πτώκασιν.] (3) ἀπορήσειε γὰρ ἄν τις εἰκότως, πῶς οὐ καθάπερ ἀ[πὸ πυροῦ πυρὸς καὶ ἐξ ἵππου ἵππος, οὑτωσὶ] δὲ καὶ ἐξ ἀνθρώπου ἄνθρωπος, ἀλλ’ ἐξ ἀνθρώπου ὄργανον [ἀνθρώπου γίγνεται· ἔστι γὰρ ἡ] φυτικὴ δύναμις ὄργανον ἀνθρώπου, ὁ δὲ ἄνθρωπος, ᾗ [ζῷον, συναμφότερόν τί ἐστιν ἐκ σώματός τε καὶ] ψυχῆς τῆς λογιστικῆς συνεστηκός· ὅλως δὲ εἰ σ[π]έρμα [δυνάμει ἄνθρωπος, λέγομεν δ’ ὅτι] οὐκ ἔχει ψυχὴν δυνάμει, πῶς ἂν εἴη σπέρμα ἄν[θρωπος δυνάμει ψυχῆς ἀμέτοχον ὄν ;] (4) ἔπειτα φήσουσι διπλᾶς ὁρᾶν τὰς γενέσεις [οὔσας, τὴν μὲν ἐξ ὁμοίων, τὴν δ’ ἐξ ἀνομοίων·] ἐκ πυρὸς μὲν γὰρ τοῦδε τόδε ἐξαφθὲν ἐξ ὁμοίου, τ[ὸ δὲ γενόμενον διὰ τῆς τῶν λίθων] ἢ ναρθήκων παρατρίψεως ἢ καὶ ἀκτίνων εἰς λ[εῖα]

Cap. 17.20-23 (γίγνεται) cf. *Hermipp.* p. 64.16 (εἶτα)-21 (διοίσομαι) || **40** (ὥσπερ)-**45** (ἐμ]ψυχία) cf. *Hermipp.* p. 63.14 (πάντων)-19 (δεξαίμεθ’ ἄν) || **52** (ἴδιον)-**60** (ἐπεισ[κριθέντος) cf. *Hermipp.* p. 64.1-7 || **61** (καθά]περ)-**64** (ἥνωνται) cf. *Hermipp.* p. 64.11 (καὶ)-14 (ἥνωνται) || **75** (ἀεὶ)-**79** (δυναμένων) cf. *Hermipp.* p. 63.22 (ἀεὶ)-28 (ὕστερον).

6 δ’ add. M || **17-18** ὑ[πὲρ] τ[οῦ Πλά]τωνος [μαχομ]ένους ? Ka. adn. || **24** ᾗ] ἡ P.

17 Même si cela non plus ne te convainc pas, et que tu supposes que l'embryon a part à l'âme automotrice, et non à une nature qui assure nutrition et croissance, eh bien moi, parce que j'ai les moyens de résoudre également cette difficulté, je déclare que n'est pas évitée par Platon l'idée que l'entrée des âmes dans les corps se fait de l'extérieur. Admettons que le moment précis où se fait cette entrée n'est pas quelque chose de clair, mais le fait que ce n'est ni le père ni la mère qui transmet l'âme, cela sera débattu comme bien sûr le reste. Il est clair en effet que si l'âme ne vient pas des parents, elle est entrée de l'extérieur. (2) Quant à la question de savoir si cette entrée se fait lors de l'insémination, lorsque l'embryon prend une configuration, lorsque pour la première fois l'embryon accomplit un mouvement local, ou lorsque intervient la naissance après les douleurs de l'accouchement, il faut que cela, si tu le veux bien, reste sujet à controverse. Mais que l'âme, l'âme cognitive, ne soit pas une partie arrachée aux parents, qu'elle n'en soit pas détachée comme dans les cas de parties semblables et dissemblables, et que, par conséquent, ce processus n'implique ni une diminution chez ceux qui fournissent cette partie ni une absence de diminution comme c'est le cas pour les puissances, ce n'est pas une tâche indéfinie que d'en persuader ceux qui n'en sont pas convaincus avec le genre d'arguments qui suivent. J'indique d'abord les arguments qui sont susceptibles de réfuter ceux des défenseurs de Platon qui de propos délibéré ou parce qu'ils restent, je ne sais comment, ignorants de la doctrine de Platon, ont dévié de la vérité. (3) De fait, on pourrait raisonnablement soulever la difficulté suivante : comment peut-il se faire que, alors que du blé vient le blé, du cheval vient le cheval, ce ne soit pas de cette manière que l'homme vienne de l'homme, mais que ce soit un instrument de l'homme qui vienne de l'homme ? La puissance végétative est en effet un instrument de l'homme, tandis que l'homme, en tant qu'animal, est un composé, puisqu'il est constitué d'un corps et d'une âme cognitive. De façon générale, si le sperme est un homme en puissance et si nous disons qu'il n'a pas une âme en puissance, comment le sperme peut-il être un homme en puissance, alors qu'il n'a point part à l'âme ? (4) De surcroît, diront-ils, on voit qu'il y a deux sortes de générations, l'une qui se fait à partir d'êtres semblables et l'autre à partir d'êtres dissemblables. Si l'on allume un feu à partir d'un autre, c'est du semblable que le feu allumé tient la cause du fait qu'il s'enflamme, tandis que si le feu apparaît en raison du fait qu'on a frotté

κατερ[χομένων ἐξ ἀνομοίου τὴν αἰτίαν] τῆς πυρώσεως ἔχειν· τὸ μὲν οὖν ἐκ τοῦ ὁμο[ίου ..] ἐκ τῶν π.................. ἐπιτηδείων πρὸς [ἃ] γέγονεν ἐπιτήδεια ταυ ? .... γίνεται ζῷα. καὶ ἐκ [β]ορβό[ρου] καὶ σήψεων ....περ καὶ τὰ ὑπηνέμια οὐκ ἐκ σπέρ[ματος] .... ἰσχυρῶς συγκαθήμενοι ἔξω[θεν] τ.................................... ....αι τ[ῆς φύσεως] τὸ ὅμοιον ἐκ τοῦ ὁμοίου ἀν[αγκ]αζούσ[ης] γεγονέν[αι. (5) [ὥσπερ οὖν οὐκ ἄτοπ]ος ὁ τῆς θρυαλλίδος τὴν ἐκ πυρὸς [ἔξαψιν] ἔξωθεν φάσκων γεγονέναι, [ἐπειδὴ ἐκ τῆς τῶν λί]θων σ[υγ]κρούσεως ἔξωθεν ἦν, οὕτως καὶ ὁ τὰ ἐκ τῶν σπερμάτων γιγνόμενα ἐμ[ψύχων ὄντων τῶν] προϊέντων τὰ σπέρματα βίαιος ἔξωθεν ἡμᾶς ἀναπείθων προσερ[χομένην ἔχειν τὴν ἐμ]ψυχίαν ἐοικότως τ[οῖ]ς μὴ ἐκ σπερμάτων γιγνομένοις· ἢ τίνος γοῦν ἕνεκα [πλεονεκτεῖν φήσει τὴν] ἀνθρώπου φύ[σιν], εἴπερ ἡ σύστασις τῆς ἐμψυχίας τοιαύτη οἵα ἐπὶ σκω[λήκων καὶ εὐλῶν καὶ ....]νέμων ἣν συγχωρητέον γίγνεσθαι ἔξωθεν ; (6) [οὐ μὴν ἀλλὰ ζῷον γε]ννᾷ [ὁ ἄνθρωπος οὐ] σῶμα μόνον ἀλλὰ καὶ ψυχὴν ἔχον, εἴτ' οὖν λόγους [ἐθέλει τις αὐτὴν καλεῖν ε]ἴτε δυνά[μεις εἴ]τε μέρος εἴτε γένεσιν· ἴδιον δὲ τῶν σπερμάτων τὸ [ἀεὶ ὁδῷ τινι] καὶ τάξει προβαίνειν καὶ τὸ τόδε μετὰ τόδε προάγειν, καὶ οὐκ ἐπεὶ [μετὰ τὴν κύησιν] ὀδόντας φύει καὶ προελθόντος τοῦ χρόνου γένεια καὶ ἥβην, οὐκ ἐκ σπέρματος [τὰ τοιαῦτα γεννᾶται·] καὶ τὸ [θρεπτικ]ῶς μὲν καὶ αὐξητικῶς κινεῖσθαι ἀπὸ σπερμάτων οἰ[κείως γίγνεται, ἕως ἂν ἐν] γαστρὶ ᾖ, [αἰσθη]τ[ικῶς] δὲ ὅταν προκύψῃ καὶ πάλιν λογικῶς ὅταν [προ]έ[λ]θῃ [κατὰ τὴν ἡλικίαν καὶ ὕστ]ερ[ον] ν[ο]ητικ[ῶς, κ]αὶ οὐδενὸς ἔξωθεν ψυχικοῦ ἐπεισ[κριθέντος, ἀλλὰ καθά]περ [ἐν τῇ τῶν καρ]πῶν β[λαστήσει] πάντα ὁμοῦ συγκέχυται, καὶ εἴ [τινες λόγ]οι [ἄλλῳ καιρῷ διακρίνο]νται, ὡς ἐν τῷ πυρῷ οἱ λόγοι τῆς καλάμης καὶ τοῦ φύλ[λου καὶ τῆς ῥίζης ἥνωνται πρὶν] ταῦτα διακριθῆναι, ἀλλ' [ὅ]μως οἱ λόγοι οὐ τοῦ πυροῦ καὶ τῶν .... [καλ]άμ[ης] καὶ

40-41 an [ὥσπερ οὖν ἄτοπ]ος ὁ … ἔξωθεν <μὴ> φάσκων ? Ka. adn. || **44** προσέρ P || **48** ᾠῶν ὑπη]νέμων ? Ka. adn. || **65** [καρπῶν μόνον, ἀλλὰ καὶ τῶν ζῴων, ἥνωνται ἐν σπέρ]μα[σι] καὶ ὕστ. διακρ. Fest. p. 301[1].

contre d'autres des pierres ou des bâtons ou du fait que des rayons viennent frapper des surfaces polies, c'est du dissemblable que le feu tient la cause de son inflammation.

(...)

(5) De même donc que tient un propos absurde celui qui soutient que l'allumage de la mèche se fait de l'extérieur à partir du feu, parce que le feu vient de l'extérieur de la friction de pierres l'une contre l'autre, de même ferait preuve d'une argumentation forcée celui qui entreprendrait de nous persuader que, parce que ce sont des êtres pourvus d'une âme qui projettent le sperme, les êtres qui naissent de ce sperme reçoivent l'animation de l'extérieur, sur le modèle des êtres qui ne naissent pas du sperme. Pour quelle raison alors prétendra-t-on que la nature de l'homme est supérieure, s'il est vrai que l'animation se fait dans le cadre d'un concours de circonstances semblable à celui qui intervient chez les larves, les vers, (...) dont il faut concéder que l'animation se fait de l'extérieur ? (6) Mais cela ne se peut: l'homme engendre un vivant pourvu non seulement d'un corps, mais aussi d'une âme, quel que soit le nom que l'on souhaite donner à cette entité : « raisons », puissances, partie, principe de génération. Or, le propre du sperme, c'est de se développer avec méthode et ordre et de faire apparaître telle chose après telle autre. Et du fait que c'est après l'enfantement qu'il fait pousser les dents, et que c'est à mesure que le temps avance qu'il fait pousser les poils de la barbe et ceux du pubis, on ne peut conclure que les choses de ce genre ne dépendent pas du sperme. Étant donné les propriétés qui sont les siennes, le sperme est responsable de la nutrition et de la croissance de l'embryon, tant que l'embryon est dans le ventre de la mère, de la sensation quand l'accouchement a eu lieu, puis de la raison quand l'enfant a progressé en âge et en dernier lieu de l'intellection, et cela sans que rien de relatif à une âme animale ne lui vienne de l'extérieur. En fait, tout y a été mélangé ensemble, comme dans la germination des graines, et même si des « raisons » ne se différencient qu'à un autre moment, comme c'est le cas pour les raisons qui se trouvent dans le blé, (...)

ὕστερον διακρίνονται. (7) ὥσπερ [γὰρ ἐν καρύᾳ ἄρτι προκυψάσῃ ὁ]μοῦ πάντα καὶ ἐν συνεχεῖ τε καὶ χλωρῷ ὄγκῳ, [ὕστερον δὲ διακρίνεται τὸ λέπυρον τὸ ταύ]της καὶ τὸ ὑπὸ τὸ λέπυρον ὀστῶδες καὶ τοῦ ὑπὸ τὸ ὀστῶδες [ὑμενίου καὶ αὐτοῦ τοῦ ἐν τῷ ὑμενίῳ] καρ[ποῦ] καὶ τῶν ἐντὸς διὰ τοῦ καρποῦ διερχομένων ὀστωδῶν [κατὰ διαφόρους καιρούς, ἀεὶ δὲ ἔνεστιν ἐν τῷ κ]αρπῷ λόγος ὅλος τῆς καρύας, οὑτωσὶ δὲ ἐν τῷ σπέρματι πάντα [μὲν ὁμοῦ συγκεχύσθαι φασὶν τὰ μόρια, ἐκ]κρίνεσθαί γε μὴν ἐκ τῆς συγχύσεως καὶ κατ᾽ ἰδίαν ἀνα[πλάττεσθαι] .... [ε]ἰσιόντα, ἀεὶ δὲ τὸ ἐπιτήδειον πρὸς τοὺς καιροὺς [πρότερον τῶν ἄλλων ἀναγκ]αῖο[ν] δ[ιακεκρ]ίσθαι· διὸ χρείας πω μὴ οὔσης ἐν τῇ κυή[σει ὁρμῆς καὶ φαντασίας ἡσυχάζειν ἐν τῷ] ὅλῳ [ὄ]γκῳ τοὺς λόγους τῶν δυνάμεων, καθά[περ ἐν τῷ πυρῷ τοὺς λόγους τῆς καλάμης καὶ] τ[οῦ φύλλου, ἀε]ὶ δὲ εἰς τὰς χρείας συνομαρτεῖν καὶ [τοὺς καιροὺς τῆς προόδου ἑκάστης τῶν δυ]ν[ά]μεων.

18 Ὅτι δὲ οὐκ ἔργον τῆς ἐν ἡμῖν [φυτικῆς μόνης ψυχῆς ἐστιτὸ σπέρμα, ἀλλ]ὰ καὶ τῆς αἰσθητικῆς τε καὶ φανταστικῆς καὶ τ[ῆς] ὁρμητικῆς, [δηλ]οῖ τ[ὸ] πρὸς φαντασίαν ἐγε[ίρεσθαι τὴν τοῦ σπ]έρματος [πρόεσιν καὶ τὸ] ὅλον δι᾽ ἀφῆς ἐκτελεῖσθαι καὶ ἡδ[ονῆς σωμ]ατ[ικῆς] καὶ [τὸ ἐξ αἰσθήσεών τινων] οἷόν τε εἶναι καταφέρεσθαι τὸ σπέρμα· ἀρκεῖν γοῦν [φασι τὴν αἴσθησιν, ὡς ἐνίοτε ἐκ] μόνης τῆς θέας τῶν ὡραίων ῥεῖν τοῦτο· καὶ τάς γε [ὀν]ειρατικ[ὰς φ]αν[τασίας τὰ μὲν ἄλ]λα ἐᾶν ἀκίνητα, τὸ δὲ σπέρμα καὶ ἀπο[κρ]ί[ν]ειν. οὕτως ἄρα ἔργ[ον οὐ τῆς φυτικῆς μόνης,] ἀλλὰ καὶ τῆς φανταστικῆς· εἰ δ᾽ ἔργον τῆς θρ[επτικῆς τε καὶ αὐ]ξητ[ικῆς μόνης ἦν, εἰκὸς μὲν αὐτὸ] ἔχειν καὶ τὴν τοῦ αὔξειν καὶ τρέφεσθαι [δύναμιν, οὐδαμῶς δὲ τῆς τοιαύτης ψυχῆς μόνης] ἔργον ὂν παρ᾽ αὐτῆς ἕξει καὶ τὴν τοῦ φαντα[σιοῦσθαι δύναμιν τὴν φαινομένην ἐν ταῖς] ἀφροδισίοις φαντάσεσι καὶ ὀρέξεις [καὶ ὁρμὰς τὰς συνακολουθούσας ταύταις] ταῖς φαντασίαις· πῶς οὖν

75 [κατὰ διαφόρους καιροὺς] εἰσιόντα Fest. p. 302[2].

Cap. 18. 66-70 cf. *Hermipp.* p. 63.19 (ὅλως)-22 (φλόγα).

(7) De même en effet que dans la noix, lorsqu'elle vient tout juste d'apparaître sur l'arbre, tout est ensemble et dans une masse à la fois compacte et verte, et que ce n'est que plus tard, à des moments différents, que la cosse et la coque ligneuse qui se trouve sous la cosse vont se distinguer de la membrane qui se trouve sous la coque, du fruit lui-même qui se trouve dans la pellicule et des membranes ligneuses qui traversent le fruit de part en part, alors que pourtant la raison tout entière de la noix reste dans le fruit, de même, disent-ils, toutes les parties ont été mélangées ensemble dans le sperme, mais elles ne se distinguent pas moins les unes des autres en sortant de ce mélange et elles revêtent l'une après l'autre une figure (...), et c'est toujours la partie appropriée qui au moment voulu nécessairement se distingue avant que ne vienne le tour des autres. C'est pourquoi, comme il n'est pas encore besoin durant la grossesse, d'impulsion et de représentation, les raisons séminales de ces puissances se tiennent au repos dans la masse tout entière de l'embryon, comme c'est le cas dans le grain de blé où se tiennent au repos les raisons du chaume et de la feuille, mais le moment de la sortie de chacune de ces puissances va de pair avec la manifestation de besoins.

18 Eh bien, que le sperme soit le produit non de la seule âme végétative qui se trouve en nous, mais aussi de l'âme sensitive, représentative et impulsive, c'est ce que montre ce qui suit : l'émission du sperme est éveillée par la représentation ; d'une manière générale elle se réalise par le moyen d'un contact qui provoque un plaisir corporel ; enfin, il est possible que l'épanchement du sperme soit suscité par certaines sensations. Une chose est sûre, c'est, dit-on, que la sensation suffit, dans certains cas, à faire que le sperme s'écoule à la vue de personnes qui sont dans la fleur de l'âge. Et pour ce qui est des représentations apparues dans les rêves, elles laissent les autres humeurs au repos, alors qu'elles causent une sécrétion du sperme. Ainsi le sperme est le produit non de la seule âme végétative, mais aussi de l'âme représentative. Si le sperme était le produit de la seule âme nutritive et qui assure la croissance, il est vraisemblable qu'il posséderait la puissance de faire croître et de nourrir, mais il ne saurait, en aucune façon, puisqu'il est le produit de cette seule âme nutritive et qui assure la croissance, recevoir de cette âme également la puissance de former des représentations qui proposent des images voluptueuses, ainsi que des désirs et des impulsions qui accompagnent ces images.

οὐχὶ καὶ [τῆς φανταστικῆς τε καὶ ὁρμητικῆς αὐτοποίη-]τον ἔργον τὸ σπέρμα ; μὴ δὴ θαυμάζωμ[εν] .... μνημον[ευτ]ικ[ῆ]ς κἀν ταῖς ἐννοίαις κυβ[ερν–] .... τὰ γ[εν]νώμενα ἔρχεται προσειληφότ[α] προ ....σάμενα δέξασθαι. μέρος μὲν .... τέλειον κἀπὶ τῶν φυτῶν τῶν ἀ................................ [καρ]ποφόρος κλάδος ἀποσπασθε[ὶς] .... οὐκ .... ἀλλ' ἐν χρόνῳ κατ' ὀλίγο[ν] τελειούμενον ὁ [γὰρ] .... ἀλλὰ κατ' ὀλίγον ὡς τὸ ἀπό τινος μέρος .... νομένων τῶν ψυχῶν, ἡ παρουσία τὸ λογικὸν ἐχ......................... εἰσκρίσεις· πόθεν οὕτως τελέαν ἔχουσι τὴν ἀ[φρ]οσύνην· τὸ γὰρ .... μάται[ον] τῆς αὐτῆς οὔσης· καὶ ὅταν εἰς πο[....]ς ἐκκρίνα .... ἔχωσι κἀνταῦθα τὸ τέλειον· τί δὲ κ[ω]λύει γε.έ .εν .ῆς .... ματώσεις κατορθοῦν· ἀλλ' ἦσαν καὶ α......................... τῶν γιγνομένων καταψεύδεσθαι· εὑρίσκει .... μισήσει· ἤτε ἐκ τῶν τεθνεώ[τ]ων ε............................ κενὸς γὰρ ὁ φόβος, μὴ εἰς ἀπειρίαν .... γένεσιν· οὐδ' ἦν ἱστορηκότων ....νῶντο ψυχαί· καὶ ἐξῆσαν οὐκ ....τόπῳ φυομένων εἰς τὸ τοσοῦτον ... .δεν δ'........' λόγων καὶ αἴσθησ. μόν.........................λυντ...ς δὲ λόγος ἰσχυρὸς ὃς ὁμοούς... τὴν λογικ.............. . ζῴων ἵνα [κ]αὶ τὰς γενέσεις ἐπαλλάττωσι· πόθεν δὲ ὅτι ε[ ].......... ἡ δύναμι[ς τῆς αἰσθ]ητικῆς τε καὶ ἐπιθυμητικῆς ψυχῆς δι' ἧς κυβερνᾶται ....μάτων ....στικ.... αἰσθητική τε καὶ ὀρεκτική, ἐκ σπερμάτων ....πρι... πόθεν εἰ μὴ καὶ τὸ ἔθος ἐκεῖ[θεν] ἦν .... που αἱ ὁμοιότητες οὐχὶ κατηγο[ροῦ]σι τοῦ ....·..........αὶ ἐκ τῆς φυτικῆς τῆς ἐνδοθείσης ἐκ τοῦ πατρὸς .... που γε οὐ[ ] διὰ τὴν ἀνομοιότητα, οὐδὲ τὸ φυτικὸν ....οιότητ[ος]· ἡ δ' ὁμοιότης αἰτ[ίαν] μ[ε]γ[άλην] ἔχει ....ι δείξαντι τὰς ψυχὰς

32 γενέσεως μὲν τῆς ? Ka. adn.

ἀθανά[τους] κ[αὶ] μὴ ....λον· ἀλλ᾽ ἡμεῖς γε φασὶ τὰς .... ὃς ἱκανὸς ἦν παρακρούειν. οὐ π.θ....ῆ ....εῖν[.. εἰ]ς ἀπορίαν περιβάλλειν τοὺς ἀκούον[τας] .... [α]ὐτῶν πρὸς τὰ λεγόμενα ἀμηχα[νοποιεῖ] .... [τ]ῶν πραγμάτων ποιεῖσθαι ἐναργείας .... μὴ [φ]θείρωνται, οὐκ ἀναγκαία ἡ ἐξ .... τὴν ἀπειρίαν αὐτῶν μὴ εὐλαβηθέντ[α]. ἢ .... γ[ε]ννᾶσθαι λέγουσι[ ]. μὴ δὲ ἐκ τοῦ ὁμοίου τὸ ὅμοιον .... .ωθεν τεμάχιον προστίθεται. ἡ δὲ ....στ................. [ἐρ]γαζ[... οὐ]δ᾽ ἔχει παρόν· οὐδὲ γὰρ ὑφάντης ἢ ὑποδη[ματοποιὸς ἐργάσασθαί τι ἐπιχειρήσ]αιτ᾽ ἂν μὴ γνοὺς πρότερον ὃ ποιεῖν [μ]έλλει καὶ .... [πα]ρόντα τοῦτον. δι᾽ αὐτοῦ γάρ, οὐ δι᾽ ἑαυτῆς γνοίη [ἂ]ν .... [Χρ]υσίππου· τὴν τοῦ ἀέρος προσβολὴν φα[μένου] .... ἀδύνατον ἡγούμενος τὴν τοιαύτην ἔγερσιν .... δὲ πυρὸς ἐν δαλῷ φωλεύοντος πιστεύειν .... [ἀνεγεί]ρειν τὴν φλόγα ὡς εἴ γε μὴ ἐπὶ τῶν .... τις· ἢ φυσῶν τίς ἐξ ἄνθρ[ακος] .... ἄνθρακος φλόγα. πολλοῖς γὰρ

61 τὲ μαχιον P || **63** ὑφαντὴς P.

NOTES À LA TRADUCTION FRANÇAISE

RÉSUMÉ DU CHAPITRE 1

Ce traité cherche à répondre à la question suivante : l'embryon est-il un végétal, dont le caractère propre est la croissance et la nutrition, ou un animal, dont le caractère propre est la sensation et l'impulsion ? Il la tranche ainsi : c'est un végétal ou un être apparenté à un végétal et non pas un animal en acte. Mais comme l'embryon doit recevoir une âme animale, il faut encore demander en quel sens il est un animal en puissance. Trois possibilités se présentent : 1) l'âme animale est présente dans l'embryon, mais elle y est inactive (exemples du sommeil et de l'hibernation) ; 2) l'âme animale y est présente et faiblement active (exemple du bébé qui bouge les jambes) ; 3) l'âme animale est absente, mais l'embryon est apte à la recevoir. C'est la position retenue.

Notes[*]

Γαληνοῦ. Sur la question de l'attribution de ce traité à Galien, voir l'Introduction.

Γαῦρον. Sur le nom propre, voir les inscriptions suivantes : IG II / III^2 2026, 77 ; 2103, 259 ; IG XIV 1272 = IGUR 181 ; et les commentaires de L. Robert, *Hellenika* I, p. 127-131; *id.* in N. Firalti, *Stèles de Byzance*, Paris, 1964, p. 146. Le nom du dédicataire, Γαῦρος, est très rare. Jusqu'ici on n'a trouvé aucune inscription, aucun témoignage littéraire qui nous permette de l'identifier. Cela dit, la chose pourrait se compliquer du fait que Γαῦρος n'est pas forcément un nom propre. Le nom qui signifie « heureux » ou « fier » pourrait bien être un surnom, comme en témoigne la *Vie de Plotin* : « Comme les gens de la Grèce disaient que Plotin pillait les doctrines de Numénius, et comme le stoïcien et platonicien Tryphon en faisait part à Amélius, ce dernier écrivit un livre qu'il intitula *Sur la différence doctrinale qui sépare Plotin de Numénius*, et qu'il dédia à Basileus, à moi. "Basileus" était le nom qui appar-

[*] Sous la responsabilité de Luc Brisson.

tenait à Porphyre, à moi, parce que je m'appelais dans la langue de mon pays, Malkos (mon père, d'ailleurs, s'appelait du même nom), et que la traduction de "Malchos" est "Basileus", si l'on veut traduire en langue grecque. C'est pourquoi Longin, lorsqu'il dédiait ses livres *Sur l'impulsion* à Cléodamos et à moi, Porphyre, écrivait en tête, "Cléodomas et Malkos" ; au contraire Amélius traduisit mon nom et, de même que Numénius changea "Maximus" en "Mégalos", lui de même changea "Malkos" en "Basileus", si bien qu'il écrit... » (*VP* 17, 1-15). Plotin appelait Amélius, Amérius (*VP* 7, 3-4). Amélius appelait Paulinus, Mikkalos (*VP* 7, 7), un peu comme dans certaines communautés religieuses maintenant.

Titre. Nous traduisons ainsi ἐμψυχοῦται mais suivant la thèse générale du traité, il s'agit de l'âme animale, voir l'Introduction.

(1), 1. Le terme εἴσκρισις est un terme technique qui revient souvent dans le traité où il désigne l'entrée d'une âme dans cet organisme qu'est l'embryon. Chez Plotin, le terme peut décrire l'entrée de l'âme supérieure dans un organisme, humain ou animal (car il faut prendre en compte la transmigration) : « Lorsqu'elles se sont penchées pour regarder hors du monde intelligible, les âmes pénètrent d'abord dans le ciel et, après y avoir pris un corps, elles s'avancent d'emblée grâce à ce corps jusqu'aux corps terrestres, aussi loin qu'elles peuvent s'étendre dans le sens de la longueur. Certaines de ces âmes viennent du ciel pour entrer (εἰσκρινόμεναι) dans des corps inférieurs, tandis que d'autres quittent un corps pour entrer dans un autre ; ce sont celles dont la puissance ne leur permet pas de s'arracher de là, tirées qu'elles sont par la pesanteur et par l'oubli qui les alourdit beaucoup. » (traité 27 (IV, 3), 15, 1-7). La même idée se retrouve chez Alcinoos : « Et l'argument de l'immortalité des âmes a pour conséquence que les âmes entrent (εἰσκρίνεσθαι) dans les corps, où elles s'attachent aux embryons lorsque leur développement a atteint son terme, et qu'elles passent dans plusieurs corps d'hommes et d'animaux, soit qu'elles attendent leur tour réglé par les nombres, ou qu'elles obéissent à la volonté des dieux, soit qu'elles paient le tribut de leur intempérance ou de leur amour des corps. Il existe d'ailleurs entre le corps et l'âme une certaine affinité (οἰκειότητα), comme entre le feu et le bitume. » (*Didaskalikos* XXV, 178, 33-39). On notera que quatre éléments repris dans notre traité se trouvent déjà chez Alcinoos : l'idée de l'entrée de l'âme dans l'embryon (1 (1)) ; l'idée de l'affinité entre l'âme et le corps (3 (5), 49) ; l'image du feu et du bitume, qui deviendra dans notre texte celle du feu et du naphte (11 (2), 22) ; et le recours à l'astrologie pour déterminer le moment de la descente de l'âme (16 (5 et 6)). L'important est ici de préciser que l'entrée de l'âme se fait de l'extérieur (ἔξωθεν) ; la formule complète est ἡ ἔξωθεν τῶν ψυχῶν εἰς τὰ σώματα εἴσκρισις (17 (1), 4-5). Porphyre se réfère-t-il à Aristote (*De l'âme* II 5, 417a5-9) qui explique que l'âme n'a pas de sensation en l'absence d'objets extérieurs, tout comme un combustible ne peut s'enflammer tout seul, car il a besoin d'un feu extérieur en acte ? Le cas échéant, Porphyre s'approprie l'analogie aristotélicienne entre la perception et l'inflammation en précisant que cette dernière peut avoir lieu sans que le feu se trouve au contact du combustible.

(1), 2. Nous traduisons par « génération d'un animal » le terme ζῳογονία qui revient plusieurs fois (10 (4), 39 ; 16 (5), 51), et dont le sens semble être le même que celui de ζῳοποιία, en levant ainsi l'ambiguïté qui s'attache au terme ζῷον ; sur le sujet voir l'Introduction et, *infra*, la note à 4 (1), 5.

(1), 2. Le terme ἀπορία n'est pas facile à traduire ; il exprime l'embarras, l'incertitude. L'objet de cet embarras est bien exprimé en 16 (4), 30-33 : « Pourquoi donc embrouiller les affaires en nous posant la question (ἀπορίᾳ) de l'origine de l'âme automotrice, et en refusant de croire qu'elle vient de l'extérieur... » On notera que, à l'époque de Porphyre, on compose un certain nombre de travaux auxquels on donne le titre d'Ἀπορίαι καὶ λύσεις, que l'on peut traduire : *Problèmes et solutions*.

(1), 3. C'est ainsi que nous interprétons προηγουμένως. Une recherche dans le *Thesaurus Linguae Graecae* montre 20 occurrences de l'adverbe chez Porphyre, essentiellement dans le commentaire aux *Catégories*, mais aussi, par exemple, dans la *Sentence* 32 (li. 23 et 81). L'adverbe, qui signifie « principalement », s'oppose à « accidentellement », « accessoirement » ou « secondairement » (*Sentence* 32, li. 81). Il pourrait s'agir d'une opposition entre les philosophes et les médecins pour lesquels la question de l'animation de l'embryon est l'objet principal de recherche.

(1), 4. Le copiste a écrit καθέντας (que nous traduisons), puis raturé et corrigé en κινηθέντας. La construction καθιέναι εἴς τι se retrouve avec le même sens dans le *De abstinentia* de Porphyre (I, 37, 39, 40 ; II, 52).

(1), 4. L'adverbe κοινῶς peut être traduit par « en commun » ou « de manière générale ». Les deux traductions font sens ici, mais nous avons préféré la seconde, en estimant que le terme ἰδίᾳ de la ligne 15 lui répond. Parmi les médecins, il faut compter Hippocrate et Galien.

(1), 4. C'est ainsi que nous traduisons ici φυσικῶν, de manière à ne pas trop préciser ici ; il s'agit pour l'auteur de marquer la différence avec ἰατρῶν.

(1), 5. Une forte ambiguïté s'attache au terme ζῷα qui peut signifier tout ce qui vit en général (des dieux aux plantes) ou seulement les animaux, c'est-à-dire les vivants dotés des puissances sensitive et automotrice. Cette âme animale, comme on l'a déjà dit, arrive de l'extérieur à la naissance. Ici, il faut traduire par « animaux », car on trouve dans la suite du texte une définition du végétal qui l'oppose à l'animal, et qui énumère les traits distinctifs de chacun d'eux.

(1), 6. C'est par leur caractère propre (ἰδιότης) que la plante et l'animal sont distingués. Dans le traité 42 (VI, 1), 2, 17, Plotin fait référence au « propre » dans une perspective aristotélicienne : « Mais ce que l'on considère surtout comme propre à la réalité, c'est d'être capable de recevoir les contraires, tout en restant la même et numériquement une. » (Aristote, *Catégories*

5, 4a10-11). Le propre dans l'un et l'autre cas porte non sur le corps, mais sur l'âme qui l'anime.

(1), 7. Le terme φυτῶν ne présente ici aucune ambiguïté.

(1), 7. *Cf.* Aristote (*De l'âme* II 2, 413b1-4) qui distingue entre les vivants (τοῖς ζῷσι) et l'animal (τὸ ζῷον) dont la première caractéristique est la sensation : « Donc c'est en vertu de ce principe que la vie est dévolue aux vivants, bien que l'animal soit fondamentalement identifiable grâce au critère de la sensation. En effet, les êtres qui ne bougent pas et ne changent pas de place, mais qui sont doués de sensation, nous les appelons des animaux et pas seulement des vivants. » (trad. R. Bodéüs). Voir encore *De la génération des animaux* I 23, 731b4-5 ; II 1, 732a12-13 ; II 4, 741a 9-10. La même caractérisation de l'animal par la sensation se retrouve chez Alexandre d'Aphrodise, *De l'âme* 29 ; 30 ; 39, 19 ; 78, 16 ; 92, 23-26.

(1), 8. On peut lire dans le *De l'âme* : « Mais on ne trouve, chez les plantes, que la faculté nutritive (θρεπτικόν), tandis que, chez d'autres vivants (les animaux), celle-ci va de pair avec la faculté sensitive (αἰσθητικόν). Et s'il y a la faculté sensitive (αἰσθητικόν), la faculté désirante (ὀρεκτικόν) est également présente. Le désir (ὄρεξις) est en effet appétit (ἐπιθυμία), ardeur (θυμός) et souhait (βούλησις). Or tous les animaux ont l'un des sens, le toucher ; or ce qui se trouve doué de sensation, est aussi accessible au plaisir et à la peine, à ce qui est agréable ou douloureux ; et, dans ces conditions il est également doué du désir, puisque ce dernier est l'appétit de l'agréable. » (II 3, 414a32-b6, trad. R. Bodéüs modifiée). On notera qu'ici Porphyre parle non pas de désir (ὄρεξις) mais d'impulsion (ὁρμή). L'impulsion est une notion stoïcienne, mais adaptée à leur doctrine par les Platoniciens. La définition du vivant par la sensation et l'ὁρμή se retrouve chez Hiéroclès : « Il faut dès lors se mettre dans l'esprit que l'animal présente deux différences par rapport à ce qui n'est pas un animal, la sensation et l'impulsion. » (Hiéroclès, *El. moral.*, 1a, 31-33 Bastianini-Long). L'impulsion (ὁρμή) est l'une des fonctions de la partie de l'âme commune aux animaux et aux hommes, car elle a pour préalable la sensation qui, elle-même, est à la base du désir (ὄρεξις), le désir exigeant une prise de contact avec un objet qu'il s'agit de rechercher ou de fuir.

Voilà pourquoi Alexandre d'Aphrodise attribue à l'âme animale une puissance qui se situe entre la puissance nutritive qui caractérise les plantes et la puissance rationnelle qui caractérise l'âme : « La deuxième puissance de l'âme comprend les puissances sensitive et impulsive, et aussi les puissances désirante et représentative (δευτέρα δὲ ψυχὴ ἡ αἰσθητική τε καὶ ὁρμητική, ἔτι δὲ ἥ τε ὀρεκτικὴ καὶ φανταστική). Ces puissances ne peuvent naître en quelque chose qui n'a pas l'âme nutritive, alors que l'âme nutritive subsiste même sans la présence de celles-ci. Tel est en effet le cas pour l'âme des plantes. Et tous les vivants qui possèdent l'âme sensitive (et ce sont les animaux, car on définit l'animal par cette puissance), ont nécessairement aussi l'âme nutritive. De plus, ceux qui ont les puissances désirante et représentative possèdent conjointement la puissance sensitive. En outre, les puissances désirante et représentative sont unies à la puissance sensitive. Et ceux qui ont la puissance impulsive, c'est-à-dire celle responsable du mouvement local spontané, possèdent aussi les puissances représentative et sensitive. Car tout ce qui se meut localement et en se déplaçant grâce à son âme est nécessairement capable de représentation, de sensation et de nutrition. Mais il n'est pas vrai que tout animal capable de représentation et de sensation se meut d'emblée grâce à son âme. » (Alexandre d'Aphrodise, *De l'âme* 29, 11-20, trad. R. Dufour). Par ailleurs le désir est étroitement lié à l'impulsion : « La partie impulsive est jointe à la partie désirante, car cette puissance est principe et cause, chez les animaux, du mouvement local qui vient d'eux-mêmes. En effet, ils ont une impulsion et se meuvent soit pour se saisir d'une chose qu'ils désirent, soit pour éviter et fuir une chose pour laquelle ils ont de l'aversion. Car le désir est une sorte d'impulsion (ὁρμὴ γάρ τις καὶ ἡ ὄρεξις). » (Alexandre d'Aphrodise, *De l'âme* 72, 27 - 74, 1, trad. R. Dufour). On retrouve cette même association un peu plus loin en 75, 10.

(1), 9. On notera le θεωρουμένης. Dans les *Sentences*, l'usage de ce verbe en ce sens est fréquent.

(1), 9. Le terme χωρίς (qui revient deux fois de suite ici) intervient dans un contexte similaire chez Aristote : « C'est pour cette raison que toutes les plantes mêmes sont considérées comme des vivants ; on constate en effet qu'elles possèdent un pouvoir et un principe interne qui les rend capables de croître et de décroître selon les directions opposées ; car la croissance ne s'opère pas vers le haut à l'exclusion du bas, mais vers les deux à la fois, et en tous sens, chez tous les êtres qui s'alimentent régulièrement et vivent aussi longtemps qu'ils peuvent absorber de la nourriture. Cette fonction peut être donnée indépendamment (χωρίζεσθαι) des autres, mais à l'inverse celles-ci ne peuvent, chez les êtres mortels, être séparées de celle-là. » (*De l'âme* II 2, 413a25-33, trad. A. Jannone). Voir aussi *De l'âme* II 3, 415a2-3.

(1), 9-10. Ici, c'est le terme φαντασία, et non plus αἰσθῆσις comme à la ligne précédente, qui est associé à ὁρμή. La représentation apparaît ainsi comme l'une des puissances distinctives de l'animal, dont l'embryon serait privé. La caractérisation de l'animal par la représentation est encore un trait stoïcien (voir *infra*, note au chapitre 5, (3), 12).

(1), 9-10. Cela correspond à ce qui se trouve chez Aristote, voir (1), 9. À quelques lignes d'intervalle, chez Plotin, dans les traités 8 (IV 9) 3, 18-25 et 26 (III 6), 4, on trouve les termes τὸ φυτικόν et τὸ θρεπτικόν. Voir aussi le traité 53 (I, 1) 8, 21, où il est question de la puissance de génération et de croissance (γεννητικοῦ καὶ αὐξήσεως).

(1), 11. Le verbe διοικεῖν à l'actif et au passif (1 (4), 42 ; 3 (2), 14 ; 3 (5), 55 ; 4 (1), 9 ; 6 (2), 35 ; 10 (2), 13 ; 10 (6), 65 ; *etc.*) et le substantif correspondant διοίκησις (3 (4), 45 ; 9 (1), 6 ; 10 (1), 11 ; *etc.*) reviennent souvent dans ce traité. Ils renvoient à l'action organisatrice de l'âme.

(1), 11. L'appel aux faits τὰ γιγνόμενα est une constante dans le texte : 1 (1), 11 ; 2 (9), 46, 52 ; 8 (2), 23. Voir 10 (1) où l'on trouve une injonction à examiner le processus (τὸ γιγνόμενον) en lui-même, qui marque une rupture avec l'examen des questions d'exégèse platonicienne mené dans les chapitres précédents.

(1), 13. Il faut lever l'ambiguïté de ζωοῦσθαι, une ambiguïté qui s'attache déjà à ζῷον, voir, *supra*, note à (1), 5.

(1), 13. Il s'agit de la construction de μή + subjonctif qui indique un subjonctif d'appréhension. Avant μή, il faut sous-entendre δέδοικα.

(1), 14. Nous pensons qu'il faut traduire ainsi ἀβασανίστως, par référence au *Timée*. Après avoir proposé une explication particulièrement audacieuse sur la question des couleurs, Platon déclare : « Pour les autres couleurs, on voit presque à l'évidence à partir de ces exemples, à quels mélanges il faudrait les assimiler, pour sauver notre mythe vraisemblable. Pourtant, si on voulait faire une recherche expérimentale en soumettant cela à la vérification (εἰ δέ τις τούτων ἔργῳ σκοπούμενος βάσανον λαμβάνοι), ce serait méconnaître la différence entre un homme et un dieu ; car seul un dieu possède à la fois le savoir et le pouvoir nécessaires qui permettent de mêler les multiples choses en une seule et inversement de résoudre ce qui est un dans le multiple ; tandis que parmi les hommes nul n'est à l'heure actuelle en mesure de réaliser l'une et l'autre de ces tâches, et ne le sera jamais à l'avenir. » (*Timée* 68d-e, trad. L. Brisson). Pour Platon, la vérification expérimentale, qui est assimilée à une torture, implique une reproduction exacte de la nature, tâche impossible pour nous tout comme pour lui. Ici, on se trouve dans un tout autre contexte, où l'expérimentation est acceptée.

(1), 15. On notera que l'opinion selon laquelle l'embryon est doté d'une vie animale semble avoir été la plus partagée à l'époque.

(2) L'auteur distingue ainsi entre deux sens de « l'en puissance » : l'un selon la pure réceptivité et l'autre qui désigne une puissance déjà présente, mais inactive. Sur le sujet, voir l'Introduction, p. 59-60.

(2), 15. Cet ἰδίᾳ répond au κοινῶς de la ligne 4.

(2), 20. On notera que γραμματική signifie non pas la grammaire, mais la capacité de lire et d'écrire comme cela apparaîtra un peu plus bas, voir lignes 21-22. On a ici une réinterprétation du triple schème aristotélicien de la puissance, tel qu'exposé en *De l'âme* II 5, 417a22-b1. Voir sur ce sujet l'Introduction, p. 61-62.

(2), 23. L'expression τὸ ἔχειν ἐπιτηδείως est stoïcienne : « avoir une aptitude pour ».

(2), 26. Première apparition du terme ἐπιτηδειότης. Sur cette notion, voir l'Introduction, p. 57-67.

(3), 28. Le terme κάρος désigne le sommeil profond et même la torpeur, comme on le voit dans les *Problèmes* 3, 873b14 *sq*. Mais ce terme fait surtout écho au *De la génération des animaux* V 1, 778b23-779a26 où l'état initial de l'animal est comparé au sommeil.

(3), 31. Sur l'hibernation (φωλεία), voir Aristote, *Histoire des animaux* VIII 13-17.

(3), 34. Le verbe προέρχεσθαι revient plusieurs fois en ce sens dans l'*Ad Gaurum* : 3 (1), 7 ; 11 (1), 1.

(3), 36. Le ἤ introduit une autre réponse à la question posée en 1 (3), 27.

(3), 34-39. Les nourrissons voient ceux qui les entourent se déplacer. Ils n'ont pas la capacité de marcher, mais ils peuvent se former une représentation de la marche à partir de leurs sensations visuelles ; voilà pourquoi ils peuvent bouger les jambes. On ne peut conclure à partir de là que les embryons sont déjà en possession de l'âme animale caractérisée par la représentation et l'impulsion, et donc que cette âme est déjà active en eux.

(4), 39. Ce cas correspond à l'exemple de l'enfant qui possède un savoir ou de l'animal qui dort ou qui est dans une période d'hibernation : la puissance est déjà présente à l'état d'ἕξις, ce qui revient à dire qu'elle peut passer sans médiation à l'acte, mais qu'elle ne s'exerce pas.

(4), 41. Cette position correspond à l'exemple du nourrisson qui ne peut pas marcher, mais qui bouge les jambes, parce qu'il voit les autres autour de lui marcher. L'âme animale est non seulement présente, mais déjà active.

(4), 41-45. Trois positions ont été mentionnées : 1) l'âme animale est présente mais inactive (exemple de l'hibernation et du sommeil) ; 2) l'âme animale est présente et faiblement active (exemple du bébé qui bouge les jambes) ; 3) l'âme animale est absente, mais le corps du nouveau-né est apte à la recevoir. Cette dernière position est celle de Porphyre.

RÉSUMÉ DU CHAPITRE 2

On trouve ici énoncé le second moment de la thèse : si l'embryon est un animal en puissance au sens où il est apte à recevoir l'âme animale, alors l'entrée de l'âme doit se situer après la naissance. Sont alors énumérées les autres hypothèses relatives au moment de l'entrée de l'âme animale : lors de l'injection du sperme, lorsque l'embryon commence à prendre forme, lorsqu'il bouge pour la première fois, ou même lors de l'accouplement. Après avoir justifié son opposition à toutes ces hypothèses, Porphyre reformule la thèse qu'il accepte. Il souligne aussi, ce faisant, que c'est seulement à la condition de ne pas considérer l'embryon comme un animal en puissance, au sens aristotélicien du terme, que l'on peut être fidèle à la thèse qu'il assigne à Platon, et selon laquelle a) l'animation se fait de l'extérieur et b) et à un moment précis, la naissance.

Notes[*]

2. Sur ce chapitre, voir H. Dörrie et M. Baltes, *Die philosophische Lehre des Platonismus. Von der "Seele" als der Ursache aller sinnvollen Ablaufe*. Bausteine 151-168: Text, Übersetzung, Kommentar, Stuttgart-Bad Cannstatt, 2002, n°163.1, p. 94-100 (texte et traduction), 323-332 (commentaire).

(1), 4. On note l'emploi de τὸ συναμφότερον, terme technique emprunté à Platon (*Timée* 87e9, *Alcibiade* 130a-b) et qui, chez Plotin notamment, désigne le composé que forment le corps qualifié et l'âme animale (voir συναμφότερον ou κοινόν en 53 (I, 1) 7, 1-5 ; 27 (IV 3), 26, 18-22 ; 28 (IV, 4) 18, 21, où le συναμφότερον est désigné comme le sujet de la sensation et des émotions). On ne trouve ce terme qu'une fois dans l'*Ad Gaurum* ; il se substitue ici à ζῷον.

(1), 4. Tout le chapitre insiste sur le degré de facilité qui s'attache à l'une ou l'autre thèse, compte tenu de ses prémisses, la facilité étant un indice de rationalité. La thèse de Platon est facile (εὔκολος 2 (1), 4) à démontrer ; les thèses des opposants sont difficiles (δύσκολον 2 (2), 15 et 2 (4), 53) à défendre, surtout (ἀγὼν δὲ οὐχ ἥττων ἔσται 2 (4), 53-54) s'il faut déterminer si une part de l'âme du père ou de la mère passe dans celle de l'embryon. L'auteur a l'intention de montrer que la thèse platonicienne de l'entrée de l'âme de l'extérieur est d'autant plus facile à défendre que l'on admet comme lui que l'embryon n'est un animal en puissance qu'au sens où il est apte à recevoir l'âme animale.

(1), 5. Cette position n'a rien à voir avec ce que dit Platon (voir l'Introduction) ; c'est celle de la tradition platonicienne postérieure représentée par les médio-platoniciens et Plotin notamment.

(1), 5. Il faut reconnaître que ὅρος est un synonyme de καιρός et de χρόνος, car l'expression χρόνος εἰς τοῦτο (2 (2), 34-35) indique qu'il ne s'agit pas, dans le cas de l'entrée de l'âme, de durée comme on peut le constater dans la formule parallèle (τὸν καιρόν) que l'on trouve en 2 (1), 11.

(1), 7. On remarquera le parallélisme entre les formules τὴν δύναμιν δεδεγμένον (1 (2), 18-19), τὴν ψυχὴν δεδεγμένον (1 (2), 24-25), τὴν ἕξιν δεδεγμένον (2 (1), 7-8 ; 2 (2), 14) et aussi τὴν παράτασιν δεχομένη (11 (3), 43). L'ἕξις présente donc ici un sens aristotélicien (voir aussi le chap. 13) et non point stoïcien, où elle désigne la « constitution », le « maintien » des choses inanimées. La δύναμις selon l'ἕξις s'oppose ainsi à la δύναμις selon l'ἐπιτηδειότης.

(1), 8. Cet ἀργοῦν reprend le ἀργούσας de la li. 14.

[*] Sous la responsabilité de Françoise Hudry.

(1), 8-9. La formule δύναμει δὲ λεγομένου ζῴου τῷ ἐπιτηδείως ἔχειν ψυχὴν τὴν ἰδίως λεγομένην ζῴου ἀναδέξασθαι permet d'apprécier la rupture de Porphyre avec la conception aristotélicienne de l'embryon. L'embryon est animal en puissance, non pas au sens où il peut de lui-même développer les capacités propres à l'animal, mais au sens où il peut recevoir l'âme animale.

(1), 10. Reprise de la définition stoïcienne de l'animal par la sensation et l'impulsion déjà proposée au chapitre 1.

(1), 13. Le terme ἀποκύησις se retrouve plusieurs fois dans le traité. Il désigne la sortie du fruit conçu du ventre de la mère, c'est-à-dire l'accouchement.

(2), 15. En opposition au εὔκολος de la li. 4.

(2), 15. On trouve ici καιρός, au lieu du ὅρος de la li. 5. L'expression est reprise plus loin, en 2 (2), 17, 30 et en 2 (4), 52. Il s'agit du moment de l'entrée de l'âme animale dans le corps. Le terme καιρός indique que celle-ci est instantanée, voir plus loin 11 (3), 38.

(2), 17-20. On peut interpréter en ce sens certains passages du *Timée* de Platon (voir l'Introduction). Longin, le maître de Porphyre, est déjà en désaccord avec cette théorie : « Longin se trouve ici dans l'embarras : Platon n'estimerait-il pas que les âmes sont émises avec les semences ? En effet, pour que les enfants à naître soient les meilleurs, Platon fait s'accoupler les pareils avec leurs pareilles. Porphyre [dans l'*Ad Gaurum* ?] répond, il est vrai, à cette objection, mais non de façon pleinement satisfaisante. » (voir frag. 27 Brisson-Patillon = Proclus, *In Tim.* I, 51.9-13 sur *Timée* 18d-e).

(2), 20. Pour comprendre ce σύμφυσις, il faut se reporter au verbe correspondant συμφύειν qui apparaît en 10 (1), 7-11 : « il en va comme pour les plantes greffées et inoculées : il y a en effet, dans la matrice, une puissance étroitement unie au sperme, sous l'action de laquelle le substrat, avec sa nature particulière, et le greffon, avec la sienne propre, composent un certain mélange pour constituer cette nature une qu'est la greffe. » Il s'agit, semble-t-il bien, de la puissance végétative (φύσις) qui anime le sperme (le greffon) en tant que tel puis en tant qu'embryon, laquelle compose un mélange avec la puissance végétative qui anime la mère (le substrat).

(2), 20. Le terme πολύς au singulier peut signifier « fréquent » ; appliqué à un nom de personne, il peut indiquer ou que ce nom est souvent cité ou que la personne est prolixe, voir Eschine, *Discours* I. *Contre Timarque*, 166.

(2), 21. Le terme ὑπόνοια est utilisé par Platon et par ses successeurs pour indiquer la « compréhension » d'un sens profond « sous » le sens apparent d'un mythe par exemple ; il désigne alors ce que l'on qualifiera plus tard d'« allégorie ». La technique du secret chez les Pythagoriciens faisait appel à cet instrument qu'est le double sens. Voir L. Brisson, *Introduction à la Philosophie du mythe* I, *Sauver les mythes* [1996] Paris, Vrin, 2005 (seconde édition corrigée et augmentée).

(2), 21. Dans sa *Vie de Pythagore*, 41, p. 55, 5-9 des Places, Porphyre signale plusieurs exemples pythagoriciens de maximes à double sens (συμβολικῶς) : il appelait la mer « pleurs » (de Kronos ?), les Ourses « mains de Rhéa », la Pléiade « lyre des Muses », les planètes « chiens de Perséphone ».

(2), 22-23. Le fleuve Amélès et le Styx, cascade venue de l'Océan et tombant dans l'Hadès, représentent des lieux de passage de l'âme entre l'au-delà et la vie terrestre ; en les assimilant au sperme, on signifie que l'entrée de l'âme se fait à la conception.

(2), 22. Il s'agit du fleuve Amélès dans le mythe d'Er (*République* X, 621a5). Les âmes qui vont s'insérer dans un autre corps doivent parvenir à la plaine du Léthé (Oubli) où une chaleur étouffante les force à boire l'eau du fleuve Amélès (sans Souci) qui leur fait oublier le passé.

(2), 23. Hésiode, *Théogonie* 775-806 : interpolation sur le Styx (voir la note complémentaire, p. 309-312).

(2), 23-25. Pour l'âme, qui est immortelle par nature, le séjour sur terre, où elle est transportée par ce liquide qu'est le sperme, correspond à une sorte de mort.

(2), 24. O. Kern, *Orphicorum fragmenta*, fr. 124 (= 344 Bernabé). Aristote, *Métaphysique* A 3, 983b 26-32, associe la thèse de Thalès selon laquelle l'eau est le premier principe avec le fait que les semences de toutes choses sont humides et que le serment des dieux se fait par l'eau qui a pour nom Styx.

(2), 25. Pour Phérécyde, voir DK 7 B7 = frag. 86 Schibli. Cet « efflux », ἐκροή, représente peut-être une combinaison du Styx, la rivière souterraine, frontière des âmes, et du « flux séminal », c'est-à-dire de l'« éjaculation » de Platon, *Tim.* 91b2-5 (voir *infra*, (3), 39-40). Le terme revient plus loin, en 3 (3), appliqué à la respiration ; c'est le moment de l'expiration. Les deux processus sont liés. L'âme est inspirée dans le sperme par le sexe mâle qui en un mouvement d'expiration fait passer cette âme dans la matrice.

(2), 26-27. Il semble que ce soit là la position d'Alcinoos : « (les âmes) s'attachent aux embryons, lorsqu'ils ont été complètement façonnés (ταῖς τῶν ἐμβρύων διαπλαστικαῖς) », *Didaskalikos* XXV, 178, 33-35.

(2), 26-29. Hippocrate, *De la nature de l'enfant* XVIII, 1, Joly, XI, p. 60, 19-23, sur la période de différenciation des membres de l'enfant. Il est probable que, dans le témoignage de Jamblique, la formule καθάπερ ἱστορεῖ ὁ Ἱπποκράτες s'appliquait à une opinion mentionnée avant celle de Porphyre : « D'autre part, selon Hippocrate, de la famille des Asclépiades, c'est quand le sperme a été modelé en embryon (car il est alors convenablement disposé pour participer à la vie), selon Porphyre, c'est dès le premier instant de la parturition, que le fruit reçoit actuellement la vie et que l'âme y devient présente. » (*Sur l'âme*, Stobée I 49.41, p. 381, 1-6 Wachsmuth = Smith, fr. 266F, p. 294, trad. Festugière). D'après Psellus (Smith, fr. 267F, p. 294-295), Hippocrate et Galien soutiennent que l'embryon est un animal dès le ventre de la mère, et seul Porphyre soutient qu'il a la nature d'un végétal. L'opinion de Galien (voir l'Introduction p. 37-42) doit être celle que Jamblique formule en ces termes par la suite : « On pourrait dire, selon une autre opinion non exprimée encore jusqu'ici, que multiples sont les puissances et les modalités d'être de l'âme, et que, à tel et tel moment divers, dans la mesure où le corps en formation s'y trouve convenablement disposé, il participe d'abord à la vie végétative, puis à la sensation, ensuite à la vie appétitive, alors seulement à l'âme raisonnable, enfin à l'âme intelligente. » (*Sur l'âme*, Stobée I 49.41, I, p. 381, 7-14 Wachsmuth, trad. Festugière).

(2), 28. Le verbe διαρθροῦν au sens de « se différencier » dans Aristote, *Histoire des animaux* III 19, 521a10.

(2), 32-35. Hippocrate, *De la nature de l'enfant* XXI, 1, Joly, XI, p. 67, 1-4 (trad. un peu modifiée). Voir la note de Kalbfleisch, introd., p. 24, n. 1. La leçon ἐρριζώθησαν est celle des mss. de base du texte d'Hippocrate, non retenue par R. Joly.

(3), 35-46. La vivacité du récit n'exclut pas le procédé rhétorique, que l'on retrouve chez Porphyre, *De l'abstinence*, I, 42, 1, Bouffartigue et Patillon, I, p. 75. Le passage du « je » au « nous » s'explique peut-être par le fait que cette thèse fantaisiste a été exposée pendant un cours ou lors d'une réunion à l'école.

(3), 37. Pour une allusion au rôle de la προθυμία dans cette hypothèse, voir Jamblique : « Maintenant, quant à ce qui regarde, à propos de l'entrée de l'âme, la question de savoir comment l'âme pénètre dans le corps, il y a une première opinion à trois subdivisions, selon laquelle l'âme est attirée du dehors au moment de ce qu'on nomme la conception, soit par l'ardeur de l'engendrant lorsqu'il aspire de l'air, soit par l'ardeur de la matrice lorsqu'elle est convenablement disposée pour retenir le sperme, soit par la communauté d'impressions des deux sexes quand, respirant ensemble, ils possèdent l'un et l'autre la propriété d'attirer l'âme en même temps que se trouve émue la forme naturelle pourvoyeuse de sperme. (μία μέν ἐστι τριπλῆ δόξα ἡ ἕλκουσα ἀπὸ τῶν ἐκτὸς τὴν ψυχὴν ἐν τῇ καλουμένῃ συλλήψει ἢ διὰ προθυμίαν τοῦ γεννῶντος διὰ τῆς ἀναπνοῆς, ἢ διὰ προθυμίαν τῆς ὑποδεχομένης μήτρας, ὅταν αὕτη ἐπιτηδείως ἔχῃ πρὸς τὴν κράτησιν, ἢ διὰ συμπάθειαν ἀμφοῖν, ὅταν κοινῇ συμπνέοντα ἀμφότερα ἑλκτικὴν ἔχῃ τὴν ἰδιότητα συγκινουμένης καὶ τῆς φύσεως) » (*Sur l'âme*, chez Stobée I, 381, 15-23, trad. Festugière).

L'expression « ... celle qui y répond » traduit τὸ συμπαθές. Le terme « sympathie » rend le grec συμπαθεία et il a encore pour synonyme συμφωνία, l'accord. L'usage philosophique du terme « sympathie » est d'origine stoïcienne. Le « souffle » (πνεῦμα) qui se trouve dans un état de tension est de fait sujet à une espèce de mouvement « ondulatoire » continu qui implique que tout effet éprouvé dans une partie soit ressenti par le tout. Plotin refuse cette doctrine stoïcienne, parce qu'il considère qu'elle ne peut valoir que pour les corps. Mais il l'adapte de façon à ce qu'elle puisse valoir pour le corps vivant, c'est-à-dire pour le corps administré par la partie inférieure de l'âme du monde ; la sympathie est alors d'autant plus étendue que c'est l'âme végétative qui, dans le monde ou dans n'importe quel vivant, produit et ordonne le corps.

(3), 38-45. Les lignes qui suivent manifestent une recherche littéraire à travers des groupes de mots mêlés : ἁρπάζειν (2 (3), 38) et ἁρπαγῇ (2 (3), 45) au sens de saisir ; συλλαμβάνεσθαι (2 (3), 42) et σύλληψις au sens d'enfermer, concevoir (2 (3), 45). On remarquera aussi le jeu de mots κράτησις (2 (3), 43) et κρατηθῆναι (2 (2), 19).

(3), 39-40. Il y a ici, semble-t-il, une tentative de conciliation avec la position de Platon en *Timée* 91b2-4 : ὁ δέ, ἅτ' ἔμψυχος ὢν καὶ λαβὼν ἀναπνοήν, τοῦθ' ᾗπερ ἀνέπνευσεν, τῆς ἐκροῆς ζωτικὴν ἐπιθυμίαν ἐμποιήσας αὐτῷ, τοῦ γεννᾶν ἔρωτα ἀπετέλεσεν, que l'on peut traduire ainsi : « Cette moelle (= le sperme), dans laquelle il y a une âme qu'elle a inspirée, produit, dans le conduit qui lui a permis de procéder à cette inspiration, l'envie vitale d'éjaculer et permet au désir d'engendrer de se satisfaire. », qui situe, comme ici, l'aspiration au niveau du sexe mâle. Voir la position d'Aristote, *De l'âme*, I, 5 410b28-30 : ὁ ἐν τοῖς 'Ορφικοῖς καλουμένοις ἔπεσι λόγος φησὶ γὰρ τὴν ψυχὴν ἐκ τοῦ ὅλου εἰσιέναι ἀναπνεόντων, φερομένην ὑπὸ τῶν ἀνέμων, que l'on peut traduire ainsi : « Tombe sous la même objection la doctrine que l'on trouve dans les vers attribués à Orphée et qui enseigne en effet que l'âme vient de l'univers et entre dans les vivants quand ils inspirent, car elle est portée par les vents. » (Kern, fr. 27 = 421 Bernabé). Par ailleurs, Aristote décrit en ces termes la formation de l'embryon selon Orphée : « Comment alors se forme le reste (de l'embryon) ? Ou bien toutes les parties se forment en même temps, par exemple le cœur, le poumon, le foie, l'œil et tout le reste, ou bien elles se forment les unes après les autres, comme dans les vers attribués à Orphée, où le poète dit que le développement de l'animal ressemble à la fonction du filet. » (*De la génération des animaux* II 1, 733b17-20, trad. P. Louis).

(3), 41. Le terme σωλήν est employé par les Gnostiques lorsqu'ils décrivent la descente de l'âme : voir l'article de Michel Tardieu, « "Comme à travers un tuyau". Quelques remarques sur le mythe valentinien de la chair céleste du Christ », *Colloque international sur les textes de Nag Hammadi* [Québec 22-25 août 1978], éd. par Bernard Barc, Québec, 1981, p. 151-180.

(3), 43. La leçon de **P** κρᾶσιν (fusion) est séduisante, mais il faut préférer la forme κράτησιν, attestée dans le passage de Jamblique (*Sur l'âme*, Stobée I 49.41.16 = I, p. 381, 16-23 Wachsmuth) dont la traduction est citée dans la note à (3), 37.

(3), 43-44. Le διὰ τοῦτο annonce le ὅτι qui suit.

(3), 44. Les deux éléments du mélange, suivant cette opinion, sont le sperme et la matrice où se trouve retenue l'âme.

(3), 45. Jeu de mot sur σύλληψις, qui signifie à la fois capture et conception dans le sein de la mère (ce dernier sens se trouve chez Aristote, *Histoire des animaux* VII, 582b11). Voir aussi, *infra*, 14 (4), 29-33.

(3), 48. Nous avons voulu rester fidèles à l'idée exprimée à la ligne 48, et au jeu de mots entre τρόπος et ἐκτροπάς.

(4), 54-56. C'est sa propre thèse que Porphyre annonce ici, pour l'opposer à ceux qui « renvoient » l'animation au « processus de la gestation et de son incertitude ». Pour lui, l'animation se fait de l'« extérieur » en un sens très différent de celui où l'entend Aristote : cet ἔξωθεν ne signifie pas, tel le θύραθεν d'Aristote, que la puissance sensitive est transmise à l'embryon par le père, *via* sa semence (voir *De la Génération des animaux* II 3, 736b16-20 et Introduction, p. 50-51), mais bien que l'âme animale est envoyée à la naissance pour diriger le développement du nouveau-né (voir chapitre 10).

(4), 56. Il semble que φύσεως corresponde au ψυχῆς de la ligne précédente.

(4), 61. Kalbfleisch, p. 36, n. 3, a corrigé le δὲ de **P** en δεῖ, mais un ἔδει, imparfait au sens conditionnel, conviendrait mieux ici.

(4), 61. Peut-être une allusion à la doctrine de la double semence défendue notamment par Hippocrate, *De la nature de l'enfant* VII et VIII. Voir l'introduction.

(4), 63. Sur προηγουμένως, voir, *supra*, 1 (1), 3.

(4), 65-70. On a ici une remarque intéressante sur le plan du traité dans son ensemble.

– L'embryon n'est pas un animal en acte (chapitres 3-13)

– L'embryon n'est pas un animal en puissance au sens de ce qui a déjà reçu l'âme animale (chapitres 13-16)

– Par conséquent, l'animation devrait se faire de l'extérieur (chapitre 17).

Porphyre est bien loin de faire cette concession, mais ce qui est essentiel pour lui c'est que l'âme sensitive et motrice (animale) ne vient ni du père ni de la mère, mais de l'« extérieur ». Défendant cette thèse, il prétend que c'est la thèse platonicienne.

RÉSUMÉ DU CHAPITRE 3

Il s'agit ici, comme annoncé en 1 (1), 11, de s'appuyer sur l'« évidence » des faits pour manifester la nature végétale de l'embryon. La méthode est annoncée d'emblée. On va « mettre devant les yeux les différences spécifiques qui distinguent les plantes des animaux », puis « considérer celles dont se rapproche le plus ce qu'on trouve chez l'embryon ». Les différences spécifiques qui séparent le végétal de l'animal sont les suivantes. Le végétal se nourrit par les racines, alors que l'animal se nourrit par la bouche ; l'animal respire par les narines, alors que le végétal respire par la « zone médullaire » ; l'animal meurt lorsqu'il est plongé dans l'eau, tandis que le végétal a besoin d'être immergé à un moment ou à un autre pour vivre. Le mode de vie de l'embryon s'apparente plus à celui du végétal qu'à celui de l'animal; il se nourrit par le cordon ombilical, il ne respire pas par les narines et il vit dans un milieu liquide. Force est donc de conclure que l'embryon est un végétal qui ne deviendra un animal que lors de l'accouchement.

Notes[*]

(1), 1-3. On notera l'opposition : Πρῶτον μὲν οὖν (li. 1) εἶθ' οὕτως (li. 3). La notion de différence spécifique ou spécificatrice est exposée par Aristote dans les *Topiques* : « De même encore, voir s'il ne se trouve pas que ce terme s'applique bien avec vérité au genre considéré, mais, une fois ajouté au genre, ne constitue pas une espèce ; car alors il est clair que ce terme ne saurait être une différence [spécificatrice] du genre (δῆλον γὰρ ὅτι οὐκ ἂν εἴη αὕτη [εἰδοποιὸς] διαφορὰ τοῦ γένους) ; car toute différence [spécificatrice], associée au genre, constitue une espèce (πᾶσα γὰρ [εἰδοποιὸς] διαφορὰ μετὰ τοῦ γένους εἶδος ποιεῖ). Et s'il n'est pas une différence, le terme mentionné <comme différence> n'en sera pas une non plus, puisqu'il correspond à l'autre dans une division. » (*Topiques* VI 6, 143b6-10, trad. J. Brunschwig qui veut supprimer εἰδοποιὸς, voir la longue note à sa traduction). Les plantes et les animaux appartiennent à un même genre, le vivant ; mais, comme on vient de le voir, ils présentent les différences spécifiques suivantes : alors que l'âme des plantes n'a d'autres puissances que celles de la croissance et de la nutrition, l'âme des animaux est capable de mettre en œuvre la sensation et l'impulsion. Le οὕτως permet d'insister sur l'idée de succession formulée dans le εἶθα. Les différences spécifiques entre le végétal et l'animal sont les suivantes :

a) nutrition
    végétal, par les racines (3 (2), 10-14)
    animal, par la bouche (3 (2), 14-18)
b) respiration
    animal, par les narines (3 (3), 18-20)
    végétal, par l'intérieur (3 (3), 20-27)
c) immersion dans l'eau
    animal, mort (3 (3), 27-28)
    végétal, nécessité vitale (3 (3), 28-29)

(1), 4. Nous traduisons τὰ γιγνόμενα comme en 1 (1), 11. On notera que τὸ ἔμβρυον dérive du verbe βρύω qui signifie sourdre avec abondance et qui s'applique surtout aux végétaux.

(1), 5-6. Le terme τὸ κυούμενον, qui est le participe présent passif de κύειν, est « le fruit de la conception » et désigne en fait soit l'œuf chez les

[*] Sous la responsabilité de Luc Brisson.

ovipares soit l'embryon chez les mammifères. Le verbe θαυμάζειν se construit habituellement avec la conjonction εἰ. « Accouchement » traduit τῆς γαστρὸς προελθόν ; en 1 (1), 13 on trouve ἐκ γαστρός.

(1), 9. Le terme ἀνενέργητον est important ici et permet de saisir le raisonnement : rien d'étonnant à ce que l'embryon ne « mette pas en œuvre » l'activité propre à l'animal aussi longtemps qu'il n'est pas en contact avec l'âme animale, durant toute la durée de la gestation.

(1), 10. Ici ἔκκρισις reprend le ἐκ τοῦ πατρὸς ἀποκριθῆναι de la ligne 8. Ces deux expressions se retrouvent notamment chez Aristote : « Mais elle (l'éjaculation) s'accompagne le plus souvent de plaisir, parce que le col de l'utérus ne reste pas fermé au moment où se produit l'éjaculation (γιγνομένης τῆς ἐκκρίσεως) pendant laquelle d'ordinaire les mâles comme les femelles éprouvent du plaisir. » (*De la génération des animaux* II 4, 739a31-34, trad. P. Louis). « C'est là le point que nous allons examiner ensuite, puisqu'il est évident que le sperme n'est pas émis (ἀποκρίνεται τὸ σπέρμα) par toutes les parties. » (*De la génération des animaux* I 18, 724a11-13, trad. P. Louis).

(2), 10-14. Cet ἴδια μὲν a pour corrélat le ἴδια δὲ de la ligne 14. On notera par ailleurs l'usage de ζωῆς dans le sens général de « vie ». Ces quelques lignes résument un passage d'Hippocrate dans *De la nature de l'enfant* (XXII, 1). On retrouve διοικουμένον κατά en 16 (4), 33.

(2), 13. On retrouvera ἰκμάς avec le même sens à la ligne 33, où la même idée est reprise. Tout le passage rappelle ce que dit Hippocrate de la formation des plantes dans *De la nature de l'enfant* (XXII). Dans une note à sa traduction de XXII, 2, R. Joly signale que : « Les digressions botaniques de l'auteur ont cette particularité d'employer δύναμις au sens d'ἰκμάς. » Et il propose de traduire δύναμις par « suc ». Nous ne le suivons pas sur ce point ; le terme se retrouvera en 10 (1), 9 dans le cadre d'une comparaison entre la matrice et une plante greffée, voir aussi plus bas dans notre chapitre en 3 (4), 31. Par ailleurs, il ne s'agit pas d'une simple « digression », puisque Hippocrate écrit lui aussi : « Celui qui veut réfléchir à ce qui a été dit à ce sujet trouvera que, au début et à la fin, la croissance naturelle des plantes et de l'homme est tout à fait semblable. » (*De la nature de l'enfant* XXVIII 1, p. 77, 4-7 Joly).

(2), 14. On retrouve le même verbe (κατατάττειν) dans le même contexte chez Plotin, dans le traité 15 (III, 4), 37, 4-5.

(2), 15. Ici il s'agit bien des animaux, mais l'expression (τῶν θνητῶν ζῴων) vise à les distinguer des vivants immortels, c'est-à-dire des dieux ; pour cette formule, voir Platon, *Sophiste* 265c1. Le καί de la ligne 15 semble être explicatif. Les animaux mortels sont ceux dont le corps est fait de chair (ἐνσάρκων) et qui donc sont destructibles. Les dieux ont aussi un corps, mais leur corps n'est pas fait de chair, et n'est donc pas destructible. C'est la seule occurrence de ἔνσαρκος dans l'*Ad Gaurum*. Mais on retrouve le terme au tout début du *De abstinentia* : « Ayant appris de mes visiteurs, mon cher Firmus, que tu avais condamné la nourriture non carnée (τῆς ἀσάρκου τροφῆς) pour retourner à la pâture carnée (τὴν ἔνσαρκον), tout d'abord je ne l'ai pas cru, m'attachant à ta tempérance aussi bien qu'à la révérence que nous portions à ceux qui nous ont donné l'exemple de ce genre de vie, des hommes qui se signalent à la fois par leur ancienneté et leur respect de dieu. » (I, 1, 1, trad. Bouffartigue).

(3), 18-22. Pour la question de la respiration comme critère distinctif de l'animal par opposition à la plante, voir *supra*, p. 226, et l'article de J.-B. Gourinat, « L'embryon végétatif et la formation de l'âme selon les Stoïciens », dans *L'embryon, formation et animation*, p. 59-77.

(3), 19. En grec, on trouve τὴν ἐκροήν τε καὶ εἰσροήν. Ici, il ne s'agit que de respiration. Pour ce qui est de l'emploi d'ἐκροή dans le cas du sperme, voir *supra*, p. 222, note à (2), 25.

(3), 23. Le terme ἐντεριώνη se trouve chez Théophraste qui l'explicite ainsi : « La zone médullaire (μήτρα) forme le milieu du bois, en troisième position à partir de l'écorce, telle la moelle des os. On l'appelle cœur (καρδίαν) ou encore intérieur (ἐντεριώνην) ; mais c'est la partie interne de la zone médullaire que certains appellent le cœur et d'autres la moelle. » (Théophraste, *Histoire des plantes* I 2, 6, trad. S. Amigues).

(3), 24. Le terme μίσχος désigne le pédicule, la tige d'une feuille, d'une fleur ou d'un fruit (voir Théophraste, *Histoire des plantes* I 2, 6)

(3), 27. On retrouve une autre occurrence de δημιουργία, en 8 (2), 11, mais dans un contexte très différent.

(3), 28-29. L'idée exprimée par ὑγροῦ δὲ περιχύσει est reprise en 15 (1), 5-6. Aristote souligne que l'embryon, en tant qu'il est un ζῷον, doit être séparé du liquide qui l'entoure par une membrane, *Gén. anim.* II 4, 739b29-30 ; II 7, 746a24-25. Porphyre, lui, souligne, à l'inverse, qu'il a besoin d'être immergé, ce en quoi il voit une autre preuve de son caractère végétal. Nous comprenons παραθέσει comme désignant l'arrosage (au sens propre, il s'agit de mettre quelque chose à côté de quelque chose d'autre). L'expression ἕλξει ἐκ γῆς reprend ce qui a été dit en (2), 12-13.

(4), 29. Commence ici une longue période hypothétique qui va de 3 (4), 29 à 48, avec trois premiers membres qui énumèrent trois hypothèses : εἰ μὲν (li. 29), ἢ εἴπερ ὁμοίως (li. 36) ἢ οἷον τε ἦν (li. 40), et le dernier qui fait la synthèse εἰ μὲν οὖν ὥσπερ ἔφην (li. 44). La conclusion vient ensuite avec ἐνεχώρει ἂν (li. 46). Nous refusons l'ajout d'un οὖν à la li. 30 par Kalbfleisch qui recherchait la symétrie avec la ligne 44. Le membre de phrase récapitulatif a besoin d'un οὖν, mais pas le premier.

(4), 30-31. Cette idée d'une puissance inhérente au sperme n'a pas encore été évoquée. On la retrouve en 13 (3), 26-28. On retrouve le terme δύναμις déjà présent en (2), 12. Sur cette question, voir p. 51-53 et 56.

(4), 31-35. Voir Hippocrate (*De la nature de l'enfant*, XIV, 1 et 2) qui souligne que c'est le sang de la mère qui nourrit l'embryon désigné par lui à l'aide de l'expression remarquable τὸ μέλλον ζῷον. Voir aussi Aristote, *De la génération des animaux* II 7, 746a1-6.

(4), 33-34. Le parallèle est étroit avec (2), 12-14 : ἣ τὴν περικειμένην ἐν τῇ γῇ τρόφιμον ἰκμάδα ἕλκουσα εἰς τὴν προσήκουσαν αὔξην τε καὶ θρέψιν τοῦ κατ' αὐτὴν διοικομένου κατατάττει.

(4), 35-36. L'idée formulée par εἰς τὸν ὄλισθον se retrouve chez Soranos, *Maladies des femmes* I 57, et chez Galien, *De usu partium* II 354, 14-355, 8, comme l'indique J. Wilberding dans une note à ce passage. Pour Hippocrate, le sang inutile sert à former le chorion (*De la nature de l'enfant*, XVI). Pour Aristote, ce sang est mis en réserve dans les cotylédons (*De la génération des animaux* II 7, 746a1-4).

(4), 37-38. Sur le cordon ombilical, voir Hippocrate (*De la nature de l'enfant*, XIV 2, 25-29 Joly) et Aristote (*De la génération des animaux* II 4, 740a3-4 et b8-10) qui le compare lui aussi à la racine d'une plante (II 8, 745b24-26). Tous ces éléments seront repris plus loin au chapitre 10 où sera décrit le processus de formation de l'embryon. Voir l'article de J.-B. Gourinat, « L'embryon végétatif et la formation de l'âme selon les Stoïciens », dans *L'embryon, formation et animation*, p. 69 *sq*.

(4), 39. Le χορίον est cette membrane qui enveloppe l'embryon dans le ventre de la mère. Voir l'introduction, p. 53.

(4), 40. À la différence de Kalbfleisch qui pense que c'est un passif, nous considérons ἐπείγεται comme un moyen.

(4), 42. Nous pensons qu'ici il faut donner à κύησις le sens de ἀποκύησις, comme en 12 (1), 6.

(5), 48-49. On retrouve ici l'opposition si importante dans le stoïcisme entre οἰκεῖος et ἀλλότριος.

(5), 50. Le terme πρόοδος présente aussi ce sens en 10 (3), 28.

(5), 53. Comme on le voit en 16 (6), 64, προκύψις désigne l'accouchement. Un peu plus haut, κύησις tenait ce rôle.

(5), 54-57. On notera le balancement entre ἢ γὰρ ἀθετητέον (li. 54) et (ζη)τητέον (li. 57).

(5), 54-57. Cette φύσις θεία, c'est l'âme du monde dans sa fonction végétative ou productrice, voir la fin du chapitre 10 (6). Le μέντοι répond au εἴπερ de la ligne 57

(5), 59. On verra plus loin qu'il s'agit du mouvement propre à l'animal, c'est-à-dire du mouvement local spontané (αὐτοκίνησις).

(5), 59-60. En fait ὡς ζῷα ψυχοῦσθαι est l'équivalent du τὴν τοῦ ζῴου ψυχὴν de la ligne 50.

RÉSUMÉ DU CHAPITRE 4

Des contradicteurs cherchent à montrer que pour Platon, et comme en témoignerait le *Timée*, les embryons sont des animaux. Dans ce but, ils affirment que, selon le *Timée* toujours, la partie inférieure de l'âme (l'ἐπιθυμητικόν), présente dans le sperme, est le siège du plaisir et de la douleur, qui sont des sensations, et du désir qui est associé à l'impulsion (**1**). On va, pour leur répondre, montrer, en s'appuyant sur *Timée* 76c-77c, cité en (**4**), que dans ce cas il faudrait dire que, selon Platon, les végétaux eux aussi sont des animaux, puisqu'ils ont part à l'âme appétitive (**2**) ; qu'en vérité Platon considère bien les végétaux comme des vivants, mais non comme des animaux (**3**) ; que de la même façon il considère l'embryon comme un vivant, au sens où les végétaux le sont, mais non comme un animal (**5**) ; qu'il n'attribue la sensation et le désir aux végétaux que par « homonymie », dans la mesure où, dans les végétaux, sensation et désir ne sont pas l'effet de la présence en eux d'une âme automotrice (**6-8**) ; Platon en effet a une position singulière en ce qui concerne la sensation, puisqu'il nomme aussi sensation un mouvement purement corporel, mécanique (**9**) ; cependant, il nie explicitement que les végétaux aient part à l'âme automotrice (**10**). Et cette négation est transposable à l'embryon (**11**). Le rapport entre ce chapitre et la *Sentence* 16 est très étroit.

Notes[*]

(1), 1. Le sujet de φασί, ce sont les contradicteurs évoqués à la fin du chapitre précédent. Il doit s'agir de platoniciens qui invoquent des textes de Platon.

(1), 2. Nous pensons qu'il faut interpréter τὴν ἐν τῷ σπέρματι φύσιν en fonction de 6 (1), 11 où l'on trouve τῆς ἐνούσης ψυχῆς ἐν τῷ σπέρματι. La « nature » dont il s'agit ici est, en fait, l'âme végétative. Et Platon, qui parle de sperme, ne dit rien de tel, car c'est là une doctrine plotinienne. Sur ce que Platon dit du sperme et de l'organe sexuel masculin (*Timée* 73a-c et 91a-b), voir l'Introduction, p. 38-41.

(1), 2. Sur les rapports entre ἐπιθυμία et ὄρεξις, voir l'Introduction. Pour une description de cette espèce d'âme, voir *Timée* 70d-e.

(1), 2-4. Pour une description de ces sensations que sont les plaisirs et les douleurs, voir *Timée* 64a-65b.

(1), 4-6. Il s'agit là d'une description de la sensation en général, voir L. Brisson, « Perception sensible et raison dans le *Timée* », dans T. Calvo et L. Brisson (éd.), *Interpreting the 'Timaeus-Critias', Proceedings of the IV Symposium Platonicum*, Sankt Augustin, Academia Verlag, 1997, p. 307-316. Pour Platon, la sensation est un phénomène complexe : des particules venues d'un corps extérieur affectent le corps sentant, où elles produisent des mouve-

[*] Sous la responsabilité de Luc Brisson.

ments qui sont transmis à travers ce corps jusqu'à l'âme et remontent vers l'intellect : là se produit un jugement accompagné d'une nomination, étape ultime de ce que l'on appelle « sensation ». Voici ce qu'on peut lire en *Timée* 64b-c : « Voici donc, concernant les causes de toute impression, qui donne lieu ou non à une sensation, comment nous procéderons. Nous rappellerons cette distinction, que nous avons faite plus haut, entre ce qui se meut facilement et ce qui se meut difficilement ; c'est bien en effet par ce biais qu'il faut aborder tous les points que nous nous proposons de comprendre. En effet, si une chose, par nature, se meut facilement, quand une impression, même brève, agit sur elle, ses différentes parties se la transmettent en un circuit, provoquant la même impression, jusqu'à ce que, ayant assuré cette transmission jusqu'à la partie de l'âme qui réfléchit, elles l'informent de la propriété de l'agent. Inversement, une chose qui est stable et qui ne permet aucune circulation se contente de subir l'affection, sans mettre en mouvement aucune des parties voisines, de sorte que, puisque ses parties ne se la transmettent pas les unes aux autres, l'impression originelle reste en elles immobile sans parvenir au vivant tout entier et ne transmet aucune sensation au patient. Voilà ce qui se passe pour les os, pour les cheveux et pour toutes les parties qui, dans notre corps, sont surtout constituées de terre ; tandis que ce qui a été dit auparavant s'applique surtout à la vue et à l'ouïe, car, dans ces sens, le feu et l'air jouent un rôle prédominant. » En d'autres termes, la sensation ne peut être réduite à la transmission (διάδοσις) mécanique d'un mouvement, car ce processus n'intéresse que le corps. Or, il n'y a véritablement sensation que lorsque la partie supérieure de l'âme est informée de ce processus et porte sur lui un jugement.

On retrouve la même idée chez Plotin qui refuse la théorie stoïcienne de la sensation comme transmission (διάδοσις) d'ordre corporel ; voir les traités 2 (IV, 7), 4 (IV, 2), 27 (IV, 3), 28 (IV, 4) et 41 (IV, 6). On lit d'ailleurs dans le traité 28 (IV, 4) : « Il faut donc poser que la sensation des objets sensibles est, pour l'âme ou pour l'animal, une perception qui se produit quand l'âme prend conscience de la qualité qui est attachée aux corps et qu'elle imprime en elle les formes de ces corps. C'est donc soit seulement par elle-même que l'âme doit percevoir, soit avec l'aide d'autre chose. » (23, 1-5) Si la sensation se réduisait à la transmission comme le veulent les stoïciens, l'hégémonique ne serait capable de la localiser que dans la partie du corps qui lui est contiguë, et on ne pourrait savoir où se situe exactement la partie qui souffre dans le corps.

Dans le cas des plantes, comme on le verra, Platon admet la transmission d'un mouvement, mais doit reconnaître que n'existe pas la partie qui réfléchit, et qui seule peut reconnaître l'affect, le nommer et porter un jugement sur lui ; c'est en ce sens que Porphyre va pouvoir dire que Platon n'attribue la sensation aux végétaux que par « homonymie ». Plaisir et douleur ne sont pas tant des sensations que, comme cela est signalé d'emblée à la ligne 5, des mouvements dont la transmission a pour résultat une sensation. On peut noter que cette distinction entre différents moments de la sensation (ou encore entre sensation et perception), qui autorise son attribution partielle aux végétaux, se retrouve chez Claude Bernard dans les *Leçons sur les phénomènes de la vie communs aux animaux et aux végétaux, 7ème leçon*, Vrin, 1966 (1878). Claude Bernard distingue trois moments dans la sensation : 1. l'impression de l'objet extérieur (simple action mécanique sur un nerf périphérique) ; 2. la transmission de cette impression comme un ébranlement purement matériel ou mécanique jusqu'aux centres nerveux où elle se transforme ; 3. le phénomène psychique de la perception. Si on laisse celui-ci de côté, la sensibilité se définit simplement comme « la réaction matérielle à une stimulation ». Cette « sensibilité simple » se confond alors avec l'« irritabilité ». Or c'est là, selon Claude Bernard, la propriété élémentaire, irréductible, du vivant en général (p. 288).

Pour Platon, la troisième partie de l'âme est mise en mouvement par le plaisir et la douleur qui sont des sensations ; or, l'activité qui la caractérise est le désir. Les contradicteurs font un pas supplémentaire en associant le désir à l'impulsion, une idée qui se retrouve non pas chez Platon, mais chez les stoïciens. Un tel raisonnement est sapé à sa base, dans la mesure où la sensation ne peut être réduite à la transmission. Puisqu'il n'y a pas de véritable sensation, il ne peut y avoir de désirs véritables. Or il n'y a véritablement sensation que lorsque la partie supérieure de l'âme est informée de ce processus.

(1), 6-8. Voir le début de l'*Ad Gaurum* : τῆς μὲν ἰδιότητος τοῦ ζῴου ἐν αἰσθήσει καὶ ὁρμῇ συνισταμένης, 1 (1), 6-7, voir aussi 2 (1), 1-2.

(2), 8-10. Toute la question est de savoir en quel sens le végétatif est une partie de l'appétitif, et si cela suffit à qualifier les végétaux (et donc aussi les embryons) comme animaux ou simplement comme vivants. En effet, si l'embryon peut être considéré comme un animal, les plantes devront l'être aussi, dans la mesure où elles sont administrées par la même partie de l'âme.

(2), 12-14. L'auteur, qui est bien conscient de l'ambiguïté qui, en grec ancien, s'attache au terme ζῷον, tient à préciser : τοῖς ἰδίως λεγομένοις ζῴοις. Ces « vivants proprement dits », ce sont les animaux.

(2), 14. Pour ταῖς ἐναργείαις, voir 3 (1), 1.

(2), 15. Sur l'objet de cette recherche (ζήτησιν) voir ligne 75.

(2), 16. Le sens de ce membre de phrase μέρος τὸ φυτικὸν τοῦ ἐπιθυμητικοῦ reste énigmatique. Mais on peut penser qu'il rappelle le fait que l'âme qui habite les plantes se réduit à l'ἐπιθυμία. Il n'en reste pas moins que cette formulation laisse entendre que l'âme des plantes est une espèce différente de l'âme animale, ce qui, chez Platon, fait problème ; sur le sujet voir l'Introduction, p. 42-46.

(2), 19. Cet οὑτωσὶ est un corrélatif de ὥσπερ (ligne 18). Pour une définition de l'animal par l'impulsion, voir la note à 1 (1), 8.

(2), 20-21. On a ici une notation importante : pour Platon, la distinction passe non pas entre animal et non animal, mais entre vie et non vie. Toutefois, et comme il sera précisé plus bas, le terme « vie » est pour lui un homonyme qui n'a pas le même sens selon qu'on l'applique aux végétaux ou aux animaux.

(3), 23-24. Pour l'expression τὰ ἰδίως καλούμενα ζῷα prise dans le même sens, voir *supra* ligne 12.

(3), 24. Quel sens donner à τῆς αὐτοκινήτου ψυχῆς ? Dans le *Phèdre* (245d-246a, voir aussi le livre X des *Lois* 896a-b), c'est l'âme en général qui est définie par l'automotricité, et donc par le fait de n'avoir besoin de rien d'autre pour la mouvoir : « Toute âme est immortelle. En effet, ce qui se meut toujours est immortel. Or, pour l'être qui en meut un autre et qui est mû par autre chose, la cessation du mouvement équivaut à la cessation de la vie. Seul l'être qui se meut lui-même, puisqu'il ne fait pas défaut à lui-même, ne cesse jamais d'être mû (μόνον δὴ τὸ αὐτὸ κινοῦν, ἅτε οὐκ ἀπολεῖπον ἑαυτό, οὔποτε λήγει κινούμενον) ; mieux encore, il est source et principe de mouvement pour tout ce qui est mû (ἀλλὰ καὶ τοῖς ἄλλοις ὅσα κινεῖται τοῦτο πηγὴ καὶ ἀρχὴ κινήσεως). Or, un principe est chose inengendrée. » (*Phèdre* 240c-d). Ici l'expression τῆς αὐτοκινήτου ψυχῆς renvoie à cette âme supérieure qui se meut soi-même certes, mais aussi qui seule permet aux êtres vivants qui en sont doués de se déplacer de leur plein gré. C'est pourquoi, dans notre traité, l'âme « automotrice », c'est l'âme animale par opposition à l'âme végétative qui ne permet pas aux plantes de se déplacer d'un lieu à l'autre.

(4), 26-46. Pour un commentaire de cette citation, voir l'Introduction, p. 42-46.

(6), 53. Dans les *Catégories*, Aristote définit l'homonymie en prenant pour exemple le terme « animal », de la façon suivante : « Sont dits homonymes les objets dont le nom seul est commun, alors que l'énonciation correspondant à ce nom est différente. C'est ainsi que l'homme et la figure dessinée sont des "animaux" : en effet, ces objets ont seulement le nom en commun, alors que l'énonciation correspondant à ce nom est différente. Car si on doit rendre compte de ce que c'est, pour chacun d'eux, que d'être un animal, on répondra par une énonciation propre à chacun. » (*Catégories* 1, 1a1-5, trad. Crubellier, Dalimier et Pellegrin ; voir aussi Porphyre, *Isagoge*, II, 10). Dans le traité *De l'âme* (II 413a20-22), il présente la vie comme un terme plurivoque. La question de savoir si l'homonymie doit être incluse ou non sous la plurivocité est discutée par Porphyre, *Commentaire sur les* Catégories *d'Aristote* 128, 16-25 Busse.

Comme l'explique Michel Narcy dans son commentaire à la *Sentence* 12, li. 2, la thèse aristotélicienne de la plurivocité de la vie doit être associée à celle selon laquelle l'âme n'est pas un genre. Sur ce point, voir *Topiques* VI 10, 148a23-37 où Aristote affirme que la vie des plantes et celle des animaux sont homonymes. L'homonymie de la vie est aussi affirmée par Plotin. « Puis donc que la vie se dit en plusieurs sens et qu'elle a une signification différente selon qu'elle s'applique à ce qui est premier, à ce qui est second et ainsi de suite, et que "vivre" se dit de façon équivoque, selon qu'il s'agit d'une plante ou d'un être privé de raison, la différence entre eux tenant à la clarté et à l'obscurité, il est évident que l'on peut tenir un raisonnement semblable pour la vie bonne aussi. » (traité 46 (I, 4), 3, 18-21). *Cf.* le traité 45 (III, 7), 11, 48-50 : Plotin montre alors que le temps (qui se rapporte à l'âme) est une vie qui est dans une relation d'homonymie avec la vie de là-bas (celle de l'intellect, c'est-à-dire l'éternité). L'homonymie ne repose plus sur l'hétérogénéité entre le postérieur et l'antérieur, mais sur la hiérarchie entre le supérieur et l'inférieur, le modèle intelligible et son image sensible (voir le chapitre 1 du traité 44 (VI, 3)). Sur cette question, voir l'étude de R. Chiaradonna, « Connaissance des intelligibles et degrés de la substance – Plotin et Aristote », *Études platoniciennes*, 2006, p. 78-83. Enfin, dans la *Sentence* 12 on peut lire : « Ce n'est pas seulement dans les corps qu'il y a homonymie, mais la vie aussi fait partie des choses qui se disent en plusieurs sens ; autre en effet est la vie d'une plante, autre celle d'un être animé, autre celle d'un être intellectif, autre celle de la nature, autre celle de l'âme, autre celle de l'intellect, autre celle de l'Au-delà ; car il vit aussi, lui, même si, parmi les choses qui viennent après lui, aucune n'est en possession d'une vie proche de lui. » Porphyre fait sans doute référence à Plotin, mais son spectre est beaucoup plus large que celui de Plotin, car il mentionne successivement la vie d'une plante, celle d'un être animé, celle d'un être intellectif, celle de la nature, celle de l'âme, celle de l'intellect et celle de ce qui est au-delà, c'est-à-dire celle de l'Un.

On note qu'ici la notion d'homonymie est appliquée non seulement à la vie, mais à la sensation et au désir.

(6) 54. L'adverbe ἰδίως s'oppose à ὁμώνυμος. L'expression « les vivants proprement dits » a déjà été employée en 2 (1), 9 ; 4 (2), 12 ; 4 (3), 23-24. Le vivant au sens propre, c'est l'animal, le vivant doué d'une âme automotrice.

(6) 54- (7) 66. *Timée* 77a3-4, b3-6 déjà cité en (4).

(6), 61-62. Le terme ὁμωνύμως est ici opposé à συνωνύμως. Pour la définition d'Aristote, voir *supra*, la note à (6), 53. Il est question ici d'une homonymie non seulement avec la vie animale, mais aussi avec la vie humaine. Le raisonnement se déploie en plusieurs étapes. 1) La sensation et le désir des végétaux sont homonymes à ceux des « vivants proprement dits » (les animaux). 2) La sensation et le désir des végétaux ne sont pas les mêmes que ceux des hommes. 3) Les végétaux sont donc vivants, mais en un autre sens que les hommes. 4) Enfin, dernière étape, les embryons ont donc des sensations et des désirs et sont des vivants par homonymie avec les hommes et par synonymie avec les végétaux. On retrouve le thème développé dans la *Sentence* 12.

(6), 62. Au paragraphe 9 de ce quatrième chapitre.

(7). Le paragraphe 7 est constitué d'une seule et unique phrase. En voici la structure.

ὡς οὖν : ligne 62
καὶ ὅμως : ligne 66
ἀλλὰ μόνον : ligne 68
    ἣν 69
    καὶ 69

οὕτως : ligne 71
+ 3 concessives
μέτοχα 72
ζῷα 72
ἔμψυχα 73

(7), 63-65. On retrouve ici une partie de la citation précédente, *Timée* 77b3-6 en (4), 27-46. Cette troisième espèce d'âme est l'ἐπιθυμία, qui rend compte de l'appétit pour la nourriture et la sexualité. Pour savoir en quoi l'ἐπιθυμία se distingue de l'ὄρεξις et de l'ὁρμή, voir l'Introduction, p. 111 et 115.

(7), 67-68. On notera une fois de plus une opposition entre φύσις, le principe associé à la plante, et ψυχή, le principe associé à l'animal. C'est le contradicteur stoïcien qui s'exprime.

(7), 68. Ici παθητικῆς fait référence à π(άσ)χον γὰρ διατελεῖ πάντα στραφέντι δ' αὐτῷ ἐν ἑαυτῷ περὶ αὑτό (*Timée* 77b7). Chez les Stoïciens, la « nature » (φύσις) est la tension du souffle (πνεῦμα) qui rend compte de ces sujets que sont les plantes (φύτα), alors que la ψυχή est la tension du souffle (πνεῦμα) qui rend compte des animaux.

(7), 70. On trouve là une précision importante sur l'homonymie de la vie.

(7), 71. Cet οὕτως répond au ὡς qui se trouve plusieurs lignes plus haut, li. 61.

(8). On notera une fois encore la construction recherchée de ce paragraphe qui ne comprend qu'une seule phrase :
δὲ οὐ χρὴ : ligne 76
ἀλλ' ὥσπερ ἐκδεχόμεθα οὔτε [πρὶν δὲ εἶναι] : ligne 77
ἐφ' ὧν : ligne 80
κατὰ μεταφορὰν δὲ ἢ καὶ ὁμωνύμως : lignes 81-82
οὕτως καὶ ἀκουστέον : lignes 82-83
τὰς κατὰ ἀναλογίαν καὶ ὁμωνύμως λεγομένας : lignes 83-84
ἀλλ' οὐχὶ τὰς ἐκ ψυχῆς τῆς αὐτοκινήτου : lignes 84-85
περὶ ἧς τῆς εἰσκρίσεως ἐνέστηκεν ἡμῖν ὁ λόγος : lignes 85-86
τῆς μὲν : ligne 86
τῆς δ' : ligne 88
κἂν τὰ μάλιστα : ligne 89

(8), 77-78. Citation de *Timée* 77a6-b1 : πρὶν δὲ ἦν μόνα τὰ τῶν ἀγρίων γένη πρεσβύτερα τῶν ἡμέρων ὄντα. Par ailleurs, παιδεύεσθαι remplace παιδευθέντα pour des raisons grammaticales.

(8), 82. Le terme ἦθος désigne le caractère qui par l'habitude et donc grâce à l'éducation peut devenir vertueux ou vicieux (voir Aristote, *Éthique à Nicomaque* II 1, 1103a23-26).

(8), 83-84. On remarquera l'équivalence : κατὰ μεταφορὰν δὲ ἢ καὶ ὁμωνύμως et κατὰ ἀναλογίαν καὶ ὁμωνύμως. Sur la question de la métaphore et de l'analogie, voir la *Poétique* d'Aristote. L'analogie établit non une différence de signification, mais une identité de rapport entre quatre termes associés deux à deux. Dans les *Topiques* VIII 3, 158b8-12, Aristote oppose sens propre et sens métaphorique à l'analogie. Mais en *Métaphysique* Δ 3, 1014b3-6 et en Δ 13, 1020a23-26 il associe métaphore et analogie, car c'est l'analogie qui fonde le déplacement de termes. On peut, dans ce contexte, renvoyer à (6), 57-60 qui éclaire ce que Porphyre qualifie ici d'analogie, ainsi qu'à la *Sentence* 16 : « C'est afin qu'il y ait ce rapport d'analogie : de même que l'empreinte intervient dans l'animal dans sa fonction sensorielle, de même la représentation, dans l'âme, suit l'intellection. » (lignes 9-11) où le terme ἀνάλογον se retrouve dans un contexte proche : le rapport nécessaire du τύπος à la sensation chez les vivants est le même que celui de l'imagination à l'intellection.

(8), 85-86. Il faut donc accorder avec ἡμῖν le datif pluriel du participe συγχω(ρ)οῦσι.

(8), 86. Nous ne suivons pas Festugière qui lit non pas καί, mais κάν qui est une crase pour καί + ἐν. Par ailleurs, πληγαῖς prend sens dans le cadre d'une théorie de la sensation où les particules viennent frapper l'organe des sens.

(9). Ce paragraphe ne comprend qu'une seule phrase dont la construction est très sophistiquée

οὐχ ὥσπερ οἱ ἄλλοι : ligne 91
οὕτω(σὶ) καὶ αὐτ(ός) ὁ ἀνὴρ ἔοικεν ἀλλὰ : ligne 93
αἴσθησιν καλεῖν : ligne 95
δόξαν προσαγορεύειν : ligne 96
συνιστάναι
τῶν αἰσθητῶν τὴν κατάληψιν ἐξ ἀμφοῖν : ligne 99
τῆς τε ἀλόγου παθητικῆς κινήσεως : ligne 97
ἣν αἴσθησιν προσαγορεύει : lignes 97-98
ἀλλ᾽ οὐ κίνησιν αἰσθητηρίων, καὶ τῆς δόξης : ligne 98
ἣν οἱ ἄλλοι τύπωσιν τῆς ψυχῆς εἶναι τίθενται : lignes 98-99

(9), 93. La formule ὁ ἀνήρ renvoie à Platon. Les autres, ce sont les stoïciens : voir chez Plotin les traités 2 (IV, 7), 6, 38-50 ; 26 (III, 6), 3, 30 ; 28 (IV, 4), 23, 47 ; 41 (IV, 6), les premières lignes ; et *Sentence* 41.

(9), 95. Pour un usage similaire de προσπάθεια, voir la *Sentence* 32. Le terme décrit l'état de l'âme dont l'attention se porte vers les affections corporelles.

(9), 94-100. On trouve là un exposé clair des deux moments de la sensation tels que les distingue Platon : le mouvement corporel et l'opinion ou mouvement de l'âme. Il n'y a perception que dans la conjonction de ces deux moments. Sur le processus de la sensation chez Plotin, comme irréductible à la réception passive des empreintes corporelles, voir le commentaire de G. Aubry à sa traduction du traité 53 de Plotin, p. 208-214; et celui de L. Brisson à sa traduction des traités 27-29.

(9), 101-102. Allusion tronquée à Platon dans le *Timée* 28a2-3.

(10), 103-105. Passage problématique. Ces πληγαί doivent être les τυπώσεις dont il a été parlé plus haut, et à partir desquelles les stoïciens expliquaient la sensation. Le τοῦ γνωρίσματος ne peut être construit. Pour une autre occurrence de γνώρισμα, voir en 16 (5), 55.

(10), 106. Reprise de (4), 64-67.

(10), 109-113. Citation de *Timée* 77b6-c3. L'auteur a déjà cité ce passage plus haut, en (4), 41-45. Il utilise ici la fin de la citation pour passer, par analogie, des végétaux à l'embryon humain.

(10), 109-113. Citation de *Timée* 77c3-5. Nouvelle idée qui introduit le chapitre 5, celle du mouvement local qui, pour Aristote, est un autre trait distinctif de l'animal. Il n'en a pas été question jusqu'ici, même si l'âme animale a été qualifiée d'automotrice.

(11), 116. Voir 3 (4), 37-39.

(11), 120. Comme l'indique le terme μετέχον, l'homonymie de la vie se fonde ultimement sur la participation à deux espèces d'âme différentes, l'âme végétative et l'âme animale.

RÉSUMÉ DU CHAPITRE 5

Les contradicteurs reviennent à la charge et font valoir que l'embryon est doué de mouvement local et de sensation puisqu'il tressaille sous l'effet de la chaleur des bains par exemple (**1**). L'embryon semble avoir des désirs qui expliquent les envies étranges dont sont prises les femmes enceintes (**2**). Il serait doté d'impulsion, car c'est lui qui déclencherait le processus de l'accouchement (**3**). Certaines croyances populaires lui accordent même la capacité d'avoir des représentations et de se former des opinions (**4-5**).

Notes[*]

(1), 1. Le φασι qui introduit ce paragraphe rappelle Galien, *Commentaire du Timée*, 12.34-13.1 (éd. H. O. Schröder) ou dépend d'une source commune. Commentant *Timée* 77a-c (texte que l'auteur de *l'Ad Gaurum* a cité et commenté au chapitre précédent), Galien explique que, d'après Platon, les plantes sont mobiles pour ce qui est de la croissance, mais immobiles « selon ce que certains appellent "mouvement de translation" (κατὰ τὴν ὀνομαζομένην ὑπό τινων μεταβατικὴν κίνησιν), lequel se produit dans le cas de ce qui change de lieu (ἀμειβόντων τοὺς τόπους) ou échange une place avec une autre

[*] Sous la responsabilité de Bernard Collette-Dučić et de Joachim Lacrosse.

(μεθισταμένων ἐξ ἄλλης χώρας εἰς ἄλλην) ». Pour les stoïciens, les végétaux comme les animaux ont en eux-mêmes la cause de leur mouvement, mais alors que les premiers sont mus « à partir » d'eux-mêmes (ἐξ ἑαυτῶν), les seconds le sont « par » (ἀφ' ἑαυτῶν) eux-mêmes. Cette distinction renvoie au fait que le mouvement, chez les animaux, est le résultat d'une impression venant de l'extérieur et d'une impulsion (*cf.* Origène, *Des principes* III, 1, 2-3 = *SVF* 2.988, en partie = LS 53A). Dans notre passage, on note que le mouvement local attribué aux embryons est le résultat d'une sensation de chaleur brûlante et que, dès lors, il doit être compris comme un mouvement consécutif à une impulsion – ou plutôt à une répulsion (l'embryon remue pour éviter le contact avec la chaleur brûlante) –, elle-même provoquée par une représentation ou φαντασία (selon les stoïciens, la sensation est ce par quoi se produisent des φαντασίαι dans l'âme ; *cf.* Philon, *Allégorie des lois* 1, 30 = *SVF* II 844 = LS 53P).

(1), 2. Chez les stoïciens, la sensation est considérée comme l'un des traits distinctifs de l'animal relativement au non-animal. *Cf.* Hiéroclès, *Éléments d'éthique* 1, 31-33 (= LS 53B) : « Dès à présent, il faut garder en tête que tout animal diffère du non-animal par deux caractères, la sensation et l'impulsion. » (trad. Brunschwig et Pellegrin) ; *cf.* également Diogène Laërce VII, 86 et Jamblique, *De l'âme* I 49, 37 (I 373, 15-31 = SVF II 85 = 833 Dufour). On se souvient que l'apparition de la sensation marque également, selon Aristote, le passage de la vie végétale à la vie animale. C'est pourquoi, en *Politique* VII 15, 1335b, Aristote interdit l'avortement à partir du moment où, dans sa formation, l'embryon se dote de sensation ; et *Éthique à Nicomaque* IX 9, 1170a16-17.

(1), 2. On trouve le même verbe (σκιρτῶντα) dans un contexte similaire en Luc 1, 41-44 : « Et il advint, dès qu'Elisabeth eut entendu la salutation de Marie (καὶ ἐγένετο ὡς ἤκουσεν τὸν ἀσπασμὸν τῆς Μαρίας ἡ Ἐλισάβετ), que l'enfant tressaillit dans son sein (ἐσκίρτησεν τὸ βρέφος ἐν τῇ κοιλίᾳ αὐτῆς) et Elisabeth fut remplie d'Esprit Saint (καὶ ἐπλήσθη πνεύματος ἁγίου ἡ Ἐλισάβετ). Alors elle poussa un grand cri et dit : ..."Bénie es-tu entre les femmes, et béni le fruit de ton sein ! Et comment m'est-il donné que vienne à moi la mère de mon Seigneur ? Car, vois-tu, dès l'instant où ta salutation a frappé mes oreilles (ἰδοὺ γὰρ ὡς ἐγένετο ἡ φωνὴ τοῦ ἀσπασμοῦ σου εἰς τὰ ὦτά μου), l'enfant a tressailli d'allégresse en mon sein (ἐσκίρτησεν ἐν ἀγαλλιάσει τὸ βρέφος ἐν τῆς κοιλίᾳ μοῦ)..." » (trad. Bible de Jérusalem).

(2), 1. Nouvel argument en faveur de la présence d'une âme animale dans l'embryon : les envies étranges dont sont prises les mères, en période de grossesse, sont en réalité les envies propres aux embryons eux-mêmes. Ce qui le prouve, c'est que ces envies n'apparaissent que pendant la grossesse et disparaissent après l'accouchement. L'argument sera critiqué par l'auteur au chap. 8. Le manuscrit porte γενικώτερον (« plus généralement »). Kalbfleisch, qui juge difficile de conserver cette leçon, propose γενναιώτερον (« plus noblement », « plus généreusement »), et Festugière γεννικώτερον « plus radicalement » que nous avons retenu. Il est possible de conserver le γενικώτερον du manuscrit en comprenant que l'exemple des appétits extravagants est plus général que celui qui a été donné précédemment (celui des bains chauds), parce qu'il renvoie à un phénomène plus fréquent. Mais étant donné la tournure franchement ironique que prend l'exposition des arguments par l'auteur dans ce chapitre, il est plus vraisemblable de lire, avec Festugière, γεννικώτερον, qui signifie « plus radicalement ». Il y a en effet une progression, dans l'exposition des arguments en faveur de l'animation de l'embryon, qui va de l'attribution des facultés inférieures de l'âme aux facultés supérieures : ne reculant devant rien, les tenants de l'animation n'hésitent pas à attribuer à l'embryon des facultés de plus en plus élevées, ici l'appétit, bientôt l'impulsion et enfin la représentation.

(2), 5. On notera que le terme ἐπιθυμία est attesté, chez Soranos d'Éphèse, *Maladies des femmes* I 53, comme désignant les appétits extravagants dont sont prises les femmes enceintes : « Il faut s'opposer aux envies des femmes enceintes pour les substances nocives (ταῖς δὲ πρὸς τὰ βλαβερὰ τῶν κυουσῶν ἐπιθυμίαις), et d'abord en les raisonnant : le mal causé par les aliments qui satisfont paradoxalement leurs envies (τὰς ἐπιθυμίας) ne lèse pas seulement leur estomac, mais aussi l'enfant qu'elles portent... » (trad. Malinas).

(2), 10. Concernant le corps marqué de certains nouveau-nés, voir Ptolémée, *Tetrabiblios* III 7, 122 : dans le cas des jumeaux, écrit-il, « il arrive souvent que les nouveau-nés ne soient pas complètement développés et soient nés avec certaines marques corporelles (μετὰ παρασήμων τινῶν σωματικῶν)... ».

(3). Nouvel argument en faveur de l'animation de l'embryon, qui fait intervenir l'accouchement : les cas des embryons mort-nés et des embryons de sexe féminin, où l'enfantement est plus difficile, montrent, par contraste, que l'embryon contribue à l'impulsion vers la sortie, donc qu'il participe à l'âme impulsive. L'argument sera critiqué au chapitre 8.

(3), 12. Chez les Stoïciens, la faculté d'impulsion est, avec la représentation ou la sensation, ce qui distingue l'animal du non-animal : « L'animal est supérieur au non animal par deux traits, la représentation et l'impulsion. La représentation se forme par l'approche d'un objet extérieur qui imprime sa marque dans l'esprit par le biais de la sensation. L'impulsion, sœur de la représentation, se forme par le pouvoir tonique de l'intelligence ; en étendant ce pouvoir par le biais de la sensation, l'intelligence saisit l'objet et va vers lui, brûlant de l'atteindre et de s'en emparer. » (Philon, *Allégories des lois* 1, 30 = *SVF* II 844 = LS 53 P3, trad. Brunschwig et Pellegrin, modifiée). *Cf.* également Stobée, II 86, 17-87, 6 (= *SVF* III 169 = LS 53Q) : « On définirait l'impulsion rationnelle comme il faut si on disait qu'elle est un mouvement de la pensée vers quelque chose qui appartient au domaine de l'action ; le contraire en est la répulsion » (trad. Brunschwig et Pellegrin).

(3), 14. Que les embryons féminins se meuvent plus tard et non pas plus lentement que les embryons masculins est une doctrine professée par Hippocrate, *De la nature de l'enfant* XXI (passage que l'auteur lui-même cite en 2 (2), 32-35).

(3), 16. Nous conservons la leçon du manuscrit. La conjecture que Kalbfleisch propose dans son apparat critique, qui consiste à substituer συνενδιδομένης à συνεκδιδομένης (en référence à συνενδόσεως en 12 (2), 13 et à ἐνδίδωσι en 16 (5), 40), ne nous paraît pas judicieuse : συνεκδίδωμαι signifie proprement « aider à », « contribuer à », ce qui est effectivement le sens requis dans notre passage, tandis que συνενδίδωμαι peut vouloir dire, au pire, « succomber », « faire place » et, au mieux, « concéder », « consentir à » ; aucun de ces sens ne semble ici approprié.

(4). Quatrième argument en faveur de l'animation de l'embryon : le fait que, lorsque des images « remarquables par la beauté de leur forme » sont exposées à des femmes enceintes, celles-ci mettent au monde, après coup, des enfants semblables aux formes précédemment représentées, montre que l'embryon participe, comme sa mère, à l'âme représentative et opinative. Cet argument, qui est fourni par l'auteur lui-même, sera critiqué et réfuté au chapitre 6.

(4), 22-23. Étant donné le contexte, il nous paraît préférable de traduire γένος par espèce : l'idée est, semble-t-il, de distinguer entre différentes espèces animales (humaine, canine, etc.). Nous avons traduit par « représentation » le terme φαντασία qui pourrait aussi bien être traduit par « imagination » ; il semble en effet que, dans ce cas, il n'y ait pas de rapport direct entre la représentation en question et la sensation. La représentation (la faculté représentative) reçoit sous forme d'images ou de représentations (φαντασίαι) ce qui provient et de la sensation et de la raison discursive ; et la mémoire conserve ces images ou représentations. La mémoire et la représentation sont les premières activités psychiques qui n'impliquent pas de rapport avec les affections corporelles, quand bien même, au cours de ce processus, l'âme reste en contact avec le corps, puisqu'elle en reçoit une information. Sur tout cela, voir le traité 27 (IV, 3), 27-31.

(4), 27-28. On trouve une illustration frappante de cet exemple dans les *Éthiopiques* d'Héliodore (4.8, 5), où la reine Persinna décrit l'histoire de la conception de sa fille : « Le Roi attendait un héritier de son sang. Tu vins au monde blanche, ton teint clair n'était pas celui de la race éthiopienne. J'en savais bien la raison. Pendant l'étreinte de mon mari, j'eus sous les yeux une peinture (γραφή) qui représentait Andromède, complètement nue, au moment où Persée la fait descendre du rocher, et le germe avait pris malheureusement la ressemblance de l'héroïne (ὁμοιοειδὲς ἐκείνῃ τὸ σπαρὲν οὐκ εὐτυχῶς ἐμόρφωσεν). » (trad. Maillon). En *Genèse* 30, 37-40, après les avoir écorcées en forme de rayures, Jacob expose des baguettes de peuplier aux chèvres du troupeau de Laban : les bêtes « s'accouplèrent donc devant les baguettes et elles mirent bas des petits rayés, mouchetés et tachetés » (trad. Bible de Jérusalem) ; sur cet épisode, voir Augustin, *De la Trinité* III 15. Voir aussi en *Retract.* II 62 une anecdote similaire : pour éviter que sa femme lui donne des enfants aussi laids que lui, un homme avait placé dans sa chambre un beau portrait. L'anecdote se trouve dans Soranos (*Maladies des femmes* I 39) qui parle, sans le nommer, d'un roi de Chypre. Pour un autre exemple, voir l'Introduction, p. 97-98.

(5). Suite du cinquième argument en faveur de l'animation de l'embryon : si l'embryon est façonné à l'image de la forme exposée à sa mère, cela ne peut s'expliquer du simple fait qu'il est présent dans le ventre de celle-ci ; pour être affecté de cette manière, l'embryon doit être doté lui aussi d'une faculté représentative, laquelle lui permet de recevoir la forme extérieure initialement présentée à sa mère.

(5), 29. S'agit-il ici des semences ou des embryons ? L'auteur semble, dans certains cas au moins, faire la différence (*cf.* 16 (1), 8-9, de sorte qu'il convient ici de garder prudemment la traduction par « semence », voir 2 (2) 17-20). Rappelons également que, pour les stoïciens, la semence enferme une portion d'âme arrachée à l'un des parents (*cf.* Pseudo-Galien, *Définitions médicales* XIX 370, 14-371, 3 et 450, 2-4 = *SVF* 2.742), thèse avec laquelle l'auteur est en total désaccord (*cf.* 2 (4), 55-57).

(5), 31. Le terme διάθεσις a ici le sens de « disposition intérieure à l'âme » (disposition qui, dans le cas présent, est consécutive à une représentation). Ce sens, qui remonte à Aristote (lequel distingue la διάθεσις, comme disposition passagère, de l'ἕξις, état permanent, (voir *Catégories* VIII) est bien attesté chez Plotin : *cf.* 33 (II, 9), 13, 25 ; 53 (I, 1), 2, 5.

RÉSUMÉ DU CHAPITRE 6

Ce chapitre critique l'idée avancée dans les derniers paragraphes (**4-5**) du chapitre 5 selon laquelle l'embryon participerait à l'âme représentative-opinative et serait façonné par celle-ci, mais il cherche aussi à rendre compte du phénomène invoqué à l'appui de cette thèse. Deux arguments sont avancés contre elle. Alors que nous pouvons façonner des réalités extérieures en fonction de nos représentations, nous ne pouvons nous transformer nous-mêmes (**1**). De façon générale, ce qui est engendré est inférieur en puissance et en être à celui qui l'engendre, mais peut aussi se convertir vers lui (**2**). Ainsi l'âme végétative est administrée par l'âme représentative et opinative (**3**). Pour cette raison, l'âme végétative de la mère (et non de l'embryon) peut être affectée par la représentation de l'âme qui lui est supérieure et façonner l'embryon en fonction et à l'image de celle-ci (**4**).

Notes[*]

(1), 4. L'expression ἀπὸ τῶν τελευταίων renvoie à l'argument 5 (3) suivant lequel l'embryon et même le sperme ont une âme représentative.

(1), 6 *sq*. L'auteur fait allusion à une doctrine démonologique, contemporaine de l'*Ad Gaurum* et résumée dans les lignes qui suivent. Une doctrine semblable se trouve chez Porphyre lui-même. Dans l'*Antre des Nymphes* (11), il est question du πνεῦμα que les âmes traînent à l'instar d'un nuage : lorsque ce πνεῦμα se condense, elles se rendent visibles. Dans les *Sentences* (29, 6-13), il est question de l'âme qui dans l'Hadès traîne son reflet, comme un fantôme, en imprimant une empreinte de sa représentation sur son πνεῦμα. On retrouve dans les deux cas le verbe ἀπομόργνυσθαι qui est d'un usage très rare ; aucune autre occurrence dans le TLG (on notera d'ailleurs le surcomposé ἐναπομόργνυσθαι chez Synésius de Cyrène, *De insomniis* 19, 2). Sur les espèces de démons selon Porphyre, voir le *Commentaire sur le* Timée, livre I fr. 23 (= Proclus, *In Tim.* I 171, 16-23) et livre II, fr. 57 (= Proclus, *In Tim.* II 11, 11-14). Dans le second fragment, Porphyre distingue entre les démons qui dans leur substance ont plus de feu et ceux qui ont plus de terre. Le premier fragment nous apprend que Porphyre considérait comme des démons d'un côté les âmes et de l'autre les « modes d'action matériels » (Jamblique, *Des mystères d'Égypte* III 28, 63). On retrouve cette distinction dans le livre I du *Commentaire sur le* Timée, fr. 17 (= Proclus, *Commentaire sur le* Timée I 152, 12-28 *sq*.) On trouve par ailleurs un long exposé sur la démonologie dans le traité *Sur l'abstinence* (II, 38-46) par Porphyre.

(1), 6-7 Le grec a τὰ εἴδη τῶν φαντασμάτων, mais εἶδος + un substantif au génitif = le substantif.

(1), 16. Sur εἰδοποιός, voir *supra*, la note à 3 (1), 1-3. Chez Plotin, εἰδοποιεῖν désigne l'action d'informer la matière du sensible (*cf.* 15 (III, 4), 1, 9) ou ce qui est comme une matière (par exemple l'âme, lorsqu'elle contemple, est informée par l'objet de sa vision : 28 (IV, 4), 2, 7). Ici l'expression ὑπ' αὐτήν désigne le corps de l'embryon.

(1), 17-18. On retrouve ici l'expression τῆς οὐσίας ἐκτός de la ligne 14.

(1), 18. Nous construisons le membre de phrase εἴπερ δὴ κἀν τοῖς ἄλλοις comme formant une unité autonome qui précise le ἐν τοῖς ἐντός des lignes 18-19. Nous gardons le texte des manuscrits, contrairement à Kalbfleisch (42,17), qui lit ἐκτός au lieu de ἐντός : l'embryon est « à l'intérieur » du ventre de la mère, bien qu'il lui soit étranger, extérieur et différent du point de vue de l'être.

[*] Sous la responsabilité de Bernard Collette-Dučić et de Joachim Lacrosse.

(2). C'est en réalité à Plotin et non à Platon (malgré le κατὰ Πλάτωνα de la ligne 20, voir aussi 34) que l'auteur fait ici référence. Tout ce paragraphe est en effet une reprise de la théorie plotinienne affirmant, d'une part, la supériorité de la cause sur l'effet, et, d'autre part, la nécessité, pour l'effet, de se convertir vers sa cause et, par là, de trouver son accomplissement. Voir sur le sujet l'article de A. C. Lloyd, « The Principle that the Cause is Greater than its Effect», *Phronesis* 21, 1976, 146-156 : «Le producteur (τὸ ποιοῦν) est supérieur (κρεῖττον) au produit (τοῦ ποιουμένου) : en effet, il est plus parfait (τελειότερον). » (32 (V, 5), 13, 37-38, trad. Fronterotta) ; « Toutes les choses, une fois qu'elles sont parvenues à la perfection (τέλεια), engendrent ; ce qui est toujours parfait engendre sans cesse et quelque chose d'éternel ; de surcroît, il engendre une réalité qui lui est inférieure (ἔλαττον). » (10 (V, 1), 6, 37-39, trad. Fronterotta). Chez Plotin, ce qui est engendré par le producteur est toujours, dans un premier temps, indéfini. En ce sens, il est, relativement à son producteur, comme une matière qui doit encore être informée, c'est-à-dire déterminée pour pouvoir pleinement s'accomplir : « Il faut donc poser que les réalités premières sont en acte et qu'elles sont achevées et parfaites (τέλεια) ; les réalités imparfaites (ἀτελῆ) leur sont postérieures, et elles sont rendues parfaites (τελειούμενα) par celles qui les ont engendrées, tout comme les pères élèvent jusqu'à la perfection que représente la maturité ceux qu'ils ont engendrés imparfaits au début. Et l'âme est aussi une matière (ὕλην) par rapport au premier producteur, et, étant informée (ἔμμορφον), elle est rendue parfaite (ἀποτελεῖσθαι). » (5 (V, 9), 4, 7-12, trad. Fronterotta) ; « Tout ce qui a été engendré avant cela (i.e. avant la matière) a été engendré sans forme (ἀμόρφωτον) et n'a été informé (εἰδοποιεῖτο) qu'en se retournant (τῷ ἐπιστρέφεσθαι) vers son générateur et en étant comme nourri (οἷον ἐκτρεφόμενον) par lui. » (15 (III, 4), 1, 8-10 ; voir également 38 (VI, 7) 17, 14-15 et 49 (V, 3), 11, 6 et 12 pour l'Intelligence relativement à l'Un ainsi que pour l'âme relativement à l'Intelligence (10 (V, 1), 7, 40). Cette détermination se fait par un mouvement de conversion dont l'initiative revient au terme engendré ; par cette conversion vers le principe producteur, le terme engendré trouve enfin sa propre perfection : « C'est par elle-même que l'Intelligence définit son être pour elle-même au moyen de la puissance qui vient de l'Un... Elle tire sa force de lui, elle est rendue parfaite quant à son essence (τελειοῦται εἰς οὐσιάν) par lui, et vient de lui. » (10 (V, 1), 7, 13-17, trad. Fronterotta).

Sur cette doctrine chez Porphyre, voir *infra* 13 (3) (critique des Stoïciens, auxquels il est reproché d'engendrer le supérieur à partir de l'inférieur, ce à quoi Porphyre oppose le principe aristotélicien de la supériorité de l'être en acte sur l'être en puissance). C'est aussi un point de doctrine exposé dans la *Sentence* 13 : « Tout ce qui engendre en vertu de son essence engendre un produit moins bon que lui, et tout ce qui a été engendré se tourne par nature vers ce qui l'a engendré ; et, parmi ceux qui engendrent, les uns ne se tournent pas du tout vers les êtres engendrés, d'autres et se tournent et ne se tournent pas, d'autres sont seulement tournés vers leur progéniture, sans se tourner vers eux-mêmes. » Tout ce qui engendre en vertu de son essence engendre un produit moins bon que lui, mais qui peut se convertir vers lui comme le rappelle la *Sentence* 11 : « Les réalités incorporelles, dans leur mouvement de descente, se divisent et se pluralisent jusqu'au domaine de l'individuel par relâchement de puissance, alors que, dans leur mouvement ascendant, elles s'unifient et, par un mouvement inverse du précédent, elles vont vers leur rassemblement par surabondance de puissance. »

(2), 22. Il semble impossible, pour la ligne 22, de garder le texte du manuscrit. Kalbfleisch, dans un premier temps, a ajouté un κατὰ (en référence aux lignes 22 et 29), ce qui donne κατὰ δυνάμεις καὶ οὐσίας ἄξια. Nous avons adopté ici la seconde conjecture de Kalbfleisch (p.80, renonçant à son κατὰ), suivi par Festugière (n. 3 p.277), qui lisent δυνάμεως καὶ οὐσιάς ἀξίᾳ. Cette solution est celle qui apporte le moins de modifications au texte du manuscrit. Deuse (n. 168, p. 174), quant à lui, garde le κατὰ initial de Kalbfleisch, et ajoute un καὶ suivi de ἀξίαν, ce qui donne κατὰ δυνάμεις καὶ οὐσίας καὶ ἀξίαν.

(2), 21. On ne trouve, chez Plotin que deux occurrences de ὑποβαίνειν qui de surcroît n'est utilisé qu'une seule fois dans le sens de « se trouver en-dessous », « descendre » dans le traité 50 (III, 5), 9, 18, où il est dit que « ce qui vient en-dessous (τὸ ὑποβεβηκὼς) de l'Intellect acquiert la raison ».

(2), 23. On trouve ici le terme rare ὁμοούσια . L'adjectif correspondant ὁμοούσιος apparaît deux fois dans la *Sentence* 33, lignes 49 et 52. L'infériorité de l'effet par rapport à sa cause se manifeste encore en ceci que l'effet ne s'accomplit qu'en se retournant vers sa cause.

(2), 23. Le grec dit ἐπιπειθῆ. Ce qui est enfanté est « obéissant », comme l'est une matière relativement au principe qui l'informe et la façonne. Rappelons que πεῖσις (passif, propre aux passions) est le contraire de ποίησις (*cf.* Plotin, traité 3 (III 1), 4, 7 et 28 (IV, 4), 31, 2) ; *cf.* également 26 (III, 6), 7, 38 où il est question de la « pseudo affection » (τὸ τῆς πείσεως ψεῦδος) de la matière, expression utilisée par Plotin pour montrer que la matière du sensible est impassible.

(2), 24. Si τῶν τεκόντων est au génitif, c'est que l'adjectif ἐπιπειθής (normalement suivi du datif) est ici substantivé.

(2), 25 *sq*. L'auteur donne à présent une première exemplification de la règle affirmant la supériorité de la cause sur l'effet. Il s'agit du rapport entre la διάνοια (raison discursive) et le νοῦς (l'intellect). Chez Plotin, la raison discursive constitue la partie médiane de l'âme. L'intellect, en revanche, n'est pas une partie de l'âme : il en est le principe générateur (traité 49 (V, 3) 3, 23-24). Pour Plotin, l'origine noétique de la raison discursive se montre déjà étymologiquement : en affirmant que l'âme est dianoétique, écrit-il, « on suggère par cette dénomination qu'elle est en quelque sorte l'Intelligence, que c'est par l'Intelligence (διὰ νοῦ) et de l'Intelligence (παρὰ νοῦ) qu'elle tient sa puissance (τὴν δύναμιν). » (49 (V, 3) 6, 20-22). Cette phrase résume donc la doctrine plotinienne concernant le rapport entre νοῦς et διάνοια. Voir Plotin : 6 (IV, 8), 6 ; 10 (V, 1), 6, 31-39 ; 33 (II, 9),1-2 ; 49 (V, 3),16, 5-16.

(2), 25. On retrouve le terme γέννημα à de nombreuses reprises chez Plotin. Le διανοούμενον (10 (V, 1),7, 42-43) est ainsi qualifié de « rejeton » du νοῦς, tout comme les Formes (1 (I, 6), 9, 37 ; 38 (VI, 7), 15, 19) ou le λόγος (30 (III, 8), 2, 29 ; 50 (III, 5), 9, 20). À son tour la διάνοια est engendrée par l'intellect : elle « vient de l'Intellect (ἀπὸ νοῦ), est seconde après l'Intellect (δεύτερον μετὰ νοῦν) et image (εἰκὼν) de l'Intellect » (49 (V, 3), 4, 21).

(2), 27. Selon le principe énoncé plus haut la διάνοια peut se convertir vers l'intellect ; elle est alors accomplie par lui (*cf.* 10 (V, 1), 3, 10-25). Ce processus passe par l'actualisation des traces (τύποι) que l'intellect a laissées dans la διάνοια, *cf.* 49 (V, 3), 3, 20-44 et 53 (I, 1), 9, 20-21.

(2), 27. Pour Plotin, la διάνοια, dans son fonctionnement propre, ne peut avoir la compréhension (σύνεσις) que des empreintes (τύποι) des formes : « cette faculté dianoétique de l'âme (τὸ διανοητικὸν τῆς ψυχῆς) se retourne-t-elle, elle aussi, sur elle-même ? Non ; mais elle acquiert la compréhension (σύνεσιν) des empreintes (τυπῶν) qu'elle reçoit des deux côtés (i.e. qu'elle reçoit de la sensation et de l'Intellect) » (49 (V, 3), 2, 23-25). En ce sens, la διάνοια, contrairement à l'Intellect, ne contient pas les Formes, mais seulement leur trace ou empreinte. Cependant, la διάνοια que Plotin qualifie de « véritable » (ou « dans «le vrai »), à savoir la διάνοια qui a réussi à s'affranchir totalement du corps et à se convertir vers l'Intellect, « contemple déjà les formes (εἴδη ἤδη θεωρεῖν), et cet acte de contempler se réalise, en quelque sorte, avec la sensation (οἷον σὺν αἴσθησει) » (53 (I, 1), 9, 20-21, trad. G. Aubry), au sens où la réception des τύποι sensibles peut être l'occasion de l'actualisation des τύποι intelligibles. Pour une justification de cette lecture, voir G. Aubry, Plotin, *Traité* 53 (I, 1), note 30 à sa traduction ; et pour un commentaire de l'ensemble du passage, p. 267-272. L'expression τῶν αὑτοῦ désigne les réalités intelligibles, les formes.

(2), 28-29. On peut garder l'ἄμοιρος du manuscrit (qui revient également aux lignes suivantes), soit en supposant avec Deuse (n. 168 p. 175) que μὴ καθάπερ ὁ νοῦς est une glose, soit en considérant que μή ne porte pas sur le verbe ἐστιν. Le « toucher indivis et non discursif » dont fait ici mention l'auteur renvoie au mode d'appréhension propre à l'Intellect. Le caractère indivis et non discursif de l'appréhension intellective est régulièrement affirmé par Plotin lui-même, par opposition avec l'appréhension dianoétique ou rationnelle dont le propre est de se déployer discursivement : « C'est ensuite que, de cette sagesse (i.e. l'Intellect) où tout est indivis (ἀθρόας), vient une image (εἴδωλον) qui est en autre chose, toute déroulée (ἐξειλιγμένον), qui se formule discursivement (ἐν διεξόδῳ). » (traité 6 (IV, 8), 6, 9-11). En revanche,

Plotin réserve le terme θίξις (toucher) à une appréhension encore supérieure à celle de l'Intellect, à savoir celle par laquelle nous pouvons entrer en contact avec l'Un (*cf.* traité 49 (V, 3), 10, 42-43 et 9 (VI, 9), 7, 4). C'est donc plus probablement à Aristote que l'auteur de l'*Ad Gaurum* fait ici appel en utilisant le terme θίξις puisque, chez le Stagirite, la θίξις est la forme de contact propre avec le νοῦς (cf. *De l'âme*, I 3, 407a18 et III 3, 427b4).

(2), 29 *sq*. Le terme ἀλογία désigne la partie non rationnelle de l'âme : voir sur ce point Aristote, *Éthique à Nicomaque* I 1, 1102b12 *sq*. Ce texte distingue entre la partie irrationnelle de l'âme commune à tous les vivants y compris aux embryons, c'est-à-dire la partie végétative, et une autre partie qui, quoique irrationnelle, participe à la raison, car c'est seulement par suite de l'intervention du θυμός que la partie désirante peut se trouver « en accord avec la raison » ; de ce fait, elle participe donc au λόγος (voir encore Aristote, *De l'âme* III 9, 432b5-7). Λόγος fait ici référence à l'âme au niveau de la διάνοια ; ce terme est repris plus bas par λογισμός et λογιστικόν renvoie ici à l'activité discursive de l'âme y compris dans sa dimension pratique.

(2), 30-31. Comme l'explique Plotin au chapitre 18 (lignes 9-13) du traité 27 (IV, 3), le λογισμός se rattache non point au νοῦς, mais à la διάνοια.

(2), 30-32. Noter le mouvement de la phrase : μὲν introduit le point de vue de l'être (κατ᾽ οὐσίαν), δὲ signale que l'on passe au plan du discours. L'expression κατὰ λόγον est expliquée dans la suite.

(2), 33. Le τοῦ ἐπιθυμητικοῦ est l'équivalent de la faculté désirante τὸ ὀρηκτικόν. Pour Aristote, l'ἐπιθυμία est une espèce du désir (*De anima* III 9, 432b5-7), comme la βούλησις et le θύμος : celle qui prend naissance dans la partie irrationnelle de l'âme.

(3), 36-37. Dans les chapitres 20 et 28 du traité 28 (IV, 4), la représentation (φαντασία) et l'opinion (δόξα) s'identifient presque. La représentation qui a pour objet ce qu'il y a de plus haut en l'âme peut être qualifiée de représentation première. En revanche, comme l'indique le traité 26 (III, 6), 4, 21-23, il existe en l'âme humaine, sous l'effet de certaines passions, une opinion obscure et une représentation comme celles qui se trouvent dans ce qu'on appelle « nature » (suivant les stoïciens) et dont l'activité produit chaque chose sans se les représenter ; de ce fait, la nature n'est qu'une représentation indistincte, car non fondée sur un jugement.

(3), 37-38. Comme cela a été dit en 4 (8), on a ici l'explication de ce qui était qualifié d'homonymie ; en fait, il s'agit bien plutôt d'une analogie. Le rapport de la partie végétative à la partie représentative est le même que celui de la partie irrationnelle à la partie rationnelle.

(3), 40. On retrouve le verbe κυβερνᾶσθαι à de nombreuse reprises chez Platon (*Politique* 298e ; *Euthydème* 291d). Dans le *Banquet*, il intervient dans le discours d'Éryximaque qui affirme que la médecine, la gymnastique et l'agriculture sont guidées (κυβερνᾶται) par le dieu Éros (187a1). Dans la *République*, Platon fait l'hypothèse que chaque homme est gouverné par un être divin et sage, de sorte que, « étant guidés de la même manière (τῷ αὐτῷ κυβερνώμενοι), nous soyons tous semblables et amis » (590d6).

(3), 41. Le verbe χειραγωγεῖν est déjà utilisé par Porphyre dans son *Contre les Chrétiens*, 30. C'est l'âme représentative du cultivateur qui joue ici le rôle de « guide » par rapport aux végétaux, de même que l'âme représentative maternelle est un guide pour l'embryon.

(4), 41. L'expression θαυμάστον οὐδέν introduit une réponse alternative à la thèse formulée en 5 (4) : « Et pour une fois, s'il le faut, je peux bien, moi aussi, me laisser aller à dire des inepties, et leur prêter main forte en affirmant que les embryons se forment des représentations et des opinions en commun avec leur mère, parce qu'ils auraient part à l'âme représentative et opinative. » L'embryon n'a pas part à la représentation, mais son âme végétative est guidée par l'âme représentative de la mère.

(4), 46. Sur les termes σύνεσις, συναίσθησις, παρακολούθησις et ἀντίληψις, qui d'une façon ou d'une autre, renvoient à la « conscience », voir les notes de L. Brisson aux traités 27 et 28 (IV, 3 et 4), et la note 98 de G. Aubry dans son commentaire au traité 53 (1, 1), p. 291. On remarque par ailleurs que γνώρισις est l'équivalent du γνῶσις de la ligne 48. C'est probablement une référence à 4 (10).

RÉSUMÉ DU CHAPITRE 7

Ce chapitre répond à l'objection faite dans le chapitre 5, selon laquelle les embryons bougent dans le ventre de la mère et, par voie de conséquence, sont pourvus de mouvements locaux qui impliquent sensation, représentation et impulsion (**1**). On montre d'abord que, même dans un organisme achevé, certains « déplacements » ou mouvements locaux, comme la digestion et la circulation sanguine, n'impliquent pas de représentation, ce pour quoi ils sont inconscients (**2**). Plaisirs et douleurs eux-mêmes ne sont rien d'autre que des dilatations et des contractions, du même ordre que celles que l'on observe chez les plantes ; dès lors ils n'impliquent pas les puissances sensitive et représentative de l'âme (**3**).

Notes[*]

(1). Réponse à l'objection formulée en 5 (1).

(1), 1-2. Le caractère propre de l'animal consiste dans la sensation, point de départ de la représentation et de l'impulsion, alors que le caractère propre des végétaux se laisse reconnaître dans la fonction de nutrition et de croissance

[*] Sous la responsabilité de Luc Brisson.

(voir 1 (1)). Sur les rapports entre le mouvement local de l'embryon et la représentation, voir 6 (1) qui répond à 5 (4-5).

(1), 3. L'association des torsions (στροφαί) et des tressaillements (παλμοί) se retrouve en 12 (6). Ici l'auteur ne traite pas de la môle – ainsi définie : « croissance anormale du placenta dont les villosités du chorion se transforment en nombreuses vésicules groupées en grappes, et qui aboutit à l'avortement précoce » –, mais de la colique comme l'indique ἐντέρων ; dès lors, μερῶν doit désigner les parties internes du corps, et pas seulement les membres. Sur la question du πνεῦμα comme cause des παλμοί, voir Galien, *De tremore, palpitatione, convulsione et rigore liber* VII, 596.12-13 Kühn : πνεῦμα παχὺ καὶ ἀτμῶδες οὐκ ἔχον διέξοδον αἴτιον εἶναί φημι παλμῶν (« J'affirme que c'est un souffle lourd et vaporeux, qui n'arrive pas à s'évacuer, qui est la cause des tressaillements. »). Puis VII, 597.11-13 Kühn : ὥστε καὶ παλμῶν αἰτία οὐσία μὲν τὸ πνεῦμα, ποιότης δὲ τῆς οὐσίας ὑγρότης ἐστὶ καὶ παχύτης, ὡς ὀλίγῳ πρόσθεν ἐλέγομεν (« En sorte que la cause des tressaillements, c'est le souffle, et sa qualité, le fait qu'il est liquide et épais, comme nous venons de le dire. »). On peut comprendre que le πνεῦμα, en quoi consiste l'âme, se trouve intercepté par les parties du corps, lesquelles se trouvent alors hors de tout contrôle volontaire. Dans une note à sa traduction de ce passage, A.J. Festugière considère que l'auteur fait allusion à des flatuosités ; il semble que le phénomène soit plus général.

(2), 6. Le verbe παραδέδοται indique que l'auteur se réfère à une autorité médicale. Ce pourrait être à partir de recueils sur le sujet.

(2), 8-11. Il semble que ces participes (πεττομένης, ἀναδιδούσης, παραπεμπ(ού)σης) s'accordent avec un τῆς τροφῆς sous-entendu. Pour une description de ce mécanisme : « La distribution [de nourriture dans le corps], c'est la répartition de la nourriture digérée, assimilée et passée dans le sang entre toutes les parties et tous les membres du corps sous l'action de la chaleur (Ἀνάδοσίς ἐστιν ὁλκὴ τῆς πεφθείσης καὶ οἰκονομηθείσης καὶ ἐξαιματωθείσης τροφῆς εἰς πάντα τὰ τοῦ σώματος μόρια καὶ μέρη ὑπὸ τοῦ ἐμφύτου θερμοῦ). » ([Galien], *Definitiones medicae* t. XIX, p. 373.8-10 Kühn). Pour παραπεμπ(ού)σης, on trouve un parallèle plus bas ligne 12-13 : ἀναπέμπει ἡ φύσις.

(2), 11. Nous traduisons γίγνεται συναίσθησις par « il y a conscience ». On trouve, chez Plotin, dans le traité 27 (IV, 3) 26, 45-46, l'association des termes συναίσθησις, παρακολούθεσις, σύνθεσις et σύνεσις. Sur ces termes, voir la note à (4), 46 du chapitre précédent.

(2), 12. Sur la transformation de la nourriture en sang, voir la description déjà donnée par Platon dans le *Timée* (80d-81e). Le rôle du foie dans ce processus est important : « La nourriture se change en sang dans le foie, en même temps que s'opère le tri de la bile (...). [Puis elle] est remontée du foie vers le ventricule gauche du cœur ; du coeur, par les veines de la gorge, le sang est conduit vers le haut ; par la veine cave, il est conduit à toutes les autres parties du corps. » (*Introductio seu medicus*, t. 14, p.718.14-15 Kühn = p. 39, 3-10, trad. Petit). La nature (ἡ φύσις), c'est l'âme végétative.

(2), 13. Traduction de τρυγῶδες qui désigne notamment la lie de vin. Pour un parallèle καὶ ὁ ἐκ τοῦ τρυγώδους αἵματος ([Galien], *Definitiones medicae* 19, 365.1-2 Kühn).

(2), 14-15. Ce passage rappelle *Timée* 77c-78b. Voir aussi Aristote, *Parties des animaux* III 5, 668a9-21.

(2), 15-16. Voir le *Timée* (73a-74a), où le sang nourrit la moelle d'où vient le sperme ; c'est dans le sperme que l'on trouve « des vivants en petit » (*Timée* 91a-d). Pour Aristote (*De la génération des animaux* I 19, 726a9-12, trad. P. Louis), « il est évident que le sperme doit être le résidu de la nourriture transformée en sang, celle qui, au terme de son élaboration, se répand dans toutes les parties du corps (voir *Parties des animaux* IV 4, 678a6-20) ». Ce sont les λόγοι, les « raisons » (voir l'Introduction, p. 115) qui, en dernière analyse, expliquent la reproduction, permettant ainsi la production de nouveaux êtres humains, un peu à la manière des programmes d'ordinateur ; toute la question étant de savoir s'ils portent des différences spécifiques (un homme) ou individuelles (Socrate). Les λόγοι sont donc transmis par le sperme du père suivant l'interprétation ici donnée.

(3), 17. Nous considérons que le πᾶσα(ι) qualifie un μεταβάσεις sous-entendu.

(3), 19-20. On trouve ici un écho à la caractérisation donnée au chapitre 4 de la sensation comme mouvement purement corporel. On retrouve une formulation similaire chez Ptolémée [fl. 127-48 av. J.-C.] (*Harmoniques* III 7). Les stoïciens semblent avoir défendu cette façon de voir (*SVF* III 391 = LS 65B [Pseudo-Andronicus de Rhodes, *Sur les affections*, p. 11 Kreutner]). Chez Plotin, le plaisir est assimilé à une διάχυσις dans le traité 26 (III, 6), 3, 17 : « Quant à cette dilatation (διάχυσις) qui est le propre du plaisir et qui atteint nos sensations, elle concerne le corps, mais ce qui se produit en l'âme n'est plus une affection. » ; la douleur, elle, est assimilée à une συστολή dans le traité 28 : « Mais comme on l'a dit plus haut, c'est de la douleur que provient la connaissance. Et l'âme qui souhaite qu'on s'écarte de ce qui produit l'affection fait que l'on s'enfuit. Et ce qui est affecté en premier est informé de cette affection et s'enfuit d'une certaine façon en se contractant (ἐν τῇ συστολῇ). » (traité 28 (IV, 4), 20, 14, trad. L. Brisson). Le plaisir et la douleur sont donc ici présentés comme de purs πάθη non encore perçus par l'âme.

(3), 23. On remarquera l'adverbe ἀφαντάστως. Cette description du plaisir et de la douleur ne vaut que pour les plantes et pour les embryons. Chez l'homme, même s'ils sont présentés comme des dilatations et des contractions corporelles, plaisirs et douleurs sont, pour Plotin, associés à la φαντασία. Voici ce que l'on peut lire dans le traité 28 (IV, 4) : « C'est bien cela que l'on appelle "plaisir" et "douleur". La douleur c'est la connaissance du retrait qu'opère le corps en train d'être privé de l'image d'une âme, tandis que le plaisir c'est la connaissance que prend un être vivant du fait que l'image d'une âme revient une fois de plus s'adapter à un corps C'est donc là que se situe l'affection, mais la connaissance en appartient à l'âme sensitive, qui se trouvant dans le voisinage du corps reçoit les données de la sensation et les transmet à ce à quoi aboutissent les sensations. C'est le corps qui a éprouvé la douleur ; par "qui a éprouvé la douleur", je veux dire "qui a subi cette affection". Par exemple, au cours d'une opération chirurgicale, lorsque le corps est incisé, l'incision se produit dans sa masse, mais le mal qui est ressenti dans cette masse s'explique par le fait qu'il ne s'agit pas seulement d'une masse, mais bien d'une masse qui est vivante. » (19, 1-12, trad. L. Brisson ; voir aussi 20, 10-22). En d'autres termes, plaisirs et douleurs comportent un volet physique qui se double d'un volet psychique chez les êtres humains.

(3), 23-25. On trouve une allusion aux plantes qui suivent le mouvement du Soleil et de la Lune chez Proclus, *Commentaire sur la* République *de Platon* II, 161, 20-22.

(3), 29. Ce φυσικῶς est dit par opposition à ψυχικῶς. La suite fait référence au début du chapitre 5. On notera la recherche qui se manifeste dans le vocabulaire et dans la construction de cette phrase.

RÉSUMÉ DU CHAPITRE 8

On répond cette fois à l'argument avancé en 5 (2). Selon l'objecteur, l'embryon serait la cause des envies étranges dont sont prises les femmes enceintes, ce qui montrerait qu'il a part au désir (**1**). Il s'agit de montrer, en s'appuyant sur le *Timée* de Platon, que leurs affections sont le fait non de l'embryon, mais de la matrice. Celle-ci, au contraire de l'embryon, et tout de même que l'organe sexuel masculin, peut, comme c'est le cas chez Platon (**2-3**), être qualifiée d'« animal (ζῷον) », car elle a part à l'appétit et à l'impulsion tout en étant gouvernée par la représentation de l'âme de la mère. C'est donc de la matrice et non de l'embryon que viennent ces envies étranges (**4**).

Notes[*]

(1), 3-5. Voir Aristote : « De plus, des nausées (ναυτίαι) et des vomissements (ἔμετοι) prennent la plupart d'entre elles, et surtout celles qui ont beaucoup d'excrétions, lorsque les règles s'arrêtent et que les excrétions ne se sont pas encore tournées vers les seins. » (*De l'histoire des animaux* VII 4, 584a6-9, traduction P. Louis)

(1), 6. Chez Aristote, κίσσα désigne l'envie de la femme enceinte : « D'habitude les femmes enceintes éprouvent toutes sortes de désirs (ἐπιθυμίαι) et

[*] Sous la responsabilité de Luc Brisson.

en changent brusquement : on dit qu'elles ont des envies (κισσᾶν). » (*Histoire des Animaux* (VII 4, 584a17-26).

(1), 8. Cette traduction de πληγή s'inspire de 4 (8), 86 et de 4 (10), 102. Les impressions sont l'effet de coups, de chocs.

(2), 9-10. Si l'on se réfère au texte du *Timée* (91a1-3), qui sera cité plus bas, et où la matrice semble présentée comme un être pourvu d'une âme automotrice, ce pourquoi on lui attribue l'ὁρμή.

(2), 11-13. Citation de *Timée* 91a1-3. Nous avons traduit ζῷον par « animal » pour aller dans le sens de l'interprétation qui en est donnée dans ce traité. Mais tout porte à croire que ce n'est pas ce que dit Platon.

(2), 18-21. Citation de *Timée* 91b5-7. Le contradicteur ne tient pas compte du οἷον dans la formule platonicienne οἷον ζῷον, car, comme on vient de le voir, il interprète ce ζῷον comme faisant référence à un animal.

(2), 23-24. Parce qu'il considère l'organe sexuel comme un animal, le contradicteur lui attribue représentation et impulsion. On se retrouve donc avec un problème supplémentaire en ce qui concerne l'identité personnelle ; en plus de l'âme végétative et de l'âme animale qui lui vient à la naissance tout en restant attachée à l'intelligible, l'être humain se voit doté d'un animal parasite, son sexe. Sur ce point, voir l'Introduction, p. 37-41.

(3), 25-37. Citation de *Timée* 91b7-d5. Galien paraphrase ce passage dans le *De sem.* I 2, 12 – 66, 20-22 de Lacy. Dans *l'Ad Gaurum*, on trouve περὶ : « aux environs de l'âge propice », alors que dans le *Timée*, on trouve παρὰ : « après avoir dépassé l'âge propice ». Aristote évoque cette situation en ces termes : « Il y en a beaucoup aussi qui parce qu'elles sont privées de relations sexuelles, soit en raison de leur jeune âge, soit par une longue abstinence, ont une descente de la matrice et voient leurs règles revenir souvent trois fois par mois, jusqu'au moment où elles sont enceintes : l'utérus remonte alors et reprend sa place. Et parfois, si l'utérus, tout en étant en bon état, se trouve humide, il rejette le sperme trop humide. » (Aristote, *De l'histoire des animaux* VII 2, 582b22-27). On notera que μήτρα et ὑστέρα sont des synonymes.

(3), 30. On trouve peut-être une allusion à ce phénomène au chapitre 7 (1), 4 sur la respiration

(3), 38-39. Il semble bien que χαλεπῶς ne peut porter ici que sur ἀγανακτοῦν.

(3), 42-43. On trouve ici la réponse à la question posée au début du chap. 7 sur le mouvement de l'embryon.

RÉSUMÉ DU CHAPITRE 9

Ce texte se donne comme une exégèse de trois citations de Platon opposées par les objecteurs. Lorsque Platon dit, dans le *Timée*, que des ζῷα sont semés dans la matrice, il faut entendre par ζῷα non pas des animaux, mais des êtres animés par la seule âme végétative, ou encore des « vivants » (1-2). Lorsque Platon écrit, dans l'*Épinomis*, que l'âme « appartient aussi à ce qui est conçu », il faut entendre non pas qu'elle fait partie des êtres soumis à la génération, mais qu'elle leur appartient au sens où elle vient se loger en eux (3). Lorsque Platon soutient, dans le *Phèdre* cette fois, que l'âme « s'implante dans le germe d'un homme », il faut comprendre non pas qu'elle est présente dans la semence de l'homme, mais qu'elle contribue à sa génération (4). À ces citations qui valent comme objections, on en adjoint deux autres, tirées du *Timée* et du *Phèdre*, qui montrent clairement que, pour Platon, l'animation a lieu à la naissance (5).

Notes[*]

(1), 2-4. *Timée* 91d1-2. Dans cette quasi-citation, le verbe ἀποδρέπεσθαι remplace le καταδρέψαντες du *Timée*.

(2). On notera l'intervention du dialogue, réel ou fictif, dans ce chapitre. On revient à la question du double sens de ζῷον. Ici l'auteur du traité veut comprendre ζῷον comme « vivant », alors que les opposants comprennent « animal », sens qui correspond à ce que Platon retient dans le *Timée*.

(2), 7-8. On trouve une expression similaire en 3 (5), 52.

(2), 8. L'adverbe ἁπλῶς indique que l'on ne peut prendre ζῷον systématiquement, au sens strict, c'est-à-dire étroit, d'« animal », mais qu'il faut aussi savoir le prendre au sens large de « vivant ». Voir l'adverbe κυρίως, ligne 15.

(2), 10. L'adverbe πρόσθεν renvoie au chapitre 4 (4) et (11).

(2), 10-11. *Timée* 91d2-3. Le participe est au pluriel, car ce sont les aides du démiurge qui interviennent alors.

(2), 14-15. L'âme qui vient s'implanter dans l'embryon à la naissance.

(2), 15-17. Citation de *Timée* 91d4-5.

(2), 18. L'expression τῶν δυναμένων ζῴων renvoie au sens de la δύναμις définie au chapitre 1 comme réceptivité pour l'âme animale.

(3), 21-22. Adaptation d'*Épinomis* 979d3. On remarquera que, pour notre auteur, l'*Épinomis* était considéré comme un dialogue authentique (pour l'expression de doutes sur le sujet, voir Diogène Laërce III, 37). Le texte de la citation est cependant différent de celui des manuscrits de l'*Épinomis*.

(3), 27. Porphyre joue sur le double sens de γίγνεσθαι : advenir et devenir.

(3), 29. Ici γένει comme un terme vide : γένος + un substantif au génitif = le substantif. Le καί est considéré comme explicatif.

(3), 30. Soit la thèse critiquée au chapitre 2 en (2) et (3), celle de l'animation à la conception.

(4), 31-32. Adaptation de *Phèdre* 248d2-3. Le terme γονή est utilisé par Platon au sens de génération, et non de sperme.

[*] Sous la responsabilité de Luc Brisson.

(5), 41-42. Ce n'est pas une véritable citation, mais une adaptation de *Timée* 43a3-5. On trouve pour la première fois cette idée qui va être reprise et développée par la suite, selon laquelle l'âme animale ne peut venir s'implanter que dans un corps qui lui est adapté, c'est-à-dire dans un organisme achevé.

(5), 44-45. Adaptation de *Phèdre* 246c.

(5), 45. Le terme συναμφότερον désigne le composé d'un corps vivant (un organisme) et d'une âme animale, voir 2 (1), 4. Il revêt chez Plotin un sens très déterminé. Il est notamment distingué du corps qualifié (τὸ τοιόνδε σῶμα), c'est-à-dire animé par la seule puissance végétative issue de l'âme du monde (voir le traité 28 (IV, 4), 18, 10 et le traité 53 (I, 1), 5, 8). Plotin l'associe à celui de ζῷον au sens d'animal, désignant par là l'entité tierce (τὸ τρίτον) issue du mélange du corps qualifié et de la puissance émanée de l'âme supérieure : « C'est qu'il faut dire que le couple existe par la seule présence de l'âme, non parce que cette âme elle-même se donne au couple ou au second élément, mais parce qu'elle crée, à partir du corps qualifié et d'une sorte de lumière donnée par elle, la nature de l'animal comme cette chose distincte à laquelle on attribue la sensation et toutes les autres passions de l'animal. » (traité 53 (I, 1), 5, 7, 1-6 trad. G. Aubry, et les notes p. 88-89).

RÉSUMÉ DU CHAPITRE 10

Ce chapitre marque l'entrée dans le second moment de la première partie: on va démontrer que l'embryon n'est pas un animal en acte en s'appuyant non plus sur la doctrine de Platon (chapitres 3-10), mais sur la nature des choses (chapitres 10-12). Ce retour à l'expérience, aux faits, à l'observation, s'accompagne d'un recours à Hippocrate. Le texte suit en effet, de façon frappante, le *De la nature de l'enfant* : aux sections 1 et 2, on peut faire correspondre *De la nature de l'enfant* XXII-XXVI (la « digression botanique », et les considérations sur la greffe et la bouture) ; à la section 3, *De la nature de l'enfant* XII, 6 et XXIX, 1 (la formation des membranes) ; et à la section 6, *De la nature de l'enfant* XXX, 1 (la rupture des membranes et la naissance).

Cependant, Porphyre ne se contente pas de souligner, comme le fait Hippocrate, que la croissance de l'embryon est « au plus haut point semblable à celle des plantes » (10, (1), 2-3 et *De la nature de l'enfant* XXVII, 1, 5-7) : il va plus précisément penser l'embryon sur le modèle de la greffe et souligner du même coup que le rôle de la mère dans son développement ne se réduit pas à celui d'une matière nutritive **(1 et 2)**. Si « la puissance qui est dans la semence » est bien la cause de la formation des membranes **(3)**, elle est « pilotée », dès la conception, par les âmes végétative et « supérieure » de la mère (qui relaient celles du père, lesquelles « pilotent » seulement le sperme) **(4 et 5)**. Ce mélange en quoi consiste la greffe doit être pensé comme un mélange d'incorporels, tel que ses composants forment une unité tout en conservant leurs qualités propres **(5)**. Il est rompu à la naissance, et c'est alors une âme humaine propre qui prend le relais de l'âme maternelle et vient piloter l'âme végétative du nouveau-né **(6)**.

Notes[*]

(1). On revient à la méthode empirique adoptée au chapitre 3 et interrompue, à partir du chapitre 4, par les questions d'exégèse platonicienne et la discussion des thèses des contradicteurs.

(1), 2. Le chapitre 3 visait déjà à montrer que les différences spécifiques qui distinguent les plantes des animaux se retrouvent chez l'embryon. Mais c'est à la genèse même de l'embryon qu'on s'intéresse à présent, pour manifester qu'elle est « en sa totalité » (πᾶσα, l.3) « au plus haut point semblable à celle des plantes » (c'est-à-dire qu'elle ne fait intervenir que la puissance végétative – même si celle-ci, conformément au modèle exposé au chap. 6, est «pilotée» par des puissances supérieures).

(1), 5-6. Sur l'alimentation et la croissance végétales, voir chap. 3 (2), 10-14. La comparaison entre la mère et la terre nourricière se trouve chez Hippocrate, *De la nature de l'enfant* XXII, 1, où elle introduit la « digression botanique » (sur ce point, voir *supra*, note à 3 (2), 13) : « La nutrition et la croissance de l'enfant ont lieu lorsque se trouve dans la matrice ce qui provient de la mère [...]. De même, les plantes se nourrissent de la terre et telle est la terre, telles sont aussi les plantes. » (XXII, 1, 19-24 trad. R. Joly). Sur le sens de cette comparaison dans la littérature hippocratique, voir H. King, « Making a Man: Becoming Human in Early Greek Medecine », dans G.R. Dunstan (éd.), *The Human Embryo. Aristotle and the Arabic and European Tradition*, University of Exeter Press, 1990. Les Stoïciens considèrent eux aussi que l'embryon se nourrit dans le ventre de la mère « comme une plante » : *cf.* Plutarque, *Des contradictions des Stoïciens* 41, 1052 F (*SVF* II 806). La comparaison entre l'utérus et la terre se trouve encore chez Galien, *Sur le sperme* I 9, 16. Cependant, cette comparaison va être désignée par Porphyre comme insuffisante et, pour cette raison, corrigée par celle de la greffe.

(1), 7-8. Pour παραπλησίως πως, *cf.* 3 (1), 5. Ἐγκεντριζομένοις καὶ ἐνοφθαλμιζομένοις. L'inoculation est un type de greffe particulier, que l'on appelle aussi « greffe en écusson » : elle consiste à insérer entre le bois et l'écorce d'un arbre fruitier un morceau d'écorce (taillé plus ou moins en écusson) portant un « œil » ou bourgeon qu'on détache au moment de la montée de sève. Hippocrate, dans le *De la nature de l'enfant,* consacre un long développement à la bouture (XXIII) et un autre à la greffe (XXVI, 4-5). Mais il s'agit encore pour lui de souligner que la croissance et la nature de la plante dépendent de la terre, comme celles de l'embryon de la mère, et que « du début

[*] Sous la responsabilité de Gwenaëlle Aubry.

à la fin, la croissance naturelle des plantes et de l'homme est tout à fait semblable (πᾶσαν παραπλησίην) » (XXVII, 1, 5-7), formule à laquelle fait écho celle que l'on lit ici, l. 2-4. Il est aussi question de l'inoculation chez Théophraste, *De Causis Plantarum* I, 6, 1-2 : Théophraste souligne, et ce terme a, pour le chapitre 10, son importance (*cf.* plus bas (5)), qu'il ne s'agit pas d'une simple « juxtaposition (παράταξις) » (I, 6, 1, 5-6). Cependant, et là encore, le porte-greffe n'a selon lui qu'une fonction nutritive, comme la terre, à ceci près qu'il fournit au greffon une nourriture déjà élaborée. Notons enfin que Kant traite lui aussi de la greffe et de l'écussonnage dans la *Critique de la Faculté de juger* II, 1, §64 : il y voit un parasite, dépendant du porte-greffe pour sa nourriture mais existant pour lui-même.

(1), 8-9. Si la mère n'a pas de semence, pour autant son rôle ne se réduit pas à celui d'une matière nourricière. C'est bien cela que vient souligner la description, propre à Porphyre, du processus de la greffe : c'est sous l'action d'une puissance (δύναμις) propre à la matrice que va se composer ce « mélange » (κρᾶσίν τινα) en quoi consiste l'embryon ; certaines qualités de la mère (le « substrat » ou le porte-greffe) vont ainsi lui être transmises. De plus, et ainsi qu'on le lira plus bas ((5), 49-50), le développement de l'embryon n'est pas régi seulement par l'âme végétative de la mère, mais aussi par son âme supérieure.

(1), 9-11. Le terme « substrat » (τὸ ὑποκείμενον) renvoie à la matrice, et celui de « greffon » (ἐνοφθαλμιζόμενον) au sperme. Tandis qu'ἐνοφθαλμιζόμενον est traduit par « greffon », ἐνοφθαλμισθέντος l'est par « greffe » (dans les deux cas, Festugière traduit « le sujet inoculé »).

(1), 10-11. On cherchera plus bas (lignes (5), 51-56) à identifier la nature de ce mélange et sa spécificité.

(1), 11. Par « greffe (ἐνοφθαλμισθέντος) », il faut entendre l'embryon.

(2), 11. Le terme est διοίκησις toujours. Plus bas, ligne 65, on retrouvera le participe διοικούσης associé à l'âme du Monde.

(2), 13. D'« en bas (κάτωθεν) », c'est-à-dire de la matrice. Dans *De la nature de l'enfant* XXIII, 3, 5-6, Hippocrate parle, à propos de l'humeur qui de la terre vient à la plante, d'« une grande force venue d'en bas (ἐκ τοῦ κάτω μεγάλη δύναμίς τις) ». Le problème n'est plus, comme dans les lignes précédentes, celui du mélange de la puissance matricielle et du sperme, mais celui du mélange de la mère et de l'embryon.

(2), 14-15. On peut reconnaître ici le vocabulaire stoïcien de la qualité propre (ἴδιος ποιότης), définitionnelle de l'individu. Sur l'intégration, par Porphyre, de cette doctrine stoïcienne à la théorie péripatéticienne de la prédication, voir R. Chiaradonna, « La teoria dell'individuo in Porfirio e l'ἴδιος ποιόν stoico », *Elenchos* 2000, fasc. 2, p. 303-313. J. Barnes souligne toutefois l'originalité de la doctrine porphyrienne : *Porphyry. Introduction*, transl. with a commentary, Oxford, Clarendon Press, 2000, p. 314-316. Porphyre définit en effet l'individu comme une propriété individuelle résultant de la combinaison singulière de propriétés ou de qualités communes : voir *Commentaire sur les* Catégories *d'Aristote* 129, 8-10, ainsi que *Isagoge* VII, 16-27, où l'on lit : « On appelle individu Socrate, et ce blanc-ci, et le fils de Sophronisque qui s'en vient (à condition que Sophronisque ait Socrate pour fils). Ces [êtres] sont donc appelés "individus" parce que chacun d'entre eux est constitué de caractères propres, dont le rassemblement ne saurait jamais se produire identiquement dans un autre (Ἄτομα οὖν λέγεται τὰ τοιαῦτα ὅτι ἐξ ἰδιοτήτων συνέστηκεν ἕκαστον, ὧν τὸ ἄθροισμα οὐκ ἂν ἐπ' ἄλλου ποτὲ τὸ αὐτὸ γένοιτο) : en effet, les caractères propres de Socrate ne sauraient jamais se retrouver chez un autre être particulier, tandis que ceux de l'homme, je veux dire de l'homme commun, peuvent se retrouver chez plusieurs hommes. » (trad. A. de Libera et A.-Ph. Segonds, *Porphyre. Isagoge*, Paris, Vrin, 1998). Certains commentateurs articulent cette doctrine porphyrienne de l'individu à celle du mélange total, qui sera exposée plus bas dans notre chapitre ; c'est le cas d'A. de Libera qui écrit : « La notion même de "mélange total" (σύγχυσις) explique la définition de l'individu par une propriété individuelle résultant de la combinaison de propriétés ou de qualités communes dont la réunion ne saurait être la même chez un autre individu. » (*op. cit. supra*, Introduction, p. XXVII-XXVIII). Cette interprétation est cependant critiquée par J. Barnes (op. cit. *supra*, p. 317). Soulignons que Porphyre fait ici subir une inflexion décisive à la doctrine aristotélicienne : on sait qu'il est question, dans le *De Generatione animalium* (voir en particulier IV 3) du conflit entre les mouvements transmis par la semence mâle et ceux de la matière femelle, et entre les caractéristiques, tant individuelles que génériques, que ceux-ci transmettent (sur cette question, voir notamment J.M. Cooper, « Metaphysics in Aristotle's Embryology », dans D. Devereux et P. Pellegrin (éd.), *Biologie, logique et métaphysique chez Aristote*, Paris, éditions du CNRS, 1990, p. 55-84, ainsi que *supra* Introduction, p. 52, n. 25). Or le conflit des qualités auquel Porphyre s'intéresse ici n'oppose pas celles de la mère et celles du père, mais celles de la mère et celles de l'embryon.

(3), 17. Faire de φυτικῇ le complément de παραπλησία serait tautologique. Il y a sens en revanche à souligner que la ressemblance entre l'administration des plantes et celle de l'embryon vient de ce que, dans les deux cas, c'est la puissance végétative qui est en jeu, comme va encore le montrer ce qui suit. Voir encore Hippocrate, *De la nature de l'enfant* XXVII, 1, 5-7, cité *supra* note à (1), 7-8.

(3), 18. Ici σπέρμα est compris au sens de semence et non plus de sperme. Voir plus haut chapitre 3 (4), 31 : c'est « la puissance inhérente à la semence » qui attire le sang circulant dans la matrice et dont va se nourrir l'embryon, de la même façon que les plantes tirent l'humeur de la terre.

(3), 18. *Cf.* Hippocrate, *De la nature de l'enfant* XII, 6 et XXIX, 1.

(3), 20. Nous conservons le ἀποτελοῦσιν du manuscrit que Kalbfleisch (*Nachträge*, p. 80), suivi par Festugière (p. 283, n. 3), propose pour sa part de corriger en ἀποτελούσης.

(3), 22. Le substantif ἔντερον peut aussi désigner l'intérieur d'un fruit. Pour la description du cordon ombilical, voir Hippocrate, *De la nature de l'enfant*, XII, 6 ; XIII, 3.

(3), 24. *Cf.* Hippocrate, *De la nature de l'enfant*, XIII, 3 et XIV, 2 ; sur la fonction du cordon ombilical, voir encore *supra* 3 (4), 38 et Aristote, *Génération des animaux* II 4, 740a34 ; b8-10 ; II 7, 745b24-29.

(3), 25. Le génitif τοῦ σπέρματος est compris comme un génitif objectif.

(3), 26. Sur la formation des membranes, voir Hippocrate, *De la nature de l'enfant*, XII, 6 et XIV, 2 et Aristote, *Génération des animaux* II 3, 737a34-737b7 et 4, 739b20-33.

(3), 29. Voir Hippocrate, *Du foetus de huit mois* XII, 4, pour la comparaison entre le foetus à terme et le fruit mûr. On retrouve aussi cette comparaison chez les Stoïciens, selon le ps.-Plutarque : « Pour les Stoïciens [l'embryon] est une partie du ventre et non un vivant : de même en effet que les fruits sont des parties des plantes qui mûrissent et se détachent, de même pour l'embryon. » (*Opinions des philosophes* V, 15, 907C = SVF II 756 trad. G. Lachenaud). Pour un commentaire de ce texte en relation avec l'*Ad Gaurum*, voir J.-B. Gourinat, « L'embryon végétatif et la formation de l'âme selon les Stoïciens » dans L. Brisson, M.-H. Congourdeau et J.-L. Solère (éd.), *L'embryon. Formation et animation*, Paris, Vrin, 2008, p. 59-77.

(3), 30. Voir plus loin, en 12 (1), 3-5 et en 13 (4). Pour Hippocrate, à l'inverse, l'articulation intervient assez tôt dans la formation de l'embryon, comme en témoigne le texte cité plus haut, en 2 (2), 32-35 (= *De la nature de l'enfant* XXI, 1).

(3), 31. Le terme περιβολή se trouve chez Plotin, dans le traité *Contre les Gnostiques* (33 (II, 9)), qui compare l'esquisse du vivant dans le ventre de la mère à l'esquisse du monde dans la matière (12, 20). L'image du tressage rappelle aussi Aristote, *De la génération des animaux* II 1, 734a16-20 : « Ou bien toutes les parties [sc. de l'embryon] se forment en même temps [...], ou bien elles se forment les unes après les autres, comme dans les vers attribués à Orphée, où le poète dit que le développement de l'animal ressemble à la confection du filet (ὁμοίως γίνεσθαι τὸ ζῷον τῇ τοῦ δικτύου πλοκῇ) ».

(4), 33. Voir Hermippe, *De astrologia* II 17, 55, 13-16.

(4), 33-35. Pour la comparaison entre l'âme et le pilote, voir Aristote, *De l'âme* II 1, 413a8-9. Chez Numénius, c'est le démiurge qui est comparé à un pilote dont les yeux comme l'esprit sont « tendus droit vers l'éther, sur les hauteurs » (fr. 18 des Places). L'image est diversement déclinée par Plotin (*cf.* 15 (III, 4) 6, 47-57; 27 (IV, 3) 17, 22-28 et surtout 21, 53 (I, 1) 3, 21) qui la modifie de façon à dire non pas l'indifférence de l'âme à son corps mais au contraire sa sollicitude ou son orientation vers lui (27 (IV, 3) 17, 22-28). De fait, Plotin souligne que cette métaphore suggère mieux la séparation de l'âme et du corps que leur union (27 (IV, 3) 21, 6-8) (voir G. Aubry, *Plotin. Traité 53* (I, 1), Introduction, traduction, commentaire et notes, Paris, Cerf, 2004, p. 145).

(4), 35-44. On reconnaît ici le procédé plotinien de l'image corrigée. Le mouvement est le même chez Porphyre et chez Plotin : il s'agit de passer d'une image disant la séparation à une image disant l'union, voire l'immanence ; au pilote se substitue ainsi le constructeur, puis un constructeur qu'il faudrait concevoir comme inséparable de son œuvre.

(4), 39-44. *Cf.* Aristote, *Phys.* II, 8, 199b28-29 : « Et, certes, si l'art de construire les vaisseaux était dans le bois, il agirait comme la nature. » M. Zambon (*Porphyre et le moyen-platonisme*, Paris, Vrin, 2002, p. 93-94) rapproche la distinction établie ici par Porphyre entre la φύσις immanente à ses œuvres et l'artisan qui peut en être séparé, de la distinction de Plutarque entre le père et l'artisan (*Questions platoniciennes* II, 1, 1001a-b), termes que Porphyre distingue lui aussi (*cf.* Proclus, *In Tim.* I, p. 300, 1-6 = Porphyre, *In Tim.* fr. 40) : une fois venue à l'être, l'œuvre de l'artisan se sépare de celui-ci, tandis que, écrit Plutarque, « le principe et la puissance qui provient de celui qui engendre [...] sont mélangés à ce qui est engendré et maintiennent unie sa nature, qui est comme un fragment et un membre du géniteur ». Notons que le terme φύσις revêt, dans ces lignes, un double sens : on peut l'entendre, au sens large, dans son opposition à τέχνη, mais aussi comme renvoyant, plus précisément, à la puissance végétative qui gouverne le développement de l'embryon (voir sur ce point *infra*, note à (5), 49-50).

(4), 44. On ne peut interpréter le terme παρόλου.

(5), 45. Le terme προσχωρεῖ se trouve chez Plotin dans le traité 28 (IV, 4) 2, 18.

(5), 48-49. Ces lignes sont extrêmement problématiques : contrairement à Festugière (*Addenda*, p. 304), nous comprenons que c'est le σπέρμα de la ligne 46 et non la φύσις de la ligne 43 qui est le sujet de διοικεῖται comme du προσχωρεῖ de la l. 49, car c'est, grammaticalement, la solution la plus simple. Elle est aussi confortée par (1) 8-10 : les lignes qui suivent vont définir la nature de ce « mélange » dont il a déjà été question et qui opère, donc, entre la semence du père et l'âme végétative de la mère, pour constituer l'embryon. Cependant, et comme il va être aussitôt précisé, ce mélange met en jeu des incorporels : ainsi, par σπέρμα, il faut bien entendre la puissance végétative du sperme et non sa matière (comme c'est aussi le cas chez Aristote, voir *Gen. An.* I, 18, 724a37, et Introduction, p. 52, n. 26). Voir déjà *supra* 6 (4) 41-42. Ce point est souligné par Deuse (*Untersuchungen...*, p. 178, n. 178), qui pour cette raison adopte l'interprétation de Festugière (« nature » renverrait donc à la puissance végétative immanente au sperme). Deuse souligne aussi que le statut ontologique de cette puissance est indéterminé : en toute rigueur, le sperme, comme la semence, s'ils sont le produit de la puissance végétative, ne peuvent être eux-mêmes doués de cette puissance. En effet, selon la logique de la procession, tout effet est, tant par sa puissance que par son être, inférieur à sa cause (6 (2) 20-22). C'est bien ce que Porphyre lui-même va rappeler un peu plus loin, en 14 (3), 19-23 : « Et c'est pour cette raison que l'âme végétative qui est en nous engendre le sperme, lequel lui est inférieur dans la mesure où il est privé du mouvement en acte, qu'il tire à la fois de la nature qui est dans la mère et de ce qui l'entoure, l'"en acte" précédant toujours l'"en puissance" ». Porphyre n'en parle pas moins, à plusieurs reprises, d'une puissance inhérente au sperme (6 (4), 42) ou à la semence (ici, (3), 18), sans la qualifier. Mais il souligne aussi, au chapitre 3, et cette remarque est essentielle, que « le sperme, avant d'être séparé du père, demeure en lui-même, sans mettre en oeuvre l'activité (ἀνενέργητον) qu'il est naturellement destiné à exercer (δημιουργεῖν) une fois entré en contact avec la matrice après l'éjaculation » (3 (1), 7-10). Ainsi, il faut sans doute comprendre que le sperme comme la semence sont bien doués d'une puissance végétative mais qui n'est d'abord qu'en puissance et, à ce titre, inférieure à celle qui les a engendrés ; cette puissance à son tour ne va s'actualiser qu'une fois associée à la puissance végétative et à l'âme supérieure de la mère qui, elles, sont déjà en acte. Autrement dit, et comme le souligne bien J. Wilberding (« Porphyry and Plotinus on the Seed », *Phronesis* 53 (2008), p. 406-432), il faut prendre en compte ici non seulement la logique de la procession mais aussi celle de la conversion comme actualisation.

(5), 49-50. Il faut souligner le rôle fondamental ici attribué par Porphyre aux âmes végétative et « supérieure » de la mère dans le développement de l'embryon. Par « âme supérieure », il faut sans doute entendre ici les puissances non seulement motrice et sensitive mais aussi représentative de l'âme maternelle, dont Porphyre a déjà montré, aux chapitres 5 et 6, qu'elles étaient la cause véritable des phénomènes invoqués par ses contradicteurs. La fonction de la mère était alors déjà associée à celle du *dêmiourgos* (6 (1), 15) et du pilote (6 (3), 40). Or, et comme le note J.M. Cooper (art. cit. *supra*, p. 61), le verbe δημιουργεῖν est toujours associé par Aristote à l'action du mâle par contraste avec la femelle (*Gen. An.* I 22, 730b4-32 ; II 4, 738b12-15, 20-23 ; IV 4, 771b 21-24, 772b31-33). On comprend que J. Wilberding, qui souligne ce point (art. cit. *supra*, p. 424), y voie « *a stroke of proto-feminism* ».

(5), 50-56. On reconnaît ici la distinction stoïcienne entre la fusion (σύγχυσις), dans laquelle les éléments sont détruits pour donner naissance à une nouvelle substance ; la juxtaposition (παράθεσις), simple contact superficiel dans lequel chaque élément conserve sa substance et ses qualités ; enfin, la combinaison ou l'alliage (κρᾶσις ou μίξις, selon qu'il s'agit de liquides ou de corps), dans lesquels les substances sont mêlées sans pour autant perdre leur nature propre (*SVF* II, 471-473). La phrase peut donc bien se comprendre finalement sans l'adjonction du <μή> à la ligne 51 proposée par Deuse (*Untersuchungen* ..., p. 187, n. 209) : si l'on traduit littéralement ἀναστοιχειοῦται par « retournent à leurs éléments primitifs », alors il est clair que l'on a bien une allusion à « ce mélange provisoire et réversible » qu'est la juxtaposition. Cette distinction se retrouve chez Plotin, qui discute l'usage qu'en font les Stoïciens pour penser l'union de l'âme et du corps : selon eux, celui-ci est en effet une κρᾶσις. Mais Plotin critique cette conception notamment en 2 (IV, 7) 8 (2) et en 37 (II, 7), où il montre que si l'âme est, comme le veulent les Stoïciens, corporelle, il n'y a aucune raison pour que son mélange avec le corps diffère du mélange entre deux corps et la laisse inaltérée. Sur cette question, voir G. Aubry, *Traité 53...*, p. 155-164, ainsi que R. Chiaradonna, « L'anima e la mistione stoica. *Enn.* IV 7 [2], 8^2 » dans R. Chiaradonna (éd.), *Studi sull'anima in Plotino,* Naples, Bibliopolis, 2005, p. 127-147. Voir encore Némésius, *De la nature de l'homme* 126, 4, 2 ; 129, 9, 5 ; 133, 2, 9, où l'on lit : Ἀσώματος γὰρ οὖσα δι᾽ ὅλον κεχώρηκεν ὡς τὰ συνεφθαρμένα, μένουσα ἀδιάφθορος, καὶ ἀσύγχυτος, ce que l'on peut traduire ainsi : « Étant incorporelle, elle s'est tout entier répandue [dans le corps], comme les choses qui ont péri ensemble, tout en demeurant incorruptible et non confondue. »

(5), 52. Le démonstratif ἐκείνη présente ici une connotation laudative. Pour παραδόξον, *cf.* Alexandre d'Aphrodise, *De l'âme* 2, 22-24.

(5), 54. Articulation entre la notion de mélange et celle d'ἐπιτηδειότης. Ces notions s'appliquent au rapport entre puissances inférieures et puissances supérieures de l'âme. Alexandre d'Aphrodise utilise déjà la notion d'ἐπιτηδειότης en ce sens (cf. *De l'âme* 36, 19-37, 3 et Introduction, p. 65-66), mais critique dans le même temps celle de mélange total (voir par ex. *ibid.* 20, 6-19).

(5), 55-56. La formule ἄκρατα καὶ κάθ᾽ ἑαυτά fait allusion à la παράθησις, voir ligne 21.

(6), 56-58. La conception stoïcienne d'un mélange dont les composants sont véritablement unis et non pas seulement juxtaposés, tout en conservant leur identité propre, se trouve ici appliquée non à l'union de l'âme et du corps, mais à celle des incorporels. Elle éclaire aussi, à rebours, l'image de la greffe : il faut comprendre que, comme il était déjà indiqué en (1) 10 et en (2) 15, tant les qualités distinctives du père que celles de l'embryon sont préservées dans le mélange de leur puissance végétative à celle de la mère et à l'âme qui la pilote.

(6), 59. A quoi renvoie cette expression? Selon Kalbfleisch (Introduction, p. 21) aux *Symmikta Zetemata* ; on pourrait aussi songer aux *Sentences* (en particulier 3, 4, 27, 28 et 33), comme le suggère par exemple M. Zambon (op. cit. *supra*, p. 94). Sur cette formule, et les hypothèses qu'elle a suscitées, voir Dörrie (*Porphyrios's Symmikta Zetemata*, Munich, 1959, p. 161-165). Selon Dörrie, l'hypothèse de Kalbfleisch ne peut être retenue : les *Symmikta Zetemata* n'ont pas le caractère d'un discours sacré, car leur démarche est discursive, et leur sens, apparent ; la même remarque vaudrait pour les *Sentences*. Dörrie envisage plus favorablement l'hypothèse de P. Courcelle (*Les lettres* *grecques en Occident. De Macrobe à Cassiodore*, Paris, de Boccard, 1943, p. 231 *sq.*) selon laquelle l'expression renverrait au *De regressu animae*.

(6), 60. Nous reprenons ici la conjecture de Wendland : μη<κέτι> κατὰ τὴν.

(6), 60-62. De nouveau, voir Hippocrate, *De la nature de l'enfant*, XXX 1.

(6), 62. Κἀκείνη : la φύσις de l'embryon toujours.

(6), 63. Cf. *Tim*. 91 d.

(6), 63-64. La traduction de Festugière (« une enveloppe qui séjourne dans l'air ») suggère qu'il s'agit du corps. Mais il semble que κύτος renvoie plutôt à l'atmosphère. Voir plus loin, 14 (4), 25, où il sera de nouveau question de la naissance dans le cadre d'une polémique contre les stoïciens : il s'agira de montrer que ce n'est pas le souffle vital, ou la nature de l'embryon qui, au contact de l'air extérieur, se transforme en âme (ce qui reviendrait à engendrer le supérieur à partir de l'inférieur), mais qu'une âme venue de l'extérieur prend le contrôle de cette « nature ».

(6), 65. L'âme du Monde. Il arrive que Plotin la désigne ainsi, *cf.* 53 (I, 1) 11, 14 ; 33 (II, 9) 7, 7 et 18, 40 ; voir aussi Pierre Hadot, *Traité 50 (III 5)*, Introduction, traduction, commentaire et notes, Paris Cerf, 1990, n. 150, p. 118.

(6), 67-68. C'est-à-dire la φύσις de l'embryon quand elle est unie à leur propre âme végétative et à l'âme supérieure de la mère. Voir plus loin, 16 (4), 34-36.

(6), 68-70. On se souvient que les oeuvres, ἔργων, de la nature, ont été plus haut opposées aux produits de l'art, δημιουργημάτων ((4) 40-41). Nous entendons ici ἔργον comme renvoyant au nouveau-né, et non au « travail » (ou, comme le dit Festugière, à la « besogne ») de l'accouchement. Sans quoi il faudrait comprendre, comme paraît le faire J. Wilberding (art. cit. *supra*, p. 418 et 419) que l'âme sensitive et motrice advient « juste avant la naissance », et qu'elle collabore à celle-ci. Or Porphyre a bien souligné plus haut (2 (1), 12-13 ; 3 (5), 65) que son entrée a lieu μετὰ τὴν ἀποκύησιν, « après l'accouchement ». Si l'on comprend ἔργον en ce sens, la difficulté soulignée par Wilberding (p. 67-68, n. 127 à sa traduction) disparaît : il y a évidemment sens à préciser que l'âme animale venue de l'extérieur vient animer le nouveau-né et qu'elle prend alors, comme « pilote », le relais des âmes supérieures des parents, quand bien même le nouveau-né n'est pas l'oeuvre de sa « nature propre », c'est-à-dire quand bien même elle n'a pas contribué à le façonner. Aussi bien il semble difficile, pour ne pas dire impossible, de comprendre ἡ δὲ ἔξωθεν comme renvoyant à l'âme de la mère et οἱ μὲν πατέρες comme signifiant « les pères » et non, comme il est usuel, « les parents ». La traduction que J. Wilberding propose de ce passage et qu'il justifie dans sa note 127 est très différente de la nôtre.

RÉSUMÉ DU CHAPITRE 11

Ce chapitre revient sur la comparaison de la fin du chapitre précédent, entre l'âme animale et le pilote, en expliquant autant que possible comment l'embryon reçoit cette âme, lorsqu'il vient au jour. La thèse principale est ici que l'animation doit être comprise comme un phénomène naturel, régi par la « cause ordonnatrice de l'univers », c'est-à-dire l'âme du monde, et qui s'accomplit en raison de la convenance qui existe entre le corps définitivement formé et l'âme qui entre en lui. Corrélativement à l'établissement de cette thèse, l'auteur se livre à la critique de deux modèles inadéquats pour penser l'entrée de l'âme dans le corps : celle-ci ne relève ni de la contrainte ni d'un choix délibéré.

Le refus d'une explication de l'animation en terme de nécessité « physique » est énoncé d'emblée. Il est justifié par deux autorités, qui sont prudemment invoquées, à la faveur d'une brève exégèse : premièrement, l'intention didactique qui présidait, aux yeux des Anciens, au mythe de Prométhée créateur de l'homme ; deuxièmement, ce que voulut signifier le « théologien des Hébreux » dans le récit de la création de l'homme rapporté par la *Genèse* **(1)**. L'explication qui attribue à l'action de l'âme l'animation de l'embryon est ensuite **(2)** mentionnée, pour être aussitôt contredite. Si l'animation n'est pas contrainte, elle n'est pas non plus dépendante d'un choix de l'âme. Elle est naturelle, à l'instar de toute liaison qui s'opère en vertu d'une convenance (ἐπιτηδειότης). Trois comparaisons le montrent, qui portent successivement sur la vision, l'inflammation du naphte, et l'aimantation de la pierre de Magnésie. L'auteur continue **(3)** de se démarquer des deux modèles qu'il critique : l'arrivée de l'âme dans le corps, ainsi que sa sortie au moment de la mort, sont identifiées à un acte qui s'opère soudainement, sans devenir, en vertu de la convenance qui s'est instaurée entre le corps et l'âme. La métaphysique aristotélicienne fournit ici un fondement décisif au traité : l'animation n'est pas un *mouvement*. L'instantanéité de l'animation interdit de comparer, une fois de plus, l'entrée de l'âme dans le corps à celle d'un oiseau dans une maison. Elle est analogue en revanche à la propagation d'un rayon de lumière. Une longue comparaison avec les cordes d'une lyre illustre une dernière fois l'idée selon laquelle la sympathie est le principe déterminant de l'action de la nature **(4)**. D'un point de vue stylistique, ce chapitre se caractérise par le recours à de nombreuses comparaisons qui structurent fermement l'argumentation.

Notes[*]

(1), 1. Le verbe est ici ἐμβαίνω : monter sur un navire ; d'où s'embarquer. En 10 (4), 38, on avait ἐπιβαίνω.

[*] Sous la responsabilité d'Emmanuel Bermon.

(1), 2. Il s'agit sans doute de la φύσις de l'embryon, c'est-à-dire de l'âme végétative qui le meut, à laquelle s'associe le pilote.

(1), 2. L'ἔργον est l'embryon, qui devient le nouveau-né. Rectifiant la comparaison entre les « œuvres de la nature » et celles de la technique (par exemple la construction des navires) précédemment introduite (*cf.* 10 (4), 39-41), Porphyre a indiqué que la nature qui produit l'embryon demeure immanente à son œuvre (10 (4), 35-44) et qu'il faut donc « imaginer », pour comprendre ce qui se passe au moment de la naissance, « que le constructeur demeure toujours attaché au navire et ne s'en éloigne pas ... ». C'est ainsi qu'il faut comprendre la précision selon laquelle la nature vient au jour *avec* son œuvre.

(1), 2. Nous suivons Kalbfleisch, qui ajoute la négation en renvoyant à Plotin, *Traité* 27 (IV, 3), 13, 13. Il y a cependant un problème d'établissement du texte. C'est la suite qui conduit à ajouter la négation : la comparaison avec le mythe de Prométhée (avec ἀναγκάζονται et οὐκ ἀνάγκην) et surtout, à la ligne 12, le οὔτ' οὖν ἀναγκαζομένη. Le οὐδε ἠνάγκαζε (ligne 59) est moins éclairant sur cette question, même si on peut comprendre que l'harmonie n'est pas soumise à la contrainte (spatiale en l'occurrence). Quel est l'enjeu de l'affirmation selon laquelle il n'y a pas de contrainte ? La suite du texte oppose à une explication strictement mécaniste une explication par la convenance (ἐπιτηδειότης). Il s'agit de mettre en évidence une différence entre ce qui relève de la contrainte et ce qui relève de la nature (*cf.* φυσική, ligne 16). La leçon « en y étant contraint » pourrait, elle, s'expliquer à la lumière de (3), 35, où il est dit que l'âme s'en va « en obéissant à une nécessité de la nature ». L'essentiel ici est de comprendre que l'animation n'est l'effet ni d'une contrainte ni d'un choix délibéré. L'opposition entre la contrainte et le choix délibéré se retrouve chez Plotin, à propos de la descente de l'âme, dans le traité 33 (II, 9), 8, 20-47 et dans le traité 6 (IV, 8), 2, 5-6. Plotin souligne que la descente de l'âme n'est ni contrainte, comme le pensent les Gnostiques, ni véritablement libre au sens où elle relèverait d'un choix délibéré ; elle est seulement spontanée, voir le traité 27 (IV, 3), 13, 17-18 et le traité 6 (IV, 8), 5, 8-10 : sur le sujet voir D. O'Brien, « Le volontaire et la nécessité. Réflexions sur la descente de l'âme dans la philosophie de Plotin », *Revue philosophique de la France et de l'étranger* 167, 1977, p. 401-422.

(1), 2. Nous ajoutons un « certes » pour aller dans le même sens que Festugière qui introduit un « sans doute », en vue de donner un sens au génitif absolu qui suit, et qui a un sens concessif.

(1), 3. « Si l'on fait abstraction d'un fragment hésiodique (Hésiode, *Fragment* 382 Merkelbach-West), c'est dans le *Protagoras* de Platon que pour la première fois Prométhée assiste et prend part à la naissance du genre humain : et encore, dans ce mythe platonicien, le rôle de Prométhée consiste-t-il essentiellement à donner aux hommes avec le feu l'habileté et la sagesse d'Héphaïstos et d'Athéna. À partir du IVe siècle, au contraire, Prométhée est souvent cité comme le créateur même des hommes (Philémon 93 et Ménandre 508 Kassel-Austin ; Callimaque, chez Clément d'Alexandrie *Stromates* V 89, 133 ; Apollodore, *Bibliothèque* I, 7, 1 ; Ovide, *Métamorphoses* I, 76 *sq.* ; Juvénal, *Satires* XIV, 34-35 ; Pausanias X, 4, §4 ; Maxime de Tyr, *Discours* XXXVI, 1 ; Hygin, *Fables* CXLII). Il passe pour avoir pétri le corps humain avec de la terre et de l'eau. Cette partie de la légende ne semble pas avoir reçu les mêmes développements que le mythe raconté par Hésiode et par Eschyle. Elle était cependant connue et mentionnée à l'époque alexandrine et sous l'empire romain ; elle inspira maintes fois les artistes. » (art. « Prométhée », dans le *Dictionnaire des antiquités grecques et romaines*, Daremberg et Saglio, Paris, Hachette, 1905, N/1, p. 682). Pour un recueil des représentations de Prométhée fabriquant l'être humain, voir le *Lexicon iconographicum mythologiae classicae* VII 1 et 2, p. 543-547 et fig. 80-114bis. Plotin fait allusion au mythe de Prométhée dans le traité 27 (IV, 3), 14, 6. Il écrit que tous les dieux firent un don à l'ouvrage façonné par Prométhée, c'est-à-dire par une providence (πάντες γὰρ τούτῳ ἔδοσαν τῷ πλάσματι παρὰ προμηθείας τινος γενομένῳ). Il n'y a pas d'autres références à Prométhée dans l'édition Smith des fragments de Porphyre.

(1), 6. En adoptant la correction de Kalbfleisch (ἀνάγκην au lieu de ἀνάγκη).

(1), 7. Pour le sens habituel de κύησις, voir (4), 42 ; l'expression signifie déjà la phase suivant la naissance.

(1), 8-12. Kalbfleisch renvoie à Porphyre, *L'antre des nymphes* 10 [63, 12] ; *De l'abstinence* IV 14 [251, 11] ; Hermippe II, 17 (65, 1 ff). Dans *L'antre des nymphes*, Porphyre se réfère à l'interprétation par Numénius de « la parole du prophète : *L'esprit de Dieu planait sur les eaux* (*Genèse* I, 2) » (Numénius a été mentionné dans l'*Ad Gaurum* 2 (2), 21). À partir du chap. 11 du livre IV du *De l'abstinence*, Porphyre se réfère aux dispositions alimentaires des juifs (esséniens) établies par leur législateur, qu'il connaît par Flavius Josèphe. Autres références aux Hébreux dans Smith 323F, 324F, 344F, 344aF, 346F [notamment *Cité de Dieu*, XX, 24, 8]. Sur les références de Porphyre à la religion hébraïque, voir M. Zambon, *Porphyre et le moyen-platonisme*, Paris, Vrin, 2002, p. 195 et 202-204. Le texte de *Genèse* 2, 7 (LXX) est le suivant : « Et Dieu façonna l'homme, poussière venant de la terre, et il souffla sur son visage un souffle de vie et l'homme devint une âme vivante. » (ἐγένετο ὁ ἄνθρωπος εἴς ψυχὴν ζῶσαν [hébraïsme]). Il faut souligner une différence très importante entre le texte de la Bible des Septante et celui de la Bible hébraïque. On lit en effet dans la *Bible de Jérusalem* traduite de l'hébreu : « Alors Yahvé Dieu modela l'homme avec la glaise du sol, il insuffla dans ses narines une haleine de vie et l'homme devint un être vivant » (nouvelle éd. revue et corrigée, Paris, Le Cerf, 1998). Dans la Bible des Septante en revanche, le traducteur fait souffler Dieu "sur la face" de l'homme et non pas "dans ses narines" (texte massorétique) : cela n'a pas empêché les païens de ridiculiser ce geste (Celse, chez Origène, *Contre Celse* IV, 37). Le mot “souffle”, πνοή, est à la fois différent de πνεῦμα (voir note à 2 (3), 39) et formé sur la même racine (les mots hébreux n'ont pas de parenté entre eux) : les lecteurs anciens les ont tantôt identifiés tantôt distingués. Par exemple, pour Irénée, la πνοή de l'homme correspond à son âme (fin de ce verset), distincte du πνεῦμα de l'homme spirituel, comme en 1 *Co* 15, 47. » (*La Bible d'Alexandrie*, p. 101, *La Genèse*, Le Cerf, 1986). À la différence de Celse, Porphyre se réfère donc à ce passage comme à un texte qui peut faire autorité. Le fait qu'il n'y soit pas question d'insufflation dans les narines évite toute interférence avec les interprétations critiquées par Porphyre et selon lesquelles l'âme entre dans le corps par les narines (deux fois mentionnées). Porphyre ne cite pas littéralement la Septante. Il construit autrement et substitue à πνοήν le terme de πνεῦμα. Comprend-il, quant à lui, que Dieu insuffle le *pneuma* des Stoïciens ? C'est peu vraisemblable dans la mesure où celui-ci correspond, dans sa doctrine, au « véhicule » que l'âme possède sans doute déjà au moment où elle « arrive » dans le corps (*cf.* ligne 45). On note que, dans ses « Nachträge », Kalbfleisch rapproche cette exégèse d'un passage du *De la nature de l'homme* de Némésius. Le contexte est une critique d'Eunome, pour qui l'âme incorporelle est créée dans le corps. Eunome ne voit pas que tout ce qui a une génération corporelle et temporelle est corruptible et mortel. Vient alors une référence à Moïse : « Si quelqu'un, arguant du fait que l'âme a été introduite après le façonnement (διάπλασιν) du corps, estime qu'elle est née après le corps, il commet une erreur qui est loin de la vérité. Car d'une part Moïse ne dit pas que l'âme a été créée au moment où elle a été introduite dans le corps, et d'autre part cela n'est pas conforme à la raison. » (*De natura hominis*, éd. Morani, 2, p. 31, 1-5 [M 105]). Sur la façon dont *Gn* 2, 7 a été interprété en milieu chrétien et sur le fait que la distinction entre la genèse du corps et celle de l'âme n'est pas temporelle du point de vue de l'orthodoxie, *cf.* M.-H. Congourdeau, *L'Enfant à naître. Tertullien, Grégoire, Augustin, Maxime, Cassiodore, Pseudo-Augustin*, Paris, Migne, 2000, index des citations bibliques. *Cf.* aussi M.-O. Boulnois, « Le souffle et l'esprit », *Recherches augustiniennes*, 24, 1989, p. 3-37 ; P.-H. Poirier, « Pour une histoire de la lecture pneumatologique de Gn 2, 7 », *Revue des études augustiniennes* 40, 1994, p. 1-22. *Cf.* Louth, Commentaires anciens sur la *Genèse* ; et M.-H. Congourdeau, *L'embryon et son âme dans les sources grecques*, p. 263-269 et 300.

(2), 12-16. Selon la thèse critiquée, l'âme, qui est un souffle, guetterait l'ouverture de la bouche et des narines pour arriver à entrer dans le corps et l'administrer. Porphyre introduit l'idée d'un choix délibéré de l'âme, qui est exclu comme étant l'erreur opposée à l'interprétation en terme de nécessité. À quelle doctrine Porphyre fait-il ici allusion ? Kalbfleisch renvoie à Aristote, *De l'âme* I 5, 410b28-411a2 : « Sous ce même grief tombe aussi la doctrine exprimée dans les vers attribués à Orphée : d'après elle, l'âme provient de l'univers extérieur et pénètre dans les êtres vivants par la respiration, les vents lui servant de véhicule – chose impossible dans le cas des plantes et de certains animaux, puisque tous ne sont pas doués de respiration ! C'est ce qui a échappé aux tenants de cette opinion. » (trad. E. Barbotin). À rapprocher avec l'idée développée plus loin par l'image de l'oiseau qui entre dans une maison ? On peut plutôt se référer à un passage du *De natura rerum* (III 778-781), où Lucrèce se moque de la théorie de la migration des âmes. Il décrit les âmes guettant (*exspectare*) la sortie du corps à l'extérieur de la matrice pour se précipiter en se battant (*certare*) ou en négociant (*foedera pacta*), car seule la première entrée peut emporter la palme, c'est-à-dire l'incorporation.

(2), 17. Dans le vocabulaire musical grec, συμφωνία désigne la consonance de certains intervalles (le terme annonce la comparaison de la lyre, à la fin du chapitre). Comme l'écrit Théodore Reinach au début de *La musique grecque* (Paris, Payot, 1926) : « Tout langage musical emploie en principe des sons ayant entre eux une certaine parenté [note : La parenté des sons, d'après les Grecs, est saisie directement par l'oreille et ensuite confirmée par la mesure des longueurs de cordes : jamais ils ne la fondent sur le principe des harmoniques, dont ils avaient cependant reconnu l'existence, au moins sous la forme des résonances]. La parenté la plus étroite s'appelle consonance (συμφωνία), c'est elle qui fournit les piliers de l'édifice mélodique. Les Grecs n'ont jamais admis que trois intervalles (διάστημα) consonants élémentaires : l'octave, qu'ils rangent parfois dans une catégorie à part sous le nom d'*antiphonie*, parce qu'elle se confond presque avec l'unisson ; la quinte juste ; la quarte juste, renversement ou complément à l'octave de la quinte juste. Les tierces et les sixtes majeures étaient considérées comme les plus douces des *dissonances* (διαφωνία), mais n'ont jamais obtenu droit de cité parmi les consonances véritables. » « Des trois consonances reconnues et admises, la première, l'octave, est restée pour nous la base première de toute référence théorique, parce que notre raisonnement musical, depuis quatre ou cinq cents ans, est essentiellement « harmonique » au sens moderne du mot. Mais les Grecs ne raisonnent pas de la sorte. La première consonance rencontrée est la *quarte*. Elle restera, à travers toute l'histoire de la musique grecque, l'unité de base et la référence fondamentale. » (J. Chailley, *La Musique grecque antique*, Paris, Les Belles Lettres, 1979, p. 26). Sur le sens des termes musicaux utilisés par Porphyre, voir le lexique rédigé par J. Chailley en vue d'une révision du Bailly dans *La musique grecque antique*, p. 203-219. Voir aussi A. Barker, *The Science of Harmonics in Classical Greece*, Cambridge, Cambridge University Press, 2007.

Le verbe ἁρμόττω signifie en musique « harmoniser, constituer un ensemble harmonisé » et τὸ ἡρμοσμένον la chose harmonisée (on note en outre que Porphyre utilise ici deux verbes : ἁρμόττω et ἐναρμόττω). Il faudrait donc traduire : « en vertu de la consonance des choses qui ont été mises en harmonie avec celles qui pouvaient s'harmoniser avec elles ». Une telle traduction est cependant difficilement praticable de façon systématique et « harmoniser », en français, ne rend pas l'idée d'accord ou d'ajustement qui est au fondement du verbe en grec (ex. : ajuster des morceaux de bois les uns dans les autres). Nous traduisons donc ἁρμόττω par « accorder » ou « s'accorder ».

(2), 18-22. Première comparaison, qui sera suivie d'une seconde, introduite elle aussi par οὕτω, ligne 22.

(2), 18-19. Premier des quatre modèles de la vision évoqués : le modèle stoïcien de la « tension » (sous l'action de l'hégémonique) d'un cône depuis la pupille jusqu'au ciel. « Pour Chrysippe, nous voyons en raison de la tension de l'air intermédiaire quand il est frappé par la pointe du souffle visuel qui, précisément, se répand de la partie hégémonique jusqu'à la pupille et prend une forme conique en s'affrontant à l'air qui l'entoure, quand cet air a la même nature. » (Pseudo-Plutarque, *Opinions des philosophes* IV 15, 3 = *SVF* II 866). Diogène Laërce est encore plus précis : « Nous voyons lorsque se tend, sous la forme d'un cône, la lumière intermédiaire entre la vue et l'objet, comme le disent Chrysippe dans le deuxième livre de ses *Physiques* et Apollodore [de Séleucie]. La forme conique de l'air se situe cependant du côté de la vue, tandis que la base est du côté de l'objet qui est vu. C'est donc comme par l'intermédiaire du bâton que constitue l'air en tension que l'objet observé nous est communiqué. » (Diogène Laërce, VII, 157 = SVF II 867, trad. R. Goulet). L'image du cône va de pair avec celle du « bâton d'air » ; et la notion de tension qui est à chaque fois employée est συνένταςις (traduit en latin par *intentio*). Cette théorie est évoquée par Plotin pour être critiquée dans le traité 29 (IV, 5), 2, 11-12, et plus loin : « Par ailleurs, si l'âme reste en elle-même, mais a besoin de la lumière comme d'un bâton pour atteindre son objet, il faut que la perception soit quelque chose de violent, la lumière exerçant une pression sur l'objet sur lequel elle s'étend, et l'objet de la sensation, la couleur en tant que couleur, offrant de son côté une certaine résistance. C'est de cette façon, en effet, que se produit le toucher à travers un intermédiaire. » (4, 39-41). Il est probable que Plotin tirait ses informations d'Alexandre d'Aphrodise : « Il y en a certains qui affirment que la vision se produit par une tension de l'air. Car lorsqu'il est frappé par la vue, l'air en contact avec la pupille acquiert la forme d'un cône. Et quand le cône reçoit à sa base comme une sorte d'empreinte venant des corps visibles, la sensation se produit : elle est semblable au toucher qui s'effectue par l'intermédiaire d'un bâton. » (*Supplément au traité de l'âme,* p. 130,14-18 = *SVF* II 864, trad. inédite de R. Dufour). Dans l'*Ad Gaurum*, on parle d'un cône qui a été « tendu » (*cf.* διατείνω), peut-être pour mettre en évidence l'idée d'écartement. On ne trouve pas de référence au ciel dans les *SVF*.

(2), 19-20. Ce second modèle est la théorie des Platoniciens qu'évoque pour la réfuter Alexandre d'Aphrodise au début de son *Supplément au traité de l'âme* : « Contre ceux qui disent que la vue naît de deux choses, de l'écoulement qui vient de l'œil et de celui qui vient des objets vus, et que la perception visuelle se produit en vertu de leur mélange (car il s'échappe de notre œil une lumière qui, lorsqu'elle se mélange à l'écoulement qui vient de l'objet vu et qui contient la forme de cet objet, et qu'elle reçoit cette forme et est modelée par elle, communique avec la sensation), il faut dire contre eux... » (p. 136, 30-138, 2, trad. R. Dufour inédite). On parle ici seulement de rayons émis par l'œil et qui viennent se briser contre l'objet vu. Il n'est pas question d'un retour des rayons, même s'il semble qu'il faille le supposer en se fondant sur ce témoignage de Stobée : Τῶν Ἀκαδημαϊκῶν τινες κατά τινων (ἀκτίνων) ἔκχυσιν μετὰ τὴν πρὸς τὸ ὑποκείμενον ἔνστασιν πάλιν ὑποστρεφουσῶν πρὸς τὴν ὄψιν (« Certains Académiciens pensent que la vision se produit du fait d'une émission de rayons qui reviennent jusqu'à l'œil suite à l'opposition de l'objet. », *Anthologie* I 52, 10, 3). Cette variante, qui ne mentionne pas de simulacres et qui emploie le terme ἔκχυσιν, est plus intéressante du point de vue de notre texte. Sur les difficultés posées par ces deux textes, on relira les notes de l'édition des *Opinions des philosophes*. Cette théorie est évoquée par Plotin dans le traité 29 (IV 5), 2, 1-12. Une position de ce genre pourrait être platonicienne si l'on en croit Plotin : « Et ceux qui font s'écouler des yeux des rayons visuels n'ont absolument pas besoin de conclure à un intermédiaire quelconque, à moins de craindre que le rayon ne tombe (éventualité aussi évoquée en 6, 18) ; mais c'est un rayon de lumière, et la lumière va en ligne droite. » (traité 29 (IV, 5), 2, 8-10, trad. L. Brisson). Le terme ὄψεις est traduit par « rayon visuel », comme le fait L. Brisson dans sa traduction de *Timée* 67c8. Sur la théorie de la vision chez Platon, voir A. Merker, *La vision chez Platon et Aristote*, Sankt Augustin, Academia Verlag, 2003, p. 23-71. Platon s'est probablement inspiré de ses prédécesseurs. D'après *les Opinions des philosophes* (IV 13) en effet, Empédocle invoque l'existence de rayons et de simulacres. Chez Démocrite, les particules partent de l'objet et vont vers l'œil ; selon Empédocle, elles font l'aller-retour (*cf.* Théophraste, *Sur la sensation* 7, 438a4-5 et 437b26 où est cité le fragment B 84 DK d'Empédocle).

(2), 20-21. Allusion au troisième modèle, celui attribué à Démocrite et peut-être à Épicure (*Lettre à Hérodote*, 46-50, frag. 319 Usener, ainsi que Lucrèce, *Sur la nature* IV 29-238) : « Démocrite et Épicure croyaient que le phénomène de la vision est dû à la pénétration des simulacres, à l'émission (ἔκκρισιν) de certains rayons qui, après avoir rencontré l'obstacle de l'objet perçu, reviennent vers l'œil. » (Pseudo-Plutarque, *Opinions des philosophes* IV, 13). Plotin évoque cette théorie dans son traité 29 : « Ceux au contraire qui se font les avocats des "simulacres" et qui disent qu'ils se déplacent dans le vide ont besoin de l'espace pour que ces images ne rencontrent pas d'obstacle ; dès lors, si l'obstruction ne peut être plus minime que lorsqu'il n'y a rien dans l'intervalle, ils ne contesteront pas notre hypothèse. » (traité 29 (IV, 5), 2, 13-15, trad. L. Brisson). Le participe ἐκρυέντων est formé à partir de l'aoriste 2 de ἐκρέω : ἐξερρύην.

(2), 21-22. C'est le quatrième modèle, celui qui est accepté, et qui correspond à celui qu'admet Plotin. L'allusion à la convenance (ἐπιτηδείως) semble être une façon de faire référence à l'explication par la sympathie (συμπάθεια) proposée par Plotin : « Mais tous ceux qui disent que voir se fait par sympathie soutiendront que l'on verrait moins bien s'il y avait quelque chose dans l'intervalle, dans la mesure où cela ferait obstacle à la sympathie, l'empêcherait et l'affaiblirait. Mais il serait plus cohérent de conclure que même ce qui est apparenté (καὶ τὸ συγγενές) affaiblit en toutes circonstances la sympathie, dans la mesure où ce corps intermédiaire aussi est affecté. Car si un corps qui a une certaine épaisseur est atteint par le feu et brûle, ses parties profondes souffriront moins de l'atteinte du feu que sa surface. » (traité 29 (IV, 5), 2, 15-20, trad. L. Brisson). Dans toute la suite du traité, Plotin s'emploie à justifier sa position ; il accepte la sympathie, mais, s'opposant en cela aux stoïciens, il refuse l'existence d'un intermédiaire corporel. Un tel intermédiaire affaiblirait la sympathie et quand il est là, il ne sert qu'à modérer l'affection (2, 15-26). Cela dit, Plotin répond à deux objections qui cherchent à associer l'hypothèse de la sympathie à celle de l'existence d'un intermédiaire. Il doit y avoir un milieu continu entre le sujet qui perçoit et l'objet perçu, étant donné que les deux appartiennent à un monde unique (2, 26-28). Si tel était le cas, tout subirait l'influence de tout (2, 28-33) ; et comment expliquer qu'un objet puisse traverser l'air sans l'affecter (2, 33-46) ? En fait, il y a cinq bonnes raisons de penser que les formes ne se transportent pas dans l'air : 1) l'œil ne verrait que l'air en contact avec lui et non pas l'objet au loin (50-55) ; 2) le contact d'un intermédiaire avec l'œil empêche la vision (2, 55-61) ; 3) la nuit, on voit des objets si éloignés que l'air intermédiaire reste complètement obscur (3, 1-15) ; 4) ce n'est pas parce qu'il n'y a pas d'intermédiaire, mais parce qu'il n'y a pas de sympathie que, placé sur le dos du monde, on ne pourrait voir quelque chose dans un autre monde (3, 15-26) ; 5) s'il y avait un intermédiaire, l'œil ne pourrait voir un objet tout entier (3, 26-38). En fait, dans ce traité, Plotin s'oppose à deux auteurs qui semblent être absents de cette doxographie sur la vision : Platon et Aristote. Platon explique la vision par l'écoulement d'un feu qui s'échappe de l'œil : « Quand donc la lumière du jour entoure le flux issu des yeux, alors le feu intérieur qui s'échappe, le semblable allant vers le semblable, après s'être combiné avec la lumière du jour se constitue en un seul corps ayant les mêmes propriétés tout le long de la droite issue des yeux ... » (*Tim.* 45c, trad. L. Brisson). Porphyre passe sous silence ce développement sur les « causes adjuvantes » (συναιτίαι) de la vision (*Tim.* 46c *sq.*), dont il est dit que le dieu « se sert comme d'auxiliaires, pour réaliser dans la mesure du possible l'idée du meilleur ». Il se place d'emblée au-dessus de ce type de considération, mais rejoint tout de même l'inspiration du *Timée* en se référant, lui aussi, à un principe d'action qui lie le semblable au semblable. Le deuxième absent est Aristote, dont les analyses seront bientôt sollicitées. L'auteur du traité n'est pas soucieux de se démarquer de la thèse selon laquelle la perception exige toujours l'intervention d'un intermédiaire (μεταξύ) entre le sentant et le sensible (le diaphane dans le cas de la vision) (*De an.* II, 7).

Kalbfleisch, dans son introduction, p. 20, cite un fragment du traité *Sur la sensation* de Porphyre (Smith, 264F [Némésius, *De la nature de l'homme* 7, p. 59, 13-18 Morani]), qui reprend la doctrine ici énoncée et qui donc semble confirmer l'attribution à Porphyre de l'*Ad Gaurum*. « Porphyre affirme, dans son traité *Sur la sensation*, que ce n'est ni un cône ni un simulacre ni aucune autre chose qui sont la cause de l'acte de voir, mais que l'âme elle-même, en rencontrant les choses visibles, se reconnaît elle-même comme étant les choses visibles, du fait que l'âme contient toutes les choses et que toutes sont l'âme contenant les différents corps. Comme il veut que la seule de toutes les âmes qui existe, ce soit l'âme rationnelle, il affirme de façon conséquente qu'elle se connaît elle-même dans tous les objets. » Smith renvoie à ce propos à notre passage, ainsi qu'à la difficile *Sentence* 16 (et à Plotin, traité 41 (IV, 6), 3, 12-14). Les traités IV, 3-5 [27-29] contiennent une conception similaire, difficile cependant à mettre en accord avec le *Timée*. Ces traités se situent à un niveau de spéculation qui n'apparaît pas ici de façon aussi évidente.

(2), 22-23. Festugière traduit : « Ainsi encore, si le naphte allumé à un feu allumé se convertit en flamme, ce n'est pas à cause du lieu intermédiaire. » « Mais le texte est-il bon ? » demande-t-il (p. 286, n. 1). Il rappelle une conjecture de Diels, qui ajoute une négation et transforme le datif en un génitif : νάφθας καὶ μὴ ἀφθεὶς ἀφθέντος πυρὸς (« si le naphte, sans être allumé, s'enflamme <à son tour> lorsqu'un feu s'allume »). Limbourg ajoute la négation mais conserve le datif (si le naphte sans être allumé est enflammé par un feu allumé). Peut-être obtient-on un sens plus satisfaisant en conservant le texte mais en considérant ἐξάπτεται comme venant non pas de ἐξάπτω, « enflammer », « brûler », mais de ἐξάπτω, « attacher », « lier » (les deux verbes ayant les mêmes formes). Ce sens renverrait à la notion d'ἔξαψις apparue à ligne 17 (où ἔξαψις ne peut que signifier l'idée de liaison ou de jonction et non pas l'action d'enflammer). On peut cependant objecter que ἐξάπτω se construit d'habitude avec le génitif ; ἐξάπτω et ἔξαψις se retrouvent en 17 (1), 30 et (5), 41, où ἔξαψις signifie cette fois l'embrasement ; ligne 30, le sens est moins évident. L'idée de ce passage est cependant claire : un feu qui brûle enflamme le naphte sans que l'espace intervienne et l'embrasement peut avoir lieu même à distance, en raison de la sympathie qui existe entre le naphte et le feu. On lit déjà chez Alcinoos : « Il existe d'ailleurs entre le corps et l'âme une certaine affinité (οἰκειότητα), comme entre le feu et le bitume. » (*Didaskalikos* XXV, 178, 38-40). On retrouve les exemples associés du naphte et de la lyre, qui conclut le chapitre 11, dans un passage de Jamblique, cité par Simplicius (*Commentaire sur les* Catégories *d'Aristote*, *CAG* VIII, p. 302, 28-303, 30 ; tr. Gaskin, Duckworth, p. 28-29). Gaskin renvoie en note à Strabon, 16.1.15 : le naphte prend feu lorsqu'on approche une flamme, sans contact apparent. Jamblique insiste sur le fait que, même lorsqu'il y a contact entre les corps, cela n'est qu'une cause « accidentelle » de leur interaction. Sur ce texte de Jamblique, *cf.* D. Taormina, *Jamblique critique de Plotin et de Porphyre. Quatre études*, Paris, Vrin, 1999, p. 108-113. Kalbfleisch renvoie à la *Sentence* 6 de Porphyre et au traité 28 de Plotin. Chez Plotin, on lit en effet : « Car des choses semblables, même si elles ne sont pas attenantes et qu'elles sont séparées les unes des autres par d'autres qui se trouvent dans l'intervalle, entretiennent un rapport de sympathie en raison de leur ressemblance, et il est nécessaire que parvienne à cette partie distante l'action posée par une autre partie qui ne se trouve pas à proximité d'elle. Et comme l'univers est un vivant et qu'il trouve sa perfection dans l'unité, aucune partie n'est en lui si éloignée localement qu'elle ne soit, en raison de la sympathie, proche du reste de ce vivant que caractérise l'unité. » (traité 28 (IV, 4), 32, 19-23, trad. L. Brisson). Et dans la *Sentence* 6, on lit : « Il n'est pas vrai que tout agent qui agit sur autre chose fasse ce qu'il fait par rapprochement et par contact. Tant s'en faut ; même les agents qui font quelque chose par rapprochement et par contact (πελάσει καὶ ἁφῇ) se servent du rapprochement par accident. » (Porphyre, *Sentences*, p. 393, trad. UPR 76). C'est là une critique des stoïciens, voir *SVF* II 342-343 et Plotin, traité 5 (V, 9), 6, 21-24 ; voir aussi le traité 30 (III, 8), 2, 3. Porphyre se réfère-t-il à Aristote, *De l'âme* II 5, 417a7-9, qui explique que l'âme n'a pas de sensation en l'absence d'objets extérieurs, tout comme un combustible ne prend pas feu tout seul, mais a besoin d'un feu extérieur en acte ? Le cas échéant, Porphyre s'approprie l'analogie aristotélicienne entre la perception et l'inflammation en précisant que cette dernière peut avoir lieu sans que le feu soit au contact du combustible. Dans tous ces cas, le contact est remplacé par la sympathie.

(2), 25-26. Kalbfleisch renvoie à Porphyre, *Lettre à Marcella*, 16, p. 115, 9-10 des Places : « La vertu tire l'âme en haut vers l'être qui lui est connaturel. » Sur l'aimant, voir Porphyre : « L'aimant au voisinage du fer lui donne une âme, et le fer, pourtant très lourd, s'allège et bondit au souffle de l'aimant. » (*De l'abstinence* IV, 20, 12, trad. Patillon, Segonds, Brisson). Sur ce texte, *cf.* A. Radl, *Der Magnetstein in der Antike. Quellen und Zusammenhänge*, Stuttgart, F. Steiner Verlag, 1988, p. 89-90. On songe aussi bien sûr à *Ion* 533e. Chez Aristote (*Physique* VIII 10, 267a2), l'exemple de l'aimant intervient dans le contexte d'une discussion sur l'action sans contact. Voir enfin *Corpus Hermeticum* 4, 8 (réf. donnée par G. Clark, traducteur du *De abstinentia*, dans la coll. Duckworth, p. 193, n. 674). Selon les *Orphei lithica kerygmata*, 29, 5, κάρφος (traduit ici par brindille) est distingué de σιδήριον (fer). Ce dernier est attiré par l'aimant. Mais quand la pierre de Magnésie a été frottée sur un tissu doux, elle est capable d'« attirer » des brindilles de paille.

(2), 28. Pour ἐπιτήρησις, voir ligne 14.

(2), 29. La προαίρεσις, c'est non pas le choix délibéré (théorie aristotélicienne de l'action), mais le choix préalable (théorie stoïcienne de l'individu) qui intervient avant que l'action ne commence. Le verbe σύμβαλλειν a déjà été employé à propos du rôle de la mère en 10 (1), 5. Le terme παρουσία indique la « présence » mais aussi l'« arrivée » ; ici il s'oppose au départ lors de la mort.

(3), 31-43. Première comparaison : ὥσπερ (ἄπεισι), suivi d'un génitif absolu (avec un balancement : κἂν κἂν) … οὕτως (πάρεστι) également suivi d'un génitif absolu. Le texte n'est désormais plus qu'une suite de comparaisons.

(3), 31-32. L'expression se réfère de toute évidence à la célèbre définition aristotélicienne de l'âme comme ἐντελέχεια ἡ πρώτη σώματος φυσικοῦ ὀργανικοῦ (*De anima* II 1, 412b5-6). Porphyre comprend ὀργανικόν comme signifiant, non pas que le corps est « pourvu d'instruments », c'est-à-dire d'organes, mais qu'il est lui-même un instrument (*Phédon* 98b-99d, *Alcibiade* 129a-130a) pour l'âme, comme l'indique l'emploi de χρησομένη, ligne 37. Pour certains commentateurs contemporains, le second sens (retenu par Porphyre) est préférable (*cf.* S. Everson, *Aristotle on Perception*, Oxford, Clarendon, 1997, p. 64 ; S. Menn, « Aristotle's Definition of Soul and the Programme of the *De anima* », *Oxford Studies in Ancient Philosophy*, 22, 2002, p. 83-139, p. 108-112 ; voir cependant R. Polansky, *Aristotle's "De Anima"*, Cambridge, University Press, 2007, p. 160, n. 21, sur la compatibilité des deux sens).

(3), 32. Le terme καθίημι a le sens de « sonder », « enfoncer » (Aristote, *Météorologiques* I 13, 351a13). En médecine, καθίημι αὐλίσκον, « faire passer un cathéter » (Rufus, De *renum et vesicae morbis*, 10, 3, 1).

(3), 38. Pour exprimer la même idée qu'ἐξαίφνης, on trouve εὐθύς en 10 (6), 64. *Cf.* Hermippe II 17, p. 64, 22 Kroll. On peut rappeler qu'ἐξαίφνης est d'une importance capitale chez Platon : voir ses occurrences, par exemple, la vision du beau (*Banquet* 210e), la sensation d'un plaisir pur (*République* IX 584b) ou dans l'analyse du changement (*Parménide* 156d *sq.*).

(3), 38-39. En lien avec cette définition de la mort, *cf.* par ex. les expressions de διάλυσις τῆς ψυχῆς καὶ τοῦ σώματος (*Gorgias* 524b) ; διάλυσις τοῦ σώματος (*Phédon* 88b). Porphyre distingue deux morts : « La mort est de deux sortes : celle bien sûr, connue de tous, où le corps est détaché de l'âme, et celle des philosophes, où l'âme se détache du corps. » (*Sent.* 9). Pour ce qui est de la seconde, voir la *Sentence* 28.

(3), 41. Sur l'éclair (ἀστραπή), cf. *Timée* 68a ; Aristote, *Météorologiques* II 9, 369b6 *sq.* On ne trouve pas d'allusion à l'idée qu'il serait sans genèse, pas plus chez le pseudo-Plutarque que dans *Les Opinions des philosophes* III 3 qui porte sur « le tonnerre, les éclairs, la foudre, les ouragans et les typhons ». Pour l'image de l'éclair, Festugière renvoie à Jamblique : « Si, en revanche, c'est comme qualité d'un sujet, ainsi qu'il en va de l'harmonie dans une lyre, ou comme perfection d'un sujet, que l'âme, à la mort, s'en va avant le corps, il ne s'agit nullement d'une corruption antérieure à celle du corps (car il n'y a pas non plus, dans ce cas, marche vers le néant par un mouvement progressif), mais l'âme passe tout soudain au néant sans intervalle de temps et sans corruption, de même que, quand elle existe, elle existe tout d'un coup, à la manière d'un éclair qui brille. » (*Sur l'âme* = Stobée, I 384, 3-9 trad. Festugière). Jamblique attribue cette doctrine aux aristotéliciens. On note toutefois un rapprochement très intéressant avec un passage du *De aeternitate mundi* de Philopon (148, 25-149, 6 Rabe), qui attribue à Porphyre la même idée que celle qui est ici formulée : « Porphyre affirme en outre que l'on dit aussi engendré ce qui tire son être d'une genèse et d'un processus de génération, comme c'est le cas d'une maison, d'un bateau, d'une plante et d'un animal ; par quoi l'éclair et le claquement de doigt et tout ce qui existe et qui cesse tout d'un coup, nous ne disons pas qu'ils sont engendrés ; en effet, comme le dit aussi Aristote, toutes les choses qui sont telles viennent à l'être sans genèse et retournent au non-être sans corruption. » (ἔτι φησὶν ὁ Πορφύριος γενητὸν λέγεσθαι καὶ τὸ διὰ γενέσεως καὶ τοῦ γίνεσθαι τὸ εἶναι λαβόν, ὡς οἰκία καὶ πλοῖον καὶ φυτὸν καὶ ζῷον, καθὸ τὴν ἀστραπὴν καὶ τὸν κρότον καὶ ὅσα ἐξαίφνης ὑφίσταται καὶ παύεται οὐ λέγομεν εἶναι γενητά· πάντα γὰρ τὰ τοιαῦτα, ὡς καὶ Ἀριστοτέλης φησίν, ἄνευ γενέσεως εἰς τὸ εἶναι παραγίγνεται καὶ χωρὶς φθορᾶς εἰς τὸ μὴ εἶναι μεταβάλλει). Sur la théorie aristotélicienne de ce qui vient à l'être sans genèse, *cf.* R.Sorabji, *Time, Creation, and the Continuum*, p. 10-12, notamment p. 11, n. 5.

Il en va de l'animation comme de la vie (et singulièrement de la vie heureuse) selon Aristote, et comme de la vision, de la compréhension, du plaisir, qui *sont des réalités sans genèse*. À ce propos, différents textes peuvent être invoqués.

Tout d'abord le passage difficile du chap. 6 du *De sensu* : « Et même si c'est de manière tout à fait simultanée que l'on entend et que l'on a entendu, et en général que l'on sent et que l'on a senti, et même si ces états n'ont pas de genèse progressive, il n'en reste pas moins qu'il en va comme pour le son, qui, à l'instant où il a été produit par le choc, n'est pas encore parvenu jusqu'à l'ouïe. » (*De sensu* 446b-2-6, trad. Morel). « Le caractère instantané de l'acte de percevoir ne saurait rien prouver quant à l'instantanéité du mouvement de ce qui frappe les organes des sens. » (R. Brague, *Aristote et la question du monde*, p. 482). Comme l'écrit Thomas d'Aquin : *in instanti perficitur tota auditio* (§228 du *Commentaire au* De sensu). Dans l'*Éthique à Nicomaque* également, Aristote affirme qu'il n'y a pas de genèse de l'acte de voir et qu'il n'y en a pas non plus du plaisir : « De l'aveu unanime, l'acte de voir est achevé en toute partie du temps durant lequel il dure (car il ne manque rien qui devrait venir s'y ajouter après coup pour achever son essence). Or tel a tout l'air d'être aussi le cas du plaisir. Car le plaisir est une sorte de tout indivisible et, en quelque partie de sa durée qu'on le saisisse, on ne mettra jamais la main sur un plaisir dont l'essence aurait été plus achevée s'il avait duré plus longtemps. Et c'est pour cela que le plaisir n'est même pas un mouvement. Car tout mouvement s'étale dans le temps et tend à une fin. » (*Éthique à Nicomaque* X 4, 1174a14-20, trad. Gauthier-Jolif). Aristote distingue la sensation du plaisir de la construction d'une maison. Celle-ci prend du temps, tandis que l'essence du plaisir est achevée en n'importe quelle partie du temps durant lequel il existe. « On pourrait aussi tirer cette conclusion du fait qu'il n'est pas possible de se mouvoir sinon dans le temps, tandis qu'éprouver du plaisir, c'est possible ; car ce qui tient dans un instant est un tout indivisible (τὸ γὰρ ἐν τῷ νῦν ὅλον τι). » (*Éthique à Nicomaque* X 4, 1174b7-9, trad. Gauthier-Jolif). Sur les difficultés posées par ce texte, *cf.* W. F. R. Hardy, *Aristotle's Ethical Theory*, Oxford, Clarendon Press, 1980, pp. 305 *sq.*

(3), 43-52. Il y a deux hypothèses : l'entrée dans le corps se fait par la médiation d'un autre corps, fait d'éther ou de souffle, *etc.*, ou elle se fait immédiatement. Il s'agit là d'une allusion à la théorie des véhicules, comme on le verra plus bas.

(3), 46. Sur le sens d'ἐγκόσμιος (« *mondane* » [LSJ]), *cf.* Porphyre, *Antre des nymphes* 9 ; Salloustios 6 ; Proclus *Institutio theologica* 165 ; Damascius, *De princ.* 24 ; Jamblique, *De Mysteriis* V, 3 ; Proclus *in Alcibiadem* p. 56, 19-22 Segonds ; id., *In Parmenidem*, p. 642.14-643.4 Steel. Le verbe ἐφέλκεσθαι est un moyen ; « terme presque technique pour rendre la relation de l'âme à son corps, à son reflet, à son πνεῦμα, à son ombre, *etc.*, toutes choses *quae adgrauant animam* ; le sens en est alors "traîner derrière soi" » (*Sentences*, p. 592 [J. P.], à propos de *Sent.* 29 [7 ; 13 ; 33 ; 38-39]). Sur l'usage plotinien de ce verbe, son sens porphyrien et sa reprise par Proclus, cf. *ibid.*, p. 592-593.

(3), 47. Le passage appelle quelques précisions. « En fait, le corps terrestre ne constitue que l'une des enveloppes possibles de l'âme. Avant de pénétrer en ce corps terrestre et après s'en être séparée, l'âme est dotée d'un véhicule qui est présenté comme un "souffle" (πνεῦμα). L'ensemble du processus est évoqué dans la *Sentence* 29. À la suite de Plotin notamment qui, pour sa part, se référait à des textes platoniciens relatifs à l'ὄχημα de l'âme [*Phédon* 113d, *Phèdre* 247b, *Tim.* 41e, 44e, 69c], Porphyre semble s'être inspiré de la doctrine stoïcienne, lorsqu'il évoque le πνεῦμα, le souffle, le véhicule, comme une entité qui semble établir un lien entre le corps et l'âme, et à laquelle l'âme reste attachée, même après avoir quitté son corps terrestre, tout comme elle y était associée avant même d'entrer dans ce corps solide (...). Pour Porphyre qui, sur ce point fondamental aussi s'oppose aux Stoïciens, le souffle ne coïncide pas avec l'âme, ce qui reviendrait à faire de l'âme un corps, mais il constitue une enveloppe, le corps astral, que l'âme acquiert lors de sa descente à travers l'οὐρανός [*Ad Gaurum*, XI 3]. Au point de départ, c'est une substance dérivée de l'éther, une espèce d'air lumineux et chaud, et, au fur et à mesure que l'âme descend, le souffle absorbe de l'humidité, jusqu'à ce qu'il devienne visible [*De l'antre des Nymphes* 11] sur la terre ; le "corps solide" est le corps terrestre [*Sentence* 29, li. 8]. » (Porphyre, *Sentences*, p. 124-125 [L. Brisson]). Sur la question, voir St. Toulouse, « Le véhicule de l'âme chez Plotin : de la réception d'une hypothèse cosmologique à l'usage dialectique de la notion », *Études platoniciennes* 3, 2002, p. 103-128. On note que, dans la suite immédiate de notre texte, Porphyre formule l'hypothèse selon laquelle le corps astral ne serait pas nécessaire à l'incarnation dans le « corps solide ». On pourrait aussi traduire : « mais, soit que l'âme, du fait d'être dans le monde, traîne avec elle un corps fait d'éther (...) soit que, même sans eux, elle soit capable de venir dans les vivants aptes à accueillir sa présence ».

(3), 50. Sur ἄχρονος, voir Philopon, *De l'éternité du monde* VI 8, 472, 13-21 : « ... j'ai souvent dit que j'appelle génération cette pure venue à l'être des choses, leur entrée dans l'être, soit que les choses reçoivent leur existence tout d'un coup ou dans un instant indivisible, comme le diaphane est illuminé par le soleil instantanément, soit qu'elles n'aient pas besoin d'un intervalle temporel, comme ont besoin d'un certain laps de temps pour venir à l'être le bateau que l'on fabrique, les êtres qui sont conçus ou plantés... (εἶπον δὲ πολλάκις, ὅτι γένεσιν καλῶ αὐτὴν τὴν ψιλὴν τῶν πραγμάτων εἰς τὸ εἶναι παραγωγὴν καὶ οὐσίωσιν, κἂν ἀθρόαν καὶ ἐν τῷ νῦν τῷ ἀμερεῖ λαμβάνῃ τὴν ὕπαρξιν, ὥσπερ ἀχρόνως ὑπὸ ἡλίου τὸ διαφανὲς καταλάμπεται, κἂν μὴ χρονικῆς δέηται παρατάσεως, ὡς ἡ ναῦς τυχὸν καὶ τὰ τικτάμενά τε καὶ φυόμενα ἐν παρατάσει τινὶ χρόνου τὴν εἰς τὸ εἶναι λαμβάνει πάροδον) » Le diaphane est illuminé « sans temps ». Il s'agit d'une thèse aristotélicienne, opposée à celle d'Empédocle. On lit chez Aristote : « Selon lui (Empédocle), la lumière se propagerait et s'étendrait, à un moment donné, entre la terre et la périphérie de l'univers, mais à notre insu » (*De l'âme* II 7, 418b21-23 trad. Barbotin). Une telle théorie est « erronée » : si la lumière était de nature corpusculaire, et si elle se propageait, nous nous en rendrions compte, dit Aristote. Selon lui, l'illumination est instantanée, dès lors que le feu est présent dans un milieu transparent, la lumière n'étant qu'un état du corps, à savoir l'entéléchie du diaphane. Porphyre admet lui aussi que l'illumination est instantanée ; il en parle néanmoins comme d'une transmission (διάδοσις) de rayons lumineux. Il semble donc adopter le modèle (peu compatible avec la définition aristotélicienne de la lumière) d'une diffusion instantanée.

(4). Dernière comparaison (avec le οὕτω de la ligne 22). Le morceau de bravoure du chapitre. L'expérience de la lyre met en jeu un phénomène qui est à la fois harmonique et acoustique. D'un point de vue théorique, tout son peut s'analyser suivant une « décomposée de Fourier », qui correspond à une structure étagée de ce son. Celle-ci se compose du « formant grave » (le son fondamental qui est analysé) et d'une suite de sons harmoniques qui sont les suivants : l'octave (harmonique de rang 1, parfois aussi appelée la deuxième harmonique), la quinte au-dessus de l'octave, c'est-à-dire la 12ᵉ (harmonique de rang 2), la super-octave, c'est-à-dire la 15ᵉ (harmonique de rang 3), la tierce de la super-octave (ou la 17ᵉ), la super-quinte (ou la 19ᵉ), la super-septième (ou la 21e), la super-super-octave, etc. Pour un do, l'étagement des harmoniques issu de la décomposée de Fourier est le suivant : do (le « formant de base »), do, sol, do, mi, sol, si bémol, do, ré, mi, fa dièse, etc. On note que le son fondamental et ses quatre premières harmoniques constituent l'accord parfait majeur (do, do, sol, do mi). Si l'on fait résonner sur un piano une note en ayant enfoncé partiellement la pédale, on entend les harmoniques de la note en fonction de l'intensité de l'attaque. La série des notes qui vient d'être indiquée est alors relativement audible. En effet, en vertu d'un phénomène acoustique bien connu, les cordes, correspondant aux harmoniques, vibrent par sympathie : elles entrent en vibrations par simple résonance avec la note jouée.

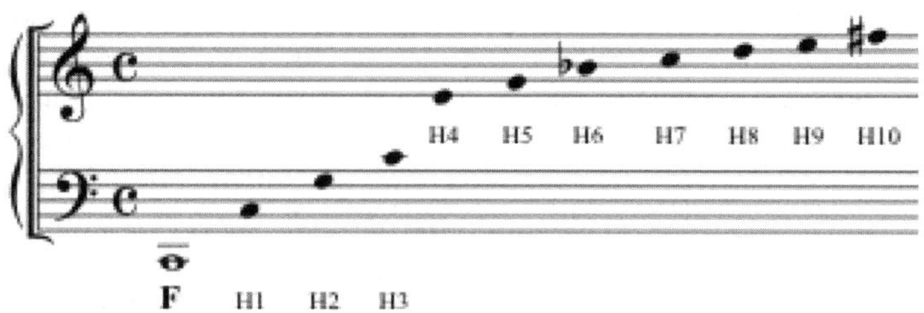

D'un point de vue général, les cordes les plus « sympathiques » sont celles qui sont accordées à même hauteur, c'est-à-dire qui sont à l'unisson. Si l'on suit un ordre de sympathie décroissant (en nous limitant aux trois premiers cas), viennent ensuite les cordes accordées à l'octave. Dans ce cas, le « formant grave » (le son fondamental) de la corde accordée à l'octave supérieure va recouper l'harmonique de rang 1 de la note grave. Deuxièmement, les cordes dont les sons forment une quinte (à l'octave), par ex. do et sol. Quand on fait un sol après un do, on renforce la deuxième harmonique du do qui est un sol. Troisièmement, l'intervalle de quarte (do-fa). La sympathie est plus lointaine dans ce cas. En effet, le fa ne fait pas partie des harmoniques du do (do, do, sol, do, mi, sol, si bémol, ré, sol, si, etc.). Cependant, la seconde harmonique du fa est un do (fa, fa, do, fa, la, do, mi bémol, fa, sol, etc.), et ce do se met en consonance avec la fondamentale du do. Il n'en reste pas moins que l'on ajoute, avec le fa, une fondamentale qui n'est pas incluse dans le do. C'est la raison pour laquelle la quarte n'est pas considérée, dans le système tempéré, comme consonante, à la différence du système grec ancien. (Je remercie Pierre Farago de m'avoir communiqué ces informations.)

Dans la *Sentence* 18, où il compare l'âme « à une harmonie séparée qui de soi-même met en mouvement les cordes accordées par une harmonie non séparée ... », Porphyre « fait allusion à cette expérience d'acoustique amusante selon laquelle le fonctionnement d'une lyre, dûment accordée, déclenche à distance, dans une autre lyre qu'aucun musicien ne manipule pour l'heure, la vibration des cordes correspondantes. Il y a là l'un des *Experimente* qui abondent dans la tradition musicale rapportée à Pythagore, et sur lesquels on verra W. Burkert, *Weisheit und Wissenschaft*, coll. « Erlanger Beiträge zur Sprach- und Kunstwiss. », 10, Nürnberg, 1962, p. 354 *sq.* ; dans la trad. anglaise p. 369 *sq.* » (J. Pépin, *Les Sentences*, vol. 2, p. 486, qui rappelle que Porphyre s'est intéressé à d'autres expériences de ce type, notamment en relation avec *Timée* 35b-36b, et qu'il est l'auteur d'un commentaire des *Harmoniques* de Ptolémée [n°62 Beutler]). La source de Porphyre se trouve dans deux textes de Plotin : traité 26 (III, 6), 4, 41-52 : « Il doit être de la nature même de la forme d'être un acte et de produire par sa présence, comme si l'harmonie, d'elle-même, mettait en mouvement les cordes ... » ; et 28 (IV, 4), 41, 4-8 : « Mais souvent, c'est aussi d'une autre corde mise en mouvement qu'une corde a en quelque sorte sensation, en vertu de leur consonance et par le fait qu'elles ont été accordées d'après une même harmonie (κατὰ συμφωνίαν καὶ τῷ ὑπὸ μιᾷ ἡρμόσθαι ἁρμονίᾳ) » (sur ces textes, cf. *ibid.*, p. 485 ; p. 489).

L'expérience musicale invoquée a « laissé peu de traces littéraires dans l'antiquité » (*op. cit.*, p. 487). On en trouve une autre attestation dans le *De la musique* d'Aristide Quintilien : « Si, de deux cordes de même son (χορδῶν ὁμοφώνων), l'on pose sur l'une un fétu minuscule et léger, et que l'on fasse vibrer l'autre tendue à distance, on verra celle qui porte le fétu se mettre du même coup en mouvement (συγκινουμένην) de la manière la plus évidente » (II 18, p. 90, 2-5 Winnington-Ingram ; trad. J. Pépin, *ibid.*, p. 487 ; et voir aussi F. Duysinx, *Aristide Quintilien, La Musique*, Genève, Droz, 1999, p. 170). Faut-il en conclure, avec Jean Pépin, « qu'il s'agit là du même dispositif que l'on a vu en *Ad Gaurum* : deux cordes appartenant à deux instruments distincts, mais accordées pour donner le même son, la vibration de l'une déclenche celle de l'autre et précipite les fétus » (*ibid.*, p. 487) ? Dans le passage de l'*Ad Gaurum*, les cordes ne sont pas « de même son » (ὁμόφωναι) (bien que ce soit dans ce cas que l'expérience est la plus spectaculaire) mais « harmonisées » (συναρμοσθεῖσαι). Nous comprenons qu'elles ont entre elles un intervalle harmonique, c'est-à-dire une quarte, une quinte ou une octave, et que l'expérience suppose donc l'existence d'une seule lyre et non pas de deux.

Un autre témoignage antique, que J. Pépin ne relève pas, mentionne une variante de l'expérience des cordes qui confirme cette interprétation, celui de Synésius de Cyrène dans le passage suivant du *Traité sur les songes* : « De la même façon, si l'on fait vibrer l'hypate, ce n'est pas la corde voisine, c'est-à-dire l'épogdoos, mais l'épitrite et la nète que l'on met en mouvement (ὥσπερ ὁ τὴν ὑπάτην ψήλας οὐ τὴν παρ' αὐτήν, τὴν ἐπόγδοον, ἀλλὰ τὴν ἐπιτρίτην καὶ τὴν νήτην ἐκίνησεν). » (éd. Lamoureux, 2, 2-3 [132-133]). « L'"hypate" est la dernière corde d'un instrument, la plus haute, celle qui rend le son le plus grave. La "nète" est la corde de la lyre qui donne le son le plus aigu. Les deux autres cordes sont des cordes intermédiaires. » (N. Aujoulat, *Synésius*, *Œuvres*,

t. IV, p. 337, n. 22, qui renvoie au commentaire de ce passage par Nicéphore Grégoras dans les *Scholies du traité sur les songes de Synésius*, *PG* 149, 543 A). L'intervalle entre l'hypate et la corde voisine (la parhypate) est le ton ; celui entre l'hypate et l'épitrite est la quarte, tandis que l'hypate et la nète sont à l'octave (dans le cas de l'octocorde) (pour la nomenclature des notes de la lyre, voir Th. Reinach, *La Musique grecque*, p. 12 [avec ill.]). Synésius prend donc l'exemple d'une résonance à la quarte et à l'octave. Il doit en être de même dans le cas des cordes « harmonisées » de notre texte.

(4), 53. Le terme est διάστημα : ici l'éloignement et non pas « l'intervalle », selon le sens technique de ce mot en musique. Voir l'emploi de διάστασις, en 7 (3), 27, pour signifier l'écartement des corolles.

(4), 60-61. Plutôt que : « de la même façon le corps vivant, accordé comme un instrument à l'aptitude de l'âme ... » (J. Pépin). Dans les deux cas, cependant, le corps qui « s'accorde » et l'âme « s'harmonisent ». J. Pépin traduit : « gagne immédiatement la sympathie de celle-ci qui va l'utiliser ». Autre traduction possible : « ... possède aussitôt l'âme qui est en sympathie avec lui et qui se servira de lui ».

(4), 61-64. Ces lignes sont une interprétation d'un passage du mythe d'Er dans la *République* (X 619c-d). Un passage du Περὶ τοῦ ἐφ᾽ ἡμῖν de Porphyre y fait allusion en des termes très similaires : « Il [Platon] est aussi d'avis que les âmes ne tirent leur vie au sort ni ne la prennent en désordre, mais en ordre et comme leur voyage cyclique les amène (ἄγει αὐτὰς ἡ περίοδος) : celle en effet qui s'est arrêtée la première dans son premier voyage, sera première arrivée, et la deuxième dans son deuxième voyage, pour tirer au sort ; car mues circulairement par l'univers (στρεφομένας ὑπὸ τοῦ παντός) et arrivant à leur terme par sa translation, elles sont amenées comme en rang, des sorts désignant par ailleurs ce qui est premier et deuxième. C'est pourquoi les sorts sont pris par la prophétesse, Lachésis, elle précisément dont le nom vient de λαγχάνειν, c'est-à-dire tirer au sort. Beaucoup ont d'ailleurs dit que Lachésis est la rotation du tout. Il est également d'avis que chez les âmes l'autonomie est ternie par leur vie antérieure (ὑπὸ τῆς προβιοτῆς) qui se passe là-bas, et que l'autonomie chez les hommes l'est par suite de l'inclination <de l'âme> encore au-dehors vers l'une des vies d'ici-bas, inclination que Platon appelle "choix". » (Porphyre, 271F Smith = Stobée, II 8, 42). Voir aussi le commentaire de Proclus, *In Remp*. II 290, 28 *sq*.

(4), 63-64. Le chapitre se clôt sur une sorte d'apophtegme qui est l'adaptation d'un proverbe qu'on trouve chez Homère : αἰεί τοι τὸν ὁμοῖον ἄγει θεὸς ὡς τὸν ὁμοῖον (« Toujours le dieu pousse le semblable vers le semblable », *Odyssée* XVII, 218 ; Mélanthée se moque d'Ulysse qui fait route, sous les traits d'un mendiant, avec le porcher Eumée). Dans le *Lysis* (214a), ce vers est présenté comme un principe d'explication physique des causes de l'amitié, entendue dans un sens cosmique et non humain. Il est également mentionné et critiqué par Aristote (*cf.* par ex. *Éthique à Nicomaque* VIII 2, 1155a33-34 ; VIII 14, 1161b34-35).

RÉSUMÉ DU CHAPITRE 12

Ce chapitre est le dernier de la section (qui commence au chapitre 10) du traité qui apporte la preuve de l'animation de l'embryon à la naissance en se fondant sur la nature des choses. Il s'agit de montrer que l'union du corps du nouveau-né – animé par la puissance végétative de l'âme – à l'âme animale est homogène à l'union de l'âme raisonnable à l'Intellect. Dans les deux cas, âme animale et intellect, loin d'être présents dès l'origine, n'interviennent qu'à un moment déterminé du développement de l'individu. Et dans les deux cas, l'union dépend de la convenance (ἐπιτηδειότης) : convenance du corps à recevoir l'âme animale passée la gestation, convenance de l'âme raisonnable à se tourner vers l'Intellect (**1-3**). On souligne alors que la vie du nourrisson est bien d'une autre espèce que celle de l'embryon : en témoigne la différence, déjà signalée (chapitre 3), entre leurs modes d'alimentation, mais aussi la capacité du nourrisson à émettre des signes (**4**). Celle-ci manifeste que le nourrisson est doué de la capacité de sentir, comme de celle de raisonner, même si cette dernière doit encore être actualisée (**5**). Le paragraphe (**6**) apporte un nouvel argument à l'appui de la thèse, déjà défendue notamment au chapitre 7, selon laquelle les mouvements embryonnaires ne sont pas la preuve d'une présence pré-natale de l'âme motrice ; cet argument par la nature des choses invoque deux pathologies : celle des « foetus de superfétation » et celle de la môle. Le paragraphe 7 apporte un argument nouveau : la présence de l'âme sensitive non seulement n'est pas nécessaire au développement de l'embryon, mais viendrait même l'entraver.

Notes[*]

(1), 1-2. Le principe d'explication de l'animation du vivant en termes d'harmonie et de sympathie a été exposé dans le chapitre précédent.

(1), 3-9. Cette seconde proposition hypothétique (« si le corps... ») n'a en réalité pas le même statut logique que la première (« si l'on peut montrer... »). Le contenu de cette seconde proposition hypothétique est donné pour une vérité incontestable, qui ne sera pas discutée (c'est à elle que se réfère l'expression « examiner les faits ») ; du coup, il n'y aura pas, dans la suite du texte, d'examen impartial des deux hypothèses apparemment parallèles. Au lieu de quoi, coupant court à toute argumentation *pro et contra*, l'auteur assène une

[*] Sous la responsabilité de Stéphane Toulouse.

question purement rhétorique qui déboute de façon expéditive les tenants de la première hypothèse (« parce que... nous croyons que... »).

(1), 5. Le terme χορδοποιός désigne un fabricant de cordes pour instruments de musique. L'auteur file la métaphore musicale (développée à partir de 11 (4)) sur l'harmonie et la sympathie à distance entre les cordes d'un instrument de musique. Ici, le corps est comme l'instrument et l'auteur veut signifier que l'âme n'intervient qu'au terme de la fabrication, comme le joueur de lyre, qui use de l'instrument une fois qu'il a été fabriqué (il y a ici une homologie qui n'est pas indifférente entre l'âme et l'usager – voir le vocabulaire en 11 (4), 61 et 12 (1), 3 –, l'action de l'usager, qui porte sur la finalité, étant jugée supérieure, dans la pensée grecque classique, à l'acte de fabrication, qui porte sur les moyens et sur la matière. Voir par exemple l'article de J.-P. Vernant, « Travail et nature dans la Grèce ancienne », repris dans *Mythe et pensée chez les Grecs*.

(1), 7. L'emploi du « nous », qui prétend inclure dans un même ensemble les tenants de l'hypothèse fausse et l'auteur lui-même, est un procédé argumentatif intéressant : c'est une manière, bien sûr, de faire de la thèse erronée quelque chose de commun, une première opinion trop facile qui ne résistera pas à l'examen. Mais c'est aussi une manière, ensuite (« Or, des mêmes nous disons observer... »), de mettre au crédit de l'opinion adverse un constat commun important (l'apparition tardive de l'intellect) sur lequel l'auteur va rebondir.

(1), 9. L'expression νοῦν ἔχοντα est si commune en grec pour dire « être avisé, intelligent », qu'il serait bien forcé d'écrire dès ici « avoir l'intellect » – bien que l'auteur, en bon néoplatonicien, ait beau jeu de restreindre aussitôt le sens du terme, comme on le voit. La traduction de Festugière (« Tout cela... on se rend compte que cela n'a même pas de sens dans la période de l'enfance. ») paraît improbable : l'antécédent d'un relatif au pluriel, fût-il un neutre, est en général un substantif précis qui se trouve dans la proposition précédente : il est en revanche plus surprenant qu'un relatif neutre pluriel ait pour antécédent toute la proposition qui précède. Il faut ajouter que le sens de l'expression grecque νοῦν ἔχειν que propose Festugière est de loin le moins fréquent (voir *infra*, note à (3), 26-28, avec l'allusion au *Lachès*). Enfin, si l'on y réfléchit, la phrase entière de Festugière reste obscure : que pourrait bien être ce « tout cela » dont on se rend compte qu'il n'a aucun sens dans l'enfance – que les embryons ont déjà une âme quand ils sortent du ventre de la mère ?

(2), 14. Voir Aristote : « Mais il ne semble pas que l'intellect entendu au sens de prudence (φρόνησις) appartienne au même degré à tous les animaux, ni même à tous les hommes. », (*De l'âme* I 2, 404b6-7). Pour la venue tardive de la φρόνησις (et non du νοῦς), voir Platon, *Lois* II 653a7-9.

(3), 17-18. L'idée que le retour de l'âme sur elle-même est un retour vers le domaine de l'intellect est plotinienne (traité 49 (V, 3), 6) ; ce qui est peut-être encore plus caractéristique de son vocabulaire, c'est l'idée de « présence » à soi-même (c'est-à-dire la présence de l'intellect). Voir la *Sentence* 40 notamment : « On s'est écarté, en effet, de soi-même en même temps qu'on s'est écarté de l'être. Et si l'on se tient en soi-même en étant présent à soi-même présent, alors on est présent aussi à l'être qui est partout. Mais quand, s'étant abandonné soi-même, <on s'écarte de soi-même>, on s'est écarté aussi de l'être. Car telle est la valeur que possède la présence pour qui est présent à soi-même, et l'absence pour qui s'est séparé de soi-même. Et si, <lorsque nous sommes présents à nous-mêmes>, l'être nous est présent et le non-être absent, alors que l'être ne nous est pas présent quand nous sommes avec d'autres choses, ce n'est pas l'être qui est venu afin d'être présent, mais c'est nous qui nous sommes éloignés lorsqu'il n'est pas présent. Et quoi d'étonnant à cela ? Car si tu es toi-même présent à toi, tu n'es pas absent de l'être ; et tu n'es pas présent à toi-même tout en étant présent, et en étant toi-même celui qui est à la fois présent et absent, quand tu regardes vers d'autres choses, ayant négligé de te regarder toi-même. Mais si c'est de cette façon que, tout en étant présent à toi-même, tu n'es pas présent à toi-même, et si pour cette raison tu t'ignores toi-même, et si toutes les choses auxquelles tu es présent, tu les trouves, bien qu'elles soient loin de toi, plutôt que toi-même qui es présent à toi-même par nature, pourquoi t'étonner si ce qui ne t'est pas présent est loin de toi, quand le fait qu'il est loin de toi provient du fait que toi aussi tu es loin de toi ? Car plus tu t'approches de toi-même, bien que tu sois présent à toi-même et indissociable de toi-même, plus tu t'approches aussi de l'être, qui est donc aussi inséparable, selon son essence, de toi que toi de toi-même. » (*Sentence* 40, 30-49).

(3), 19. L'idée de maîtrise est importante dans toute cette phrase : l'idée est qu'il n'est pas licite de penser qu'une réalité incorporelle (et active, comme l'intellect) puisse être régie par les lois du monde sensible et ses conditions (temps, lieu). Voir à propos du lieu, Némésius, *De la nature de l'homme*, c. 3, p. 42, 5-8 Morani, qui est un fragment des *Symmmikta Zetemata* de Porphyre. Le supérieur a vocation à régir et maîtriser l'inférieur : seulement, la maîtrise est plus ou moins complète, selon l'appropriation du récepteur à recevoir la réalité supérieure.

(3), 20. Le rapport entre l'âme qui est un incorporel et le corps se fonde sur la notion d'aptitude (ἐπιτηδειότης). C'est ce que l'on peut constater en relisant les *Sentences* : « En revanche, la partie de l'âme qui a incliné vers la matière est retenue, selon la forme selon laquelle, après avoir incliné, elle est disposée à entrer en relation avec ce qui est engagé dans la matière, mais elle possède déjà la puissance de l'âme totale et la découvre comme étant en elle-même, dès que, s'étant écartée de ce qui est engagé dans la matière, elle se trouve en elle-même. » (*Sentence* 37, 42-45).

(3), 23. La traduction de Festugière n'a guère de rapport avec la grammaire du texte grec, en particulier dans la dernière partie de la phrase (« plus on leur est accordé, mieux aussi on les tient ») : ce sujet « on » est impossible. Reste à prendre comme sujet un terme précédent : le seul qui paraisse pouvoir être le sujet du verbe συμφωνεῖ, « s'accorder », est le neutre pluriel qui court dans tout le début de la phrase et qui désigne les réalités incorporelles (« ce qui s'unit en vertu des aptitudes des récepteurs » et qui n'est pas soumis aux puissances qui régissent le monde sensible). Nous croyons que l'auteur veut exprimer qu'il y a à la fois une correspondance entre l'accord de deux réalités inégales et la domination que la réalité supérieure exerce sur l'inférieure, et, en même temps, des degrés dans la maîtrise de l'inférieur (par exemple, un intellect divin, mouvant des corps célestes sphériques, en a évidemment une maîtrise bien plus parfaite qu'un intellect humain cherchant à maîtriser un corps et/ou une âme humaine – puisque l'âme raisonnable est une sorte de corps pour l'intellect : voir la *Lettre à Marcella*, c. 26, p. 121 des Places).

(3), 24-25. Cette affirmation rappelle une formule apparentée qu'on trouve dans la *Lettre à Marcella*, 11, p. 111, 22-24 des Places : « La philosophie enseigne que partout et totalement la divinité est présente. » La dissymétrie des deux formules (l'un est présent / l'autre est absent... à la divinité qui est présente) n'est pas non plus sans rappeler la *Lettre à Marcella*, 21-22, p. 118-119 des Places, à propos, justement, du connaissant et de l'ignorant : « par la sagesse de leur vie, ils apprennent la science des dieux et sont connus des dieux qu'ils connaissent », à quoi s'oppose un second groupe : « À ceux-là, en raison de leur ignorance et de leur incrédulité, les dieux échappent... eux qui ignorent les dieux sont connus des dieux et de la Justice qui vient des dieux. » Contrairement aux apparences, ceci n'est pas tout à fait une digression, car, pour Porphyre en tout cas, la présence du dieu ne diffère pas de la présence à soi-même, qui n'est autre que la présence de l'intellect à l'âme. Voir aussi la *Sentence* 40 : « Et si l'on se tient en soi-même en étant présent à soi-même présent, alors on est présent aussi à l'être qui est partout. » (30-31) et « C'est nous qui nous sommes éloignés, lorsqu'il n'est pas présent. » (36-37). Sur la présence d'un incorporel à un corps, voir aussi, dans le même sens, Plotin (traités 22 (VI, 4) et 23 (VI 5)).

(3), 25. Nous adoptons la très vraisemblable et économique correction de Kalbfleisch : οὐ δέος μή τις.

(3), 26. Nous adoptons la correction de Wendland, πολλῶν, de préférence aux corrections proposées par Kalbfleisch et par Festugière, pour la corruption πόλων.

(3), 26-28. La référence au *Lachès* 188b que donne dubitativement Kalbfleisch comporte un texte de sens assez différent, mais où l'on retrouve l'expression classique qui est en jeu ici : l'idée y est qu'il ne faut pas attendre la vieillesse comme si elle comportait d'elle-même l'intelligence (νοῦν ἔχον), mais comprendre que l'adage de Solon, auquel il est fait allusion, signifie qu'il ne cessa d'apprendre tout au long de sa vie (« en vieillissant », dit en fait Solon, qui n'est pas cité textuellement par Platon : γηράσκω). La même formulation, donnée aussi pour une citation de Platon, se retrouve chez Synésius de Cyrène (*Des songes* 7, 2), dont l'œuvre est notoirement sous influence porphyrienne. La référence la plus exacte est aux *Lois* II, 653a7-9. On trouve aussi chez Bion de Borysthène (dans Diogène Laërce IV, 50) une maxime qui associe étroitement vieillesse et sagesse.

(3), 27. Voir *Phèdre* 246c1-3 : « Quand [l'âme] est parfaite, et porte des ailes, elle s'élève dans les hauteurs et gouverne le monde entier ; quand elle a perdu ses ailes, elle est entraînée jusqu'à ce qu'elle saisisse quelque chose de solide. », et 248c6-9 : « Mais quand, incapable de suivre comme il faut, elle n'a pas vu, et que, par quelque malchance, gorgée d'oubli et de perversion, elle s'est alourdie, et sous l'effet de ce poids a perdu ses ailes et s'est abattue sur la terre… »

(3), 28. Sur l'intellect qui vient du dehors, voir Aristote : « Reste donc que l'intellect seul vienne du dehors (θύραθεν) et que seul il soit divin : car une activité corporelle n'a rien à voir avec son activité à lui. » (*De la génération des animaux* II, 3, 736b28-29). On notera que des idées sur l'intellect, similaires à celles qui sont exprimées ici, se trouvent chez Alexandre d'Aphrodise : « L'homme ne possède pas dès la naissance l'usage habituel de l'intellect en acte, il n'a qu'une capacité, une aptitude (δύναμιν καὶ ἐπιτηδειότητα) à le recevoir, et ce n'est que plus tard qu'il l'acquiert… En effet, tout ce qui contribue au bien-vivre vient en surplus chez ceux qui ont achevé leur croissance (τοῖς τελειουμένοις)… car le bon état n'apparaît qu'en ce qui est achevé (ἐν τῷ τελείῳ). » (*De l'âme*, p. 81, 13 et suiv.).

(3), 31. La phrase sert en quelque sorte de conclusion au passage sur la venue tardive de l'intellect : l'auteur renoue avec la thèse premièrement énoncée selon laquelle l'âme arrive à la naissance (idée rappelée allusivement ici par l'expression « petite enfance »). Il précise ses propriétés de telle manière que l'on comprend que c'est déjà l'âme raisonnable qui est présente chez le nourrisson. Et par le développement précédent sur l'intellect, on comprend l'un des sens possibles de « l'incomplétude » du tout jeune enfant : pour une explicitation du rapport entre l'intellection et le « perfectionnement » de l'homme (qui n'a pas lieu ici), voir le texte d'Alexandre d'Aphrodise cité dans la note précédente.

(4). L'incomplétude de la petite enfance, comme vont le manifester les exemples qui suivent, rapproche plus en fait le nourrisson de l'adolescent (langage fruste et nourriture liquide chez le nourrisson, mais langage tout de même et même mode d'alimentation que l'adolescent), que de l'embryon.

(4), 39. Les deux adjectifs ἄσημα et ἀσύνετα indiquent respectivement les défauts d'articulation et de signification.

(4), 40. Le déverbatif φάντασις est rare ; le terme français le plus proche semble être « manifestation » de joie, d'amitié, *etc.*

(4), 41. Il ne fait pas de doute que le démonstratif du début de la phrase (ἐν τούτοις) désigne les embryons ; l'emploi de l'imparfait est peut-être un indice textuel de ce retour à l'embryon. La traduction d'ἀφάνταστος par « sans manifestation » veut rester dans le même registre que φάντασις.

(5), 44. Le déverbatif ἔκτρεψις est aussi très rare; on n'en trouve que cinq occurrences dans le TLG. Deux de ces occurrences apparaissent dans notre traité ; et une troisième se trouve dans une citation de Porphyre, *Sur les statues* 359F Smith = Eusèbe, *Préparation Évangélique* III 11, 41, à propos d'Aphrodite, cause de génération et de nutrition. Après cette mise au point sur la différence fondamentale entre l'embryon et le nourrisson, qui nous a ramenés à la thèse antérieure de la vie végétative de l'embryon, voici que l'auteur revient à l'âme raisonnable, appelée ici d'une autre manière, plus brève et générale, τὸ λογικόν. Ainsi s'éclaire l'affirmation des lignes 29-30 selon laquelle l'âme arrive déjà douée « du raisonnement, du choix délibéré et de l'opinion ».

(5), 44-48. Cette phrase est étrangement bâtie. Pour traduire les compléments introduits par ἐκ, qui dépendent du substantif très rare, συνένδοσις, lequel comporte l'idée de s'abandonner, de céder, nous n'avons pas trouvé d'autre moyen que d'ajouter l'idée d'incitation.

(5), 48-51. De nouveau, l'auteur propose une distinction nette entre l'embryon et le nourrisson, sur le point de la perception sensible – ce qui lui permet de marquer encore une fois l'incomplétude spécifique de l'embryon, qui tient à l'absence d'organes, et non à une faculté qui serait là en puissance et devrait être activée comme c'est le cas pour l'incomplétude – incomplétude, d'une autre nature, du nourrisson.

(6), 51-52. La superfétation est une fécondation qui se produit chez une femelle qui porte déjà un fœtus vivant. Aristote consacre au phénomène tout un chapitre de son *De generatione animalium* (IV 7, 773-774b). Cf. *Histoire des animaux* VII 4, 585a3-24. L'auteur revient de nouveau à l'embryon, pour marquer que sa vie relève seulement du végétatif et de la plus sommaire activité de fabrication de la nature ; c'est donc bien un vivant qui n'est pas animé par une âme animale. Le terme μύλος désigne une masse charnue qui résulte d'un développement morbide de l'œuf.

(6), 60. L'expression κατὰ λόγον signifie certainement la norme du développement biologique, l'ordre naturel qui est à l'œuvre dans les « raisons séminales ».

(7), 61. Festugière modifie le début du paragraphe pour avoir une particule conclusive. Mais l'adverbe démonstratif qu'il retient n'a pas, semble-t-il, de valeur conclusive, et d'ailleurs, il n'y a pas ici de conclusion ; en effet, par un mouvement de balancier, l'auteur oppose la môle, produit manqué, à l'embryon, produit normal, parce que celui-ci bénéficie d'une activité nutritive.

(7), 61-69. L'idée d'un conflit entre les puissances végétative et sensitive se retrouve chez Aristote. Plus généralement, Aristote considère que, dans le cas des êtres qui, comme l'homme, sont à la différence du dieu, dotés de plusieurs puissances, l'activité (ἐνέργεια) de l'une entrave celle de l'autre (*Éthique à Nicomaque* I 2, 1102b2-11 ; VII 7, 1154b23-24).

(7), 69. Le terme ἀπήχημα est familier à Proclus et à Damascius. Bien que Plotin ne l'emploie pas du tout, il est remarquable que l'on trouve dans le traité 28 (IV, 4), 22, 1 *sq*., un verbe composé à partir de ce substantif (ἐναπηχέω) au passif, dans un passage qui concerne la vie des végétaux, mais qui a valeur, par analogie, pour comprendre la conception que se fait notre auteur de la vie de l'embryon : « S'agissant des végétaux, faut-il distinguer entre ce que l'on peut appeler l'écho (τὸ οἷον ἐναπηχθέν) qui se trouve dans leurs corps et ce qui produit cet écho (en nous, il s'agit de la faculté désirante, et en eux de la puissance végétative) ? »

(7), 69-72. Cette phrase est très étrange (la cascade de datifs à la fin), non seulement pour le sens, mais aussi pour la grammaire. On dirait qu'il s'agit d'évoquer brièvement une sensibilité minimale nécessaire à l'embryon en tant qu'il est capable d'être animé, sur le modèle de la plante qui a besoin de la lumière solaire, comme d'un milieu ou d'une condition sensible, pour croître et arriver à achèvement. L'hypothèse du « substrat sensitif » préserve la thèse soutenue par l'auteur concernant l'absence de faculté sensitive chez l'embryon (6 (4)), et ce qui sera dit plus bas, en 16 (4), 33-38.

RÉSUMÉ DU CHAPITRE 13

Ce chapitre marque l'entrée dans la deuxième partie de l'*Ad Gaurum*, en même temps qu'un progrès décisif dans l'argumentation : il ne s'agit plus de démontrer que l'embryon n'est pas un animal en acte, mais qu'il ne peut être dit animal en-puissance qu'en un sens restrictif. La distinction entre deux sens de l'« en puissance » était déjà présente au chapitre 1 ; elle est ici reprise et développée. Peut être dit en puissance :

– ce qui possède déjà la forme (εἶδος) accomplie et peut ainsi, sans modification ou maturation supplémentaire, exercer l'acte correspondant, mais se tient au repos. L'en-puissance doit alors être entendu au sens de l'ἕξις ;

– ce qui est seulement approprié à la réception de la forme. L'en-puissance s'entend alors au sens de l'ἐπιτηδειότης ou de la convenance.

Cette distinction est déterminante dans la rupture avec la théorie aristotélicienne de l'embryon. Car ce qu'il s'agit d'affirmer, c'est que l'embryon ne peut être dit animal en-puissance que dans le second sens distingué : au sens non pas où il aurait déjà l'âme animale mais où il est capable de la recevoir (**1**). Le point est illustré par une métaphore qui fait écho au chapitre 10 où l'âme automotrice était comparée à un pilote prenant la commande de l'embryon achevé, c'est-à-dire mis au monde (du navire mis à flots). Par une sorte de métonymie et en écho à *Génération des animaux* II 6, 743a23-26, on file cette première image en conservant celle de la rame, c'est-à-dire du principe moteur. On distingue donc la rame déjà façonnée mais qui n'agit pas, ou plus (ἕξις), du bois dont les qualités se prêtent à recevoir la forme de la rame, mais qui n'a pas encore été façonné (ἐπιτηδειότης) (**2**). La question est alors de savoir si l'embryon est semblable à la rame qui n'agit pas – ou, aussi bien, à l'homme capable d'exercer sa puissance sensitive mais ne l'exerçant pas (le dormeur auquel Aristote le compare en *Génération des animaux* V 1, 778b32 *sq.*) – ou au bois (**3**). On s'appuie sur les faits déjà avancés pour montrer que c'est la deuxième hypothèse qui est la bonne : dans l'embryon en gestation, la forme n'est pas entièrement présente, y compris quand les contours extérieurs sont assemblés. Il faut donc distinguer la μορφή de l'εἶδος, l'enveloppe externe de la forme formatrice qui constitue et organise le corps vivant en sa totalité. La doctrine cette fois est celle, aristotélicienne, de l'hylémorphisme, mais elle ne vaut que pour l'âme végétative : ce n'est qu'une fois pleinement organisée par l'âme végétative que la matière embryonnaire, devenue corps vivant, peut être dite en-puissance, au sens où elle est apte à recevoir l'âme sensitive et motrice. L'hylémorphisme aristotélicien est donc mis au service d'une conception anti-aristotélicienne de l'embryon (**4-5**). La suite du texte tente de rattacher cette thèse à l'orthodoxie platonicienne, et donc aussi d'articuler celle-ci à l'hylémorphisme. L'auteur s'appuie sur l'association, dans le *Timée*, des trois parties de l'âme à trois régions du corps. Il y voit la preuve que les puissances de l'âme qui leur correspondent ne peuvent animer des organes inachevés (**6**). Mais il faut alors affronter une autre difficulté : la tripartition platonicienne suggère une présence locale de l'âme au corps. Pour éviter un tel contresens, on rappelle la thèse défendue au chapitre 11, selon laquelle la présence de l'âme au corps n'est pas κατὰ τόπον, mais κατὰ ἐπιτηδειότητα (**7**).

Notes[*]

(1), 1-3. Voir 4 (7), 74-75. On notera que le terme αὐτοκίνητος ne se trouve pas chez Plotin. Dans le traité 2 (IV, 7), 9, 1-9, cependant, il est dit de l'âme que « principe de mouvement et fournissant le mouvement aux autres choses, elle se meut d'elle-même (αὐτὴ δὲ ἐξ ἑαυτῆς κινουμένη) », trad. Bréhier. Le terme se trouve quatre fois chez Porphyre : *De l'abstinence* II 37, 2 (à propos de l'âme du monde), *In Ptolem. Harm.* 18, 11 et *Sentence* 21, 24, et 19, 8, où les « vies automotrices » sont distinguées de celles qui subsistent dans leur dépendance : sur l'équivalence entre vie et âme, voir la note *ad loc.* de R. Goulet (*Porphyre. Sentences*, Paris, Vrin, 2005, t. II, p. 509-511). Dans ce dernier texte, l'expression « vie automotrice » renvoie à l'âme rationnelle, tandis qu'ici celle d'« âme automotrice » renvoie à l'âme animale.

(1), 3. Le chapitre 1 distinguait déjà deux sens de l'en-puissance (δυνάμει) : celui-ci se dit « soit de ce qui, n'ayant pas encore reçu la puis-

[*] Sous la responsabilité de Gwenaëlle Aubry.

sance, est cependant en mesure de la recevoir (par exemple l'enfant à l'égard de la lecture et de l'écriture), soit de qui a reçu la puissance, mais n'est pas en train d'agir en vertu de celle-ci » – par exemple l'enfant qui sait déjà lire et écrire mais s'occupe à autre chose ou dort (1 (1), 18-22). C'est cette distinction qui va être ici développée. Elle paraît faire écho au triple schème aristotélicien de la puissance, diversement formulé en *De anima* II, 5, 417a22-b1, *De la génération des animaux* II 1, 735a5-11, et *Physique* VIII, 255b 1-8. Mais le terme d'ἐπιτηδειότης n'apparaît pas dans ces textes, ni plus généralement chez Aristote. Le premier usage significatif de ce terme se trouve chez Philon le Mégarique, qui l'emploie pour désigner une puissance passive, définie indépendamment des conditions de son actualisation. C'est Alexandre d'Aphrodise qui va intégrer l'ἐπιτηδειότης au triple schème d'Aristote, et qui va aussi l'opposer à l'ἕξις et l'appliquer à l'embryon (*Quaest.* 81, 8-10 ; *De An.* 36, 19-37, 3). Voir *supra*, Introduction, p. 64-67.

(1), 4. Dans les *Catégories* VIII 8b25-9a28, Aristote distingue l'ἕξις tant de la διάθεσις que de la δύναμις : au contraire de la διάθεσις, qui peut être modifiée, l'ἕξις est une disposition stable, dont la constance fait une « seconde nature » ; et au contraire de la δύναμις, l'ἕξις est acquise, et non innée. Connaissances et vertus sont caractérisées comme des ἕξεις. On retrouve, dans l'*Éthique à Nicomaque*, cette opposition entre ἕξις et δύναμις : vertus et vices doivent être considérés comme des ἕξεις, et non des δύναμεις : en effet, écrit Aristote, « nous ne sommes pas appelés bons ou mauvais d'après notre capacité à éprouver simplement ces états, non plus que nous ne sommes loués ou blâmés. De plus, nos facultés sont en nous par nature, alors que nous ne naissons pas naturellement bons ou méchants [...] Si donc les vertus ne sont ni des affections, ni des facultés (δύναμεις), il reste que ce sont des dispositions (ἕξεις). » (II 4, 1106a7-12 trad. Tricot). Il faut ajouter que cette disposition ne précède pas l'acte, mais, à l'inverse, procède de sa répétition (τὰς δ' ἀρετὰς λαμβάνομεν ἐνεργήσαντες πρότερον, ὥσπερ καὶ ἐπὶ τῶν ἄλλων τεχνῶν, II 1, 1103a31-32). Si, comme on l'a dit, la notion d'ἐπιτηδειότης, et son opposition à l'ἕξις, ne sont pas aristotéliciennes, on trouve toutefois, dans l'*Éthique à Nicomaque* encore, un texte qui peut être interprété comme les anticipant : au début du livre II, Aristote souligne déjà que les vertus ne sont en nous ni par nature, ni contre la nature ; mais, ajoute-t-il, « la nature nous a donné la capacité de les recevoir, et cette capacité est amenée à maturité par l'habitude (πεφυκόσι μὲν ἡμῖν δέξασθαι αὐτάς, τελειουμένοις δὲ διὰ τοῦ ἔθους) » (II 1, 1103a23-26). Ainsi, il est bien question ici d'une réceptivité pour la disposition. Si l'on se tourne à présent vers le triple schème du *De l'âme*, le terme ἕξις y intervient en 417a32 : cependant, il ne désigne pas strictement un degré de puissance, mais les deux états, contraires et successifs, par lesquels passe la δύναμις 1 (l'ignorance et le savoir) ; de cela on peut toutefois conclure que la δύναμις 2 correspond à une ἕξις particulière (le savoir), mais non qu'ἕξις et δύναμις 2 sont identiques (il y une ἕξις antérieure à la puissance seconde : en l'occurrence, dans l'exemple donné, l'ignorance). Aussitôt après, on trouve τοῦ ἔχειν, opposé à τὸ ἐνεργεῖν (417a32-417b1) : là encore, ceci explique que certains commentateurs puissent être tentés d'identifier l'ἕξις à la δύναμις 2, soit au stade intermédiaire entre la δύναμις 1 et l'ἐνέργεια. Sur ce point, voir aussi *infra* n. à (2), 14-15. Notons enfin que dans la *Sentence* 29, c'est à celui de διάθεσις que le terme d'ἐπιτηδειότης est associé : il y est dit des corps qu'ils « reçoivent <l'âme> selon les aptitudes (κατὰ τὰς ἐπιτηδειότητας) de leur nature propre compte tenu de la disposition déterminée (ποιᾶς διαθέσεως) de l'âme ».

(1), 4-6. Voir de même plus bas, ligne 15. Il faut entendre ici δύναμις dans le sens de la puissance active et non de l'en-puissance, et par opposition à l'action et non à l'acte (μὴ ἐνεργοῦν, l. 6). Noter la juxtaposition entre ce terme de δύναμις et celui de τέλειον (l. 7). L'association entre forme (εἶδος) et ἕξις se retrouve chez Alexandre d'Aphrodise, qui associe aussi ces deux termes à l'âme : voir par exemple *De l'âme* (31, 12) ainsi que P. Accatino, « Generazione dell'anima in Alessandro di Afrodisia, *De anima* 2.10-11.13 », *Phronesis*, vol. XI, n. 2, 1995, p. 182-201.

(1), 11. Nous traduisons ici le μένον du manuscrit rétabli par T. Dorandi et qui fait plus de sens que le μόνον proposé par Kalbfleisch : voir plus bas ligne 22 : μένειν.

(2), 12. Lacune. Mynas propose ἐν τριήρει, mais l'espace disponible est insuffisant.

(2), 13. On retrouve ici l'image du chapitre 10, qui faisait écho à Aristote, *Physique* II 8, 199b28-29. L'âme cependant n'est plus comparée au pilote mais à la rame, l'accent se trouvant ainsi porté sur sa puissance motrice. Le premier sens de l'en-puissance qui vient d'être défini est ainsi illustré : la rame est déjà façonnée, et donc « accomplie du point de vue de la forme » de sorte que, dans des circonstances adéquates, elle pourrait accomplir sa fonction.

(2), 14-15. Noter l'application de l'adjectif τέλειον à l'ἕξις elle-même, et non, comme on pourrait l'attendre en contexte aristotélicien, à l'ἐνέργεια (ou ἐντελέχεια) (sur l'équivalence ἐνέργεια / τέλος, voir par exemple Aristote, *Métaphysique* Θ 8, 1050a9 et 1050a21-22). Peut-être faut-il ici penser, plus qu'à l'ἕξις aristotélicienne, à l'ἕξις stoïcienne. C'est ce que suggère P. Hadot qui, dans *Porphyre et Victorinus* (I, Études Augustiniennes, 1968, p. 228-229), cite et commente notre texte, et renvoie à Simplicius, *Commentaire sur les* Catégories *d'Aristote,* p. 306, 19 ; Cicéron, *De fato,* 18, 43 ; Clément d'Alexandrie, *Stromates*, VIII, 9, 96, 6 (= *SVF*, II, 344). Si, chez Aristote, l'ἕξις est ontologiquement inférieure à l'acte (c'est bien pourquoi la fin de l'éthique n'est pas la vertu, simple ἕξις, mais le bonheur qui, lui, est une ἐνέργεια), à l'inverse, l'ἕξις stoïcienne est posée à la fois comme antérieure et supérieure aux actes qu'elle autorise, en tant qu'elle est la nature même de la chose. On trouve cependant, un peu plus loin dans notre texte, une critique de l'ἕξις stoïcienne et plus précisément de son antériorité sur la φύσις (14 (3),

14). On peut de ce fait se demander si la promotion de l'ἕξις ne pourrait pas plutôt être renvoyée à une source platonicienne : on sait en effet que dans le *Théétète*, l'ἕξις est opposée à la κτῆσις comme l'avoir effectif à la simple possession (197b-198d), marquant ainsi un état accompli, qui autorise tant l'usage que l'action.

(2), 15. Au contraire de Festugière, nous donnons à ἀπό un sens temporel, dès lors que l'ἕξις résulte de l'acte. Voir Aristote, *Éthique à Nicomaque* II 1, 1103b21-22 : ἐκ τῶν ὁμοίων ἐνεργειῶν αἱ ἕξεις γίνονται.

(2), 15-16. De nouveau, il faut ici entendre δύναμις par contraste avec τὸ δυνάμει, au sens classique et pré-aristotélicien d'une capacité d'agir définitionnelle du sujet. Sur la distinction entre la puissance et l'en-puissance, et l'élaboration par Aristote du concept d'en-puissance, corrélatif de celui d'ἐνέργεια, voir G. Aubry, *Dieu sans la puissance.* Dunamis *et* energeia *chez Aristote et chez Plotin,* Paris, Vrin, coll. « Bibliothèque d'histoire de la philosophie », 2006.

(2), 16-21. De même que le premier sens de l'en-puissance est tiré du côté de l'ἕξις, de même le second est tiré du côté de l'ἐπιτηδειότης. Et l'on s'écarte plus décisivement encore d'Aristote. Certes, le contexte fait résonner *Métaphysique* Θ 7, où Aristote définit les conditions qui permettent de dire de la matière qu'elle est en-puissance. Mais, dans le cas des êtres *naturels*, ou qui ont en eux-mêmes leur principe de génération, Aristote se refuse à dire en-puissance ceux qui ne peuvent pas se transformer d'*eux-mêmes*. Ainsi le σπέρμα peut être dit homme en-puissance, à partir du moment où il peut, « en vertu de son propre principe (διὰ τῆς αὑτοῦ ἀρχῆς) » développer la forme de l'homme (1049a15-16). Porphyre à l'inverse identifie le second sens de l'en-puissance à l'ἐπιτηδειότης, soit à la réceptivité ou à la convenance. Cet écart terminologique porte toute sa rupture d'avec la théorie aristotélicienne de l'embryon : l'embryon sera dit animal en-puissance non pas au sens où il peut, de lui-même, actualiser en lui-même les puissances de l'animal, mais au sens où il les reçoit de l'extérieur à la naissance. Voir sur ce point Introduction p. 57-61, ainsi que G. Aubry « Capacité et convenance : la notion d'ἐπιτηδειότης dans la théorie porphyrienne de l'embryon », dans L. Brisson, M.-H. Congourdeau et J.-L. Solère (éd.), *L'embryon. Formation et animation,* Paris, Vrin, 2008, p. 139-155.

(2), 16. La métaphore du menuisier et des morceaux de bois se retrouve chez Aristote, en *Gen. An.* II 6, 743a23-26, dans un texte qui souligne la nécessaire appropriation de la matière à la forme : « Ce qui est en puissance ne peut passer à l'être sans l'action d'un moteur comportant l'énergie nécessaire, pas plus que le moteur qui possède cette énergie ne peut le faire avec n'importe quoi : de même le menuisier ne peut faire un coffre autrement qu'avec du bois, et sans le menuisier, un coffre ne peut se faire qu'avec des planches. » (trad. P. Louis). L'image des morceaux de bois se trouve encore chez Alexandre d'Aphrodise, *De l'âme* 25, 16-18 : « On ne peut dire en effet :

puisque les morceaux de bois dans un banc reposent les uns à côté des autres, le banc est une harmonie. » (trad. R. Dufour). On se souvient que le chap. 11 a introduit pour sa part la notion de συμφωνία (11 (2), 17). Il s'agit ici de souligner que le corps de l'embryon est apte, au terme de son développement, à recevoir l'âme animale, ou encore à s'accorder à elle, mais qu'il ne la possède pas d'emblée et ne la reçoit que de l'extérieur – de même que des morceaux de bois peuvent être façonnés en rame mais non s'organiser d'eux-mêmes en cette forme.

(2), 19. Il faut noter qu'ici, et contrairement à ce qui était le cas au chapitre 10 (voir *supra* notes à 10 (4), 33-44), la métaphore artificialiste n'est pas corrigée (l'embryon va bien être comparé aux morceaux de bois qui n'ont pas encore reçu la forme de la rame). De la sorte, le sens de l'image aristotélicienne est complètement inversé : là où il s'agissait, pour Aristote, en *Phys.* II 8, 199b28-29, de souligner l'immanence des processus de la φύσις par opposition à ceux de la τέχνη, il s'agit à l'inverse, pour Porphyre, de marquer que l'embryon n'est pas l'agent de son propre devenir animal, mais que ce dernier est conditionné par l'intervention d'un agent extérieur.

(2), 21. Littéralement : « ... dans un cas ceci est dit "en puissance" du fait qu'il peut... » Voir déjà chapitre 1 (2), 18-19.

(2), 23. Nous traduisons de la sorte le verbe ἐγγίγνομαι.

(3), 23-24. Voir déjà au chapitre 12 (7), 66, ainsi qu'Aristote, *Éthique à Eudème* I 5, 1216a1-10 sur le primat de la vie végétative chez les plantes comme chez les très jeunes enfants « qui, depuis leur conception, passent tout leur temps à croître et à dormir » ; *Éthique à Nicomaque* I 13, 1102b3-6 sur la présence de la puissance végétative chez l'embryon, et son activité durant le sommeil ; enfin, et surtout, *De la génération des animaux* II 1, 735a9-11 : « Une même chose peut être, en-puissance, plus ou moins loin de se réaliser : ainsi le géomètre qui dort est plus loin <de la géométrie> que le géomètre éveillé, et celui-ci que le géomètre qui contemple. » (trad. P. Louis) ; sur le rapport entre le triple schème de la puissance tel qu'il est formulé ici, et celui que l'on trouve en *De l'âme* II 5, 417a22-417b1, ainsi qu'avec *De l'âme* II 5, 417b16-18, voir Introduction p. 61-62. Il faut le considérer à la lumière du *De la génération des animaux* V 1, 778b32 *sq.*, où l'état initial de l'embryon est comparé à celui du dormeur c'est-à-dire à un état où la sensibilité ne s'exerce pas. Mais que son état initial ressemble au sommeil, c'est précisément ce qui, pour Aristote, distingue l'embryon des plantes : car celles-ci ne connaissent ni sommeil ni réveil là où, à l'inverse, l'embryon va, dans le cours de son développement, « s'éveiller » à la sensibilité.

(3), 26-27. L'ivresse et le sommeil sont associés par Aristote, par exemple en *Éthique à Nicomaque* VII 4, 1147a13-14 ; 1147b7- 8.

(3), 27. Cette brève notation minimise la distinction entre l'embryon et la semence – une façon de suggérer, peut-être, qu'une seule et même puissance (la végétative) les régit tous deux.

(4), 32-33. Festugière fait de εἶδος le complément de περικειμένη ; il nous semble à l'inverse que cette proposition doit se construire comme la précédente, avec τὸ εἶδος comme sujet et ἡ μορφή comme attribut ; il s'agit ici, dans un apparent accord avec l'hylémorphisme aristotélicien, de souligner la différence entre la simple figure externe, l'enveloppe, ou les contours, et la forme interne, essentielle et formatrice, qui constitue et organise le corps en le dotant de ses capacités spécifiques. Ce texte éclaire 10 (3), 28-32, où l'on lisait : « De fait, si l'on arrache de force un fruit à la matrice alors qu'il n'est pas mûr, et même si le terme est proche, on constate que ses parties internes sont flasques et mal ajustées, alors même que l'action formatrice est avancée et que les contours extérieurs sont tissés. »

(4), 38-39. Noter la construction en chiasme qui renforce la comparaison entre l'embryon et le végétal. Celle-ci porte plus encore si l'on se souvient que, dans l'Antiquité, les femmes accouchaient en position assise et non allongée. On retrouve cette même comparaison en contexte stoïcien – *cf.* le pseudo-Plutarque : « Pour les stoïciens <l'embryon> est une partie du ventre, et non un vivant : de même, en effet, que les fruits sont des parties des plantes qui mûrissent et se détachent, de même pour l'embryon. » (*Opinions des philosophes* V 15, 907C (= *SVF* II 756), trad. G. Lachenaud).

(5), 44. Pour ὄρεξις, voir 4 (1), 6 et 4 (6), 52. Sur l'association de celle-ci par Plotin tantôt à la puissance végétative, tantôt à la puissance sensitive, voir H. Blumenthal, *Plotinus' Psychology*, Martinus Nijhoff, The Hague, 1971, chap. IV. Dans le traité 27 (IV, 3) 23, l'ὄρεξις est associée à l'ὁρμή et à la puissance sensitive de l'âme (21-33). Mais dans le traité 53 (I, 1) 5, 21-23, l'ὀρεκτικόν apparaît comme un terme englobant l'ἐπιθυμία et le θυμός, lesquels sont explicitement attribués par le traité 28 (IV, 4) 28, 10-17 à la puissance végétative. Cette hésitation manifeste bien, comme le souligne Blumenthal, que Plotin conçoit l'âme comme un *continuum* de puissances, au sein duquel il est difficile d'établir des partitions strictes. Dans le traité 53, il est précisément question d'une procession continue de puissances, depuis la puissance sensitive jusqu'à la « puissance de génération et de croissance » (8, 18-21) : on peut se demander si l'ὄρεξις ne peut être considérée comme l'une de ces puissances intermédiaires.

(5), 45-46. Selon la formule définitionnelle proposée aux lignes 22-23.

(6), 48. Le terme ἡγεμονικόν est stoïcien. Dans le Περὶ ἀγαλμάτων de Porphyre, fr. 3 Bidez, appendice p. 6, 14 s. = 354F, 5 Smith, on trouve toutefois τὸ ἡγεμονικώτατον. Limburg (p. 172, n. 164) renvoie à *Timée* 70a, mais on y verrait plutôt un écho à *Timée* 70c : καὶ τὸ βέλτιστον οὕτως ἐν αὐτοῖς πᾶσιν ἡγεμονεῖν ἐῷ.

(6), 47-50. Cf. *Timée* 69a-75c.

(6), 51-52. L'argument est dangereux à manier, car il suggère que la présence de l'âme au corps est locale (aussi les dernières lignes du chapitre vont-elles lever le malentendu). Sur cette difficulté, voir Plotin 27 (IV, 3), 20-23, et plus particulièrement 23, pour l'interprétation de *Timée* 69e *sq*.

(6), 53. Sur ce principe de finalité, qui emporte un principe du meilleur et un principe de raison suffisante, voir notamment *Timée* 45b3 et 46e *sq*. où Platon parle des yeux comme d'instruments (ὄργανα) utiles à l'âme (avec aussi la critique de ce texte et de l'idée qu'il porte d'un raisonnement divin par Plotin dans le traité 38 (VI, 7) 1 ; *cf.* le commentaire de P. Hadot, p. 195-200). *Cf.* aussi *Philèbe* 28d8. Sa formulation en rapport avec le « dieu » est platonicienne, avec la « nature » aristotélicienne ; voir *infra* note à (6), 54-55.

(6), 54. On retrouve ici l'interlocuteur fictif déjà sollicité au chapitre 10 (4), 35-36.

(6), 54-55. On pourrait aussi traduire « à qui ne peut encore l'utiliser » (la relative admet une double traduction). L'argument est ici inversé : il ne souligne plus la corrélation de l'âme à un organe déterminé, mais celle, réciproque, de l'organe-instrument à l'âme qui l'utilise. Le principe de finalité emporte ici un principe d'économie : il serait vain de doter l'embryon d'un organe avant qu'il reçoive la puissance qui permet à celui-ci de fonctionner. Rappelons que pour Aristote, le cœur est, dans l'embryon, « la première partie qui se différencie et existe en acte » (*De la génération des animaux* II 4, 740a3-4). La longue section du *De la génération des animaux* consacrée à la formation des parties de l'embryon est scandée par ce principe selon lequel « la Nature ne fait rien en vain » (II 4, 739b19-20 ; II 5, 741b4 ; II 6, 744a36-38, avec une variation : « Mais comme la nature ne fait rien de superflu ni rien en vain, il est évident qu'elle ne fait rien non plus ni trop tôt ni trop tard : sinon le résultat serait vain ou superflu. »). Porphyre fait ici jouer ce principe contre la thèse qui, chez Aristote, accompagne sa formulation.

(6), 55-56. Cette fois il s'agit de la nature immanente à l'embryon, et non du principe ordonnateur du cosmos.

(6), 57. Voir la théorie de l'embryogenèse développée au chapitre 10 (4-5).

(7), 61-62. *Cf.* chapitre 11 (2) et (3), ainsi que les *Sentences* 3, 33 (l. 3-9), et 35, où l'on lit : « La présence n'est donc pas locale, mais elle produit une similitude, dans la mesure où il est possible qu'un corps soit rendu semblable à un incorporel et qu'un incorporel se manifeste dans un corps rendu semblable à lui. » (19-22). Cette présence non locale est aussi une présence par la puissance (δύναμις), et plus précisément par la puissance seconde (δευτέραν τινὰ δύναμιν) : voir *Sentence* 4 ainsi que Plotin, 22 (VI, 4) en particulier 3, 6-8 : « Quand un être ne peut être présent en une chose sans perdre, en venant en elle, quelque chose de sa propre nature, alors c'est une de ses puissances qui est présente à ce à quoi il est présent. » ; un peu plus loin dans le même chapitre, on lit que l'âme et le corps sont dans un rapport de sympathie accidentelle (l. 19-20) et plus loin encore : « La raison affirme qu'il est nécessaire, pour qui ne reçoit pas de lieu, d'être présent en entier à celui à qui il est présent, et il est présent tout entier en étant présent à la totalité comme aussi à chacun. » (l. 27-29). Sur la théorie des puissances impliquée par celle de l'omniprésence de l'incorporel, voir G. Aubry, *Dieu sans la puissance...*, op. cit. *supra*, p. 239 *sq*. Se trouve ainsi corrigée l'idée d'une présence locale de l'âme au corps que suggérait, plus haut, la référence au *Timée*. C'est peut-être ce qu'indique aussi la correction de ἔνεστι en πάρεστι.

(7), 63. Au contraire de Festugière (et le πάλιν de la ligne 60 qu'il ne traduit pas nous paraît aller en ce sens), nous aurions tendance à comprendre que l'auteur fait allusion non pas à un défaut originel de convenance qui empêcherait l'âme d'être présente à un corps donné, mais au phénomène de la mort, soit à la déliaison d'un accord existant. Voir la *Sentence* 28.

(7), 68. *Cf.* 11 (3), 31 ; mais ici il n'y a plus d'ambiguïté : on a glissé d'un contexte hylémorphiste à un contexte instrumentaliste, et du corps organisé, ou organique, d'Aristote au corps-instrument de Platon. L'équivocité du terme grec ὄργανον, qui signifie à la fois l'organe et l'instrument, permet le glissement d'une doctrine à l'autre. Il ne s'agit plus de dire que l'âme ne peut advenir que dans une matière qui lui est accordée (c'était le sens, on l'a vu, de l'image du bois et du menuisier telle qu'utilisée par Aristote en *Gen. An.* II 6, 743a23-26), mais que l'utilisateur ne peut se servir que d'un instrument achevé.

RÉSUMÉ DU CHAPITRE 14

Ce chapitre est dirigé contre une thèse stoïcienne qui veut que les capacités propres à l'âme animale soient présentes sous forme de « raisons (λόγοι) » dans le sperme **(1 et 2)**. À cette thèse, on oppose la critique fondamentale que Plotin et Porphyre adressent au Stoïcisme : l'inversion du rapport de l'inférieur au supérieur, qui fait du premier le principe et non l'effet du second, et ce faisant aussi l'inversion du rapport de l'acte et de l'en-puissance **(3)**. Cette critique en implique une autre, plus précise : il n'y a pas de sens à dire, avec Chrysippe, que le πνεῦμα végétal qui anime l'embryon devient animal, lorsqu'il est refroidi par l'air ambiant à la naissance ; cela revient en effet à dire que l'animal résulte du végétal qui lui est inférieur **(4)**.

*Notes**

(1), 1. Il s'agit des Stoïciens, nommés ici au paragraphe 3, et notamment de Chrysippe nommé au paragraphe 4. Dans son introduction, Kalbfleisch (p. 15, n. 1) signale que l'expression qui ouvre le texte « Oui, disent-ils, mais de même... » se retrouve dans Porphyre, *De abstinentia* III, 21, 1 : Ναί, φασίν, ἀλλ' ὡς... Le terme λόγος traduit par « raison » désigne le principe agissant

* Sous la responsabilité de Françoise Hudry.

dans la matière pour lui donner forme. Sur cette notion, voir L. Brisson, « *Logos* et *logoi* chez Plotin. Leur nature et leur rôle », *Cahiers philosophiques de Strasbourg* 8 [numéro spécial sur Plotin] 1999, p. 87-108 ; repris dans *Ontologie et Dialogue. Hommage à Pierre Aubenque*, sous la direction de Nestor L. Cordero, Paris, Vrin, 2000, p. 47-68.

Les Stoïciens considèrent l'univers comme unité divine, vivante, organisée suivant des lois rationnelles et gouvernée dans ses moindres détails par la Providence. Au fondement de leur cosmologie, ils posent les deux principes suivants. L'un n'a d'autre capacité que de pâtir, c'est la matière (ὕλη), dépourvue de toute détermination, de tout mouvement et de toute initiative ; et l'autre a la capacité d'agir et apporte à la matière forme, qualité et mouvement. Ce second principe, c'est la « raison » (λόγος). Dans un tel contexte, le λόγος peut aussi recevoir le nom de « dieu », car son action en fait en quelque sorte l'artisan de l'univers, mais un artisan dont l'art réside dans toutes les productions de la nature. Étant donné l'indétermination de la matière, le Stoïcisme se trouve forcé de reconnaître dans le seul λόγος la cause des caractéristiques physiques les plus élémentaires, celles des quatre éléments (feu, air, eau, terre) et celles du résultat de la combinaison de ces quatre éléments dans les choses sensibles ; par exemple ici, les dents, la barbe, le sperme et les menstrues. L'action du λόγος sur la matière et sur les corps reste une activité matérielle, corporelle.

D'ailleurs le principe actif, que les Stoïciens appellent λόγος est aussi appelé « feu ». Il ne s'agit pas du feu concret, mais ce feu réunit en lui tous les pouvoirs du feu concret. C'est une énergie, et les trois autres éléments (air, eau, terre) correspondent aux trois états dans lesquels il peut aussi se trouver : gazeux, liquide, solide. Se situant dans une tradition qu'ils font remonter à Hésiode, les Stoïciens considèrent que l'univers résulte d'une série de transformations du dieu qui, en tant que feu créateur, procède à une génération du monde qui, dans le cadre d'une série indéfinie de cycles, s'avère indissociable de sa destruction par suite d'un embrasement total. L'univers se résout alors dans l'état d'où il était sorti, chaque séquence cosmique n'étant par ailleurs que la répétition de la précédente. En effet, ce sont toujours les mêmes « raisons séminales ou germinatives » (λόγοι σπερματικοί) qui s'y trouvent à chaque fois réactualisées.

On peut encore concevoir ce feu qu'est le λόγος identifié à dieu comme un souffle igné, le πνεῦμα partout présent. Dans toutes les parties du monde pénétrées par ce πνεῦμα et informées par lui, le feu qui est chaud se trouve associé à l'expansion, et l'air qui est froid se voit caractérisé par la contraction. Cette oscillation, qui anime tous les corps et qui assure leur cohésion, s'appelle « tension » (τόνος), une tension qui se diversifie suivant les régions de l'univers : elle prend le nom de « constitution », de « tenue » ou de « maintien » (ἕξις) dans les solides inanimés, de « croissance » (φύσις) dans les végétaux et d'« âme » (ψυχή) dans les êtres vivants (SVF II 1013 = Sextus Empiricus,

Adv. math. IX 78). Mais, dans tous les cas, sa fonction est d'unifier tous les corps, y compris et surtout celui de l'univers.

Sous son aspect diachronique, l'unité et la cohésion dynamique du monde correspondent à la Providence, ce qui mène à cette fameuse théorie du destin comme déterminisme. Pour échapper à un déterminisme trop rigoureux, les stoïciens expliquaient que chaque événement avait non pas une cause unique, mais une multiplicité de causes ; ce qui ne faisait que déplacer le problème.

(1), 2-3. Il s'agit là d'effets de l'âme végétative.

(1), 3-4. Il s'agit là des puissances de l'âme animale, comme on l'a vu plus haut.

(1), 4-5. Pour les stoïciens, l'âme est un souffle (πνεῦμα) qui s'étend à travers tout le corps, et s'y distribue en huit parties qui ont chacune un rôle propre : la partie centrale ou directrice (ἡγεμονικόν), la partie vocale, la partie reproductrice et les cinq sens. La partie directrice est à l'origine des souffles qui parcourent le corps et y reviennent. Dans ce contexte, on appelle sperme le souffle qui s'étend de l'hégémonique aux organes sexuels. La phonation est le souffle qui s'étend de la partie directrice vers la bouche et les organes de phonation. Les autres parties sont celles qui intéressent les cinq sens. Dès lors, pour les Stoïciens il ne peut être question de séparer du sperme l'âme qui coïncide avec le souffle, d'abord végétal, puis animal.

(2), 6. L'évidence (ἐνάργεια) qui vient des sens, comme on peut le constater en 3 (1).

(2), 8-10. On trouve cette même critique chez Plotin, traité 42 (VI, 1), 26-27.

(3), 12-16. Sur cette doctrine stoïcienne, voir la note à (1), 1.

(3), 15-16. Le grec utilise là deux termes très proches : λογική puis λογιστική.

(3), 16-17. Selon l'expression de Kalbfleisch (Introduction, p. 15-16), cet axiome équivaut à la signature de Porphyre. Dans la *Sentence* 13, on peut lire : « Tout ce qui engendre en vertu de son essence engendre un produit moins bon que lui, et tout ce qui a été engendré se tourne par nature vers ce qui l'a engendré ; et, parmi ceux qui engendrent, les uns ne se tournent pas du tout vers les êtres engendrés, d'autres et se tournent et ne se tournent pas, d'autres sont seulement tournés vers leur progéniture, sans se tourner vers eux-mêmes. » Sur ce point, Porphyre s'inspire de Plotin : « Oui, toutes les choses, une fois qu'elles sont parvenues à la perfection, engendrent ; mais ce qui est toujours parfait engendre sans cesse et quelque chose d'éternel ; de surcroît, il engendre une réalité qui lui est inférieure. » (traité 10 (V, 1) 6, 38-39, trad. F. Fronterotta) ; « Ainsi, ce qui semble être l'action qui résulte de la contemplation est en réalité la contemplation la plus faible ; car ce qui est engendré doit toujours être du même genre que ce qui l'a engendré, mais plus faible bien sûr, puisqu'il s'épuise à mesure qu'il descend. » (traité 30 (III, 8), 5, 21-24, trad. J.-F. Pradeau). Voir aussi traité 40 (II, 1), 5, 9-10 et traité 53 (I, 1), 2, 5 ;

voir aussi plus haut en 6 (2). Sur l'usage de ce principe dans l'*Ad Gaurum*, voir J. Wilberding, « Porphyry and Plotinus on Seed », *Phronesis* 53, 2008, p. 411-420.

(3), 22. Il s'agit ici, semble-t-il, du πνεῦμα qui est dans la matrice, Hippocrate, *De la nature de l'enfant* XII, 1, p. 53, 1-10 Joly et de l'air ambiant (voir 2 (3), 38).

(3), 22-23. Sur le principe suivant lequel l'en acte doit toujours précéder l'en puissance, voir Plotin, traité 43 (VI, 2), 26, 1-11.

(4), 25-27. Selon les Stoïciens, à la naissance, le πνεῦμα qui était végétal devient animal, parce qu'il est refroidi par l'air ambiant. Voir *SVF* II 804-808, et plus particulièrement : « Il [Chrysippe] croit que l'embryon dans le ventre de la mère est naturellement nourri à la manière d'une plante. Lorsqu'il vient au monde, son souffle, étant refroidi et tempéré par l'air, se transforme et devient un animal. C'est pourquoi l'âme (ψυχή) tire à juste titre son nom du refroidissement (ψῦξις). » (Plutarque, *Des contradictions des stoïciens* 41, 1052f-1053a = *SVF* II 806, trad. R. Dufour modifiée). Voir aussi Plotin : « Les Stoïciens disent aussi que le souffle vital dans le corps des nouveau-nés est trempé par le refroidissement extérieur et, se transformant, de nature devient une âme. » ; « Dire en outre que c'est ce même souffle qui, antérieurement "nature", devient "âme" lorsqu'il est exposé au froid et tempéré par lui, puisque dans le froid il est devenu plus subtil, cela est bien évidemment absurde : en effet, plusieurs vivants naissent dans la chaleur et ils possèdent une âme qui n'a pas été refroidie. Il n'en reste pas moins qu'ils prétendent que la nature est antérieure à l'âme qui naît sous l'effet de circonstances extérieures. Les voilà donc qui fabriquent d'abord l'inférieur, puis mettent avant lui une autre chose de qualité moindre, qu'ils appellent la "constitution" ; et l'intellect apparaît en dernier parce qu'il vient évidemment de l'âme. » (traité 2 (IV, 7), 8, 1-9 = *SVF*, II 804, trad. L. Brisson et J.-F. Pradeau). La φύσις ne peut se faire passer à l'acte elle-même, car, selon Aristote, rien ne peut passer de la puissance à l'acte que sous l'action d'une cause efficiente. Si tel était le cas, la φύσις serait et puissance et cause efficiente.

(4), 28. Wendland a envisagé un possible jeu de mots sur ἀψυχότερος, plus dépourvu d'âme, et ψυχρότερος, plus froid ; voir Kalbfleisch, app. p. 54, 18. *Cf.* J. Jouanna, « Le souffle, la vie et le froid : remarques sur la famille de *PSUCHÔ* d'Homère à Hippocrate », *Revue des études grecques* 100 (1987), p. 203-224.

(4), 29. Si les stoïciens considèrent l'embryon comme un végétal, l'âme devrait être, selon leur conception corporaliste, comme le bourgeon final (βλάστημα).

(4), 33. Voir le chapitre 2 (3), pour une comparaison entre la conception et la capture d'un oiseau (ἁρπαγὴ πτηνοῦ). Le terme δεσμός désigne ici le nœud coulant servant à la capture du gibier. Voici ce que dit Porphyre dans la *Sentence* 28 : « Si l'incorporel est contenu dans un corps, il n'y est pas pour autant enfermé comme un fauve dans une cage. Aucun corps en effet ne peut l'enfermer et l'embrasser ainsi, ni même de la façon dont une outre peut retenir quelque liquide ou quelque souffle ; non, il faut que l'incorporel fasse venir à l'existence des puissances qui, à partir de leur union avec lui, s'inclinent vers l'extérieur, lui permettant précisément, dans sa descente, de se conjoindre au corps. » (*Sentence* 28, 1-6).

(4), 35-36. Rappel du principe de convenance, voir l'Introduction, p. 64. Cf. *supra*, 11 (2), 22-23 et Alcinoos, *Didaskalikos* XXV, 174, 38-40.

RÉSUMÉ DU CHAPITRE 15

Il s'agit de développer un argument déjà présent au chapitre 13 (4) et qui appuie la notion de « convenance » de l'âme et du corps. Cet argument, d'allure aristotélicienne, consiste à dire que les puissances de l'âme animale ne peuvent s'exercer si les organes qui leur correspondent sont encore inachevés. À cet argument, qui rappelle l'hylémorphisme aristotélicien, une objection est opposée, qui émane d'un platonicien et rappelle certaines thèses de Plotin : l'âme, dès avant son incorporation, a des représentations et des désirs, sans quoi il faudrait dire que son union avec le corps lui apporte quelque chose dont elle serait par elle-même privée, voire soutenir, comme le fait Aristote, que l'âme a besoin du corps pour être en acte **(2)**. En vérité, son union avec le corps limite les sensations et les désirs propres à l'âme **(3)**. Bref, il peut y avoir sensation ou bien de l'âme seule ou bien de l'âme unie à un corps achevé, mais toute sensation est impossible quand les organes sont ou bien défaillants ou bien inachevés **(5)**.

Notes[*]

(1), 1-4. L'adversaire est ici mis au défi de soutenir que l'embryon peut être apte à la sensation, même si les conditions physiques et organiques de celle-ci ne sont pas réunies.

(1), 6. Voir *supra*, en 3 (3).

(2), 9-10. Objection déjà faite plus haut (1 (3), 27-35) mais aussi en 13 (3), 26-27 : le dormeur non plus n'exerce pas les facultés de l'âme animale. Porphyre réfute ceux qui accordent à l'embryon le statut d'animal en puissance au sens du dormeur qui a les facultés, mais ne les exerce pas, en faisant valoir que pour avoir des représentations (et des impulsions), il faut avoir des sensations, ce qui est impossible pour l'embryon.

(2), 10-14. Comme on l'a vu dans un chapitre précédent, en 12 (5).

[*] Sous la responsabilité de Marie-Hélène Congourdeau.

(3), 14-16. Les adversaires conçoivent qu'une âme indépendante, non encore incarnée, pourrait se trouver dans le sperme. Qui sont ces adversaires qui soutiennent la présence de l'âme indépendante dans le sperme ? Des stoïciens ? On ne les voit pas dire que l'âme qui est dans le sperme imagine et désire, puisqu'il s'agit en fait pour eux d'un πνεῦμα. Des péripatéticiens ? Aristote se demande en effet si les âmes sensitive et intellective sont introduites dans la matière par l'intermédiaire du sperme (*De la génération des animaux* II 3, 736b16-20). Il s'agit plus probablement de certains platoniciens qui imaginaient que l'âme, au cours de sa descente, s'implantait dans le sperme avant de s'incarner (voir l'Introduction, p. 41). On pense aux interprétations allégoriques des Pythagoriciens, pour qui le sperme est le « fleuve » par lequel l'âme doit passer pour s'incarner (*cf.* 2 (2)).

(3), 16. Le composé (συναμφότερον) âme-corps. Sur ce terme, voir *supra*, note à 9 (5), 45.

(3), 18. Pour les adversaires, l'âme, quand elle est dans le sperme, possède les facultés de l'âme animale (représentation et désir), qu'elle perd en s'incarnant.

(3), 19-20. On retrouve ici καθ' ἑαυτὴν. Il s'agit d'une thèse qui ne peut être défendue que par des platoniciens et des partisans d'une âme pouvant poursuivre son existence hors d'un corps terrestre.

(4), 22-23. Il s'agit du corps organique, défini en 13 (4).

(4), 23. Sur l'existence de la sensation avant l'incarnation, voir le traité 38 (VI, 7), 3-5.

(4), 25. Notion d'origine stoïcienne (οἰκείωσις) qui se trouve aussi chez Plotin [question d'un interlocuteur] : « En quel sens peut-on donc dire inaltérable la faculté de l'âme qui est supérieure à celle qui est sujette aux affections et supérieure à la sensation, et, plus généralement, tout ce qui dans l'âme connaît vices, opinions fausses et ignorance ? Et qu'en est-il des appropriations et des aversions (οἰκειώσεις δὲ καὶ ἀλλοτριώσεις) ? Que se produit-il quand l'âme éprouve du plaisir ou de la douleur, qu'elle est en colère, jalouse, envieuse ou qu'elle désire, bref, quand elle ignore totalement le repos, mais qu'elle est mue et est transformée par tout ce qui se présente à elle ? » (traité 26 (III, 6), 1, 18-24, trad. J. Laurent). Voir aussi le début de la *Sentence* 18. Voir aussi Alcinoos, *Didaskalikos* XXV-XXVIII.

(4), 25-26. Qui seraient les organes des sens. Pour la distinction entre δι' ὅλου et διὰ μερῶν, *cf.* Plotin, traité 27 (IV, 3), 19.

(4), 28-29. La vie des sens se distingue en ceci de la vie végétative qu'elle peut être entravée par des organes défaillants.

(4), 34-35. Il s'agit probablement de la cataracte, dont Galien parle fréquemment.

(4), 35-36. De quelle maladie s'agit-il ? De la mélancolie ; Galien avait consacré un traité à cette maladie.

(4), 37-38. Expression proverbiale équivalente à « petite cause, grands effets ». Argument classique (mais surprenant dans un contexte platonicien) de l'influence de l'état du corps sur les facultés de l'âme. *Cf.* Galien, *Que les mœurs de l'âme suivent les tempéraments du corps.*

(4), 38-39. Les termes mêmes qui désignent la conception indiquent une solidification (συνίστημι, πήγνυμι). Si l'embryon est tellement flasque qu'il en est presque liquide, il n'a aucun organe assez achevé pour qu'il puisse servir une puissance de l'âme, puisque ces puissances demandent, pour exercer leur activité, des organes parfaits. On trouve des remarques similaires en 10 (3).

RÉSUMÉ DU CHAPITRE 16

On ne peut admettre que la semence ait une âme qu'à la condition d'entendre par « âme » la puissance végétative (**1**). La vigueur de l'âme végétative dans l'embryon est d'ailleurs un obstacle à la présence d'une âme automotrice et rationnelle ou cognitive (**2**). L'âme végétative suffit à façonner le corps de l'embryon (**3**). L'âme automotrice arrive à la naissance, quand l'embryon n'est plus administré par l'âme animale de la mère (**4**). L'âme automotrice vient habiter le corps achevé et apte à la recevoir ; que l'animation ait lieu après la naissance, c'est ce que manifestent aussi d'anciennes doctrines comme l'astrologie des Chaldéens (**5**). Cette âme ne vient dans un corps que lorsqu'il lui est accordé, comme l'harmonie ne se manifeste que par l'accord d'un instrument qui lui convient (**6**). Si l'accord est rompu ou absent, il ne peut y avoir d'harmonie (**7**). Lorsque l'harmonie se rompt, le corps reçoit d'autres âmes, celles de vivants qui le dévorent (**8**). Le dernier paragraphe est incompréhensible (**9**).

Notes[*]

(1), 2. Pour tenir compte du γε, nous traduisons par « même ».

(1), 2-3. On lit dans le pseudo-Plutarque : « Pour (...) Zénon, c'est (le sperme) un corps puisqu'il est le fragment détaché (ἀπόσπασμα) de l'âme. » (*Opinions des philosophes* V 4, 905b, trad. G. Lachenaud).

(1), 4-5. Voir le chapitre 10 (5).

(1), 5-7. Kalbfleisch renvoie à Hippocrate, *Régime* I xxv, p. 19-20 Joly. Le terme ψυχή dans le sens d'âme est très rare dans le *Corpus hippocratique* et on le trouve surtout en lien avec la respiration (*cf.* J. Jouanna, « Le souffle, la vie et le froid... », art. cité).

(1), 9-10. C'est-à-dire à sa puissance végétative qui assure les fonctions de nutrition et de croissance. Voir la fin du chapitre 10.

[*] Sous la responsabilité de Marie-Hélène Congourdeau.

(2), 10-11. La partie non-rationnelle de l'âme a pour rejeton la partie végétative, (voir 6 (3), 33-34) qui est la « nature ».

(2), 15. Le texte du manuscrit, pour la fin de cette phrase, « fécondité de la nature, vertu de l'âme, vertu, nature » ne donne pas de sens ; aucune des trois conjectures proposées auparavant (par Diels, Festugière et Kalbfleisch) ne semble convenir. On ne peut pas exclure l'hypothèse d'une glose marginale entrée dans le texte.

(2), 15-18. Dans ce raisonnement par l'absurde, Porphyre donne raison à la coutume.

(2), 18-20. Dans le Pseudo-Alexandre d'Aphrodise, on lit : Διὰ τί πολλοὶ μωροὶ φρονίμους ἄγαν τίκτουσι, πολλοὶ δὲ ἄγαν φρόνιμοι μωροτέρους ; (« Pourquoi beaucoup de gens stupides engendrent-ils surtout des gens intelligents, et beaucoup de gens très intelligents engendrent des gens plus stupides ? ») (*Problemata* A 28, éd. I. L. Ideler, *Physici et graeci minores*, Amsterdam, 1963, I, p. 12).

(2), 22. On retrouve encore ici l'argument aristotélicien du conflit entre les δυνάμεις, *Éthique à Nicomaque* I 13, 1102b1-12.

(3), 23. Dans le chapitre 15 (2), 7-8, on apprend que l'essence de l'âme consiste en un mouvement de connaissance

(3), 23-24. C'est une impossibilité ; conditionnelle irréelle.

(3), 25-26. Elle lui appartient tout en restant distincte de lui. Voir la note (1), 2-3.

(4), 30-32. À la naissance donc.

(4), 32. Le texte ne donne pas de sens, il est probablement corrompu. Kalbfleisch suggère une conjecture qui pourrait se traduire : « quand l'embryon s'est éloigné de la mère et n'est plus » ; Festugière suggère une autre conjecture qu'il traduit : « dès le moment où elle ne vient plus de la mère et où l'embryon n'est plus gouverné par l'effet de l'animation dont la mère est le principe ». Aucune de ces deux conjectures n'étant totalement satisfaisante, nous traduisons au plus près du texte tel qu'il nous est parvenu.

(4), 33-34. En d'autres termes, dans le ventre de la mère, l'embryon dépend pour son administration de l'âme supérieure de celle-ci. En effet, comme on peut le constater en 9 (2), 19-20, l'animation est celle que met en œuvre l'âme animale : « Il apparaît ainsi que Platon sait parfaitement que l'animation (ἐμψυχίαν) par l'âme automotrice se produit une fois que l'embryon verra le jour au sortir de la mère. » À la naissance, il perd ce principe, qui doit être remplacé par une âme propre au nouveau-né ; voir 10 (4-6).

(4), 36. Reprise de ce que l'on trouve en 6 (3) : « Et la partie végétative, qui est certes le rejeton de la partie non-rationnelle et, en un mot, de l'appétitive, est, selon Platon, inférieure quant à son être à l'âme opinative et représentative, mais elle peut être administrée par l'âme représentative, bien qu'elle n'ait point part à la représentation et à l'opinion. »

(4), 37-38. Reprise de ce que l'on trouve en 6 (2) : « Ainsi, en effet, l'intelligence discursive, qui est le rejeton de l'intellect, est, par son être, inférieure à l'intellect qui l'a engendrée, mais elle peut aussi elle-même se convertir vers l'intellect et saisir ce qui appartient à l'intellect, même si, à la différence de l'intellect, elle n'a point part au toucher indivis et non discursif. Et, à son tour, la partie non-rationnelle, qui reste attachée à la raison, parce qu'elle est un rejeton de la raison, ne participe point, par son être, aux raisonnements, mais elle est dite "en accord avec la raison", parce que, même si elle est incapable, par son être propre, de se comporter rationnellement, elle se trouve en quelque sorte subordonnée à ce dont elle est née et ne s'accomplit que par lui. »

(5), 42. Cet accord (συμφωνία) pose le problème du destin, associé à l'astrologie.

(5), 44-50. Comme le rappelle J. Wilberding dans une note à ce passage, le cercle du zodiaque était divisé en quatre centres (κέντρα). Le centre le plus important situé à l'horizon à l'est était appelé « horoscope » (ὡροσκόπος ou *ortus*) ; le centre situé au milieu du ciel, était appelé le méridien (μεσουράνημα ou *medium caelum*) ; le point situé à l'horizon à l'ouest était le couchant (δύσις ou *occasus*) ; et le point situé sous l'horizon le contre-méridien (ἀντιμεσουράνημα ou ὑπόγειον ou *imum caelum*). La porte par laquelle entrent les âmes dans le monde se trouve à l'est. D'où l'ambiguïté du terme « horoscope » qui signifie : 1) le centre oriental, 2) et le signe du cercle zodiacal qui se trouve situé à cet endroit au moment de la naissance.

Sur ce passage, *cf.* M. Zambon, *Porphyre et le Moyen-Platonisme*, Paris, Vrin, 2002, p. 271-272, qui donne des parallèles dans d'autres œuvres de Porphyre et précise dans quelle mesure Porphyre utilise les opinions des Chaldéens : le lieu oriental comme siège des dieux par opposition au lieu occidental comme siège des démons (*L'antre des nymphes* 29, p. 28, 15 ; Proclus, *Commentaire sur le* Timée *de Platon* I, p. 77, 6-24 Diehl = Numénius, fr. 37 des Places ; Porphyre, *Commentaire sur le* Timée *de Platon*, fr. 10, p. 7, 4-6) ; les deux portes par lesquelles les âmes descendent et remontent (*L'antre des nymphes* 33, p. 22, 14-16 = Numénius, fr. 31, 16-19 des Places). Le parcours des âmes d'astre en astre est aussi décrit par Porphyre dans certains fragments du *Sur ce qui dépend de nous* (Περὶ τοῦ ἐφ' ἡμῖν) (271F, 42-50, 68-70, 95-100), conservés par Stobée (II 8, 42), et qui sont un commentaire au mythe d'Er ; le thème est repris dans la *Sentence* 29, et dans le *Commentaire sur le* Timée = Proclus, *Commentaire sur le* Timée *de Platon* I, p. 147, 6-2).

(5), 44. C'est ainsi que nous traduisons ἐξ αἰῶνος.

(5), 47. On notera qu'Amélius, le disciple qui resta le plus longtemps auprès de Plotin et le condisciple de Porphyre pendant cinq ans, commentait en ces termes le passage sur le nombre nuptial dans la *République* (VII 545e-546c) suivant Proclus : « Amélius dit que la doctrine ici exprimée concerne les descentes des âmes. Quand elle reste en haut en effet, l'âme est toutes choses sous forme monadique et sous forme cyclique, sous forme monadique en tant qu'elle contient une pluralité de rapports (λόγοι), sous forme cyclique en tant qu'elle est continue et unie avec elle-même et convertie vers elle-même. Quand elle descend, elle engendre un nombre et un triangle ; en tant qu'elle s'écoule comme à partir de sa monade, elle produit le premier nombre, le trois – car le deux consiste dans l'écoulement lui-même ; en tant qu'elle prend une position, elle produit la verticale, tombe ainsi dans la sphère des fixes, et dans la partie de cette sphère qu'est le cercle oblique du zodiaque – car ce cercle est le point de départ de la génération : puis, après avoir produit la verticale qui correspond au nombre trois, elle traverse l'étendue dans laquelle elle est tombée, comme si elle était mue horizontalement, et produit ainsi, correspondant au nombre quatre, l'autre des côtés qui entourent l'angle droit ; enfin, comme elle désire d'avoir un dedans, elle produit l'hypoténuse en tant que, sans se quitter elle-même, elle se tourne de nouveau vers le point de départ de la verticale. Après avoir constitué le triangle, Amélius juge bon d'établir que, sous la providence des chefs de la cité, l'on commence à procréer au Capricorne. Les autres vivants en effet et les plantes, c'est la Nature qui les meut à engendrer ; mais, quant aux hommes, il faut que ce soit la raison, laquelle voit le bon moment, qui les pousse à procréer comme il se doit. Or, en tant qu'il marque le point de départ de la remontée de la lumière solaire, le Capricorne est propre à la conception, et, à partir de lui, le groupe des trois signes Capricorne, Verseau, Poissons est égal à la verticale. Il dit que le temps le plus adapté à la grossesse est depuis les Poissons, en tant qu'ils sont féconds, dans les quatre signes suivants, Bélier, Taureau, Gémeaux, Cancer – c'est dans ces signes en effet que la terre fait le moins paraître la force fécondante qui est en elle –, et que le temps de la naissance est dans les autres signes. Les grossesses de sept mois, dit-il, s'achèvent au Lion – car les sept mois prennent quelque chose en outre du signe qui suit – et elles donnent un bon fruit. Les grossesses de huit mois s'achèvent à la Vierge, et ne donnent pas de fruit à cause de la Vierge ; les grossesses de neuf mois s'achèvent à la Balance et donnent un bon fruit. » (*Commentaire sur la* République *de Platon* II 31,22 – 32,25 Kroll). Ce passage est longuement analysé par L. Brisson, « Amélius, sa vie, son œuvre, sa doctrine, son style », dans *Aufstieg und Niedergang der Römischen Welt* II 36, 2, Berlin / New York 1987, p. 843-847. On remarquera notamment le triangle rectangle qui indique une influence pythagoricienne dans le cadre d'une doctrine astrologique adaptée.

(5), 48. Les termes μοῖρα, κέντρον, ὡροσκόπος appartiennent au vocabulaire astrologique ; voir la note à (5), 44-50 *supra*. Le zodiaque est la zone de la sphère céleste limitée par deux petits cercles de cette sphère, parallèles à l'écliptique, et situés à 8 degrés 5 de lui, et dans laquelle se situe le mouvement apparent du soleil. Cette zone est divisée en douze parties (μοῖραι) égales (nommées d'après les constellations les plus proches) par de grands cercles perpendiculaires à l'écliptique : Bélier, Taureau, Gémeaux, Cancer, Lion,

Vierge, Balance, Scorpion, Sagittaire, Capricorne, Verseau, Poissons. Les cartes que l'on trouve dans les manuscrits antiques et médiévaux situent l'est en haut ; les âmes « descendent » donc de l'Orient pour entrer dans le monde de la génération. S'il existe une porte (πύλη) par où les âmes entrent dans l'univers, c'est qu'il y a quelque chose à l'extérieur de l'univers. Porphyre s'oppose ici à Platon (*Timée* 30c-31c) et à Aristote (*Du ciel* 278b). Il s'accorde avec les néo-pythagoriciens pour qui le πνεῦμα se trouve à l'extérieur du ciel. Pour les portes des âmes, *cf.* aussi Porphyre, *L'antre des nymphes*, 22 (= fragment 31 de Numénius, des Places).

(5), 50-51. Porphyre envisage ici la mise au monde des ovipares et la génération spontanée. Pour des parallèles latins, *cf.* M. van der Lugt, *Le ver, le démon et la Vierge. Les théories médiévales de la génération extraordinaire. Une étude sur les rapports entre théologie, philosophie naturelle et médecine*, coll. « L'âne d'or », Paris, Belles Lettres, 2004.

(5), 51. Traduction risquée qui s'inspire de la fin du chapitre 1 : « En revanche, selon ceux qui considèrent qu'ils ne sont administrés que par le principe de la vie végétative et qu'ils n'ont part ni à l'âme impulsive ni à l'âme sensitive, les embryons sont dits être des animaux en puissance, au sens où ils ont l'aptitude à recevoir l'âme qui en fait des animaux, et non au sens où, l'ayant déjà reçue, ils sont dits inactifs. »

(5), 52-53. Voir Vettius Valens IX 154, 10 et 302, 1.

(5), 55-56. Les astrologues calculent la date de la conception à partir de la date de la naissance.

(5), 61. Pour θεμέλιος, voir Aristote, *Mét.* Δ 1, 1013a5 : « Le principe est encore l'élément premier et immanent du devenir, telles la carène d'un vaisseau et les fondations d'une maison, et, pour les animaux, le cœur suivant les uns, la tête suivant les autres. » Le verbe καταβάλλω renvoie à l'émission du sperme.

(6), 64. Le terme πρόκυψις désigne la naissance. Voir *supra*, 3 (5), 53.

(6), 65-70. La gamme grecque, descendante, alors que la nôtre est montante, se compose de quatre tétracordes (ensembles de 4 cordes) conjoints deux à deux, ce qui correspond à deux de nos gammes. Le *proslambanomène* est une note ajoutée juste au-dessous de la note la plus grave du tétracorde le plus grave. Il correspond au do grave de notre gamme. La formule διὰ πασῶν signifie aussi l'octave. Voir *Timée* 35b-36b. La *mèse* (ou note médiane) est la note (ou corde) la plus aiguë du troisième tétracorde (en comptant de haut en bas). *Cf.* Nicomaque de Gérase, *Manuel d'Harmonique*, chapitre XI. Le rapport double est celui de l'octave : en effet, selon Pythagore, deux cordes à l'octave ont leur longueur dans un rapport double. Si le *proslambanomène* n'est pas à l'octave avec la *mèse*, il y a dissonance.

(6), 75. Adaptation de la formule de Thalès, selon laquelle tout est plein de dieux.

(7). Évocation de la génération spontanée des vers sur le cadavre décomposé : « Et lorsqu'un être vivant entre en putréfaction, si plusieurs êtres vivants en proviennent, l'âme qui est celle de ce vivant en sa totalité n'est plus dans son corps, car ce corps n'est plus apte à la recevoir, sans quoi le vivant ne serait pas mort. Mais les corps provenant de la décomposition et qui ont la propriété d'engendrer des vivants, les uns, telle sorte de vivants et les autres, telle autre sorte, sont pourvus d'une âme, puisqu'il n'est aucun corps que l'âme abandonne, même si tel corps est capable de recevoir une âme et tel autre non. Les êtres qui naissent dotés d'une âme ne font pas augmenter le nombre des âmes, car ils se rattachent à une âme unique, laquelle reste une. C'est comme ce qui se passe en nous, quand des parties sont coupées et que d'autres poussent à leur place ; notre âme abandonne les premières et vient s'établir dans les nouvelles aussi longtemps qu'y reste notre âme qui est unique. Or, dans le monde, l'âme qui est unique reste toujours là ; parmi les choses que contient le monde, certaines reçoivent l'âme, tandis que d'autres la rejettent, mais les réalités psychiques restent stables. » (traité 28 (IV, 4), 8, 47-60, trad. L. Brisson).

APPENDICE
CHAPITRES 17-18

RÉSUMÉ DU CHAPITRE 17

L'objet de ce chapitre, reconstitué par les soins de Kalbfleisch, est de montrer que l'âme, plus précisément l'âme cognitive, ne vient ni du père ni de la mère et qu'elle entre donc dans l'embryon de l'extérieur. Il faut en convaincre des platoniciens qui n'attribuent pourtant pas cette thèse à Platon (**1-2**). Porphyre présente ici leurs arguments. Tout d'abord, objectent-ils, si un cheval provient d'un cheval et si le blé provient du blé, pourquoi serait-ce seulement un corps qui proviendrait de l'homme et non un homme ? De plus, le sperme ne peut être un homme en puissance que s'il est aussi son âme en puissance puisque l'homme se définit par son âme (**3-4**). Enfin, ce n'est pas parce qu'il y a un générateur qui projette le sperme que l'âme vient de l'extérieur (**5**) : cela reviendrait à ramener la génération des hommes à celle des autres vivants, dans laquelle l'animation se fait de l'extérieur comme dans les cas de génération spontanée (**6**). En fait, selon les auteurs de cette thèse, le sperme contient déjà toutes les parties de l'être vivant qu'il développera ensuite (**7**).

Ce chapitre semble constituer le début d'une seconde partie dans le traité, conformément à ce qui avait été annoncé en 2 (5) : « Pour nous donc, nous chercherons avant tout à démontrer que l'embryon n'est un animal ni en acte, ni en puissance au sens de ce qui a déjà reçu l'âme animale, et que par conséquent l'entrée de l'âme a lieu après l'accouchement ; et, même si nous concédions que l'embryon lui-même est cet animal en puissance voire en acte, nous maintiendrions qu'il n'est pas possible que l'animation se fasse à partir du père ou de la mère, mais qu'elle vient uniquement de l'extérieur, en sorte que, même dans cette hypothèse, la doctrine de Platon sur l'entrée de l'âme ne pourrait être rejetée comme fausse. » Les chapitres 1 à 16 semblent suivre la première partie de ce programme. A partir du chapitre 17, Porphyre se conformerait donc à la seconde partie annoncée. Il s'agirait d'établir que l'animation se fait bien de l'extérieur même si on concède que l'embryon est un animal en acte ou en puissance, et en particulier de montrer que l'âme ne peut venir ni du père ni de la mère. Cette hypothèse semble pouvoir trouver une confirmation dans le fait que le début du chapitre reprend explicitement deux aspects présents dans le chapitre 2 : d'une part, le fait que l'âme ne puisse venir ni du père ni de la mère (2 (5), 67-69 ; 17 (1), 6-7), d'autre part, le fait que la doctrine platonicienne de l'entrée de l'âme puisse être maintenue même si l'embryon est conçu comme un animal en puissance (2 (5), 69-70 ; 17 (1), 4-5).

Par ailleurs, il faut noter que les partisans de cette théorie selon laquelle l'âme ne provient pas de l'extérieur mais n'est que l'actualisation de ce qui est contenu dans le sperme, sont des platoniciens et non des adversaires du platonisme. L'auteur considère cependant qu'ils se trompent dans la mesure où leur théorie n'est pas compatible avec l'analyse platonicienne (17 (2), 17-20). L'exposé de leurs arguments permet en tous cas de préciser en quel sens il faut entendre la thèse selon laquelle l'âme vient *de l'extérieur*. L'enjeu semble donc être le suivant : il n'est pas suffisant d'affirmer que l'animation se fait de l'extérieur car tel est justement le cas dans les phénomènes de génération spontanée et l'on ne comprendrait plus ce qui distingue alors l'homme de ces vivants. L'objection des adversaires conduit donc à montrer qu'il y a une autre façon de concevoir l'animation de l'extérieur, qui préserve cette différence en ce qu'elle évite de faire provenir l'âme rationnelle d'un rang inférieur. Cependant, l'allusion à l'âme cognitive (ligne 12) peut laisser penser qu'un nouveau problème apparaît dans le chapitre et peut-être dans le traité : il ne s'agirait plus de chercher si l'âme en général et ses parties viennent de l'extérieur dans l'embryon mais seulement si sa partie cognitive vient de l'extérieur. Or, ce problème fait certainement écho à celui évoqué par la théorie aristotélicienne du νοῦς. Dans le *De Generatione animalium* II 3, 736b27, Aristote indique en effet que l'intellect vient du dehors dans le sperme qui l'introduit dans l'embryon. Sur ce point, voir l'introduction et les remarques de G. Aubry (« La doctrine aristotélicienne de l'embryon et sa réinterprétation par Porphyre »).

Notes[*]

(1), 1. Le μηδέ renvoie à ce qui vient d'être dit.

(1), 1. La seconde personne du singulier (ὑποπτεύεις) indique que l'auteur du traité s'adresse directement au dédicataire, Gauros.

(1), 2. C'est-à-dire à l'âme animale.

(1), 3. Une fois de plus, φύσις désigne l'âme végétative associée à la partie inférieure de l'âme du monde.

(1), 4. Cette paraphrase « résoudre cette difficulté » traduit εὐπορήσας.

(1), 5. On retrouve ici tout le vocabulaire utilisé antérieurement, notamment avec εἴσκρισις.

(1), 5. Ce δῆλον s'oppose à l'ἄδηλος de la li. 7. Sur le sujet, voir 2 (1).

(1), 6. Sur cette question de καιρός, voir 9 (3), 30 ; 16 (5), 54 et 60.

(1), 6-7. Comme on l'a vu souvent dans ce qui précède, et notamment en 16 (5).

(2), 13. Sur la question de l'entrée de l'âme, lors de l'insémination, lorsque l'embryon prend forme, ou lorsqu'il bouge, voir 2 (2).

(2), 13. Seules occurrences de ces termes techniques (ὁμοιομερῆ et ἀνομοιομερῆ) dans notre traité. Ces termes viennent d'Anaxagore (59 B1 et B6). On trouve une définition biologique de ces termes au début de l'*Histoire des animaux* d'Aristote : « Parmi les parties des animaux les unes sont simples, celles qui se divisent en parties homéomères (par exemple les chairs se divisent en chairs), les autres composées, celles qui se divisent en parties anhoméomères (par exemple la main ne se divise pas en mains ni le visage en visages). » (*Histoire des animaux* I 1, 486a5-9). Pour un usage métaphysique, l'incorporel (et donc l'âme) étant homéomère, voir la *Sentence* 22 : « L'essence intellective est homéomère, de sorte que les êtres sont aussi bien dans l'intellect particulier que dans l'intellect total ; mais dans l'intellect universel même les êtres particuliers sont sous un mode universel, tandis que dans l'intellect particulier même les universels sont sous un mode particulier. » Voir aussi le témoignage de Jamblique : « Il y en a qui définissent cette substance (la substance incorporelle) en sa totalité comme homéomère, identique et une, en sorte que, dans n'importe laquelle de ses parties, il y a tout l'ensemble ; qui de même installent dans l'âme particulière le monde intelligible, les dieux et les démons, le Bien et toutes les réalités supérieures, et qui déclarent que tout se trouve pareillement en toutes, bien que, pour chacune, d'une manière appropriée à son essence. De cette opinion relèvent Numénius, sans conteste, Plotin aussi, bien qu'il ne la professe pas absolument ; Amélius y incline sans s'y fixer ; Porphyre, lui, est en doute à son sujet : tantôt il s'en sépare avec véhémence, tantôt il y adhère comme à une doctrine transmise depuis le commencement. Selon cette opinion donc l'âme ne diffère en rien de l'intellect, des dieux et des genres supérieurs, du moins en ce qui regarde la

[*] Sous la responsabilité de Sylvain Roux.

substance totale de l'âme. » (Porphyre, fragment 441 Smith = Jamblique, *De l'âme* I 49, 32, p. 365, 7-21 Wachsmuth trad. A.J. Festugière). Plotin s'interrogeait ainsi : « L'intellect verrait-il une partie de lui-même par une autre partie de lui-même ? Mais alors il y aurait le voyant et le vu et ce ne serait pas lui-même. Qu'en est-il donc, si ce tout est tellement "homéomère" que le voyant ne diffère en rien du vu ? Alors en voyant cette partie de lui-même qui est identique à lui-même, il se voit lui-même. » (traité 49 (V, 3), 5, 3-4). Et il ajoutait plus bas : « Ainsi l'intellect, l'intelligible et l'être sont un ; et c'est le premier être ; et c'est aussi le premier intellect qui possède les êtres ; mieux il est identique aux êtres. » (li. 26-28). Pour un commentaire de la *Sentence* 22, voir Porphyre, *Sentences*, tome II, p. 554-559. Comme on le constate au début du traité 27 (IV, 3), 2, 1-20, il s'agit d'une attaque contre les stoïciens qui considèrent l'âme comme une entité corporelle ayant des parties. Les choses sont plus claires plus bas, en (4), 28.

(2), 15. Comme on le voit dans la *Sentence* 22, seuls les corps peuvent subir une diminution, lorsqu'ils sont participés par d'autres corps ; ils perdent alors une ou plusieurs partie(s). Les incorporels eux ne peuvent, parce qu'ils sont incorporels, perdre une partie.

(3), 20-25. Voir Aristote, suivant lequel l'homme naît de l'homme : *Des parties des animaux* 646a32 *sq.* ; *Métaphysique* Λ 3, 1070a4-9 ; *Physique* II7, 198a25-27 ; *De la génération des animaux* II 1, 735a20 *sq.*

(3), 22. En d'autres termes, l'être humain, père ou mère, produit seulement un corps vivant, c'est-à-dire doté seulement d'une âme végétative, l'embryon, qui sert d'instrument à l'âme animale. C'est une adaptation du *De l'âme* (II 4, 415b18) d'Aristote.

(4), 29. C'est la distinction entre la génération entre des individus de même espèce (voir Aristote, *De la génération des animaux* I 1, 715a21 ; 715b2 *sq.* ; 715b25 *sq.* ; I 16, 721a5 *sq.*) et la génération spontanée (II 1, 733a1 *sq.* ; II 3, 737a *sq.* ; II 6, 743a32 *sq.*).

(4), 30 *sq.* L'argumentation fait intervenir une comparaison : de même qu'il faut refuser d'admettre que le feu qui brûle dans la mèche que l'on vient d'allumer vient d'un feu extérieur parce que le feu auquel est enflammée la mèche a lui-même été allumé par frottement entre des pierres, de même on ne peut dire que l'âme vient à l'enfant de l'extérieur parce que le sperme qui forme l'embryon est émis par un homme qui possède une âme animale extérieure au sperme. Ce n'est pas en ce sens qu'il faut interpréter le terme « extérieur ». L'interlocuteur admet que l'âme cognitive vient de l'extérieur, puisqu'elle est celle du père qui cependant l'a mise dans le sperme : et cela tout comme le feu qui allume la mèche vient de l'extérieur dans la mesure où il a été allumé par les morceaux de bois ou les pierres que l'on a frottés ensemble.

(5), 45 *sq*. Cette traduction suppose que l'on ne traduise ni le οὐκ imprimé par Kalbfleisch dans sa reconstruction, ni le μή qu'il propose comme alternative dans l'apparat critique.

(5), 48. Tout porte à croire qu'il s'agit là d'une allusion à la génération spontanée. Sur cette question, on trouve un passage intéressant chez Plotin : « Par ailleurs, ce qu'il y a d'inférieur dans notre âme peut être comparé à des vers qui naissent dans une partie pourrie de cet arbre ; voilà en effet quel type de relation entretient notre corps pourvu d'une âme avec le monde. Le reste de notre âme, qui est de la même espèce que la partie supérieure de l'âme totale, peut être comparé à un agriculteur qui, préoccupé par les vers qui sont dans l'arbre, se ferait beaucoup de souci pour cet arbre. On pourrait encore la comparer à un homme qui, quand il est en bonne santé et qu'il se trouve en compagnie d'autres hommes qui sont en bonne santé, s'attache aux choses qu'il doit faire, qu'il s'agisse d'une activité ou qu'il se livre à la contemplation. Or, quand il tombe malade et s'applique à soigner son corps, on peut dire qu'il n'est pas seulement préoccupé par son corps, mais qu'il en devient l'esclave. » (traité 28, (IV, 4), 5, 28-fin).

(6). Une objection probablement stoïcienne. Tout s'explique par les λόγοι σπερματικοί.

(6), 62. Noter le terme stoïcien σύγχυσις qui désigne une sorte de mélange, où les éléments perdent leurs caractéristiques et ne peuvent être distingués, qui équivaut à une fusion. Voir *supra*, note à 10 (5), 50-56.

RÉSUMÉ DU CHAPITRE 18.

Certains objectent que le sperme n'est pas le produit, en nous, de la seule âme végétative mais aussi de l'âme sensitive, représentative et impulsive, car l'émission de sperme est déclenchée par des sensations et des représentations.

Note complémentaire sur le Styx

Déjà dans les poèmes homériques, on parle de Στυγὸς ὕδωρ, l'eau du Styx, qui a la fonction de « (grand) serment des dieux » [1]. Mais le premier développement articulé du mythe se trouve dans la *Théogonie* d'Hésiode : Styx est la plus ancienne des Océanides [2]. Après la lutte contre les Titans, Zeus l'avait récompensée, parce qu'elle avait été la première à lui venir en aide, en la faisant devenir le grand serment des dieux [3]. C'est pour cela que, chaque fois qu'il y a une querelle parmi les immortels, Zeus envoie Iris puiser de cette eau, célèbre (πολυώνυμον, v. 785), froide (ψυχρόν, v. 786), qui tombe d'un rocher abrupt et très haut (v. 786-7). Elle habite loin des dieux, dans le Tartare, une illustre demeure que couronnent des rocs élevés, et que de tous côtés des colonnes d'argent dressent vers le ciel (v. 777-779). Elle est un bras de l'Océan, un dixième, car avec les neuf autres, Océan s'enroule autour de la terre et se jette dans la mer (v. 789-790) [4]. Hésiode décrit par ailleurs la punition d'un dieu qui s'est parjuré sur l'eau du Styx : ce dieu reste une année sans bouger, ni manger ni respirer ni parler. Et pendant les neuf années qui restent, il est mis à l'écart des autres dieux. Après dix ans de punition, il peut réintégrer l'assemblée divine (v. 795-804).

En nous donnant ces informations, Hésiode a transposé au niveau du mythe deux éléments de la société archaïque grecque. Le serment est l'acte fondateur et l'élément régulateur de la société primitive ; après avoir défait Kronos et les Titans, Zeus instaure un nouvel ordre, basé sur le respect du serment, dont lui-même se porte garant, car il a tenu la promesse qu'il avait faite, avant la Titanomachie, de récompenser ceux qui seraient venus à son aide. À l'inverse, le parjure trouble l'ordre social ; voilà pourquoi celui qui s'est parjuré doit être purifié par la mort ou l'exil.

Comme on l'a vu, Styx est un bras d'Océan, donc une eau primordiale. Quand il l'invoque, tout dieu met en jeu la relation qui l'unit aux principes, sources de sa propre divinité. S'il tient son serment, il maintient aussi le lien avec ces principes. S'il se parjure, il brise ce lien, et perd tout contact avec la réalité originaire. Être empêché de toucher à l'ambroisie (fluide primordial, issu de l'Océan), signifie pour le dieu, perdre la force vitale. La présence de l'eau primordiale dans le courant du Styx, garantit donc la rectitude de l'action divine et l'ordre de la création [5].

1. *Cf.* p. ex. Hom. *Il.* II, 755 (...) ὅρκου γὰρ δεινοῦ Στυγὸς ὕδατός ἐστιν (...) ; XV, 37-38, *Od.* V, 185-6.

2. *Cf.* Hes. *Theog.* 360-363 ; 775-777 (éd. Arrighetti).

3. *Ibid.* 383-403.

4. *Ibid.* 775-806.

5. Sur ces considérations, voir J. Rudhardt, *Le thème de l'eau primordiale dans la mythologie grecque*, Bern, 1971, p. 97.

Chez Aristote, on ne trouve qu'une seule mention du Styx : « Les anciens cosmologues, qui ont fait d'Océan et de Téthys les auteurs de la génération du Monde, ont identifié le serment des dieux avec une eau à laquelle les poètes donnent le nom de Styx : ce qu'il y a de plus ancien est, en effet, ce qu'il y a de plus respectable, et on jure par ce qu'il y a de plus respectable [6]. »

Si le Styx est une nymphe, et un fleuve infernal, par lequel jurent les dieux, dans l'Antiquité on a déterminé beaucoup d'endroits où il y avait une eau sacrée, par laquelle c'étaient les hommes qui prêtaient serment. De ces localisations terrestres, la plus renommée était celle de Nonakris, en Arcadie [7].

L'eau du Styx passait pour avoir des pouvoirs redoutables. Elle pouvait provoquer la mort (pour les hommes ou les animaux) mais elle avait aussi un pouvoir régénérateur ou vivifiant (on pense à la légende de l'invulnérabilité d'Achille). De plus, elle brisait toutes les sortes de récipients et de vases, sauf ceux qui étaient en corne ou en sabot d'animal [8].

Au cours des siècles, le Styx a fait l'objet d'interprétations très intéressantes [9]. Un tournant est représenté par un vers de Virgile, qui dit (en *Géorgiques* IV 480 et *Énéide* VI 439) que le Styx entoure neuf fois les enfers, et toutes les âmes qui s'y trouvent [10]. On remarque tout de suite que le poète latin s'est inspiré du texte d'Hésiode, dans lequel c'est l'Océan qui s'enroule neuf fois autour de la Terre, alors que le Styx est sa dixième partie (δεκάτη μοῖρα v. 789 de la *Théogonie*). Par la suite, les neuf méandres du Styx ont représenté les neuf sphères célestes. Tel est le cas par exemple chez Servius [11] ou chez

6. *Cf.* Arist. *Met.* A 3, 983b30-33 : Ὠκεανόν τε γὰρ καὶ Τηθὺν ἐποίησαν τῆς γενέσεως πατέρας, καὶ τὸν ὅρκον τῶν θεῶν ὕδωρ, τὴν καλουμένην ὑπ' αὐτῶν Στύγα [τῶν ποιητῶν]· τιμιώτατον μὲν γὰρ τὸ πρεσβύτατον, ὅρκος δὲ τὸ τιμιώτατόν ἐστιν.

7. Si on compare la description hésiodique de la demeure de Styx dans le Tartare (*Théog.* 775-788) avec la localisation du Styx en Arcadie, on est frappé par les similitudes. À Nonakris, le Styx est en effet une impressionnante chute d'eau (appelée aujourd'hui *Mavronero*), qui tombe d'une paroi de plus de 200 m de haut, dans le massif des monts Aroaniens. Elle se trouve dans le cratère du Mont Chelmos, dans un paysage rocailleux, à 2 340 m d'altitude, ce qui explique la température très froide de l'eau (dans tous les textes anciens, la Στυγὸς ὕδωρ est toujours désignée comme ψυχρόν), car elle vient de la fonte des neiges. Dans le reflet de la lumière sur les flots qui tombent le long de la paroi (surtout en hiver, quand l'eau est gelée), on semble apercevoir les colonnes d'argent dont parle Hésiode. Il faudrait aussi mentionner que dès Homère, l'eau du Styx est toujours citée comme κατειβόμενον Στυγὸς ὕδωρ (l'eau du Styx qui tombe du haut).

8. À propos des propriétés de l'eau de Styx, voir Pausanias VIII, 18, 4-5. Voir aussi C. Castelletti, *Porfirio, Sullo Stige*, Milan, 2006, p. 28-29 ; 228-244.

9. Cf. C. Castelletti, *Porfirio, Sullo Stige*, Milan, 2006, p. 30-35.

10. Virgile utilise en *Géorgiques* IV 480 et *Énéide* VI 439 deux fois la même formule *et novie[n]s Styx interfusa coercet*. Pour une analyse détaillée de ces deux passages voir A. Setaioli, « Noviens Styx interfusa », dans *Atene e Roma*, 1969, p. 9-21. En ce qui concerne le passage de l'*Énéide*, il faut remarquer qu'il n'y a pas d'unanimité parmi les commentateurs quant à savoir si le Styx enserre toutes les âmes, ou seulement celles des suicidés.

11. *Cf.* Serv. *In Aen.* VI, 439 (vol. II, p. 66-67 Thilo) : *NOVIES STYX INTERFUSA quia qui altius de mundi ratione quaesiverunt, dicunt intra novem hos mundi circulos inclusas esse virtutes, in quibus et iracundiae sunt et cupiditates, de quibus tristitia nascitur, id est Styx. Unde dicit novem esse circulos Stygis, quae inferos cingit, id est terra ut diximus supra* <127>: *nam dicunt alias esse purgatiores extra hos circulos potestates*. Serv. *In Aen.* VI 127 (vol. II, p. 27-28 Thilo) :

Favonius Eulogius [12], pour qui le Styx est la πηγαία ψυχή, l'âme-source qui descend du ciel à travers les sphères, pour aller donner la vie aux corps terrestres.

À cette interprétation, il faut aussi associer la doctrine dite pythagoricienne qui considère le corps comme la prison de l'âme, et qui assimile la vie sur terre à une vie aux enfers. Chez Macrobe aussi on retrouve le motif de la vie aux enfers associée à celle du corps terrestre ; tout comme les autres fleuves infernaux, le Styx est interprété allégoriquement comme l'un des maux qui accablent l'âme incarnée [13]. Le thème de l'âme-source est bien présent aussi chez Marius Victorinus, dont les parallèles avec Favonius et les autres auteurs cités, ont été bien dégagés par Pierre Hadot [14]. D'après Pierre Courcelle, la source de ces exégèses néoplatoniciennes serait à chercher du côté des traités perdus de Numénius et de Porphyre [15]. Un passage très intéressant de l'*Ad Gaurum* semblerait confirmer cette hypothèse.

On y lit en effet que des exégètes pythagoriciens (comme Numénius) « associaient au sperme le fleuve Amélès chez Platon, le Styx chez Hésiode et les Orphiques, et l'efflux chez Phérécide » [16]. Une telle exégèse indique que, au moins à partir de l'époque de Numénius, devaient circuler des interprétations allégoriques qui assimilaient le Styx au sperme, donc au canal qui emmène vers l'incarnation.

Ergo hanc terram in qua vivimus inferos esse voluerunt, quia est omnium circulorum infima, planetarum scilicet septem, Saturni, Iovis, Martis, Solis, Veneris, Mercurii, Lunae et duorum magnorum. Hinc est quod habemus <439> ET NOVIES STYX INTERFUSA COERCET: Nam novem circulis cingitur terra. Ergo omnia quae de inferis finguntur suis locis hic esse comprobabimus. Quod autem dicit "PATET ATRI IANUA DITIS SED REVOCARE GRADUM SUPERASQUE EVADERE AD AURAS HOC OPUS, HIC LABOR EST" aut poetice dictum aut secundum philosophorum altam scientiam, qui deprehenderunt bene viventium animas ad superiores circulos, id est ad originem suam redire. Sur ces interprétations eschatologiques de Servius voir p. ex. A. Setaioli, *La vicenda dell'anima nel commento di Servio a Virgilio*, Frankfurt am Main, 1995.

12. *Cf.* Fav. Eulog. *In Somn. Scip.* XIX, 4-7 Van Weddingen (1957): *Ex quo mihi videtur Maro doctissimus Romanorum dixisse illud: NOVIES STYX INTERFUSA COERCET. Terra enim nona est, ad quam Styx illa protenditur: mystice ac Platonica dictum esse sapientia non ignores. Nam poetica libertate inserit fontanae animae a caelo usque in terras esse decursum: hinc dicitur* πηγαία. *Nam sub pedibus summi patris, qui Dis est, Styx posita per omnes circulos fluit, imponens singulis velut in curru aurigam, id est vitae substantiam, ex qua cuncta viventia originem sortiuntur et eidem soluta redduntur. Manatque illa per cunctos <circulos> volentes commisceri, quod ex natura sunt hiulci: interiectu sui vigoris separat et, quod ipse mire Virgilius loquitur:* coercet, *ut sui generis momenta conservent. Inter caelum et terram novem intervalla ipse consideres licet. Sic, quoniam primi versus absolutio novenario numero continetur, neque ipsa decimum circulum natura requirebat.*

13. *Cf.* Macr. *In Somn. Scip.* I, 10, 9-11.

14. *Cf.* P. Hadot, *Marius Victorinus*, Paris, 1971, p. 223-231.

15. Cf. *ibid.* p. 215-231.

16. Cf. *Ad Gaurum*, 2 (2), 20-26 : ὁ Νουμήνιος καὶ οἱ τὰς Πυθαγόρου ὑπονοίας ἐξηγούμενοι, καὶ τὸν παρὰ μὲν τῷ Πλάτωνι ποταμὸν 'Αμέλητα, παρὰ δὲ τῷ Ἡσιόδῳ καὶ τοῖς 'Ορφικοῖς τὴν Στύγα, παρὰ δὲ τῷ Φερεκύδῃ τὴν ἐκροὴν ἐπὶ τοῦ σπέρματος ἐκδεχόμενοι.

Cette interprétation se trouve confirmée par un passage de Plutarque. Dans *Le Démon de Socrate*, quand Timarque demande à l'un des démons ce que c'est que le Styx, le démon lui répond : « C'est le Chemin de l'Hadès ; il vient d'en face et, à son extrémité supérieure, il délimite la zone de la lumière. Partant, comme tu le vois, du fond de l'Hadès, il s'étend vers en haut et, à l'endroit de son cours où il touche au monde de la lumière, il délimite la dernière partie de l'univers. (...) La lune est la propriété des démons terrestres. Elle évite le Styx, en passant légèrement au-dessus de lui ; elle n'est atteinte par lui qu'une seule fois en cent soixante-dix-sept secondes mesures [17]. Quand le Styx s'approche d'elle, les âmes crient d'effroi, car plusieurs se laissent glisser et sont happées par l'Hadès ; mais la lune en recueille d'autres, qui, de l'abîme, viennent en nageant vers elle : ce sont les âmes pour qui la fin du cycle de la génération tombe au moment favorable. Il faut en excepter toutes celles qui sont impures et souillées et que la lune, en lançant des éclairs et en poussant des mugissements effrayants, empêche d'approcher ; ces âmes, pleurant leur sort, déçues dans leurs espoirs, sont emportées à nouveau dans l'abîme, vers une nouvelle naissance, comme tu vois [18]. » Selon Plutarque, le Styx est donc le « Chemin de l'Hadès » (ὁδὸς εἰς Ἅιδου), plus précisément le cône d'ombre de la Terre, laquelle est assimilée à Hadès [19]. Il s'agit donc du courant qui mène les âmes vers une nouvelle incarnation, du moins celles impures, car les autres peuvent lui échapper.

Dans une perspective néo-pythagoricienne, qui interprète la vie terrestre comme la mort de l'âme, on comprend alors comment on a pu passer (toujours en partant de la description de la *Théogonie*) du Styx comme eau qui apporte (l'équivalent de) la mort (aux parjures), au Styx comme sperme qui apporte la vie terrestre, laquelle équivaut pour l'âme à une sorte de mort, car la vie terrestre diminue l'activité de la partie la plus haute de l'âme.

Ces interprétations allégoriques devaient très vraisemblablement être discutées par Porphyre dans les parties perdues du Περὶ Στυγός [20], traité dans lequel le philosophe semble avoir mené une véritable enquête sur tous les aspects qui touchent au mythe de Styx : les localisations (sur terre et sous la terre), le serment, les pouvoirs de son eau et son caractère ordalique. Élément primordial, respecté et craint par les dieux et par les hommes, dispensateur de vie ou de mort, universellement connu et diffusé, le Styx était un symbole parfait de la tradition que des érudits comme Porphyre avaient pour mission de défendre à tout prix contre l'attaque menée par les nouvelles croyances.

Cristiano Castelletti

17. Comme le note Hani, l'expression signifie « une fois en 177 jours ».

18. Plut. *De Genio*, 591a-c. Texte et traduction J. Hani, Paris, Les Belles Lettres, 1980.

19. Telle est l'interprétation de J. Hani (voir sa note 6 à la p. 229).

20. Sur cette oeuvre de Porphyre voir l'édition, avec traduction et commentaire de C. Castelletti : *Porfirio, Sullo Stige*, Milan, 2006. Voir aussi C. Castelletti, « Le traité *Sur le Styx* du philosophe néoplatonicien Porphyre », *Les études classiques* 75 (2007), 23-36.

NOTE COMPLÉMENTAIRE SUR LES PLANTES CHEZ THÉOPHRASTE.

Passages de Théophraste, Histoire des Plantes *(*HP*) et* Causes des Plantes *(*CP*), à rapprocher éventuellement de l'*Ad Gaurum

Distinction fondamentale dans l'À Gauros, I, 1 :

« ... la question de savoir s'il faut tenir les embryons pour des animaux ou s'ils vivent seulement à la façon des végétaux, le caractère propre des animaux consistant dans la sensation et dans l'impulsion (τῆς μὲν ἰδιότητος τοῦ ζῴου ἐν αἰσθήσει καὶ ὁρμῇ συνισταμένης), alors que le caractère propre des végétaux se manifeste dans la fonction de croissance et de nutrition, séparée de la sensation et de l'impulsion (τῆς δὲ τῶν φυτῶν ἐν θρεπτικῇ τε καὶ αὐξητικῇ χωρὶς αἰσθήσεώς τε καὶ ὁρμῆς θεωρουμένης) ».

Impulsion de nutrition et de croissance

Thphr. *CP* I 12, 8 (à propos de l'entrée en végétation et de la croissance des plantes) :

« ... tout ce qui vit se nourrit, ce qui est soumis à une impulsion de croissance s'accroît (ἅπαν μὲν γὰρ τὸ ζῶν τρέφεται, τὸ δ᾽ ἐν ὁρμῇ τῆς αὐξήσεως ὂν καὶ αὔξεται) ; or les plantes, qu'elles soient jeunes ou âgées, éprouvent dans tout leur organisme la stimulation qui déclenche la croissance (τὰ φυτὰ ... προορμᾷ πρὸς αὔξησιν) » (mécanisme interprété par la science moderne comme l'effet de ce qui est précisément nommé les hormones [*cf.* ὁρμή] de croissance [*cf.* αὔξησις]).

Sensation

Exemple de la vigne qui serait douée d'une sorte d'odorat déterminant sa répulsion pour certaines plantes d'odeur forte et désagréable pour elle :

Thphr. *HP* IV 16, 6 : « Certaines plantes ne détruisent pas, elles détériorent par les propriétés de leurs sucs et de leurs odeurs : telle est l'action du chou et du laurier sur la vigne. Celle-ci, dit-on, perçoit les odeurs et les absorbe (ὀσφραίνεσθαι γάρ φασι καὶ ἕλκειν) ; c'est pourquoi lorsque le jeune sarment arrive au voisinage <de ces plantes>, il s'infléchit en sens inverse et se détourne, comme si leur odeur le rebutait. Androcyde [médecin d'Alexandre] alla jusqu'à exploiter la chose comme preuve en faveur du remède contre le vin qu'il tirait du chou et qui, à l'en croire, chassait l'ivresse ; car, disait-il, la vigne aussi, étant vivante, fuit, on le sait, l'odeur du chou (φεύγειν γὰρ δὴ καὶ ζῶσαν τὴν ἄμπελον τὴν ὀσμήν) ».

CP II 18, 4 : « Même les odeurs nuisent à quelques végétaux, comme celle du laurier et celle du chou à la vigne, qui tout de suite le montre clairement dans sa manière de pousser : quand la jeune pousse est proche du chou ou du laurier, son extrémité se détourne et en quelque sorte se recourbe à cause de l'âcreté de leur odeur. Car la vigne a la faculté de sentir (ὀσφαντικὸν γὰρ ἡ ἄμπελος), tout comme le vin est capable d'attirer les odeurs des objets placés à proximité. »

Réminiscences probables de Platon, *Timée* 77a-c, définissant la plante comme une sorte de vivant (ζῷον, *cf.* Thphr. ζῶσαν) « qui a part à des sensations agréables et douloureuses » (ᾧ ... μέτεστιν ... αἰσθήσεως ... ἡδείας καὶ ἀλγεινῆς).

En ce qui concerne les *realia*, les faits sont peut-être moins extraordinaires qu'on ne croirait : on sait aujourd'hui que si l'ombre du noyer est réputée nocive pour les autres plantes et pour les hommes qui voudraient en profiter pour leur sieste, c'est parce que les feuilles sécrètent de la juglone toxique ; on explique également l'absence d'herbe dans les truffières par le fait avéré que la truffe « fait son nid » en éliminant tous les concurrents potentiels par l'émission de substances antibiotiques, etc. Il est bien évident que ces végétaux n'ont pas d'organes sensoriels comparables à ceux des animaux, mais un équipement chimique qui leur permet d'éviter la proximité d'autres végétaux. Du reste, Porphyre lui-même n'ignore pas les phénomènes de réaction positive ou négative des plantes à la lumière (phototropisme) *cf.* VII, 3 ; en théorie, pourquoi pas aux odeurs ? Cela relèverait de la même aptitude à la sensation.

Processus de nutrition et de reproduction

À Gauros, III, 2 : « Le propre de la vie végétale, c'est-à-dire des plantes, c'est de se nourrir non par la bouche, mais par la puissance présente dans les racines, laquelle, attirant l'humeur nourricière qui les environne dans la terre, la répartit pour assurer la croissance et la nourriture... »

On pense à Aristote, *PA* 686b32-687a2 : « Les êtres vont jusqu'à avoir le principe vital en bas et la partie où se trouve la tête finit par être immobile et insensible : ils deviennent des plantes avec le haut du corps placé en bas, et le bas en haut. En effet, les racines jouent chez les végétaux le rôle d'une bouche et d'une tête, tandis que la semence se trouve à l'opposé : elle se forme en haut à l'extrémité des pousses. » (trad. P. Louis, CUF, 1957).

Les réserves de Théophraste à l'égard de cette représentation de la plante comme un « animal à l'envers » s'expriment indirectement mais de façon claire dans sa mise en garde liminaire (*HP* I 1, 4) : « Il faut absolument éviter de tout considérer en l'assimilant au cas des animaux... car pour ce qu'il n'est pas possible d'assimiler, c'est peine perdue que de s'y acharner par tous les moyens. »

Certes, Théophraste reconnaît à la racine un rôle essentiel dans la nutrition de la plante (cf. *HP* I 1, 9 : « La racine est ce par quoi la plante amène à elle sa nourriture, la tige ce vers quoi celle-ci est apportée. »), mais sans minimiser sa fonction d'élément fixateur de l'organisme végétal dans le sol, l'immobilité de la plante étant à ses yeux une différence fondamentale par rapport à l'animal ;

voir par exemple, *HP* IV 3, où une relative mobilité des animaux du désert leur permet d'échapper partiellement aux contraintes du milieu aride, alors que les plantes ne peuvent survivre qu'en s'y adaptant.

La citation du *Timée* dans Porphyre, IV, 11, paraît tendancieuse en ce sens qu'il applique à l'embryon encore immobile mais potentiellement autonome le statut définitif de la plante « fixe, incapable de se mouvoir localement par elle-même », alors qu'à l'état de graine, elle est tout à fait mobile, dispersée par le vent ou les animaux. À l'inverse, Théophraste rejoint Platon en considérant le végétal au même stade de son développement.

Reproduction sexuée et greffe des végétaux (À Gauros, 10, (1-2))

Porphyre a certainement connu, au moins superficiellement, l'œuvre botanique de Théophraste, à qui il emprunte un vocabulaire technique précis (III, 2, 3 : ἐντεριώνη, μίσχος). En ce qui concerne l'acte même, la greffe des végétaux est comparable à l'union des sexes d'où résulte la formation de l'embryon ; *cf.* Thphr. *HP* II 1, 4 : « Les greffes en fente et en écusson constituent, si l'on peut dire, des sortes de copulations. »

Mais Porphyre ne suit plus du tout Théophraste quand il déclare en 10 (2) : « Quant à l'administration de l'être engendré, elle se fait en accord avec la greffe ; mais tout ce qui vient naturellement d'en bas, c'est le récepteur qui l'administre en accord avec sa propre nature, et ce sont tantôt les qualités du substrat qui prédominent, tantôt celles de la greffe qui l'emportent totalement. »

La transmission au rejeton du patrimoine génétique de ses parents, dans des proportions définies par les lois de l'hérédité, a lieu exclusivement dans la reproduction sexuée. Théophraste en connaissait parfaitement les aléas, sans doute d'après les arboriculteurs de son temps qui s'efforçaient de multiplier leurs arbres fruitiers en conservant la qualité des meilleurs d'entre eux ; cf. *HP* II 2, 4 : « La multiplication par bouture, et mieux encore par plant de rejet donne au plus vite des sujets vigoureux, dans le cas du drageon issu de la racine. Si les arbres plantés ainsi, ou de toute façon venus de plant, produisent tous, semble-t-il, des fruits de qualité parfaitement constante, les sujets nés du fruit, chez les espèces qui peuvent aussi bien prendre vie de cette manière, sont pour ainsi dire tous de qualité inférieure ; certaines même dégénèrent complètement. »

Pour les espèces qui ne rejettent pas ou qui ne se prêtent pas au bouturage, la méthode de multiplication végétative est le greffage sur franc : on associe ainsi la qualité constante du sujet auquel est pris le greffon à la vigueur du porte-greffe, généralement un sauvageon, « car [*CP* I 6, 10] les greffons reprennent mieux sur un sujet plus vigoureux et un élément qui attire à lui davantage de nourriture rend l'arbre apte à produire de beaux fruits. De fait, à supposer qu'inversement on introduise l'élément sauvage dans le domestique, on créera une certaine différence, mais on n'obtiendra pas la production de beaux fruits ».

En résumé, pour Théophraste,

– reproduction par graine [sexuée] → partage du patrimoine génétique et fréquemmenent dégénérescence ;

– multiplication par bouture, plant de rejet ou greffe [végétative] → constance des qualités du sujet mère.

Porphyre visiblement s'égare en assimilant le produit variable de la reproduction sexuée (l'embryon) au produit constant d'une technique de multiplication végétative (le greffage).

Suzanne Amigues

PORPHYRY

ON HOW THE EMBRYO IS ENSOULED

ENGLISH TRANSLATION AND NOTES
BY MICHAEL CHASE

{From Galen} to Gauros, On how the embryo is ensouled

1. The doctrine concerning the entry of souls into the body with a view to the generation of an animal has plunged us into great confusion, Gauros, and not only us, but also those who have made this question the prime subject of their research. In general, the natural scientists, and almost all the doctors, have wondered whether embryos are to be considered animals, or whether they live merely in the manner of plants. The characteristic property of animals consists in sensation and impulse, whereas that of plants is observed in nutrition and growth, without sensation and impulse. Therefore, since embryos live their lives without representation and impulse, and are administered only with regard to nutrition and growth – the facts attest to both these faculties – it must be admitted that embryos are plants, or are similar to plants. Yet to consider them animals, because once they have emerged from the womb, they will be endowed with life, is, I fear, a precipitous view, typical of men who are anxious to conform, without verification, to the opinions of the crowd.

(2) Once again, in particular, those who suppose that embryos also participate in the animal soul argue over whether embryos should also be considered animals in act, or merely potential and not in act. “ Potential ” is either that which, although it has not yet received a faculty, is capable of receiving it (as a child can receive the ability to read and write), or that which has received the faculty, when it does not act according to it (such as a child when, having learned how to read and write, he is not reading or writing, because he is occupied with other things, or is asleep). Those who say that embryos are animals in potential, do not predicate “ potential ” of them in the sense that they have an aptitude to be animated, but they interpret this in the sense of what has received a soul but remains at rest, insofar as the <sense of> potential by aptitude is agreed upon, even by those who consider that <embryos> do not yet participate in an animal soul [1].

(3) Perhaps, then, as in a deep sleep, the activities of the sensitive and impulsive faculties are suppressed, although the soul is present, as is shown by the end of the phenomenon; or as in the case of hibernating animals, the vegetative faculty is operative at a reduced rate during the time of hibernation, whereas the sensitive and impulsive faculties are completely immobile. Likewise, in the case of embryos in the womb, when the soul is present [even when they come closer], the phenomenon would be similar to deep sleep or hibernation; or perhaps <the soul> too is operative, but weakly and in a way not unlike walking on two feet, which infants are not yet able to carry out,

1. ὡς ἂν τοῦ κατ’ ἐπιτηδειότητα δυνάμει καὶ πρὸς τῶν μήπω ζωικῆς ψυχῆς αὐτὰ μετέχειν ἡγουμένων συγχωρουμένου. I construe this phrase differently from the UPR76, but *cf.* Limburg : “denn die Potenz im Sinne der Eignung wird auch von denjenigen zugestanden, die der Ansicht sind, die Embryonen seien der animalischen Seele nicht teilhaftig”. For *hôs an* with the indicative, cf. for instance Demosthenes 19, 156, with the comments of W.G. Goodwin, *Syntax of the Moods and Tenses of the Greek Verb*, ch. 3, § 226.

although they move them and bend them in imagination, and change their place, albeit not yet so as to walk.

(4) In the former case, the <embryos> that are still in the womb are animals in potential, but in the sense in which that is said to be potential which maintains its states at rest, where in the second case, they are animals in act. According to those who consider that they are administered only vegetatively, having no share in either in the impulsive or the sensitive soul, if they are said to be animals in potential, they will be so in the sense that they have the aptitude to receive the soul that turns them into animals, not in the sense that they have already received that soul, but it is inactive.

2. If it were to be demonstrated that the embryo is neither an animal in act — for animals differ from non-animals by sensation and impulse — nor a potential animal, in the sense of what has already received the soul, even if it keeps the activities of the composite inactive, it then becomes easy for Plato <to establish> the necessity for the soul's entry, and its definition. For it is clear that since the embryo is not an animal, either in act or in potential, in the sense of what has already received a state but remains inactive, but it is said to be a potential animal because it has an aptitude for receiving a soul that is properly said to be that of an animal, when it first becomes capable of sensation and impulse, both its entry and the moment of its entry must be left undisputed [2]. It must take place after birth from the womb, when this occurs naturally.

(2) Yet if <the embryo> is a potential animal in the sense of what has received a habitus, or even more if it were an animal in act, it would be hard to determine the moment of entry, and wherever we determine it to be, our result will be highly improbable and arbitrary. Some will identify this moment as that of the injection of the sperm, in that it would not even be possible for the sperm to be retained in the womb in a viable way, unless a soul coming from outside had completed the natural union by its entry. Numenius [3] has a lot to say on this point, as do those who interpret the hidden meanings of Pythagoras [4]: they understand the river Ameles in Plato, the Styx in Hesiod and the Orphics, and the " outflow" in Pherecydes [5] as references to sperm. Another one situates the entry when the embryo is first formed, with the male being articulated in thirty days, and the female in forty-two, according to what Hippocrates recounts. Yet another defines the moment of the entry as the instant when the embryo first moves. Hippocrates says about this time that:

2. ἀνάγκη καὶ τὴν εἴσκρισιν καὶ τὸν καιρὸν τῆς εἰσκρίσεως καταλιπεῖν. For this sense of the verb *katalimpanô*, *cf.* LSJ s.v. III.2.b.

3. Fr. 36 des Places.

4. We learn from Porphyry's fragmentarily preserved work *On the Styx* (fr. 372 Smith = fr. 1, p. 94 Castelletti) that the Pythagorean Cronius was particularly renowned as an interpreters of Homeric hyponoiai. He may well have tried his hand at the explanation of Pythagorean *akousmata* as well.

5. Fr. B7 Diels-Kranz = fr. 87 Schibli.

" when the extremities of the child's body have become ramified outwards, and the nails and the hair have taken root, then it also moves. And this takes three months' time for the male, and four for the female ".

(3) I myself have already heard someone contending to us that during intercourse, the male's desire and the sympathetic nature of the womb snatch a soul from the surrounding air, changing by means of the inhalation that takes place the nature that supplies the sperm with the characteristic that attracts the soul. This soul, then, leaps forth through the male organ as through a pipe, together with the sperm, and is once again seized by the desire in the womb, when the latter has an aptitude for retaining the sperm. This, he claimed, is why the two are mixed together, for through both of them the bond and confinement of the soul comes about; and the phenomenon has been called " conception ", because what happens is like the capture of a bird. But I know I laughed at these myths at the time, and if I have considered them worthy of mention, it is not that this invention is worth talking about, having shown that this way <of interpretation> allows innumerable deviations, when, because one refuses to situate the entries <of the soul after birth>, one attributes what happens to things that are still in the womb, with the uncertainty that implies.

(4) For those who believe Plato spoke in this sense, it is hard to determine the moment of <the soul's> entry, and they will have no less of a struggle when they try to show that animation takes place from outside, and that it is not the case that a part of the soul, deriving from the father, is injected along with the sperm, as a part of nature, if animation is to take place at the same time as the injection <of the sperm>. And how can there fail to be a part of the mother's soul, if entry takes place when the embryo has been formed, or when it first moves? For just as physical resemblance indicates that something of the body has been taken from the parents, so psychic resemblances must reveal whence the soul comes.

(5) For our part, we will demonstrate above all that the fetus is not an animal, either in act, or potentially in the sense of what has already received the soul, and that consequently the <soul's> entry takes place after birth. Even if we conceded that the embryo itself is an animal potentially, or even in act, we will maintain that it is not possible for ensoulment to take place from the father or the mother, but only from outside, so that even on this hypothesis, Plato's doctrine on the <soul's entry> cannot be rejected.

3. First of all, then, calling upon what is obvious as our witness, we consider it appropriate to set before our eyes the specific differences that distinguish plants from animals, then to consider those that are most comparable to what is observed in the case of embryos. For if <these phenomena> appear to be similar to what takes place in the case of animals, the fetus must be declared to be an animal, but if <they appear similar> to what takes place in the case of plants, we ought not to be surprised if it becomes an animal once it has emerged from the womb, just as we are not surprised at how the sperm, before it is separated from the father, remaining in itself, is inactive with regard the things it tends naturally to create when it falls upon the womb following its secretion.

(2) Now, the peculiar features of vegetal life and plants <include> feeding itself not through the mouth, but through the power inherent in the roots, which draws the surrounding nourishing moisture from the earth, allocating it to the appropriate growth and nourishment of the <body> it administers. Again, the proper features of mortal animals, that is, those that are endowed with flesh, is to take their food through the mouth and to elaborate it inside themselves by means if organs with which they have been equipped by their own nature for this very purpose. (3). All animals that naturally breathe through the nostrils, inhale and exhale air through those organs; for if they are prevented from doing so, they immediately die of suffocation, unable as they are to resist, even for a brief instant, what impedes the continuity <of their breathing>. Plants breathe only through the so-called " marrow ", while fruits are supplied with food and breath through the so-called " stalks " on which they hang, and from which they fall when ripe, that is, once they have taken the process of their creation to its utmost point of perfection. When land-dwelling animals are submerged in liquid on all sides, they die, whereas seeds grow through immersion in liquid or watering, or when they draw water from the earth. (4) If embryos were nourished through the mouth, instead of through the power inherent in the seed, which, absorbing into the womb the circulating blood that flows around the sperm (as plants do with the moisture from the earth), allocates some to the growth and nourishment of the embryo, while separating the rest off as excess (which will also be useful for purposes of lubrication, once the embryo has been brought to completion); or if, as they do once they emerge from the womb, embryos breathed through their nostrils instead of through the umbilical cord, by which they hang from the placenta, attached by the middle, as if from a root or a stem, from which, moreover, closely resembling fruits, they hasten to fall off when ripe; or if they were able to survive, even for a short time, without being surrounded by liquid on all sides, whereas on the contrary, after birth, land-based animals cannot withstand immersion on all sides even for a short while – if, then, as I said, the regime of embryos in the womb closely resembled those of animals, but not, precisely, that of plants, it would be possible, taking one's proofs from the facts, to agree with those who consider embryos to be animals. (5) But since <the embryo> rejects one <mode of life> as foreign, but is governed [6] by the other as by the most appropriate, which is virtually contrary to the one that exists after the emergence from the womb, when the soul of an animal is established, why should we so readily deceive ourselves, omitting the self-evidence of what occurs, reasoning that since animals are what we encounter immediately after birth, they must also be animals in the womb? For either one

6. I read, with Limburg, δι' ἧς δὲ ὡς οἰκειοτάτης < διοικεῖται>.

must reject the facts that show that <embryos> are governed like plants instead of like animals, or else, since it is impossible to fight against what is obvious, one must seek the causes of the transformation from plant into animal. This may appear to some to be paradoxical, and not the work of divine nature, but nevertheless it must be admitted what is in the womb is not an animal, since it is equally motionless before it is ensouled as an animal.

4. But Plato, they say, maintains that the nature in the seed is a portion of the third part of the soul, the appetitive part, that the appetitive part is guided by pleasure and pain, and that it desires food and nourishment, and that, in addition, pleasures and pains are sensations, or at least movements transmitted to the faculty of sensation, and, finally, that desires are impulses. If, therefore, <embryos> share in sensation and impulse, by which animals differ from non-animals, how could embryos fail to be animals?

(2) Those who talk this way do not realize that they are also turning plants into animals, insofar as <plants> too are governed by the nature which is, as we saw, a portion of the appetitive part of the soul. It is enough for us if they concede that embryos live in a manner similar to that of plants, but not to animals properly so called – even if their zeal induces them, once again, to suppress the difference between plants and animals, fighting against what is obvious, and approaching the current investigation from an angle that is even more absurd, they who do not even understand in what sense Plato says that the vegetative faculty is a part of the appetitive, and who do not even think it worthwhile to know why he does not refuse to call plants living beings.

(3) For unlike the others, who distinguish animals from non-animals by sensation and impulse, Plato does not consider, in the same way, that animals differ from non-animals by these characteristics, but he draws the distinction between life and nonlife, and rightly includes plants among living beings, insofar as they already have life. Nevertheless, it is only as far as the appellation that he accords them commonality with regard to animals properly so called, that is, those that participate in the self-moving soul.

(4) His very words, which I shall set forth, will serve to show both his views and the error of those people. Here is what he says [7]: " And now that all the parts and members of the mortal animal had grown together, since it necessarily spent its life in fire and wind, and therefore wasted away as it was dissolved and depleted by them, the gods contrived a remedy for it. They mingled a nature akin to that of man with other forms and perceptions, thus producing another kind of living being. These are the trees, and plants, and seeds that have been educated by cultivation and are now obedient to us; anciently there were only the wild kinds, which are older than the cultivated. For everything that partakes of life may be rightly called a living being, and the living being of which we are now speaking partakes of the third kind of soul, which is said to be seated between the midriff and the navel, having no

7. Plato, *Timaeus* 76E-77C.

part in opinion or reason or mind, but only of pleasant and painful sensations, together with the desires that accompany them. For it is always passive; yet revolving in and about itself, repelling the motion from without and making use of its own, the process of becoming has not by nature granted it to observe and reflect upon any of its own concerns. Wherefore it lives and does not differ from a living being, but is fixed and rooted in the same spot, because it is bereft of self-motion ".

(5) This, then, is what Plato says. In general, those who consider that the embryo is an animal according to Plato, in the sense that we are investigating whether it is an animal, risk failing to understand anything about our philosopher. For if one wishes to call it '" animal " from the fact that it is alive, we agree; but we affirm that Plato does not agree that <the embryo> has the self-moved soul which it possesses once it has been brought forth, but that it is a living being in the sense that plants are.

(6) What, then, are the sensation and desire of plants? They are homonyms, says Plato, and not the same as those of animals properly so called; for to present this homonymy clearly, he says : " They mingled a nature akin to that of man with other forms and perceptions, thus producing another kind of living being ", <viz.>, domesticated tress and seeds. Plants therefore experience other kinds of sensations and other kinds of desires, and they are living beings in a sense different from human beings. Consequently, even if embryos have sensation and desire according to Plato, and are said to be living beings, yet they have these <characteristics> and are called living beings homonymously, but synonymously to plants, as we will show that Plato himself clearly says.

(7) Thus, he says that plants " partake of the third kind of soul, which is said to be seated between the midriff and the navel, having no part in opinion or reason or mind, but only of pleasant and painful sensations, together with the desires that accompany them ", and nevertheless, although they share in these things, they are no longer living beings in the sense that things sharing in the self-moving soul are called " living beings ", but they share only in the passive nature, which they did not hesitate to call " soul ", just as they do not hesitate to call " life " the motion it confers to its substrates, by homonymy to the movement that derives from the self-moving soul. Likewise, although embryos share in this same faculty, and are called " living beings " and " ensouled beings " because of this, and they share in sensation and in appetite, they are not living beings in the sense of things that have acquired the self-moving soul, about which we began our inquiry into when it makes its entry.

(8) We must not stray from this goal, confused by homonymy. But when <Plato> says that plants " have been educated by cultivation and are now obedient to us; anciently there were only the wild kinds ", we do not therefore understand that intellect, reasoning and character exist in their case, of which education, domestication, and wildness are said in the proper sense, but <they are present> metaphorically and even homonymously. Likewise, the desires

and the appetites are to be understood as those said by analogy and homonymy, not those transmitted by the self-moving soul, about whose entry our current enquiry began. We admit that embryos also share in the soul that is so called in a different way — viz. in terms of blows and affections, in which plants also share – but that according to Plato too, they have no share in the self-moving soul prior to its exit from the womb, however much they may share in the sensation and pleasures of the vegetative faculty.

(9) In general, this man (sc. Plato) does not seem to have done like the others, who refer sensations to impressions in the soul, which take place through the inclination of the sense-organs. Instead, he seems to call the bodily motion, in which plants also share, " sensation ", whereas he terms the movement that accompanies the soul's bodily movement " opinion ". The comprehension of sense-objects arises from both: the irrational passive movement, which he terms " sensation ", instead of " movement of the sense-organs ", and opinion, which the others maintain is an impression on the soul. This is why, when defining sense-objects, he says " the other one can be grasped by opinion with irrational sensation " [8].

(10) Having located in plants these blows — which are without intelligence, knowledge and representation, and which, in the case of what he calls the opinative soul, are adjusted to the cognitive marker [9] —he rightly says that they share in sensation. He summarizes his position that those things lack a share in the soul that is simultaneously self-moving, opinative, and rational, and, as the others would say, capable of sensation and impulse, by saying the plant is " always passive; yet revolving in and about itself, repelling the motion from without and making use of its own, the process of becoming has not by nature granted it to observe and reflect upon any of its own concerns ". (11) The same could be said of the embryo, as could, with even greater justification, what he adds about plants, since this <property> belongs identity to the former: " Wherefore it lives and does not differ from a living being, but is fixed and rooted in the same spot, because it is bereft of self-motion ". For the embryo also remains rooted within by the umbilical cord, and it has been called a " living being" because it is alive, although it does not yet have a share in the self-moving soul.

5. But, they say, embryos move locally from one place to another, and they have sensations of burning heat, since they jump when hot air contacts their mother's womb at the baths. (2) Others, taking an even nobler stand [10], maintain that the absurd cravings to which mothers are subject during

8. *Ibid*., 28A.

9. Since most scholars agree that the text as edited cannot be construed, I have translated the text proposed by Limburg: τὰς πρὸς τῆς κατ' αὐτὸν {τῆς} δοξαστικῆς ψυχῆς συναρμο<σθεί>σας τ<ῷ> γνωρίσματι.

10. ἔτι γενναιότερον ἱστάμενοι : a military metaphor. *Cf.* (Ps.-)Basil, *Enarratio in prophetam Isaiam*, 3, 101, PG 30, 284A : καὶ ἱστάμενοι γενναίως πρὸς τὰς μεθοδείας τοῦ διαβόλου.

pregnancy — which they have never experienced previously, nor do they fall victim to the same affect once they have given birth — are those of the embryos. This is indicated, they claim, by the fact that <mothers> who have satisfied these cravings give birth to unscathed children, whereas those who have not obtained the objects of their cravings produce <children with> birthmarks, bearing on their bodies the imprint of these unsatisfied desires. (3) Not the least sign of <the embryo's> participation in the impulsive faculty, they say, is childbirth, for dead children are hard to give birth to, because they do not cooperate with nature's natural impulse to come forth; and again, females are slower, because they move more slowly. The mother's impulse, they claim, does not suffice to push the embryo out, unless an impulse toward the outside is contributed at the same time by the child being born. (4) For my part, if for once I were to indulge in nonsense, I could cooperate with them as far as saying that embryos have representations and opinions in common with their mother, insofar as they share in the representative and opinative soul. For it is agreed that many animals, and even women, give birth to offspring very similar to things of the same genus whose forms they have received in the imagination during intercourse. This is why we present to mares, bitches and dove hens, and even to some women, images made to be as attractive as possible in form [11], so that the females being covered, by looking at these forms and taking them up in their memory, may give birth to offspring similar to those forms. (5) One could almost affirm that this would not take place, unless the seed had a share of the representative soul. For how could one thing have a representation, while something else, which has no share in representation, is moved according to the disposition of what is having the representation? For it is as though, when you are affected by something, I, without being affected, would be so by being in the same room as you, or, if you will, chained to you.

6. But all these, as we have seen, are <products of> the power of speech, which can easily invent an abundance of pretexts and false arguments, and is capable of driving off even the truth by means of what is plausible and likely. For instance, to begin with the last point, if we could imprint on our body what we represent – like the demons who, as the story goes, manifest the forms of their representations on the airy breath that is associated with them or connected with them, not by coloring it, but by manifesting the reflections of their imagination, in some ineffable way, on the surrounding air, as in a mirror – one could infer that the imagination of the soul inherent in the seed forms its body all by itself. But since we cannot do that to ourselves — although we can give shape, according to our representations, to other things that are outside

11. (καὶ) μέντοι καὶ πρὸς γυ(ναικός) τι(ν)ος κάλλος εἰδῶν ἠσκημένας Kalbfleisch. I conjecture καὶ πρὸς γυναῖκες εἰς κάλλος εἰδῶν ἠσκημένας. For the construction εἰς κάλλος ἠσκημένον, cf. for instance Theodoretus, *Graecarum affectionum curatio*, 8, 4 (of elaborate drinking vessels) ; *De providentia orationes decem*, PG 83, 720 (of horses) ; Suda s.v. Ἄξιος λαβεῖν ὁ μισθός, etc.

our substance — perhaps, for this reason, the soul proper to the embryo cannot be the artisan of the structure of what is subject to it, any more than the mother's soul is the artisan of her own body, although it is so for the foreign thing that is in her and is external to her substance, if indeed it was able, in other cases, to impress its representations on external things.

(2) It should be known, however, that this, too, and much more, will be said, in accordance with Plato. According to him, what is engendered from the substance of things is always inferior, in the value of its power and substance, to what has engendered it, nor can it be of the same substance as what has engendered it, since it somehow becomes obedient to its progenitors, and is brought to perfection by it. Thus, discursive reason, which is the offspring of the intellect, is inferior in substance to the Intellect that has engendered it, but it can convert toward the Intellect and understand what belongs to it, even though, unlike the Intellect, it has no share in simultaneous, non-discursive contact. Again, the irrational part, which is contiguous to reason, as an offspring of reason, does not participate substantially in reasonings, but it is led by reason [12], and although it is incapable of rational motion in accordance with its own substance, it is perfected by reason.

(3) The vegetative <faculty>, as the offspring of irrationality and, in general, of the appetitive <part>, is, according to Plato, inferior in substance to the opinative and imaginative soul, but it can be administered by the imaginative soul, although it has no share in imagination and opinion. It is in this sense, at any rate, that even plants are said to be educated and domesticated by agriculture, not because they were able to receive the farmers' voice in their representative faculty, but because they could be directed and steered by a guide, led by their affections.

(4) It is thus no surprise if the vegetative <soul> of the female, when united with the power of the sperm, being obedient to the imaginative <faculty> of the maternal soul, should be affected by the form of the object represented in common. After all, we have said that the sensible affection is proper to what is disposed in a passive way, whereas understanding, and cognition in accordance with it, <is proper to> the self-moving soul. The form of what is being molded is therefore in accordance with affection and imprint, not with understanding and knowledge.

7. With regard to the local movements <that occur> in embryos, rooted in place as they are by the umbilical cord, how could they be by impulse and representation, when they rather resemble the rumblings of the guts and the twitches of the parts of the body when wind is shut up inside them? (2) Myriads of things change places inside us, as well, without being represented. One such process, it is reported, takes place in the case of food: the stomach receives it with conscious perception from the teeth to the throat, but from then on no conscious perception occurs, either when it somehow digests <the

12. Reading ἄγεται, with Kalbfleisch (Nachtrag, p. 80) and Limburg.

food>, transmitting the useful part to the liver, and the useless part to the rest of the intestines and the bowels, or when it sends the useless liquid on to the bladder. Nor could one have a representation of how nature sends the food, transformed into blood in the liver, to the heart, separating the dregs-like material into bile; nor of how the heart sends it through the veins, which irrigate the flesh. Nor can one perceive how nature takes up a part of this blood to fashion the seed, multiplying its own reasons in the product. (3) But none of these, as local movements, takes place either by impulse or by representation, and neither do the movements of embryos. Now pleasures and pains are, as we know, dilations and contractions: they are also observed in plants, which wither from thirst, and revive once they are watered. Just as plants are said to be thirsty, then, and again, to quench their thirst, independently of representation, and as some turn toward the sun, carried and borne along with it, by their inclinations, toward its turning points, while others are split by the moon and opened as wide as they can, and still others extend their tendrils, as if they were hands, toward the vine-props, so <embryos> naturally jump under the influence of heat.

8. And to say that the mother desires precisely what embryos desire is, as we have seen, characteristic of people who know nothing about the indispositions that pregnant women contract from their womb. But just as we must not say that pregnant women vomit because <the embryos> in their womb vomit, nor that they are nauseous because of the embryos' nausea, so we must not say that they have cravings because of the embryos' appetites, but this kind of affection must be attributed, as a whole, to the movement of the womb, which is also responsible for the affect constituted by the blows to the fetus when the appetites are not satisfied. (2) <Plato> too certainly thinks that the womb is also piloted by its own impulse, and he attributes to it a formative action almost equal to the share that the father contributes to <the embryo's> fashioning. In the *Timaeus*, he says textually the following [13]: " the gods contrived the desire for copulation by establishing one ensouled living being within us, and another in women... ". He says that there are living beings within us that are the cause of generation, viz., the member of the male and the womb of the female; yet they are living beings, not only because they are merely alive like plants, but because they are also subject to the self-moving soul. For he says that " what is in conjunction with the genitals is disobedient and independent by nature, and like an animal disobedient to reason, it tries to dominate all things because of its frantic appetites ". The word " independent " shows that their movement has become obedient to an impulse, as is also indicated by the facts. For <the sexual organs> are led by the faculty of representation, as are the other parts of the body that obey impulse. (3) As far as the womb is concerned, Plato writes as follows [14]: "And in women again,

13. *Timaeus*, 91A.
14. Ibid, 91B-D.

owing to the same causes, whenever the womb or the uterus, as it is called — which is an indwelling living being with an appetite for child-bearing — remains without fruit long beyond the due season, it is deeply perturbed; and by wandering throughout the body, and blocking the passages of the breath, and preventing respiration, it casts the body into the greatest distress, and causes, moreover, all kinds of illnesses, until the appetite and desire of the two sexes unite them. Then, picking as it were the fruit from trees, they sow upon the womb, as upon ploughed soil, living beings that are so small they are invisible, and unshapen; and these, again, they distinguish and nourish them until they are large inside <the womb>; after which they bring them forth into the light, thus completing the generation of living beings ". (4) Thus, according to Plato, the womb, too, is a living being endowed with appetites, " which becomes deeply perturbed and wanders throughout the body ". How, then, could it fail to be the cause of appetites and movements, since Plato also says explicitly that " it casts the body into the greatest distress "? It is thus from the womb that both the cravings and the embryo's movements derive.

9. For those who are able to understand, it suffices for the knowledge of Plato's opinion that he says that the appetitive powers in the generative members of the parents pluck the seed " as if it were the fruit from trees ", and sow it in the womb as in the earth, viz., it suffices for the clear realization that the way of life of embryos in the womb is vegetative according to Plato, and that they do not yet have a share in the self-moving soul.

(2) Yet how, they say, could he say they sow living beings? These people deceive themselves because they omit something important. For he did not simply say that " they sow living beings ", and even if he did, one could understand it in the sense in which, shortly above, we understood " plants " when he said " living beings ". What does he say? " Having sowed... living beings so small they are invisible, and unshapen ". But what is " unshapen " is not yet a " living being ". And even if they are formed and nourished, shape is, as we know, peculiar to bodies, as is being nourished by a vegetative power, not to that other soul, which belongs to a living being in the proper sense. And he says " after that, they bring them forth into the light, thus completing the generation of living beings ", <that is>, they complete the generation of beings that are able to become living beings. Thus, Plato is found to be clearly aware that ensoulment by the self-moving soul takes place once the child has emerged into the light from its mother.

— (3) But how, they say, could Plato say somewhere, when going over the soul's misfortunes, " if it was destined to become one of the fetuses " [15]? Those who say this are unaware that it is one thing to be a fetus, and another " to become of the fetuses ". For one statement declares that something is conceived, but the other that it is established within the fetuses. Thus, just as if one says that it is a misfortune for the soul to become of the mortal beings, one

15. Not a quotation, but a paraphrase of *Epinomis* 973D.

does not mean that it becomes mortal, but that it is established within mortal beings, so, assuredly, we must understand " of the fetuses " in the sense that it comes to be in the genus of fetuses and mortal beings, but not in the sense that at the same time as they are conceived, it too is conceived along with them.

(4) Likewise, they also misunderstand <Plato> when he says, in the *Phaedrus*, that " the soul that has seen the most will go into the germ (*gonê*) of a man who loves beauty and is musical " [16]. For by " germ " we must understand not the seed, but generation, so that it may be the generation of the person who is still to be conceived, not the seed of the person who fertilizes. For he does not say that <the soul> arrives and establishes itself in the seed of some man who loves beauty, but for the generation of a man who loves beauty, so that the man who loves beauty is not the one who engenders, but the one who is engendered. (5) That according to Plato it is after the body's completion, once <the embryos> have emerged into the light from the mother, that the soul is established, is said in the *Timaeus*: for it is once the body has been prepared, that <the god> introduces the soul throughout it. But the same holds true in the *Phaedrus* as well, and almost everywhere he says that the soul, when it lays hold of the body, makes the compound of both a living being.

10. However, one must also, without Plato, examine the phenomenon by itself, considering, in no merely cursory way, whether the entire genesis of embryos is not most similar to that of plants. The father deposits the seed, the mother contributing to the nourishing, not only like the earth, by providing food, nor in the way she provides newborns with milk alone, but in a way that is somehow very similar to what is grafted and inoculated: a power in the womb grows into unity with the seed, by which <power> the substrate, with its own power, and what is grafted, <also> having its own, constitute a kind of mixture, into the one nature of what has been inoculated.

(2) The administration of what is engendered takes place in accordance with what has been grafted; but what receives (the graft) administers whatever comes naturally from below. Sometimes it is the qualities of the substrate that predominate, and sometimes those of the graft take complete control of the whole.

(3) The administration, however, is highly similar, both in plants and in the womb, to the vegetal <faculty>. The power in the seed immediately wraps it from outside in a membranous solidification, as Hippocrates says [17], and it produces what becomes the placenta, as it does flowers and the shell in the case of fruits. It extends forth a thin tube, resembling a gut, from the middle, like a root or a stem, and the embryo breathes and is primarily supplied with food while hanging or rooted from what they call the umbilical cord. From the spherical unwinding of the seed, <this power> erects another membrane

16. *Phaedrus*, 248D.
17. *De nat. puer*. 12, vol. 12, p. 448 Littré.

outside it lengthwise and depthwise, which becomes a barrier for what is being formed against the outside world. Finally, it moulds and condenses everything inside, until <the embryo's> emergence. It remains for it then, until it emerges, to form and to assemble all the internal parts. In fact, if a fetus is violently torn from the womb before its term, even if it is near the time of birth, it is found to have its internal parts flabby and easily dissolved, although some formation has taken place, and the external covering has been woven.

(4) All <the embryo's> time in the womb is thus devoted to conformation and solidification, in a manner similar to the construction of a boat. As soon as the shipwright, having completed his work, drags it down to the sea, the pilot settles in. And if you will imagine with me a shipwright who remains joined together to his ship and does not depart from it, when its pilot embarks once it has been dragged from the land to the sea, you will have a good image of the structure of the generation of animals, although the works of nature differ in many respects from what is produced by the shipwright's creations. Not the least of these is that the shipwright can be separated both from the product of his art, and from the pilot, whereas nature is inseparable from what it makes, and always wants to be present in its works.

(5) This is why it is attached now to one pilot, now to another. For as long as the sperm is in the father, it is administered by his vegetative power, with the higher part of the father's soul conspiring with the vegetative power to do its work. But when the sperm is deposited from the father into the mother, it becomes attached to the vegetative power of the mother and her soul. By " is attached ", we must understand not that they perish together, nor that, like things that have been mixed together, they are dissolved into their elements, but that they preserve that mixture, as divine as it is paradoxical, and the power that is peculiar to living beings. They are united with what is appropriate to them, like the elements of a mixture that perish together, but again they preserve their own powers, like things that are unmixed and remain distinct in themselves. This reveals that their substances are not bodies, nor are they subject to the dispositions of bodies.

(6) On the question of complete mixture without mutual destruction, however, I am prepared to give an adequate account in other sacred discourses.

When this mixture is no longer ruled by the mother's governance, then she no longer resists what will interrupt the mixture by separation, and <the embryo> is brought, by the decrees of Nature, from darkness to the light, and from a watery and bloody way of life to an airy region. Then, once again, it immediately has its pilot present from outside, by the providence of the principle that administers all things, for the latter, in the case of animals, has permitted no vegetative soul to be devoid of a pilot. But the parents strengthen it when it is in them, with a view to its function alone, while the <soul> that comes from outside strengthens it with a view to the mother's task, breathing into it as they did, and piloting the work, just as human souls do for the works of their own natures.

11. The pilot embarks, once the nature has come to light along with its work, without being constrained. But as I have seen in the theaters, those who produce Prometheus force the soul to enter into the body, with the molded image lying <before him>, although the ancients may not have wished to present through this myth the necessity of <the soul's> entry, but they merely presented the fact that ensoulment takes place after pregnancy, and once the body is formed. This is also what the theologian of the Hebrews seems to mean, when he says that it is once the human body had been molded and had received its complete corporeal structure, that god infused breath within it, so that it might become a life-giving soul.

(2) It is thus not by constraint that the self-moving soul enters bodies, and still less is it by lying in wait for the mouth and nostrils. This doctrine utterly ridiculous, and one would be ashamed to utter it, although some Platonists are fond of affirming it. For ensoulment is natural, as is, in general, all fastening that takes place in accordance with the harmony of what is adapted to what is capable of adapting. For this is how the soul sees, not because a cone is extended from the pupil as far as the sky, or because a diffusion of rays toward the visible object produces angles by deflection, or, again, because images flow from what is seen toward what sees [18], but because they are appropriately attuned, one to see and the other to be seen.

Thus naphtha, although not in contact with a kindled fire [19], is ignited, not by any intermediary space, since nothing prevents things that are attuned from being affected by the same thing, even without contact. It is also by natural kinship that the Magnesian stone attracts iron filings and bits of straw, and that <the body>, attuned to the piloting of a soul, <attracts> the soul appropriate to what has been attuned, without any will, observation, or choice contributing to its presence, just as none of these things, as we saw, prevents it from departing once the harmony has been dissolved.

(3) When the instrumental body becomes out of tune, even if one makes any number of attempts to block the mouth, the nostrils and the other orifices of the body, the soul, even if it chooses to stay, and employs violence and supplications, leaves by the necessity of nature, which has by no means decreed that things that are out of tune with one another should be in harmony. Likewise, when the body has become apt to receive it, <the soul> that is to make use of it is present, without having had any need to implant itself gradually, or to enter through any one part <of the body>. Its arrival and departure take place instantaneously, without having traveled through

18. For a good survey of ancient theories of vision, see U. Possekel, *Evidence of Greek Philosophical Concepts in the Writings of Ephrem the Syrian*, Louvain, Peeters, 1999, § 8.2.2., pp 205 ff.

19. Reading, with Diels and Limburg, ὁ νάφθας <καὶ μὴ> ἀφθεὶς ἀφθέντι πυρὶ.

becoming nor having assumed extension through perishing, in the same way as a bolt of lightning does not subsist bit by bit, but it either exists or it does not, rejecting any extension of becoming and perishing. Nor is it like a bird entering a house through a window that the soul, gliding through the air, flies in through the mouth or the nostrils. Instead, whether the soul, because it is encosmic, attracts a body made of ether, breath, or air, or a mixture of these ; or whether it is able, even without these, to enter living beings apt to receive its presence, ensoulment takes place simultaneously throughout the substrate, as the sunrise for distributing rays from one limit of earth to the other, and to all that is seen by the sun, is timeless.

(4) But it is as with attuned cords: even if they are quite distant from one another, when bits of straw are placed on them and on the ones close to them – but let the close ones be discordant – and if one of the harmonious strings is struck, they vibrate, and the bits of straw are shaken off, with the nearby ones remaining still and unaffected because of the discord. The distance had no effect in preventing the common affection of the attuned chords, nor does proximity win out over the lack of sympathy of the discordant ones. Likewise, the instrumental animal, harmonized with regard to the appropriate soul, immediately has within it something sympathetic, viz. what will make use of it. And the sympathy with regard to one living being, but not another, is provided either by the previous life, or by the rotation of the universe, which leads like toward like.

12. Thus, if one can show that the body is already harmonized in its incomplete state, when still inside <the womb>, it must be concluded the soul that is to utilize the <body appropriate> to its use comes to be within it. But if the body, still in gestation in the womb, is loose, it still needs a string-maker or a string-tuner rather than a harpist, and why should we neglect to examine the facts, and plunge ourselves into unreasonable conundrums, believing, since we have not seen the soul entering at birth, that embryos already possess it when they emerge? But we say that they are seen to have no intellect in the age of childhood either; after all, intellect enters with increasing age.

For my part, I will not refuse my agreement <to this doctrine> by proclaiming its absurdity, but if there is anything I affirm strongly, I will call Plato, and with him Aristotle, as witnesses to the truth of this discourse: that intellect comes late to men, and not even in this way for all, but it is rare, and reserved for the person whose soul becomes appropriate for commerce with the intellect. (3) And if the soul, when it turns toward itself, finds <the intellect> present, this certainly does not mean that <the soul> already possessed <the intellect> from the outset, when it made its entry. For what is neither dominated by place nor confined corporeally, but grows together by means of the aptitudes and resemblances of its receptor, is not held fast by place, nor time, nor any other force. But what dissolves and prevents [the union] is lack of aptitude; and what dominates and unifies is aptitude, and the greater their harmony, the more it holds things fast. This is why whoever knows god, has god present, whereas whoever lacks this knowledge is absent from he who is present everywhere. Nor need we fear the reproach that we are taking intellect away from most people, for Plato himself has considered that he should be content to whom intellect arrives in old age [20], and that souls come into generation when they have lost their wings; while Aristotle [21] has demonstrated that the intellect comes from without to those to whom it comes. The soul arrives endowed from the outset with reasoning, choice, and opinions, but man is still incomplete as an infant. (4) Life inside the womb does not resemble, as far as imperfection is concerned, that of an infant as compared to that of an adolescent, but it is clearly distinct and completely other. For in the course of time, the child will take solid food, whereas in its first infancy it is nourished by milk; but neither does milk depart from the genus of food, nor does nourishment take place by anything else than the mouth. Nourishment within the womb, by contrast, is peculiar: it does not take place through the mouth, but through something else, since it is through the umbilical cord, which, as we saw, is more typical of plants than of animals. Infants utter meaningless and unintelligible sounds, and yet they signify what causes them pain by manifestations and crying. In <embryos>, by contrast, life is silent and without representations, as we saw. For the rest, in order not to unveil the same things once again, the nourishment of embryos that are still in gestation is closer to the way of life [22] of plants than it is to that of animals.

The rational faculty is present in some way in the newborn as well, since they also have the faculty of sensation, by which the former is awakened to actuality. And yet, they need a great deal of support from their neighbors and from without, from a rational faculty that is already in act, in order to achieve a state of activity. However, there is not the slightest trace of sensitive faculty in things that are still in gestation, *inter alia* because they do not yet have within them the organs, the places, or the distances that enable sensations.

(6) There are no fewer twitches in cases of superfetation, and twistings like those of embryos, so that midwives and even parturients themselves are often unsure of whether what is moving within them is alive. The pathology known as mole [23] provides the same motions and twitches [24], so that it remains unclear for a long time whether or not what is moving is an embryo, but its true nature is revealed once it exceeds the time-limit for embryos. These moles are agreed

20. *Cf.* Plato, *Laws*, 653A.

21. *Cf.* Aristotle, *De gen. anim.*, 736B27.

22. *Diazêsis*. This extremely rare word also occurs in the fragmentary remains of Porphyry's *On what is up to us* (Stobaeus II, 8, 40, 3, vol. II, p 167, 10 Wachsmuth = fr. 269, p. 300, 3 Smith).

23. On the *mole* or *mola*, an abnormal mass in the uterus that used to be called a mooncalf, see for instance Aristotle, *De gen anim.*, 775b25ff., with the commentary of Philoponus (CAG 14.3), p. 202, 1 ff. Hayduck ; Soranus, *Gynaeciorum libri*, 3, 36.

24. Soranos (*loc. cit.*) denies this, claiming that one way to distinguish such a false pregnancy from a real one is that there is no movement in the case of the mole.

to be inanimate, although they are not without a share in nature, any more than monsters, which, although they are contrary to nature, pertain to a nature that fails to produce a fruit in conformity with a " reason ".

(7) Yet where there is a need for the activity that nourishes, promotes growth and formation, the entry of the sensitive and opinative faculty is superfluous and constitutes an obstacle. Especially since as things are now: if nature nourishes and fulfills its function without impediment, sensation is hindered and declines in sleep, and the more sleep is dreamless and without representations, the more nature is active, and people that are sleepless and anxious are malnourished, since the function of one <faculty> is expelled by the activity of the other. And even if the embryo needs a trace of the sensitive faculty, and a kind of light – for the sun's rays do not fall upon it from outside – what is in the sensitive substrate, viz., the mother's bodily mass, suffices to complete the formative process.

13. These considerations suffice to show that the embryo is not an animal in act, nor does it participate in the self-moving soul that is present in act. What must now be shown is that it is not *potentially* animate, the term " potential " being understood in the sense of that which has received a state, but remains at rest and does not act. That which has received a habitus and is not acting, but remains in its potentiality, is, as we know, quiet because it has become perfect in form. Yet if it were imperfect in form, and " potential " were nevertheless predicated of it, one would obviously shift to the other sense of " potential ", rejecting the meaning of " potential " that is ranged with the perfect form and remains at rest without acting.

(2) For in this way [...] whoever predicates 'potential' of an oar thrown from a ship, because it does not propel the boat, is found to mean the <sense of> " potential " as what is perfect according to its state, but at rest from activity in its own potentiality. In contrast, whoever applies the term " potential " to lumber that is suitable for making oars, in which the form of the oar is not yet observed, but can come about as a result of carpenter's art, admits that the form of the oar is by no means inherent yet, but that it can come to be so, signifying by his use of the term " potential " that the latter example is called " potential " from its ability to assume the potentiality, and the former from the fact that it remains at rest in the potentiality that has already come to be within it.

(3) Since, then, sleepers are inactive with regard to the acts of sensation, and the fetus is inactive with regard to them as well, we must consider whether the seed, or what is fashioned from the seed, resembles a person at rest and asleep, or, by Zeus, someone who is dead drunk, and if it resembles an oar at rest that does not propel the ship, rather than the wood that has not yet received the form of the oar.

(4) And indeed, to whomever considers the truth, it will be clear that the embryo remains incomplete until birth. But the animal body, as we have seen,

is not external molding, any more than form is the shape surrounding <the body> from outside, but it is the thorough perfection of the formation, the perfect completion observed in the external shape, as of the viscera and all the rest, nerves, bones, arteries, and veins, and the fabrication of all the organs, just as ripeness brings completion to fruits. In the case of embryos, ripeness entails falling from the mother according to nature, like fruit falls from trees.

(5) The embryo is thus not yet capable of sensation in the sense of what has received the habitus, nor is it potential, at least in this sense; for the sensitive faculties are not yet inherent in incomplete organs, any more than is the form of the oar in the lumber. The embryo is thus potentially capable of sensation, desire, and reason, not in the sense of what has received <the habitus> and remains at rest in its potentiality – since the embryo does not resemble someone asleep – but in the sense of what can receive it, but is still incomplete.

(6) This is also the opinion held by Plato when, while dividing the soul, he assigns its directing part to the area of the head, its irascible part to the region of the heart, and its appetitive part to the area of the liver. Yet where there is not yet any head, nor heart, nor liver, how could the soul have a place in which it might come to be present? And if Nature, much less god, does nothing at random, but always with a view to an end, tell me how it could have supplied an organ that it cannot yet use, as if it were watching out for the future, whereas nature suffices for fashioning the embryo, and the mother's soul collaborates sufficiently for its structure, while the active, self-moving soul does not occupy itself with the works of nature?

(7) This too is, of course, as we have seen, the ignorance of those who cannot understand how the soul is present to the body and how, once again, it is absent from it, and that neither this presence nor this absence is local, but that it by appropriateness and congruence [25] that the soul is either inherent in the body, or at least present to it, and is in harmony with it ; or else is absent from it and is inconsistent. But <the body> has not yet been adapted according to the formative reasons of nature: how, then, can <the soul> be present to what is not yet adjusted, when it cannot be present to it in any other way ? For even if one conceded that it is present locally, nevertheless, since the presence required to produce an animal does not occur according to place, but by virtue of the agreement between the instrumental body and what makes use of that instrument, since the instrument cannot yet be in harmony with it because of its incompleteness, the <soul> that is to use it is absent, even if one concedes that it is present in some other way.

14. Yes, they say, but just as the sperm possesses the formative reason of the teeth, which it projects after childbirth, as it does those of the beard, of

25. On the rare word *sunarmostia*, absent from LSJ (but cf. Stephanus, *Thesaurus Graecae Linguae*, vol. VII, 1243d), *cf.* W. Theiler, " Porphyrios und Augustin ", p. 43, reprinted in his *Forschungen zum Neuplatonismus*, Berlin 1966, p. 212.

sperm, and of the menses, so because the reasons of impulse, imagination and sensation are inherent <in the sperm>, they are projected after birth. (2) It is clear at the outset that those who say this do not differ violently from the evidence, but <propose> conjectures and likelihoods, and because they consider that if these things were not inherent, they could not come into being subsequently. (3) In their desire for glory, however, they are unaware that they are making the soul spermatic, that is, by declaring the vegetative faculty to be superior to the self-moving soul. Well, these are the errors of the Stoics. Turning everything upside-down, they dared to engender the superior from the inferior ; while giving being and substance to all things from matter, they make nature the product of habitus, the sensitive and impulsive soul of nature, the rational soul, again, of these, and the intellect of rational soul. Thus, they engender all things from below to above, by means of differences in and additions of movements, whereas one must move from above to below, and produce the inferior from the superior, for all that engenders by its own substance naturally tends to engender something worse, and not better than itself. This is why the vegetative faculty within in us engenders sperm, lacking motion in act, which it derives both from the nature within the mother, and from what surrounds it, since what is in act always precedes what is potential.

(4) But if the reasons of imagination and impulse are in the sperm, and nature then brings them to act, then, as Chrysippus believes, the air that falls upon <the newborn> as soon as it emerges upon delivery, will be nature, set in motion and transformed into a soul. There could be no more soulless discourse than this one, for it is impious, authorizing itself to produce the superior from the inferior. If, however, the soul is not a bud, but it is held fast inside the body when inherent within it, then any such drama of capture is pure fiction, and pertains not to people capable of knowing something, but to those who are unaware that the soul cannot be captured by hand, by a chain or by something like a cage. Nor, in general, is its capture corporeal, but it takes place only by aptitude, just as fire is not captured with a chain or by hand, but only according to the aptitude of the material.

15. The fact that what is attached to the womb and stuck to it, and fed through the umbilical cord as through a root, is apt to have sensations, impulses, and representations, although it has its sense organs and its viscera closed up and incomplete, with all its orifices enclosed in a liquid in which it could not survive once it becomes an animal: this is what must be shown by the person who wishes to do something other than talk nonsense.

(2) For I say nothing about the fact that the soul, which has its substance in cognitive movement, if it is present, always makes that to which it is present capable of knowledge, lest someone adduce torpor and deep sleep, unaware that even in such cases, animals have representations, but simply forget their representations, whereas the embryo is incapable of representations, because it

has not had any sensory activity, whence derive the impressions that are impressed on the <faculty of> representation.

(3) Yet if someone says that the soul, when it is in itself and in the seed, has representations and desires, but no longer <has them> as the soul of an animal, that is, of the compound, because animals are not made up of soul and seed, but of a soul and an organic body, he is saying no more than that the soul is not yet present to the embryo, with which it does not yet share the activities that are proper to it. This, as we have seen, is why <the body> does not possess the impulses and representations that come about through <the soul>. (4) All those, including Plato, who allow the soul to exist by itself and apart from this animal body, do not deny that some sensations and desires exist in conjunction with it, and they say that it then sees completely, and desires and appropriates its object completely, not through parts and delimited openings, as when it comes to be within this animal body. As long as this body is still incomplete, the soul, they claim, has the sensations that are proper to it, but how could it carry out those that take place together with the completed body?

(5) They are unaware, moreover, that it is not true that as defects and excesses of the body do not impede the vegetative faculty, but even ablations, amputations, and cancerous growths present no great impediment to its natural functioning, so the organs are indifferent for psychic faculties. For when a bit of liquid is suffused into the eye [26], the visual faculty is impeded and disappears, and when a small amount of bile invades the dura mater, the representative faculty is altered [27], and the same holds true for the others: here, small <causes> can produce large-scale impediments to the movements of the soul. Yet the embryo as a whole resembles mud that is far from being solid, but is comparable to water.

16. Let us admit, then, that the seed has a soul, if one wants to call the vegetative faculty " soul ", and let us even admit that it gets this soul from the father, whether it was detached from him or engendered by him. Let us also admit that later on, it receives from the mother nourishment, or a faculty, or union with this nutritive and augmentative soul (for Hippocrates himself seems to call the vegetative faculty " soul ", in accordance with ancient usage). It is not possible, however, to show that the self-moving soul is present in the seed, or, for that matter, in the embryo, because there is no need for it, since the proper nature of the seed has been taken up for the task.

(2) For vigor comes from irrationality, and what will develop that tiny amount of liquid to such a volume, molding and solidifying it in nine months, unless it is impeded, requires a flourishing nature. But the <effects> of the one, as they progress toward flourishing, impede the <effects> of the other, as the soul's virtue impedes the fruitfulness of nature, and nature impedes virtue. If,

26. The reference is to cataracts.

27. A reference to the hallucinations suffered by 'melancholics', etymologically 'those who suffer from an excess of black bile'.

then, a soul were also needed, the men and women who are to produce the best children should exercise themselves in virtue, instead of exercising their bodies, as is customary. But if training the body is apt to promote the fruitfulness of nature, and if, moreover, as someone has said somewhere, the virtuous man is a poor husbandman as far as procreating children is concerned, there is no need, as far as the engendering of embryos is concerned, for a soul characterized by virtue, but for a soul to which it is alien, because it maintains its own culmination.

(3) To sum up. If the soul capable of knowledge is the craftsman of the body, and through it we grow and are nourished, since it molds and nourishes the body, it must be admitted that the individual soul is necessarily in a state of division. If, on the other hand, the mother's soul is sufficient for the seed with regard to what embryos need – they need to be molded and nourished, to grow and to live in this way, not in a cognitive way –, the vegetative soul suffices, and the creative force within the living womb.

(4) Why, then, should we stir things up by the problem of whence the self-moving soul comes, doubting that it comes from outside, when the embryo is no longer administered by the animation that comes from the mother? [28] For what is lacking comes to nature from the mother, that nature which always needs to be insufflated by a faculty of sensation, since, as we have said, it is an offspring of sensitive desire and is obedient to sensation, although it has no share in sensation itself, just as the irrational, although it cannot act in a rational way, is trained by reason.

(5) In any case, as far as corporeal and irrational substance is concerned, the All grants it what it lacks in cohesion, and completes it after birth, in that its particular soul is immediately present, whatever that soul may be that comes from without to the newborn [29], and is in harmony with the organic body that is in a state of aptitude to receive it. The Chaldaeans, for their part, say that from the eastern parts of the heavens, a divine, intelligible flux comes from all eternity that moves the world and makes it turn, which, moreover, vivifies everything within it, by sending it the appropriate souls. Each degree, then, is rendered potent when it comes to be in the vicinity of this eastern place, which is the gate of souls and the inhalation of the All. It is called " center " and " ascendant " [30] and on each invisible flux depends all that emerges from the mother, or is otherwise apt to be transformed into an animal, attracting the flux appropriate for animality from its soul – which is why they

28. I have adopted Deuse's conjecture (in his comments on Limburg, p. 94): ὅταν μηκέτι <ᾖ> τὸ ἔ<μβρυον> κατὰ τὴν ἐκ τῆς μητρὸς ἐμψυχίαν διοικούμενον.

29. Reading, with Limburg, ἥτις ἂν ᾖ ἔξωθεν ψυχὴ τῷ τεχθέντι γενομένη καὶ σύμφωνος τῷ ἐπιτηδείως ἔχοντ[ι αὐτ]ὴν δέξασθαι [ὀργαν]ικῷ [σ]ώματι.

30. The *horoskopos* or ascendant is the point where the ecliptic cuts the horizon; it is one of the four angular houses (Greek *kentron*, Latin *cardo* or *centrum*). The degree (*moira*) mentioned below is the degree of the zodiacal circle at which the latter intersects the horizon; *cf.* Boudé-Leclerq, *L'astrologie grecque*, Paris, 1989, p. 86.

call this eastern center the " place of life " – at the moment when the embryo emerges into the air at birth, cast off from its vegetative regime. On this basis they (the astrologers) identify the date of conception, not because this is when the vital flux entered – how could it have, when <the flux> did not animate <the embryo> until the infant emerged after the pangs of childbirth? – But the reason the flux became attuned to <the body>, was that the latter was apt to receive it, and it would not have been apt unless its foundations had been laid at that moment.

(6) I have mentioned this not because I consider all their doctrines to be worthy of faith, but to show the tendency shared by almost everyone, according to which, since ancient times, animation has been believed to occur once the fetus emerges after the pangs of birth. And if we consider that the All is coordinated with itself and with its own parts, we should not reject the idea that just as in sounds, the added note preserves the harmony of the octave [31] when attuned to the *mese* [32], but falls out of the duplicate ratio if it loosened or tightened, so the embryo's little body, when in the womb and in the process of being attuned to a soul, does not possess the latter until it has received a sufficient mode of harmony with regard to that soul; but once it is attuned, it immediately possesses, present within it, <the soul> that will make use of it. As long as harmony is lacking, <the soul> is not present, although the world is filled and crammed with souls.

(7) For just as when cold, or heat, or some excess or defect, have relaxed and interrupted the harmony of the eye, the sensitive power is immediately no longer present, even potentially – this is shown obviously by the person who sees (...) because the harmony was present to the other eye – in the same way, the <soul> that is to make use of it when it is attuned, is absent from the entire organic body, as long as the latter is still incomplete and unattuned, even though, as I said, all things are densely filled with souls.

(8) Likewise, it is impossible for us, although the All is as it were saturated with souls, to belong to three or two in daily life while maintaining our reasoning, since we are attuned to one, and when the harmony is interrupted, the body becomes able to receive other souls, as those of worms and larvae; but it has been separated from its own soul, which was in harmony with it.

(9) If, then (...) from the souls (...) has not completely placed the faculty, from outside (and by aptitude) (...) in the same way, no doubt, as fabricating nature (...) cease completely. But if is completely, and if the soul that will make use (...) has not yet engendered, how could the <soul> whose nature is exclusively not to be set over it from outside, and to make use of the whole, be present to <the body> when it already tends to be a whole by nature?

31. One of the three basic harmonies (2:1) in Greek musical theory, together with the fourth (4:3) and the fifth (3:2).

32. The top note of the lower tetrachord, dividing the " complete scale " (*sustema teleion*) into two halves of one octave each. *Cf.* Limburg, p. 185.

APPENDIX
TRANSLATION OF THE TEXT OF CHAPTERS 17- 18
RECONSTRUCTED BY KALBFLEISCH

17. Even if these things do not convince you either, but you suspect that embryos have a share in the self-moving soul, not in the nutritive and augmentative nature, I, for my part, having an abundance of counterarguments on this subject as well, deny that Plato avoided the idea of the external entry of souls into bodies. The moment when this entry takes place may not be clear, but that it is neither the father nor the mother who provides the soul, will be brought to issue, as will any other outstanding points. For it is clear that if the soul does not come from its parents, it has entered from without. (2) If you wish, the question of whether <this entry takes place> on the occasion of insemination, or during its configuration, or at the moment when the embryo first carries out a local motion, or in the emergence from the birth-pangs, may remain open. But that the cognitive <soul> is not detached from the parents, nor is it divided, either like homoeomerous or like anhomoeomerous parts, and that, therefore is neither accompanied by diminution of those who supply this part, nor is it without diminution, as is the case of the capacities, it is not an indefinite task to persuade those who do not believe, by the kind of arguments that follow. We thus first set forth the arguments that are capable of refuting those of the defenders of Plato who, whether deliberately or because they remain, I know not how, ignorant of Plato's doctrine, have deviated from the truth. (3) For one might reasonably raise the following difficulty: how comes it that while wheat comes from wheat, and horses come from horses, man does not come from man in this way, but it is an instrument of man that comes from man ? For the vegetative capacity is an instrument of man, whereas man, *qua* man, is a composite, consisting as he does of a body and a rational soul. In general, if sperm is a potential man, but we say he does not have a soul potentially, how could sperm be a potential man, although it has no share in soul ? (4) Next, they will say they see that there are two kinds of generation, one that takes place from similar things, and the other from dissimilar things. For if one fire is lit from another, it from <something> similar, while the <fire> that comes about from the friction of stones or fennel-stalks, or beams of light striking smooth surfaces, has the cause of its combustion from something dissimilar (.....) [33] (5) Thus, just as it is not absurd for someone to say that the ignition of a wick from fire comes about externally, since it was external in that came from banging stones together, so, in the case what comes from sperm, it would be forced to try to persuade us, on the grounds that beings who project sperm are animate, that the things that come from the

33. The text here presents an illegible section some 7 lines long.

sperm have animation as if it came to them externally, in a manner similar what does not come from sperm. Otherwise, in what sense will he claim that the nature of man is superior, if the condition of animation is like that of larvae, worms, (...), where one must concede that it takes place externally? (6) But man engenders a living being that has not only a body, but also a soul, whether one wishes to call it " reasons ", capacities, a part, or generation. Yet the proper characteristic of sperm is to always progress by a specific path and order, and to produce one thing after another. And it is not because it grows teeth after birth, and, as time goes by, a beard and pubic hair, that such phenomena do not derive from the sperm. Its motion with regard to nutrition and growth also takes place appropriately from the sperm, as long as <the embryo> is in the womb; its sensitive motion when it emerges, and again, its rational motion when it advances in age, and later it moves intellectively, even if nothing psychic enters into it from outside. But as in the sprouting of fruits, everything is combined together, and if some rational principles become distinguished at different times, as in wheat the rational principles of the stalk, the leaves, and the roots are united before they are distinguished, but nevertheless the rational formulae are not of the wheat and the (...). (7) For as in a nut that has just emerged, everything is together in a continuous, green mass, and later its shell is distinguished, and the bony part beneath the shell, both from the membrane beneath the bony part, and from the fruit itself within the membrane, and from the bony materials that traverse the fruit at various times, but the entire rational principle of the nut is always inherent within the fruit, so, in the sperm as well, they say that all the limbs are confused together, but they are separated out from the confusion and each one is formed individually (...), but it is always necessary that what is appropriate to each time is distinguished before the others. This is why, since there is as yet no need for impulsion and representation during pregnancy, the rational principles of these capacities remain at rest throughout the mass <of the embryo>, like the rational principles of the stem and the leaf in a grain of wheat, but the emergence of each of these capacities always ensues when there is a need and a time for them.

18. That the sperm is the product not of the vegetal soul alone within us, but also of the sensitive, representative, and impulsive soul, is shown by the fact that the emission of sperm is awakened by representation, and that, generally speaking, it is carried out through contact and corporeal pleasure, and that the discharge of sperm may be brought about by certain senses; for they say that sensation is enough, since sometimes it flows at the sight of beautiful persons. As far as the representations appearing in dreams are concerned, they leave the others intact, but cause the secretion of sperm. Thus, it is the product not of the vegetative soul alone, but also of the representative soul. If it were the product only of the soul responsible for nutrition and growth, it would likely possess the capacity to cause growth and to nourish, but as the product of such a soul alone, it would in no way have by itself the capacity of generating representations that manifests itself in sexual imagery, and desires, and impulses that follow upon these representations. How, then, could sperm fail to be the self-created product of the representative and impulsive soul as well? [34]

Traduction et notes par Michael Chase

34. This is the last fully legible line of the text.

LEXIQUE

Les mots du titre sont précédés du sigle tit. Après le chapitre 16, les lignes du texte corrompu ont été numérotées de 1 à 113 ; les références à ces lignes dans le lexique sont précédées du sigle corr.

Je remercie Richard Goulet qui m'a permis d'utiliser le programme Aristarque, qu'il a lui-même mis au point, pour réaliser ce lexique. LB

INDEX LOCORUM

INDEX GÉNÉRAL

BIBLIOGRAPHIE SOMMAIRE

BERTIER J., « Médecine et philosophie dans l'*Ad Gaurum*, sur la manière dont l'embryon s'anime », dans J.A. Lopez-Ferez (éd.), *Tratados hipocráticos: estudios acerca de su contenido, forma y influencia*, Actes du VIIe colloque international hippocratique (Madrid, 24-29 septembre 1990), Madrid, Universidad Nacional de Educación a Distancia, 1992, p. 635-645.

BOYS-STONES G., « Physiognomy and Ancient Psychological Theory», dans S. Swain (éd.), *Seeing the Face, Seeing the Soul*, Oxford, Oxford University Press, 2007, p. 19-124.

BRISSON L., CONGOURDEAU M.-H. et SOLÈRE J.-L. (éd.), *L'embryon : Formation, Antiquité grecque et latine, traditions hébraïque, chrétienne et islamique*, Paris, Vrin, 2008. Collection Histoire des Doctrines de l'Antiquité classique 38. On trouvera dans ces Actes du Colloque international « L'embryon (constitution et animation) dans l'Antiquité et au Moyen âge » qui s'est tenu à Paris (30 juin-2 juillet 2005) les études suivantes :
par JOUANNA J., « La postérité de l'embryologie d'Hippocrate dans deux traités pseudo hippocratiques de la médecine tardive : "Sur la formation de l'homme" et "Sur la génération de l'homme et la semence. Avec, en annexe, une nouvelle édition du "Sur la génération de l'homme et la semence" et une *editio princeps* d'Alexandre le Sophiste, "Sur la génération de l'homme" », p. 5-41 ;
par MOREL P.-M., « Aristote contre Démocrite. Sur l'embryon », p. 43-57 ;
par GOURINAT J.-B. , « L'embryon végétatif et la formation de l'âme selon les Stoïciens », p. 59-77 ;
par BOUDON MILLOT V., « La naissance de la vie dans la théorie médicale et philosophique de Galien », p. 79-94 ;
par HANSON A. E., « The Gradualist View of Fetal Development », p. 95-108 ;
par DASEN V., « Naître jumeaux : un destin ou deux ? », p. 109-122 ;
par DORANDI T., « Pour une histoire du texte du traité *Ad Gaurum* attribué à Galien », p. 123-138 ;

par AUBRY G., « Capacité et convenance : la notion d'*epitêdeiotês* dans la théorie porphyrienne de l'embryon », p. 139-155 ;

par POUDERON B., « L'influence d'Aristote dans la doctrine de la procréation des premiers Pères et ses implications théologiques », p. 157-183;

par CONGOURDEAU M.-H., « La postérité byzantine de *l'Ad Gaurum* », p. 185-198 ;

par LEPICARD É., « L'embryon dans la littérature rabbinique ancienne », p. 199-211 ;

par BAFFIONI C., « L'embryologie islamique. Entre héritage grec et Coran les philosophes, les savants, les théologiens », p. 213-231 ;

par VAN DER LUGT M., « L'animation de l'embryon humain dans la pensée médiévale », p. 233-254 ;

par DUPONT J.-C., « Un autre embryon ? Quelques relectures classiques de l'embryologie antique », p. 255-269.

CARLIER J., « L'après-mort selon Porphyre », dans A. Charles-Saget (éd.), *Retour, repentir et constitution de soi*, Paris, Vrin, 1998, p. 133-160.

CONGOURDEAU M.-H., *L'embryon et son âme dans les sources grecques (VIe siècle av. J.-C. - Ve siècle apr. J.-C)*, Paris, Association des amis du Centre d'histoire et civilisation de Byzance, 2008.

DEUSE W., *Untersuchungen zur mittelplatonischen und neuplatonischen Selenlehre*, Mainz/Wiesbaden, Akademie der Wissenschaften und Literatur, Steiner, 1983.

DUNSTAN, G.R., (éd.), *The Human Embryo. Aristotle and the Arabic and European Tradition*, University of Exeter Press, 1990.

FESTUGIÈRE A. J., traduction annotée de Porphyre, *À Gauros. Sur la manière dont l'embryon reçoit l'âme*, publiée comme Appendice II du troisième volume de *La Révélation d'Hermès trismégiste. Les Doctrines de l'âme*, Paris, Gabalda, 1953, p. 265-305.

JURISCH U., *Grundfragen der Embryonentwicklung aus der Sicht eines Neuplatonikers: Übersetzung und Bearbeitung der Schrift des Porphyrios über den Beseelung der Embryonen Medecine*, Thèse pour le Doctorat, Université Friedrich Alexander, Erlangen-Nürnberg, 1991.

KALBFLEISCH K., *Die neuplatonische fälschlich dem Galen zugeschriebene Schrift* Πρὸς Γαῦρον. Περὶ τοῦ πῶς ἐμψυξοῦται τὰ ἔμβρυα. Aus dem Anhang zu den Abhandlungen der königl. Preuss. Akademie der Wissenschaften zu Berlin vom Jahre 1895. Verlag der königl. Preuss. Akademie der Wissenschaften, 1895.

LESKY A., *Die Zeugungs- und Vererbungslehren der Antike und ihr Nachwirken*, Wiesbaden, Verlag der Wissenschaften und der Literatur, 1951.

— et WASZINK J.H., « Embryologie », *Reallexicon für Antike und Christentum* 4, 1959, p. 1233-1238.

LIMBURG K., *Porphyrios. Die Beseelung der Embryonen*, Thèse pour le Doctorat, Université de Cologne, 1975.

O'BRIEN D., « Le volontaire et la nécessité : réflexions sur la descente de l'âme dans la philosophie de Plotin », *Revue philosophique de la France et de l'étranger* 167, 1977, p. 401-422.

RISCH F. X., « Die porphyrische Schrift *ad Gaurum* als *hieros logos* », *Zeitschrift für antikes Christentum* 10, 2007, p. 260-276.

VAN DER EIJK P., *Medecine and Philosophy in Classical Antiquity*, Cambridge, Cambridge University Press, 2005.

WASZINK J. H. « Beseelung », *Reallexicon für Antike und Christentum* 2, 1954, p. 176-183.

WILBERDING J., « Porphyry and Plotinus on the Seed », *Phronesis* 53, 2008, p. 406-432.

—, transl. of Porphyry, *To Gaurus*: *On How Embryos Are Ensouled* and *On What Is in Our Power*, Bristol, Bristol Classical Press, 2011.

ZAMBON M., *Porphyre et le moyen Platonisme*, Paris, Vrin, 2002.

TABLE DES MATIÈRES

ACHEVÉ D'IMPRIMER
EN MAI 2012
PAR L'IMPRIMERIE
DE LA MANUTENTION
A MAYENNE
FRANCE
N° 895198S

Dépôt légal : 1er trimestre 2012